Heinz-Gert Woschek

DIE GROSSEN WEINE DER WELT

Das Standardwerk für den Weinkenner

ORIGINALAUSGABE

WILHELM HEYNE VERLAG
MÜNCHEN

HEYNE KOCH- UND GETRÄNKEBÜCHER
07/4561

5. überarbeitete und aktualisierte Auflage
(bisher lieferbar unter der Nr. 07/4259)

Printed in Germany 1988
Umschlaggestaltung: Atelier Ingrid Schütz, München
Satz: Schaber, Wels
Druck und Bindung: Ebner Ulm

ISBN 3-453-03088-5

Für Patty und Stefan

INHALT

DRITTER TEIL

ANHANG

EIN WORT ZUVOR:

Wie man diesen Weinführer nutzen kann

Wer nichts weiß, muß alles glauben.
Marie von Ebner-Eschenbach

In den meisten westlichen Ländern scheint der Weinkonsum in der Bevölkerung seine Höchstgrenze erreicht zu haben. Die Franzosen und die Italiener, die zu den eifrigsten Weintrinkern zählen, kommen pro Jahr und Einwohner auf etwa 78 bzw. 73 Liter, wobei sie diese Rekordmarke nicht einfach zechenderweise, sondern gleichsam auf gastronomisch selbstverständlichem Wege erreichen, indem sie Wein als regelmäßigen Begleiter des Essens genießen.

Nur ein Viertel bis zu einem Drittel dessen, was die Menschen in den beiden größten Weinbauländern der Welt an Rebensäften konsumieren, erlauben sich deutsche, österreichische und schweizerische Weinfreunde. Letztere sind mit einem Pro-Kopf-Verbrauch von 40 Liter recht fleißige Weinliebhaber, da auch bei ihnen der Wein bei Tisch eine große Rolle spielt. An Österreichs statistisch ermitteltem Weinkonsum von etwa 32 Liter dürften die Touristen einen nicht unerheblichen Anteil haben, die sich in dem beliebten Ferienland den Heurigen und andere Spezialitäten in der Urlaubsstimmung gerne schmecken lassen.

Mit einem Pro-Kopf-Verbrauch von etwa 23 Liter (Sektverbrauch mit einbezogen) führt die Bundesrepublik Deutschland die Gruppe der noch zurückhaltenden Weintrinker an.

Dazu gehören auch Belgien (20 Liter), die Niederlande (13 Liter) sowie die skandinavischen Länder. Diese international ermittelten Verbrauchszahlen haben sich in den letzten Jahren auf den jetzigen Stand eingependelt. Größere Verschiebungen dürfte es — abgesehen von Amerika, Ozeanien und einigen osteuropäischen Ländern — vorerst kaum geben. Auf der anderen Seite verzeichnet man dieser Entwicklung auf der Konsumseite ungeachtet eine ständig steigende Weinproduktion. In der Weltwirtschaft wurde der Wein längst zum Überschuß-Agrarerzeugnis. Der in der Europäischen Gemeinschaft erlassene Anbaustopp für Reben vermochte weder eine Stagnation noch einen Rückgang der Weltweinerzeugung zu bewirken.

Züchterisch wesentlich verbesserte Rebsorten, rigoros genutzte moderne Düngungs- und Schädlingsbekämpfungsmaßnahmen in den Weinbergen sowie optimale kellertechnische Methoden für den Weinausbau führen selbst bei flächenmäßig begrenzten Anbaumöglichkeiten zu steigenden Erträgen.

Fachleute und Laien sind sich indes darüber einig, daß längst nicht alles, was dieser große und in den meisten Jahren noch anschwellende Weinsee in Fässer und Flaschen ergießt, tatsächlich das Wort *Qualität* verdient. Bei nicht zu hohen Erwartungen handelt es sich vielfach um »trinkbare«, gefällige« und »passable« Weine, die von den Franzosen mit dem schmeichelhaften, aber anschaulichen Begriff »vins génériques«* belegt werden. Wer strengere Maßstäbe anlegt, möchte diesen Tropfen sogar die Bezeichnung »Wein« in ihrer ursprünglichen Bedeutung absprechen, obgleich natürlich kaum Zweifel daran besteht, daß die betreffenden Erzeugnisse im wesentlichen aus Traubensaft gewonnen wurden.

Mit Recht kann man jedoch feststellen, daß der Begriff »Qualität« in der heutigen Anwendungspraxis zur überaus strapazierten und damit völlig abgenutzten Bezeichnung in der Weinerzeugung und im Weinangebot degradiert wird.

Für den kritischen Verbraucher und interessierten Wein-

---

* Weine mit Gattungsnamen

freund ergibt sich aus alledem eine ebenso überraschende wie verzwickte Situation: Noch nie war das Angebot an Wein schlechthin so groß, so vielfältig und im Prinzip auch so preiswert wie heute. Das heißt: Noch niemals gab es so viele mittelmäßige und billige Weine; noch niemals war es aber auch so schwer, zuverlässige und wirklich gute Qualitäten ausfindig zu machen. An dieser Problematik wird sich in den kommenden Jahren mit Gewißheit kaum etwas ändern.

Denn die Gewinnung von echten Weinqualitäten setzt mehr voraus als den Einsatz reichlich tragender neuer Rebsorten, als die pausenlose Beschickung des Weinbergsbodens mit Kunstdünger jeder Art, als den Einsatz vollautomatischer Traubenerntemaschinen und die Anwendung modernster lebensmitteltechnologischer Verfahren im Stile der Massenproduktion von Konsumgütern für den täglichen Bedarf.

Alle diese Methoden basieren auf dem Prinzip der rationellen, Arbeitskräfte sparenden Weinherstellung, die in einer Zeit, in der die mühevolle Tätigkeit im Weinberg immer weniger Menschen lockt, als unumgängliche Notwendigkeit propagiert wird. Die Folge ist, daß viele der Weinbergslagen, die aufgrund ihrer steilen Neigung und ihrer steinigen Böden für die Gewinnung erstklassiger Qualitäten geradezu prädestiniert sind, zugunsten einfacher zu bebauender Hang- und Flachlagen von den Winzern aufgegeben werden. Mit diesen Lagen, in denen ohne Schwierigkeiten eine vollmechanische Bearbeitung von Boden und Pflanzen erfolgen kann, wird der Preis für eine geringere Qualität bezahlt.

Unglücklicherweise wird jedoch diese Praxis von einigen weingesetzlichen Regelungen sanktioniert, in denen die Maßstäbe für das Erreichen tatsächlicher Weinqualität »im Glase« auf unterem Niveau angesetzt sind. Hier stellt sich die Frage, ob man letztlich allen Winzern und Verbrauchern einen Dienst erweist, wenn durch bestimmte Ausnahmeregelungen die Ernten von geringen oder gar schlechten Jahren, wie sie trotz fortschrittlicher Anbau- und Kellertechniken nicht gänzlich zu überbrücken sind, trotzdem als »Qualität« deklariert werden dürfen. Vielleicht kann man die im Gegensatz zu der in vielen Ländern geübten großzügigen Behandlung der Mindestalkohol- und Anreicherungsbestimmungen angewandte Pedanterie in Fragen der genauen Herkunftsbezeichnung von Wein (man denke nur an die Problematik der Tausenden von Lagebezeichnungen) als eine Art schlechtes Gewissen des Weingesetzgebers ansehen.

Zweifellos ist mit der Anhäufung von Bezeichnungen aller Art auf dem Weinetikett dem Weintrinker überhaupt nicht geholfen. Wohl oder übel muß er sich also angesichts des immer breiter und für ihn komplizierter werdenden Weinangebotes mit dem genauen Studium aller Aufschriften auf den Weinetiketten befassen. Letztlich bedingt dies zugleich auch die Kenntnis heutiger Anbau- und Kellerwirtschafts-Praktiken, die vielfach längst aus dem Stadium romantisch anmutender Weingewinnung herausgetreten sind. Trotz der anfänglich verwirrenden Fülle von Themen und Fakten erweist sich das private Studium in Sachen Wein schließlich mehr und mehr als ein überaus reizvolles, abwechslungsreiches und geistvolles Hobby. Die ständig steigenden Besucherzahlen von Weinkursen der Volkshochschulen, von Weinseminaren und fachlich ausgerichteten Weinproben beweisen, wie beliebt und gefragt die Wein-Wissensvermittlung ist.

Auf diesem Sektor möchte das vorliegende Buch einen neuen, eigenständigen Beitrag leisten. In einer komprimierten Zusammenstellung bespricht es selektiv die großen Weine der Welt, wobei an dieser Stelle auf die Benutzung des Wortes »Qualität« bewußt verzichtet wird. Die Auswahl der Weinbauregionen und ihrer führenden Weine erfolgte nach dem Prinzip der traditionellen, gewachsenen und garantierten Güteeigenschaften. Der Vollständigkeit wegen wurden ergänzend auch die kleinen Brüder der Spitzenweine erwähnt, wobei versucht wurde, in der jeweiligen Charakteristik die entscheidenden Unterschiede darzustellen.

Um dem Buch die Stellung eines verläßlichen Führers zu geben, wurden bei der Vorstellung der einzelnen Anbaugebiete zugleich auch Namen und Anschriften von einigen Weinerzeugern und Weinhändlern hinzugefügt. Diese Adressen erheben natürlich nicht den Anspruch auf Vollständigkeit. Ihre Auswahl basiert auf den persönlichen guten Erfahrungen des Autors. Die geraffte Darstellungsweise, die ein derartig breitgefächertes Thema für eine Veröffentlichung im

Taschenbuchformat nun einmal notwendig macht, erlaubte nicht die Ausschmückung der Gebietsvorstellungen mit breiten Schilderungen weinhistorischer, weinkultureller und weingastronomischer Vorgänge.

Der Verzicht auf diese in anderen Weinbüchern des Autors ausgiebig behandelten Themen ermöglichte indes eine fundierte Bearbeitung des elementaren Wissensgebietes um Weinanbau und Weinerzeugung. In diesem Einführungsteil wurde auf gewisse »Tabus« innerhalb der Weinerzeugung keine Rücksicht genommen. Neben der Aktualität des Stoffes sei besonders auf die vielen speziell für dieses Buch erarbeiteten Übersichten hingewiesen, die den Band gemeinsam mit seinem ausführlichen Stichwortverzeichnis zu einem hilfreichen Nachschlagewerk machen.

Den praktischen Bedürfnissen vieler Weinfreunde und -sammler entsprechend, wurde dem Themenbereich um Aufbewahrung, Pflege und Kredenzen des Weines daheim große Aufmerksamkeit gewidmet. Damit dürfte das vorliegende Buch, das Eindrücke und Erkenntnisse einer über 25jährigen Beschäftigung mit dem Wein spiegelt, letztlich ein handliches, aktuelles und preiswertes Standardwerk darstellen.

ERSTER TEIL

Elementarkurs über die Weinerzeugung

Das Zusammenspiel von Klima, Bodenarten und Rebsorten

Es ist kein Zufall, daß über 70 Prozent des auf der Welt produzierten Weines in Europa gewonnen wird. Auf dem europäischen Kontinent, genauer gesagt im südlichen West-, Mittel- und Osteuropa sowie in Südeuropa beträgt die mit Rebstöcken bepflanzte Agrarfläche mehr als 7 Millionen Hektar.*

Diesen Teil der Alten Welt kann man auch dann noch als das Kernstück der Weltweinerzeugung bezeichnen, wenn einige Staaten auf dem amerikanischen Kontinent ihre Weinanbaugebiete weiterhin in dem beträchtlichen Maße vergrößern wie in den letzten Jahren. Obgleich die heutigen bedeutendsten europäischen Weinbauländer nicht die geschichtlichen Ursprungsregionen des Rebanbaus sind, haben sie sich seit Jahrhunderten im Wettstreit um die besten Weine der Welt immer als unübertreffbar erwiesen.

Diese unangefochtene Position europäischer Spitzenweinerzeugung hat zwar in den letzten Jahrzehnten durch einige beachtliche Resultate kalifornischer, südafrikanischer und südamerikanischer Weingewinnung eine ernsthafte Konkurrenz erhalten. Doch diese bemerkenswerten Einzelleistungen fallen im Vergleich zu dem breitgefächerten Sortiment feiner europäischer Weine kaum ins Gewicht. Dafür besitzen die europäischen Weinbauländer zunächst einen historisch bedingten Vorteil. Vor etwa 2000 Jahren gelangte die Kenntnis von der Kunst der Weinbereitung aus Kleinasien, der Ur-

* Von den 9,4 Millionen Hektar, die in der Welt mit Reben bepflanzt sind, tragen 78 % Keltertrauben, 8 % Tafeltrauben, 5 % sind für die Rosinenproduktion bestimmt und 9 % befinden sich derzeit nicht im Ertrag.

WEINANBAU IN DER WELT

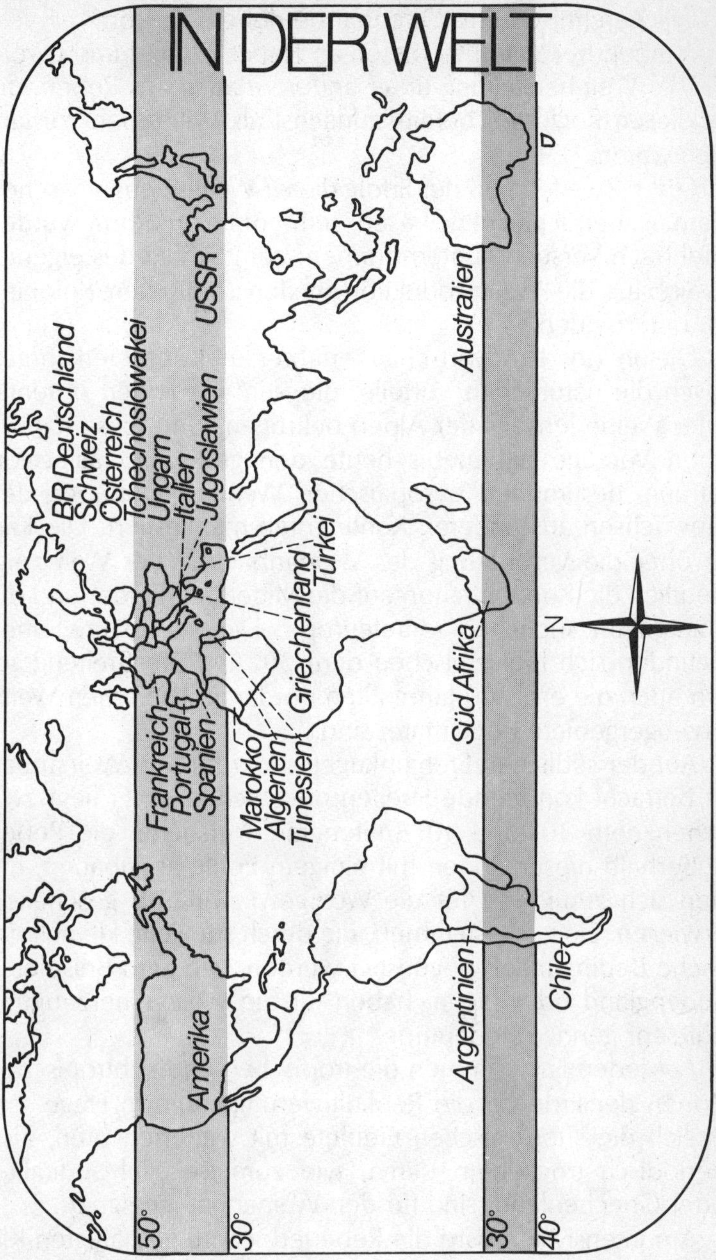

heimat der Rebe, über den östlichen Mittelmeerraum nach Italien, und durch die Römer in die Länder des damaligen römischen Imperiums. Offenbar betrieben die Römer in den von ihnen besetzten Gebieten an Rhein, Donau und Gironde die Weinherstellung unter anderem auch aus Reben, die in diesen Regionen bereits zunächst als Wildreben vorhanden waren.

Ohne Zweifel muß der Erfolg dieser Weinerzeugung schon damals beträchtlich gewesen sein, denn in Rom wurden mehrfach Versuche unternommen, zum Schutz des eigenen Weinbaus die Weinproduktion in den römischen Kolonien zu unterbinden.

Die in der Landwirtschaft erfahrenen Römer erkannten rasch die natürlichen Vorteile, die zum Gedeihen ordentlicher Weine jenseits der Alpen beitrugen. Und diese natürlichen Vorzüge haben bis heute den großen Qualitätsvorsprung bestimmter europäischer Weine gegenüber den Gewächsen aus anderen Kontinenten manifestiert. Die Karte über die Verbreitung des Weinanbaus in der Welt zeigt deutlich die Konzentration auf die Mittelmeerländer und die Staaten im südlichen Mitteleuropa. Die Weinbauregionen befinden sich hier zwischen dem 30. und 50. Breitengrad, wo auch die erst 200 Jahre alten nordamerikanischen Weinerzeugergebiete beheimatet sind.

Auf der südlichen Erdhalbkugel ist der für den Weinanbau in Betracht kommende Streifen noch schmaler. Er liegt zwischen dem 30. und 40. Breitengrad. Versuche, die Reben außerhalb dieser Zonen mit einigem Erfolg anzubauen, haben sich zumindest für die Weingewinnung als gescheitert erwiesen. Einige Ausnahmen, die durch spezielle kleinklimatische Bedingungen begünstigt werden, wie zum Beispiel in Südengland oder Japan, haben für die Weltweinerzeugung nur sehr geringe Bedeutung.

Auf jeden Fall kommen die tropischen und subtropischen Zonen der Erde für die Rebkultivierung kaum in Frage. Lediglich die subtropischen Gebiete mit winterfeuchten, also periodisch trockenem Klima, wie zum Beispiel Süditalien oder Griechenland, sind für den Weinanbau geeignet.

Am intensivsten wird die Rebe jedoch im gemäßigten Kli-

Verbreitung des Weinanbaus auf der Welt

	Erstmalig Weinanbau um etwa (Zeit)	Weinerzeugung in Mill. Hektoliter (Ø 1981 bis 1985)
Weinbauländer der nördlichen Erdhalbkugel:		
Europa:		
Italien	500 v. Chr.	72
Frankreich	100 v. Chr.	67,4
Spanien	500 v. Chr.	42,7
UdSSR	4000 v. Chr. (Kaukasien)	34,4
Bundesrepublik Deutschland	100 v. Chr.	9,7
Portugal	200 v. Chr.	9
Rumänien	800 v. Chr. (Thrakien)	8,7
Jugoslawien	600 v. Chr.	6,1
Ungarn	100 v. Chr. (?)	4,8
Griechenland	1600 v. Chr.	5
Österreich	100 n. Chr.	2,8
Bulgarien	600 v. Chr.	4,3
Tschechoslowakei	300 n. Chr.	1,3
Schweiz	100 v. Chr.	1,3
Luxemburg	200 n. Chr.	0,15
Albanien	400 v. Chr.	0,2
Afrika:		
Algerien	100 v. Chr.	1
Marokko	200 n. Chr.	0,3
Tunesien	200 v. Chr.	0,6
Asien:		
Zypern	500 v. Chr.	0,8
Israel	2500 v. Chr.	0,19
Japan	1500 n. Chr.	0,6
Türkei	4000 v. Chr.	0,39
Amerika:		
Vereinigte Staaten	1750 n. Chr.	17
Mexiko	1570 n. Chr.	0,14
Kanada	1850 n. Chr.	0,47

	Erstmalig Weinanbau um etwa (Zeit)	Weinerzeugung in Mill. Hektoliter (Ø 1981 bis 1985)
Weinbauländer der südlichen Erdhalbkugel:		
Südafrikanische Republik	1655 n. Chr.	5,9
Argentinien	1560 n. Chr.	20,4
Chile	1550 n. Chr.	6,6
Peru	1580 n. Chr.	0,09
Uruguay	1700 n. Chr.	0,7
Brasilien	1600 n. Chr.	4
Australien	1810 n. Chr.	4
Neuseeland	1850 n. Chr.	0,6

ma gepflanzt, und zwar mit besonderem Erfolg in den Regionen, die ein feuchtes Klima mit einem bestimmten Sommermaximum aufweisen. Das sind vor allem Frankreich, Südwestdeutschland, Luxemburg, Österreich, Schweiz, Nord- und Mittelitalien sowie die nördlichen Balkanländer.

Zwar ist das Wachstum der Rebe vom Klimafaktor Sonne im großen Maße abhängig, da sich die für die Entwicklung der Pflanze entscheidende *Kohlenstoff-Assimilation* (unter Hinzunahme von Wärme und Ausscheidung von Wasserstoff bilden sich Zucker und Stärke) nur beim Sonnenlicht vollziehen kann. Doch andere Faktoren wie Temperatur, Niederschlag, Luftfeuchtigkeit sowie Bewölkung und Windstärke spielen für die Vegetation ebenfalls eine Rolle. Vom Ablauf der Witterung während der Vegetationszeit hängen bekanntlich Menge und Güte des Ertrages ab, die sich im Wert eines Weinjahrganges dokumentieren.

Für das Wachstum der meisten im europäischen Weinanbau verwendeten Reben bestehen folgende minimale Klimaanforderungen:

- *Sonnenschein:* Bei frühreifenden Sorten mindestens 1100 Stunden, sonst 1300 Stunden. Voraussetzungen für gute Ernteergebnisse sind 1800 bis 2000 Stunden.

- *Lufttemperatur:* Mittlere Jahrestemperatur +9 °C (Minimum) und +21 °C (Maximum). Ideal für Weißweine ist eine Temperatur zwischen 9,5° bis 11,5 °C Jahresmittel; ideal für Rotweine ein Jahresmittel von 10,5° bis höchstens 13 °C. Während der Blütezeit der Rebe ist eine Temperatur von mindestens 15 °C wünschenswert. Da der Rebstock eine relativ lange Vegetationsdauer von etwa 180 bis 250 Tagen benötigt, sind die vor allem im Mai (Eisheiligen) auftretenden Spät- oder Frühjahrsfröste sowie die vielfach im Oktober eintretenden Herbst- oder Frühfröste vom Winzer besonders gefürchtet. Gerade in den Gebieten an der Nordgrenze des europäischen Weinanbaus können die Frühjahrsfröste schon bei einer Temperatur von −1,5 bis −3 °C zu Totalschäden an den Reben führen.
- *Niederschläge:* Mindestens 480 mm, möglichst gleichmäßig über den Jahresablauf verteilt, sonst ist künstliche Bewässerung notwendig (zum Beispiel im Wallis oder in Südtirol).
- *Wind:* Möglichst windgeschützter Lebensraum; nachteilig sind vor allem kalte Nord- und Nordostwinde.

Von den nachstehenden Tabellen zeigt die Übersicht mit den Klimadaten aus französischen Weinanbaugebieten, wie stark sich die Witterungsverhältnisse in diesem großen Weinbauland zwischen dem 43. und 49. Breitengrad unterscheiden. Sieht man einmal von einigen deutschen Weinanbaugebieten ab, so befinden sich übrigens in diesem Abschnitt Europas bedeutendste Weinbauländer beziehungsweise Weinbauregionen.

Die Ausnahme, die in dieser Aufzählung die deutschen Anbaugebiete zwischen Bonn und Heidelberg darstellen, bedarf einer Erklärung. Die im Rheingau, an der Nahe und am Mittelrhein sowie an Mosel-Saar-Ruwer und in Rheinhessen erzeugten Weißweine gehören bekanntlich zu den besten der Welt. Ihre Qualität verdanken sie einerseits Rebsorten, wie dem Riesling, die sich speziell auf eine lange Vegetationszeit eingerichtet haben und die somit auch von der spätsommerlichen, oft herbstlich-ruhigen Witterung in diesen Gebieten profitieren. Außerdem befinden sich die Reben in besonders geschützten Weinbergslagen, vor allem in den Flußtälern des Rheines und seiner Nebenflüsse. Ihre Witterung zeichnet sich durch eine geringe Bewindung und eine hohe Luftfeuchtigkeit sowie damit verbundene häufige

Klimaverhältnisse in französischen Weinanbaugebieten

	Tage mit starkem Frost (mehr als —10°)	Jahresdurchschnitts-Temperatur in ° C	Gesamtniederschläge pro Jahr in mm
Champagne			
Reims	5,4	10,2	598
Elsaß			
Colmar	7,0	10,8	519
Burgund			
Dijon	4,4	10,6	739
Mâcon	—	10,9	820
Loire-Tal			
Nantes		11,8	782
Angers		11,4	600
Tours		11,4	689
Charentes			
Cognac		12,4	812
Angoulême		12,2	827
Aquitanien			
Bordeaux		13,3	814
Toulouse		12,7	659
Rhône-Tal			
Montélimar		13,0	998
Orange		13,5	868
Midi (Südfrankreich)			
Perpignan		15,4	639
Montpellier		14,6	752
Toulon		15,4	865

Klimaverhältnisse in deutschen Weinanbaugebieten

(Durchschnittswerte im Meßzeitraum von 10 Jahren; in Klammern die Werte für den Vegetationszeitraum Mai bis Oktober)

	Durchschnitts-temperatur in °C	Nieder-schlag in mm	Sonnen-stunden	Durchschnitts-mostgewicht in Grad Öchsle
Rheinpfalz				
Neustadt	10,1 (15,0)	614 (385)	1712 (1248)	77,4
Rheinhessen				
Alzey	9,3 (14,3)	481 (316)	1672 (1358)	72,4
Mosel-Saar-Ruwer				
Bernkastel	9,8 (14,5)	739 (494)	1585 (1197)	68,6
Trier	9,7 (14,2)	725 (458)	1564 (1132)	66,7
Nahe				
Schloßböckelheim	9,7 (14,6)	520 (310)	1542 (1279)	73,3
Rheingau				
Geisenheim	9,9 (14,7)	536 (343)	1643 (1316)	73,0
Franken				
Würzburg	9,5 (15,2)	644 (321)	1731 (1411)	76,1
Ahr				
Ahrweiler	9,5 (13,9)	646 (420)	1384 (1092)	68,7
Baden				
Freiburg	10,3 (15,2)	944 (644)	1802 (1411)	79,2
Württemberg				
Weinsberg	9,5 (14,3)	737 (483)	1533 (1227)	

Klimaverhältnisse in österreichischen Weinanbaugebieten

	Jahresdurch-schnitts-Temperatur	Sonnenschein-dauer	Niederschläge pro Jahr in mm
Niederösterreich			
Krems	9,5	1789	528
Langenlois	9,2		534
Retz	9,1	1762	505
Baden	9,5	1740	717
Gumpoldskirchen	9,9	1774	693
Burgenland			
Eisenstadt	10,0	1945	666
Steiermark			
Leibnitz	8,9		947
Wien	9,6	1893	638

Schwüle aus, die vor allem in den stark besiedelten Kessellagen von wetterfühligen Menschen als unangenehm empfunden werden. Was der Mensch in diesem Falle als »Treibhausklima« beklagt, wirkt sich für die Reben besonders günstig aus. Dabei kommt ihnen noch die geringe Höhe über dem Meer, in der die Weinberge meistens angelegt sind, zugute. Denn die mittlere Temperatur fällt mit jeweils 100 m über dem Meer um 0,6 °C.

Was ist eigentlich eine *Weinbergslage?* Der Fachmann beurteilt den Wert einer Lage nach vier Faktoren:

1. Die *Seehöhe:* Die meisten Weinberge befinden sich in einer Höhe von 100 bis 400 m ü. M. Extrem sonnenreiche Klimazonen machen es gelegentlich notwendig, Weinberge in höheren Lagen anzulegen, wo die Temperaturen gemäßigter und Niederschläge häufiger sind. So zum Beispiel im Wallis, aber auch in Sizilien und einigen südamerikanischen Ländern, wo der Weinanbau in einer Seehöhe oberhalb 1000 m betrieben wird.
2. Die *Exposition:* Darunter versteht man die Ausrichtung der Weinberge in eine bestimmte Himmelsrichtung, wobei natürlich die Südlage durch die optimale Sonneneinstrahlung die beste ist. Reine Südlagen gehören fast stets zu den Spitzenlagen, doch auch Südost- oder Südwestlagen sind zu den guten Lagen zu zählen. Zweitrangig sind daneben die Ost- und Westlagen.
3. Die *Neigung:* Nicht von ungefähr hat sich in der deutschen Sprache der Begriff Weinberg durchgesetzt, obgleich die Weinberge mancherorts zugunsten der leichter zu bearbeitenden Weintäler aufgegeben werden. Ein mit Reben bewachsenes Grundstück, prosaischer ausgedrückt ein Rebgarten, bringt in den meisten Ländern dann die besten Ergebnisse, wenn es in einer Hanglage angelegt ist. Dabei erhalten die Blätter jedes Rebstockes eine größtmögliche Sonnenbestrahlung ohne durch die anderen Rebstöcke beschattet zu werden. Je steiler der Hang, desto optimaler die Bestrahlung, desto schwieriger aber auch die Bearbeitung und die Weinlese. Da einer mecha-

nischen Weinbergsbearbeitung am steilen Hang Grenzen gesetzt sind, werden neue Anlagen oft bevorzugt in der Ebene gepflanzt, indem man die Rebstöcke mit sehr breitem Abstand setzt. Auf diese Weise wird eine zu starke Beschattung der Pflanzen vermieden. Außerdem ist eine vollmechanische Bearbeitung mit Traktoren während des ganzen Jahres möglich.

4. Die *kleinklimatischen* Verhältnisse: Hinter dieser etwas verwirrenden Bezeichnung verbirgt sich die jeweils für das lokale Gebiet typische Witterung, die zum Beispiel durch bewaldete Gebiete, Flußläufe oder Seen beeinflußt wird. Die Vorteile, die sich für den Weinanbau aus diesen Faktoren ergeben, sind vor allem Schutz vor Kälte und heftigen Winden (durch bewaldete Bergkuppen), hohe Luftfeuchtigkeit (durch die Verdunstung an der Wasseroberfläche von Flüssen oder Seen) und intensive Sonneneinwirkung durch Reflexion der Sonnenstrahlen auf großen Wasserflächen.

Vergleicht man diese Aufzählung positiver Faktoren für die Weinbergslage mit den Standorten berühmter Weinberge, so erklärt sich deutlich, warum gerade die Weinberge an Rhein, Mosel, Saar, Main, Neckar, Donau, Rhône und Gironde sowie am Bodensee, Neusiedlersee, Neuchâteler See, Bieler See, Zürichsee und Plattensee einige der besten Produkte europäischer Weinerzeugung liefern.

Indes bilden alle diese klimatischen und Lagefaktoren gleichsam nur den äußeren Rahmen des Lebensraumes für den Rebstock. Sein Fundament ist im eigentlichen Sinne der Boden. Durch eine intensive Bearbeitung, wie Bodenlockerung oder Düngung, kann zwar der Nährstoffgehalt des Bodens und damit seine Funktionstüchtigkeit beeinflußt werden. Die grundsätzliche Unfähigkeit oder besondere Eignung, auf dem Boden zufriedenstellende Qualitäten anzubauen, werden damit allerdings kaum völlig gewandelt.

Gerade in der letzten Zeit hat man in der Praxis bei der Anlage neuer Weinberge die Bedeutung des Bodens zur Erreichung differenzierter Güte- und Geschmacksmerkmale erkannt. In seinem Weinbaubuch für den fortschrittlichen Weinbauern »Weinbau einmal anders« gibt Professor *Lenz Moser* allen Winzern, die vor der Frage einer Neuanlage eines Weinberges stehen, den Rat: »Wer nur eine unterdurchschnittliche Qualität erwarten kann, wer fürchten muß, seinen Wein nicht absetzen zu können, der soll Kartoffeln, Weizen, Rüben oder irgend etwas anderes anpflanzen. Den Anbau aller dieser Pflanzen kann man nach einem Jahr wieder ändern; einen Weingarten aber pflanzt man für das ganze Leben.«

In den meisten europäischen Weinbauländern ist die Anlage neuer Weinberge genehmigungspflichtig. Damit verbindet sich zugleich eine fachliche Beratung des Weinbauers durch Experten, die die Qualität des künftigen Weinberges aufgrund von Bodenanalysen und Beurteilungen seiner klimatischen und Lagefaktoren bewerten.

Bei der Begutachtung des Weinbergbodens spielt nicht nur der zutage tretende Boden, sondern auch der darunter liegende eine Rolle. Die Kenntnis vom gesamten Bodenprofil ist deswegen notwendig, da die Rebpflanze ein bis zu 16 m tief reichendes Wurzelsystem besitzt, das die Nährstoffversorgung auch aus den unteren Schichten des Bodens betreibt.

Es ist kein Zufall, daß einige der berühmtesten Weinbauregionen Europas jeweils fast übereinstimmende Bodenverhältnisse aufweisen. So zum Beispiel der für die Erzeugung von gehaltvollen und kräftigen Weinen bedeutsame Kalkboden, der das Bodenprofil der Weinberge an der Côte d'Or, dem besten Abschnitt burgundischen Weinanbaus, prägt, ebenso aber auch große Teile des Anbaugebietes von Bordeaux und auch — als Kalkgestein — in der Champagne sowie im andalusischen Sherry-Anbaugebiet. Stark kieselhaltige Oberflächen findet man zum Beispiel in den Weinbergen des Médoc und um Châteauneuf-du-Pape — jeweils Herkunftsgebiete hervorragender Rotweine.

Indes kann man nicht nur eine einzige Bodenschicht für den Charakter des Weines verantwortlich machen. Dafür sind die geologischen Formationen innerhalb der Weinanbaugebiete zu unterschiedlich und die Schichtungen des

Weinbergbodens aufgrund jahrhundertelanger Bodenbearbeitung und Bodenbewegung zu verschieden. Die nachstehende Tabelle ist daher als eine allgemeine Übersicht zur ersten Orientierung zu verstehen. Gerade bei der Zuordnung der weingeschmacklichen Eigenarten spielt neben dem Faktor Klima und Boden die Rebsorte die größte Rolle.

Zur Weinerzeugung dient die Edelrebe mit der botanischen Bezeichnung *Vitis vinifera L. sativa,* von der es auf der Welt etwa 8000 Sorten gibt. Sie hat sich aus den Wildreben Europas *(Vitis vinifera silvestris)* und des Kaukasus entwickelt, die man auch heute noch in den Flußtälern verbreitet vorfindet. Schon in der Antike kannte man die unterschiedliche Eignung gewisser Sorten für den Weinanbau. Häufig wurden die Sorten nach den Orten benannt, an denen sie im Anbau vorherrschten. Nach einer Darstellung des Römers *Plinius* gab es im 1. Jahrhundert v. Chr. etwa 80 Sorten im italienischen Weinhandel, von denen etwa zwei Drittel in Italien angebaut wurden.

Die heutige Sortenvielfalt erfährt durch die intensive Züchtung neuer Sorten noch eine ständige Bereicherung, wobei allerdings die Bedeutung der meisten Neuzüchtungen für die Weinbaupraxis relativ gering ist. Mit Ausnahme einiger deutscher Anbaugebiete, in denen die Neuzüchtungen inzwischen über 10 % des Rebsortimentes ausmachen, halten die meisten Winzer an den klassischen Rebsorten fest. Damit entsprechen sie gewiß auch den Wünschen der meisten Weinliebhaber, die sich offenbar an neue Sorten weder in der Namensgebung noch in ihren geschmacklichen Eigenarten gewöhnen können. Tatsächlich liegen die Vorteile der Neuzüchtungen in weinbautechnischen Bereichen, indem sie weniger krankheits- und frostgefährdet sind, früher reifen und häufig auch regelmäßigere sowie höhere Erträge und Mostqualitäten liefern als manche klassische Sorte.

Diese Unterscheidungen gelten im übrigen fast nur für den deutschen Weinanbau, während in den übrigen europäischen Weinbauländern ausschließlich die traditionellen Reben gepflanzt werden. Ihre Verbreitung verdanken sie vor allem ihrer jeweiligen Eignung für die Boden- und Klimaverhältnisse einer Weinbauregion. In den letzten zwei Jahrhun-

Vorherrschende Weinbergsböden in ausgewählten Anbauregionen

Steinböden	Sandböden	Löß- und Lehmböden	Kalkmergel — Kalkgestein	Ton/Keuper
Mosel Mittelrhein Ahr Kaiserstuhl Nördliche Côtes-du-Rhône Tokaji (Ungarn) Frascati (Mittelitalien) Südburgenland Wallis	Neusiedler See Lirac, Tavel (Côtes du Rhône) Alföld (Ungarische Tiefebene) Sables du Golfe du Lion (Listel, Südfrankreich)	Rheinhessen Rheinpfalz	Côte d'Or (Burgund) Champagne, Sherry Pouilly, Sancerre (Loire) St. Emilion, Graves (Bordeaux) Chablis (Burgund) Barolo (Piemont)	Mosel, Rüdesheim (= Tonschiefer) Württemberg, Nordbaden, Franken

Dominierende Geschmacksrichtungen der Weine aufgrund bestimmter Bodenarten

rassig, kernig, säurereich, spritzig bis elegant und körperreich, vollmundig, feurig und charaktervoll	kräftig und mild, relativ wenig Bukettstoffe	duftig, blumig, fein bis voll und kräftig (bei Lehmböden)	saftig, kräftig, gehaltvoll	würzig, erdig

derten hat sich somit in allen wichtigen Weinbaugebieten ein bestimmtes Sortiment von Rebsorten gebildet, mit dem das Weinangebot charakteristisch geprägt ist.

So dominiert zum Beispiel im Rheingau, an Mosel, Saar, Ruwer und am Mittelrhein der *Riesling.* An der Côte d'Or in Burgund der *Pinot noir* und *Chardonnay,* im Beaujolais-Gebiet die *Gamay*-Rebe. In anderen Gebieten wiederum bildet sich ein sehr vielfältiges Rebensortiment, mit dem jedoch nicht immer auch ein sortenreiches Weinangebot verbunden ist. So werden zum Beispiel in Bordeaux für einen Rotwein drei bis vier Sorten angebaut, im Gebiet von Châteauneuf-du-Pape bis zu dreizehn verschiedene Sorten. Das Ergebnis ist in beiden Fällen jeweils nur eine Rotweinsorte, die übrigens auf ihrem Etikett keinen Namen der Rebsorten trägt, aus denen sie gewonnen wurde.

Die Rebsortenangaben findet man auf dem Flaschenschild lediglich bei jenen Weinen, bei denen eine oder zwei Sorten den Charakter eines Weines prägen. Das ist vorwiegend bei den deutschen, österreichischen, elsässischen und schweizerischen Weinen der Fall. In der Westschweiz zum Beispiel werden allerdings nicht die originalen Rebsortennamen verwandt, sondern lokal geprägte Bezeichnungen (Synonyme) benutzt, wie zum Beispiel *Fendant, Dorin* oder *Perlan* für den *Chasselas (Gutedel).* Derartige Synonyme sind in der *Ampelographie,* der Wissenschaft von der Rebe, sehr verbreitet. Dies hängt zum Teil mit der langen, oft schwer zu erkundenden Geschichte zusammen, die viele Rebsorten aufweisen. Außerdem erfolgte ihre Verbreitung im europäischen Weinanbau und in der Neuen Welt oft auf eigenartigen Wanderungswegen, deren Verlauf sich heute nicht mehr mit Sicherheit rekonstruieren läßt.

So besitzt beinahe jede klassische Rebsorte ihre geradezu spannende Story, die sich nicht selten im Dunkel der Legende verliert und zu entsprechend heftigen Disputen über den Ursprung der Sorte Anlaß gibt.

Selbst bei einer so modernen Sorte wie die *Müller-Thurgau,* die Ende vorigen Jahrhunderts von dem Weinwissenschaftler Professor *Dr. Müller* aus einer Kreuzung geschaffen wurde, weiß man nicht mit letzter Genauigkeit die

Rebsorten und ihre Weinqualität

Sortenbez.[1]	Synonyme	Weinart	Anbaugebiete[2]	Qualität[3]	Geschmacksrichtung	Lagerfähigkeit[3]
Alicante		rot	Spanien, Italien, Frankreich	mittel bis gut	vollmundig, warm	mittel bis gut
Aligoté		weiß	Frankreich	mittel	kräftig, fruchtig	gering
Amigne		weiß	Wallis	mittel	kräftig, stark säurebetont	gut
Arvine		weiß	Wallis	mittel	voll, markant	gut
Auxerrois		weiß	Frankreich, Deutschland, Luxemburg	mittel bis gut	mild, körperreich	mittel bis gut
Bacchus	(Neuzüchtung aus Silvaner-Riesling × Müller-Thurgau)	weiß	Deutschland	mittel bis gut	fruchtig, extraktreich	relativ gut
Bouvier		weiß	Österreich	mittel	mild, Muskatbukett	gering
Cabernet franc		rot	Frankreich, Italien	mittel	kräftig, herb	mittel bis gut
Cabernet Sauvignon		rot	Frankreich, Italien, USA, Australien, Südafrika	gut bis sehr gut	edel, rassig, kräftig	gut bis sehr gut
Chardonnay	(Variante des Weiß-burgunders)	weiß	Frankreich, Italien, Nordamerika, Südafrika, Australien	gut bis sehr gut	elegant, stoffig, gefällig	gut

Chenin Blanc		weiß	Frankreich, USA, Südafrika, Australien	gut	süffig, harmonisch	mittel
Ehrenfelser	(Neuzüchtung aus Riesling × Silvaner)	weiß	Deutschland	gut	fruchtig, riesling-ähnlich	gut
Faber	(Neuzüchtung aus Weißer Burgunder × Müller-Thurgau)	weiß	Deutschland	gut	leichtes Muskat-bukett, fruchtig, frisch	mittel
Freisamer	(Neuzüchtung aus Silvaner × Ruländer)	weiß	Deutschland	gut	füllig, rassig, neutral	mittel bis gut
Frühburgunder	Madeleine noir, Pinot Madeleine	rot	Deutschland, Frankreich	mittel bis gut	ansprechend, süffig	relativ gut
Frühroter Veltliner	Malvasier	weiß	Österreich	mittel	extraktreich, mild	mittel
Furmint	Gelber Mosler	weiß	Ungarn, Jugoslawien	gut bis sehr gut	feurig, alkohol-reich	gut bis sehr gut
Gamay		rot	Frankreich, Schweiz	mittel	fruchtig, harmonisch	gering bis mittel
Grenache noir		rot	Frankreich, Kalifornien	mittel bis gut	kraftvoll, feurig	gut
Grüner Veltliner	Grünmuskateller, Grüner, Weißgipfler	weiß	Österreich, Ungarn	mittel bis gut	spritzig, fruchtig-würzig, pfeffrig	mittel
Gutedel	Chasselas, Fendant, Dorin, Perlan,	weiß	Deutschland, Schweiz, Österreich, Ungarn, Tschechoslowakei	mittel	süffig, leicht, mild	gering

1 Es wurden die auf dem Weinetikett aufgeführten Bezeichnungen und nicht die ampelografischen Fachbezeichnungen gewählt: z. B. Silvaner anstelle Grüner Silvaner

2 Genannt sind lediglich die wichtigsten Anbaugebiete

3 Hierbei handelt es sich um Durchschnittsbewertungen, so daß Abweichungen auf jeden Fall möglich sind.

▽

Sortenbez.[1]	Synonyme	Weinart	Anbaugebiete[2]	Qualität[3]	Geschmacksrichtung	Lagerfähigkeit[3]
Helfensteiner	(Neuzüchtung aus Frühburgunder × Trollinger)	rot	Deutschland	mittel	neutral, gefällig	mittel
Heroldrebe	(Neuzüchtung aus Portugieser × Limberger)	rot	Deutschland	mittel	neutral, leicht, ziemlich rassig	mittel
Humagne		weiß	Wallis	mittel	herb, belebend	mittel bis gering
Huxelrebe	(Neuzüchtung aus Gutedel × Courtillier musqué)	weiß	Deutschland	mittel bis gut	voll, rassig, feines Muskatbukett	mittel
Kadarka		rot	Ungarn	gut	rassig, feurig	gut
Kanzler	(Neuzüchtung aus Müller-Thurgau × Silvaner)	weiß	Deutschland	gut	füllig, ausgeprägtes Bukett, vollmundig	mittel bis gut
Kerner	(Neuzüchtung aus Trollinger × Riesling)	weiß	Deutschland	gut	rieslingähnlich, frisch, fruchtig	gut
Limberger	Blaufränkisch, Lemberger, Kekfrankos	rot	Österreich Württemberg, Jugoslawien, Ungarn	mittel bis gut	kräftig, voll, anregende Säure	mittel
Lindenblättriger	Harslevelü	weiß	Ungarn	gut	rund, harmonisch, elegant	mittel
Merlot		rot	Frankreich, Schweiz, Italien, Jugoslawien, Chile, Argentinien, USA, Australien, Südafrika	mittel bis gut	harmonisch, warm	mittel

Morio-Muskat	(Neuzüchtung aus Silvaner × Weißer Burgunder)	weiß	Deutschland	gut bis sehr gut	füllig, wuchtig, kräftiges Muskatbukett	mittel bis gut
Müllerrebe	Schwarzriesling, Pinot meunier	rot	Frankreich, Österreich, Jugoslawien, Deutschland	gut	leicht, frisch, angenehm	mittel bis gut
Müller-Thurgau	Riesling × Silvaner	weiß	Deutschland, Schweiz, Österreich, Südtirol, Jugoslawien, Ungarn, Tschechoslowakei, Luxemburg	mittel	mild, leicht, blumig, duftig	gering
Muskat-Ottonel		weiß	Österreich, Elsaß, Deutschland	mittel bis gut	kräftiges Bukett, mild	mittel
Muskateller	Moscatel, Moscatello bianco, Muskataly	weiß	Italien, Frankreich, Spanien, Portugal, Ungarn, Jugoslawien, Bulgarien, Rußland, Südamerika	mittel bis gut	starkes Bukett, leicht bis kräftig, mild	mittel bis gut
Nebbiolo		rot	Italien	sehr gut	voll, rassig	sehr gut
Neuburger	(Kreuzung Weißburgunder × Silvaner?)	weiß	Österreich	mittel bis gut	voll, kräftig, mild	gut
Nobling	(Neuzüchtung aus Silvaner × Gutedel)	weiß	Deutschland	gut	körperreich, fruchtig	gut
Optima	(Neuzüchtung aus Silvaner-Riesling × Müller-Thurgau)	weiß	Deutschland	gut	duftig, elegant, rassig	mittel

▽

Sortenbez.[1]	Synonyme	Weinart	Anbaugebiete[2]	Qualität[3]	Geschmacksrichtung	Lagerfähigkeit[3]
Ortega	(Neuzüchtung aus Müller-Thurgau × Siegerrebe)	weiß	Deutschland	gut	harmonisch, voll erinnert an Siegerrebe	gut
Perle	(Neuzüchtung aus Gewürztraminer × Müller-Thurgau)	weiß	Deutschland	mittel	blumig, leicht	mittel
Portugieser	Blauer Portugieser, Oporto	rot	Österreich, Deutschland, Ungarn, Jugoslawien, Frankreich	mittel	süffig, leicht	gering
Räuschling	Zürirebe, Thunerrebe, Welsche	weiß	Zürichsee	gering bis mittel	kräftig, säurebetont	gering
Rieslaner	(Neuzüchtung aus Silvaner × Riesling)	weiß	Deutschland	mittel bis gut	neutral bis gehaltvoll, rassig	mittel bis gut
Riesling	Rheinriesling, Riesling renano, Petit Rhin, Rajinski Rizling	weiß	Deutschland, Österreich, Elsaß, Jugoslawien, Südtirol, Schweiz, Australien, Südafrika, Kalifornien, Chile	sehr gut	fruchtig, rassig	sehr gut
Rotgipfler	Reifler	weiß	Österreich	gut bis sehr gut	extraktreich	sehr gut
Ruländer	Grauburgunder, Pinot gris, Grauklevner, Tokayer, Malvoisie, Szurkebarát	weiß	Deutschland, Elsaß, Österreich, Schweiz, Jugoslawien, Ungarn, Italien	gut	füllig, kräftig, wuchtig	teilweise sehr gut, sonst mittel bis gut

San Giovese		rot	Italien	gut	kräftig, gehaltvoll	gut
Saint Laurent		rot	Österreich, Deutschland, Frankreich	gut	gehaltvoll, feines Bukett	relativ gut
Sauvignon	Sauvignon blanc, Muskat-Sylvaner	weiß	Frankreich, Österreich, Jugoslawien, USA, Australien, Südafrika	gut bis sehr gut	extraktreich, rund, voll	gut
Scheurebe	(Neuzüchtung aus Silvaner × Riesling)	weiß	Deutschland, Österreich	mittel bis gut	harmonisch, körperreich, mit typischem Aroma	mittel
Sémillon		weiß	Frankreich, USA, Australien, Südafrika	gut	voll, rassig, alkoholreich	gut
Siegerrebe	(Neuzüchtung aus Madeleine angevine × Gewürztraminer)	weiß	Deutschland	mittel bis gut	extraktreich, intensives Bukett, füllig, wuchtig	mittel
Silvaner	Sylvaner, Johannisberg, Gros Rhin	weiß	Deutschland, Schweiz, Südtirol, Österreich, Rumänien, Ungarn, Jugoslawien, Tschechoslowakei	mittel bis gut	neutral, blumig, voll, mild	gering bis gut
Spätburgunder	Blauburgunder, Blauer Spätburgunder Pinot noir, Pinot nero, Klevner	rot	Frankreich, Schweiz, Deutschland, Österreich, Ungarn, Rumänien, Jugoslawien, Tschechoslowakei, Nord- und Südamerika, Südafrika, Australien, Neuseeland	sehr gut	samtig-feurig	sehr gut

▽

Sortenbez.[1]	Synonyme	Weinart	Anbaugebiete[2]	Qualität[3]	Geschmacksrichtung	Lagerfähigkeit[3]
Traminer/Gewürztraminer	Clevner, Klävner	weiß	Deutschland, Österr., Frankr., Ungarn, Jugoslawien, Italien, Kaliforn.	gut bis sehr gut	alkoholreich, säurearm, feines Bukett, würzig, rassig	gut
Trollinger	Groß-Vernatsch, Meraner Kurtraube, Black Hamburg, Gros bleu	rot	Württemberg, Südtirol, als Tafeltraube in Belgien, Holland, England (unter Glas)	mittel	rassig, frisch	gering
Verdichio		weiß	Italien	mittel bis gut	harmonisch, angenehm herb	mittel
Weißer Burgunder	Weißburgunder, Weißer Klevner Clevner, Clävner, Pinot blanc (Chardonnay)	weiß	Frankreich, Italien, Schweiz, Österreich, Deutschl., Jugoslawien, Kalifornien	gut	voll, mild, kräftig	gut bis sehr gut
Welschriesling	Riesling italico	weiß	Österr., Jugoslawien, Italien, Rumänien, Bulgarien, Tschechoslow.	mittel	neutral, feines Bukett	gut
Wildbacher	Schilcher	rot	Steiermark	mittel	würzig, rauh	gering
Zierfandler	Spätrot, Rubiner	weiß	Österreich, Ungarn, Jugoslawien	gut	extraktreich, fein-blumig	gut
Zweigeltrebe	(Neuzüchtung aus Blaufränkisch × St. Laurent)	rot	Österreich	mittel	mild, ähnelt dem St. Laurent	mittel

Kreuzungseltern zu bestimmen. In der offiziellen Lesart werden dafür Riesling und Silvaner genannt. So heißt die Müller-Thurgau-Rebe auch heute noch in der Schweiz. Doch sprechen einige Untersuchungsergebnisse dafür, daß sie aus einer Kreuzung Riesling × Riesling stammt.

Bei anderen Sorten hofft man den Ursprung folgerichtig an ihrer Bezeichnung ausfindig zu machen. Bei der *Portugieserrebe* zum Beispiel, die dem Namen entsprechend aus Portugal stammen müßte. Im Jahre 1770 soll sie angeblich nach Österreich gebracht worden sein, was jedoch von einigen Experten stark bezweifelt wird, da eine solche Rebe scheinbar niemals in Portugal angebaut wurde.

Da verhält es sich mit dem *Traminer* offenbar schon ein wenig eindeutiger. Doch die Vermutung, er stamme aus der Gegend um das südtiroler Weindorf Tramin, läßt sich ebenfalls nicht hundertprozentig absichern. Der *Trollinger* könnte — wenn man seinen Namen über Tirolinger ableitet — auch aus Tirol oder Trentin stammen. Seltsamerweise heißt der Trollinger in Südtirol jedoch *Groß-Vernatsch.* Dieses Rätselraten über die Herkunft der alten Sorten läßt sich noch um einiges fortsetzen: Woher stammt der *Riesling* — von der rheinischen Wildrebe oder wurde er von *König Ludwig dem Deutschen* im 9. Jahrhundert an den Rhein gebracht? Kommt der *Gutedel* tatsächlich aus der Türkei? Ist der *Muskateller* eine der ältesten Kulturreben, die ihre Heimat in Kleinasien hat? Da ist es schon gut zu wissen, daß der *Silvaner* seinen Namen nach der Herkunft aus *Transsilvanien (Siebenbürgen)* führt, wo er sich offenbar aus der Donau-Wildrebe entwikkelt hat. Oder der *Ruländer* — als Synonym für die französische Burgunderspielart *Pinot gris (Grauburgunder)* — von einem Kaufmann namens *Johann Seger Ruland* Anfang des 18. Jahrhunderts in der Pfalz verbreitet wurde.

Wichtig ist es in diesem Zusammenhang, daß die Edelrebe im europäischen Weinanbau seit Ende des vergangenen Jahrhunderts nicht mehr in ihrer ursprünglichen Form gepflanzt wird. Als nach 1870 die *Reblaus* aus Amerika über England kommend große Teile der Rebpflanzungen in Europa vernichtete, indem die gefräßigen Schädlinge vor allem das Wurzelwerk der Pflanzen zerstörten und es bis heute keine Möglichkeiten zur Ausrottung dieses Parasiten gibt, müssen alle europäischen Edelreben auf sogenannten *Unterlagsreben* gepfropft werden. Diese aus Amerika stammenden Unterlagsreben mit der botanischen Fachbezeichnung *Vitis Berlandieri* sind gegenüber der Reblaus immun. Um die Qualität und Eigenart der europäischen Kulturreben trotz Reblausinvasion zu erhalten, werden die Edelreiser dieser Sorten auf den amerikanischen Unterlagen aufgepfropft.

Die früher gelegentlich praktizierten Kreuzungen zwischen amerikanischen und europäischen Reben, aus denen die sogenannten *Direktträger (P.D. = Producteur direct)* oder *Hybriden* erzeugt wurden, liefern meist Weine von minderer Qualität und sind daher für den Weinanbau in den meisten europäischen Ländern verboten. Die in Amerika heimischen Sorten kommen für den europäischen Weinanbau ohnehin nicht in Betracht, da ihre Weine über einen eigenartigen Beigeschmack verfügen, den *Fox- oder Fuchston.* Die amerikanischen Winzer haben daher in den letzten Jahrzehnten bei der Neuanlage von Weinbergen bevorzugt aus Europa eingeführte Edelreiser gepflanzt, so daß heute in der Neuen Welt das Rebensortiment mit dem der bedeutenden europäischen Anbaugebiete zu vergleichen ist.

Von den zuvor erwähnten 8000 Sorten der Edelrebe haben für die Weinbaupraxis weltweit nur einige wenige hundert Sorten Bedeutung. Ein deutscher Winzer könnte zum Beispiel bei der Anlage eines Weinberges theoretisch auf eine Auswahl von etwa 100 verschiedene Rebsorten für Weiß- und Rotweine zurückgreifen. Davon sind allein 30 Sorten Neuzüchtungen, die noch für ihre Bewährung in der Praxis geprüft werden. Weitere 30 Sorten haben zwar den Schutz des Bundessortenamtes erhalten, da sie in die Sortenliste aufgenommen wurden, doch damit erhielten noch nicht alle Sorten den ungeteilten Beifall von Winzer und Weinkonsument. Somit bleibt ein gutes Dutzend älterer Sorten, die aus vielerlei Gründen heute überholt sind. Aus der Gruppe der restlichen klassischen Sorten stehen dann unserem Winzer lediglich die Sorten zur Verfügung, die sich speziell in die Umweltbedingungen seines Weinberges einfügen.

Hier also schließt sich der Kreis, indem das Zusammenspiel zwischen Klima, Boden, Lage und Rebsorte eine optimale Angleichung und Ergänzung aller Faktoren ergibt. Sind diese natürlichen Voraussetzungen vorhanden, liegt es nun am Winzer, welche Resultate er durch seine Arbeit und Geschicklichkeit aus dieser Grundformel entwickelt.

BEWAHREN, VERBESSERN, VEREDELN:

Kultivierung und Pflege von Weinberg und Rebstock

Dieses Kapitel behandelt einen Teil der Weinerzeugung, der in vielen populären Wein-Büchern meist ein wenig zu kurz kommt oder überhaupt nicht erwähnt wird. Die Autoren unterliegen dabei der irrigen Meinung, das Geschehen im Weinberg sei ohnehin beinahe überall gleich und — abgesehen von der Traubenlese — so wenig spektakulär, daß es sich kaum lohnt, darauf im einzelnen noch einzugehen.

Diese Auffassung ist typisch für die oft vertretene Ansicht, daß der Wein nun mal eben im Keller gemacht würde und die Trauben dazu nicht mehr als ein beliebig austauschbares Ausgangsprodukt seien.

Man mag einer solchen Wein-Philosophie höchstens noch dann zustimmen, wenn es um die Erzeugung preiswerter Markenweine geht, bei denen tasächlich die Qualität des Lesegutes notfalls auch eine zweitrangige Rolle spielen kann, da es die modernen kellertechnischen Methoden durchaus ermöglichen, eventuelle Mängelerscheinungen bis zu einem gewissen Grade wieder auszubügeln.

Da sich unser Buch jedoch vorwiegend mit den erwähnenswerten Weinen der gehobenen Qualitäten befaßt, bedarf auch der entscheidende Abschnitt der Weinerzeugung, der sich im Weinberg vollzieht, einer genaueren Darstellung.

Wer einmal eine Reihe von Weinbergen, Weingärten und Weinplantagen besichtigt und anschließend deren Weine verkostet hat, wird von der Bedeutung überzeugt sein, die der Pflege des Weinstocks vor allem während seiner Vegetationszeit zufällt. Fast immer ist nämlich ein direkter Zusammenhang zwischen gut gepflegten Weinbergen und gut geratenen beziehungsweise gut gepflegten Weinen zu erkennen. Vielleicht ist es heute etwas unmodern geworden, von der Arbeit des Winzers im Weinberg zu sprechen, weil deren Beschreibung allzu rasch pathetisch gerät, so daß sie fast ein wenig unglaubhaft, ziemlich kitschig sogar, auf jeden Fall aber unzeitgemäß klingt.

Doch warum sollten nicht die Verse eines *Hans Sachs,* im 16. Jahrhundert geschrieben, noch heute Gültigkeit haben:

»Ich bin ein Häcker im Weinberg,
im Frühling hab' ich hart' Werk
mit Graben, Pelzen und mit Hauen,
mit Feldstoßen, Bauen und Pflanzen
mit Aufbinden, Schneiden der Reben,
bis im Herbst die Trauben Wein geben.«

Geben wir ruhig zu, daß uns die Zahlen technischer Superleistungen, die mit fortschrittlichen Methoden ja auch in der Weinbergsarbeit und bei der Traubenlese zu verzeichnen sind, wesentlich mehr imponieren als die Plackerei eines Weinbauerns mit steinigem Boden, empfindlichen Rebpflanzen und alle dem schwierigen Drumherum, das nun einmal die Tätigkeit des Winzers nicht gerade zum Honigschlecken macht.

Nicht von ungefähr findet man daher gerade in den Weinbaugebieten mit extrem steilen Lagen und harten Böden immer häufiger verwilderte Weinberge, die von ihren Besitzern aufgegeben wurden. Vielfach haben nach einem Generationswechsel in den Winzerbetrieben die jungen Leute attraktivere Angebote in einer anderen Stellung angenommen; etwas Weinanbau betreiben sie dann vielleicht noch im Nebenerwerb oder als sogenannte Feierabendwinzer.

Tatsächlich steht der erforderliche Arbeitsaufwand für die Reben- und Bodenpflege in Steillagen oft in keinem rentablen Verhältnis zum Einkommen, das hier aus der Weinerzeugung zu erwirtschaften ist. So muß ein Winzer an der *Mosel,* in einem Gebiet mit zahlreichen Steillagen, beim Flaschen-

Grundformel der natürlichen Voraussetzungen für die Erzeugung von Spitzenweinen in Beispielen:

Rebsorte	Lage/Exposition	+ Weinbergsboden	+ Klima	= Spitzenwein
Riesling	+ Steillage/Südausrichtung	+ Schiefer	+ geschütztes Flußtal (Mosel)	= **Bernkasteler Doktor, Graacher Domprobst, Wehlener Sonnenuhr, Erdener Treppchen (Mosel)**
Riesling	+ Steillage/Südausrichtung	+ Schiefer- und Quarzitverwitterungsböden	+ geschütztes Flußtal (Rhein gegenüber Nahemündung)	= **Rüdesheimer Berg (Rheingau)**
Traminer, Ruländer, Spätburgunder	+ steile Hanglagen/Südausrichtung	+ Basaltverwitterungsgestein mit Lößauflage	+ sehr hohe Sonnenintensität (bis 70° am Boden), geschützt	= **Ihringer Winklerberg, Achkarrener Schloßberg u. a. Kaiserstuhl-Lagen**
Riesling	+ Steillage/Südausrichtung	+ Muschelkalk	+ kontinental-maritimes Klima, geschützte Lage durch Flußtal (Main)	= **Würzburger Stein, Würzburger Leiste (Franken)**
Riesling	+ Steillage/Südost	+ Schieferletten »Rotliegendes«	+ sehr warm, starke Sonnenreflexion durch den Rhein, relativ hohe Luftfeuchtigkeit	= **Niersteiner Rehbach, Auflangen (Rheinhessen)**
Chardonnay	+ Hanglage/Süden	+ Muschelkalk	+ relativ kalte Winter, warme Sommer, gemäßigtes Herbstklima	= **Chablis Grand Cru (Burgund)**
Pinot noir	+ Hanglage/Ost- und Südostausrichtung	+ Mergel, Kalkstein, Sandstein, Lehm	+ warme, lange Sommer, relativ gemäßigte Winter	= **Côte d'Or (Burgund)**
Furmint	+ Hanglagen/Südausrichtung	+ Vulkangestein mit sandigem Lehm	+ warme, sehr lange Sommer	= **Tokaijer (Ungarn)**

weinabsatz zur Deckung seiner Kosten im Durchschnitt mindestens 3,66 DM pro Liter erzielen, während bei gleichen Hektarerträgen ein Winzer in der *Rheinpfalz,* wo die Hang- und Flachlagen dominieren, zur reinen Unkostendeckung mit 2,82 DM pro Liter auskommt.

Diese Differenz ergibt sich bereits aus den sehr unterschiedlichen Arbeitskosten bei der Bestellung des Weinberges. Bei den sogenannten *Stockarbeiten,* also dem Rebschnitt und den Laubarbeiten, liegen die Arbeitskosten in den Steillagen um etwa 80 % über denen in Hanglagen. Bei der *Bodenbearbeitung* bewegen sie sich aufgrund fehlender Möglichkeiten der Mechanisierung in den Steillagen bis 350 % über denen in den Hanglagen und bei der Düngung sind die Kosten in den Steillagen etwa 100 % höher.

Bei somit wesentlich höherem Arbeitsaufwand sind indes die Erlösmöglichkeiten für den Weinbaubetrieb in Steillagen nicht wesentlich günstiger als in Hang- oder Flachlagen. Denn ein *Moselwein* zum Beispiel erzielt auf dem Verbrauchermarkt in der Bundesrepublik einen Durchschnittsverkaufspreis von DM 5,47 pro Liter (im Jahre 1986), während demgegenüber ein Wein von der *Rheinpfalz* DM 4,91 pro Liter und aus Rheinhessen DM 5,64 pro Liter gemäß der Marktforschungsstatistik kostet.

Dieser kurze Ausflug in die betriebswirtschaftliche Seite des Weinanbaus mag zugleich verdeutlichen, daß die Anbautechnik auch als Kostenfaktor keineswegs unterschätzt werden sollte.

Wer einmal verschiedene europäische Weinanbaugebiete besucht hat und seine Eindrücke von Art und Zustand der Weinbergsanlagen miteinander vergleicht, wird leicht feststellen, daß die namhaften Qualitätsweinregionen auch über die gepflegtesten Rebflächen verfügen. In der mitteleuropäischen Kulturlandschaft stellen die gradlinig ausgezeilten Weingärten mit ihren manchmal imposant terrassierten Lagen und ummauerten Einfassungen ohne Zweifel einen der markantesten Anblicke in unserer Natur dar. Seien es nun die sich bis zu dreißig Terrassen auftürmenden Weinberge des *Wallis* oder am Ufer des *Genfer Sees,* die elegant an unzähligen Schleifen entlang verlaufenden Steillagen der *Mosel* oder die endlosen Rebfelder moderner Neuanlagen in *Südosteuropa* oder *Kalifornien* — stets vermittelt dieses Rebenmeer dem interessierten Betrachter einen ganz speziellen Eindruck, der noch durch das herbstlich buntgefärbte Laub der Weinstöcke oder die winterlich verschneite Gestalt eines Weinberges mit seiner betont geographischen Exaktheit der unzähligen Rebzeilen an zusätzlichem Reiz gewinnt.

Hat der Rebstock im Dezember seine Blätter verloren, dann zeigt sich dem interessierten Betrachter am deutlichsten, daß es in der Art der Anpflanzung und im Wachstum dieser Pflanze doch beachtliche Unterschiede gibt.

Würde man der Rebe in ihrem oft ungestümen Wachstum völlig freien Lauf gewähren, dann nähme sie rasch die Form einer wild wachsenden Schlingpflanze an — aus deren botanischer Familie sie ja auch stammt — und dabei würde sie alles umklammern, was sich ihr gerade als Halt anbietet.

Bereits in frühesten Zeiten des Weinanbaus haben die antiken Weinbauern erkannt, daß auf diese Weise kaum gleichmäßige und gute Traubenernten einzubringen sind. Zwar hat die Rebe in südeuropäischen Ländern noch bis ins Mittelalter (in ganz wenigen Ausnahmen sogar bis heute) sich an Bäumen emporgerankt, doch in der kultivierten Form des Weinanbaus entschied man sich schon sehr früh dafür, der Rebe durch bestimmte *Erziehungssysteme* eine ganz spezielle Form des Wachstums zu geben.

Heute verwendet man in der Weinbaupraxis einige wenige grundsätzlich verschiedene Reb-Erziehungsmethoden, die ihrerseits jeweils wieder einige Abwandlungen untereinander zeigen.

Je nach der Höhe, welche die Rebpflanze im Wachstum erreichen soll, unterscheidet man zwischen einer niedrigen, einer mittelhohen und einer hohen Erziehungsart. Die wichtigste Maßnahme, die Erziehungsart der Rebpflanze zu bestimmen, besteht im *Rebschnitt.* Der Winzer schneidet zwischen November und März, wenn die Rebpflanze ihre Saftproduktion im Winter einstellt, mit der Rebschere das Rebholz auf eine bestimmte Länge zurück. Die verbleibenden Zweige, die der Winzer als altes Holz bezeichnet, werden in eine bestimmte Form gebracht.

Bei den *niedrigen Erziehungsarten* wird ein kurzer Stamm angestrebt, der meist nicht höher als 40 cm ist. Ein typisches Beispiel dafür ist die sogenannte *Kopferziehung,* bei der das alte Holz ungefähr die Form eines Kopfes zeigt. Daraus sprießt dann das »einjährige Holz« *(Fruchtholz),* das auf *Zapfen* mit je zwei bis vier *Knospen* oder *Augen* am Stamm geschnitten wird. Und hier setzt bereits eine entscheidende Voraussetzung zur Qualitätsweinerzeugung ein. Reduziert der Winzer das einjährige Holz bis zu vier Augen, dann gibt er der Rebpflanze die Möglichkeit, mehr Fruchttriebe zu entwickeln und damit wahrscheinlich auch reichhaltiger im Fruchtansatz zu sein. Schneidet er jedoch mehr einjähriges Holz ab, so wird die Rebe ihre gesamte Kraft ausschließlich auf das Wachstum relativ weniger Triebe konzentrieren können, so daß die sich später bildenden Trauben in ihrem Zukkergehalt gegenüber den reicher tragenden Stöcken begünstigt sind.

Neben der Kopferziehung, die vor allem in südeuropäischen Weinbaugebieten praktiziert wird, gibt es die Variante der *Bockerziehung.* Hierbei weist der Stamm eine Höhe von höchstens 20 cm auf, um sich dann in zwei bis fünf Schenkel aufzuteilen, an denen jeweils zwei bis drei Augen sitzen. Dieses Erziehungssystem ist in Frankreich, Italien, Spanien und Portugal verbreitet. Die Pflanzen entfalten sich dabei buschartig. Das hat natürlich seine Vor- und Nachteile, da die Blätter und Trauben ziemlich nah über dem Boden wachsen. Das bedeutet: sie profitieren direkt von der Strahlungswärme, die vom Boden ausgeht, im Winter werden sie durch sich auf dem Kopf ansammelnden Schnee gegenüber Frost geschützt. Die Nachteile liegen in der Beschmutzung des Traubengutes bei starken Regenfällen und vor allem in einem hohen Arbeitsaufwand für die Pflege der Pflanze.

Auch die sogenannte *mittelhohe Erziehungsform* der Rebe ist mit einem hohen Arbeitsaufwand verbunden, zumal auch hier der Vollmechanisierung Grenzen gesetzt sind. Zudem sind die etwa 40—80 cm hohen Stämmchen besonders vom Winterfrost bedroht. Demgegenüber stehen aber die Vorzüge dieses Systems: meist zufriedenstellende bis gute Erträge.

Im Gegensatz zu den verbreitet niedrigen Erziehungsarten sind die mittelhohen und *hohen Kulturen* stets mit Unterstützungssystemen für die Rebe verbunden. In den meisten Fällen bilden zwischen Pfählen gespannte Drähte oder einzelne Stöcke diese Unterstützung, an denen Zweige, der Winzer nennt sie auch Ruten, festgebunden werden. Dabei hat der Weinbauer die Wahl zwischen verschiedenen Möglichkeiten, die *Fruchtruten* zu biegen. Dies kann zum Beispiel in der Form eines Halbbogens oder eines ganzen Bogens geschehen, wobei letzterer vor allem an Pfählen praktiziert wird, während Flachbogen oder Halbbogen an Drahtrahmen gebunden werden.

In der Hochkultur, die von dem Österreicher Prof. Dr. Lenz Moser entwickelt wurde und sich innerhalb weniger Jahrzehnte in vielen Weinbauländern durchgesetzt hat, erreicht der Stamm des Rebstockes eine Höhe von 1,20 bis 1,40 m. Auf einem oder zwei waagrechten *Kordonen* steht das Fruchtholz. Ein Kordon trägt vier bis fünf Fruchtknoten, der andere trägt einen Fruchtknoten und das Ersatzholz. Die besonderen Merkmale dieser Moser-Kultur sind die breiten Pflanzungsabstände, die zwischen den Zeilen Gassen in einer Breite bis zu 3,50 m und 4 m ergeben. Jeder Rebstock wird in der Zeile in einem Abstand von etwa 1,20 m bis 2,60 m gepflanzt. Bei einer solchen großzügigen Anordnung werden pro Hektar Weinbergsfläche nur etwas mehr als 2000 Rebsetzlinge gepflanzt (die etwa fünffache Menge kann demgegenüber auf einem Hektar bei einem Pflanzabstand von 1,20 m × 80 cm untergebracht werden).

Bei der Hochkultur werden mit Ausnahme des Frühjahrsschnitts die Pflanzen weitgehend unbeschnitten belassen. Auf Laubarbeiten, also das sogenannte *Ausgeizen* (Abschneiden der Geiztriebe) und Binden wird verzichtet. Die ziemlich groß und freiwachsenden Pflanzen bringen es somit auf einen Durchschnittsertrag von 4 bis 6 kg pro Stock, wobei sich der relativ geringe manuelle Arbeitsaufwand in der Hochkultur auch kostenmäßig günstig auswirkt. In den breiten Gassen können moderne, leistungsfähige Maschinen und Geräte zur Bodenbearbeitung, Düngung und — wie Beispiele in Frankreich, Rußland sowie vor allem USA zeigen

— auch zur vollmechanischen Traubenernte eingesetzt werden.

Es grenzt also keineswegs an Platzverschwendung, wenn die Reben mit größeren Abständen gepflanzt werden. Doch diese Systeme lassen sich vorwiegend nur in Flachlagen und leichten Hanglagen verwirklichen. Für steile Lagen kommen sie nicht in Betracht. Allerdings gibt es die Möglichkeit, zum Beispiel im Zuge von Flurbereinigungsmaßnahmen, bei der Wieder- oder Neuanlage von Weinbergen die einstmals steilen Lagen so breit quer zu terrassieren, daß auf den einzelnen Terrassen in dem damit gebildeten flachen Boden auch Hochkulturen in breiteren Abständen gepflanzt werden können.

Denn diese breiten Abstände garantieren ja erst eine optimale Besonnung jeder Rebpflanze in der flachen Lage, so daß hier bei einem hohen Stamm die Reben oft länger hängen bleiben können als bei niedrigen Erziehungssystemen, da das Lesegut in vielen Fällen gesünder bleibt als bei niedrigem Behang dicht über dem Boden.

Eine vor allem in Südtirol beheimatete spezielle Form der Reberziehung in der Hochkultur heißt *Pergelerziehung.* Hierbei vereinigen sich die Zweige von zwei Rebstöcken und bilden, unterstützt von einem dachartigen Holzgerüst, eine Laube. Je nach Sorte und Lage ergeben sich dabei Pflanzabstände von 0,80 bis 1,80 m. Die schattigen und wirklich romantisch wirkenden überwachsenen Gassen haben eine Breite bis zu 3,20 m. Auch dieses Erziehungssystem bringt den Vorteil eines relativ niedrigen und mechanisierten Arbeitsaufwandes. Lediglich die Errichtung des Laubensystems verursacht ziemlich hohe Kosten und einen hohen Arbeitsaufwand.

So reizvoll auch der Anblick der hochhängenden Trauben an den Pergeln sein mag, so schwierig gestaltet sich allerdings ihre Ernte, die fast immer ein ziemlich anstrengendes Strecken nach den hoffentlich süßen Früchten erforderlich macht.

Mit Ausnahme der Hochkultur, die ihren Siegeszug zahlreichen Neuanlagen der letzten Jahrzehnte verdankt, haben die übrigen Erziehungssysteme oft eine lange Tradition. An

Krankheiten und Schädlinge im Weinberg

Bezeichnung	Auswirkungen	Einwirkungs-Stadien
I. Pilzkrankheiten		
Peronospora (Falscher Mehltau)	Weißer Pilz an Blattunterseite, Trieben, Blüte (Geschein), Beeren. Blätter und Blüte fallen ab (= Blattfallkrankheit); Beeren schrumpfen (= Lederbeeren)	Mai—August (jeweils nach warmen Regen, somit vom jungen Geschein bis zur Traubenreife
Oidium (Echter Mehltau)	Weißgrauer, mehliger Belag auf Blattoberseite und Beeren; kleine Beeren werden schwarz, große Beeren platzen	Nach Entfaltung des dritten Blattes bis zur Traubenreife bei relativ hoher Luftfeuchtigkeit
Botrytis (Grauschimmel)	Bräunlich-graue Pilzgeflechte an den befallenen Rebteilen. Bei unreifen Beeren Ursache der Sauerfäule, bei vollreifen Beeren ruft er die Edelfäule hervor, bei der das Hautgewebe durchlässig wird, Wasser aus der Beere austritt und sich somit die Zuckerkonzentration erhöht. Bedingt an den befallenen Traubenstielen die Stielfäule	Bei hoher Luftfeuchtigkeit und Wärme von der Blüte bis zur Traubenreife
Roter Brenner	Rote Flecken in den Blättern, die frühzeitig abfallen	Ab Mai, nach Entfaltung des dritten Blattes
Schwarzfleckenkrankheit	Schwarz-gelbe Pünktchen auf Blättern, die frühzeitig vergilben	Bei Entfaltung des 1. Blättchens, nach starken Regenfällen
II. Schädlinge		
Kräuselmilbe	Befallen Triebe, Blätter und Blüten, nach mehreren Jahren kann der Rebstock absterben	Ab Frühjahr
Pockenmilde (Blattgallmilbe)	Befallen Blätter, die frühzeitig abfallen	Ab Frühjahr
Spinnmilbe (Rote Spinne)	Ähnlich wie Kräuselmilbe	Ab Frühjahr

Bezeichnung	Auswirkungen	Einwirkungs-Stadien
Heuwurm	Befällt Gescheine und später auch Beeren, frißt Blütenknospen aus, verletzt die Beerenhaut (Gefahr von Pilzinfektion)	Ab Mitte Mai
Springwurm	Verursacht Schäden an Blättern, Triebspitzen, Geschein und Knospen	Ab Frühjahr

III. Andere Schädigungen des Rebstocks

Stiellähme	Traubenstiele verfärben sich schwarzbraun, Beeren welken und schrumpfen ein (wahrscheinlich bedingt durch Ernährungsstörungen)	Ab etwa Ende August bei starken Regenfällen
Chlorose	Blätter färben sich gelb-grün durch Kalk- oder Eisenmangel	Ab Frühjahr
Wuchsstoff-Schäden durch Unkrautbekämpfungsmittel	Blätter deformieren sich, Gescheine fallen ab, Triebe verdorren (hervorgerufen durch unsachgemäße Anwendung von Herbiziden (Unkrautbekämpfungsmitteln) auf Wuchsstoffbasis	Ab Frühjahr
Frostschäden	Teile der Triebe werden braun und fallen ab (bei Spätfrösten). Bei Frühfrösten wird das Laub zerstört. Bei Winterfrost (mehr als —20° C) erfrie- die meisten Rebsorten	Mai Herbst Januar-Februar
Hagelschäden	Rebstöcke oder Teile der Rebe (Blätter, Trauben) werden vernichtet	Sommer
Immissions-schäden	Durch Industrieabgase, Müllkippen oder Verbrennen von Kunststoffabfällen können Reben geschädigt werden	
Trockenschäden	Blattabfall, kein Ausreifen der Trauben	nach langen, heißen Trockenperioden
Blitzschäden	Triebe verbrennen an den vom Blitz getroffenen Drähten	Sommer
Käfer, Engerlinge, Läuse	Kümmerwuchs mit mehr oder weniger großen Ausfällen	Ab Frühjahr

Bezeichnung	Auswirkungen	Einwirkungs-Stadien
Reblaus (Phylloxera)	Vernichtet die Wurzeln der Europäer-Reben und die Blätter der Amerikaner-Reben sowie Hybriden (tritt nur noch in Schnittweingärten auf, da die Europäer-Reben auf reblausimmunen Unterlagsreben stehen)	
Wild (Hase, Kaninchen, Reh)	Wildverbiß an jungen Trieben	Ab Frühjahr
Vögel (Stare, Amseln)	Fressen die reifenden Beeren	Ab Ende August

Mosel, Saar, Ruwer gibt es seit Jahrhunderten die *Stockerziehung,* da in den Steillagen eine Drahtrahmenerziehung nicht möglich ist. Sie würden nämlich das Quergehen der steilen Hänge nicht mehr ermöglichen und damit die Arbeit in den steilen Lagen noch mehr erschweren.

In den meisten übrigen deutschen Anbaugebieten dominiert die Drahtrahmenerziehung, ebenso auch in der Ostschweiz, in den ober- und mittelitalienischen Weinanbaugebieten — zum Teil allerdings noch in Mischkulturen mit anderen Anpflanzungen — sowie in Österreich, in den meisten südosteuropäischen Weinbauländern und in den Überseestaaten, die den Weinanbau nach europäischen Vorbildern betreiben. Unabhängig von Erziehungssystemen ist für die Weinqualität stets der sorgfältig durchgeführte Rebschnitt verantwortlich.

Heute sieht man im Zeichen des bewußten Umweltschutzes den zeitgemäßen Weinanbau in der Beziehung zu einer Reihe ökologischer Faktoren im neuen Licht, so daß sich im gesamten Bereich der Weinbergskultivierungsarbeit eine stille Revolution abzeichnet, die — will man den Experten glauben — auf eine Sicherung der Ertragsqualität bei Bewahrung möglichst natürlicher Methoden ausgerichtet ist.

Tatsächlich haben im Weinanbau auf der Basis eines grenzenlosen Fortschrittswahns gewisse Maßnahmen wie Schädlingsbekämpfung oder Düngung derart überhand genommen, daß starke Umweltbelastungen, zum Beispiel durch Grundwasserverseuchung, nicht ausbleiben konnten. Die immer häufiger vorgetragene Forderung nach einem umweltfreundlichen Weinanbau scheint allein schon durch nicht vorhersehbare Folgen beim Einsatz von chemischen Mitteln gerechtfertigt. So zeigte sich, daß bei den Bekämpfungen bestimmter Schäden wiederum neue Schädlinge aufkamen, die man zuvor im Weinberg nicht kannte: beispielsweise wurde die *Spinnmilbe* erst in den 50er Jahren zum Problem, da ihre natürlichen Gegner durch DDT vernichtet wurden.

Leider wird im Weinberg oft allein schon dann mit chemischen Mitteln gespritzt, wenn es routinemäßig der Kalender vorschreibt und ohne daß die Schadenserreger überhaupt festgestellt wurden. Interessant ist in diesem Zusammenhang, daß der verschiedentlich propagierte, sogenannte integrierte, Pflanzenschutz von einigen großen führenden Weingütern seit mehreren Jahren mit Erfolg durchgeführt wird, wobei die Spritzungen und die Düngung äußerst behutsam und dosiert vorgenommen werden.

Auch hierbei legen sich konservative Weinerzeuger freiwillig Beschränkungen auf. Auch das Problem der Gründüngung im Weinberg kennt weiterhin viele Befürworter, aber auch Gegner. Will man der Rebpflanze im Weinberg ihren natürlichen Lebensraum erhalten, dann darf man auch bestimmte Unkrautpflanzen nicht vernichten, wobei man zwischen rebholden und rebfeindlichen Pflanzen unterscheidet.

Im Zuge eines in den letzten Jahrzehnten beträchtlich gewachsenen Umweltbewußtseins, verbunden mit dem Trend zur gesünderen Lebensweise, hat eine zunehmende Zahl von Winzern im Rebanbau sich für den weitgehenden Verzicht auf den Einsatz von Herbiziden und Insektiziden ausgesprochen. Diese sogenannten »Öko-Winzer«, die den Weinanbau ohne chemisch-synthetische Düngemittel und Pestizide betreiben, bekennen sich zu den Richtlinien eines »alternativen« (= ökologischen) Weinbaus, wie sie 1984/85 von den regionalen Vereinigungen dieser Winzer und der Stiftung ökologischer Landbau erarbeitet wurden. Dabei sollte sich der Öko-Winzer nicht nur auf chemiefreie Bodenbearbeitung und Pflanzenschutz beschränken, sondern auch in der Kellerwirtschaft auf die Verwendung von Zusatzstoffen, die bezüglich Umwelt und Gesundheit bedenklich sind, verzichten. (Siehe dazu auch das Heyne-Taschenbuch 4484 »Die Öko-Weine Deutschlands« von Arbo Gast.)

Diese nur streiflichtartig dargestellten Aspekte heutigen Rebanbaus mögen auch dem Laien verdeutlichen, daß man bei der »Station« Weinberg in der Weinherstellung keinesfalls etwas dem Zufall überlassen kann. Längst sorgt die Weinwirtschaft mit ihren neuen Erkenntnissen dafür, daß die einzelnen Arbeitsgänge im Weinberg differenzierter durchgeführt werden als noch vor dreißig oder fünfzig Jahren. So steht zum Beispiel bei der Tätigkeit der Bodenlockerung, der Düngung oder der Bekämpfung von Krankheitserregern und Schädlingen nicht die grundsätzliche Notwendigkeit im Vordergrund der Diskussion, sondern die Art und Weise wie und wann die erforderlichen Maßnahmen am zweckmäßigsten durchzuführen sind. Der folgende Kalender der Weinbergsarbeiten trägt daher auch nur zu einer allgemeinen Übersicht bei. Die Arbeitsgänge sind im einzelnen von den jeweiligen Gegebenheiten im Weinberg abhängig. Diese wiederum werden beeinflußt von Klima- und Standortfaktoren sowie von Sorte und Qualität der Reben.

Im botanischen Sinne zeigen alle Reben für die Gewinnung von Keltertrauben einen gleichen Aufbau. In ihren Organen und Funktionen gibt es zwischen den verschiedenen Sorten keine grundsätzlichen Unterschiede:

Einen wichtigen Teil der Nährstoff- und Wasserversorgung erledigt die Wurzel als eines der Hauptorgane der Pflanze. Mit Beginn der Vegetationszeit, etwa ab April, bilden sich in jedem Jahr die Wurzelspitzen neu und tragen damit zur Verlängerung der Wurzelverzweigungen bei. Im Herbst wird die Wurzelneubildung eingestellt. Als Fortsetzung der Wurzel zeigt sich in dem oberirdischen Teil der Rebe der Stamm, dessen Äste in der Fachsprache *Schenkel* heißen. Stamm und Schenkel bilden das »alte Holz« des Rebstockes.

Den gesamten oberirdischen Teil der Rebe nennt der Winzer *Sproß*. Zu ihm gehört die sogenannte Achse, also die Stengelorgane, die Blätter und Wurzel miteinander verbin-

Arbeiten im Weinberg

JANUAR	**Stockarbeiten:** Rebschnitt = Zurückschneiden des einjährigen Holzes auf die gewünschte Form des Rebstockes (Frucht- oder Tragholz und Ersatzholz werden angeschnitten = »Ertragsschnitt«)
FEBRUAR	Fortsetzung des Rebschnitts; Beseitigung des abgeschnittenen Rebholzes durch Verbrennen oder Einbringen in den Weinbergsboden durch Kompostieren des zerkleinerten Rebholzes
MÄRZ	Weingartenneuanlage: Pflanzung der jungen Reben (kann auch im Herbst erfolgen), zugleich Schutz vor Wildschäden durch Schutzgitter und Einzäunen. Beginn der Vegetationszeit der Rebe und damit Abschluß des Rebschnitts. Ausbessern von Pfählen und Drähten sowie des Wegenetzes im Weinberg, ggfs. auch der Mauern und Kanalisation
APRIL	**Bodenpflege:** Bodenlockerung mit Rigolpflug **Stock- und Laubarbeiten:** Anbinden der Reben (des Fruchtholzes) **Rebschutz:** Spritzungen gegen Krankheiten und Schädlinge wie Oidium, Schwarzfleckenkrankheit, Roter Brenner, Springwurm, Spinnmilben und anderen Milben (jeweils nach Bedarf) **Bodenpflege:** Frühjahrsgründung; Düngung mit Stickstoff (1. Gabe); Bodenbearbeitung mit Kultivatoren oder Fräsen (Beseitigung des Unkrauts)
MAI	**Rebschutz:** Kampf gegen Maifröste durch Geländeheizung oder Frostschutzberegnung **Laubarbeiten:** Ausbrechen (Jäten) = Entfernen überzähliger Triebe **Rebschutz:** Spritzungen gegen Peronospora, Botrytis, Oidium, Heuwurm, Springwurm, Spinnmilben
JUNI	**Bodenpflege:** Düngung des Bodens mit Stickstoff (2. Gabe) **Rebschutz:** Spritzungen gegen Peronospora, Botrytis, Oidium (jeweils nach Bedarf **Laubarbeiten:** Einkürzen (»Entspitzen«) = Zurücknehmen der stark wachsenden Sommertriebe
JULI	**Laubarbeiten:** Ausgeizen = Entfernen der Geiztriebe, die der Pflanze unnötig Nährstoffe wegnehmen; bei Bedarf Ausdünnen = Ausbrechen eines Teils des Traubenansatzes **Bodenpflege:** Düngung mit Stickstoff (3. Gabe), Kali, Magnesia und Phosphat (= Hauptnährstoffe für den Weinbergsboden)
AUGUST	**Bodenpflege:** Strohdüngung; Sommergründung **Rebschutz:** Spritzungen gegen Peronospora, Botrytis, Oidium, Sauerwurm, Spinnmilben (bei Bedarf) **Laubarbeiten:** Gipfeln (Wipfeln) = Abschneiden der Triebe ca. 20 cm über dem Pfahl

	Die Weinberge werden »geschlossen«; Betreten nur noch den Weinbergsaufsehern erlaubt; Starenabwehr
SEPTEMBER	**Traubenernte:** Vorlese (nur in Notfällen, z. B. bei starker Fäulnis der Trauben) Anlage eines Schnittweingartens für die Rebenveredelung (kann auch im Frühjahr erfolgen) **Traubenernte:** Beginn der Hauptlese; Anlieferung des Traubengutes zur Kelter; Maischegewinnung (= Zerquetschen der gelesenen Trauben) durch Malen in Traubenmühlen, erfolgt im Weinberg oder Betrieb
OKTOBER	**Traubenernte:** Fortsetzung der Hauptlese, Beginn der Spätlese, Ernte von Auslesen **Bodenpflege:** Herbstgründung
NOVEMBER	**Traubenernte:** Fortsetzung der Spätlese, Ernte von Beerenauslesen und Trockenbeerenauslesen (nach Befall der Trauben und Beeren mit dem Edelschimmelpilz Botrytis cinxera) **Bodenpflege:** Nach Abschluß der Traubenernte Bodenlockerung
DEZEMBER	**Traubenernte:** Bei Frost Ernte von Eiswein-Trauben mit mindestens —5° Celsius **Bodenpflege:** Organische Bodendüngung mit Stallmist; Beginn des Rebschnitts

den. Jeder Sproßteil gliedert sich in *Knoten (Nodien)* und *Zwischenknotenstücke (Internodien).* An den etwas verdickten Knoten entfalten sich die Laubblätter und Blüten *(Gescheine* oder *Ranken).* An seiner Spitze und in der Blattachse bildet jeder belaubte Sproß (Trieb) Anlagen für neue Sprossen, den Knospen oder Augen.

Zu den wichtigsten Organen der Rebe gehören auch die *Laubblätter,* die aufgrund ihrer unterschiedlichen Form als wesentliche Erkennungsmerkmale der Sorten in der *Ampelographie* (Rebsortenkunde) verwendet werden. Im grünen Blatt vollzieht sich die für das Rebenwachstum entscheidende *Kohlensäure-Assimilation,* ein Stoffwechselvorgang, durch den die Pflanze einen bedeutenden Teil ihrer Energie erhält (siehe auch Seite 22).

Das Wachstum der Reben während der Vegetationszeit ist von folgenden Phasen geprägt: Im März oder April führt der in dem Sproß sich bildende Saft zum Beginn des Austreibens. Etwa einen Monat zuvor hat schon die Rebe »geblutet«. An den Schnittstellen des Rebstocks bilden sich nach Wiedererwachen der Aktivität der Wurzel »Tränen«, indem dort ein farbloser Saft, der *Blutungssaft,* austritt. Sobald sich die Knospen öffnen, hört das Bluten auf.

Zu Beginn des Austriebsstadiums ist der Rebstock in der Wolle, wie der Winzer sagt. Dabei fühlt sich die schwellende Knospe etwas wollig an. Aus der sich öffnenden Knospe bricht der *Trieb* hervor, aus dem sich zunächst ganz kleine Blättchen entwickeln.

Je nach Temperatur und Bodenfeuchtigkeit nimmt nun die Entfaltung der Triebe einen mehr oder minder raschen Verlauf. Aus den Gipfelknospen bilden sich neue Knoten und die entsprechenden Zwischenglieder. Bis die Blätter ihre endgültige Größe erlangen, können vier bis sechs Wochen vergehen.

In der zweiten Junihälfte beginnt die Rebe zu blühen. Je nach Witterung währt die *Blüte* etwa vier bis sechs Tage. Bei ungünstigen Bedingungen (zum Beispiel starkem Regen während der Blütezeit oder Ernährungsstörungen) kann es zum *Durchrieseln, Ausrieseln* oder *Verrieseln* der Blüte kommen, bei dem einzelne Teile der Blüte oder das ganze Gescheín austrocknen oder abfallen. Diese auch auf andere Einflüsse zurückzuführenden Störungen können beachtliche Ertragseinbußen hervorrufen.

Nach der Befruchtung der Blüte, die in den meisten Fällen durch Wind, weniger häufig durch Insekten erfolgt, entwikkelt sich aus dem Fruchtknoten die Frucht, die schon einige Wochen nach der Blüte etwa erbsengroß wird und unabhängig von der Sorte zunächst grün ist.

Der Beginn der *Beerenreife* kündigt sich an, indem das Fruchtfleisch in der Beere allmählich weicher wird. Dabei nimmt das Beerengewicht zu, im Fruchtfleisch steigt mit zunehmender Reife der Gehalt an Zucker und Säuren an, der Wassergehalt nimmt bis zu 10 % ab. Nun bekommt die Beerenhaut auch die für die jeweilige Sorte charakteristische Färbung, die Beere wird mehr oder weniger rund oder oval, die Traube erhält die für die jeweilige Sorte typische Form.

In dem Zeitraum von Anfang August bis zur zweiten Septemberhälfte bilden sich in jeweils fünf Tagen bis zu 15° Öchsle als *Zuckergehalt* in den Beeren. Ab Ende September steigt der Zuckergehalt innerhalb von fünf Tagen jeweils nur noch um etwa 5° Öchsle an. Während dieser Zeitspanne reduziert sich gleichzeitig der *Säuregehalt* (vor allem die Apfelsäure) und der *Gerbstoffgehalt* in der Beere. Zum Ende der Reifephase, etwa Ende September bis Anfang Oktober, haben sich auch alle *Farbstoffe* in der Beere gebildet. Die *Bukettstoffe* bilden sich oft schon vor Erreichen des Reifehöhepunktes voll aus. In Weinbauregionen mit warmen Tagestemperaturen und ausgeprägter Nachtkühle kommt es zu einer intensiven Ansammlung von *Aromastoffen* in den Beeren, da diese flüchtigen Stoffe in der Nacht nicht wieder verdampfen können.

Der Zeitpunkt der *Vollreife* der Beere ist bei den einzelnen Sorten sehr unterschiedlich. Sie umfaßt eine Zeitspanne von Anfang September bis Anfang November. *Tafeltrauben* und einige spezielle *Neuzüchtungen* kommen sogar schon früher zur Reife. Je nach Witterungsverlauf kann sich der Termin der Vollreife jedoch auch stark verändern. Die folgende Tabelle gibt einen Überblick über die jeweilige Vollreife von verschiedenen Weißwein- und Rotweintrauben.

Vergleicht man diese Übersicht mit der Zusammenstellung der wichtigsten Rebsorten unter dem Blickwinkel ihrer allgemeinen Traubenqualität, so stellt man fest, daß die Sorten für feine Weine in den meisten Fällen identisch sind mit den mittelspät bis spät reifenden Traubensorten.

Entsprechend dieser zum Teil weit auseinanderklaffenden Reifestadien der Beeren führt der Winzer in den mit verschiedenen Sorten bestockten Weinbergen die Traubenernte in einer Zeitspanne von mehreren Tagen oder Wochen durch. Eine weitere Staffelung ergibt sich zudem durch die individuell gewählten Lesetermine, die sich nach der Ernte von *Spätlesen, Auslesen* oder anderen hochwertigen Weinqualitäten richten.

Während übrigens in allen europäischen Weinanbaugebieten der Erntebeginn im September liegt, fängt man in Kleinasien und Nordafrika bereits im August mit der Weinernte an. Auch in den USA und in Japan liegt der Erntebe-

Reifeperioden und Weinqualität verschiedener Traubensorten

Reifeperiode/Rebsorte	Weinart	Weinqualität		
		fein	mittel	gering
Mitte August bis Anfang September:				
Madeleine Angevine		Tafeltr.	—	
Madeleine Céline		Tafeltr.	—	
Madeleine royale		Tafeltr.	—	
Früher Malinger (Malenga)	weiß	Tafeltr.		x
Früher Muskat (Musquéde Courtiller)	weiß	Tafeltr.	x	
Königin der Weingärten		Tafeltr.	—	
Perle von Czaba		Tafeltr.	—	
Grüne Seidentraube		Tafeltr.	—	
Königs Gutedel/Muskat-Gutedel		Tafeltr.	—	
Jubiläumsrebe	weiß		x	
Bouvier	weiß	Tafeltr.	x	
Anfang bis Mitte September:				
Siegerrebe	weiß		x	
Ortega	weiß	(x)	x	
Noblessa	weiß	(x)	x	
Mitte bis Ende September:				
Früher roter Malvasier	weiß	Tafeltr.		(x)
Müller-Thurgau	weiß		x	
Huxelrebe	weiß		x	
Kanzler	weiß	(x)	x	
Nobling	weiß	(x)		
Faber	weiß	(x)		
Portugieser	rot		x	
Ende September bis Anfang Oktober:				
Gutedel	weiß		x	
Ruländer	weiß	x		
Morio-Muskat	weiß	(x)		
Muskat-Ottonel	weiß		x	
Perle	weiß		x	
Bacchus	weiß		x	
St. Laurent	rot	(x)		
Sauvignon	weiß	x		
Neuburger	weiß	x		
Merlot	rot		x	

Reifeperiode/Rebsorte	Weinart	Weinqualität		
		fein	mittel	gering
Anfang bis Mitte Oktober:				
Silvaner (zum Teil auch früher)	weiß		x	
Traminer (zum Teil auch früher)	weiß	x		
Weißer Burgunder (auch früher)	weiß	x		
Grüner Veltliner	weiß		x	
Limberger (Blaufränkisch)	rot		x	
Semillon blanc	weiß	x		
Cabernet Sauvignon	rot	x		
Spätburgunder	rot	x		
Muskateller	weiß	(x)	x	
Rotgipfler	weiß	(x)		
Kerner	weiß	(x)		
Auxerrois	weiß		x	
Freisamer	weiß	(x)		
Mitte bis Ende Oktober:				
Gamay	rot		x	
Cabernet Franc	rot		x	
Trollinger (Vernatsch)	rot		x	
Welschriesling	weiß		x	
Zierfandler	weiß	(x)		
Scheu-Rebe	weiß		x	
Riesling	weiß	x		
Rieslaner	weiß		x	
Ehrenfelser	weiß	(x)		
Lagrein	rot		x	
Ende Oktober bis Anfang November:				
Elbling	weiß			x

ginn bereits im Monat August. In Mexico und in der Türkei werden im Monat Juli die Weintrauben gelesen, in Neuseeland im März, in Südafrika und Uruguay im Februar und in Argentinien, Peru und Australien im Monat Januar. In den großen südamerikanischen Weinbauländern Brasilien und Chile findet die Weinlese im Dezember statt.

Eine der schönsten Beschreibungen der wunderbaren Fähigkeiten des Weinstocks stammt von *Colette,* die in ihren

Betrachtungen unter dem Titel »Prison et Paradis« (deutsche Ausgabe »Die Erde, mein Paradies« beim S. Fischer Verlag Frankfurt) im Jahre 1949 unter anderem schrieb: »Weinstock und Wein sind große Mysterien. Im Pflanzenreich macht uns allein der Weinstock verständlich, wie die Erde wirklich schmeckt. Mit welcher Treue übersetzt er! In der Traube empfindet er die Geheimnisse des Bodens mit, in der Traube spricht er sie aus. Durch den Weinstock läßt uns der Feuerstein wissen, daß er lebendig, schmelzbar, nährend ist. Die unfruchtbare Kreide weint goldene Tränen: Wein. Eine Rebenpflanze, die über Berge und Meere gebracht wurde, kämpft darum, ihre Eigenart zu behalten, und manchmal triumphiert sie über die Macht der anorganischen Chemie. Ein Weißwein, der bei Algier gelesen wird, bewahrt über viele Jahre hinweg die klare Erinnerung an das edle Pfropfreis aus Bordeaux, das ihm gerade die richtige Süße gab, das ihn leicht und heiter machte. Und der trockene, würzige Wein, der in Chateau-Châlon oben auf einem schmalen Felsplateau reift, erhält vom fernen Jerez seine Farbe und Wärme.

Von der Traube aus schwerem, durchscheinendem, aber getrübtem Achat oder aus silberbestäubtem Blau, von der Traube, die an der geplagten Rebe hängt, wandert der Blick zum nackten Stamm, der holzigen Schlange, die zwischen hartem Gestein eingekeilt ist: Wovon nährt sich nur dieser südliche Weinstock, der keinen Regen kennt, den ein Strick aus Wurzeln an seinem Felsen schwebend festhält? Der Nachttau, die Tagessonne genügen ihm: das Feuer des einen, der Schweiß eines anderen Sterns — lauter Wunder.«

VON DER KELTER IN DEN KELLER:

Traubenernte, Pressung und Gärung

Von allen Arbeiten im Weinberg erfordert die Weinlese und das anschließende Pressen den größten Arbeitsaufwand. Je nach Neigung des Weinberges und Erziehungsmethode der Reben beansprucht die Traubenlese ein Viertel bis zu einem Drittel der gesamten Arbeitseinsätze in einem Jahr. Das sind pro Hektar Weinberg bei der (niedrigen) Pfahlkultur bis zu 430 Arbeitskraft-Stunden. Wie die folgende Tabelle zeigt, werden lediglich für Laubarbeiten vom Winzer annähernd soviel Arbeitsstunden aufgebracht.

Im Gegensatz zu den sich über mehrere Monate hinziehenden Laubarbeiten konzentriert sich die Weinlese auf einige wenige Wochen — der alles entscheidenden Phase im Jahr des Weines, die so gerne mit überschwenglich poetischen Worten bedacht wird und doch in der Weinbaupraxis oft lange nicht so romantisch und herrlich empfunden wird.

Gewiß freut sich jeder Weinbauer, wenn die Arbeit eines Jahres sichtbar verheißungsvolle Früchte trägt. Diese Zuversicht kann beim Winzer sich dann einstellen, wenn einige der wichtigen Voraussetzungen bei der Traube zur Erzielung guter Weinqualitäten und -quantitäten gegeben sind:

- reicher, gesunder Traubenbehang
- intaktes, das heißt noch grünes Laub am Rebstock
- zufriedenstellendes Mostgewicht, das heißt ausreichender Zuckergehalt in der Beere, um bestimmte Qualitätsstufen der Weine später erreichen zu können

Zeitaufwand für Weinbergsarbeiten

Art der Arbeit	**Pfahlkultur** (Bodenbearbeitung manuell und mit Kleinfräse; Spritzung mit Motor-Rückenspritze)	%	**Mittelhochkulturen** (Schmalspur-Traktor mit Bodenbearbeitungsgeräten und Anbauspritze)	%	**Hochkultur** (Normalspur-Traktor mit Bodenbearbeitungsgeräten und Anbauspritze)	%
Rebschnitt[1]	193 (170—216)[2]	14	151 (130—172)	20	96 (82—110)	17
Laubarbeiten	424 (380—468)	30	144 (117—170)	19	92 (65—119)	16
Bodenbearbeitung und anorganische Düngung	310 (285—335)	22	148 (131—165)	20	125 (92—158)	21
Rebschutz (8 Arbeitsgänge)	98 (86—110)	7	47 (35— 58)	6	36 (32— 40)	6
Reparatur der Unterstützungen (je nach Alter und Gefährdung durch Wind Ausbessern von Pfählen und Drähten)	15 (7— 22)	1	28 (18— 38)	4	32 (16— 48)	5
Lese — Preßarbeiten (Aufwand ist von Ertragsverhältnissen abhängig)	382 (335—428)	26	239 (204—274)	31	206 (155—257)	35
Summe	1433	100	757	100	587	100

1 Ohne Berücksichtigung verschiedener Schnittarten.
2 Die in Klammern gesetzten Werte zeigen den Schwankungsbereich auf.

Angaben in Arbeitskraft-Stunden pro Hektar für die Arbeitszeit am Ort zuzüglich der Preßarbeiten im Keller. Quelle: »Weinbau heute« von Dr. W. Ruckenbauer und Dipl.-Ing. H. Traxler, Leopold Stocker-Verlag, Graz—Stuttgart.

- typischer Altweibersommer oder ruhiges Spätherbstwetter ohne Nachtfröste und ohne reichliche Niederschläge.

Wir wissen, daß ein solcher Bilderbuchherbst nicht immer die Regel ist. Und damit wird auch die nun einmal unumgängliche Bereitschaft des Winzers zum Risiko deutlich, mit dem er in manchen Jahren seine Entscheidung über den richtigen Zeitpunkt der Weinlese verbinden muß.

Dabei bewegt er sich in einem bestimmten zeitlichen Spielraum, den amtliche Verordnungen über die Weinernte ihm geben. Denn mit der allgemeinen Lese, der *Hauptlese,* darf erst nach Aufhebung des *Herbstbannes* durch eine Fachkommission begonnen werden. Während des Herbstbannes sind alle Weinberge »geschlossen«. Der Zutritt ist für jedermann, auch den Winzer, verboten.

Lediglich der Flurhüter, der Weinbergsaufseher oder »Wingertschütz« — so wird er am Rhein genannt — oder »Saltner«, der Südtiroler Bezeichnung für den Flurschützen — hält sich im Weinberg auf, um die reifenden Trauben vor Dieben aller Art zu schützen. Früher waren es vor allem die auf die mehr oder weniger süßen Trauben erpichten hungrigen Tagesdiebe, heute hingegen sind es insbesondere die gefräßigen Stare und Amseln sowie einige neugierige Wochenendausflügler, auf die der Wächter im Weinberg zu achten hat.

Um die im Frühherbst eindringenden Vögel abzuwehren, bedienen sich die von der Weinbaugemeinde bestellten Aufseher verschiedener Methoden. Zu den traditionellen Verfahren der *Staren-Vertreibung* gehören bestimmte lärmerzeugende Instrumente wie Rasseln oder Schnarren, die von den Weinbergaufsehern betätigt werden. Inzwischen haben sich jedoch immer mehr moderne Knallgeräte, wie Knallpatronen, Selbstschußgeräte oder Knallraketen durchgesetzt. Da sie nur örtlichen Erfolg bringen und zudem für die Bewohner der angrenzenden Gemeinden mit ständigen Belästigungen verbunden sind, werden von den Winzern die Rebstöcke häufig mit Vogelschutznetzen oder Gespinstfasern umgeben. Zu den modernsten Methoden der Starenabwehr zählen akustische Warnanlagen, die vollautomatisch in bestimmten Zeitintervallen Angst- und Todesschreie der Vögel elektronisch ausstrahlen. Wie notwendig die Abwehrmaßnahmen gegen die Stareneinfälle in den Weinbergen zur Reifezeit der Trauben sind, zeigt die Schadenssumme von jährlich etwa 2,8 Millionen Mark, die allein in den österreichischen Weinanbaugebieten durch Vögel verursacht wird.

Starke Schädigungen der Traube können jedoch auch durch sehr ungünstige Witterungseinflüsse, wie Frost oder anhaltender Regen, ausgelöst werden. Die Folge ist bei nasser Witterung eine starke *Traubenfäulnis,* die — wie auch bei anderen Traubenkrankheiten, zum Beispiel der Stiellähme — eine *Vorlese* erforderlich machen. Dabei werden die kranken Trauben aus- und aufgelesen.

Der Zeitpunkt der Hauptlese hängt vom Erreichen der Trauben-Reife ab. Sie läßt sich durch Messungen der *Öchsle-Grade* in der Beere ermitteln. Mit den Öchsle-Graden wird das spezifische Gewicht des Mostes bestimmt. Das Verfahren zur Bestimmung dieser Dichte des Mostes wurde von dem Pforzheimer Mechaniker und Goldschmied *Ferdinand Öchsle* (1744—1825) entwickelt, der eine Senkwaage konstruierte, mit deren Gradeinteilungen festgestellt wird, um wieviel Gramm ein Liter Most mehr wiegt als die gleiche Menge Wasser. Da mengenmäßig die verschiedenen Zuckerarten (abgesehen vom Wasser) in der Zusammensetzung des Mostes den größten Anteil ausmachen, vermittelt die *Dichte* eine ungefähre Vorstellung vom *Zuckergehalt* in der reifen Beere beziehungsweise im Most. Darüber gibt die hinter dem Komma stehende Dezimalstelle der Dichte Auskunft. So hat zum Beispiel ein Most mit einer Dichte von 1,120 ein Mostgewicht von 120° Öchsle.

Den Zuckergehalt (als *Glukose*) des Traubenmostes kann man nach folgender Formel berechnen:

$$\frac{\text{Grad Öchsle}}{4} - 2 = \text{Prozent Zuckergehalt}$$

Demnach entsprechen zum Beispiel 50° Öchsle etwa 10,5 % Zucker. Daraus läßt sich schließlich auch annähernd der *Alkoholgehalt* durchgegorener Weine ermitteln, der bei einem

Vergleichende Übersicht der Dichte und Mostgewichte

Dichte	°Öchsle	Klosterneuburger Mostwaage
1,055	55	11,5
1,060	60	12,5
1,065	65	13,4
1,070	70	14,4
1,075	75	15,4
1,080	80	16,3
1,085	85	17,3
1,090	90	18,2
1,095	95	19,2
1,100	100	20,1
1,105	105	21,0

Mostgewicht von 55° bis 70° Öchsle zwischen 55 bis 70 Gramm/Liter beträgt. Unterhalb der 55°-Grenze liegt der tatsächliche Alkoholgehalt wesentlich niedriger als die vergleichbare Öchslezahl. Bei Werten über 70° Öchsle ist er wesentlich höher als der entsprechende Dichtewert.

Im Weinberg wird bei der reifenden Traube zur Ermittlung des Mostgewichtes das *Handrefraktometer* benutzt, mit dem auf optischem Wege die Öchslegrade gemessen werden, indem aus einem Safttropfen aus der Beere durch Lichtbrechung der Zuckergehalt festgestellt wird.

Die traditionelle Meßmethode bedient sich der *Mostwaage,* die nach dem Prinzip der Senkspindel arbeitet, auf dem eine Öchsle-Gradskala angebracht ist.

Anstelle der Öchsle-Grade wird in Österreich die *Klosterneuburger Mostwaage* zur Dichtebestimmung benutzt. Sie gibt ebenfalls den Zuckergehalt des Mostes in Gewichtsprozenten an. Gegenüber den Öchsle-Graden ergeben sich dabei folgende Unterschiede:

Haben die Messungen des Mostgewichtes im Weinberg, die übrigens zur Ermittlung objektiver Vergleichswerte stets bei gleichen Temperaturen des Beerensaftes erfolgen müssen (höhere Temperaturen ergeben höhere Mostgewichte), im repräsentativen Durchschnitt die erforderliche Reife der Trauben angezeigt, dann wird von den regionalen Herbstausschüssen* in Abstimmung mit der amtlichen Aufsichtsbehörde der Termin für den Beginn der Hauptlese festgelegt.

Schon einige Wochen zuvor haben sich Winzer und Kellermeister auf den bevorstehenden Höhepunkt im Jahr des Weines eingestellt. Die für Lese und Kelterung benötigten Geräte und Gebinde werden gründlich gereinigt, notfalls repariert und erneuert. Sauberkeit ist eines der wichtigsten Gebote im Gärkeller, aber auch für das Einbringen des Lesegutes und das Pressen.

Wie bereits beschrieben, ist die Weinlese mit einem hohen Arbeitsaufwand verbunden. Das bedeutet oft den Einsatz aller verfügbaren Arbeitskräfte. In Großbetrieben werden dafür Gastarbeiter, Hilfsarbeiter und ganze Schulklassen angeworben. Auch in kleineren Gütern gehen die Kinder und selbst noch die alten Leute mit hinaus in die Weinberge, um ihren Teil am Einbringen der Traubenlese beizutragen.

Die Lesehelfer oder Lieser, wie sie mancherorts genannt werden, schneiden mit der Traubenschere die reifen Trauben behutsam vom Stock und geben sie in Plastikeimer *(Lesegeschirr* oder *Lesebüttchen).* Ihr Inhalt wird in Kunststoff-, Metall- oder *Holzlogeln* (auch *Legel, Butte* oder *Beschoff* genannt) geschüttet, die von Trägern aus dem Weinberg zum Fahrzeug mit dem *Ladefaß (Lotto)* oder Stahlbehälter, Kunststoff- und Aluminiumtank gebracht werden. Je nach Materialbeschaffenheit der Logel schleppt so ein Träger dabei auf seinem Buckel ein Gewicht von 50 bis 70 kg.

In einigen Weinbauländern, zum Beispiel Schweiz, Italien und Südafrika, werden anstelle der Lesebüttchen Kunststoff-Kästen als Steigen eingesetzt, die von einem Traktor mit Hebeeinrichtungen aus dem Weinberg gefahren werden. In Frankreich werden die Trauben mancherorts noch in Körben gesammelt.

In diesen Behältern werden die Trauben ungemahlen bis zur Kelter gebracht. Damit wird bei warmer Witterung und weiten Anfahrtswegen zum Kelterhaus das vorzeitige Angä-

* Die Tätigkeit der Weinlese nennt der Winzer auch »herbsten«.

ren der *Maische* (= gemahlene Trauben) beim Transport vermieden. Außerdem verhindern die lose aufgeschütteten Trauben das Auslaugen der Kämme und Schalen, womit gerade bei den Rotweintrauben zuviel Gerbstoffe in den Most gelangen würden.

Wenn die Trauben hingegen schon am Weinberg zur Maische gemahlen oder in das Ladefaß eingestampft werden, so hat dies lediglich zum Vorteil, daß der Winzer im Ladefaß mehr Trauben unterbringen kann. Dabei ergibt sich ein Verhältnis von zwei Hektolitern aufgeschütteten Trauben zu einem Hektoliter Maische.

Überlegungen mit dem Ziel, die Weinernte rationeller durchzuführen, haben in vielen Ländern zu mechanisierten Formen der Weinlese geführt. In Nord- und Südamerika, Frankreich, Italien, osteuropäischen Ländern und zunehmend auch in den Flachlagen im deutschen Weinanbau sind zur Traubenlese die »Vollernter« im Einsatz. Hierbei werden die Trauben von Maschinen abgeschnitten, abgeschüttelt, abgesaugt per Luftdruck oder durch ein Elektro-Kontakt-Verfahren vom Stock abgetrennt sowie anschließend vollmechanisch eingesammelt und zum Kelterhaus transportiert. Ein anderes Verfahren bedient sich der mechanischen oder chemischen Entblätterung der Rebstöcke, deren Trauben dann vollmechanisch geerntet werden.

Derartige Prozesse, die das Bild der einstmals so romantisch beschriebenen Weinlese völlig umwandeln, mögen in den Augen des Weintrinkers Erstaunen oder gar Abneigung hervorrufen. Doch vielem Unverständnis zum Trotz setzt die moderne Technik ihren Siegeszug im Weinberg mehr oder weniger konsequent fort. Was mit der maschinellen Bodenbearbeitung im Frühjahr beginnt, kann wohl durchaus auch im Herbst durch die maschinelle Traubenernte seinen Abschluß finden. Letztlich ist offenbar das damit verbundene noch so aufwendige technische Instrumentarium zur automatischen Weinlese nicht so kostspielig wie der Einsatz etlicher Lesehelferinnen und Arbeiter.

Allerdings sind den oft monströsen *Erntemaschinen* im Einsatz dort Grenzen gesetzt, wo die Geländeneigung zu steil, die Rebgassen zu schmal sind. In den solchermaßen

Entwicklung der Beerenreife

dargestellt anhand amtlicher Mostgewichtsmessungen in deutschen Weinbaugebieten im Weinjahrgang 1976

Termin der Messung	Riesling °Öchsle	Riesling ‰ Säure	Müller-Thurgau °Öchsle	Müller-Thurgau ‰ Säure	Silvaner °Öchsle	Silvaner ‰ Säure	Scheurebe °Öchsle	Scheurebe ‰ Säure	Ruländer °Öchsle
9./10. August:									
Rheinpfalz	32	33	49	17,3	39	28	39	25,8	
Rheinhessen			47		34		35		47
Nahe			46,6		31,3		32,7		39
16./17. August:									
Rheinpfalz	45—56	21,1—29,1	51—65	10,8	42—50	27,2—17,3			
Rheinhessen	45		54		45				
Nahe	43,7		65,5		46,6				
Mittelmosel	33,9—41		58	16,4					
24. August:									
Rheinpfalz	56—69		57—74		50—64		47—59		62—72
Rheinhessen	64—65	15,7—34	56—69	10,2—19,5	49—63	15,6—19,4	48—56		71
Nahe	39—65		54—79		50—61		50—55		56—77
Mittelmosel	43—70		57—70						
30. August:									
Rheinpfalz	65—76		56—77		65—70		53—67		69—76
Rheinhessen	62—69	10,6—31,9	63—74	5,9—13,3	57—69	7,2—14,8	57—67		71—79
Nahe	53—71		55—90		56—68		57—77		65—78
Mittelmosel	50—71		60—71						
6. September:									
Rheinpfalz	65—87		55—84		59—81		64—76		72—86
Rheinhessen	66—83	9,8—24,5	68—80	5,2—12,6	63—78	7,2—12,6	65—75		80—83
Nahe	59—81		60—86		64—71		60—71		72—81
Mittelmosel	58—74		62—71						
20. September:									
Rheinpfalz	78—91		67—95		66—85		74—87		76—88
Rheinhessen	79—92	9,1—17,9	79—87	6,0—9,7	76—90	8,7	81—86		72—100
Nahe	68—95		65—97		71—82		72—89		83—94
Mittelmosel	67—88		63—80						

Anmerkungen: Die angegebenen Spannen und Durchschnittswerte der Mostgewichte sind das Ergebnis einer Vielzahl von Reifemessungen, die durch amtliche oder amtlich ausgewiesene Personen nach Leitgemeinden, festgelegten Rebstandorten und Rebsorten vorgenommen worden sind. Bei der Berechnung der »von-bis«-Spanne sind jeweils bis zu zwei Prozent der nicht repräsentativen oberen und unteren Extremwerte außer acht gelassen worden.

idyllischen Weinbergen wird es mit einiger Gewißheit daher auch weiterhin die hergebrachte Form der manuellen und somit mühsamen Weinlese geben.

Im übrigen ist es den Traubenerntemaschinen bislang nicht möglich, eine Auslese der Trauben unter dem Gesichtspunkt ihrer Qualität vorzunehmen. Diese Geräte können nur dann eingesetzt werden, wenn lediglich Standardqualitäten im Lesegut einzubringen sind, die zudem häufig von relativ niedrigem Niveau sind, da ja nicht selten auch faule und kranke Trauben in die Maische gelangen. Die Stärke der Qualitätsweingewinnung liegt jedoch in einem erheblichen Umfang in der Ernte von Positivauslesen, bei denen die Trauben und Beeren unter Berücksichtigung ihres individuellen Reife- und Gütezustandes in bestimmten Zeitfolgen hintereinander (aus)gelesen werden. Das Ergebnis sind jeweils bestimmte Qualitätsstufen im Most und später im Wein, die das Weingesetz als Prädikat bezeichnet.

In der Bundesrepublik und in Österreich bedarf die Lese von Qualitätsweinen mit Prädikat aufgrund weinrechtlicher Verordnungen der Anzeige durch den Winzer bei den dafür zuständigen Behörden. In der Bundesrepublik ist dies die amtliche Qualitätsweinprüfung und die Weinkontrolle. Mit dieser Anzeige gibt der Winzer einige Tage vor der Lese auf einem vorgedruckten Formblatt die zu lesende Rebsorte, den Lesetermin, die Prädikatsstufe (Kabinett, Spätlese, Auslese, Beerenauslese, Trockenbeerenauslese, Eiswein) bekannt sowie die Gemarkung und die Einzellage (Flurstücksnummer), in der die Traube geerntet werden soll. Auf diese Weise ist eine Überwachung der Erzeugung von Prädikatsweinen durch die Weinkontrolle und Qualitätsweinprüfung bei jedem einzelnen Weinerzeuger möglich.

Wie Prädikatsweine geerntet werden müssen, schreibt das Weingesetz genau vor:

»Bei der *Spätlese* müssen die Weintrauben in einer späten Lese und in vollreifem Zustand geerntet sein.
Bei der *Auslese* dürfen nur vollreife Weintrauben unter Aussonderung aller kranken und unreifen Beeren verwendet werden.

Mindestmostgewichte deutscher Weine

	% vol Alkohol	entspr. °Öchsle
WEINBAUGEBIETE IM BUNDESLAND RHEINLAND-PFALZ		
I. Landwein		
1. Bei *Ahrtaler Landwein, Landwein der Mosel, Rheinburgen-Landwein* und *Landwein der Saar*	5,5	47
2. Bei *Nahegauer Landwein, Pfälzer Landwein* und *Rheinischer Landwein*	6,0	50
II. Qualitätswein		
1. Anbaugebiet Ahr		
Rebsorte Riesling	6,0	50
Rebsorten Müller-Thurgau und Silvaner	7,0	57
alle übrigen Rebsorten	7,5	60
2. Anbaugebiet Mittelrhein		
Rebsorte Riesling	6,0	50
Rebsorten Müller-Thurgau und Silvaner	7,0	57
alle übrigen Rebsorten	7,5	60
3. Anbaugebiet Mosel-Saar-Ruwer		
Rebsorten Elbling und Riesling	6,0	50
Rebsorte Müller-Thurgau	6,5	53
alle übrigen Rebsorten	7,5	60
4. Anbaugebiet Nahe		
Rebsorten Riesling und Silvaner	6,5	53
Rebsorte Müller-Thurgau	7,0	57
alle übrigen Rebsorten	7,5	60
5. Anbaugebiet Rheinhessen		
Rebsorte Riesling	7,0	57
Rebsorten Morio-Muskat, Müller-Thurgau, Portugieser und Silvaner	7,5	60
alle übrigen Rebsorten	7,8	62
6. Anbaugebiet Rheinpfalz		
Rebsorte Riesling	7,0	57
Rebsorten Morio-Muskat, Müller-Thurgau, Portugieser und Silvaner	7,5	60
alle übrigen Rebsorten	7,8	62

	% vol Alkohol	entspr. °Öchsle
III. Qualitätswein mit Prädikat		
1. Anbaugebiet Ahr		
a) Kabinett		
Rebsorte Riesling	8,6	67
alle übrigen Rebsorten	9,5	73
b) Spätlese		
Rebsorte Riesling	10,0	76
alle übrigen Weißweinsorten	10,6	80
alle Rotweinsorten	11,4	85
c) Auslese		
Rebsorte Riesling	11,1	83
alle übrigen Rebsorten	11,9	88
d) Beerenauslese		
alle Rebsorten	15,3	110
e) Trockenbeerenauslese		
alle Rebsorten	21,5	150
f) Eiswein		
alle Rebsorten	15,3	110
2. Anbaugebiet Mittelrhein		
a) Kabinett		
Rebsorte Riesling	8,6	67
alle übrigen Rebsorten	9,5	73
b) Spätlese		
Rebsorte Riesling	10,0	76
alle übrigen Rebsorten	10,6	80
c) Auslese		
Rebsorte Riesling	11,1	83
alle übrigen Rebsorten	11,9	88
d) Beerenauslese		
alle Rebsorten	15,3	110
e) Trockenbeerenauslese		
alle Rebsorten	21,5	150
f) Eiswein		
alle Rebsorten	15,3	110
3. Anbaugebiet Mosel-Saar-Ruwer		
a) Kabinett		
Rebsorten Riesling und Elbling	8,6	67
alle übrigen Rebsorten	9,5	73

	% vol Alkohol	entspr. °Öchsle
b) Spätlese		
Rebsorte Riesling	10,0	76
alle übrigen Rebsorten	10,6	80
c) Auslese		
Rebsorte Riesling	11,1	83
alle übrigen Rebsorten	11,9	88
d) Beerenauslese		
alle Rebsorten	15,3	110
e) Trockenbeerenauslese		
alle Rebsorten	21,5	150
f) Eiswein		
alle Rebsorten	15,3	110
4. Anbaugebiet Nahe		
a) Kabinett		
Rebsorte Riesling	9,1	70
alle übrigen Rebsorten	9,5	73
b) Spätlese		
Rebsorte Riesling	10,3	78
alle übrigen Rebsorten	10,9	82
c) Auslese		
Rebsorte Riesling	11,4	85
alle übrigen Rebsorten	12,5	92
d) Beerenauslese		
alle Rebsorten	16,5	120
e) Trockenbeerenauslese		
alle Rebsorten	21,5	150
f) Eiswein		
alle Rebsorten	16,5	120
5. Anbaugebiet Rheinhessen		
a) Kabinett		
Rebsorten Riesling, Müller-Thurgau und Silvaner	9,5	73
alle übrigen Rebsorten	10,0	76
b) Spätlese		
alle Weißweinsorten außer Ruländer und Traminer	11,4	85
Rebsorten Ruländer, Traminer und alle Rotweinsorten	12,0	90

	% vol Alkohol	entspr. °Öchsle
c) Auslese		
Rebsorte Riesling	12,5	92
alle übrigen Weißweinsorten	13,0	95
alle Rotweinsorten	13,8	100
d) Beerenauslese		
alle Rebsorten	16,5	120
e) Trockenbeerenauslese		
alle Rebsorten	21,5	150
f) Eiswein		
alle Rebsorten	16,5	120
6. Anbaugebiet Rheinpfalz		
a) Kabinett		
Rebsorten Riesling, Müller-Thurgau und Silvaner	9,5	73
alle übrigen Rebsorten	10,0	76
b) Spätlese		
alle Weißweinsorten außer Ruländer und Traminer	11,4	85
Rebsorten Ruländer, Traminer und alle Rotweinsorten	12,0	90
c) Auslese		
Rebsorte Riesling	12,5	92
alle übrigen Weißweinsorten	13,0	95
alle Rotweinsorten	13,8	100
d) Beerenauslese		
alle Rebsorten	16,5	120
e) Trockenbeerenauslese		
alle Rebsorten	21,5	150
f) Eiswein		
alle Rebsorten	16,5	120
IV. Qualitätsschaumwein b. A.		
Rebsorte Riesling der Anbaugebiete Ahr, Mittelrhein und Mosel-Saar-Ruwer sowie Rebsorte Elbling des Anbaugebietes Mosel-Saar-Ruwer	6,0	50
alle übrigen Rebsorten der genannten Gebiete sowie alle Rebsorten der Anbaugebiete Nahe, Rheinhessen und Rheinpfalz	6,5	53

	% vol Alkohol	entspr. °Öchsle
WEINBAUGEBIET HESSEN (RHEINGAU, HESS. BERGSTRASSE)		
Qualitätswein b. A.:		
Riesling, Ehrenfelser, Kerner, Müller-Thurgau, Ruländer, Gewürztraminer, Silvaner, Scheurebe, Bl. Spätburgunder	7,0	57
Weißer Burgunder, Reichensteiner, Portugieser	7,8	62
Spätburgunder, Weißherbst und Rosé aus Spätburgunder	8,4	66
Kabinett:		
alle Weißweinsorten	9,5	73
Weißherbst	10,3	78
alle Rotweinsorten	10,6	80
Spätlese:		
alle Weißweinsorten, Weißherbst	11,4	85
alle Rotweinsorten	12,2	90
Auslese:		
Riesling	13,0	95
alle übrigen Weißweinsorten	13,8	100
Rotwein und Weißherbst	14,5	105
Beerenauslese:		
alle Rebsorten	17,7	125
Trockenbeerenauslese:		
alle Rebsorten	21,5	150
BADEN		
Qualitätswein b. A.:		
Riesling	7,5	60
Müller-Thurgau, Silvaner, Gutedel, Scheurebe und übrige Weißweinsorten	8,4	66
Weißburgunder, Kerner, Spätburgunder-Weißherbst, alle Rotweinsorten	8,9	69
Traminer, Gewürztraminer, Ruländer, Freisamer	9,4	72
Kabinett:		
Müller-Thurgau	9,4	72
Riesling, Silvaner, Scheurebe, Gutedel und übrige Weißweinsorten	9,8	75
Weißburgunder, Kerner	10,3	78

	% vol Alkohol	entspr. °Öchsle
Gewürztraminer, Traminer, Ruländer, Freisamer, Spätburgunder, Auxerrois	10,8	81
Spätlese:		
Riesling, Müller-Thurgau, Gutedel	11,4	85
Silvaner, Scheurebe, Kerner, Weißburgunder und übrige Weißweinsorten sowie Deckrot	11,9	88
Gewürztraminer, Traminer, Ruländer, Freisamer alle Rotweinsorten (ausgen. Deckrot)	12,4	91
Auslese:		
Müller-Thurgau, Riesling	13,4	98
alle übrigen Rebsorten	13,9	101
Beerenauslese:		
alle Rebsorten	17,5	124
Trockenbeerenauslese:		
alle Rebsorten	21,5	150
WÜRTTEMBERG		
Qualitätswein b. A.:		
Riesling, Silvaner, Trollinger, Limberger	7,0	57
alle übrigen Rebsorten	7,5	60
Gewürztraminer, Traminer, Ruländer, Scheurebe, Morio-Muskat, Kerner, Freisamer, Ehrenfelser, Rieslaner, Perle	8,0	63
Kabinett:		
Sämtliche nicht in den folgenden Gruppen aufgeführte Rebsorten (z. B. Riesling, Silvaner)	9,4	72
Weißburgunder, Morio-Muskat, Muskat-Ottonel, Kerner, Ehrenfelser, Scheurebe, Spätburgunder, Müllerrebe, Clevner, Samtrot, Perle, Rieslaner	9,8	75
Gewürztraminer, Traminer, Ruländer, Freisamer	10,3	78
Spätlese:		
Alle nicht in den folgenden Gruppen aufgeführten Rebsorten (z. B. Riesling, Silvaner, Müller-Thurgau)	11,4	85
Gewürztraminer, Traminer, Weißburgunder, Morio-Muskat, Muskat-Ottonel, Kerner, Ehrenfelser, Freisamer, Ruländer, Scheurebe, Perle, Rieslaner, Müllerrebe, Spätburgunder, Clevner, Samtrot	11,9	88

	% vol Alkohol	entspr. °Öchsle
Auslese:		
alle Rebsorten	13,0	95
Beerenauslese:		
alle Rebsorten	17,5	124
Trockenbeerenauslese:		
alle Rebsorten	21,5	150
FRANKEN		
Qualitätswein b. A.:		
alle Rebsorten	7,5	60
Kabinett:		
alle Weißweinsorten	10,0	76
alle Rotweinsorten und Rotling	10,6	80
Spätlese:		
Ruländer, Scheurebe, Traminer, Rieslaner	12,2	90
übrige Weißweinsorten	11,4	85
alle Rotweinsorten und Rotling	12,2	90
Auslese:		
alle Rebsorten	13,8	100
Beerenauslese:		
alle Rebsorten	17,7	125
Trockenbeerenauslese:		
alle Rebsorten	21,5	150
Eiswein:		
alle Rebsorten	17,7	125

Bei der *Beerenauslese* dürfen nur edelfaule oder wenigstens überreife Beeren verwendet werden.
Bei der *Trockenbeerenauslese* dürfen nur weitgehend eingeschrumpfte Beeren verwendet werden. Ist wegen besonderer Sorteneigenschaft oder besonderer Witterung ausnahmsweise keine Edelfäule eingetreten, genügt auch Überreife der eingeschrumpften Beeren.
Ist ein Wein ausschließlich aus Weintrauben hergestellt,

die bei ihrer Lese und Kelterung gefroren waren, wird das Prädikat *Eiswein* zuerkannt. Mindestmostgewicht muß wenigstens dem einer Beerenauslese entsprechen.
Beeren- und Trockenbeerenauslesen gelten als Wein, wenn sie mindestens 5,5° vorhandenen Alkohol enthalten. Die übrigen Qualitätsweine mit Prädikat müssen mindestens 7° vorhandenen Alkohol aufweisen.«

Die Prädikatsweine — in Österreich werden sie »Qualitätsweine besonderer Reife und Leseart« genannt — sind an gesetzlich festgelegte *Mindestmostgewichte* gebunden. Unter Berücksichtigung von Klima, Bodenbeschaffenheit und Rebsorte haben die Weinbau treibenden Bundesländer für die Prädikatsweine der bestimmten Anbaugebiete Mindestalkoholgehalte festgesetzt, zu deren Erreichen jeweils ein bestimmtes Mostgewicht im Traubenmost vorhanden sein muß. Für den kritischen Weinkonsumenten sind die amtlich geregelten Schwellenwerte vor allem deswegen interessant, weil sie letztlich einen Schlüssel darstellen zum Verständnis des behördlichen Qualitätsbegriffes bei Prädikatsweinen.

Nach der Lese stellt das Pressen, die *Kelterung,* einen wichtigen Abschnitt in der Weinerzeugung dar. Gekeltert werden nur frische oder eingemaischte Weintrauben, aus denen in der Kelter Preßsaft gewonnen wird. Das von den Ursprüngen der Weinerzeugung bis ins Mittelalter dazu verwandte Austreten der Trauben in einem Bottich mit nackten Füßen wird heute lediglich noch in einigen rückständigen Kleinstbetrieben südeuropäischer Provenienz geübt. Schon bei den alten Römern waren Keltergeräte aus bearbeitenden Baumstämmen (torculum = Torggl, Torkel) im Gebrauch, die in verschiedenen Variationen und Abwandlungen sich bis ins vorige Jahrhundert hinein erhalten haben. Im Mittelalter wurden mechanisch-vertikale Pressen entwickelt, zu denen sich hydraulische Korbpressen ab 1835 gesellten. Zu ihnen zählen auch die großen Oberdruck-Karussell-Pressen, wie sie vor allem in der Champagne benutzt werden. Neben kontinuierlichen Pressen (Schnecken- und Schrauben-Pressen oder Druckluft-Taktpressen) sind heute vorwiegend Horizontal-Pressen im Einsatz, die bei einer Vielzahl technischer

Vorzüge eine schonende Verarbeitung der Maische ermöglichen. Das Ergebnis ist das Abpressen des Saftes aus der Fruchtzelle der Beere.

Vor allem zur Rotweingewinnung wird die Traube zuvor *entrappt,* das heißt von den Stielen, Kämmen und Rappen befreit, die auf den Most einen hohen Anteil an Gerbstoffen (Tannin) übertragen.

Mit Rücksicht auf eine gute Weinqualität wird die Maische nicht völlig ausgepreßt. Je nach Reifezustand der Trauben, Rebsorten und dem Keltersystem werden aus 100 kg Trauben etwa 75—80 l Most gewonnen. Um 1 hl Most zu erhalten, bedarf es also ca. 125—135 kg Trauben. Die Mostausbeute von überreifen, edelfaulen oder getrockneten Beeren ist natürlich geringer.

Dieses hochwertige Lesegut, aus dem speziell die Beerenauslese-, Ausbruch- oder Trockenbeerenausleseweine erzeugt werden, erfordert ohnehin eine besonders sorgfältige Bearbeitung. Ihre Beeren werden im Weinberg von der Edelfäule befallen, indem der Pilz *Botrytis cinera* auf die Beerenhaut einwirkt und sie beschädigt, so daß es zu einer Verdunstung des Wassers im Beerenfleisch und dem rosinenartigen Zusammenschrumpfen der Beere kommt. Gleichzeitig ernährt sich der Pilz von den in der Beere enthaltenen Säuren, während der Zuckergehalt kaum aufgezehrt wird. Das Ergebnis ist eine beträchtliche Konzentration jener Stoffe in der Beere, die für die Weinqualität letztlich große Bedeutung haben: Zucker und Bukett(Aroma-)stoffe. Sie bilden gleichsam die Grundlage für die kostbaren und edelsüßen Weißweine, deren berühmte Repräsentanten die Trockenbeerenauslesen aus den deutschen und österreichischen Anbaugebieten, der Tokayer sowie die edelsten Sauternes-Weine sind.

Nicht vergleichbar mit den Trockenbeerenauslesen sind indes die sogenannten *Strohweine,* die aus vollreifen Trauben (häufig Muskateller oder Traminer) gewonnen werden, die nach der Ernte für einige Monate auf Strohmatten zum Austrocknen in warmen Räumen ausgelegt werden. In Geschmack und Bukett gleichen sie oft *Dessertweinen,* obgleich sie nicht mit diesen identisch sind.

Zuckerreiche Moste aus edelfaulen Beeren benötigen eine

kräftige Schwefelung, sofern nicht zuvor ihre Maische bereits geschwefelt wurde.

Bevor der Weißweinmost nun in die Gärfässer gelangt, wird er in einigen Weinkellern *vorgeklärt.* Durch Absetzenlassen (Entschleimen), Separieren oder Filtern gelangt ein Teil des *Trubes* aus dem Most. In diesem Stadium wird auch gegebenenfalls der Verschnitt (Vermischen) verschiedener Moste durchgeführt oder auf dem Wege moderner Gefrierverfahren die Mostkonzentration für die Gewinnung von Süßreserven.

Eine natürliche Mostkonzentration stellt sich bei der Gewinnung von *Eisweinen* in kalten Herbst- und Wintertagen durch die zu Eis gefrorenen Trauben im Weinberg ein. Dabei ist für die Eisweinerzeugung entscheidend, daß die Trauben in noch gefrorenem Zustand auf die Kelter kommen, wo der in der Beere konzentrierte Traubensaft von den Wassereiskristallen getrennt wird. Auf diese Weise erzielen die Winzer einen süß-fruchtigen Wein mit Auslesecharakter, der von Weinliebhabern als Rarität sehr geschätzt wird.

Für einige Weingüter ist die Erzeugung von Eisweinen eine Image-Frage, so daß sie in jedem Jahr nach Beendigung der allgemeinen Lese noch einige Trauben in Erwartung von nächtlichem Dauerfrost für die Eisweingewinnung hängen lassen. Trotzdem gelingt die Eisweinerzeugung nicht in jedem Jahr. Wird eine Eisweinlese erst im Januar möglich, so gibt es bezeichnungsrechtlich dafür ein gewisses Kuriosum, da dieser Wein den Jahrgangsvermerk aus dem vorigen Jahr trägt mit dem eventuellen Zusatzhinweis auf das tatsächliche Lesedatum. Zu den begehrten Sammelobjekten der Raritätenjäger gehören auch die Weine, die am St. Nikolaus-Tag oder Heiligabend (Christweine) gelesen werden.

Zu diesem Zeitpunkt sind die schon im Keller lagernden Weine längst in ein wesentlich fortgeschritteneres Stadium getreten. Sie haben nämlich bereits die entscheidende Entwicklungsphase der Umwandlung vom Most zum Wein durch die *Gärung* hinter sich.

Auf natürlichem Wege beginnt der Most nach einiger Zeit von selbst zu gären. Dieser Vorgang wird durch zwei verschiedene Gruppen von Mikroorganismen, die im Most enthalten sind, ausgelöst: *Hefen,* die den *Zucker* des Mostes zu *Alkohol* und *Kohlensäure* vergären und *Milchsäurebakterien,* durch die bei bestimmten Voraussetzungen die *Apfelsäure* im Wein zu *Milchsäure* und *Kohlensäure* abbaut (= biologische Säureabbau), eine Umwandlung, die auch von den Hefen durchgeführt werden kann.

Nachdem die Wissenschaft heute weitgehend die biochemischen Zusammenhänge der Gärung erforscht hat, ist es möglich, die Gärung nicht mehr unkontrolliert und spontan ablaufen zu lassen, sondern sie nach Bedarf zu lenken, so daß vor allem der sogenannte *Endvergärungsgrad* (das Maß nicht vergorenen Zuckers) individuell bestimmbar ist.

Und gerade die Maßnahme der gezügelten Gärführung in der Weißweingärtechnik, die auch häufig mit dem Begriff des *Gärstopps* in Verbindung gebracht wird, hat seit ihrem Einsatz in der Praxis vor allem die Gemüter der traditionell denkenden Weinliebhaber erhitzt, die der Weinbereitung ein möglichst hohes Maß an »Natürlichkeit« erhalten möchten. Gewiß hat die gelenkte Gärung dazu geführt, daß insbesondere die deutsche Weißweinerzeugung mit Beginn der 50er Jahre die Produktion lieblicher Weine forciert und damit schließlich zu einer Begrenzung ihrer vormals einzigartigen Bandbreite geschmacklicher Weincharakteristika beigetragen hat. Die »süße Weinwelle«, die mit dem Verfahren der Süßreserve-Anreicherung in den 60er Jahren einen neuen Aufschwung erlebte, deckt nicht nur manche Schwächen allzu kleiner Weinchen zu, sie hüllt auch manche Eigenarten interessanter Gewächse ein. Über die Notwendigkeit, nach der bestimmte Weine durch eine sogenannte dienende Restsüße geschmacklich harmonischer wirken, wird unter Fachleuten heute kaum noch diskutiert. Lediglich um das wieviel an dienender Süße geht der Disput weiter.

Besonders deutlich hebt sich mit dem Trend zur Beibehaltung von Restsüße die deutsche Rotweinerzeugung von der Rotweingewinnung der anderen Weinbauländer ab. Da üblicherweise Rotweine fast ausschließlich zum Essen getrunken werden, können süße Rotweine nach den verbreiteten gastronomischen Regeln dafür kaum kredenzt werden. Im Gegensatz zu den Gepflogenheiten der meisten traditionellen Weinbauländer wird in der Bundesrepublik jedoch auch außerhalb der Mahlzeiten der Rotweingenuß bevorzugt. Folglich spielt der Rotwein für den deutschen Weintrinker auch als Wein zur Unterhaltung eine Rolle. Somit muß er ebenso wie der Weißwein lieblich, doch zumindest mild sein.

Dieser Forderung wird bei der Weinbereitung in vielen großen deutschen Kellereien entsprochen, indem die Weine durch den Zusatz von *Süßreserve* hergestellt werden. Dabei läßt man die Weine zunächst völlig durchgären und gibt ihnen dann zum Zwecke ihrer geschmacklichen Regulierung einen bestimmten Anteil eines süßgehaltenen Zusatzweines bei, der zuvor im Drucktank mit einem hohen Zuckerrestanteil vergoren wurde.

Bei der Rotweingärung gilt es vor allem die Farbstoffe der Beeren und das sortentypische Bukett zu erhalten. Das war bis vor einigen Jahren nur durch die *Maischegärung* möglich, bei der in der angegorenen Maische die roten Farbkörper aus der Beere gelöst wurden. Da sich bei diesem Verfahren an der Oberfläche der Maische die Trester absetzte, mußte dieser »Hut« durch ständige Bewegung der Maische immer wieder untergetaucht und gestoßen werden. Dieses manuell aufwendige Verfahren, das zudem bei offenen Gärbehältern die Gefahr der raschen Bildung eines *Essigstichs* mitbrachte, ist inzwischen durch maschinelle Verfahren in geschlossenen Gärbehältern abgelöst worden. Noch fortschrittlicher ist das Verfahren der *Warmfermentierung* oder *Maischeerhitzung,* bei denen vor allem milde Rotweine mit geringem Gerbstoffgehalt in Großbetrieben gewonnen werden.

ZWISCHEN TRADITION UND FORTSCHRITT:

Technik und Kunst der Weinbereitung

Vor einem Jahrhundert konnte man noch mit Recht von den Geheimnissen der Weinbereitung sprechen. Wichtige Vorgänge, wie zum Beispiel die alkoholische Gärung, konnten damals wissenschaftlich vollends kaum gedeutet werden. Man brachte ihre Entstehung auf geheimnisvolle Weise mit einer Art Urzeugung in Zusammenhang, die unter anderem auch für die Entstehung von Insekten aus Kuhmist und Mäusen aus Nilschlamm verantwortlich gemacht wurde. Merkwürdigerweise hielt sich diese mittelalterliche Theorie — selten angezweifelt — bis zur Zeit der Französischen Revolution, als die moderne Chemie ihren ersten Durchbruch erlebte.

Der Pariser Chemiker *Antoine Lavoisier* erklärte 1789 die alkoholische Gärung, indem er nachwies, daß aus Zucker Kohlendioxyd und Alkohol entstehen. 14 Jahre später äußerte der Chemiker *Thenard* in Paris erstmals Vermutungen, daß die Gärung durch Hefen und nicht — wie man zuvor glaubte — durch Luftsauerstoff ausgelöst wird. (Ähnliches behauptete 1818 auch ein Prager Brauerei-Fachmann, *Erxleben,* dessen Theorie jedoch widersprochen wurde.) Nachdem in den 30er Jahren des vorigen Jahrhunderts durch einen französischen und einen deutschen Chemiker die Hefe-Theorie zur Gärungsursache präzisiert wurde, kam es zu einer wissenschaftlichen Auseinandersetzung mit dem seinerzeit berühmtesten Chemiker *Justus von Liebig,* der immer noch von einer mechanistischen Auslösung der Gärung ausging.

Als *Louis Pasteur* zwischen 1858 und 1864 die Ergebnisse seiner fundamentalen Gärungsforschungen veröffentlichte, wurde der wissenschaftliche Disput mit Liebig noch heftiger. Erst zwanzig Jahre später konnte er beigelegt werden, als es dem dänischen Botaniker *Hansen* gelang, Hefen zu züchten und mit ihnen die Gärungsauslösung praktisch zu beweisen. Nun bestand kein Zweifel mehr darüber, daß die Gärung ein an Leben gebundener, also *biochemischer* Vorgang ist.

In den letzten einhundert Jahren hat es in der Gärungswissenschaft weitere wichtige ergänzende Erkenntnisse gegeben, die sich vor allem auf die Bildung von sogenannten *Reinzuchthefen* konzentrieren, mit denen die Gärvorgänge gezielter durchgeführt und gesteuert werden können. Reinzuchthefen werden in der Praxis der Weinherstellung ebenso angewandt wie in der Schaumweingewinnung und im Brauereiwesen.

Gegenüber den echten Hefepilzen besitzen diese Zuchthefen den Vorteil, daß sie genau auf ihre Aufgaben vorprogrammiert werden können, indem sie zum Beispiel als Weinhefen eine rasche, reintönige und saubere Gärung mit der Bildung der erwünschten angenehmen Geschmacks- und Duftstoffe auslösen. Einen entscheidenden Anteil bei der Einführung von Reinzuchthefen für die Praxis hatte übrigens Prof. *Müller-Thurgau,* der Züchter der in Deutschland verbreitetsten und nach ihm benannten Weißweinrebe.

Diese Hefen haben vor allem die Aufgabe, möglichst viel Alkohol und Glyzerin und wenig flüchtige Säuren zu produzieren und von Temperaturen wenig beeinflußbar zu sein. Normalerweise setzt die Gärung bei niedrigen Temperaturen aus, ein Nachteil, der von den Kaltgärhefen ausgeglichen wird, die auch in recht kühlen Kellern noch die Gärung auslösen können.

Üblicherweise beginnt die Gärung ein bis zwei Tage nach der Kelterung der Trauben. Die Hauptgärung dauert etwa 5 bis 7 Tage — ein Vorgang, der durch die starke Bildung von Kohlendioxydgas, der Kohlensäure, für die Menschen im Gärkeller mit Lebensgefahr verbunden ist, da das farb- und geruchlose Gas die Atmung behindert. Lüftungseinrichtungen sorgen daher im Keller für das Entweichen des Gases.

Der Kellermeister betritt den Gärkeller während des Hauptgärstadiums mit einer brennenden Kerze, die eventuell mit ihrem Verlöschen anzeigt, daß sich noch Kohlendioxyd im Keller befindet.

Neben der Kohlensäure ist der Alkohol das wichtigste Gärungsprodukt. Dabei handelt es sich um *Äthylalkohol (Äthanol),* dessen Anteil sich nach der Menge des Zuckergehaltes in den Trauben richtet. Maximal kann natürlich vergorener Traubenmost nicht mehr als 18,2° Alkohol ergeben. Theoretisch werden aus 100 g Trauben- oder Fruchtzucker bei der Gärung 51,1 g Alkohol und 48,9 g Kohlendioxyd erzeugt. Untersuchungen von *Louis Pasteur* haben jedoch bewiesen, daß aus 100 g Fruchtzucker 48,4 g Alkohol, 46,6 g Kohlendioxyd, 3,3 g Glyzerin, 0,6 g Bernsteinsäure und 1,2 g sonstige Stoffe entstehen. Dieser Unterschied beruht auf der Tatsache, daß die Hefen während ihrer Tätigkeit Zucker benötigen und auch gewisse Einbußen bei der Gärung üblich sind.

Der in kleinen Mengen anregend wirkende Äthylalkohol ist nicht — wie von Laien häufig angenommen — die Ursache von Übelkeit und Kopfschmerzen nach reichlichem Alkoholkonsum. Diese unangenehmen Nachwehen fallen vielmehr auf die Wirkungsweise der sogenannten höheren Alkohole zurück, die als *Fuselöle* ebenfalls zu den Gärungserzeugnissen zählen. Sie sind zwar in den meisten Weinen nur in sehr geringem Anteil vorhanden (0,1 bis 0,3 g/l), ihre den »Kater« verursachenden Eigenschaften können sie aber trotzdem gerade in alkoholreichen Weinen (zum Beispiel Likörweinen, Dessertweinen) unter Beweis stellen. Andere höhere Alkohole bilden im entscheidenden Maße den Duft (das Bukett) des Weines.

Weiterer Bestandteil des Weines als unmittelbares Ergebnis der alkoholischen Gärung ist das *Glyzerin,* eine ungiftige, süßschmeckende Flüssigkeit, der wir den »Körper« und die Vollmundigkeit des Weines verdanken. Ihr Anteil schwankt je nach Alkoholgehalt zwischen 6 und 9 g/l.

Einen gewissen Einfluß auf das Geschmacksbild der Weine besitzen auch Gärungserzeugnisse wie die *Bernsteinsäure,* die mit der *Apfel-* und *Weinsäure* verwandt ist. Dazu kommen noch flüchtige Säuren, Essigsäure sowie Ester, die je-

Arbeiten im Weinkeller

SEPTEMBER OKTOBER

Vorbereitung der Lese: Reinigung und ggfs. Instandsetzung der benötigten Gebinde und Geräte, Gärfässer werden »weingrün« (frisch) gemacht, Drucktanks auf ihre Funktion geprüft. Das Lesegeschirr (Bütten, Eimer) gereinigt, Pumpe, Leitungen, Schläuche kontrolliert, Metallteile (z. B. der Kelter), die mit Most in Berührung kommen, werden neu gestrichen.

Traubenannahme am Kelterhaus (Abkippen, Absaugen, in Großbetrieben gleichzeitiges Verwiegen des Lesegutes und Bestimmung des Mostgewichtes).

Abbeeren (Entrappen) der Trauben durch Abbeermaschinen, in denen die Beeren von Stielen, Kämmen und Rappen getrennt werden.

Gewinnung der Traubenmaische durch Traubenmühlen, in denen die Trauben gequetscht werden.

Bei Weißwein: ggfs. Vorentsaften der Maische (in Großbetrieben), bei dem ein Teil des Saftes schon vor dem Pressen gewonnen wird.

Schwefelung der Maische (vor allem bei faulem Lesegut).

Bei Rotwein: Die Maische gärt an. (Rote Farbkörper gelangen in den Saft.)

Bei Roséwein: Die roten Trauben werden sofort — wie beim Weißwein — gekeltert.

Mostgewinnung: Die Trauben werden in der Kelter gepreßt.

Der Most wird geklärt und ggfs. verschnitten. Zur Herstellung von Süßreserven wird bei Bedarf der Most konzentriert (durch Gefrierverfahren).

OKTOBER NOVEMBER

Gärung des Mostes (wird je nach Bedarf gezügelt, gestoppt — für Weine mit Restsüße — oder gelenkt). Vergärt der gesamte im Most enthaltene Traubenzuckeranteil, so ist der Jungwein durchgegoren (»trocken«).

Bei Rotwein: Anstelle der Maischegärung kann auch das Verfahren der Maischeerhitzung (Warmfermentierung) eingesetzt werden, bei der die Maische auf 50°—70° C einige Minuten erhitzt, anschließend gepreßt, gekühlt, separiert und in Gärfässer eingelagert wird.

NOVEMBER DEZEMBER

Schwefelung des Jungweines; Erster Abstich (Abzug), bei dem der Wein von dem bei der Gärung entstandenen Hefetrub getrennt wird.

DEZEMBER JANUAR

Zweiter Abstich, zuvor Schönung mit Bentonit gegen Eiweiß-Ausfällungen; Bei Bedarf Stabilisierung durch Kühlung. Eventuell auch Anreicherung (Verbesserung, Zuckerung), Entsäuerung und Verschnitt (Mischen der Weine).

JANUAR FEBRUAR	Klärung durch Separatoren (ggfs. auch früher oder später), bei Rotwein nach traditioneller Art mit Eiklar.
MÄRZ	Filtrieren (Sieben des Weines und Abtrennen der Trubstoffe sowie Entkeimen). Abfüllen auf Flaschen (bei Weißwein einfacher Qualitäten oft auch schon früher, bei Rotwein, vor allem gehobener Qualität, wesentlich später).
MÄRZ APRIL	Nach einigen Wochen der Flaschenreife Ausstattung der Flaschen mit Etiketten, Kapseln etc. Je nach individueller Beschaffenheit des Weines erforderliche Arbeitsgänge: 3. Abstich (im Spätsommer oder Herbst), ständiges Auffüllen der Fässer bei angestrebter langer Lagerung und Faßreife (bei Holzfässern mit Schwund).

doch meist nur in sehr geringen Mengen im Wein enthalten sind.

Zahlreiche andere Substanzen, die erst bei der Gärung entstehen, tragen zur Aromabildung im Wein bei. Mit Hilfe der Gas-Chromatographie hat man in den letzten Jahren mehrere hundert dieser Komponenten im Wein entdeckt, die durch ihren je nach Zusammensetzung wechselnden Einfluß das Geschmacks- und Geruchsbild des Weines prägen.

Äußerlich kündigt sich der Beginn der Gärung durch Trübung des Mostes an. Die in den romanischen Sprachen verwendeten Bezeichnungen für Gärung, Fermentierung, die über »fermentare« auf das Wort »fervere« zurückgeht, beschreibt genau den eigentlichen Vorgang bei der Gärung. Denn das lateinische *fervere* heißt soviel wie wallen, sieden, sprudeln. Tatsächlich kommt es bald in dem unruhigen Most zu sprudelnden Bewegungen, bei denen sich an der Oberfläche Schaum bildet. Das bei der Gärung sich bildende Kohlendioxydgas entweicht durch die Gäraufsetzer aus den Gärfässern mit einem glucksenden Geräusch.

Etwa nach einer Woche der Hauptgärung hat sich der Most in den jungen Wein gewandelt, der regional mit verschiedenen, aber doch jeweils charakteristischen Namen bezeichnet wird. In Süddeutschland am meisten verbreitet ist die Bezeichnung *Federweißer,* mit der der hefetrübe, milchige, weißgraue, noch nicht ausgegorene junge Wein belegt wird. Recht treffend ist auch die Bezeichnung *Bitzler* für den auf der Zunge bitzelnden oder beißenden jungen Wein. Andere bedeutungsvolle Namen für diesen ziemlich verführerischen, weil süffigen und süßen Tropfen, sind *Sauser* oder *Suser* (der sich auch auf die oft überraschenden Nachwirkungen beziehen kann), *Sturm* und *Brauser.* Erst wenn der Federweiße, der seinen Namen möglicherweise von einer im Mittelalter benutzten Weinzutat »Federweisz« ableitet, sich geklärt hat, ist er Jungwein.

Nicht immer allerdings ist dies die Regel, daß der Wein auf solch unkomplizierte und natürliche Weise zu Jungwein durchgärt. Denn wohl in nur wenigen Fällen wären die heutigen Weinkonsumenten mit diesem Ergebnis zufrieden.

Von den drei wichtigsten und legitimen Maßnahmen, einem unterstützungsbedürftigen Wein zu einem besseren Make-up zu verhelfen, setzen zwei kurz vor, während oder nach der Gärung ein.

Auch bis zum nur unzulänglich informierten Weintrinker hat es sich inzwischen herumgesprochen, daß man mit Hilfe der *Zuckerung* aus »saueren Rebensäften süße Weine machen kann«. Im Fachjargon heißt dieses Verfahren *Anreicherung.* Weniger an dem zutreffenden Wort als an dem Umstand, die Weinqualität mit Zuckerzusatz scheinbar zu veredeln, haben sich — seitdem diese Methoden praktiziert werden — vor allem puritanische Weinidealisten heftig gerieben. Bei ihrer Kritik mischen sich lückenhafte Kenntnisse über die Verfahren der Zuckerung und ihrer Auswirkungen mit gewissen Ambitionen, den Wein pathetisch zum reinen, fast mystifizierten Naturerzeugnis zu erklären, was er jedoch niemals gewesen ist.

Allerdings hat er nicht erst durch den Zuckerzusatz seine paradiesische Unschuld verloren. Diese büßte er allein schon durch die Notwendigkeit der Haltbarmachung mittels eines zuverlässigen Konservierungsmittels ein, nämlich des seit über 2000 Jahren verwendeten *Schwefels.* (Im Frühjahr 1978 brachte das rheinpfälzische Weingut Waltharihof erstmals ungeschwefelte Weißweine heraus, ein Verfahren, das zwischenzeitlich patentiert wurde.) Andere unumgängliche Behandlungsstoffe kamen in der Weinbereitung im Verlauf der Jahrhunderte hinzu, so daß sich der Begriff »naturrein« für einen Wein von selbst verbietet, will er nicht gründlich mißverstanden werden.

Wenn sich die Reinheitsapostel über manche Weinerzeugungspraktiken nicht zu Unrecht erhitzen, so kann sich ihr Zorn vernünftigerweise weniger auf die nun einmal unumgänglichen chemisch-physikalischen Verfahren bei der Weinbereitung richten, als vielmehr auf die oft übertriebene Bereitschaft mancher Kellermeister und Weintechnologen, des Guten einfach zuviel zu tun. Sie praktizieren in den Wein zur Konservierung, Stabilisierung oder Schönung einfach alles hinein, was von den Herstellern der zu verwendenden Präparate als erfolgsversprechend angepriesen wird.

Nicht viel anders verhält es sich — gerade in kleineren Weinerzeuger-Betrieben — mit der *Schwefelung.* Auch hier regiert nicht selten immer noch das Motto »zur Sicherheit besser einige Gramm mehr«, wobei die amtlich festgesetzten Schwefelung-Höchstgrenzen nach Meinung von Toxikologen und Hygienikern in einigen Weinbauländern von zuviel amtlicher Toleranz zeugen.

Auch bei der Zuckerung geht es den Kritikern kaum um das Prinzip an sich, sondern vielmehr um die scheinbare Großzügigkeit, mit der das Weingesetz bei sogenannten Qualitätsweinen den Zusatz von Zucker erlaubt.

Denn vor der Gärung zugesetzter Zucker verhilft einem saueren Wein eventuell nicht nur zu einem höheren Gehalt von Restsüße, also unvergorenem Zucker, sondern auch zu höherem Alkoholgehalt, so daß die Zuckerung zugleich auch ein Weg sein kann, den Wein alkoholreicher zu machen. Lediglich die ziemlich verpönte *Naßzuckerung* vermag dies nicht, da sie nichts anderes macht, als den Wein mit Zuckerwasser (Zuckerlösung) zu strecken. Dieses von Laien häufig mit Panschen gleichgesetzte Verfahren ist seit 1979 glänzlich untersagt.

Gesetzlich erlaubt jedoch bleibt die *Trockenzuckerung,* der Zusatz von Saccharose (Rohrzucker), und zwar unter anderem in der Bundesrepublik, in Frankreich, in Österreich und in der Schweiz.

Nach dem deutschen Weingesetz darf die Zuckerung zum

Zwecke der Anreicherung des Weines nur einmal bei einem Wein erfolgen. Sie muß bis zum 15. März des auf die Ernte folgenden Jahres durchgeführt werden. Dabei darf entweder dem Most Zucker zugesetzt werden, der bei der Gärung — ebenso wie der im Most enthaltene Zucker — zu Alkohol und Kohlendioxyd vergärt oder der bereits vergorene Wein kann mit zugesetztem Zucker umgegoren werden. Letztere Möglichkeit bietet sich vor allem für säurestarke Weine an, bei denen der biologische Säureabbau dann besser eingeleitet wird. Rotweine werden überwiegend bereits in der Maische verbessert.

Wenn es die Witterungsverhältnisse in bestimmten Weinbauzonen der EG erforderlich erscheinen lassen, darf der natürliche Alkoholgehalt durch die *Anreicherung* (= Verbesserung) erhöht werden. Dafür werden jeweils nationale gesetzliche Bestimmungen erlassen. So darf zum Beispiel in der Weinbauzone A (das sind die deutschen Weinbaugebiete mit Ausnahme von Baden) eine Alkoholerhöhung bis zu 3,5 % bei Tafelwein vorgenommen werden. In Jahren mit außergewöhnlich ungünstigen Witterungsverhältnissen darf diese Erhöhung in der Weinbauzone A bei Tafelwein 4,5 % betragen.

Die Anreicherung darf nur mit Saccharose (Zucker), konzentriertem Traubenmost oder rektifiziertem Traubenmostkonzentrat (RTK), niemals jedoch mit dem Zusatz von Alkohol vorgenommen werden.

Im gärenden Most spielt der Zucker jedoch nicht immer nur als Alkoholbildner eine Rolle. Ebenso wichtig scheint heute seine Aufgabe als Geschmacksbildner zu sein. Denn trotz aller Beschwörungen der Anhänger durchgegorener, »trockener« Weine, werden die lieblichen bis süßen Kreszenzen von den Weinkonsumenten eifrig begehrt und getrunken.

Trocken oder süß — diese Frage hat in Deutschland offenbar die Weintrinker in zwei fast verfeindete Lager gespalten. Die fachlich verbrämten Kommentare und Aufrufe der getreuen Anhänger der trockenen Weine lassen vermuten, daß die offenbar mit Kennerschaft ausgestatteten und intensiv konsumierenden Weinliebhaber im Lager der Trockenen-

Weinfanatiker sitzen. Doch sie sind derzeit, wie Verkaufsstatistiken eindeutig bundesweit beweisen, zahlenmäßig noch in der Minderheit. Und so bleibt ihnen nichts anderes übrig, als sich die inzwischen nicht mehr so raren durchgegorenen Weine aus der deutschen Weinerzeugung herauszupicken oder sich auf Importweine aus den Ländern zu verlegen, in denen traditionsgemäß die Weine völlig durchgegoren werden.

Für eine gewisse Vorliebe deutscher Weintrinker zu Weinen mit Restsüße gibt es eine Reihe von Gründen, die im Abschnitt über das subjektive Geschmacksempfinden (Seite 104 ff.) im einzelnen erläutert werden. Hier ist zunächst festzustellen, daß die Winzer restsüße Weine vor allem deswegen erzeugen, weil sie von vielen Weintrinkern ganz ohne Zweifel in der Bundesrepublik noch gewünscht werden und weil nicht wenige Weine ohne Restsüße geschmacklich zu große Mängel zeigen würden.

Um den Restzucker bei der Gärung auf quasi »natürliche« Art im Wein zu erhalten, kann man mit Hilfe von verschiedenen Maßnahmen die Gärung *lenken* oder *zügeln.* Da gibt es zum Beispiel die Möglichkeit, die Gärung in einem druckfesten Stahltank durchzuführen. In ihm wird das durch die Gärung sich bildende Kohlendioxydgas gesammelt, das einen entsprechenden Überdruck erzeugt, bei dem die meisten Gärhefen ihre Funktion einstellen. Durch teilweises Ablassen des CO_2-Überdruckes kann das Gärtempo und der Endvergärungsgrad individuell bestimmt werden und damit auch der Anteil des unvergorenen Zuckers im Wein.

Bei einem anderen Verfahren wird durch vorzeitiges Separieren dem noch gärenden Wein die Hefe entzogen, so daß sich bei diesem ebenfalls die Gärung einstellt, bevor sämtlicher Zucker vergoren ist.

Da diese Methoden zum Teil technisch sehr aufwendig und die auf diese Weise gewonnenen restsüßen Weine in ihrer weiteren kellertechnischen Behandlung nicht unproblematisch sind, hat sich in den letzten Jahren immer mehr die Gewinnung restsüßer Weine mittels der Dosierung mit *Süßreserve* durchgesetzt. Diese Süßreserve ist nichts anderes als ein Teil des Mostes, aus dem der übrige Wein erzeugt wird.

WEISSWEIN HERSTELLUNG

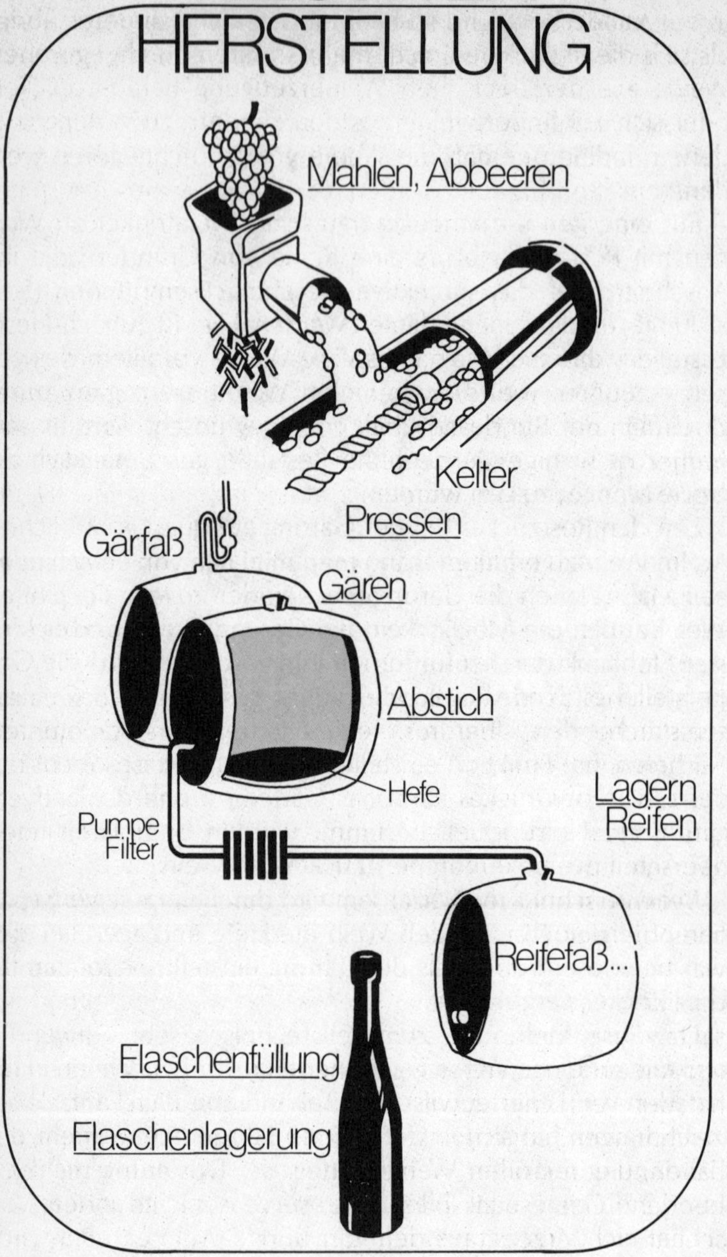

Im Gegensatz zu diesem meist völlig durchgegorenen Wein wird der zuckerhaltige Süßreserve-Most nur leicht angegoren und unter Kohlensäuredruck eingelagert. Einige Wochen vor der Flaschenfüllung wird die Süßreserve den übrigen Weinen wieder zugesetzt.

Eine Variante besteht in der Verwendung von *Mostkonzentraten,* die aus stark entsäuerten und fruchtwasserarmen Traubensäften erzeugt werden. Auch sie können bei späterem Hinzufügen durchgegorener Weine das — wie man in Österreich sagt — erwünschte »Zuckerhütl« ergeben.

Vergleichende Wein-Geschmackstests haben gezeigt, daß die meisten restsüßen Weine, die durch die gelenkte Gärung erzeugt werden, offenbar qualitativ den Weinen mit zugesetzter Süßreserve überlegen sind. Da dieses Verfahren jedoch technisch nicht sonderlich aufwendig ist, wird es von immer mehr Erzeugerbetrieben genutzt, zumal der Winzer heute von Spezialliefer anten Süßreserve für seine Weine kaufen kann.

Zu den Maßnahmen, den Verkaufswert gewisser Weine zu steigern, gehört auch der *Verschnitt* oder *Verstich.* In einigen Weinbauländern gilt das Vermischen von Weinen (oder Mosten) als traditionelles und unumgängliches Mittel der Weinherstellung. Bordeaux-Weine bis zu den höchsten Qualitäten stammen meistens aus drei Rebsorten und sind demnach — streng genommen — Verschnittweine. Châteauneuf-du-Pape wird aus bis zu 13 Sorten, der klassische Chianti aus drei Sorten erzeugt. Man könnte die Liste der berühmten »Verschnittweine« um viele große Namen erweitern.

Weinverschnitt muß also keineswegs als etwas Verwerfliches bei der Weinherstellung betrachtet werden. Hier gilt, was zuvor bereits über den »moralischen« Wert anderer qualitätssteigernder Maßnahmen bei der Weinbereitung gesagt wurde: Erst in ihrer wohldosierten, möglichst begrenzten Anwendung zeigt sich der Meister. Sein schlechtes Image hat der Verschnitt gewiß durch die Weine mit Fantasiebezeichnungen, sogenannten Typen- und Markenweinen, erhalten, die in großen Mengen mit möglichst stets gleichbleibendem Geschmacksbild produziert, natürlich ohne Verschnitt nicht erzeugt werden können.

In kleinem Umfang fällt dem Verschnitt aber auch die Aufgabe zu, eventuelle Mängel im Wein zu beseitigen oder zumindest Fehler zu verdecken.

Dazu gehört ohne Zweifel schon ein gewisses Fingerspitzengefühl sowie vor allem eine feine Zunge und eine gute Nase, denn die einzelnen Geschmackskomponenten der Weine sollen ja so harmonisch wie möglich aufeinander abgestimmt werden.

Meisterhaft beherrschen diese Kompositionskunst die Fachleute der Schaumweinfabrikation, die im großen Stil Grundweine vermischen, aus deren zweiter Gärung dann die moussierenden Weine gewonnen werden. Zur geschmacklichen Abrundung erhalten diese Weine noch einen Dosagezusatz aus Likör, der je nach gewünschter Geschmacksrichtung (trocken, halbtrocken, süß) unterschiedlich bemessen ist.

In den meisten Winzerbetrieben wird eine solche raffinierte Verschnitt-Technik natürlich kaum praktiziert. Allein aus Gründen der gesetzlich definierten Weinherkunftsbezeichnungen sind den Verschnittmöglichkeiten bestimmte Grenzen gesetzt.

Die meisten Verschnitte werden nach dem ersten Abstich des Weines vorgenommen, da zu diesem Zeitpunkt die wichtigsten Faktoren, wie Süße und Säure, Alkoholgehalt und Aromastoffe, präziser zu beurteilen sind als in der Phase des Mostes oder Jungweins.

Neben einem zu geringen Zuckergehalt weisen bestimmte Jahrgänge mancher Weine auch ein Übermaß an Säure auf, durch die ebenfalls eine Störung des harmonischen Geschmacksbildes im Wein verursacht wird. Derart säurestarke Moste oder Weine kann der Kellerwirt durch Anwendung von einfachem kohlensauren Kalk *entsäuern,* sofern nicht der Verschnitt als Säurebinder benutzt wird. Die Säure verbindet sich mit dem kohlensauren Kalk zu weinsauerem Kalk, der nach einigen Wochen im Wein völlig ausfällt.

Ähnlich verhält es sich auch mit einigen anderen »Zutaten« während der Weinbereitung, die zu den gesetzlich erlaubten Pflegemaßnahmen gehören. Insgesamt 22 verschiedene Behandlungsstoffe gestattet das deutsche Weingesetz

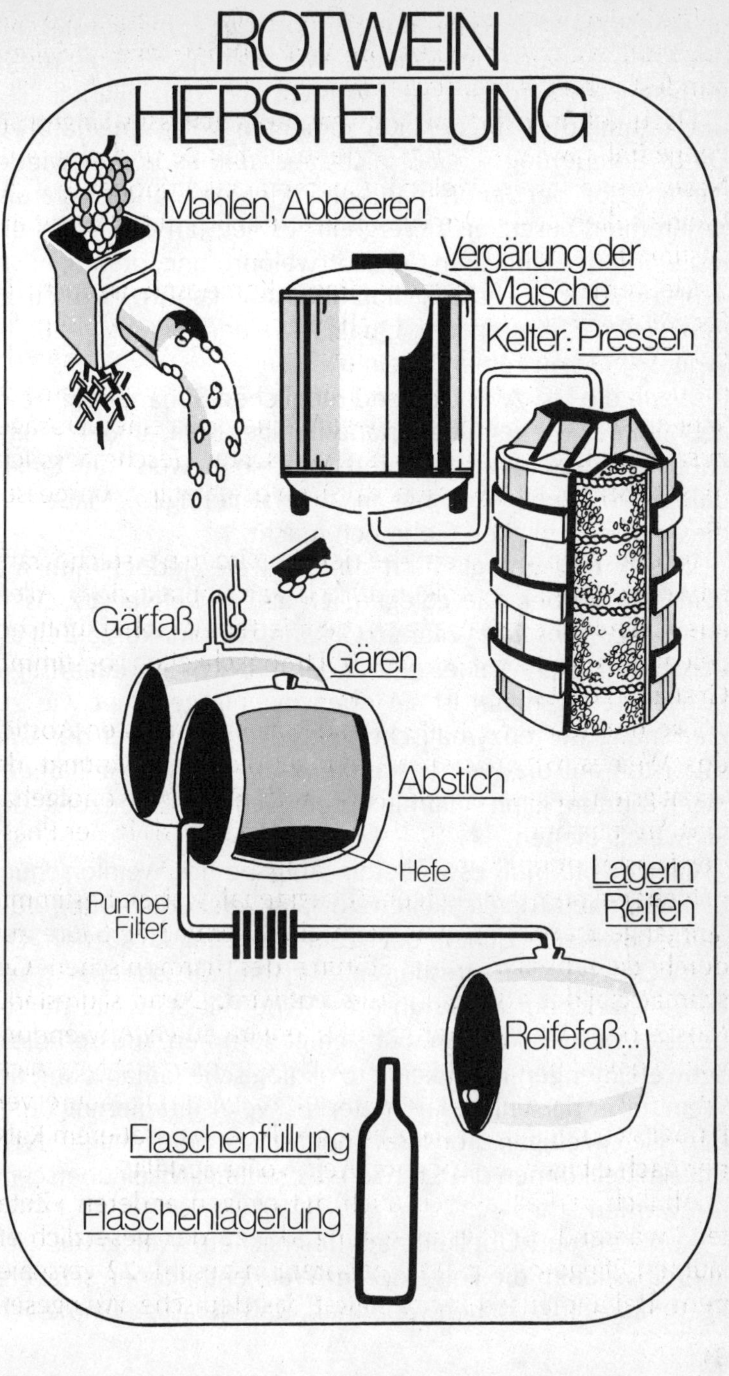
ROTWEIN HERSTELLUNG
Mahlen, Abbeeren
Vergärung der Maische
Kelter: Pressen
Gärfaß
Gären
Abstich
Hefe
Lagern
Reifen
Pumpe
Filter
Reifefaß...
Flaschenfüllung
Flaschenlagerung

dem Winzer. Sie dienen der Klärung, der Stabilisierung und der Konservierung des Weines. Wenn sie nicht rückstandlos ausfallen, so sind sie nach Ansicht der offiziellen Stellen doch zumindest für den Konsumenten völlig ungefährlich. Diese Beteuerung schließt nicht aus, daß es immer wieder Pannen gibt, bei denen man sich in der Wahl und Dosierung bestimmter Zusatzmittel vergreift. Es liegt an der Weinkontrolle und der amtlichen Qualitätsweinprüfung, derartige Unachtsamkeiten rechtzeitig aufzudecken; gehört es doch zu den ersten Geboten der Qualitätsweinerzeugung, daß die Weine »frei von Fehlern« sein müssen.

Wenn die fast zwei Dutzend möglichen Behandlungsstoffe auch immer wieder Gegenstand heftiger Kritik an den möglichen Weinbereitungsverfahren sind, so beweist die Praxis, daß sie in Wirklichkeit nur in äußerst geringem Maße von diesen Möglichkeiten Gebrauch macht.

Wie bereits gesagt, führt am *Schwefel* jedoch nun mal kein Weg vorbei. Die gelegentlich als Schwefelersatz diskutierte *Ascorbinsäure* (Vitamin C) kann zwar für kurze Zeit die Oxydation des Weines verhindern, doch als langfristiges Konservierungsmittel ist sie ebensowenig geeignet wie zur Hemmung der enzymatischen Oxydation, mit der der Luftsauerstoff auf die Weinbestandteile übertragen wird. Bei einigen Sorten kann Vitamin C lediglich als Ergänzung des Schwefels dienen.

Gleichwohl muß es weiterhin Aufgabe der Weinforschung bleiben, nach Möglichkeiten zur Schwefelreduzierung oder zum Schwefelverzicht in der Weinerzeugung zu suchen. Die vom Gesetzgeber attestierten Schwefelhöchstmengen zeigen, in welchem Maße unsere Weine mit Schwefel derzeit belastet werden können. Für sich genommen, müssen diese Schwefelmengen noch keine toxikologische Gefährdung der Weintrinker darstellen. Erst in der Schwefelsummierung durch den gleichzeitigen Konsum anderer schwefelhaltiger Nahrungsmittel können die Grenzen der Verträglichkeit überschritten werden.

Kopfweh und Übelkeit nach reichlichem Weingenuß sind allerdings kaum die Folge der im Wein enthaltenen schwefeligen Säure. Inzwischen weiß man, daß derartige Unpäßlich-

Gesetzlich zulässige Höchstmengen für Weinschwefelung

Weinart	Gesamtschwefeldioxyd	
1. Gemäß Weinrecht der Europäischen Gemeinschaft		
Rotwein	160 mg/l	
Weißwein und Roséwein	210 mg/l	
Weine mit mehr als 5 g/l Restzuckergehalt:		
– Rotwein	210 mg/l	
– Weißwein und Roséwein	260 mg/l	
Qualitätswein mit Prädikat »Spätlese«, Bordeaux supérieur, Graves de Vayres, Côtes de Bordeaux, St. Marcaire, Premières Côtes de Bordeaux, Ste Foy Bordeaux	300 mg/l	
Qualitätswein mit Prädikat »Auslese«, rumänischer Qualitätswein (vin supérieur) mit den Herkunftsbezeichnungen Murfatlar, Cotnari, Tîrnave, Pietroasele, Valea Calugareasca	350 mg/l	
Qualitätsweine mit den Prädikaten »Beerenauslese« und »Trockenbeerenauslese«, Sauternes, Barsac, Cadillac, Cérons, Loupiac, Sainte-Croix-du-Mont, Monbazillac, Bonnezeaux, Quarts de Cahume, Côteaux du Layon, Côteaux de l'Aubance, Graves Supérieures, Jurançon	400 mg/l	
Erhöhung in Ausnahmefällen bei Weinen mit weniger als 300 mg/l Gesamtschwefeldioxyd um 40 mg/l Gesamtschwefeldioxyd ist möglich		
2. Nach dem österreichischen Weingesetz:	Gebundene	Freie SO_2
Weißwein und Rosé	200 mg/l	50 mg/l
Rotwein	175 mg/l	50 mg/l
Spätlese	250 mg/l	50 mg/l
Auslese	350 mg/l	60 mg/l
Beerenauslese, Ausbruch, Trockenbeerenauslese, Eiswein	400 mg/l	75 mg/l
Schaumwein	300 mg/l	50 mg/l
3. Nach der Eidgenössischen Lebensmittelverordnung der Schweiz:		
Wein	250 mg/l	35 mg/l
Natürliche süße Luxusweine	400 mg/l	50 mg/l
Süßmost und Traubensaft	80 mg/l	

keiten vor allem auch durch *Histamin* hervorgerufen werden, ein nach der Gärung sich aus Weinbakterien bildendes Amin, das vor allem in Rotweinen auftritt.

Leider lassen sich diese und weitere Inhaltsstoffe des Weines, deren Wirkungsweise auf den menschlichen Organismus noch nicht völlig geklärt sind, vom Weintrinker weder zuvor in irgendeiner Weise erkennen, noch während des Konsums herausschmecken.

Mit Ausnahme der auf den Rückenetiketten von sogenannten Diabetikerweinen vermerkten Analysenauszügen, kann sich der Weinfreund zuvor beim Einkauf nicht über die Anteile der wichtigsten Inhaltsstoffe des Weines informieren. In den für die Qualitätsweinprüfung sowie zum Teil auch für die Weineinfuhrkontrolle gesetzlich vorgeschriebenen *Untersuchungsbefunden* werden die folgenden analytischen Werte ermittelt:

- Gesamtalkoholgehalt
- vorhandener Alkoholgehalt
- Gesamtextrakt (indirekt)
- Extrakt zuckerfrei (indirekt)
- Gesamtzucker vor Inversion
- Gesamtzucker nach Inversion
- Restzucker : Alkoholverhältnis
- Gesamtsäure berechnet als Weinsäure
- freie schwefelige Säure
- gesamte schwefelige Säure
- Gewichtsverhältnis 20/20 °C

Besteht begründeter Verdacht auf Fehler im Wein oder falsche Auszeichnung der Weinqualität oder Weinherkunft, kann dieser Untersuchungsbefund des amtlich autorisierten Weinlabors zur Klärung verwendet werden.

In diesem Sinne als Fehler im Wein gilt nicht der sogenannte *Korkgeschmack,* der durch kranke Korken verursacht wird. Kranke Korken sind optisch nicht von gesunden Korken zu unterscheiden. Ihre Verwendung läßt sich bei der Flaschenabfüllung somit auch nicht ausschließen.

Lagerbehälter für Wein

Material	Bezeichnung	Inhalt/Liter	Auskleidung
Holz	Kleinfässer	30—75	im allgemeinen keine,
	Hektofaß	100	beim Kleinfaß Imprägnierungen
	Ohm (Rheingau)	150	
	Ohm (Mosel)	160	
	Doppelhekto	200	
	Barrique/Pièce (Frankreich)	215—228, reg. unterschiedl.	
	Viertelstück (Eimer)	300	
	Zulast (Mosel)	480	
	Halbfuder (Saar)	500	
	Halbstück (Rheingau)	600	
	Fuder (Mosel)	960 (1000)	
	Fuder (Saar)	1000	
	Stück (Rhein)	1000	
	Stück (Rhein)	1200	
	Doppelstück	2400—2600	
	2—10 fudr. Fässer	2000—10 000	
	3—n stück. Fässer	3600—8400 u. größer	
Metall			
SM-Stahl	Tank	optimaler Inhalt 6000—20 000	Glasmetall, Kunststoffe
	Lagertank	bis 1 000 000 möglich	(Phenolharze, Brennlack, Emaillack)
	drucklos 0,5 atü		
	Drucktank bis 8 atü	3000—100 000	
Aluminium	Tank und Faß	1000—6000	
Edelstahl (Chromnickelstahl)	Tank	wie bei Stahl-Tank	
Kunststoff (Polyester m. Glasfaser)	Juno-Tank	bis 100 000 und mehr	Kunststoff
Zement (Stahlbeton)	Betonbehälter, Zementbehälter, Zisternen	5000—20 000 aufwärts bis 300 000 und mehr	Glasplatten, elastische Massen, Kunststoffbelag

Quelle: G. Troost: Technologie des Weines, Verlag Eugen Ulmer, Stuttgart.

Anmerkung: In der deutschen Weinwirtschaft ist der Bestand an Holzfässern im Jahre 1975 bis auf 24 % gesunken und der Anteil der Tanks dementsprechend auf 76 % gestiegen. Am höchsten ist noch der Holzfaßanteil in den Weinbau- bzw. Erzeugerbetrieben mit 49,4 %; am niedrigsten ist er in den Weinbaugenossenschaftsbetrieben mit 7,7 %. Da das traditionelle Holzfaß aufgrund seiner »atmenden« Eigenschaften einen unterirdischen Keller mit hoher Luftfeuchtigkeit bedingt, wird sein Anteil in der modernen Lagertechnik zugunsten des »porendichten« Tanks immer mehr zurückgehen.

Ebenfalls nicht zu vermeiden ist die Bildung von *Weinstein* (Kalium- oder Kalziumsalz), der sich vor allem bei Kälte am Flaschenboden und am Korken absetzt. Diese geschmacksneutralen Kristalle — von manchen Leuten zunächst fälschlicherweise als eine Art unvergorener Zucker angesehen — entsteht vor allem durch den Säureabbau bei der Flaschenlagerung. Sie sind gleichfalls nicht als Fehler im Wein zu betrachten.

Die moderne Lebensmitteltechnologie erlaubt auch dem kleineren Weinerzeuger, seine Weine sicher und weitgehend fehlerfrei auszubauen. Dazu trägt mehr als die zuvor angesprochenen chemischen Pflegemaßnahmen Sorgfalt und Sachkenntnis bei dem Faßabstich, bei der Klärung und Stabilisierung bei.

Das oberste Gebot für alle Arbeiten im Keller besteht in der Vermeidung eines Luftzutritts zum Most oder Wein. Luftsauerstoff gehört zu den größten Feinden des reifenden Weines. Er verursacht vor allem das gefürchtete Braunwerden, die *Oxydation* von Most und Wein. Deshalb gilt es, die Behälter und Fässer stets randvoll zu halten. Mit sauberem Füllwein, der in der Qualität dem Faßinhalt entspricht, wird der natürliche Schwund im Faß von Zeit zu Zeit ausgeglichen.

Gerade beim Abstich von leichten, duftigen Weißweinen (zum Beispiel Mosel-Rieslingen), Rosé- und bukettreichen Rotweinen wird der Kellerwirt darauf achten, daß sie möglichst ohne Luftzufuhr vorgenommen werden. Mit dem *Abstechen* oder *Abziehen* wird der Wein von Ausscheidungen (Trübungen) befreit. Gleichzeitig kann dabei der Wein geschönt und stabilisiert werden.

Das *Schönen* erfolgt durch einen Klär-Separator oder einen Kieselgur-Filter (Kieselgur sind die kleinsten Schalen von Kieselalgen). Für die Schönung kann entweder Bentonit (reine Tonerde) oder Kaliumhexanopherat (gelbes Blutlaugensalz) verwendet werden. Letzteres wird als sogenannter Blautrub wieder aus dem Wein entfernt.

Besonders gerbstoffreiche Rotweine können durch Zusatz von Polyvinylpolypyrrolidon (PVPP) ein milderes Geschmacksbild erhalten. Zu den klassischen Klärstoffen gehört die Gelatine, mit der man Wein auf schonende Weise von Trubstoffen befreien kann.

Diese Ansammlung von Präparaten liest sich hier weitaus dramatischer, als es in der Praxis tatsächlich der Fall ist. Schon zu allen Zeiten hatten sich Winzer, Küfer und Kellermeister viel einfallen lassen, um ihren Weinen ein attraktives Aussehen und ein stabiles Gerüst zu geben. Sei es nun Eiklar, mit dem traditionell in vielen Weinbauländern Rotweine geschönt, oder Weinsäure, mit der im Mittelmeerraum junge Weine haltbar gemacht werden.

Theoretisch kann bis zur Abfüllung mit dem Wein eine Menge passieren. Es mag im Ermessen eines jeden einzelnen kritischen Weinkonsumenten liegen, ab wann er in einzelnen Maßnahmen der Weinbereitung nun Manipulation sieht. Setzt er dafür sehr strenge Maßstäbe, dann wird er zugleich auch seine allgemeinen Ansprüche an Haltbarkeit, geschmackliche Harmonie und Qualität mehr oder weniger stark reduzieren müssen.

Die Tugenden eines zuverlässigen Winzers oder Kellerwirts werden sich stets dann erweisen, wenn er erreicht, die vom Gesetz erlaubten Höchstgrenzen in den Weinbehandlungsmethoden zu unterschreiten. Und diese Frage der Wein-Moral wird heute nicht mehr allein durch die Größe und perfekte technische Einrichtung eines Weinkellers beantwortet. Sie steht vielmehr in unmittelbarem Bezug zum Vertrauenskapital, das ein Weinerzeuger seinen Kunden gegenüber zu gewinnen oder zu verlieren hat.

Diese grundsätzliche Anmerkung steht mit Absicht am Schluß unseres einführenden Elementarkursus in die Weinkennerschaft. Einen vollständigen Überblick über alle Techniken, Verfahren und Maßnahmen konnte dieses Kolloquium für Anfänger nicht bieten. Hinweise auf die Bereitung von Dessertweinen oder weinhaltigen Getränken finden sich an den Stellen im Buch, an denen diese Weine ausführlich besprochen werden.

Bewußt verzichtet wurde auf die Beschreibung von weiteren Herstellungsmethoden, die in der Praxis fast überhaupt nicht angewendet werden. Das ohnehin komplizierte Sachgebiet der Weinherstellung würde dadurch für den nicht vorgebildeten Leser nur noch verwirrender. Da es uns jedoch hier um die Vermittlung von Sicherheit bei der Weinauswahl für den Verbraucher geht, möchten wir die Informationen nicht zum Lehrbuchumfang mit wissenschaftlichen Ansprüchen ausdehnen.

ZWEITER TEIL

Auf dem Wege zum Weinkenner

VOM TRINKEN ZUM GENIESSEN:

Wein als Geschmackserlebnis

Der französische Schriftsteller Paul Claudel bezeichnete den Wein einmal als den Lehrmeister des guten Geschmacks. Im übertragenen Sinne beschreibt der Vergleich den Wein als das kultivierte Getränk schlechthin, dessen Genuß fernab vom primitiven Saufen oder auch nur dem hastigen Durstlöschen zu einem stilvollen, ästhetischen und gesitteten Erlebnis führt, das gelegentlich mit derart ausgeprägt würdevoller Haltung betrieben wird, daß es schließlich sogar den Charakter einer Kulthandlung annehmen kann.

Diese wahrhaft formvollendete Kunst des Weintrinkens entwickelt sich als erlesenes und verfeinertes Umfeld durch das vollkommene Geschmackserlebnis.

Zwei Voraussetzungen sind dazu erforderlich: Der Wein in möglichst vollendeter Harmonie und der Weintrinker, dem es möglich ist, den Geschmack des Weines und seine weiteren qualitativen Merkmale feinsinnig zu empfinden.

Da ist zunächst der Geschmackseindruck, der alle anderen Kriterien weit überragende Faktor für den Wert des Weines. In ihm treffen die Meinungen und Interpretationen des Weintrinkers hart aufeinander. Denn was weitgehend objektiv die Geschmacksnerven des Menschen signalisieren, erfährt durch die individuelle Gefühls- und Empfindungswelt häufig eine subjektive Deutung. Das Ergebnis ist bekanntlich das millionenfach geäußerte »Der Wein ist aber schön« bis zum »Der Wein schmeckt mir überhaupt nicht« — angesichts fast unzähliger Geschmackskomponenten im Wein eigentlich ein zu einfaches Resultat.

Über Geschmacksfragen sollte man tunlichst nicht streiten. Man kann und macht es aber trotzdem, weniger aus mangelnder Einsicht über die Brisanz derartiger Diskussionen, sondern vielmehr einfach weil es unterhaltsam und interessant ist, kontroverse Geschmackserlebnisse zu begründen und zu definieren. Gerade beim Weinschmecken kann die Diskussion über die unterschiedlichen geschmacklichen Bewertungen häufig sehr hilfreich sein. Denn sie führen letztlich zu nachhaltiger Kontrolle der Vorgänge, die sich geschmacklich beim Weintrinken auf der Zunge und im Gaumen ergeben.

Nur etwa 2 bis 3 Prozent der Menschen besitzen ein völlig gestörtes Geschmacksempfinden. Sie nehmen anstatt süß salzig wahr, meistens ohne es zu wissen. Alle übrigen Menschen verfügen über ein mehr oder weniger stark ausgeprägtes Geschmacksempfinden, das von der Anzahl der auf der Zunge befindlichen Geschmacksknospen und der individuellen Fähigkeit abhängt, die dadurch erhaltenen Geschmackssignale konzentriert zu registrieren und zu analysieren.

In dem Zusammenspiel der unterschiedlichsten Sinnesempfindungen, dessen man sich meist bewußt ist, zeigt sich das Gesamtphänomen »Geschmack«. Die unspezifischen Geschmacksempfindungen, wie die Einwirkungen von Säuren, die eine Stumpfheit der Schleimhaut hervorrufen können oder die Schärfe einer Speise (durch die Mitreizung der Schmerznerven) verbinden sich dabei mit der Feststellung der vier Basisgeschmacksarten süß, sauer, salzig und bitter. Sie werden beim Erwachsenen von der Zunge wahrgenommen und zwar an den Zungenrändern und am Zungengrund. Kinder verfügen auch auf der gesamten Zunge und am Gaumen über Geschmacksempfindungen, da sie wesentlich mehr Geschmacksknospen haben als Erwachsene. (Daher reagieren Kinder auf den Geschmack gewisser Speisen und Getränke oft anders, vielfach eben empfindsamer, als Erwachsene.)

Die Geschmacksqualität süß schmeckt man mit der Zungenspitze, sauer an den Zungenrändern, salzig an den Rändern und der Spitze, bitter am Zungengrund. Die Stärke der Geschmacksempfindung hängt nicht nur von der Konzentration des geschmeckten Stoffes ab, sondern auch von der Temperatur und der Zeitdauer seiner Einwirkung sowie der gereizten Flächengröße. Die Grenzen einer objektiven Sensorik (Sinnenprüfung) werden außerdem durch eine Reihe individueller Faktoren gesetzt, die sich von der gesundheitlichen Konstitution des Schmeckenden (zum Beispiel starke Erkältung, Magenverstimmung, Schmerzzustände oder andere die Indisposition fördernde Umstände) über Unlust oder allzu routiniertes Verhalten bis zu Witterungseinflüssen erstrecken können. So sind bei besonders empfindlichen Menschen die Reizschwellen beim Durchzug von Kaltfronten niedriger als unter Einfluß von Warmfronten. Reihentests haben gezeigt, daß die geschmacklichen Empfindungen besonders deutlich bei Gewitter nachlassen.

Diese Feststellungen sind auch gerade für das kritische Weinschmecken wichtig, bei dem der ohnehin schon komplizierte Vorgang, eine Vielzahl von Geschmackskomponenten auf einen Gesamteindruck zu vereinigen, durch das häufig zu schnelle Herunterschlucken des Weines, durch zu kleine oder zu große Probenschlucke und durch falsche Temperaturen weiter erschwert wird. Bei der Gesamtbeurteilung des Weines spielen auch einige andere Kriterien eine Rolle. So beeinflußt zum Beispiel der Geruch, speziell das Aroma, das Geschmackserlebnis. Und auch die Farbe des Weines kann in der organoleptischen Prüfung (der Sinnenprüfung unter besonderer Berücksichtigung positiver Qualitätsmerkmale) beim Weintester oft unbewußt auf dessen allgemeinen Eindruck vom Weingeschmack einwirken.

Die bei Weingeschmackstests geforderte feine Zunge ist zunächst eine Frage der natürlichen Veranlagung, wohl abgestimmte Geschmacksmerkmale registrieren und sinnenmäßig einordnen zu können. Man vermag freilich auch seine Zunge bis zu einem gewissen Grade zu trainieren. Seine Empfindung für süß zum Beispiel testet man in der Weise, daß man von einer neutralen Testperson in einem Reagenzglas 10 ccm Wasser und 3 g Saccharose oder Kristallzucker vermischen läßt. Vom Tester muß eine solche Konzentration ohne weiteres als süß zu erkennen sein. Sauer muß man erkennen bei einer Dosis von 0,2 g Zitronensäure, salzig bei 2 g Salz in 10 ccm Wasser. Schwieriger wird es bei der Komponente bitter. Dafür wird im allgemeinen Chinin genommen, und zwar genügt die sehr geringe Menge von 0,0025 g, das heißt 25 mg je 10 ccm Wasser. Diese Menge kann man ohne weiteres in der Apotheke abwiegen lassen, die anderen zu Hause auf der Briefwaage. Wenn eine Testperson diese vier Grundgeschmacksarten in den angegebenen Konzentrationen erkennt — und man kann sich selbst trainieren, indem man einmal eine etwas höhere und eine etwas niedrigere Konzentration noch hinzunimmt —, dann hat sie ein recht gutes Geschmacksempfinden.

Als weiteres Training kann man dann Kombinationen nehmen, indem man zum Beispiel die Menge Zucker und Salz in der angegebenen Konzentration nimmt und nun versucht, diese Geschmackskombination süß-salzig und sauer-salzig usw. zu erkennen. Das wird wesentlich schwieriger, aber trainieren und gegenüberstellen von unbekannten Lösungen erleichtert nach einigen Stunden Übung doch das Erkennen selbst dieser Kombinationen.

Geht man solchermaßen gut geschult an einen geschmacklichen Weintest heran, dann sollte man allerdings auch um die geschmacklichen Aussagemöglichkeiten der Weine wissen. Immer noch auf der »wissenschaftlichen« Grundform möglichst völliger Objektivität gilt es die einzelnen Träger des Weingeschmacks zu erkennen. Dabei treten zwei elementare Geschmacksfaktoren diametral gegenüber: Süße und Säure. Verbindungsglied zwischen ihnen ist die chemisch kaum definierbare geschmackliche Harmonie eines Weines, die sich dann ergibt, wenn sämtliche wichtigen Geschmacksmerkmale in einem ausgewogenen Verhältnis zueinander stehen und damit den sprichwörtlichen Wohlgeschmack hervorrufen.

Für den Laien verbinden sich nicht selten mit den wichtigen Geschmackskomponenten Süße und Säure emotionale Qualitätsmaßstäbe, indem oft »süße Wein« als angenehm, »saure Weine« hingegen als negativ empfunden werden. Doch auch das Gegenteil mag in der Pauschalbeurteilung vorkommen, wenn »saure« (gemeint sind herbe, durchgegorene und trockene) Weine bejaht, süße Tropfen hingegen abgelehnt werden. Beiden Verallgemeinungen fehlt die gerade beim Wein notwendige Differenzierung. Denn derart kontrastreich, wie sich die Äußerungen über die vermeintlichen Geschmacksrichtungen hier lesen, sind die meisten Weine in Wirklichkeit nicht. Sie haben vielmehr von jedem etwas, mal etwas mehr Süße, dann wieder ein wenig mehr Säure. Und außerdem noch eine Reihe anderer, nicht minder wichtiger Geschmacksbildner, die im verbreiteten Disput über süß oder sauer gewissentlich übersehen werden. Denn jeder, der einmal Wein getrunken hat, weiß, daß es abgesehen von Zucker und Säuren noch eine große Anzahl von weiteren Inhaltsstoffen im vergorenen Rebensaft geben muß.

Da ist zunächst der *Extrakt,* zu dem nicht nur der Zucker gehört, sondern auch die *Gerbstoffe* (besonders wichtig für die geschmackliche Qualität vor allem der roten Weine), *Glyzerin,* die bereits beschriebene süßschmeckende Flüssigkeit, die dem Wein die Vollmundigkeit und Fülle gibt, ferner die nicht flüchtigen *Säuren, Kohlenhydrate, Stickstoffverbindungen, höhere Alkohole, Mineralstoffe* und *Farbstoffe.* Diese Stoffe, die beim Verdampfen des Weines zurückbleiben, werden unter dem Begriff Extrakt zusammengefaßt, den der Weinfachmann zugleich in eine Beziehung zum »Körper« des Weines setzt. Schmeckt ein Wein »rund« und »füllig«, dann besitzt er einen hohen Anteil entsprechender Extraktstoffe.

Die Bezeichnung *Gesamtextrakt* schließt den *Zuckergehalt* des Weines ein. Da sich aber die wahre Qualität eines Weines nur im zuckerfreien Extrakt ausdrücken läßt, ist dieser für den Experten stets das wichtigste Indiz. Gute Weine besitzen einen zuckerfreien Extrakt von 17,5 bis 18,5 g/l.

Je nach Anteil des unvergorenen Zuckers (Restzucker) kann sich im Gesamtextrakt und somit auch geschmacklich die Süße dominierend bemerkbar machen. Wie sehr sie im Geschmack vermag durchzudringen, hängt allerdings auch vom jeweilig vorhandenen Säuregehalt ab. Je höher der Säureanteil im Wein, desto dezenter mag man den Zuckergeschmack empfinden. Dies kann auch für das umgekehrte Verhältnis gelten: Je geringer die Säure, desto prägnanter schmeckt man die Süße heraus.

Nicht nur der eingangs zitierte gute Geschmack setzt eine fast natürliche obere Begrenzung für den Gehalt des unvergorenen Zuckers, auch die Weinrechtsbestimmungen schreiben für Tafelweine und Qualitätsweine (in Franken auch für Prädikatsweine) eine Begrenzung des *Restzuckers* vor. In den meisten Fällen beträgt das Verhältnis Restzucker zu Alkohol 1 : 3. Verfügt ein Wein zum Beispiel über 90 g/l vorhandenen Alkohol, dann darf der Restzuckergehalt 30 g/l nicht überschreiten. Diese Begrenzung ist vor allem bei Weinen wichtig, deren typische Eigenart durch ein zu süßes Geschmacksbild verloren gehen würde. Diese gesetzliche Begrenzung des Verhältnisses Restzucker zu Alkohol kann freilich nicht vermeiden, daß in der Praxis bei zu niedrigen Säuren und zu hohem Restzucker disharmonische Weine erzeugt werden.

Mit dem Dilemma der vordergründigen, pappigen Süße sind vielfach die kleinen Konsumweine der Massenproduktion behaftet, die offenbar für eine Konsumentenschicht erzeugt werden, die den Rebensaft lediglich nur süß haben möchte.

Die einseitige Behandlung des Themas Süße im Weingeschmack hat zu einer fatalen Fehleinschätzung vieler deutscher Weine durch ihre Kritiker geführt. Mit Recht beklagen sie zwar den übermäßigen Trend zur Restsüße in deutschen Weinen, doch sie übersehen dabei, daß es andererseits auch deutsche Weine gibt, die Süße in einem wohlproportionierten Verhältnis zu den übrigen Geschmackskomponenten aufweisen. Nicht vergessen werden sollte in diesem Zusammenhang, daß die natürliche Edelsüße, die ein Produkt des Pilzes *Botrytis cinera* ist, gemeinsam mit einem hohen Maß an Säuren und Extrakt den Beeren- und Trockenbeerenauslesen ihren einzigartigen Ruf weltweit eingetragen hat. Tokayer-Weine oder die besten Sauternes-Weine sind Trockenbeerenauslesen aus großen Jahrgängen, manchmal qualitativ nicht aufgrund mangelnder Süße, sondern mangelnder Säure, unterlegen.

Man sieht: Süße kann ein Positivum sein, sie kann jedoch

auch einem Wein das letzte Quantum Format im Ausdruck und Charakter nehmen, wenn sie nämlich — wie bei einer zu stark parfümierten und geschminkten Frau — zu intensiv »aufgetragen« wird.

Süße und Säure stehen in einem geschmacklichen Wechselspiel, dessen Bedeutung sich auch in den analytischen Grenzwerten für die gesetzliche Zulassung bestimmter Geschmacksangaben bei Wein zeigen:

»trocken«: Restzuckergehalt höchstens 4 g je Liter bis höchstens 9 g je Liter, wobei der Gehalt an Gesamtsäure um 2 g je Liter unter dem Restzuckergehalt liegen muß.

»halbtrocken«: Restzuckergehalt um nicht mehr als 10 g je Liter höher als der in g pro Liter ausgedrückte Gesamtsäuregehalt des Weines. Höchstgrenze: 18 g je Liter Restzucker. Er muß den für »trocken« festgelegten Restzuckergehalt übertreffen.

»lieblich«: Restzuckergehalt ab 19 g je Liter bis max. 45 g pro Liter.

»süß«: mindestens 45 g je Liter Restzucker.

Diese nach den EG-Weinbezeichnungsbestimmungen zugelassenen Geschmacksangaben auf dem Weinetikett erleichtern dem Weintrinker die Weinauswahl. Sie liefern ihm Markierungsdaten, die zu seinen persönlichen Geschmacksvorlieben führen. Ungeachtet dessen geben diese Geschmacksangaben jedoch nur Auskunft über das Fundament der vorhandenen Süße bzw. Säure, über die weiteren Inhaltsstoffe des Weines besagen sie jedoch nichts.

In den EG-Weinbauländern ist ab 1. Mai 1988 auf dem Etikett noch der Alkoholgehalt des Weines anzugeben. Dies erfolgt allerdings mehr aus Gründen der Anzeige vermeintlicher Konsumverträglichkeit des Weines als zur Information über das Geschmacksbild. Tatsächlich kann Alkohol aber auch in gewisser Weise den Geschmack des Weines beeinflussen. In säurearmen Weinen vermag man ihn deutlicher zu schmecken als in frischen, spritzigen und säurereichen Weinen. Auch der Restzuckergehalt wirkt sich auf die Geschmacksentfaltung des Alkohols aus. Hiermit zeigt sich also wiederum, wie stark die gegenseitige Beeinflussung der Inhaltsstoffe im Wein bei deren geschmacklicher Beurteilung sein kann.

Noch mehr als Zucker und die übrigen Extraktstoffe ist insbesondere bei Weißweinen die *Säure* der wichtigste Balanceträger der geschmacklich feststellbaren Inhaltsstoffe. Gemeinsam mit dem Alkohol bildet die Säure (bei Rotwein außerdem Tannin-Gerbstoff) nicht nur das Rückgrat des Weines, dem er lange Haltbarkeit und gute Alterung verdankt, sie formt zugleich auch den Charakter eines Weines, indem sie ihm Vitalität, Rasse und Spritzigkeit verleiht. Weine mit einem Übermaß von Säure wirken hart, bissig und sauer. Nicht immer läßt sich ein zu hoher Säureanteil mit reichlich Süße verdecken. Solche Weine schmecken dann meist plump und breit.

Analytisch sind im Wein mehrere Arten von Säuren feststellbar, die sich auch geschmacklich unterscheiden. Sie alle werden unter dem Begriff Gesamtsäure oder gesamte titrierbare (erfaßbare) Säuren zusammengefaßt.

Bereits im Most finden sich Wein- (3,5 bis 8 g/l) und Apfelsäure (3 bis 7 g/l), allerdings in einem anderen Mengenverhältnis als im vergorenen Wein. Durch die alkoholische Gärung baut sich die Weinsäure ab (es bildet sich Weinstein), gleichzeitig entstehen andere Säuren, wie Bernstein- und flüchtige Säuren.

Als die wertvolle, weil »reife« Säure, gilt die *Weinsäure.* Aus der *Apfelsäure* entsteht durch den biologischen Säureabbau die *Milchsäure* (1,5 bis 4 g/l). Mit dem sogenannten *pH-Wert* wird die saure Wirkung (Acidität) der im Wein vorhandenen Säuren angegeben. Während üblicherweise die Säure in g/l bzw. in Promille analytisch definiert wird, erfolgt die pH-Bestimmung für den Bereich der sauren und alkalischen Reaktion mit Werten von 1,0 bis 14,0. Ein pH-Wert von 1,0 würde auf eine sehr saure, ein pH-Wert von 14,0 auf eine ausgeprägt basische Lösung hinweisen. Der pH-Wert von 7,0 zeigt einen neutralen Zustand (zum Beispiel von reinem Wasser) an. Geschmacklich harmonische Weine verfügen über einen pH-Wert zwischen 3,6 und 3,9.

Bei den flüchtigen Säuren dominiert die *Essigsäure.* Ihr Anteil gibt zugleich einen Hinweis auf den Gesundheitszustand des Weines. Verfügt ein Weißwein über mehr als 1,2 g/l bzw. ein Rotwein über mehr als 1,6 g/l Essigsäure, so ist er vom Essigstich befallen, was geschmacklich ebenso wie geruchlich schnell festzustellen ist. Normalerweise verfügt ein gut ausgebauter Wein zwischen 0,3 und 0,5 g/l Essigsäure.

Wichtiges Produkt der alkoholischen Gärung ist die *Kohlensäure* (Kohlendioxyd, CO_2), die zwar zum größten Teil bei der Gärung wieder entweicht, durch einen kleinen verbleibenden Rest (bis zu 1 g/l) jedoch dem Wein eine gewisse Frische und Spritzigkeit verleiht. In jungen Weinen und Weißweinen ist der Kohlensäureanteil größer als in älteren Weinen und Rotweinen. Da CO_2 aus atmenden Holzfässern relativ rasch entweicht, müssen die darin reifenden Weine früher auf die Flaschen gezogen werden, um ihnen einen bestimmten Kohlensäureanteil zu erhalten. Kohlendioxyd kann auch durch den biologischen Säureabbau entstehen. Schließlich gibt es die Möglichkeit, Weine mit Zugabe von CO_2 aufzufrischen. Weine mit mehr als 1 g/l CO_2, das sich nicht mehr harmonisch in das Geschmacksbild einfügt, schmecken prikkelnd und scharf. Ein Übermaß an Kohlendioxyd verdeckt vielfach die übrigen Aroma- und Bukettstoffe.

Im Zusammenhang mit der Weinbereitung sprachen wir bereits von der Notwendigkeit der Schwefelung und der dabei gebotenen vorsichtigen Dosierung. Überschwefelte Weine zeigen im Geschmacksbild deutliche Veränderungen. Zuviel *schwefelige Säure* (SO_2) im Wein führt zu einem auch sensorisch spürbaren Schwefelton, der sich störend im Charakter und der Harmonie des Weines bemerkbar macht, indem er hart und eigenartig sauer schmeckt und an den Zähnen ein stumpfes Gefühl ergibt. Der Fachmann bezeichnet dies als Schwefelsäurefirn. Überschwefelte Weine können zu Unwohlsein führen, da sie insbesondere bei Menschen mit fehlender und geringer Salzsäure im Magensaft die Bekömmlichkeit des Weintrinkens stark beeinträchtigt.

In einer Verbindung zwischen reinen Geschmacks- und Aromastoffen gelangt der dem Wein eigene fruchtige Geschmackston zum Ausdruck. Seine Entfaltung hängt von den Extraktstoffen (nicht zuletzt auch von Mineralstoffen) und von etwa 400 bis 600 *Aromastoffen* ab, die zwar nur einen Anteil von 0,8 bis 1,2 g/l im Wein erreichen, in jeweils winzigen Konzentrationen und unterschiedlichen Kombinationen die tausendfache Vielfältigkeit des Weingeschmacks jedoch begründen. Die seit einigen Jahren von Prof. Dr. Rapp am Geillweilerhof (Rheinpfalz) durchgeführten gaschromatographischen Untersuchungen haben ergeben, daß zwar die Hälfte der Aromastoffe aus drei Komponenten, vor allem Amylalkohol und Rosenduft, bestehen, die übrigen Komponenten jedoch in den sogenannten Aromagrammen für die einzelnen Rebsorten ein jeweils typisches Aromamuster zeigen.

Fruchtgeschmack und Aroma der Weine verfügen über eine mannigfache Palette, die je nach Sorte, Reife, Säure und Herkunft zum Beispiel pfirsichartig, nußartig oder mandelartig ist oder an den Geschmack von Erdbeeren, Himbeeren und Brombeeren erinnert. Die Intensität des Fruchtgeschmackes kann sich von neutral über weinig, fruchtig, würzig bis zu hochedler Frucht steigern. Im negativen Sinne macht sich ein Fruchtgeschmack als Faulton bemerkbar.

Der Nachgeschmack, den ein Wein beim Hinunterschlukken am Gaumen hinterläßt, ist übrigens auch von den Aromastoffen geprägt. Denn die Wahrnehmung des »Abgang« ist nicht nur ein schmeckender Vorgang, sondern auch ein den Geruch betreffender.

Fassen wir zusammen: Das Gleichgewicht der Inhaltsstoffe des Weines führt zur Harmonie, dem Idealbild des Weingeschmacks. Auf welche Weise die Faktoren Frucht, Körper, Süße, Aroma, Charakter (Art), Alter (Entwicklung), Frische und Säure zur geschmacklichen Balance eines restsüßen Weißweines beitragen oder sie zerstören können, zeigt das Schaubild auf Seite 115.

Dabei ist zu berücksichtigen, daß jeder Wein als lebendiges Produkt durch seine Reife einer ständigen Wandlung und geschmacklichen Veränderung unterliegt. Das Alter des Weines kann durch eine mehr oder weniger stark ausgeprägte Kohlensäure bereits deutlich erkennbar sein. Mit zunehmendem Alter büßt der Wein seine CO_2-Frische ein, er wird firn und schließlich passé und tot. In diesem Stadium fehlt den Weinen beinahe fast jeder Geschmacksausdruck. Als Pendant dazu am Anfang der Lebenskurve des Weines steht die Phase der noch unentwickelten Geschmackskomponenten, im Stadium der Jugend kommen sie allmählich zur Entfaltung. Entwickelte und ausgebaute Weine können über einen vollwertigen Geschmack verfügen, abgelagerte und edelfirne Weine schließlich sind in der Lage, optimal die Inhaltsstoffe eines guten Tropfens zur Geltung zu bringen.

Ohne Übertreibung kann man solche Tropfen mit erhabenen Kunstwerken vergleichen, die mit allen Sinnen aufzuspüren eine der reizvollsten und gewiß auch schwierigsten Tätigkeiten der Weinkenner ist. Von einer solchen Detektivarbeit erzählte einmal der bekannte Weinfachmann *Alexis Lichine,* der in Moskau geboren, in Frankreich aufgewachsen war und als Weinhändler in den USA einen großen Namen besitzt. Lichine, der zeitweise Direktor von *Château Haut-Brion* war, Miteigentümer am *Château Lascombes* und Eigentümer von *Château Prieuré-Lichine,* wollte 1956 seine Fähigkeiten als Weintester vor einem Fach-Gremium in Bordeaux beweisen. Die Aufgabe lautete innerhalb von zehn Minuten die Herkunft eines für seine Art und seinen Jahrgang charakteristischen Jahrganges durch eine Blindprobe (ohne Kenntnis des Etiketts) zu ermitteln. Lichine berichtete: »Ich hatte nicht gefrühstückt. Am besten kostet man nüchtern, vor zwölf Uhr vormittags, wenn man fit ist, und beginnt, ans Déjeuner zu denken. Vor der Prüfung trank ich irgendeinen Rotwein, ein Schluck nur. Die Franzosen nennen das ›se faire la bouche‹, die Musiker sagen, man spielt sich ein. Ich nahm den ersten Schluck aus der Prüfungsflasche und ließ den Wein langsam über und unter die Zunge gleiten, nachdem ich ihn mit den Augen und der Nase beurteilt hatte. Fast automatisch notierte ich gewisse Eigenschaften und eliminierte andere. Kein Zweifel, es war ein Bordeaux, ein Médoc, ein St.-Estèphe. Das war einfach, jeder Ort hat seinen bestimmten Geschmack. Nun ließ ich die Geographie beiseite und versuchte an den Jahrgang zu denken. Der Wein war nicht aus den 50er und 40er Jahren, das war ganz klar. Nach einigen Sekunden eliminierte ich auch 1937 und 1934, die beiden großen Jahrgänge der dreißiger Jahre.

Ich kann es nicht erklären: der Wein hatte einfach nicht

Geschmackliches Gleichgewicht von Weißweinen

Dieses Schema bezieht sich auf Weine **mit Restsüße.** Der äußere Kreis enthält die negativen Eigenschaften, der mittlere Kreis positive Merkmale und der innere Kreis als Steigerung die optimalen Eigenschaften.

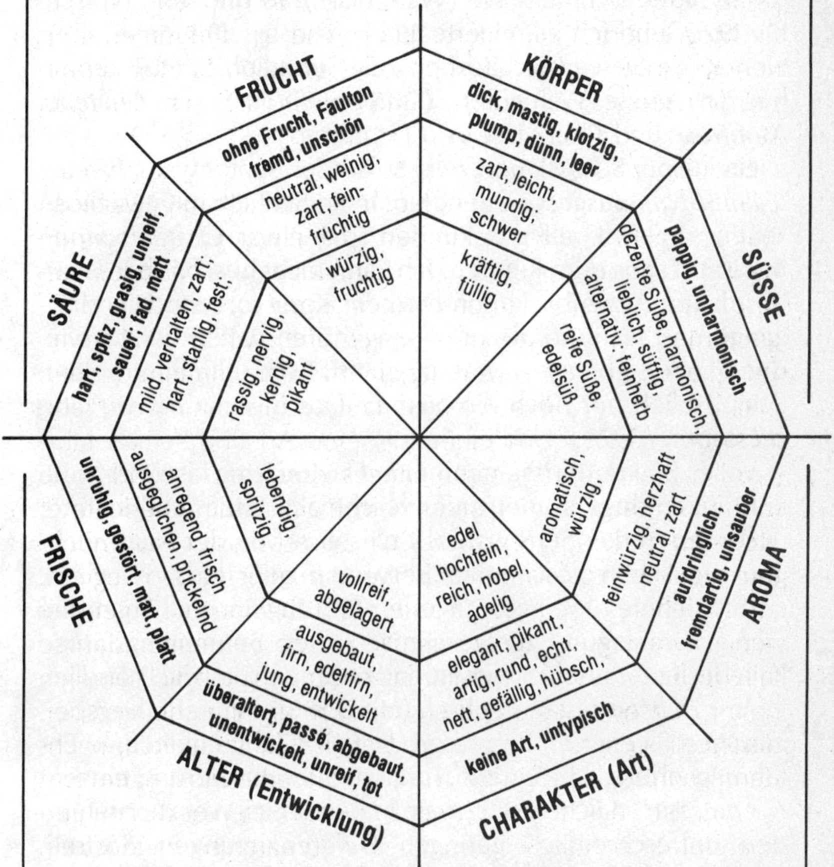

Bei durchgegorenem Rotwein wird anstelle des Bewertungsmerkmals »Süße« der Gerbstoffgehalt und die Herbe beurteilt. Negative Eigenschaften: Adstringierend, rauh; positive Eigenschaften: weich, verhalten, samtig, harmonisch, gehaltvoll. Für die Gesamtbeurteilung eines Weines müssen die Faktoren Farbe, Klarheit und Geruch neben dem Geschmack berücksichtigt werden.

die spezifischen Eigenschaften dieser Jahre. Ich war bereits ganz sicher, daß es ein großer Wein der 20er Jahre war, aber aus welchem Jahr? 1929, 1928, 1926, 1924? Ich kostete wieder und eliminierte automatisch 1928 und 1926. Das waren harte Weine und mein Wein war eher mild. Er konnte ein schwacher 1924er sein oder ein besonders weicher 1929er. Ich kostete nochmals. Der Wein war rund und voll, typisch für 1929, und ich eliminierte 1924. Also ein 1929er — aber woher, genau woher? Zurück zur Geographie. St.-Estèphe hat drei große Weingüter: *Château Calon-Segur, Château Montrose* und *Château Cos d'Estournel.*

Ein kleiner Schluck und zwei Sekunden später war *Château Calon-Segur* ausgeschieden. Noch ein Schluck mit geschlossenen Augen. Dreißig Sekunden später war *Château Montrose* auch aus dem Rennen. Ich kann nicht beschreiben, was in solchen Augenblicken in meinem Kopf vorgeht. Die Jahrgänge und Namen, die nicht hingehören, fallen heraus wie durch ein Sieb, alles, was falsch ist, wird eliminiert. Zum Schluß blieb nur noch ein Name: ›Das ist ein *Château Cos d'Estournel* 1929.‹ Und er war's.«

Voller Bewunderung nimmt ein Laie derartig faszinierende Leistungen des Gaumens, der geschmacklichen Analyse und des Wiedererkennens wahr. Ist dies eine von der Natur einigen Menschen geschenkte Begabung oder kann man ein derart sicheres Weingespür erlernen? Gewiß muß man ein wenig Veranlagung zur geschmacklichen Beurteilungsfähigkeit besitzen. Viel entscheidender jedoch ist die ständige Übung, Weine organoleptisch (mit den Sinnen) auf ihre spezifischen Eigenarten zu prüfen. Erst eine jahrzehntelange Erfahrung ermöglicht eine zuverlässige Identifizierung einzelner geschmacklicher Merkmale in den oft im Wein auftretenden unbeschreiblich geringen Differenzierungen. Getreu nach dem Leitsatz von Aristoteles »Jeder beurteilt dasjenige richtig, was er kennt, und ist darin ein guter Richter« muß man sich als angehender Wein-Degustator zunächst einmal eine breite Erfahrungsgrundlage verschaffen, ehe man bei Weintests wertende Aussagen und Zuordnungen wagt.

Georges Duttweiler berichtet in seinem Buch »Schweizer Weine« (Pharos Verlag) über einen der bekanntesten Schweizer Degustatoren unseres Jahrhunderts, *Arnold Schenk* aus Rolle, Begründer der Firma Schenk S. A., inzwischen eines der größten Weinhandelsunternehmen der Welt. »Sein Gedächtnis war geradezu wunderbar. Er pflegte alle Eigenschaften der von ihm geprüften Weine zu notieren und kannte sie dann auswendig, und zwar für alle Zeit. Einmal hatten die eidgenössischen Versuchsanstalten fünfzig Muster der verschiedenen Weine eines Jahrganges aus allen Weingegenden der Schweiz zusammengestellt und gaben sie einem ausgewählten Kollegium von Degustatoren zu kosten. Schenk erkannte achtundvierzig der fünfzig Provenienzen, der zweitbeste Degustator neunzehn, der dritte fünf, und so weiter... Sein Freund, der bekannte Weinkenner Oberst Giroud aus St. Pierre-de-Clages im Wallis, bat ihn eines Tages um sein Urteil über zehn Weine aus seinem Keller. Schenk gab es. Wieder draußen im Hof, reichte Giroud nochmals ein Glas und fragte, ob das nun wirklich der beste Wein von den ausgelesenen zehn sei. ›Lumpenhund‹, meinte Schenk schelmisch, ›den hast du mir ja überhaupt nicht zur Probe gegeben!‹ Es war so.«

DIE TRÜMPFE DES VOLLKOMMENEN WEINES:

Farbe, Klarheit und Duft

Bei perfekten Weingenießern sind alle Sinne beteiligt. Zwar fällt dabei dem Geschmackssinn die wichtigste Aufgabe zu, die Vollkommenheit einer qualitativen Weinbewertung ergibt sich jedoch erst unter Berücksichtigung weiterer Bewertungsfaktoren. In einem humorvollen Weingedicht wird diese Forderung mit den folgenden Worten ausgesprochen:

Trinkt einer Wein nur mit der Kehle,
kommt er ihm nie ganz auf den Grund,
Denn alle Schönheit seiner Seele
Tut Dir der Duft der Blume kund.
Und diese schlürft ein alter Knabe
von Weingenießer mit der *Nase.*

Und auch das *Auge* soll beim Trinken
Genießerisch beteiligt sein.
Siehst Du den Wein klar goldig blinken
Geht er Dir doppelt lieblich ein.
Und an dem zarten Farbenton
erkennst Du seine Heimat schon.

Der Tastsinn soll sich auch betät'gen
Denn Deine Fingerspitze spürt,
Ob Kellner oder Hebemädchen
Den Trank auch richtig *temperiert.*
Schnell schwindet Schönheit und Gestalt,
Wenn er zu warm, — wenn er zu kalt.

Mit allen fünf Dir eignen Sinnen
Genieß bedächtig Schluck um Schluck;
Denn auch Dein *Ohr* wird Lust gewinnen,
lauscht es dem zärtlichen Gluck-Gluck.
Wein ist ein ganz besonderer Saft,
Der Kennern vierfach Freude schafft.

Wegen seiner Bedeutung haben wir den Geschmackssinn zuerst besprochen, bei der Weinprobe steht er in der Reihenfolge der Bewertung indes an letzter Stelle. Den Anfang macht der Tast- und Temperatursinn, der die Trinktemperatur des Weines registriert. Er vermittelt auch das angenehm prikkelnde Gefühl eines moussierenden Weines und die uneigentlichen Gerüche, wie zum Beispiel die stechend riechende Schwefelsäure.

Der Gehörsinn spielt zur qualitativen Beurteilung des Weines kaum eine Rolle, er fördert lediglich das ästhetische Genußempfinden, beispielsweise durch das Geräusch beim Öffnen einer Flasche, beim Einschenken des Weines oder beim Anstoßen der Gläser.

Komplizierter hingegen wird es, wenn es gilt, der Farbe des Weines volle Aufmerksamkeit zu schenken. Gemeinsam mit der Klarheit ergibt die Farbe das Erscheinungsbild des Weines, mit dem der Weinfreund auf das bevorstehende Genußerlebnis optisch vorbereitet wird.

Wer eine grobe geschmackliche Beurteilung nach gut oder schlecht beim Weintrinken bevorzugt, der wird auch kaum bereit und in der Lage sein, die subtilen Unterschiede in der Farbe des Weines zu beachten. Dabei können die jeweiligen Farbtöne und Farbstärken bereits Rückschlüsse über Herkunft, Alter und Qualität eines Weines erlauben. Die vereinfachende Feststellung, daß Rotwein von roter Farbe ist, mag pauschal noch zutreffen. Doch bei Weißwein wird es schon schwieriger. Hier ist nicht die Bezeichnung — streng genommen — irreführend, sondern auch eine andere auf eine Farbe hinweisende Benennung würde ebenfalls unzutreffend sein. Weißweine verfügen nämlich über eine Vielzahl von Farbverbindungen zwischen gelb und grün, wobei auch bernsteinfarben, gold und braun dabei hineinspielen kann.

Interessanterweise haben einige typische Weinfarben bereits einen so eigenständigen und offenbar verbreiteten Ausdruck gefunden, daß sie sich als selbständige Farbbezeichnungen, zum Beispiel in der Mode, durchgesetzt haben. Man denke an sherryfarben, bordeaux- oder burgundrot, wobei dem Weinfachmann wiederum diese Bezeichnungen viel zu unpräzise sind.

In Wirklichkeit nämlich verfügen die Rotweine aus Bordeaux und Burgund je nach Jahrgang, Reife, Rebsorte und Kellerbehandlung über sehr verschiedene Arten von Rot, die von *purpurrot,* bei sehr jungen Weinen, über *rubinrot, weinrot* (wohl identisch mit der allgemeinen Bezeichnung bordeauxrot) bis zu *granatrot* reicht. Dabei kommen in unterschiedlichem Maße andere *Farbreflexe* zur Geltung, bei alten Piemonteser Rotweinen zum Beispiel *orangefarben,* bei südeuropäischen Rotweinen treten außerdem *blaue* und *violette Farbnuancierungen* (von den Pflanzenfarbstoffen Anthocyanolen kommend) stärker in Erscheinung als bei deutschen Rotweinen. Die blau-violette Farbintensität der Weine hängt zu einem gewissen Teil vom Säuregehalt (vor allem der Weinsäure) ab, so daß säurearme Weine häufiger einen violett-blauen Farbeinschlag besitzen als säurereiche Weine.

Auch Weißweine können unter Farbstoffarmut leiden, indem sie blaß oder wäßrig wirken. Die Ursache kann in der Eigenart bestimmter Rebsorten oder in einer falschen kellertechnischen Behandlung liegen. Ein zartes *Grüngelb* hingegen ist für junge Weißweine, die an der Nordgrenze des europäischen Weinbaues gedeihen (zum Beispiel Moselrieslinge, Chablisweine) typisch. Junge Weißweine aus südlichen Anbaugebieten zeigen meist ein *blasses Gelb.*

Mit zunehmender Reife können die Farben sich je nach Rebsorte, Anbaugebiet, Jahrgang und Erzeugungsmethode in Richtung eines kräftigen Farbausdruckes wandeln. Dabei drängt immer stärker gelb in den Vordergrund, meist in der Farbe von *strohgelb* (vor allem südliche Weine) oder *goldgelb* bis *rötlich gelb* (hochwertige Auslesen). *Tiefgolden* präsentieren sich süße Luxusweine (hochedle Tokayer, Trockenbeerenauslese und erstklassige Sauternes-Gewächse), *gelbbraun* (bernsteinfarben) Dessertweine aus südlichen

Weinbauländern. Tritt bei anderen Weißweinen eine gelbbraune Färbung ein, dann handelt es sich um einen Fehler, der auf Oxydation (Lufteinfluß) und zu lange Alterung hinweist. Der Farb- und Geschmackston dieser Weine nennt man in Anlehnung an Madeira-Weine *madeirisiert.*

Sherry- und Portweine verfügen über spezielle arteigene Farben. Alte Portweine können von rostbrauner Farbe sein, *tawny* ist die Bezeichnung für einen lohfarbenen Port, rotbraun ist der süße *Cream-Sherry,* dunkelgolden *Oloroso-Sherry* und bernsteinfarben der *Amontillado-Sherry.*

Unbekannt ist den meisten Laien, daß auch die *Klarheit* eines Weines zu den optischen Bewertungsmerkmalen zählt. Natürlich weiß man, daß ein trüber Wein offensichtlich fehlerhaft ist oder zumindest nicht sehr appetitlich aussieht. Doch die fachlich korrekten Abstufungen der Klarheitsbezeichnungen sind meist wenig geläufig.

Das Optimum an Klarheit ist bei Weißweinen ein *blitzblanker, glanzheller* Wein, dessen Lichtabsorption weniger als 4 % beträgt. Diese Weine können durch spezielle Behandlungsmethoden (Fein- und Glanzschönung) auf Glanzhelligkeit gebracht werden. Ein normal behandelter und gesunder Wein ist *klar* oder *hell* bei einer Lichtabsorption zwischen 5 bis 10 %. Sogenannte *kellerhelle* Weine zeigen häufig noch Schleier von leichten Trübungen. Der Fachmann bezeichnet sie in diesem Stadium als *staubig* (Lichtabsorption 11 bis 25 %).

Je nach Stärke der Trübungen kann der Grad der Lichtabsorption bis zu 100 % ansteigen, wobei über einen durch die Gärung verursachten Trub von Jungweinen hinausgehende Trübung im fertigen Wein stets auf fehlerhafte Behandlung (zum Beispiel durch Oxydation) hinweist. Ebenso wie mißfarbige Weine können auch trübe Weine unter Bakterieneinfluß stehen. Vielfach ergibt sich bei diesen Weinkrankheiten auch ein unangenehmer Geruch und Geschmack der befallenen Weine.

Farbe und Klarheit der Weine erkennt man am besten bei Verwendung einer neutralen Lichtquelle (trotz aller Weinromantik kein Kerzenlicht, da es zu gelblich ist). Halten Sie das farblose, möglichst ungeschliffene Weinglas gegen diese Licht-

Fachliche Bewertung der Weinqualität nach Farbe, Klarheit und Geruch

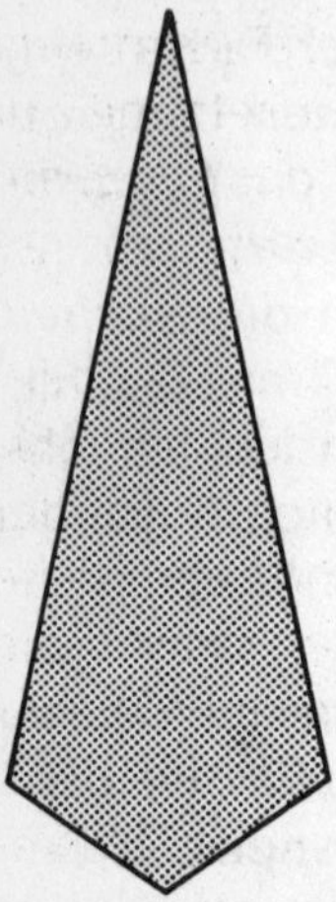

	FARBE	KLARHEIT	GERUCH
POSITIV	Sortentypisch	glanzhell, blitzblank	hochfein, ausdrucksvoll
	normal farbstoffkräftig (bei Rotwein)	blank, hell	blumig, duftig, rein, sauber, zartblumig, feinduftig
	etwas zu hell oder etwas zu dunkel	matthell, vereinzelt Schwebeteilchen	schwach duftend
	nicht der Sorte entsprechend	leicht staubig, leicht getrübt,	zurückhaltend
	farbstoffarm, farbstoffschwach	Schleier, blind	unreif, parfümiert
	mißfarbig, farbkrank	Ausscheidungen, trüb, grautrüb	unklar, ausdruckslos
NEGATIV	farblos, hochfarbig	kranktrüb, Hefestreifen	fehlerhaft, unrein, stichig

quelle. Vor allem bei Rotweinen achten Sie auf die Oberfläche des Weines, die einen gewissen Spiegeleffekt ergeben sollte. Schwimmen kleine Korkstückchen im Glas, so besteht kein Grund zur Reklamation. Zeigen sich im Glas (oder zuvor in der Flasche) bestimmte Formen von scheinbaren Trübungen, so prüfen Sie zunächst genau die Art dieser Trübung. Bei Rotweinen oder Portweinen kann es sich nämlich auch um das völlig natürliche *Gerbstoffdepot* handeln. Das ist ein Bodensatz aus ausgefallenen Farbstoffen und Tannin, der in seiner puderartigen Zusammensetzung bei zu hastigen Bewegungen in der Flasche aufgewirbelt wird. Er ist ebenso wenig Anlaß zu Reklamationen wie der bereits erwähnte *Weinstein* (siehe Seite 100), der sich vor allem bei Weißweinen in kristalliner Form am Flaschenboden und am Korken absetzt.

Bei besonders edlen, schweren und süßen Weinen werden Sie am Weinglas außerdem sogenannte Kirchenfenster oder Tränen entdecken, die von einer ölig fließenden, farblosen Flüssigkeit stammen, die im wesentlichen aus *Glyzerin* (siehe Seite 85) besteht. Bilden diese Kirchenfenster einen Rundbogen, so verfügt der Wein über einen mittleren Glyzeringehalt, bei Spitzenbogen mit schmalen Fenstern liegt der Glyzeringehalt entsprechend höher. Voraussetzung zur objektiven Feststellung der Farbe, Klarheit und des Glyzeringehaltes des Weines sind natürlich äußerst saubere, gut gespülte und getrocknete Gläser.

Auch für das Qualitätskriterium *Geruch* muß bei der Prüfung zunächst das Weinglas tadellos geschmacksneutral sein. Um den Geruch des Weines vollends zu erkennen, sollte der Kelch des Weinglases nicht zu klein sein und nur zur Hälfte gefüllt werden, damit sich im oberen Teil des Glases die Duftstoffe entfalten können. Geht die Öffnung des Kelches weit auseinander, dann strömen auch die Duftstoffe rasch aus dem Glas. Ein sich nach oben verengender Kelch verhindert das Entfliehen der vielfältigen Duftstoffe, die immer wieder zum Schnuppern reizvollen Anlaß bieten. Dabei fördert ein leichtes Schwenken des Glases die Entfaltung der Bukettstoffe.

Für die optimale Entfaltung des Weingeruches spielt die Temperatur des Weines im Glas eine entscheidende Rolle, da unser Geruchsinn im wesentlichen nur flüchtige Substanzen wahrnimmt. Rotwein verfügt über ein hohes Molekulargewicht und verflüchtigt sich daher nicht so schnell wie Weißwein. Eine höhere Temperatur zwischen 16 und 18 °C (»chambriert«, »Zimmertemperatur«) bewirkt eine intensivere Verflüchtigung, bei der Duft, Blume und Bukett des Weines zum Ausdruck gelangen.

In gleicher Weise wie das richtige Schmecken des Weines in der Weinprobe gelernt sein will, muß man auch das Riechen zum Kennenlernen des Weines üben. Dabei kommt es darauf an, durch Schnüffeln einen gewissen Wirbel der Duftstoffe in der Nase zu erzeugen, damit die feinen Geruchsstoffe an den oberen Teil der Riechzone gelangen. Man riecht übrigens nicht nur durch das Einatmen, sondern auch durch das Ausatmen, wenn durch das Schlucken der durch den Gaumensegel erfolgten Nasen-Rachen-Verschluß wieder geöffnet wird.

So diffizil wie die anschauliche und zugleich verständliche Beschreibung der Geschmackseindrücke des Weines sind, so schwierig stellt sich gerade für den Anfänger die Vermittlung der gewonnenen Eindrücke vom Weingeruch dar. Es gibt eine Vielzahl von Benennungen jener Eigenarten, die der Fachmann unter dem Begriff »Nase« bei der Weinprüfung zusammenfaßt. Ausdrücke wie *Blume, Duft, Bukett* oder *Parfum* werden dabei scheinbar beliebig verwendet, obgleich jeder doch seine spezielle Bedeutung besitzt.

Beginnen wir beim Duft. Abgesehen davon, daß ein Wein duftlos sein kann, äußert sich das duftige Aroma eines Weines auf *flüchtige* Weise, auf *zartduftige* Art oder *duftige* Art. Die Blume des Weines wird in die Abstufungen *blumig, weinig, fruchtig, würzig* eingeteilt. Die nächste Stufe ist das Bukett, das eine gleiche Einteilung wie die Blume haben kann. Man unterscheidet aber außerdem zwischen verschiedenen Arten des Buketts, zum Beispiel dem *Sortenbukett,* das von den Rebsorten wie zum Beispiel Riesling, Silvaner, Müller-Thurgau, Traminer oder Muskateller typisch geprägt ist, oder einem *Alters-* bzw. *Firnebukett.*

Wie bei der Farbintensität steigt auch beim Geruch die Wahrnehmung bis zum Merkmal »kräftig« an. Darüber hinaus kann der Geruch aufdringlich wirken, was ebenso eine negative Bewertung darstellt wie die Feststellung eines plumpen, unsauberen, eigenartigen, fremden oder einseitigen Geruchs.

Wer ganz genau wissen möchte, welche Vielzahl von Duft- und Aromastoffen ein Wein enthält, dem bietet ein »Lehrbuch« besonderer Art dabei große Hilfe. Es handelt sich um das Ende der 70er Jahre von dem Franzosen Jean Lenoir geschaffene Sammelwerk von 54 Duftstoffen, die jeweils in Flacons gefüllt, das »Erriechen« einzelner Duftkomponenten eines Weines ermöglichen. Die Duftstoffe, die in dieser »Le Nez du Vin« betitelten Kassette enthalten sind, reichen von Aprikose über Bittermandel, Ananas, Anis, Banane, Butter, Kakao, Karamel bis zu Himbeere, Erdbeere,

Die Entfaltung der Duft- und Aromastoffe bei Rotwein

(dargestellt am Beispiel des Bordeauxweines)

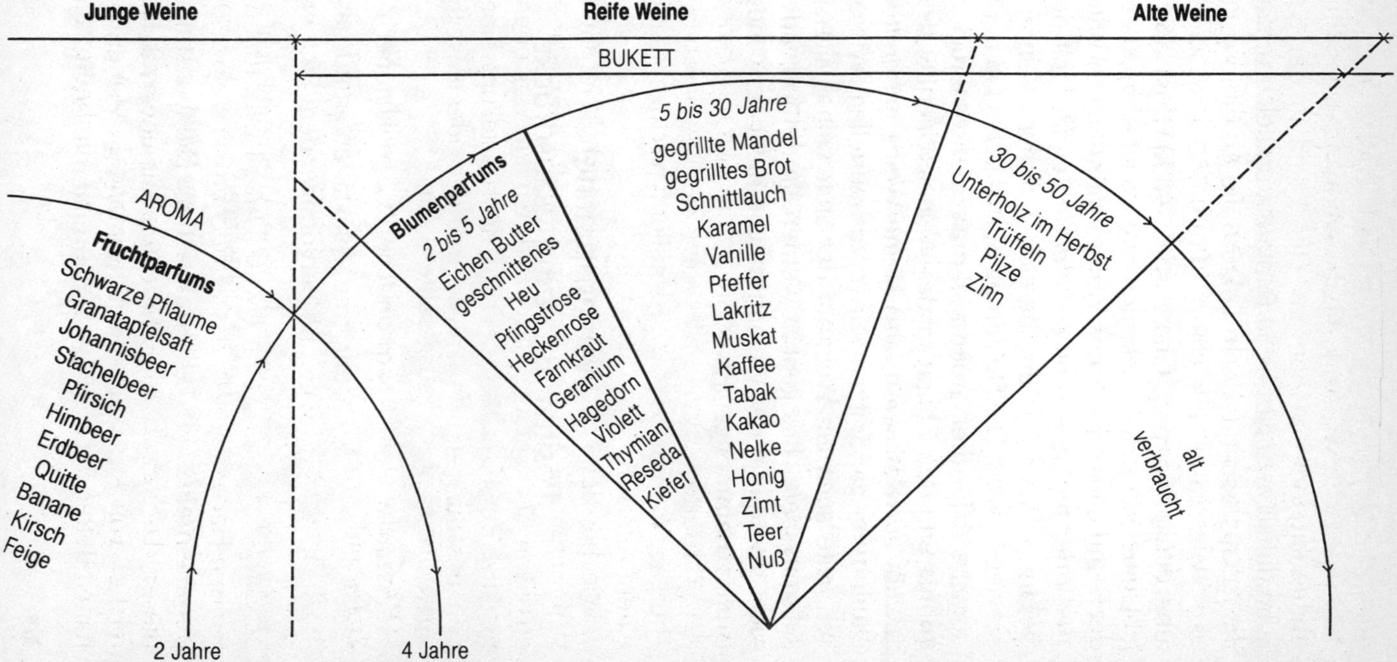

Nuß, Orange, Pfeffer, Apfel und Vanille. Aber auch bestimmte Fremdgerüche wie Kork, Geranienton, Mercaptan (= Böcksergeruch) oder »Goudron« (Teer) sind in der Sammlung enthalten. Dazu gibt es 54 Bildtafeln und eine umfangreiche Informationsschrift, deren Lektüre die Ausbildung zur sicheren »Weinnase« erleichtert. (Preis 550 DM, zu beziehen über Müller-Soppart, Grabenstr. 5, 4000 Düsseldorf 1.)

Die einzelnen Sinneseindrücke von Farbe, Klarheit, Geruch und Geschmack des Weines münden schließlich in einen oder mehrere *synthetisierende* Begriffe, mit denen der gesamte Wahrnehmungsbereich bei der Weinprobe umschrieben wird. Die Steigerung berücksichtigt in der Weinansprache dafür drei Grundmerkmale: den Ausdruck, die Harmonie und den Charakter des Weines. Unerläßlich dabei ist jeweils zu relativieren, also kleine Weine getrennt von sehr guten oder gar Spitzenweinen zu beurteilen. Wie ein Schüler sollte auch ein Wein auf der Stufe seines altersmäßigen Leistungsbereiches geprüft werden. In der folgenden Übersicht sind die in der Weinansprache dafür verwendeten Begriffe zusammengefaßt.

Weinansprache: Positive Bewertungsausdrücke

Abgelagert	ausgereifter Wein
Abgerundet	harmonischer, ausgeglichener Wein
Adelig	sehr gute Qualität aufgrund bester Pflege und hervorragendem Ernteergebnis
Anregend	ausgeglichener Wein mit leicht »fordernder« Fruchtsäure
Ansprechend	süffiger, mundiger Wein
Aroma	typischer Duft mit unverwechselbarem Charakter des Weines, der durch chemische Verbindungen entsteht.

Art	lobende Auszeichnung für einen Wein mit Eleganz und nicht zu aufdringlichem Körper, charakteristisch für seine Herkunft und/oder Rebsorte
Artig	gut ausgebauter, sortentypischer Wein
Ausgebaut	trinkfertiger Wein
Ausgeglichen, Ausgewogen	Beurteilungsmerkmale für Weine, die in einem harmonischen Verhältnis ihres Restzuckergehaltes zum Alkoholgehalt stehen
Bestechend	Wein mit ungewöhnlich feinem Geschmacks- und Geruchsbild, kann sich auch auf einzelne Inhaltsstoffe und Gütemerkmale beziehen
Bittermandelgeschmack	Geschmackserscheinung bei reifen Rotweinen
Blume	Duft des Weines, Bestandteil des Buketts
Brombeergeschmack	angenehmer Fruchtgeschmack vor allem bei Rotweinen der Burgunderfamilie
Bodengeschmack	typischer Geschmack, der durch den Standort der Reben, insbesondere durch den Weinbergsboden geprägt wird. Die mineralischen Substanzen des Bodens lassen sich bei einigen Weinen erkennen, jedoch kaum beschreiben. Ein zu aufdringlicher Bodengeschmack ist ein Nachteil. Der Schwabe hat für dieses Gütemerkmal seiner Weine die Bezeichnung »Bodagefährtle«
Bukett	der Zusammenklang der aromatischen Stoffe eines Weines; unterschiedlich ausgeprägter, da von verschiedenen Faktoren abhängiger Duft, Blume des Weines
Bukettreich	angenehm sich entfaltender Duft, der sich in den Gesamteindruck des Weines einordnet

Charakter	spezifische, für Rebsorte, Jahrgang und Herkunft typische Merkmale des Weines, die im positiven Sinne seine Art und sein Geschmacksbild bestimmen
Duftig, duftend	Weine mit leichtem Bukett und angenehmer Blume
Echt	urwüchsig, kräftig, säurebetont, oft typisch für Lage- und Jahrgangseigenschaften
Edel	Steigerung bei reifen, blumigen, zarten sowie samtigen Weinen
Ehrlich	Bezeichnung für (meist einfache) Weine, die weder durch besondere Verschnitt- noch Verbesserungsmaßnahmen »geformt« wurden und somit ihren eigentlichen Charakter behalten
Elegant	Bezeichnung für gepflegte, ansprechende Weine
Entwickelt	reifer, trinkfertiger Wein
Erdbeergeschmack	bei guten Rotweinen eine feine geschmackliche Ähnlichkeit mit reifen Erdbeeren, tritt vornehmlich bei Burgundern auf
Fein	häufig verwendetes Attribut für harmonische, elegante und ausgeglichene Weine. Geschmacklich nicht genau abgrenzbar, daher oft gleichbedeutend mit »gut« und »schön«
Fett	siehe »schmalzig«
Fest	Wein mit rassiger, betonter Säure
Feurig	alkoholreiche Rotweine mit ausgeprägtem Körper
Finesse	Wein, der durch seine Feinheit besticht ohne dabei auf Rasse, vornehme Art und ein schönes Bukett zu verzichten
Firn	je nach Alter und Beschaffenheit und Lagerung eines Weines ausgeprägter Ge-

	schmackston, der früher von Weintrinkern sehr geschätzt wurde. Wird vermutlich durch die spätere Freilegung höherer Alkohole und die Verflüchtigung der Aromastoffe gebildet. Im edelfirnen Stadium positives Alterungsmerkmal
Frisch	Bezeichnung für junge, spritzige Weine mit angenehmer Frucht- und Kohlensäure
Fruchtig	der »Obst-Geschmack« eines Weines, der sich vor allem bei jugendlichen, frischen Weinen bemerkbar macht. Dabei ist nicht der Geschmack nach Weintrauben als vielmehr die an bestimmte Früchte (z. B. Äpfel, Pfirsiche etc.) erinnernde Geschmacksart gemeint
Füllig	extrakt-(körper-)reicher Wein
Gefällig	Bezeichnung für einfache Weine mit sauberem Geschmacksbild und etwas zurückhaltendem Ausdruck
Glatt	Beurteilungsmerkmal für nicht zu säurestarke Weine, die Harmonie, Eleganz im Spiel und einen nicht zu wuchtigen Körper aufweisen
Groß	Wein von einzigartiger Vollendung
Harmonisch	Bezeichnung für gut aufeinander abgestimmte Geschmackskomponenten des Weines (Süße, Säure, Körper, Alkohol)
Hefeton	pikanter Geschmack bei Weißweinen des Waadtlandes (Westschweiz)
Herb	Weine mit hohem Gerbstoff- und Säuregehalt, kann bei fehlender Harmonie auch ein Qualitätsmangel sein
Herzhaft	Weine mit frischer Säure und viel Körper
Hochfein	hervorragend gearteter Spitzenwein mit erlesenen Gütemerkmalen

Hochgewächs	selten benutzte Bezeichnung für erstklassige Auslesen und Spitzenweine
Honigartig	edelsüßer Geschmack von Sauternesweinen und Beeren- bzw. Trockenbeerenauslesen, z. B. Tokayer
Hübsch	harmonischer Geruch und Geschmack
Johannisbeergeschmack	Fruchtgeschmack nach schwarzer Johannisbeere bei Bordeauxweinen, vor allem Margaux und Pauillac
Jung	Bewertungsmerkmal des Weines, das einerseits auf das tatsächliche Alter hinweist, zum anderen jedoch auch auf die geschmackliche Frische des Weines. So kann zum Beispiel ein zehn oder zwanzig Jahre alter Wein noch jung (jugendlich) wirken
Kernig	Weine mit robuster Säure und festem Körper
Klar	Wein ohne jede Trübung
Körper	die geschmacklich zu bemerkenden Extraktstoffe in Ergänzung mit der Gesamtsäure
Kräftig	Wein mit betontem Körper (Extrakt) und Alkoholgehalt; auch der Geruch von Weinen mit intensivem Bukett kann kräftig sein
Lang	intensiver Nachgeschmack (Abgang, Schwanz) eines Weines
Lebendig	fruchtige Säure und Spuren von Kohlensäure bei jungen Weinen
Leicht	wenig Alkohol und wenig Extraktstoffe
Lieblich	milder, zarter Wein mit Restsüße
Mächtig	Wein mit viel Körper, wuchtig und schwer
Markig	fülliger, säure- und alkoholbetonter Wein
Mild	säurearmer, aber harmonischer Wein

Mollig Bezeichnung für runde, gehaltvolle Rotweine

Nervig Frucht und Säure zeigen eine besondere Raffinesse

Nett Bezeichnung für kleine, angenehm wirkende Weine

Neutral kleinere Weine ohne besondere Merkmale

Nobel gleichbedeutend mit elegante, feine Art eines Weines

Nußartig Geruch und Geschmack bei trockenen, vollen Weißweinen; ausgeprägt z. B. bei großen Weinen aus Burgund

Ölig Weine mit hohem Glyzeringehalt. In der Weinbeschreibung auch für Beeren- und Trockenbeerenauslesen, die »ölig« fließen

Pfirsichbukett tritt gelegentlich bei guten Weißweinen von Mosel-Saar-Ruwer auf

Pikant Weine mit zumeist feiner Säure und einem edlen Bukett

Rassig fruchtiger als »elegant«, besondere Varianz in der Säure

Rauchton wird als pikante Nuance bei Weißweinen empfunden, wenn er nicht zu intensiv ist, sonst Qualitätsmangel

Reduktiv Bewertungsmerkmal für frische, junge Weine, die durch entsprechende kellertechnische Behandlungsverfahren vor einer Oxydation und damit vor einer raschen Alterung bewahrt werden

Reich alle gütebestimmenden Merkmale sind reichlich vertreten und gut aufeinander abgestimmt

Reif Höhepunkt in der Entwicklung eines Weines. Es wird unterschieden zwischen

	Faßreife (der Wein kann nunmehr abgefüllt werden), Flaschenreife (nach der Abfüllung reift der Wein noch einige Wochen oder Monate auf der Flasche) und seiner eigentlichen geschmacklichen Reife, dem besten Stadium seiner Entwicklung. Je nach Rebsorte, Herkunft und Jahrgang liegt der Zeitpunkt der Reife sehr unterschiedlich
Reinsortig	Bezeichnung für Wein aus einer Rebsorte
Reintönig	Wein ohne Fremdgerüche und Fremdgeschmack
Rezent	angenehm betonte Säure, nachhaltig in Duft und Abgang
Robust	reifer, körperreicher, kräftiger, haltbarer Wein
Rückgrat	eine gesunde Säure im Wein, die ihn kräftig, kernig und wuchtig wirken läßt
Rund	Charakterisierung eines harmonischen, vollen Weines
Saftig	rassige Weine mit delikatem Geschmacksbild
Samtig	milder, voller Rotwein
Sauber	ein farblich, geruchlich und geschmacklich einwandfreier Wein
Schmalzig	Wein mit hohem Glyzeringehalt, sehr füllig und wuchtig, jedoch wenig Säure
Schwer	Weine mit hohem Alkohol- und Extraktgehalt
Spiel	Eleganz und fruchtiger Charakter vereinigen sich in einer schönen Geschmacksharmonie
Spitzengewächs	edelster Wein einer Lage, eines Jahrganges etc.
Stahlig	wie »wenig«, jedoch mit großer Varianz in Frucht und Säure

Stoff	gleichbedeutend mit Körper
Süffig	gut trinkbarer Wein, angenehm und nicht zu schwer
Tief	Bezeichnung für ein ausdrucksvolles, harmonisches Bukett
Trocken	durchgegorener Wein mit minimaler Restsüße
Vanillegeschmack	Fruchtgeschmack bei reifen Rotweinen
Voll	Wein, der reich an Alkohol und Extraktstoffen ist
Vollendet	Höhepunkt der Reifeentwicklung des Weines, gleichbedeutend mit Spitzenqualität
Vollkommen	ein Wein, der bezüglich seiner Farbe, seiner Klarheit, des Buketts und des Geschmacks eine harmonische und begeisternde Einheit bildet
Vollmundig	hoher Gehalt an Extrakt, Alkohol, Glyzerin
Vornehm	reifer, eleganter und feiner Wein
Weich	schmeckt ein Wein mit geringer Säure
Weinig	ein Wein mit Körper, Fülle und Saftigkeit
Wuchtig	Charakteristik für schwere, z. T. auch alkoholreiche Weine mit viel Körper und Stoff
Würzig	Beurteilung des Weines, der — meist durch eine spezielle Rebsorte oder einen besonderen Weinbergsboden — einen charakteristischen, herzhaften Geschmack und ein pikantes Aroma aufweist
Zart	milde Weine mit feiner Harmonie und relativ wenig Körper, vielfach auch für junge, noch nicht entwickelte Weine

Weinansprache: Negative Bewertungsausdrücke (Fehler im Wein)

Abfallend	kein nachhaltiger Geruchs- und Geschmackseindruck
Abgebaut	ein Wein, der seine Frische oder Säure verloren hat
Abgelebt	ein Wein ohne Bukettstoffe (Blume)
Adstringierend	Weine mit hohem Gerbstoffgehalt, so daß sie ein zusammenziehendes Gefühl am Gaumen hinterlassen
Alt	Entwicklungsstufe des Weines, die je nach Rebsorte, Jahrgang, Abfüllung und Lagerung durch spezifische Farb-, Geruchs- und Geschmacksmerkmale erkenntlich ist. Leichte Tafelweine bis mittlere Qualitätsweine können in der Regel ohne Veränderungen auf der Flasche ein Alter von drei bis fünf Jahren erreichen. Hochwertige Weine, vor allem der Rebsorten Riesling, Ruländer, Spätburgunder, Traminer und Gewürztraminer sowie Tokajer und bestimmte Apéritif-Weine können wesentlich älter werden und dabei noch an weiteren Qualitätseigenschaften gewinnen. Häufig dunkelt dann ihr Farbton und sie erzielen einen leichten — und später dann etwas stärkeren — Firne-Geschmack, der früher bei Weinkennern sehr geschätzt war. Um sich vor Überraschungen (Umschlagen des Weines) zu sichern: gelegentliche Proben des Lagerbestandes durchführen
Arm	Wein ohne Inhaltsstoffe, nichtssagend

Aufdringlich	Bezeichnung für den zu intensiven Geruch eines Weines
Bissig	Weine mit hervorstechender Säure
Bitter	Weine mit einem nachhaltigen herben Geschmack, der zumeist auf ein Übermaß von Gerbsäure schließen läßt. Nicht in jedem Fall ein negatives Geschmacksmerkmal
Böcksergeschmack	penetranter Geruch oder Geschmack nach Schwefelwasserstoff (= »faule Eier«). Entsteht durch bakterielle Umsetzung, verflüchtigt sich mit der Entwicklung des Weines
Brandig	alkoholstarke, aufdringliche Weine mit zu wenig Säure
Breit	Weine mit plumper Art und ohne merkliche Geschmacksnuancierungen
Dick	Charakteristik für alkoholreiche Weine, denen die Eleganz und Harmonie fehlt. Meist eine Folge von zu hohem Extraktreichtum und zu geringer Fruchtsäure
Dünn	Bezeichnung für extraktschwache, fad schmeckende Weine, denen ein Mindestmaß an Körper fehlt
Eckig	einzelne Geschmackskomponenten dominieren zu stark
Einseitig	unharmonischer Geruch des Weines
Erdgeschmack	kann durch Verschmutzung der Trauben bei der Lese und durch mangelhaftes Filtriermaterial entstehen. Siehe auch Bodengeschmack
Essigstich	kratzender Geruch und Geschmack der durch Essigsäurebakterien erzeugt wird
Fade	Geschmacksbezeichnung für Weine mit zu geringem Säuregehalt

Faulton	durch faules Lesegut (jedoch nicht edelfaule Trauben) besitzt der Wein einen unangenehmen Fruchtgeschmack
Farbkrank	Weine von trüber, stumpfer Farbe
Faßgeschmack	Fehler im Weingeschmack aufgrund eines unsauberen und nicht gepflegten Fasses
Flach	Bezeichnung für Weine, die wenig Säuren und Extraktstoffe aufweisen
Flüchtig	Bezeichnung für ein rasch vergehendes Bukett
Fremdgeschmack	kranker, unsauberer Wein (jedoch nicht unbekannter Weingeschmack)
Frostgeschmack	unreife, erfrorene Trauben vermitteln dem Wein einen eigenartigen Oxydationsgeschmack, der an schwarze Brotrinde erinnert
Geranienton	unangenehmes Aroma nach Geranienblüten
Gestört	Wein, der in seiner Entwicklung unterbrochen wurde
Grasig	unreifer Wein, insbesondere unreife Säure
Grün	unreifer oder saurer Wein
Hart	Wein mit hervortretender Säure
Hefeböckser	geschmacklich unangenehme Veränderung des Weines durch Fäulniserreger in der Hefe bei zu spätem Abstich
Hochfarbig	Weine mit intensiver Färbung, die durch langjährige Lagerung im Faß entsteht. Die Farbe wechselt von dunkelgelb allmählich bis bräunlich
Holzgeschmack	kann bei Weinen auftreten, die in sehr frischen Holzfässern ausgebaut werden
Kahm	alkoholarmer Wein, der längere Zeit mit der Luft in Berührung kommt, bildet

	eine Kahmhefe, die einen faden Geschmack des Weines verursacht
Klein	körper- und säurearmer Wein, wenig Aroma und Charakter
Klotzig	Bezeichnung für einen unharmonischen Wein mit zu aufdringlichem Körper (Extrakt)
Korkgeschmack	wird von kranken Naturkorken verursacht. Nicht zu behebender Fehler, der mit einer fehlerhaften Weinbereitung nicht identisch ist
Kratzig	Wein mit zu hohem Schwefelgehalt oder Fremdstoffen (z. B. Schimmel)
Krautig	siehe grasig
Kurz	kurzer Abgang, Weine, die am Gaumen beim Hinunterschlucken keine nachhaltigen Geschmacksempfindungen hinterlassen
Lahm	Wein ohne Frische (CO_2-Gehalt), der »müde« wirkt
Leer	dünner Wein ohne Bukett- und Aromastoffe
Mager	duft- und extraktarmer Wein
Mastig	ein körperreicher, sehr schwerer Wein, jedoch ohne Harmonie
Matt	alte, leblose Weine
Mäuseln	sehr unangenhmer, stinkender Geruch und Geschmack aufgrund einer bakteriellen Krankheit
Metallisch	fehlerhafter Geschmack durch falsche Kellerbehandlung
Milchsäurestich	süß-sauer kratzender Geschmack durch bakterielle Einwirkungen
Mostig	Wein mit geringem Alkohol und zu viel unvergorenem Zucker, vor allem bei

	kleinen Weinen, deren Gärung zu früh abgestoppt wurde
Muffig	unsauberer Geruchs- und Geschmackston schlecht gepflegter Weine
Oxydiert	Wein, der zu lange mit Luft in Berührung kam, verliert an Geschmack und erhält eine braune Farbe, ist im fortgeschrittenen Stadium ungenießbar
Pappig	Geschmackseindruck bei Weinen mit zu wenig Säure und zu viel Süße ohne Harmonie
Parfümiert	Weine mit aufdringlichem Bukett
Plump	Charakterisierung für Weine mit zu geringer Säure und ohne Frische sowie aufdringlichen Extraktstoffen (Körper). Keine Harmonie
Rahn	an Brotrinde oder gedörrtes Obst erinnernder Geruch und Geschmack
Rauh	sehr ungepflegter, unsachgemäß behandelter Wein
Scharf	Geschmack von Weinen mit zuviel Kohlensäure, zu viel unreifer Säure oder mit unangenehm schmeckenden Fremdstoffen
Schimmlig	rührt von faulen Trauben oder schlechten Fässern her
Schleimig	Beschaffenheit bei sehr säurearmen Weinen
Spitz	hervorstechende, unangenehm aufdringliche Säure im Wein
Spritzig	brandige Wirkung alkoholreicher, unharmonischer Weine
Stichig	siehe Milchsäurestich, Essigstich
Streng	unreifer, unharmonischer, eckiger Wein
Stumpf	Geschmack überschwefelter Weine

Tot	leerer Wein, dessen Geruch und Geschmack passé ist; alle Inhaltsstoffe haben sich verändert oder zersetzt
Trüb	bei Most oder Federweißer üblich, bei ausgebauten Weinen fehlerhaft
Umgeschlagen	das »Ableben« eines Weines, kann entweder aufgrund bakterieller Einflüsse oder durch die Beendigung der natürlichen Reifeentwicklung hervorgerufen werden. Umgeschlagene Weine sind meist von unangenehmem Geschmack, fade, leer und unbekömmlich
Unruhig	noch unfertige Weine, zu viel Kohlensäure im Wein
Unsauber	nicht gut gepflegte Weine, auch der Geruch eines Weines kann unsauber sein
Unselbständig	Weine, die zu wenig Zucker bzw. Alkohol besitzen und einer Anreicherung (Verbesserung) bedürfen
Zusammenziehend	siehe adstringierend
Zurückhaltend	noch nicht entwickelte, junge Weine

UMWELTBEDINGUNGEN FÜR ANSPRUCHSVOLLE KRESZENZEN:

Die fachgerechte Lagerung und das perfekte Servieren

Für manche erzkonservative und gänzlich der Tradition verhafteten Weinkenner ist vieles in der heutigen Welt des Weines nicht mehr in Ordnung. Ist ihnen die Parade der unromantisch und steril wirkenden Kunststofflagertanks vieler Weinkellereien seit langem sehr suspekt, so schaudert's sie geradezu, wenn sie in einschlägigen Lebensmittelhandlungen und Supermärkten in Regalen oder in Auslagen endlos aneinandergereihte und häufig sogar von starken Lichtquellen bestrahlte und stehend präsentierte Weinflaschen erblikken.

Zu diesem heute vielfach praktizierten Verfahren kommt noch der *Schraubverschluß* für die Weinflasche hinzu. Ist damit eine bis heute gültige Erkenntnis überholt, nach der nur der *Korkverschluß* die optimale Lagerung und Reifung des Weins in der Flasche ermöglicht?

Dazu muß man wissen, daß der Wein als ein lebendiges Produkt vom Beginn seiner Herstellung gewissen Veränderungen unterliegt, die in etwa mit der Lebenslaufbahn des Menschen zu vergleichen sind. Nach der alkoholischen Gärung befindet sich der junge Wein in einer Art Kindesalter. Dieser unfertige, unharmonische und noch sehr unruhige Wein bedarf der *Erziehung* durch den Kellermeister, um für die spätere Flaschenfüllung vorbereitet zu werden. Hefeabzug (Abstich), Filtration, Stabilisierung, Konservierung und

Schönung sind Maßnahmen, die dem Wein die notwendigen Voraussetzungen vermitteln, um für die spätere Entwicklung gerüstet zu sein. Dazu kommt aber vor allem auch die Reife, die sich in einem Stadium des ruhigen Lagerns im Faß und nach der Füllung nochmals auf der Flasche vollzieht. Erst danach ist der Wein, zumindest im kellertechnischen Sinne, auf die weiteren Phasen seines Lebens vorbereitet. Und diese Perioden sind gekennzeichnet von einem Aufstieg zum Entwicklungshöhepunkt, dem ein mehr oder weniger langsames Altern des Weines folgt, um schließlich das Stadium der Firne (spezieller Altersgeschmack mit kräftig werdender Farbe verbunden) sowie des Abbauens und »Umkippens« zu erreichen.

Diese Lebenslaufbahn vom Ausbau bis zum Abbau des Weines kann sich unter günstigen Faktoren, wie behutsame, kenntnisreiche Pflege im Weinkeller und optimale Umwelteinflüsse, der jeweiligen Sorten und Qualitätsstufen entsprechend ganz allmählich und überschaubar vollziehen. Sie kann aber auch überstürzt und damit für den Weintrinker oft enttäuschend ablaufen.

Das passiert vor allem in jenen Fällen, in denen dem abgefüllten Wein keine Möglichkeit gegeben wird, die einzelnen Stadien seiner Reifeentwicklung ruhig und vor schädlichen Einflüssen geschützt zu erlangen.

Nicht wenige Weinkenner, die von diesen Anforderungen bei der Weinlagerung wissen, kapitulieren bereits, noch ehe sie ihre insgeheim gehegten Pläne für die Errichtung eines eigenen privaten Weinkellers ausgeführt haben. Denn die offenbar strengen Gesetzmäßigkeiten optimaler Weinlagerung scheinen vielen heutigen Keller- und Lagerräumen in unseren modernen Häusern und Wohnungen nicht mehr zu entsprechen. Doch wie streng sind die technischen Anforderungen an die private Lagerhaltung von Wein wirklich?

Kommen wir zurück auf die zuvor als eine Art Schreckgespenst dargestellte Änderung der Verschlußform unserer Weinflaschen. Wägt man einmal die Vor- und Nachteile von Korkverschluß gegenüber Schraubverschluß ab, so gelangt man zu folgenden Ergebnissen:

Der *Naturkork* gestattet dem Wein auf der Flasche eine

gewisse Reifung, die zunächst von Vorteil ist. Dieser Vorteil baut sich im Verlauf der Zeit wieder ab. Der Wein in mit einem Schraubverschluß verschlossenen Flaschen ist auch nach längerer Lagerung noch frisch. Er behält einen höheren CO_2-Gehalt, bei der Verkostung wirkt sich das jedoch nicht unbedingt vorteilhaft aus. Dazu ist zu berücksichtigen, daß der Naturkork in Qualität und Durchlässigkeit differiert; der eine läßt fast keinen, der andere viel Sauerstoff durch. Die Vorteile des Schraubverschlusses liegen vor allem in einem leichten Öffnen und einem einfachen Wiederverschließen der Flasche. Seine Nachteile sind ein großer Leerraum im Flaschenhals, der den Wein um so stärker beeinflußt, je kleiner die Flasche ist. Nach Untersuchungen von Prof. Haubs (Forschungsanstalt für Weinbau, Geisenheim) und einigen anderen deutschen Forschungsanstalten ist nicht alles, was man den Korken in die Schuhe schiebt, tatsächlich auf ihn zurückzuführen. Es gibt zum Beispiel auch Fehlgeschmack, der einen Korkschmecker nur vortäuscht. Der Naturkork ist ein jahrhundertalter Verschluß für Wein, der viele Vorzüge, aber natürlich auch Nachteile hat. Vor allem bei einer heute im Lebensmittelhandel vielfach durchgeführten stehenden Lagerung von Weinflaschen trocknet der Naturkork aus und wird luftdurchlässig. Diese Gefahr besteht beim Schraubverschluß natürlich nicht. Demnach ergibt sich für den Weinliebhaber, der seine Weinflaschen über einen längeren Zeitraum aufbewahren möchte, die erste Forderung, alle Weine mit Korkverschluß liegend zu lagern. Dieser Notwendigkeit kann man praktisch mit jeder Lagermöglichkeit entsprechen.

Doch wie verhält es sich nun mit der richtigen *Lagertemperatur?* Diese Frage gehört zu den schwierigsten Bereichen der privaten Weinlagerung, da der kühle Keller tatsächlich immer mehr Seltenheitswert bekommt. In früheren Jahren wurde das Problem der Lagertemperatur für Wein ziemlich dramatisiert, zumal man im Ausbau und in der Abfüllung der Weine noch nicht mit so umfassenden technologischen Verfahren arbeitete, wie das seit den 60er Jahren der Fall ist. Die Folge war eine stärkere Anfälligkeit des Flascheninhalts gegenüber höheren Temperaturen und Temperaturschwankungen. Auch in diesem Punkt hat sich innerhalb der letzten Jahre einiges geändert. Die Flaschenabfüllungen aus Betrieben, die mit zeitgemäßen kellertechnischen Methoden arbeiten (und das sind mindestens vier Fünftel aller Weinerzeuger) weisen eine wesentlich höhere Stabilität gegenüber Transport- und Temperaturschwankungen auf als noch vor 30 oder gar 50 Jahren. Allerdings sollte man trotzdem zwei natürliche Gegebenheiten bei den Temperatureinflüssen auf keinen Fall ignorieren:

Ständige krasse Temperaturschwankungen schaden dem ruhigen Reifen des Weines. Und konstant hohe Temperaturen (über 18° C) tragen zum besonders raschen Reifen des Weines bei, so daß dieser in der Regel in einem früheren Stadium von Firne und vom Umkippen bedroht ist als Tropfen, die den Vorzug haben, bei Temperaturen zwischen 10° und 15° C zu lagern. Steigt einige Wochen während der Sommerzeit die Temperatur im Weinkeller um 3° bis 5° C und sinkt danach wieder allmählich, so nimmt der dort lagernde Wein kaum Schaden.

Wesentlich störender allerdings sind starke Geruchsbelästigungen, die von bestimmten anderen im *Weinkeller* lagernden Produkten ausgehen können (zum Beispiel Waschmittel, Öl, Kartoffeln). Durch den Naturkork atmet der Wein ja nicht nur Sauerstoff, auf ihn übertragen sich auch zugleich die intensiven Gerüche seiner Umwelt.

Ob Naturkork oder Schraubverschluß, ob liegend oder stehend, dem Wein bekommt vor allem eine ständige Erschütterung — und sei es nur eine leichte Vibration aufgrund vom im Nachbarraum laufenden Maschinen oder starkem Straßenverkehr — in keiner Weise.

Schließlich sollte man lagernde Weinflaschen vor unmittelbaren Sonneneinstrahlungen schützen, wobei es nicht unbedingt auf eine totale Finsternis im Weinlagerraum ankommt.

Wer er sich räumlich leisten kann, der baut seinen Weinkeller vielleicht gerne auch zu einer kleinen gemütlichen Weinprobierstube aus. Solange dort lediglich die Weine mit Bedacht verkostet werden, hat ein derart stimmungsvoller Probierraum gewiß seinen Reiz. Er sollte jedoch nicht zu einer Art Weinbar oder gar einem Weinpartyraum umfunktioniert werden, da bei solchen Gelegenheiten unvermeidli-

Verschiedene Lagermöglichkeiten zur längeren Aufbewahrung von Weinflaschen im privaten Haushalt

Lagersystem	Vor- und Nachteile
Flaschen in dickes Papier einwickeln und aufeinander stapeln	Besonders preiswert, unübersichtlich, nur für wenig Flaschen geeignet, geringe Isolierfähigkeit, meist zu trocken, unattraktiv
Flaschen in Papier einwickeln und im Keller in einen Sandhaufen eingraben, Sand gelegentlich »wässern«	Wie oben, jedoch bessere Isolierfähigkeit und in der Feuchtigkeit besser zu regulieren
Flaschenregal ähnlich wie ein Vorratsregal aus Holzleisten selbst herstellen und im Keller oder Vorratsraum aufbauen	Ziemlich preiswerte Methode, auf besondere Stabilität des Regals achten!
Flaschenboxen aus Styropor im Bausteinverfahren für Keller oder Vorratsraum, ggfs. auch für anderen kühlen Raum in der Wohnung	Praktisch und unkompliziert sowie relativ preisgünstig, Stapelfähigkeit in der Höhe begrenzt
Flaschenregale aus Kunststoff (grün, orange) im Bausteinverfahren	Wie Styropor-Bausteine, jedoch etwas attraktiver und übersichtlicher, feuchtigkeitsunempfindlich
Flaschengestell aus anthrazitfarbenem, hochschlagfestem und alterungsfreiem Kunststoff in Element-Bauweise	Für alle gebräuchlichen Flaschentypen geeignet, schöne Formgebung, daher für Wohnraum und Küche geeignet, einfache Montage; max. Höhe ca. 1,90 m, Breite beliebig
Weinregal aus zusammensteckbaren Holzstäben (nordische Kiefer, Teak, Buchenholz), Grundelement für 6, 10 oder 12 Flaschen	Formschön und praktisch, daher auch für Wohnräume geeignet, beliebig erweiterbar
Universalstellagen aus Holz mit ausziehbaren Flächen für ca. 180 Flaschen	Übersichtlich, vielseitig verwendbar, stabil
Flaschenschränke aus Metall, teilweise auch zerlegbar und Spezialanfertigungen für Bocksbeutel, für 84 bis 400 Flaschen, zum Teil auch abschließbar (Sicherheitsschloß)	Sehr stabil, gegen Rost geschützt, übersichtliche Lagerung, diebstahlsicher, leichte Montage

Lagersystem	Vor- und Nachteile
Kunstgeschmiedete Weinflaschen-Schränke für 30 bis 95 Flaschen, auch Bocksbeutel	Sehr dekorativ und übersichtlich sowie stabil, auch für Wohnräume geeignet (Rotweinlagerung)
Flaschenregale aus stahlarmiertem Bimsbeton im Baukastensystem vor allem für große Vorräte	Poröses und atmungsfähiges Material, unbegrenzte Lebensdauer, einfacher Aufbau
Weinkühlschrank, je nach Größe für ca. 70 bis 170 Flaschen Fassungsvermögen (Temperaturbereiche von + 8 bis + 18° C, Umluftkühlung)	Garantiert ideale Temperierung für Rot- und Weißwein, fast geräuschlose und zuverlässige Arbeitsweise, raumsparend
Einbau von Kühlaggregaten (evtl. mit Befeuchtung) im Keller oder Vorratsraum	Zuverlässigkeit in Wirkung und Arbeitsweise hängt vom Erzeugnis und Installation ab, relativ teuer, aber für größeren Vorrat lohnend
Vollklimatisierte Weinkühlzellen für die Einrichtung innerhalb der Wohnung im Baukastensystem für ca. 150 bis 2000 Flaschen (aus Sauna-Bauzellen entwickelt)	Optimal für die Weinlagerung, sehr dekorativ, ziemlich kostspielig, in USA bereits vielfach bewährt
Einrichtung eines Weinkellers mit Dränagerohren in Mörtelschichten, verputzt und mit Ziegel-/Klinker-Boden	Sehr ansprechende Gestaltung, gute Isolierung, jedoch nicht übersichtlich

Neben Haushaltswaren- und Weinfachgeschäften sind als Bezugsquellen für den Weinkellerbedarf u. a. folgende Firmen zu nennen: Müller-Soppart, Grabenstr. 5, 4000 Düsseldorf 1; Cantivin Vertriebsges., Arthur-Piechler-Str. 14c, 8900 Augsburg (für Österreich: Kirtec Vertriebsges., Weiherstr. 4, A-6900 Bregenz); Fiko – Jakob Fiers AG, Glattalstr. 808, CH-8154 Oberglatt; Fiko-Wijnrekken, Postbus 72, NL-8080 Elburg; Moskopf GmbH, Postfach 1280, 5413 Bendorf; Robert Bosch, Hausgeräte GmbH, Zentralvertrieb Klima- und Kältetechnik, Zeiss Str. 13, 7257 Ditzingen; Eisfink, Postfach 106, 7140 Ludwigsburg; Armand Favre, Gestellbau, Winterthurer Str. 398, CH-8051 Zürich.

cher Tabakqualm und mitunter fröhliche Tanzübungen den hier lagendern Flaschen gar nicht gut tun.

Gewiß ist die Einrichtung eines privaten Weinkellers für handwerklich geschickte Weinliebhaber eine schöne Do-it-yourself-Übung, bei der man technisches Know-how mit gestalterischem Können verbindet. Wo die dafür geeigneten Räumlichkeiten fehlen, kann man sich auch durch einige dekorativ wirkungsvolle Improvisationen eine schöne »Vinothek« einrichten. Auf den Seiten 144/145 haben wir die verschiedenartigsten Techniken der Weinaufbewahrung verglichen, wobei die vielseitigen Möglichkeiten von den einfachsten Maßnahmen bis zu aufwendigen Weinkühlschränken berücksichtigt wurden.

Letztlich ist die Ausstattung eines Weinkellers daheim nicht so sehr ein finanzielles als oft ein räumliches Problem. Denn bestimmte Plätze, die zu nahe an der Heizung oder auch an Heizungsrohren sich befinden, scheiden ja aus den genannten Gründen für unsere Zwecke aus. In diesem Falle sollte man nicht vor der Anschaffung entsprechender Kühlaggregate oder Flaschenweinkühlschränken zurückschrecken, selbst wenn die Investitionen dafür im Anfang beachtlich sind. Andererseits gilt es nämlich, den finanziellen Vorteil dieser auf jeden Fall zuverlässigen Lagerausstattung gegenüber den sonst häufiger notwendigen Nachkäufen bei kleineren Aufbewahrungsmöglichkeiten abzuwägen. Außerdem hat ja auch das Hobby des Weinsammelns und -aufbewahrens über einen längeren Zeitraum seinen besonderen Reiz, durch den die Beschäftigung mit dem Wein erst seine vollendete Genießerfreude erfährt.

Derartige Genußerlebnisse beginnen in kleinen Schritten bereits durch das fachgerechte *Servieren* des Weines. Dem Weinlaien mag eine derartige Feststellung an das gelegentlich aufwendige Zeremoniell souverän agierender Weinkellner erinnern. Sollte man denn wirklich auch im Hause im Kreise von alten Bekannten und guten Freunden mit einem derartigen Aufwand von Gesten und fast künstlerischen Fähigkeiten ein Glas Wein kredenzen? Nun, das kommt ganz auf den Wein, auf Ihre Gäste und natürlich auf Ihre eigene Einstellung zum Wein an.

Ein Tafelwein in der Schraubverschlußflasche verträgt es, wie eine Cola-Flasche gehandhabt zu werden. Auch die dafür bereitstehenden Gläser können schlicht und anspruchslos sein. Bei Weinen mit höherem materiellen (oder ideellem) Wert wird es wohl bei vielen Menschen gegen das ästhetische Empfinden stoßen, sie wie eine Mineralflasche zu behandeln. In der Art, wie Sie mit einer guten Flasche Wein umgehen, drückt sich Ihre Erwartungshaltung gegenüber dem bevorstehenden Trinkgenuß aus. Sie vermitteln zugleich Ihren Gästen durch die gebührende Sorgfalt bei der Behandlung des Weines, um welche Köstlichkeit oder Kostbarkeit es sich hierbei handelt.

Wenn Sie einen guten Tropfen erwerben und nach Hause gebracht haben, werden Sie sich zunächst einmal in etwas Geduld üben müssen, ehe Sie mit seiner Verkostung beginnen. Denn der Wein sollte Gelegenheit haben, sich einige Tage vom Durchschütteln des Transportes und von den vielleicht ungewöhnlichen Temperaturverhältnissen zu erholen. Kleine Tisch- und Tafelweine, die zum baldigen Konsum bestimmt sind, benötigen selbstverständlich nicht so eine lange Ruhepause wie die großen und vor allem alten Spitzenweine, die ihre Harmonie erst allmählich wiedererlangen.

Sollten Ihre Aufbewahrungsmöglichkeiten temperaturmäßig wenig ideal sein, also bei Rotwein zu niedrige und bei Rosé- und Weißweinen zu hohe Temperaturen, dann setzen Sie bitte keine Gewaltkuren ein, um kurzfristig die richtige *Trinktemperatur* zu erhalten. Vermeiden Sie es, Rotwein in einem heißen Wasserbad oder in die Nähe von Heizungskörpern zu stellen, und legen Sie Rosé- oder Weißweine niemals ins Eisfach des Kühlschrankes oder in die Tiefkühltruhe. Gerade bei wertvollen Weinen wird danach die folgende Verkostung bestimmt enttäuschend sein.

Bei den vielfach heute notwendigen Temperaturanpassungen der Weine nehmen Sie sich bitte etwas Zeit. Legen Sie Weißweine, Schaumweine oder Roséweine mindestens eine Stunde vor dem Öffnen ins Gemüsefach des Kühlschrankes oder — falls die zur Vorkühlung zur Verfügung stehende Zeit kürzer ist — in das Flaschenfach des Kühlschrankes. Zum *Chambrieren* (= Zimmertemperatur) des Rotweines benötigen Sie auf jeden Fall etwas mehr Zeit. Stellen Sie die Rotweinflasche einige Stunden vor dem Kredenzen in das Zimmer, in dem sie getrunken wird. Wenn Sie auf einen besonders nachhaltigen Duft des Weines Wert legen, können Sie die Flaschen bereits einige Stunden zuvor öffnen, so daß der

Rotwein atmen kann. Durch den Kontakt mit der Luft vermag er nämlich seinen Duft wesentlich voller zu entfalten.

Üblicherweise trinkt man Rotwein bei Zimmertemperatur, eine Regel, der allerdings häufig Mißverständnisse zugrunde liegen. Als sie vor etwa einhundert Jahren an Verbreitung gelangte, waren die Räumlichkeiten nur selten so warm wie in unserer Zeit. Die damalige Zimmertemperatur belief sich in der Regel auf etwa 16° bis 18° C, während sie heute nicht selten weit über 20° liegt. Doch Rotweine, die heute mit 20° und mehr Grad Celsius kredenzt werden, präsentieren nicht mehr Bukettstoffe als bei 17° bis 18° C. Geschmacklich können sie indes bei Temperaturen über 20° C oft müder und wesentlich schwerer wirken. Bei fortschrittlichen Gastronomen ist es sogar üblich, insbesondere junge Rotweine mit einer Trinktemperatur um 14° bis 16° C zu servieren, da diese dann fruchtig und besonders spritzig schmecken.

Üblicherweise erwärmen sich ausgeschenkte Weine im Glas innerhalb kurzer Zeit um 1° bis 3° C. Dies sollte man berücksichtigen, wenn man für die verschiedensten Weinarten und -sorten die richtige Trinktemperatur festlegt. Die folgenden Zahlenangaben gelten für die Trinktemperatur im Weinglas:

- Weiß- und Roséwein, Schaumwein (Sekt, Champagner, Mousseux, Spumante) der Geschmacksrichtung trocken ca. 5° bis 7° C.
- Schaumweine der Geschmacksrichtung lieblich bis süß ca. 6° bis 8° C.
- Roter Schaumwein ca. 8° bis 10° C.
- Leichte trockene Weißweine und Roséweine 8° bis 10° C.
- Junge, liebliche bis süße Weißweine 9° bis 11° C.
- Schwere trockene Weißweine 10° bis 12° C.
- Schwere süße Weißweine 11° bis 13° C.
- Jugendliche, leichte Rotweine einfacher Qualität 13° bis 15° C.
- Schwere ältere Rotweine der gehobenen Qualität 16° bis 18° C.

Übrigens empfiehlt sich für Schaumweine und trockene Weißweine, die gut gekühlt serviert werden sollen, die in guten Restaurants verwendeten Eiskübel auch im privaten Bereich zu verwenden. Wer die Anschaffung dieser etwas kostspieligen, aber sehr dekorativen Kübel aus Silber oder Cromargan ablehnt, dem stehen auch bereits praktische Eiskübel aus Plastik zu Verfügung.

Zur konstanten *Temperaturmessung* der Weine gibt es inzwischen eine Vielzahl von Spezialthermometern, die u.a. über die Firma Müller-Soppart, Grabenstr. 5, 4000 Düsseldorf 1, zu beziehen sind.

Mit der *Entkorkung* der Weinflasche beginnt das zunächst akustische Genußerlebnis des Weintrinkens. Gleichwohl sollte es, ebenso wie beim Schaumwein nicht mit einem lauten Knalleffekt verbunden sein. Einen Korken zieht man behutsam und möglichst ohne starken Ruck aus dem Flaschenhals. Diese Regel gilt insbesondere für ältere Weine, bei denen am Flaschenboden Weinstein oder ein Gerbstoffdepot sich abgesetzt haben. Dieses natürliche Lagerdepot wird beim ruckartigen Öffnen der Flasche durcheinandergewirbelt und kann somit beim Ausschenken des Weines in die Gläser gelangen. Da sich trotz behutsamen Öffnens dies nicht immer vermeiden läßt, werden vor allem alte Rotweine und Portweine *dekantiert,* indem man sie vorsichtig bis auf die Rückstände in eine Karaffe umfüllt und sie dabei durchsiebt. Durch diesen Umfüllvorgang nimmt der Wein außerdem sehr viel Luftsauerstoff an, so daß er später seine Duftstoffe besonders ausdrucksvoll zur Entfaltung bringen kann.

Es lohnt sich auch, alte Rotweine in ein Flaschenkörbchen zu legen, aus dem man stilecht und mit schöner gastronomischer Tradition den Wein allmählich in das Glas einschenkt. Auch auf diese Weise gelangen Gerbstoffteilchen kaum in das Glas.

Schon das Öffnen einer alten Weinflasche mit einem inzwischen vielleicht etwas brüchig gewordenen Korken kann zum Problem werden. Die Gefahr, daß der Naturkork beim Herausziehen abbricht, ist hierbei noch größer als bei jungen Korken. Doch auch hier gibt es immer wieder jene unangenehmen Zwischenfälle, bei denen der Korken abbricht. Häufig liegt der Grund dafür in einem mangelhaften Korkenzieher, der nicht über die richtige »Seelenachse« verfügt. Ein funktionsgerechter Korkenzieher verfügt über eine Spirale mit einem so großen Hohlraum, durch den man ein Streichholz hindurchschieben kann. Ein derartiges Gewinde verhindert in der Regel das Abbrechen des Korkens. Ist trotz behutsamen Öffnens und richtigem Korkenzieher der Kork dennoch abgebrochen, so bleibt oft keine andere Möglichkeit, als den restlichen im Flaschenhals steckenden Korken mit Hilfe einer »Spinne«, eines speziellen Drahtgreifers, aus der Flasche herauszuziehen.

Im Handel findet man heute eine kaum überschaubare Zahl von Korkenzieher-Arten, deren Originalität oft die Funktionsfähigkeit übertrifft. Da gibt es eine Vielzahl von Glokkenziehern, interessante Modelle für Sammler wie Kurbel-, Scheren-, Flaschenzug- oder Pistolenkorkenzieher sowie den vor allem in Übersee oft benutzten Klingenkorkenzieher (zum Ent- aber auch Verkorken von Flaschen) und schließlich eine große Vielfalt an geschnitzten und Rebholzkorkenziehern. Neben den modernen elektrischen Korkenziehern gilt jedoch der »Screw-Pull« mit seiner superlangen Spirale und großen »Seele« als genial-einfaches und selbst für uralte Korken noch brauchbare Instrument, das es auch in einer Pokket-Ausgabe sowie in einer technisch raffinierten Leverpull-Variante gibt.

Vor dem eigentlichen Öffnen der Flasche wird erstaunlich häufig die Kapsel falsch abgeschnitten, nämlich unmittelbar an der Flaschenöffnung. Richtig ist das Abschneiden der Kapsel mit einem scharfen Messer etwa 1 bis 2 cm unterhalb der Flaschenöffnung, damit beim Ausschenken der Wein mit der Kapsel nicht in Berührung kommt. Noch einfacher geht es mit dem »Foilcutter«, der über Mövenpick-Handel, Mörikestr. 67, 7000 Stuttgart 1, erhältlich ist. Nachdem man den Korken aus der Flasche gezogen hat, wird die Flaschenöffnung mit einer sauberen Serviette abgewischt.

Nicht ganz so einfach ist das Öffnen und insbesondere Einschenken der inzwischen seltener gewordenen großvolumigen Flaschen. Wegen ihrer Unhandlichkeit und des selbst für eifrige Zecher zu gewaltigen Inhalts sind diese Flaschengrößen fast gänzlich aus dem Angebot verschwunden, obgleich sie den Vorzug haben, daß der in ihnen abgefüllte

Wein wesentlich langsamer altert als in der Normalflasche. Entsprechend schneller reift der Wein in der 0,35-l-Flasche, die vor allem für die Gastronomie als kleine Portionsflasche (neuerdings gibt es sogar eine 0,2-l-Schoppenflasche) und für die Abfüllung von sehr teuren Luxusweinen in Betracht kommt.

Vorwiegend französische Rotweine der berühmtesten Regionen und Schaumweine werden noch gelegentlich in größeren Behältnissen als in der Normalflasche abgefüllt. Davon gibt es folgende Größen und Bezeichnungen:

Literflasche für sogenannte offene Weine.

Magnum (1,5 l) von lat. magnum = groß, gewaltig.

Doppelmagnum (3 l), *Jerobeam* (4,5 l) von dem hebräischen Eigennamen jerobeam (= »Gott möge sich groß erweisen«).

Methusalem (oder Impériale, 6 l) aus dem Hebräischen methuschelach = »der Hüter des Bruders«, Methusalem galt als Urvater im Alten Testament und wurde 969 Jahre alt.

Salmanazar oder *Salmanassar* (9 l); die Bezeichnung leitet sich von dem babylonisch-assyrischen Wort Schulman-Ascharet = »Gott ist der Erste« ab.

Balthasar (12,0 l); aus dem Assyrischen, einer der Heiligen Drei Könige.

Nabuchodonosor oder *Nebukadnezar* (15 l); das Wort stammt aus dem Babylonischen und bedeutet: »Gott (Nabu) schütze meine Erben.«

Oft wird im französischen Sprachgebrauch die Bezeichnung Jerobeam für eine 4-l-Flasche benutzt. Dazu kommt noch die *Imperial*-Flasche für 6 l. Dieser Name wird aber lediglich für Methusalemgrößen mit Bordeaux-Weinen gebraucht. Alle Flaschen werden im Französischen, wenn sie die Normalgrößen übersteigen, »Gargantua-Flaschen« genannt (nach der volkstümlichen französischen Sage über den Riesen Gargantua).

Zu den ästhetisch schönsten und weinfachlich schwierigsten Bereichen im Umgang mit dem Wein gehört die Wahl des richtigen *Weinglases.* Das Glas ist in mehrfacher Hinsicht Mittler der sinnenmäßig spürbaren Weingütemerkmale. Farbe, Geruch und Geschmack des Weines können durch ein gutes Trinkglas in vollendeter Weise zum Ausdruck gelangen, ebenso kann ein dafür unzulängliches Glas die echte Qualität eines guten Tropfens verdecken.

Bei der mannigfaltigen Auswahlmöglichkeit, die sich dem Weinfreund heute mit Weingläsern aller Art und internationaler Herkunft bietet, ist die Entscheidung für das richtige, den persönlichen und objektiven Ansprüchen angemessene Glas nicht gerade leichter geworden. Womit zeichnet sich ein funktionsgerechtes Weinglas aus?

1. Es ist farblos. Klare, durchsichtige und möglichst ungeschliffene Gläser vermitteln einen objektiven Eindruck von der Farbe, der Klarheit, Brillanz und Tiefe des Weines. Sie lassen zum Beispiel Tokajer oder Trockenbeerenauslesen tatsächlich topasfarben oder goldgelb im Glase leuchten, sie zeigen das zarte Grün eines jungen Moselweines ebenso unverfälscht wie das typische Strohgelb eines frischen Soave-Weines.

2. Sein Stiel (Schaft) ist nicht zu kurz. Die Hand findet genügend Platz, das Glas am Stiel anzufassen und nicht am Kelch (Cuppa), den sie sonst allmählich erwärmen und eventuell auch mit Fingerabdrücken bedecken würden, womit die Trinktemperatur im Glas ansteigt und das Glas außerdem seine Klarheit verlieren würde.

3. Der Kelch sollte am oberen Rand nicht wie eine Lilie ausgeschwungen sein. Das Bukett des Weines kann in einem solchen weit geöffneten Kelch nicht eingefangen werden. Rotwein entfaltet sich am besten in weitbauchigen Gläsern, deren Kelch mit der Form eines Apfels verglichen werden kann und die nur zur Hälfte mit Wein gefüllt werden. Im oberen Teil des Glases fängt sich das Aroma, das beim Wein-Genießen den verheißungsvollen Auftakt bildet. Für junge Weißweine empfehlen sich eiförmige, kleinere Gläser, die natürlich auch nicht bis kurz unterhalb des Randes voll eingeschenkt werden. Wer

mehr als ein Standard-Weinglas besitzt, sollte die Gläser nach der Devise auswählen: je aromatischer der Wein, desto voluminöser das Glas.

4. Ein zu schweres, massiv wirkendes Weinglas ist kaum mit der arteigenen Eleganz, Leichtigkeit und zauberhaften Harmonie des Weines in Einklang zu bringen. Zarte Weingläser, die dennoch über eine großporige innere Glaswandung verfügen (zum Beispiel die Gläser der Serie *Sommelier* von Prof. C. J. Riedel) sind diesbezüglich optimale Mittler für den perfekten Weingenuß. Dabei muß das Glas nicht unbedingt hauchdünn sein, denn seine materielle Verletzbarkeit macht es dann mehr zum Schau- als zum Gebrauchsobjekt.

Mit den verschiedenartigsten Weingläsern kann man geradezu einen Kult betreiben. Jeder Weinart und -sorte sind bestimmte Gläser eigen, die häufig in ihrer Entwicklung auf regionale Traditionen zurückgreifen. Erwähnt seien hier lediglich die typischen *Treveris*-Gläser für Moselwein, das elsässische Weinglas mit dem charakteristischen hohen, grüngefärbten Stiel, das kleine rheinische Weinprobierglas oder der klassische Weinrömer, wie er vor allem für Schoppenweine in den deutschen Weinbauregionen benutzt wird.

Angesichts solcher Mannigfaltigkeit kann das Sammeln von Weingläsern übrigens zu einem reizvollen Hobby werden. Stets sollte man jedoch den Wein nur aus Gläsern, niemals aus Zinnbechern trinken. Da sich zwischen dem Metall des Zinnbechers und den Blomben unserer Zähne beim Trinken Induktionsströme bilden, kommt es dann zu einer Geschmacksveränderung. Außerdem gelangen im Becher Farbe und Klarheit des Weines kaum zur Geltung.

Ebenso wichtig wie die Auswahl des richtigen Weinglases und die Festlegung der geeigneten Trinktemperatur ist auch die Reihenfolge, in der man verschiedenartige Weine probiert. Am besten gelangen die Weine zur Geltung, wenn sie in einer ihrer Art und Qualität entsprechenden Rangordnung verkostet werden. Dementsprechend ergeben sich folgende Möglichkeiten für verschiedene Reihenfolgen:

1. Nach den *Weinarten:* Schaumwein — Weißwein — Roséwein — Rotwein
2. Nach den *Geschmacksrichtungen:* säurereich — herb — trocken — mild — lieblich — gehaltvoll — ausdrucksvoll — süß
3. Nach den *Qualitäten:* Tafelwein — einfacher Konsumwein — Qualitätswein — mittlerer und gehobener Güte (Kabinett, Spätlese, Auslese) — Spitzenwein (Beerenauslese, Trockenbeerenauslese)

Wenn man zudem noch berücksichtigen muß, daß man junge Weine vor den älteren Jahrgängen trinken sollte, dann gerät die richtige Zusammenstellung einer Weinprobefolge leicht zu einem Puzzle-Spiel. Da sich in der Praxis die Weine in einer Probe nicht immer harmonisch aneinanderreihen lassen, empfiehlt es sich, vor dem Verkosten eines neuen Weines zunächst die Geschmacksnerven mit einem Stück Brot, etwas Mineralwasser oder einem Stück milden Käse zu neutralisieren.

Umfangreiche Weinproben, wie sie in Deutschland in den letzten Jahrzehnten als »gesellschaftliches Ereignis« immer beliebter wurden, sind in den Ländern des romanischen Kulturkreises fast völlig unbekannt. Dafür gibt es zwei Gründe: Wider Erwarten ist das Interesse eines großen Teiles der Bevölkerung in Frankreich, Italien und anderen Mittelmeerländern an einer überregionalen Präsentation von Weinspezialitäten nicht sonderlich groß. Vielmehr richtet man das Augenmerk auf die lokalen und regionalen Weinspezialitäten, die man bevorzugt beim Essen trinkt. Eine breitgefächerte Weinprobe nach deutscher Art würde sich in den meisten Rotwein-Ländern zudem in der Praxis nur schwerlich durchführen lassen, da eine Verkostung von vielen trockenen Rotweinen hintereinander eine so große Belastung für die Geschmacksnerven darstellt, daß die Teilnehmer schließlich graduelle Unterschiede zwischen den Weinen kaum noch registrieren können.

Aus diesem Grunde gilt in vielen Ländern seit jeher das Essen als der geeignete Rahmen für das Kennenlernen und Genießen verschiedener Weine. In der oeno-gastronomischen Kunst der Zusammenstellung eines Menus mit den zueinander passenden Weinen und Speisen erweist sich der Gourmet und Feinschmecker als wahrer Meister. Es waren die Franzosen, die diese Disziplin bis zur Erreichung der vollendet geschmacklichen Harmonie verfeinerten. Natürlich konnte es nicht ausbleiben, daß es hierbei zu geradezu grotesken Übertreibungen kam. Raymond Brunet veröffentlichte in seinem Buch eine Zusammenstellung von etwa 4500 Speisen der französischen Küche mit den dazu passenden Weinen.

Normalerweise verfährt man auch in Frankreich in dieser Frage wesentlich großzügiger und richtet sich vor allem nach dem Prinzip des Machbaren und Möglichen, wobei die gerade erreichbaren Weine ebenso eine Rolle spielen wie gewisse finanzielle Aspekte. Sehr progressive Wein- und Feinschmecker verfahren sogar nach der Devise »erlaubt ist, was gefällt«, wobei man oft um jeden Preis sich einfallsreich und originell gibt und dabei die klassischen Regeln bewußt mißachtet.

Diese traditionellen gastronomischen Regeln sind, auf eine kurze Formel gebracht, heute beinahe jedermann geläufig. Sie lauten:

- zu Fisch und hellem Fleisch: weißer Wein
- zu dunklem Fleisch und Käse: roter Wein
- zum Dessert (mit Ausnahme Schokolade): lieblicher, süßer Weißwein

Innerhalb dieser Standard-Regel kann man selbstverständlich nun zahlreiche Variationen praktizieren. Die folgende Übersicht zeigt, wie das klassische *oeno-gastronomische* Gesetz heute auf die verschiedenartigsten Speisen angewandt werden kann. Auch hierfür gilt, daß man sich nicht mit sklavischer Strenge an diese Hinweise halten muß. Ein fruchtiger, trockener Roséwein kann zum Beispiel als akzeptabler Ersatz für viele Weißweine oder Rotweine, die gerade nicht zur Verfügung stehen, gewählt werden. Einen kühlen Rosé kann man übrigens als Begleiter von der Vorspeise bis zum Nachtisch wählen, ohne daß man den Wein wechseln muß.

Der gastronomische Zusammenklang zwischen den Weinen und den Speisen

Vorspeisen (z. B. Pasteten):
Trockene, leichte Weißweine (Riesling, Silvaner, Müller-Thurgau, Kabinett, Grüner Veltliner, Dorin, Fendant, Edelzwicker)

Gänseleber (mit oder ohne Trüffeln):
Kräftiger, nerviger Weißwein (Gewürztraminer, Tokay, Montrachet, Corton-Charlemagne), sehr guter Schaumwein (Champagne brut)

Kalte Platte (mit verschiedenem Aufschnitt, kaltem Fleisch):
Frischer, trockener oder halbtrockener Weißwein (Riesling, Silvaner, Graves, Muscadet, Macon blanc, Bourgogne blanc, Frascati, Orvieto)

Schalentiere (Austern, Muscheln, Meeresfrüchte):
Spritziger, trockener Weißwein (Soave, Sancerre, Pouilly, Chablis, Meursault, Pouilly-Fuissé, Bergerac, Jurançon brut, Hermitage, Graves, Entre-deux-mers)

Schnecken:
Füllige, schwere Rotweine (Cabernet, Recioto) oder spritziger Weißwein

Fisch (in Sauce zubereitete Fische z. B. Steinbutt in Sauce Mousseline, Seezungenfilets, Hechtklößchen):
Gehaltvolle und rassige Weißweine (Weißburgunder, Chardonnay, Corvo, Gutedel/Chasselas, Neuburger, Welschriesling, Riesling Kerner)

Fisch (in Rotwein angemacht): gleicher Wein wie in der Sauce

Froschschenkel:
Rassiger, leichter Weißwein (trockener Riesling)

Geflügel (Huhn, Gans, Puter):
Vollmundige Weißweine (Riesling Spätlesen, möglichst trocken, Auxerrois, Silvaner) zu Wildgeflügel auch kräftige Rotweine

Fleischgerichte (helles Fleisch, Schwein, Kalb):
Vollmundige, leichte, trockene Rotweine (Valpolicella, Bardolino, Trollinger, Lemberger/Blaufränkisch, Portugieser) oder fruchtige Roséweine (Lagrein Kretzer) oder gehaltvolle Weißweine

Fleischgerichte (dunkles Fleisch, Hammel, Rind, Gulasch, Rouladen, Roastbeef, Leber, Steaks):
Kräftige, feurige Rotweine (Bordeaux, Côtes-du-Rhône, Burgunder, Inferno, Barbera, Lambrusco, Dôle, Rioja)

Regionale Spezialitäten (z. B. Eisbein mit Sauerkraut, Königsberger Klopse, Nudeln mit pikanter Fleischsauce, saure Nierchen, Omelett mit Schinken):
Kräftige, trockene Weißweine (Franken, Baden, Kabinett oder Spätlese aus Riesling, Silvaner) oder trockener Rosé (Weißherbst)

Regionale kräftig gewürzte Spezialitäten (z. B. Kohlrouladen, gefüllte Paprikaschoten, gekochte Ochsenbrust mit Meerrettichsauce, Grünkohl mit geräuchertem Speck oder geräucherter Wurst):
Fruchtige Roséweine (Travel, Pinot Noir aus dem Elsaß, Provence) oder kräftige Weißweine bzw. ausdrucksvolle Rotweine

Wild (Rehrücken, Hasenpfeffer, Hirschgulasch, Wildschweinbraten):
Bukettreicher, würziger Rotwein (Burgunder, Côtes-du-Rhône, Chateauneuf-du-Pape, Saint-Emilion, Barolo, Barbaresco, Chianti)

Käse: Zu Frischkäse paßt ein fruchtiger, trockener Weißwein (Silvaner), zu Butterkäse, Emmentaler, Edamer, Ziegenkäse gehört ein trockener, etwas vollerer Weißwein (Bourgogne blanc, Aligoté, Graves, Riesling) oder ein trockener Rosé; zu Camembert, Brie, Doppelrahmweichkäse empfiehlt sich ein leichter, frischer und fruchtiger Rotwein (z. B. ein Landwein aus Frankreich oder Italien, ein Lemberger, Portugieser, Trollinger aus Württemberg bzw. der Rheinpfalz); zu Munster, Roquefort und anderen Edelpilzkäsen schmeckt am besten ein kräftiger Rotwein wie Bordeaux, Côtes-du-Rhône, Bourgogne (siehe dazu auch Zusammenstellung auf Seite 159 f.)

Nachspeisen (Vanillepudding, Grieß-, Reis- oder Quarkspeisen, Weincreme, rote Grütze, Omelett mit Konfitüre, Eiscreme oder Eis mit heißen Früchten, aber nicht zu Schokoladen- oder Apfelsinendesserts):
Halbtrockene bis süße Schaumweine (Champagne, Asti spumante), liebliche bis süße Weißweine (Auslesen, Beerenauslesen, Sauternes, Anjou, Saumur, Graves-de-Vayres, Marsala) oder Likörweine (Port, Sherry Oloroso)

Achtung: Zu Salaten und zu den meisten Suppen trinkt man keinen Wein. Trockenen Sherry kann man zur Schildkrötensuppe und zur Consommé trinken, zur Zwiebelsuppe paßt gegebenenfalls auch ein herber Weißwein.

Ein gastronomisch stilechtes und vollendetes Menu verfügt schließlich auch über ein wirkungsvolles »Vorspiel«, den Aperitif, der Gaumen und Magen auf die kommenden Genüsse vorbereitet. Früher war es üblich, als Aperitif einen sehr süßen Weißwein oft eisgekühlt zu reichen. Heute bevorzugt man einen trockenen, aromatischen Weißwein oder Südwein. Gastronomischer Favorit ist der trockene Sherry, in der angelsächsischen Welt auch der trockene Wermut. Freilich spricht nichts dagegen, auch schon zum Aperitif einen trockenen, spritzigen Weißwein zu wählen, den man dann zur anschließenden Vorspeise oder zum Fischgericht weitertrinken kann. In dieser Weise sind Weißweine wie Chablis, Pouilly, Muscadet, Graves, Entre-deux-mers, Meursault, Sancerre, Fendant, Soave, Riesling oder Grüner Veltliner stets eine ideale Kombination zwischen Aperitif und Vorspeise, vor allem wenn es sich dabei um Schalentiere und Meeresfrüchte handelt.

Der Aperitif mit dem strahlenden Glanz des Festlichen ist der trockene Champagner oder Sekt, dessen in jeder Weise anregende Wirkung unbestritten ist. Auch einen guten trokkenen Schaumwein kann man während sämtlicher Gänge eines Menus genießen, ohne einen gastronomischen Stilbruch zu begehen.

Das Finale eines größeren Menus bilden die Digestifs, die Verdauung fördernde Schnäpse, wie Obstler (aus dem Elsaß, der Schweiz oder Baden), Cognac, Armagnac, Grappa oder nicht zu süße Liköre, die nach den eventuell zuvor gereichten Dessert- und Süßweinen eine harmonische Ergänzung darstellen können.

Gastronomisch sehr reizvoll ist die Kombination zwischen einer Wein- und einer Käseverkostung, die man auch daheim für Gäste in Form einer Weinprobenparty durchführen kann. Auch hier gibt es Hunderte von geschmacklich interessanten Variationsmöglichkeiten. Entnehmen Sie aus der folgenden Übersicht einige Anregungen:

Käse	*Weine aus Frankreich*
Beaufort:	Bourgogne rouge / Côtes-du-Rhône / Arbois / Muscadet
Bleu d'Auvergne:	Châteauneuf-du-Pape / Tavel / Hermitage
Bresse Bleu:	Romanèche / Saint-Amour / Pouilly-Fuissé
Brie:	Saint-Emilion / Pomerol / Nuits-Saint-Georges / Pommard / Corton
Camembert:	Clos-Vougeot / Côte-Rôtie / Chambertin / Arbois / Jurançon / Quincy
Cantal:	Châteauneuf-du-Pape / Tavel / Hermitage
Carré de l'Est:	Riesling / Traminer / Sylvaner / Bourgogne / Côtes-du-Rhône
Comté:	Bourgogne rouge / Côtes-du-Rhône / Arbois / Muscadet
Coulommiers:	Mercurey / Moulin-à-Vent / Santenay / Hermitage
Dauphin:	Bourgogne / Beaujolais / Côtes-du-Rhône
Emmenthal:	Bourgogne rouge / Côtes-du-Rhône / Arbois / Muscadet
Gervais:	Bordeaux rouge

Käse	*Weine aus Frankreich*
Gruyère:	Bourgogne rouge / Côtes-du-Rhône / Arbois / Muscadet
Livarot:	Saint-Nicolas de Bourgueil / Pomerol / Corton
Monsieur-Fromage:	Volnay / Beaujolais
Munster:	Riesling / Traminer / Sylvaner / Bourgogne / Côtes-du-Rhône
Persillé des Aravis:	Juliénas / Morgon / Hermitage / Moulin-à-Vent
Pont-L'Évêque:	Pomerol / Châteauneuf-du-Pape / Moulin-à-Vent / Vosne-Romanée
Port-Salut:	Vouvray / Muscadet / Anjou / Chinon / Corton
Reblochon:	Juliénas / Morgon / Hermitage / Moulin-à-Vent
Rosamadour:	Vins de Cahors
Roquefort:	Chambertin / Clos-Vougeot / Haut-Brion / Châteauneuf-du-Pape
Saint-Marcellin:	Juliénas / Morgon / Hermitage / Moulin-à-Vent
Saint-Nectaire:	Châteauneuf-du-Pape / Tavel / Hermitage
Saint-Paulin:	Vouvray / Muscadet / Anjou / Chinon / Corton
Tomme de Savoie:	Juliénas / Morgon / Hermitage / Moulin-à-Vent
Vacherin des Bauges:	Juliénas / Morgon / Hermitage / Moulin-à-Vent

MIT UND OHNE RISIKO:

Die Haltbarkeit der Flaschenweine

Was vor 50 Jahren in Weinkennerkreisen noch allgemeine Gepflogenheit war, nämlich die Weine erst nach mehrjähriger Lagerung in einem hohen Reifestadium zu genießen, das gewinnt bei immer mehr Weinfreunden wieder an Interesse. Doch noch aus einem anderen Grunde stoßen die Repräsentanten großer und alter Weinjahrgänge bei den Sammlern auf zunehmende Resonanz. Wie bereits zu Großvaters Zeiten weiß man heute wieder die symbolträchtige Wirkung eines gleichsam historischen Tropfens bei besonderen Anlässen zu würdigen. Hochzeit und Kindertaufe, Kommunion und Konfirmation sind die beliebten familiären Ereignisse, bei denen bestimmte Weine gekauft und getrunken werden, deren Jahrgänge zu dem Jahresdatum der jeweiligen Feste in Beziehung stehen.

Altweine finden darüber hinaus bei zahlreichen anderen Ereignissen als eine besonders gediegene Form des traditionsbetonten Geschenkes Verwendung. Insbesondere bei Jubiläen, Ehrungen verdienter Mitarbeiter, der Zusammenstellung eines geschäftlichen Präsentes sind solche wertvollen Tropfen aus der Schatzkammer gefragt.

Diese heute wieder begehrten Weinveteranen sind inzwischen jedoch auch bei einem größer werdenden Kreis von Altwein-Sammlern zum Gegenstand eifrig gesuchter und gutbezahlter Glanzpunkte der privaten Vinothek geworden. 30, 50 oder gar 80 Jahre alte Weine bilden in den mit detektivischem Gespür und Leidenschaft zusammengestellten Raritäten-Kollektionen den glanzvollen Mittelpunkt, die nicht nur den Wert eines solchen Refugiums, sondern auch das Prestige ihres Besitzers entscheidend prägen.

Gestaltet sich das Zusammentragen von Weinen mit Seltenheitswert noch relativ unkompliziert, so wirft die sachgemäße Pflege des kostbaren Gutes und ihre eventuelle spätere Wiederveräußerung wesentlich größere Probleme auf. Und gerade durch die Belastung mit diesen Risikofaktoren unterscheidet sich die Beschäftigung mit Weinraritäten von denen anderer Sammelobjekte.

Seltsamerweise konzentriert sich das Interesse auf ältere Weine vor allem in den angelsächsischen, deutschen und skandinavischen Weinverbraucherländern, während in französischen und den übrigen Mittelmeerländern für ältere Weinjahrgänge praktisch kaum eine große Nachfrage besteht. Dies mag mit der allgemeinen Bedeutung des Weines als ein Erzeugnis für den täglichen Bedarf zusammenhängen. Lediglich in einigen Luxusrestaurants und in traditionsreichen Weingütern wird der Vorrat älterer Weine gepflegt und ständig ergänzt.

Das lebende Produkt Wein gestattet eine zuverlässige Voraussage über die individuell äußerst unterschiedliche Haltbarkeitsdauer nur sehr vage. Der Lebensrhythmus eines Weines, also das jeweilige Stadium seiner jungendlichen Frische, seiner besten Hochreife und seines Alters richten sich nach verschiedenen Faktoren, die in den vorhergehenden Kapiteln zum Teil schon kurz gestreift wurden.

Fassen wir daher noch einmal zusammen: Alkohol und Fruchtsäure bilden eine entscheidende Basis für die Alterungsfähigkeit des Weines. Sie summiert sich durch besonders dafür geeignete Rebsorten: *Riesling, Weißer Burgunder, Furmint (Tokajer)* bei den weißen Weinen; *Spätburgunder/Pinot noir (Burgund), Nebbiolo (Barolo), Cabernet (Bordeaux)* und *San Giovese (Chianti)* für die roten Weine. Hochgradige, extraktreiche Weine, wie zum Beispiel *Beerenauslesen* oder gar *Trockenbeerenauslesen* sind für die langjährige Haltbarkeit besonders prädestiniert. Alle diese Weine können bei sachgemäßem Ausbau und behutsamer, richtig temperierter Lagerung mindestens 10 bis 15 Jahre alt werden, ohne qualitativ abzufallen. Im Gegenteil, manche von ihnen erreichen ihren Reifehöhepunkt erst nach 6 bis 8 Jahren. Sie halten sich dann in diesem Stadium oft viele Jahre, um dann erst allmählich in den Bereich der Firne überzugehen. Es gibt zahlreiche Beispiele von 30 bis 50 Jahre alten Weinen, die sich im Rahmen kritischer Weinproben mit einer erstaunlichen Frische und viel Gehalt präsentieren. Dazu zählen die Kreszenzen aus großen Jahrgängen und besonders guten Lagen, die offenbar den Vorzug hatten, daß sie ziemlich fruchtsäure- und kohlenstoffhaltig waren sowie über einen genügend langen, fest anliegenden und wenig porösen Flaschenkorken verfügten. Außerdem hatten sie das Glück, in einem wohlbehüteten Weinkeller bei für sie günstigen Temperaturen zu ruhen.

Wenn zuvor bestimmte Sorten genannt wurden, die für eine lange Haltbarkeit auf jeden Fall geeignet sind, so sollte man dennoch andere Weine nicht vergessen, die es vielfach auch auf ein ehrwürdiges Alter bringen können, zumal wenn sie aus guten Jahrgängen und geeigneten Lagen stammen: *Ruländer, Traminer/Gewürztraminer, Chardonnay* und *Sauvignon-Sémillon* (für weiße Burgunder bzw. für einige Loire-Weine und Bordeaux-Weine) gehören dazu sowie auch einige Rotweine wie zum Beispiel der *Saint Laurent,* der *Samtrot,* die *Müller-Rebe/Pinot meunier,* der *Merlot* sowie der *Gamay* (Beaujolais oder Dôle).

Diesen Weinen kann man allgemein eine Haltbarkeit von 5 bis 7 Jahren zubilligen, sofern sie nicht aus den unteren Qualitätsstufen und schlechten, säurearmen Jahren stammen. Mit den gleichen Einschränkungen darf man schließlich auch einige Sorten dazurechnen, die hierzulande im Weinangebot mehr Außenseiterpositionen annehmen:

Für Rotweine sind dies der *Schwarzriesling,* der *Blaufränkisch* und der *Lemburger.* Bei den Weißweinen zählen dazu der *Welschriesling,* der *Neuburger,* der *Muskat-Ottonel* und zahlreiche unserer Neuzüchtungen.

Vom *Müller-Thurgau, Gutedel/Chasselas, Grüner Veltliner* und auch vom *Silvaner* sagt man meist, daß man sie am besten jung trinken sollte. Diese Empfehlung gilt allerdings nur mit einigen Einschränkungen. Der Verfasser hatte bereits häufig Gelegenheit, solche angeblich zur Alterung nicht geeigneten Sorten nach vielen Jahren zu probieren. Zwar besaßen die meisten Weine bereits eine deutliche *Firne,* dennoch waren sie bei weitem noch nicht matt oder gar tot. Allerdings handelte es sich auch hier wiederum um qualitätsmäßig größere Kaliber, nämlich um Spätlesen aus guten Jahren und einige Auslesen.

Vor einigen Jahren hat das Comité National du Vin de France (C.N.V.F) in Zusammenarbeit mit den regionalen Weinbauverbänden für die A.C.-Qualitätsweine des Landes eine Übersicht erarbeitet, aus der die *optimale Trinkreife* der einzelnen Weine in der Zeitdauer von Jahren nach der Weinlese ersichtlich ist. Um möglichst jedes Risiko für den Weinkonsumenten, der sich nach dieser Liste richtet, auszuschalten, wurden die Bemessungszeiträume relativ kurz gefaßt. Bei zunehmender Verbesserung der Weinausbautechniken in vielen Kellereien wird man von Fall zu Fall eventuell auch die individuelle Trinkreife der Weine etwas länger kalkulieren können. Da es sich unseres Wissens um die einzige offizielle Zusammenstellung dieser Art handelt und sie für wohl jeden Weinliebhaber von Interesse ist, haben wir sie in unser Buch aufgenommen:

Haltbarkeit französischer Qualitäts-Weine

Wein	Trinkreife (Jahre nach der Ernte)
Elsaß	
Muscat	1—4
Pinot (Klevner)	1—4
Sylvaner	1—4
Pinot gris (Tokay d'Alsace)	3—8
Gewürztraminer	3—8
Riesling	3—8
Burgund	
Mâcon (weiß)	1—3
Chablis (weiß)	3—8
Pouilly-Fuissé (weiß)	5—8

Wein		Trinkreife (Jahre nach der Ernte)
Meursault (weiß)		5—10
Montrachet (weiß)		8—15
Corton (weiß)		8—15
Côte de Beaune, Appellations Villages (rot)		6—12
Côte de Nuits, Appellations Villages (rot)		8—15
Côte d'Or Grands Crus (rot)		10—25
Beaujolais (rot)		1
Beaujolais-Villages (rot)		1
Beaujolais, Grands Crus (rot)		2—5
Champagne		
Champagne		4—5
Coteaux Champenoise		1—5
Jura		
Rosé		2—6
Weiß		2—8
Rot		5—10
Vins jaunes		6—100
Etoile (weiß)		2—8
Côtes du Rhône		
Weiß	maximal	2
Tavel und andere Roséweine	maximal	2
Cornas (rot)	maximal	5—10
Châteauneuf-du-Pape (rot)	maximal	5—10
Côte Rôtie (rot)	maximal	5—15
Hermitage (rot)	maximal	5—15
St.-Pérey (Schaumwein)	maximal	2
Clairette-de-Dié (Schaumwein)	maximal	2
Savoyen		
Rot		2—5
Vin de Savoie (weiß)		2—3
Rousette de Savoie (weiß)		3—5
Languedoc		
Vins de pays (Landwein)		1
Corbières		1
Minervois (rot oder weiß)		1—2
St.-Chinian (rot)		2—3

Wein	Trinkreife (Jahre nach der Ernte)
Costières-du-Gard	2—3
Clairette-du-Languedoc	2—3
Clairette-de-Bellegarde	2—3
Blanquette-de-Limoux	3—5
Muscat-de-Frontignan	5—15
Muscat-de-Lunel	5—15
Roussillon	
Vins de pays des Pyrénées Orientales	1—2
Corbières du Roussillon	2—5
Roussillon-des-Aspres (rot)	2—5
Fitou	3—6
Muscat-de-Rivesaltes	2—3
Côtes-d'Agly	6—10
Côtes-du-Haut-Roussillon	6—10
Rivesaltes	6—10
Grand-Roussillon	6—10
Maury	6—15
Banyuls	6—15
Banyuls, Grand Cru	6—20
Loire	
Coteaux-de-l'Aubance	4—20
Coteaux-de-la-Loire	4—20
Coteaux-de-Saumur	4—20
Coteaux-du-Layon	4—20
Bonnezeaux, Cru	4—20
Quarts-de-Chaume, Cru	4—20
Quarts-de-Chaume, Große Jahrgänge	4—30
Sancerre (weiß und rosé)	1/3—2
Sancerre (rot)	1/2—4
Reuilly (Pinot)	1/2—5
Reuilly (weiß)	1/3—2
Quincy	1/2—6
Pouilly s/Loire	1/3—2
Pouilly Fumé	1/3—2
Gros-Plant (weiß)	1,5—2
Muscadet (weiß)	1,5—2
Anjou-Saumur (weiß, trocken)	1—5
Savennières (weiß, trocken)	1—5

Wein	Trinkreife (Jahre nach der Ernte)
Anjou (halbtrocken, weiß)	1—10
Coteaux-d'Ancenis (rot)	1,5—2
Saumur-Anjou (rot)	1—5
große Jahrgänge	3—10
Rosé-d'Anjou (rosé)	1—3
Cabernet-d'Anjou (rosé)	1—3
Touraine	
Chinon-Bourgueil (rot)	
in durchschnittlichen Jahrgängen	4—8
in großen Jahrgängen	10—20
Touraine-Mesland (rosé)	1,5—2
Touraine-Amboise (rosé)	1,5—2
Touraine-Amboise (rot)	4—8
Touraine-Amboise (weiß)	4—10
Vouvray (weiß)	10—25
Montlouis (weiß)	10—25
Provence	
Côtes-de-Provence (weiß und rosé)	2
Coteaux-d'Aix (weiß und rosé)	2
Côtes-de-Provence (rot)	2—5
Coteaux-d'Aix (rot)	2—5
Bandol (rosé)	2—5
Cassis (rosé)	5—10
Bordeaux	
Graves (weiß, trocken)	10
Entre-deux-Mers (weiß, trocken)	3
Sauternes-Barsac (weiß, süß)	10—20
Sainte-Croix-du-Mont (weiß, süß)	10—20
Cerons (weiß, süß)	8—10
Médoc (rot)	10—15
Haut-Médoc (rot)	10—15
Graves Rouges	5—10
St.-Julien (rot)	
St.-Estèphe (rot)	15—30
Pauillac-Margaux (rot)	15—30
St.-Émilion (rot)	15—20
Pomerol (rot)	10—15

Wein	Trinkreife (Jahre nach der Ernte)
Südwest-Frankreich	
Jurançon (weiß, trocken)	2—5
Jurançon (mild)	5—15
Pacherenc-du-Vic-Bilh	5—10
Cahors	10—15
Madiran (rot)	10—20
Bergerac (weiß und rot)	10
Monbazillac (weiß)	20—30
Côtes-de-Bergerac (rot)	10
Pecharmant (rot)	15
Gaillac Perlé	1—3
Gaillac Premières Côtes	1—10
Gaillac Nature	1—5
Gaillac Doux	1/2
Méthode Champenoise	1—10
Cunac (rot)	1—2
Côtes-du-Tarn (rot)	1—10
Côtes-du-Tarn (rosé)	1

Weine, von denen man aufgrund ihrer Sorte und Herkunft vermuten kann, daß sie für längere Haltbarkeit geeignet sind, sollte man indes innerhalb bestimmter Zeitabstände Stichproben unterziehen. Die jeweiligen Reife- und Alterungsstufen kann man besonders deutlich schon in der Farbe und im Geruch bemerken:

Junger Wein ist durch seine Frische, seine spritzige und oft auch noch nicht besonders harmonische Art leicht zu erkennen. Flaschengelagerter Wein mit jugendlicher Reife zeigt sich in Duft und Geschmack bereits prägnant und zwar differenziert nach Herkunft, Rebsorte und Jahrgang. Flaschengereifter Wein mit einem höheren Reifestand zeigt eine ausgeglichene Harmonie aller weineigenen Geruchs- und Geschmacksstoffe. Alter Wein ist zwar noch immer auf der Höhe seiner Entwicklung, seine Farbe ist jedoch schon ein wenig kräftiger geworden und sein Bukett erscheint insgesamt intensiver, aber nicht mehr so differenziert wie zu Beginn der Reifezeit. Edelfirner Weißwein fällt durch seine Bernsteinfarbe auf. Er besitzt ein ausgeprägtes, aber nicht unangenehmes Firnebukett. Im Körper kann er schon etwas schwächer, aber noch durchaus kräftig im Geschmackseindruck und Abgang (Nachgeschmack des Weines) sein. Firner Wein geht ins Bräunliche über (hochfarben). Die Firne dominiert in Geruch und Geschmack so stark, daß der Wein keinerlei eigenen Charakter mehr zeigt. Toter Wein schließlich ist mißfarben, leer und völlig ausdruckslos.

Da die Vorgänge der Weinalterung kaum korrigierend beeinflußt werden können, wurden sie in önologischer Sicht auf wissenschaftlicher Basis bislang kaum detailliert untersucht. Erschwerend kommt hinzu, daß die Vorgänge von Wein zu Wein unterschiedlich sind, weil sich substantielle Veränderungen niemals unabhängig von der Art dieser Substanzen vollziehen.

Selbst die Prognosen über die für lange Zeit haltbaren *Jahrhundertweine* haben sich nicht immer als richtig erwiesen. Dies ist einerseits auf die oft verfrühte Proklamierung von sogenannten Jahrhundertweinen durch allzu enthusiastische Weinfachleute und die Presse zurückzuführen, wobei sich schon nach einigen Jahren zeigte, daß die in den Jahrgang gesetzten Hoffnungen sich nicht erfüllten (treffende Beispiele: Jahrgang 1959 und 1971). Andererseits darf man als Weinliebhaber die Qualitäten eines Jahrhundertweines nicht so weitreichend einschätzen, daß hiervon auch die Weine der unteren und mittleren Gütegruppe für die Weinschatzkammer in Betracht kommen.

Was jedoch sind nun wirkliche Jahrhundertweine und wie verläßlich sind ihre Lagerfähigkeiten? Wie die folgende Übersicht der qualitativen Bewertung der Weinjahrgänge seit 1945 zeigt, ernten die Winzer in den europäischen Weinbauländern innerhalb von zehn Jahren — im langjährigen Durchschnitt gerechnet — etwa vier bis fünfmal einen zufriedenstellenden bis guten Jahrgang. Doch darunter befindet sich höchstens einmal ein so hervorragender Jahrgang, daß er das Attribut »Jahrhundertwein« mit Recht erhält.

Die guten und hervorragenden Weinjahrgänge seit 1945

1945	Deutschland, Burgund, Bordeaux, Rhône, Port, Schweiz
1947	Deutschland, Burgund (rot), Bordeaux (rot), Rhône, Elsaß, Piemont, Toskana, Schweiz
1949	Deutschland, Burgund (rot), Bordeaux, Loire, Rhône, Champagne, Elsaß, Südtirol, Chianti, Schweiz
1952	Bordeaux (rot), Burgund (rot), Rhône, Champagne, Piemont, Venetien, Südtirol, Chianti, Schweiz
1953	Deutschland, Bordeaux, Burgund, Elsaß, Champagne, Venetien, Mittelitalien, Schweiz
1955	Bordeaux (rot), Burgund, Loire, Rhône, Elsaß, Champagne, Port, Toskana, Süditalien
1957	Bordeaux, Burgund, Schweiz
1959	Deutschland, alle französischen Gebiete, Südtirol, Schweiz
1961	Bordeaux, Burgund, Rhône, Elsaß, Italien (fast alle Regionen), Schweiz, Österreich
1962	Bordeaux, Burgund (vor allem Weißweine), Elsaß, Champagne, Italien (in den meisten Regionen), Schweiz, Port
1964	Deutschland, Frankreich, Italien, Österreich, Schweiz
1966	Bordeaux, Burgund, Rhône, Elsaß, Schweiz
1967	Deutschland, Frankreich, Italien (in einigen Gebieten sehr ungleichmäßige Qualitäten), Österreich, Schweiz
1969	Deutschland, Frankreich (in Bordeaux uneinheitlich), Italien, Österreich, Schweiz
1970	Deutschland (uneinheitlich), Bordeaux, Burgund, Rhône, Loire, Elsaß, Italien, Österreich, Schweiz (West)
1971	Deutschland, Frankreich, Italien, Österreich, Schweiz
1973	Deutschland (uneinheitlich), Burgund, Elsaß, Österreich, (West- und Süd-)Schweiz
1974	Italien, Schweiz (teilweise)
1975	Deutschland, Bordeaux, Champagne, Elsaß, Schweiz
1976	Deutschland, Burgund, Elsaß, Rhône, Österreich, Schweiz, Norditalien (mit Ausnahme Piemonts)
1977	Österreich, Italien, Portwein, Kalifornien, Australien
1978	Frankreich, Ober- und Mittelitalien, Südschweiz, Nordspanien, Nord- und Südamerika, Südafrika, Australien
1979	Deutschland, Frankreich, Österreich, Schweiz, Luxemburg, Italien, Ungarn, Australien, Südafrika
1980	Bordeaux, Nord- und Mittelitalien, Tessin, Nordspanien, Portugal, Nord- und Südamerika, Australien, Südafrika
1981	Bordeaux, Deutschland (uneinheitlich), Österreich, Schweiz, Italien, Spanien, Kalifornien, Australien

1982	Bordeaux (rot), Burgund (uneinheitlich bei Weiß, bei Rot gut), Italien, Spanien, Kalifornien, Australien, Südafrika
1983	Deutschland (etwas uneinheitlich), Frankreich (weniger gut in der Champagne), Österreich, Schweiz, Luxemburg, Spanien, Portugal, Ungarn
1984	Spanien, Portugal, Ungarn, Nord- und Südamerika, Australien
1985	Deutschland, Frankreich, Österreich, Schweiz, Luxemburg, Italien, Spanien, Portugal, Ungarn, Kalifornien
1986	Deutschland, Frankreich, Österreich, Schweiz, Ober- und Mittelitalien, Kalifornien, Australien

Sehr gute Weinjahrgänge vor 1945 mit »Jahrhundertweinen«

1943, 1937, 1934, 1929, (1926), 1921, 1920, 1917 (Deutschland), 1915 (Deutschland), 1911 (»Kometenwein«), 1904 (Deutschland)

Ein solches Prädikat setzt voraus, daß in dem betreffenden Jahrgang nicht nur überdurchschnittlich viele Spät- und Ausleseweine erzeugt wurden (neben der Beeren- und Trockenbeerenauslesen), sondern die Weine sich überdies durch ideale Gesamtsäureanteile, verbunden mit einem überragenden Extraktgehalt, wirklich für eine lange Aufbewahrung eignen.

Ein sehr wesentliches Kriterium bei den Weißweinen ist fraglos die *Botrytis* (Edelfäule). Spät gelesene, edelfaule Trauben, in denen sich gewissermaßen schon der erste Alterungsprozeß abwickelte, sind die entscheidenden Voraussetzungen für die Erreichung jener Spitzenqualitäten, die sich in einem Jahrhundert-Jahrgang in überreichem Maße finden. Die Jahrgänge 1953, 1963, 1973 und im gewissen Maße auch 1976 verfügten über diese *Botrytis*-Prägung und waren nicht einfach nur »trockenreif«.

Joseph Wechsberg läßt in seinem Buch »Forelle blau und schwarze Trüffeln« (HEYNE Taschenbuch Nr. 4327) einen passionierten Weinsammler über sein Geheimnis, den besten Weinjahrgängen rechtzeitig auf die Spur zu kommen, erzählen:

»Das ist mein kleines Schatzkästchen: Tabellen für jedes Jahr seit 1847. Sie enthalten die genaue Anzahl der Regentage, eine Aufstellung über die Temperaturdurchschnitte von jedem Monat der einzelnen Jahre und über die Anzahl der Sonnenstunden. Es scheint, daß sich etwa alle dreißig oder fünfzig Jahre gewisse periodisch auftretende Parallelerscheinungen einstellen. Entweder überkreuzen sie sich oder sie stimmen paarweise überein. Es wäre ein fast vollkommener Zyklus, wenn nicht die Kriegsjahre unvorhergesehene Störungen verursacht hätten. Nehmen Sie zum Beispiel die Jahre 1895 und 1945. Die Weine beider Jahrgänge weisen die gleichen Merkmale auf. Die Rotweine waren schwer und ›ausgeglüht‹ — aus überreifen Trauben gekeltert —, süß, ölig und rund. Die Weißweine waren süß, würzig und saftig. Ähnliche Übereinstimmungen bestehen zwischen den Jahren 1896 und 1946. Beide erbrachten harmonische, elegante und tiefgefärbte Weine.

Die Weine von 1868 und 1869 ähneln denen, die genau dreißig Jahre später geerntet wurden, also denen von 1989 und 1929 und dann wiederum den Weinen von 1928 und 1929. In allen drei Fällen folgte auf ein ganz hervorragendes Weinjahr ein sehr gutes. Die Jahre 1896, 1899 und 1929 erbrachten Weine, die einander geradezu verblüffend ähnlich sind: Es sind runde, ölige, sanfte und doch ungeheuer lebendige, nahezu vollkommene Weine. Und noch etwas: die 1898er und 1928er werden immer noch besser, während die 1899er und 1929er ihren Höhepunkt erreicht und bereits überschritten haben. Ca c'est vraiement curieux! Die Tabellen lügen nicht, mein Lieber. Mit ihrer Hilfe war mein Vater imstande, bereits im Juni die Qualität des Leseertrages vorauszusagen. Damit hat er sich ein Vermögen erworben. Nur einmal hat er sich geirrt, nämlich im Jahre 1858, als er nicht wußte, daß der Mehltau einen ganzen Jahrgang vernichten kann. Der Fehler hat ihn beinahe ruiniert.« Der Autor, dessen Buch 1953 erstmalig (in New York) erschien, stützt sich bei seinen Aussagen offenbar auf eigene Recherchen, denn zu jener Zeit gab es kaum die offiziellen Tabellen mit den Jahrgangsbewertungen, die in Fachzeitschriften veröffentlicht und für Weininteressenten auf kleinen handlichen Karten gedruckt werden.

Sehr aufschlußreich ist in diesem Zusammenhang eine

Übersicht, die Ch. Cocks und Ed. Féret in ihrem Buch »Bordeaux et ses Vins« veröffentlichen und die von M. Lafforgue zusammengetragenen Bewertungen von insgesamt 165 Weinjahrgängen im Bordelais enthält:

Qualität/Jahrgänge		1. Periode 1795 bis 1869		2. Periode 1870 bis 1959
Überragend	3	insgesamt	7	insgesamt
Sehr gut	12	45 Jahrgänge	19	73 Jahrgänge
Gut	19	= 60 %	22	= 81 %
Ordentlich	11		25	
Mittelmäßig	14	30 Jahrgänge	12	17 Jahrgänge
Schlecht	8	= 40 %	3	= 19 %
Sehr schlecht	8		2	
Gesamt	75	Jahrgänge	90	Jahrgänge

Die Aufteilung in zwei Perioden erfolgte mit Rücksicht auf die um 1870 in Bordeaux einsetzende Reblausverseuchung der Weinberge, so daß die Jahre zuvor die Ergebnisse der Ernten aus europäischen Unterlagsreben zeigen, während die 2. Periode der Zeit der Neueinrichtung der zerstörten Rebflächen und die Ernten aus Reben mit reblausresistenten amerikanischen Unterlagsreben umfaßt. Nimmt man beide Perioden zusammen, so zeigt sich, daß man bei 165 Weinjahren nur 6 % außergewöhnlich gute Weinjahrgänge, 18,8 % sehr gute, 25 % gute, 21,9 % ordentliche, 15,7 % mittelmäßige, 6,6 % schlechte und 6 % sehr schlechte Jahrgänge registrieren kann.

Die Autoren weisen mit Recht darauf hin, daß der Aussagewert derartiger Statistiken natürlich nicht absolut sein kann. Es gibt innerhalb einer global gefaßten Jahrgangsbewertung mit einer bestimmten Note (von »sehr gut« bis »sehr schlecht«) in einem so großen Gebiet wie Bordeaux in Wirklichkeit immer wieder bestimmte Qualitäts-Abweichungen zwischen Rotweinen und Weißweinen, zwischen trockenen und süßen Weinen, zwischen Weinen aus Spitzenlagen und aus minderwertigen Flächen. Treffend meint daher auch der burgundische Weinexperte Albert Thibault: »Es gibt keine guten Weine, sondern nur gute Flaschen.«

Bei allen Einschränkungen also, die bei den Bewertungen der Jahrgangsqualitäten angebracht sind, geben die Übersichten für den Sammler und Weinliebhaber doch eine sehr wichtige Orientierungshilfe. Einen unmittelbaren praktischen Nutzen für den privaten Weineinkauf und die Lagerdispositionen von fast allen Weinen kann man vor allem aus den Bewertungen der letzten zwei bis fünf Jahrgänge ziehen, während man bei Weinen älterer Jahrgänge die sich inzwischen auf der Flasche vollzogene Entwicklung wesentlich stärker berücksichtigen sollte als die zum Zeitpunkt der Flaschenabfüllung festgestellte Qualität.

Auch in diesem Punkt ist wieder zu unterscheiden zwischen Rotweinen aus Spitzenlagen von Bordeaux und Burgund, großen Piemonteser Rotweinen, deutschen und österreichischen Beerenauslesen und Trockenbeerenauslesen sowie Tokayer, Spitzen-Weißweinen des Bordelais und hochgradigen Port- und Sherryweinen auf der einen sowie dem üblichen Qualitätsdurchschnitt auf der anderen Seite. Die Weine der letzten Gruppe büßen ihre in der Jahrgangsbewertung einmal festgehaltene »Startqualität« wesentlich schneller ein als die Kreszenzen der Spitzenklasse.

Eine nützliche Hilfe für die Buchführung über die Weinentwicklung und -alterung im eigenen Weinkeller ist ein sogenanntes Weinkellerbuch. Der Verfasser hat für anspruchsvolle Weinfreunde ein spezielles Weinkellerbuch unter dem Titel »Vinotheka« erarbeitet, das im Verlag der Eggebrecht-Presse in Mainz erschienen ist. Dieser auch als Geschenkwerk geeignete Band enthält unter anderem eine Weinchronik von 120 Jahren und einen umfangreichen Tabellenteil für die Bestandsübersicht des privaten Weinvorrates und ausführliche Vermerke zu den Weinproben mit jeweils 20 Eintragungsmöglichkeiten für Weinverkostungen.

Weinliebhabern, die angesichts eines solchen Prachtbandes mit noch leeren Seiten, die der Eintragung würdiger Weinraritäten harren, um die baldige Ergänzung ihrer Weinschatzkammer sich bemühen, kann in den meisten Fällen geholfen werden. Vorausgesetzt, Sie besitzen etwas Zeit für den Besuch der auch auf Privatkunden ausgerichteten Weinversteigerungen oder der Weingüter, die sich gelegentlich noch von der einen oder anderen Raritätenflasche trennen (siehe Firmenliste). Auf diese Weise gibt es für Leute mit gut ausgestattetem Budget auch heute noch die Möglichkeit, in den Genuß jahrzehntealter Weine zu gelangen.

Auktionshäuser mit Weinversteigerungen für Privatkunden

Dr. Eric Steinfels Auktionen, Heinrichstr. 225, CH-8005 Zürich

Christie's (International) S.A., 8, Place de la Taconnerie, CH-1204 Genf

Christie, Manson & Woods Ltd., Wine Department, 8 King Street, St. James, London SW1Y 60T

Christie's South Ken, Wine Department, 85 Old Brompton Rd., London SW7 3LD

Sotheby's, 34—35 New Bond Street, London W1A 2AA

Phillips Wine Department, Central Office, 39 Park End Street, Oxford, OX1 1JD

International Wine Auctions, P.O. Box 7 60, London SE1 9DB

Weinversteigerungen, bei denen Privatkunden nur über Kommissionäre steigern können:

Großer Ring der Prädikatswein-Versteigerer der Mosel-Saar-Ruwer e. V., Geschäftsstelle: Neustraße 86, 5500 Trier

Bernkasteler Ring Prädikatswein-Versteigerungs-Gesellschaft Mittelmosel, Saar, Ruwer e. V., Geschäftsstelle: Adenauerstraße 9, 5502 Mertesdorf bei Trier

Vereinigung Rheingauer Weingüter, Geschäftsstelle: Friedrichstraße 54, 6228 Eltville

Vereinigung Rheinhessischer Rieslinggüter e. V., Geschäftsstelle: Wörrstadter Straße 20, 6505 Nierstein

Vereinigung Rheinpfälzer Weingüter e.V., Geschäftsstelle: Weingut Siben, Postfach 210, 6705 Deidesheim

Fränkische Weingüter und Selbstvermarkter e.V., Geschäftsstelle: Marktplatz 15, 8715 Iphofen

1. Versteigerungsring der Riesling-Weingüter an der Nahe e.V., Stromberger Straße 15—19, 6550 Bad Kreuznach

Arbeitsgemeinschaft Württemberg-Badischer Weingüter, Graf Neipperg, Schloß, 7103 Schwaigern

Weinversteigerungen auf Kloster Eberbach, Verwaltung der Staatsweingüter, Schwalbacher Straße 56—62, 6228 Eltville 1

Handelshäuser mit umfangreichen Angeboten älterer Weine und Raritäten

(Eine Auswahl)

Grand Cru Select, Weinhandelsgesellschaft mbH, Drachenburgstraße 36A, 5300 Bonn 2

BTX Weinhandel, Am Glasofen 9, 5190 Stolberg

Ets. Maurice Renaud, 6, Rue Grange Batelière, F-75009 Paris

Bremer Weinkolleg, Löwenhof 2, 2800 Bremen 1

Veric SA, Hirschengraben 20, Postfach, CH-8024 Zürich

Weinhandlung Hardy, Warnemünder Straße 15, 1000 Berlin 33

Eilles Weinhandlungen, Zamdorfer Straße 84, 8000 München 80

DC Gesellschaft für Weinimporte mbH, Lessingstraße 42, 6238 Hofheim

Paulson Weinraritäten, Postfach 1250, 8392 Waldkirchen

KaDeWe Kaufhaus des Westens, Tauentzienstraße 21—24, 1000 Berlin 30

DRITTER TEIL

Die klassischen Spitzenweine

FRANKREICH:

Nektar für Götter und Normalsterbliche

Das internationale Prestige französischer Weine wurzelt tief in der verbreiteten Wertschätzung des französischen Savoir-vivre — was immer man sich auch im einzelnen darunter vorstellen mag —, in der französischen Gastronomie und Kochkunst und nicht zuletzt in der ausdrucksvollen Mannigfaltigkeit seiner Rebensäfte.

Französischen Weinen hängt stets ein wenig der Hauch des Paradiesischen an, des Heiteren und Sublimen zugleich. Sie wurden zu Rollenträgern des von vielen Menschen erträumten glücklichen Lebens unter der Devise »Zurück zur Natur«, des Erlebens sorgloser Ferientage, des Genießens der schönen Dinge auf dieser Erde von der einfachsten bis zur raffiniertesten Vollkommenheit.

Dieser von individuellen Idealvorstellungen geformte Rahmen wird von sehr verschiedenartigen Weinen ausgefüllt. In der französischen Weinerzeugung entfallen drei Viertel der Gesamtproduktion auf einfache Konsumweine. Qualitätsweine mit der kontrollierten Herkunftsbezeichnung *Appellation d'origine contrôlée* (A.O.C. oder A.C.) bestreiten nur etwa 25 %, Qualitätsweine mit der Bezeichnung *Vins delimitées de qualité supérieure* (V.D.Q.S.) machen etwa 1 % aus, und Landweine besitzen einen Anteil von etwa 12 %.

In Frankreich, das mit durchschnittlich jährlich 70 Millionen Hektoliter neben Italien der größte Weinproduzent der Welt ist, werden mehr als 40 % der Weine in der Region Languedoc angebaut, das damit zum Hauptlieferanten couranter Weine gehört. Frankreichs Wein-Ruhm und Wein-Export baut jedoch überwiegend auf den AC-Weinen auf. (Die französische Weinausfuhr setzt sich zur Hälfte aus Qualitätsweinen zusammen.) Diese AC-Qualitätsweine kommen aus 400 katasteramtlich festgelegten kleinen und größeren Ursprungslagen, die wiederum zu größeren Regionen zusammengefaßt sind. Einige von ihnen, wie Burgund, Bordeaux, Elsaß, Champagne, Rhône und Loire gehören zu den bekanntesten Weinbaulandschaften der Welt.

Aufschriften auf dem französischen Weinetikett

Récolte	Ernte, Jahrgang
Climat	Einzellage
Finage	Gemarkung
Commune	Gemeinde, Weinbauort
Grand Cru	Spitzenlage mit eigener Appellation Contrôlée (Burgund)
Tête de Cuvée	Frühere (nicht offizielle) Bezeichnung für Grand Cru (Spitzenlage)
Premier Cru	Zweite Stufe der Burgunder-Bewertung, erste Stufe der Bordeauxwein-Klassifizierung
Mise du Domaine (Château)	Weingutabfüllung
Mise en bouteilles du (au) Domaine (Château)	Weingutabfüllung
Mise dans nos caves	Kellereiabfüllung (nicht unbedingt die Erzeugerkellerei)
Mise par le propriétaire	Erzeugerabfüllung
Mise à la propriété	Erzeugerabfüllung

Propriétaire-Récoltant	Weingutbesitzer und Erzeuger
Négociants-Eleveur	Weinhändler, der die Ernten aufkauft und im eigenen Keller zu Wein ausbaut
Supérieur	Bezeichnung für Weine, die 1 Grad höheren Gesamtalkohol besitzen als das übliche Minimum
Cuvée	Qualitätswein aus bestimmten Parzellen (Cuvée de Tirage: Verschnitt, z.B. bei Schaumwein)
Clos	Ein besonderer, oft von einer Mauer umgebener Weinberg
Grand Vin	»Großer Wein«, keine rechtverbindliche Qualitätsaussage (im Elsaß: Mindestalkoholgehalt 11°)
Monopole	Weinbergslage im Alleinbesitz

Wenn wir uns zunächst auf diese berühmten Namen konzentrieren, dann erfüllen wir damit die selbstverständliche Pflicht, den Leser mit den ganz großen Weinen unserer Zeit bekanntzumachen sowie ihm die Entscheidung zu erleichtern, ob und in welchem Maß diese gepriesenen Geschöpfe zu seiner Glückseligkeit beitragen können.

Dabei werden wir diese Weinfürsten mit dem jeweils notwendigen Respekt beschreiben, den sie verdienen. Nicht mehr und nicht weniger, was übrigens auch für alle anderen in diesem Buch vorgestellten Weine zutrifft. Denn Wein ist nicht gleich Wein, Bordeaux nicht gleich Bordeaux, Pinot nicht gleich Pinot. Noch mehr als bei den einfachen Tischweinen kommt es bei den Gewächsen aus renommierten Lagen auf das »Elternhaus«, auf den Winzer, den Keller, das Gut oder die Domäne an. Aus diesem Grunde glauben wir, bei der Präsentation der Spitzenweine auch »Roß und Reiter« nennen zu müssen. Fraglos verdanken nicht wenige große Namen ihre globale Popularität in einem überwiegenden Maße der konsequenten Qualitätspolitik einzelner Weinerzeuger, die über Generationen optimalen Rebanbau mit

FRANKREICH

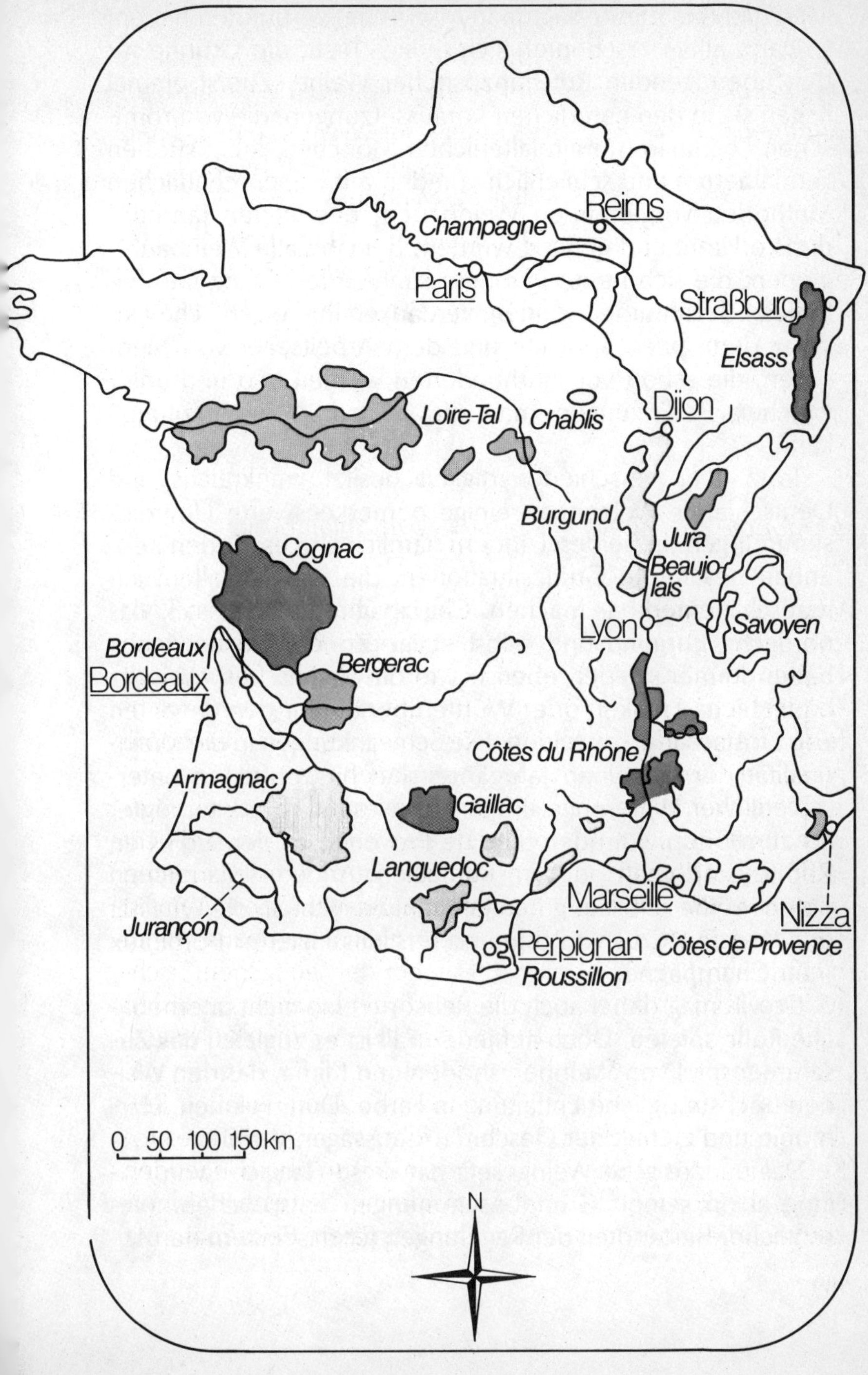

Reims
Champagne
Paris
Straßburg
Elsass
Loire-Tal
Chablis
Dijon
Burgund
Jura
Cognac
Beaujo-
lais
Lyon
Savoyen
Bordeaux
Bordeaux
Bergerac
Côtes du Rhône
Armagnac
Gaillac
Languedoc
Marseille
Nizza
Jurançon
Perpignan
Côtes de Provence
Roussillon
0 50 100 150 km
N

kompromißloser Kellerwirtschaft und einer zielstrebigen Verkaufsstrategie (heute sagt man Marketing) verbunden haben.

Darin allein erschöpfen sich freilich nicht die Gründe für den überragenden Ruf französischer Weine. Zuerst einmal liegen sie in den natürlichen Voraussetzungen, die von römischen Legionären, mittelalterlichen Mönchen, lebensfrohen Feudalherren und schließlich von den mit wissenschaftlichen Methoden vorgehenden Weinbauern des letzten Jahrhunderts erkannt und genutzt wurden. Beinahe alle Weinbauregionen, die sich heute in einem strahlenden Glanz internationaler Berühmtheit sonnen, verdanken ihre eigentliche Existenz dem guten Spürsinn und dem Arbeitseifer von Menschen, die schon vor Jahrhunderten wußten, wo und unter welchen Bedingungen man die besten Weine erzeugen kann.

Trotz aller Verschiedenartigkeit besitzt Frankreichs und Deutschlands Weinanbau einige bemerkenswerte Übereinstimmungen. In beiden Ländern nämlich gibt es für den Rebanbau bestimmte Grenzsituationen, die sich vor allem klimatisch bemerkbar machen. Champagne, Loire, Elsaß, das nördliche Burgund und selbst einige Zonen von Bordeaux haben immer wieder, ebenso wie die rheinischen Weinanbaugebiete, Franken oder Württemberg unter den Gefahren von Frostschäden zu leiden. Die Schwankungen in der Weinqualität der einzelnen Jahrgänge sind hier aufgrund unterschiedlicher Witterungsverhältnisse wesentlich ausgeprägter als zum Beispiel an der Côte de Provence, in der südlichen Rhône-Landschaft oder im Roussillon. Andererseits reichen deren Weine selbst in guten Jahrgängen nicht an die Qualität der *Premiers Crus* von Burgund, erstklassifizierter Bordeaux oder Champagner heran.

Gewiß mag dabei auch die Rebsorte eine nicht unerhebliche Rolle spielen. Doch auf jeden Fall ist es zugleich das Zusammenspiel von Weinbergsboden und Klima, das den Weinen höchstmögliche Entfaltung in Farbe, Duft, Feinheit, Harmonie und Gehalt der Geschmacksaussagen verhilft.

Das französische Weingesetz hat dieser Tatsache von Anfang an in seinen Grundbestimmungen entsprochen. Wesentlicher Bestandteil der Regelungen für das System der *Ap-*

pellation d'origine contrôlée, der kontrollierten Ursprungsbezeichnung für Weine, sind die Anpflanzung bestimmter, vorgeschriebener Rebsorten, die Festlegung auf einen Höchstertrag pro Hektar Rebfläche in der Erzeugung und auf einen Mindestalkoholgehalt.

Die Begrenzung des Ernteertrages dient weniger einer künstlich regulierten Verknappung der hochwertigen Qualitätsweine, sondern vielmehr dem Ziel, den Rebanbau stärker auf Qualitätserzeugung als auf Quantität auszurichten. Bereits während des Rebschnittes im Winter werden ja schon die Weichen gestellt für einen mehr oder weniger starken Fruchtansatz. Verteilt sich die vegetative Kraft des Rebstockes auf nur relativ wenige Trauben, so sind die Voraussetzungen zur Gewinnung eines höheren Zuckergehaltes in den Trauben wesentlich besser als bei sogenannten Massenträgern. Höherer Zuckergehalt wiederum ist die Voraussetzung für einen höheren Alkoholgehalt, der jedoch aus heutiger Sicht für hochwertige Qualitätsweine nicht so entscheidend sein sollte wie für die oft zu dünnen couranten Weine.

Von Bedeutung indessen sind die genauen Produktionsvorschriften und die exakten Abgrenzungen der Erzeugungsgebiete für *Appellation d'origine contrôlée*-Weine. Bei den annähernd 400 A.O.C.-Weinen kann sich der Herkunftsschutz in geographisch unterschiedlich enggefaßten Gebieten von einer Region über einen Weinbauort bis zu einer bestimmten Lage erstrecken. Dabei wird auf den Weinetiketten in der Bezeichnung für Appellation d'origine contrôlée das Wort d'origine durch die tatsächliche Herkunft des Weines ersetzt.

Am Beispiel von Weinen aus Burgund und Bordeaux:

Anbaugebiet	Bereich	Gemeinde	Lage
Appellation Bourgogne Contrôlée		Appellation Aloxe Corton Contrôlée	Appellation Corton Contrôlée
Appellation Bordeaux Contrôlée	Appellation Médoc Contrôlée	Appellation Margaux Contrôlée	

Ebenso wie die A.O.C.-Weine werden auch die Weine mit dem Gütezeichen V.D.Q.S. = Vin délimité de qualité supérieure (Weine höherer Qualität aus abgegrenzten Gebieten) nach europäischem Weinbezeichnungsrecht zu den Qualitätsweinen bestimmter Anbaugebiete (Q.b.A.) gerechnet. Die Produktionskriterien sind in etwa die gleichen wie für A.O.C.-Weine. Die V.D.Q.S. sollen allmählich in die Gruppe der A.O.C.-Weine übergeführt werden.

Nach unten werden die Qualitätsgruppen abgerundet durch den Landwein *(Vin de pays)* und den Tafelwein *(Vin de table),* die den größten Anteil französischer Weinerzeugung ausmachen. Wichtigstes Kriterium für den *Vin de pays* ist seine verbriefte Herkunft. Die Angabe darüber muß auf jedem Flaschenetikett stehen. Dabei kann es sich als Herkunftsbezeichnung um den Namen eines Départements handeln, in dem der Landwein erzeugt wird, um die Bezeichnung einer Produktionszone, die kleiner oder größer ist als ein Département oder um den Namen einer Region, die mehrere Produktionszonen oder Départements umfaßt (wurde zwischenzeitlich weitgehend umgruppiert). Der Ernteertrag für Landweine ist auf 90 Hektoliter pro Hektar (bei Zonenherkünften auf 70—80 hl/ha) begrenzt. Außerdem müssen Landweine aus gesetzlich festgelegten Rebsorten gekeltert werden, sie dürfen nicht mit Weinen anderer Herkunft verschnitten werden und müssen von einer Fachkommission geschmacklich verkostet sowie im Labor auf Alkoholgehalt, schweflige Säure, Restzucker und bestimmte Zusätze untersucht werden, um die Beglaubigung als *Vin de pays* zu erhalten. Tafelweine sind Verschnitte aus verschiedenen französischen Anbauregionen, häufig mit einer Fantasie- oder Markenbezeichnung, die auf dem Etikett den Alkoholgehalt nennen müssen. Sie demonstrieren gleichsam die weite Distanz, die sich in qualitativer und preislicher Hinsicht zwischen den Spitzenweinen und den geschmacklich stets gleichbleibenden Konsumweinen ergibt.

Auskünfte:

Institut National des Appellations d'Origine des Vins, 138 Champs-Elysées, 78008 Paris;

Comité National des Vins de France, 43, rue de Naple, 75008 Paris;
Sopexa, Förderungsgemeinschaft für französische Landwirtschaftserzeugnisse, Sternstraße 58, 4000 Düsseldorf 30.

Burgund: Vier Rebsorten und Hunderte einmalige Weine

Burgunder — das Wort weckt bestimmte Vorstellungen von einem Wein mit Wärme und Weichheit, Reife und Ausdruckskraft. In der Tat, bei Burgunder erübrigt sich der erklärende Zusatz Wein. Das Wort hat einen unmißverständlichen Klang, und es gilt vor allem für Rotwein in seiner vollkommensten Art.

Wer sich mit System die Welt des Burgunderweines erschließen möchte, scheint zunächst kaum Schwierigkeiten zu haben. Kein anderes Gebiet in Frankreich kommt mit so wenigen Rebsorten für seine Weinerzeugung aus wie Burgund. Es produziert rote und weiße Spitzenweine und dafür gibt es jeweils nur eine einzige Sorte. Bei dem roten ist es der *Pinot noir,* in deutscher Bezeichnung Blauer Spätburgunder. Die Weißweine werden aus der Rebsorte *Chardonnay,* einer Spielart der Sorte Weißburgunder, hergestellt.

Die gleiche unkomplizierte Situation gilt auch für die einfachen Qualitäten: Der Rotwein von Mâcon und der von Beaujolais stammt aus der Rebsorte *Gamay,* der einfache Weißwein wird aus der Rebsorte *Aligoté* gekeltert, die dem Wein zugleich seinen Namen gibt. Lediglich beim Bourgogne *Passe-Tout-Grain* werden die Sorten verschnitten: Dieser süffige, qualitativ meist unbedeutende Wein setzt sich zu zwei Drittel aus dem Saft der Gamay-Reben und zu einem Drittel aus dem Most von Pinot noir-Reben zusammen.

Auch die burgundische Weingeographie präsentiert sich zunächst sehr übersichtlich: Ihr Kernstück mit dem gütemäßig überragenden Wein ist die *Côte d'Or,* ein 50 km langer und relativ schmaler Streifen, der sich in Nord-Süd-Richtung zwischen der burgundischen Metropole *Dijon* und *Chagny* erstreckt. Doch die Bezeichnung Côte d'Or (= goldene Hügelkette) existiert lediglich als eine Art geographischer Oberbegriff. Auf den Weinetiketten erscheinen hingegen nur die Benennungen einzelner Teilbereiche, in denen dieses wahrhaft unbezahlbare Rebenmeer aufgeteilt wurde:

- *Côte de Nuits,* die den Namen von seinem größten Weinbauort *Nuits-Saint-Georges* erhalten hat, und
- *Côte de Beaune,* nach der Weinmetropole *Beaune* benannt.

Der nördliche Bereich, die Côte de Nuits hat eine Länge von etwa 20 km und eine maximale Breite von 800 m (teilweise nur 200 bis 300 m). Auf etwa 1500 ha wachsen hier fast ausschließlich Rotweine, die relativ langsam reifen, bei guter Haltbarkeit schließlich über eine zum Schwärmen verleitende Farbe, einen unwiderstehlichen Duft sowie einer einzigartig vehementen Kraft verfügen und damit aus hervorragenden Jahrgängen und exponierten Lagen stammend ein Stück des Weinolymps für sich in Anspruch nehmen können.

Anders hingegen die Weine der Côte de Beaune: Sie lassen sich bereits ziemlich früh genießen, da sie sich nicht so lange verschlossen geben wie ihre nördlichen Nachbarn. Auch sie verstehen mit einer bezaubernden Farbe, einem charakteristischen ausdrucksvollen Bukett und einem stets beeindruckenden Gesamtakkord im Geschmack zu brillieren.

Die Côte de Beaune, beinahe doppelt so groß wie die Côte de Nuits, widmet sich überwiegend auch der Rotweinerzeugung. Ihre Weißweine indessen, vor allem die von Meursault und Montrachet, gehören ohne Umschweife zu den besten Weißweinen Frankreichs.

Die an dieses markante Kernstück burgundischen Qualitätsweinanbaus angrenzenden Randbezirke heißen *Haute Côte de Beaune* beziehungsweise *Haute Côte de Nuits.* Die Anklänge an die Bezeichnungen der beiden berühmten Be-

BURGUND

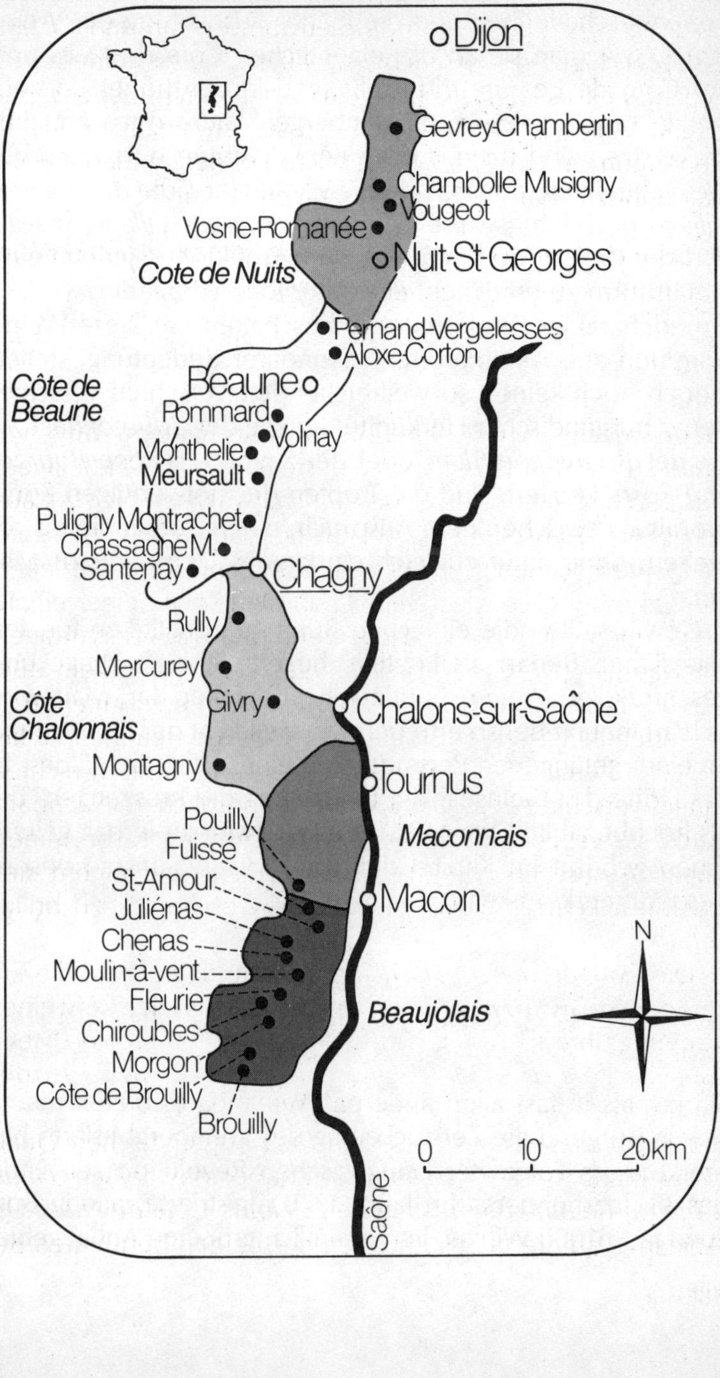

Dijon
Gevrey-Chambertin
Chambolle Musigny
Vougeot
Vosne-Romanée
Nuit-St-Georges
Cote de Nuits
Pernand-Vergelesses
Aloxe-Corton
Côte de Beaune
Beaune
Pommard
Volnay
Monthelie
Meursault
Puligny Montrachet
Chassagne M.
Santenay
Chagny
Rully
Mercurey
Côte Chalonnais
Givry
Chalons-sur-Saône
Montagny
Tournus
Pouilly
Fuissé
Maconnais
St-Amour
Macon
Juliénas
Chenas
N
Moulin-à-vent
Fleurie
Beaujolais
Chiroubles
Morgon
Côte de Brouilly
Brouilly
0
10
20km
Saône

reiche lassen zunächst große Weine erwarten. Doch hier sind gewisse Einschränkungen angebracht. Die vorzügliche Bodenbeschaffenheit und die ideale Ausrichtung der Weinberge, wie man sie an der eigentlichen Côte de Nuits und der Côte de Beaune trifft, trifft man in den höher und ein wenig abseits gelegenen Weinbergen kaum noch an. Ihre Kreszenzen sind für das erste Kennenlernen burgundischer Weine geeignet, ebenso wie die Weine der *Côte de Beaune-Village* beziehungsweise der *Côte de Nuits-Village,* die als ehrliche Weine von burgundischem Profil (ohne jedoch eine Höchstform zu erreichen) eine gute Idee vermitteln, wie der Grundcharakter der Burgunder beschaffen ist. Diese Weine stammen aus Weinbauorten sekundärer Bedeutung, stellen jedoch noch keinen so weitreichenden Verschnitt verschiedener burgundischer Herkünfte dar wie der *Bourgogne Rouge,* der *Bourgogne Blanc* oder der ziemlich seltene *Bourgogne Rosé.* Letztere sind die Tropfen des notwendigen Kompromisses zwischen dem Anspruch, einen Burgunder zu genießen, ohne dafür zugleich ein kleines Vermögen zu zahlen.

Gewiß stellen die einfachen Burgunderqualitäten für den alltäglichen Bedarf als kräftige, bukettreiche, fruchtige und geschmeidige Weine reputierliche Begleiter dar. Man wird sich an ihnen ebenso erfreuen wie vielleicht der Kunstfreund an einer gelungenen Reproduktion eines alten Gemäldes. In die Höhe der Weinseligkeit führen erst die Kreszenzen, die als hochbezahlte Originale, oft nur schwer kopierbar, gelten. Ihnen gebührt im Kapitel der Spitzenweine unsere besondere Aufmerksamkeit.

Die Rotweine der Côte d'Or

Stärker als in fast allen anderen Weinanbaugebieten macht sich in Burgund die Zerstückelung des Weinbergbesitzes bemerkbar als Folge der Französischen Revolution seit Ende des 18. Jahrhunderts. Im Jahre 1970 registrierte man in Burgund fast 61000 Winzer, im wesentlich größeren Anbaugebiet

Bordeaux hingegen waren es nur 36 000. Diese Aufsplitterung selbst traditionsreichster Weinberge in viele Besitztümer ist eine der großen Schwächen Burgunds. So teilt sich zum Beispiel der berühmte *Chambertin* unter 25 Eigentümern auf, der *Clos de Vougeot* sogar unter 64, der Montrachet unter 13. Doch längst nicht alle bauen ihren Wein selbst aus und füllen ihn unter eigenem Namen auf Flaschen. Sie beliefern vielmehr in der Mehrzahl die großen burgundischen Weinhandelshäuser, die es durch langfristige Abnahmeverträge erreichen können, die gewünschten Qualitäten aus den begehrten Lagen zu erhalten. Da dies in der Praxis jedoch nicht immer gelingt, sollte man selbst beim Kauf von Spitzenburgundern möglichst auf die Ergebnisse eigener Verkostungen zurückgreifen, vor allem was Jahrgangsschwankungen und die Erwartungen an bestimmte Herkünfte betrifft.

Die Bestimmungen für die *Appellation contrôlée*-Benennungen unterscheiden an der Côte d'Or zwischen:

1. *Grands crus* (oder *Tête de Cuvée),* die absoluten Spitzenlagen, die ohne Hinzufügung einer weiteren Gemeindebezeichnung als selbständige Appellation contrôlée genannt werden. Für Rotweine haben darunter herausragende Bedeutung: *Chambertin, Clos de Vougeot, Musigny, Romanée-Conti, Richebourg, Clos Saint-Denis, Corton* und *Pommard.*

2. *Premiers crus,* Lagebezeichnungen, die auf dem Weinetikett vor den Ortsnamen aufgeführt werden. Kommt der Wein aus mehreren Lagen, so trägt das Etikett den Namen des Ortes mit der Hinzufügung Premier cru.

3. Die kommunale Appellation, bei dem meist lediglich der Ortsname genannt wird. Zwar können auch hier Lagenamen hinzugefügt werden, diese müssen dann allerdings auf dem Etikett in einer viel kleineren Schrift als der Ortsname gedruckt werden.

4. Die regionale Herkunftsbezeichnung *Bourgogne Appellation contrôlée* für Weine aus Gemeinden, die keine eigene Appellation contrôlée besitzen.

Kein Wunder also, daß einmal ein Weinliebhaber beim Sammeln burgundischer Weinetiketten auf 470 Beispiele für verschiedene Bezeichnungen von Appellation contrôlée-Angaben gekommen ist.

Die Abgrenzungen der einzelnen Lagen — insgesamt gibt es in Burgund 1200 *climats* — erfolgen natürlich nicht willkürlich, sondern nach exakten geologischen und klimatischen Gegebenheiten, bei denen die Bodenstruktur, die Ausrichtung, die Höhe, die Hangneigung und die Umbauung des Weinberges sowie einige andere Faktoren eine Rolle spielen, die letztlich die spezifische Güte des dort angebauten Weines bestimmen.

So weisen zum Beispiel die Weinberge der Côte des Nuits überwiegend eine wesentlich stärkere Hangneigung als die der Côte de Beaune auf. Mergel- und kalkhaltige Böden treten in unterschiedlichen Zusammensetzungen gemeinsam mit anderen Formationen in den Weinbergen auf. Die besten Lagen zeigen Expositionen in östlicher Richtung, so daß ihr Boden bereits durch die Morgensonne erwärmt wird. Da sie meist unterhalb von Bewaldungen angelegt werden, profitieren sie von einem äußerst günstigen Kleinklima.

Ein gutes Dutzend Weinbausorten an der Côte d'Or hat das Glück, über Weinbergsanlagen mit solchermaßen idealen Boden- und topographischen Verhältnissen zu verfügen. Damit sind sie zugleich die Heimat für die erlesensten und teuersten roten Burgunder. In Nord-Süd-Richtung sind dies:

Côte de Nuits

Fixin (128 ha). Nicht zu Recht der wohl am wenigsten bekannte Weinbauort an der Côte d'Or, denn seine Weine sind von schöner Farbe, voll und von sehr guter Haltbarkeit mit einer allerdings relativ langsamen Reifeentwicklung. Die besten Lagen: *Clos-du-Chapitre, Clos-de-la-Perrière, Les Arvelets, Les Hervelets.*

Gevrey-Chambertin. Dieser ansehnliche Weinbauort mit 430 ha besitzt unter seinen Weinbergen einige Juwelen, denen er seinen Weltruf verdankt:

Chambertin und *Chambertin-Clos-de-Bèze* (28 ha). Der

Chambertin-Clos-de-Bèze kann sich Chambertin nennen, eine umgekehrte Benennung ist nicht erlaubt. Die beiden Weinberge bilden gleichsam das Herzstück der großen *Climats* von Gevrey-Chambertin, die in einer Höhe zwischen 275 bis 300 m ungefähr 1 km lang zwischen *Gevrey-Chambertin* und *Morey-Saint-Denis* sich unterhalb des Waldes erstrecken. Mit den Weinen aus diesen Lagen werden die unverrückbaren Maßstäbe für große Burgunder gesetzt. Es sind kräftige und graziöse Kreszenzen zugleich, voll, beschwingt, charmant, dabei fest und voller delikater Feinheiten. Man sagt, Napoleon habe den Chambertin derart geschätzt, daß er ihn auf seinen Feldzügen stets mitgenommen habe. Lediglich bei Waterloo habe er ihm nicht zur Verfügung gestanden. Diese Anekdote muß für den Chambertin nicht unbedingt schmeichelhaft sein, denn man weiß, daß Napoleon kein großer Weinkenner war, trank er doch selbst die besten Weine nicht unverdünnt.

Im Süden, Osten und Norden grenzen an den Chambertin sechs weitere *Grands Crus,* die in ihrer Lagebezeichnung ebenfalls den glanzvollen Namen Chambertin tragen: *Charmes-Chambertin* (31 ha), *Chapelle-Chambertin* (5 ha), *Griotte-Chambertin* (5 ha), *Latricières-Chambertin* (6 ha), *Mazis-Chambertin* (12 ha) und *Ruchottes-Chambertin* (3 ha). Weitere hervorragende Lagen sind *Les Clos Saint-Jacques* und *Les Véroilles.*

Unter der Appellation contrôlée-Bezeichnung Gevrey-Chambertin werden jährlich etwa 15 500 hl eines vollmundigen, prächtigen Rotweines geerntet, während die vorgenannten Grands Crus jährlich etwa nur 3000 hl ergeben.

Morey-Saint-Denis (103 ha). Im Duft erinnern die Weine oft ein wenig an Erdbeeren. Es sind feine, relativ weiche und weinige Gewächse, die man gerne als Damenweine bezeichnet. Ihre Stärke liegt in einer ausgeglichenen Reifeentwicklung, bei der die Weine nach 8 bis 10 Jahren erst allmählich ihre volle Schönheit entfalten. Die Weinberge mit den Grands Crus sind verhältnismäßig klein, der größte von ihnen muß sogar mit der Nachbargemeinde *Chambolle-Musigny* geteilt werden. Es ist *Bonnes-Mares* (= »die guten Felder«), von dem lediglich knapp zwei Hektar in den Gemarkungen von Morey-Saint-Denis liegen, während der überwiegende Teil über 13 ha, zu Chambolle-Musigny gehört. Die übrigen Grands Crus sind:

Clos-de-la Roche (15 ha), *Clos-Saint-Denis* (6 ha) und *Clos-de-Tart* (7 ha). Interessant ist bei diesen Weinen, daß ihre Langlebigkeit in einem bestimmten Verhältnis zur frühen Reife und Feinheit der Weine stehen. Einige Weine vom Clos-de-Tart zum Beispiel zeigten bereits in frühen Jahren ein auffallendes Maß an Distinktion, Noblesse und Zartheit, so daß man versucht war, sie zu den unsterblichen Burgundern zu zählen. Mit zunehmendem Alter jedoch büßten sie einige ihrer überragenden Eigenschaften allmählich ein. Andere hingegen gelangten sehr langsam zur Entfaltung, um dann nach vielen Jahren ihre vollkommene Erlesenheit, ihre Finesse und Rasse unter Beweis zu stellen.

Chambolle-Musigny (173 ha). Wenn es in der Weinästhetik perfekte Burgunder gibt, dann zählen die von Chambolle-Musigny auf jeden Fall dazu. Die beiden Grands Crus heißen: *Musigny* (10 ha), ein großartiger Wein voller Geschmeidigkeit und zartesten Nuancierungen im Geschmack, und *Bonnes-Mares* (14 ha), von dem ein begeisterter Weinliebhaber gesagt hat: »Er schmeichelt dem Gaumen und ist so angenehm zart wie ein geistreiches Kompliment.« Unter den premier crus besitzt der Weinberg mit dem schönen Namen *Les Amoureuses* (5 ha) herausragende Bedeutung.

Vougeot (12 ha). Der Ort verdankt alles dem im 12. Jahrhundert gegründeten Zisterzienserkloster *Clos-de-Vougeot,* dessen Bau 1551 abgeschlossen wurde und der in seiner wuchtigen, beinahe festungsartigen Architektur als unübersehbares Denkmal für die Tradition des burgundischen Weinanbaus gilt. Die 1934 gegründete burgundische Weinbruderschaft der *Chevaliers du Tastevin* ist heute Besitzer dieses Bauwerkes. Sie hat in ihm ein besuchenswertes Weinmuseum mit mächtigen alten Baumkeltern und vielen anderen Sehenswürdigkeiten eingerichtet. Über allem schwebt der Wahlspruch der Bruderschaft: »Jamais en vain: toujours en vin.« Am letzten Sonnabend im November findet hier jeweils eine glanzvolle Veranstaltung der Chevaliers du Tastevin statt, bei der im Rahmen eines festlichen Banketts und einer würdevollen Weinverkostung neue Ordensmitglieder ernannt werden und ein vielstimmiges Lob auf den Burgunderwein erklingt.

Der von den Mönchen mit einer Mauer umzäunte Weinberg des Clos-de-Vougeot ist ein wenig mehr als 50 ha groß. Über seine Weine gibt es unzählige Würdigungen. Vergleiche großer Weine untereinander haben immer etwas Hilfloses an sich. Sie werden stets dann herangezogen, wenn es kaum gelingt, die Charakteristika eines besonderen Weines ausreichend zu beschreiben. Beim Clos-de-Vougeot ist dies besonders schwer, da seine Qualitäten tatsächlich adäquat zum topographischen Gefälle des Weinberges ebenfalls schwanken. Schon die Zisterziensermönche haben aus ihrem damaligen Besitz angeblich drei verschiedene Qualitäten geerntet: Im oberen Teil des Weinberges wuchsen die Kreszenzen für den Papst, im mittleren Teil die für den König und im unteren Teil die Weine, die sie für ihren eigenen Bedarf benötigten. Eine einheitlich gültige Beschreibung für den Clos-de-Vougeot ist auch heute nicht möglich. Bei den meisten Weinen erinnert sein Bukett ein wenig an Veilchen und Trüffel und im Geschmack ist er von samtiger, feiner Glätte. Die wichtigsten premier crus von Vougeot sind *Clos Blanc de Vougeot* (1,8 ha) und *Les Petits Vougeot* (5,8 ha).

Vosne-Romanée (240 ha). In einem Buch über Burgunderweine aus dem 18. Jahrhundert heißt es selbstbewußt: »In Vosne gibt es keine gewöhnlichen Weine.« Das mag auf den ersten Blick ein wenig übertrieben klingen, wenn man sich jedoch einmal die Liste der Grands Crus betrachtet, wird man diesem schlichten Superlativ bald zustimmen. Die Kette seiner Glanzlichter setzt sich zusammen aus:

Romanée-Conti (1,8 ha), *Richebourg* (8 ha), *Romanée* (0,8 ha), *La-Tâche* (6 ha), *Romanée-Saint-Vivant* (9 ha), *Grands-Echezeaux* (9 ha), *Echezeaux* (30 ha).

Der Romanée-Conti gehört zu den teuersten Weinbergen Frankreichs, vielleicht sogar der Welt. Sein Wert liegt pro Hektar bei 1,25 Mill. Francs. Damit nimmt er unter allen burgundischen Spitzenlagen eine einsame Führungsposition ein. Der Montrachet folgt ihm an zweiter Stelle mit einem Wert von 750000 Francs pro Hektar, der Chambertin wird auf 580000 Francs taxiert, der Richebourg auf 575000 Francs, der Musigny auf 550000 Francs, der Corton auf 325000 Francs und der Clos-de-Vougeot auf 300000 Francs pro Hektar. Ihren Wert sieht man eigentlich diesen kostbaren Fleckchen Erde nicht an. Es sind weder besonders steile Weinberge, noch befinden sich auf ihren Böden irgendwelche erhaltenswerte Bauwerke. Der Romanée-Conti ist eine leichte Hanglage, die aus Kalkstein- und Walkmergel-Boden besteht, über dem sich eine dünne Humusschicht zieht. Der Boden wird in Zeitabständen von drei bis vier Jahren mit Schafsmist gedüngt, Kunstdünger ist verpönt. Inmitten der Reben erhebt sich ein schlichtes Steinkreuz, das an die früheren Besitzer dieses wohl von den Römern kultivierten Weinberges, die Mönche von Cîteaux, erinnert. In der wechselvollen Geschichte der vielen Eigentümer wird auch der Name von Madame Pompadour erwähnt, die allerdings den Weinberg dem Prinzen Conti überlassen mußte. Die finanziellen Anstrengungen der Besitzer sind nur verständlich, wenn man das Gutachten von Renaudot Ende des 18. Jahrhunderts liest: »Der exzellenteste Wein der Côte d'Or, vielleicht sogar der französischen Republik. Seine Farbe, sein samtiger Geschmack, sein Bukett und seine innere Wärme betören alle Sinne.« Heute gehört dieser Boden den Familien Villaines und Leroy, die auch Anteile besitzen an einigen der besten übrigen Grands Crus-Lagen der Nachbarschaft. Jährlich werden 8500 bis 10000 Flaschen dieses seltenen Saftes gefüllt, die allerdings nur in Verbindung mit anderen Spitzenlagen von den Domänen Romanée-Conti verkauft werden. 1973 mußte man zum Beispiel beim Erwerb einer Flasche Romanée-Conti gleichzeitig vier Flaschen Romanée-Saint-Vivant, drei Flaschen La-Tâche, zwei Flaschen Grands-Echezeaux und zwei Flaschen Richebourg kaufen.

In der Preishierarchie folgt dem Romanée-Conti der La-Tâche, dessen Weinberg ebenfalls der Familie Leroy gehört. Auch dieses Juwel zeichnet sich durch die Fähigkeit aus, in Würde zu altern und dabei seine Eigenschaften in selten vollkommener Weise allmählich zu veredeln. Madame Bize-Leroy, Generaldirektorin des Hauses Leroy, beschreibt diese Veranlagung mit den Worten: »Der Wein ist so etwas wie ein

Mensch. Er wird immer feiner, je älter er wird. Ein Wein ist anmutig, kapriziös, edel. Er kann Güte, Zartheit und Charakter haben, aber auch trocken, unangenehm und abweisend sein. Er kann in der Flasche so altern, wie ein Mensch lebenserfahren wird. Man muß den Wein respektieren, ihn sich selbst entwickeln lassen. Wir greifen so wenig wie möglich in seine Entwicklung ein, helfen ihm höchstens in kritischen Momenten — etwa so wie eine Hebamme. Der Boden des Weinberges muß seine Botschaft aussenden können.«

Aristokratisch sind sie alle, ob sie nun Romanée-Saint-Vivant, Grands-Echezeaux, Richebourg oder Echezaux heißen. Mit ihrem einzigartigen Bukett, in dem sich der Duft von Veilchen und vollreifen Kirschen zu mischen scheint, in ihrer Finesse, ihrer Weichheit, Wärme und Feinheit sowie zugleich mit ihrer beachtlichen Opulenz nehmen sie einen einzigartigen Rang unter den großen Burgundern ein.

Nuits-Saint-Georges oder *Nuits* (375 ha): Dieses neben Beaune bedeutendste Weinstädtchen der Côte d'Or verfügt über nicht weniger als 37 Premiers Crus, deren Namen oft für den Kenner symbolhaften Charakter tragen. Die besten Lagen sind *Les Saint-Georges* (7,5 ha), *Les Vancraines* (6 ha) und *Les Cailles* (3,8 ha). In diesem Zusammenhang muß erwähnt werden, daß man seit einigen Jahren in Burgund darüber diskutiert, das System der Lagebezeichnungen zu vereinfachen, was gewiß beträchtliche Probleme ergibt. Unabhängig davon lassen die Rotweine von Nuits-Saint-Georges sich generell als voll, geschmeidig, mit allerdings nicht so straffem Körper wie die Weine der nördlichen Gemarkungen charakterisieren. Obwohl auch sie über eine gute Haltbarkeit von oft mehr als 30 Jahren verfügen, offenbaren sie ihre Schönheit doch schon wesentlich früher als beispielsweise die Weine von Chambertin oder Vosne-Romanée. Hiermit kündigt sich schon der Übergang zur Côte de Beaune an, deren Weine ja allgemein ein wenig früher trinkfertig sind.

Die Weine mit der Bezeichnung *Côte de Nuits-Villages* stammen aus den Gemeinden *Fixin* (128 ha), *Brochon* (46 ha), *Prissey* (11 ha), *Comblanchien* (54 ha) und *Corgoloin* (80 ha).

Côte de Beaune

Ladoix-Serrigny und *Aloxe-Corton* (135 ha): Beide Gemeinden verfügen über 13 Grands und Premiers Crus-Lagen. Aloxe-Corton besitzt drei berühmte Grands Crus, von denen zwei ausschließlich Weißwein produzieren, die in dem folgenden Weißweinkapitel besprochen werden. Der Corton ist eine Rotweinanlage, in der sich die Vorzüge der beiden Bereiche der Côte d'Or vereinigen. Von der Côte de Beaune hat er die typische Vitalität und Vollmundigkeit geerbt, von der Côte de Nuits die Finesse und Fähigkeit zur längeren Haltbarkeit.

Pernand-Vergelesses (143 ha): Ein Teil seiner Gemarkungen liegt in den Grands Crus von Corton. Entgegen der sonst üblichen Ost-Exposition richten sie sich jedoch nach Westen aus. Das Aushängeschild dieser ein wenig versteckt liegenden Weinbaugemeinde ist die Grand Cru-Lage *Ile-des-Vergelesses.* Außerdem gibt es vier eigene Premiers Crus. Es sind alles relativ glutvolle, farbkräftige und sehr haltbare Weine.

Savigny-lès-Beaune (378 ha): Auch dieses idyllisch in einem Seitental gelegene hübsche Weinbaudorf ist nicht gerade arm an stolzen Weinbergslagen. Fährt man von Beaune kommend die Autobahn in Richtung Norden, dann breitet nach wenigen Kilometern Savigny sein gesamtes Weinbergspanorama vor dem Betrachter aus. Es sind 24 namentlich festgelegte Lagen, von denen *Les Vergelesses, Les Marconnets, La Dominode, Les Jarrons, Les Lavières* und *Les Charnières* den größten Ruf besitzen. Der Fruchtgeschmack ihrer Weine erinnert gelegentlich an Mirabellen und ihr Bukett hat einen himbeerartigen Duft.

Beaune (538 ha): Es ist nicht möglich, in wenigen Worten den Charakter der Weine aus einer so großen Rebfläche zu beschreiben. Wahrscheinlich ist es am bemerkenswertesten, daß die Qualität der Weine aus einer derart großflächigen Appellation commune trotz aller natürlich bedingten Unterschiede niemals wirklich enttäuscht. In der Symbiose zwischen deutlich spürbarem fruchtigen Kern und gleichsam einem feinen, seidigen Gewand, das die Vollendung dieser

Weine ausmacht, liegt wohl eine der großen Stärken der Beaune-Weine, den man damit auch als den typischen, möglicherweise sogar perfekten Burgunder ansprechen kann. Angesichts eines derart großen Rebenmeeres ist die Anzahl der Premiers Crus beträchtlich. 32 Spitzenlagen zählen die Weinberge um die alte Weinhandelsmetropole Beaune. Die qualitativ bedeutendsten unter ihnen sind: *Les Marconnets, Les Fèves, Les Grèves, Les Bressandes, Les Clos-des-Mouches, Le Clos-du-Roi, Les Champs-Pimont, Les Theurons, Les Cent Vignes, Le Cras, Les Avants, Le Clos de la Mousse.*

Der gesamten Rebfläche der Appellation contrôlée in Beaune zuzüglich neun weiterer Hektar steht auch die Bezeichnung Appellation contrôlée Côte de Beaune (72 Hektar) zu, wobei diese allerdings nicht identisch ist mit der Appellation contrôlée Côte de Beaune-Villages, dessen Weine aus 16 verschiedenen Weinbaugebieten stammen können.

Pommard (339,5 ha): Man hat immer wieder nach Erklärungen gesucht, warum ausgerechnet Pommard der wohl bekannteste Burgunder der Welt ist. Gewiß liegt es nicht nur an der großen Rebfläche, die das pittoreske Weindorf umgibt. Und auch die sehr gefällige Qualität seiner Weine, die meist ein wenig kraftvoller sind als die von Beaune, kann deren Berühmtheit allein kaum ausmachen. Zweifellos verfügen sie über eine sehr schöne tiefrote Farbe, im Geschmack eine wohltuende Stärke und einen nachhaltigen Abgang. Gegenüber den namhaften Gewächsen der Côte de Nuits fallen sie allerdings nach einigen Jahren der Lagerung etwas zurück, eine Feststellung, die man bei vielen Weinen der Côte de Beaune im Vergleich zu denen der nördlichen Côte d'Or immer wieder machen muß. Wahrscheinlich mag für die Popularität der Pommard-Weine die Tatsache entscheidend sein, daß ihr Name von Engländern, Amerikanern, Japanern und Deutschen relativ leicht auszusprechen und ziemlich einprägsam ist. Immerhin hat die starke Nachfrage nach Pommard Weinen im vergangenen Jahrhundert dazu geführt, daß — wie ein Journalist einmal überspitzt formulierte — in einer Woche mehr Pommard auf der Welt getrunken wird als in 10 Jahren in den Weinbergen des Hugenottenstädtchens wuchs. Unter den 26 Premiers Crus ragen wegen ihres ausgeprägt fruchtigen, kernigen Charakters folgende Namen heraus: *Les Epenots, Les Rugiens-Haut, Les Rugiens-Bas, Les Boucherottes, Les Argillières, Les Arvelets, Les Bertins.*

Volnay (214 ha): »Trotz Pommard und Meursault liegt Volnay immer am höchsten«, sagt eine burgundische Spruchweisheit. Topographisch ist dieser Vergleich auf jeden Fall richtig, denn die beiden Nachbarorte Pommard und Meursault liegen tatsächlich zu Füßen des mittelalterlichen Weinortes. Wenn man im übertragenen Sinne Höhe mit Größe gleichsetzt, so liegt die Bedeutung des Volnay weniger in einer kräftigen Struktur, Vollmundigkeit und tiefen Farbe als vielmehr in einer ungewöhnlichen Eleganz und einer von viel Feinheit getragenen Harmonie, so daß der Wein gegenüber seinen Nachbarn geschmeidiger, glatter und beinahe weich wirkt. Diese ästhetisch ansprechenden Eigenschaften machen sich schon in dem duftigen Bukett des Volnay bemerkbar. Wenn man gelegentlich behauptet, der Pommard sei der typische Männerwein, dann darf man den Volnay als einen gleichermaßen typischen Damenwein ansprechen. Schon im 16. Jahrhundert lautete die Devise für diesen zarten Wein »On ne saurait être gai sans boire de Volnay« (in etwa: Man könnte ohne Volnay nicht fröhlich sein). Heute sind vor allem folgende Spitzenlagen bedeutend: *Caillerets, Champans, Chevret, Clos de la Barre, Les Angles, Les Fremiets, Clos-des-Chênes, Les Lurets, Les Santenots, Les Mitans, L'Ormeau.*

Ehe die Rotwein-Côte de Beaune durch ein strahlendes Weißweinintermezzo abgelöst wird, seien noch einige kleine Weinbauorte erwähnt, deren Weine denen von Volnay ähneln, ohne sie jedoch im Niveau zu erreichen:

Monthélie (100 ha): Vielleicht ist es sogar als ein Kompliment zu verstehen, wenn man den Monthélie gerne als den frère bâtard von Volnay anspricht. Eine alte burgundische Weinhandelsregel besagt, daß ein Monthélie stets $\frac{3}{4}$ vom Preis eines Volnay aus demselben Jahr kosten darf. Der sehenswerte alte Weinbauort, der auch ein wenig Weißwein produziert, verfügt für seine Rotweine über eine Handvoll kleinere Premiers Crus mit den Namen: *Les Vignes-Rondes, Les Riottes, Le Clos-Gauthey, La Taupine, Duresse, Les Champs-Fulliot.*

Auxey-Duresses (150 ha): Vor Einführung der genauen Appellation contrôlée-Bestimmungen wurden vor allem die Weine von Duresses unter dem Namen Pommard oder Volnay verkauft. Jetzt, wo sie eine eigenständige Appellation contrôlée besitzen, fällt es ihnen nicht leicht, zu eigenem Ruhm zu gelangen. Da die Weinberge topographisch nicht so günstig wie die von Pommard und Volnay liegen, erreicht die Qualität der Weine tatsächlich nicht das Format eines der Nachbar-Crus. Die Rotweine — sie machen gut zwei Drittel der Gesamterzeugung aus — sind duftig, angenehm, körperreich und von schöner Farbe. Die Premiers Crus heißen: *Les Duresses, Reugne, Les Grands-Champs, Les Ecusseaux, Clos-du-Val, Les Bretterins.*

Santenay (400 ha): Eine ernst zu nehmende Konkurrenz für Pommard und Volnay war schon immer Santenay, da hier ein ausgesprochen fruchtiger, blumiger und sehr gut lagerfähiger Wein erzeugt wird. Die Weinbergsböden sind durch verschiedenartige geologische Formationen geprägt, so daß es in den Weinen von Santenay zu interessanten Differenzierungen kommt. Da gibt es Tropfen mit einem Duft, der an Himbeeren erinnert, relativ feste Kreszenzen, die sogar Anklänge an einige typische Côte de Nuits-Weine zeigen. Über diesen romantischen Ort, der das südliche Ende der bedeutendsten burgundischen Weinberge bildet, sagt man zutreffend: In Santenay stirbt die Côte d'Or einen schönen Tod. Wer sich übrigens nicht allein auf die wohltuende Wirkung der roten und der ziemlich seltenen weißen Weine Santenays verlassen möchte, dem stehen die wegen ihrer therapeutischen Wirksamkeit seit dem 17. Jahrhundert bekannten Heilwasser von der »Nymphe von Santenay« zur Verfügung. Die 1749 erbaute Saline ist ein Dokument mehr für die geologische Vielschichtigkeit der hiesigen Böden, die vor allem im Raum von Montrachet und Meursault noch deutlicher zutage tritt. Möglicherweise ist darin einer der entscheidenden Gründe für den in diesen Orten dominierenden Weißweinanbau zu sehen, mit dem sie zugleich unvergleichliche Furore gemacht haben.

Eine Reihe von Orten in einer geographischen und auch qualitativen Randlage an der Côte d'Or produzieren Rotweine unter der Bezeichnung Côte de Beaune-Villages oder unter ihrer eigenen Appellation commune sowie zum Teil auch Weißweine. Im äußersten Süden der Côte de Beaune sind dies *Cheilly* (126 ha), *Decize* (44 ha) und *Sampigny* (61 ha).

Saint-Aubin (120 ha): Die ziemlich hochgelegenen Weinberge bringen zu 60% einen recht guten und dabei preiswerten Rotwein und zu 40% einen frischen, fruchtigen Weißwein.

Blagny (15 ha): Zwei Kilometer nördlich von Puligny-Montrachet gelegen, gibt es unter dem Namen Blagny lediglich einen Rotwein, während sein Weißwein entweder unter der Appellation contrôlée von Meursault oder Puligny angeboten wird.

Saint-Romain (145 ha): Seit 1947 werden von den Winzern dieses unweit von Auxey-Duresses eindrucksvoll gelegenen Ortes unter eigener Appellation zu 70% frische, zarte Weißweine und zu 30% fruchtige, robuste Rotweine angebaut.

Die großen Weißweine Burgunds

Puligny-Montrachet (134 ha): Die Frage nach dem besten trockenen Weißwein Burgunds, Frankreichs, vielleicht sogar der Welt — hier läßt sie sich am leichtesten beantworten. Das Zauberwort heißt Montrachet (korrekt Montrachet ausgesprochen, von mont-rachette = baumloser Hügel). Wer mag noch an seiner Führungsrolle zweifeln, wenn die Experten von ihm als den Einzigartigen, die Poeten ihn als den Göttlichen preisen und Alexandre Dumas feststellte, man müsse ihn im Knien trinken und mit bloßem Haupt. Dieses bacchantische Feuerwerk teilen sich zwei Weinbaugemeinden, deren Namen durch den Grand Cru Montrachet gleichsam veredelt werden. Die Gemarkungsgrenzen von Puligny-Montrachet und Chassagne-Montrachet verlaufen mitten durch die Montrachet-Lagen, wobei Puligny ein wenig mehr Reben und wohl auch die besseren topographischen Bedingungen besitzt als das südlich gelegene Chassagne.

Montrachet (7,5 ha, davon 3,9 ha zu Puligny gehörend): Der untere Teil eines lediglich mit Gras und niedrigem Buschwerk bestandenen, ansonsten kahlen, felsigen Hanges, dessen Boden von kalkhaltigen Schichten durchzogen wird, ist ausschließlich mit Chardonnay-Reben bewachsen, die einem guten Dutzend Weinerzeuger gehören. Die bedeutendsten von ihnen sind Bouchard, der Marquis de Laguiche und der Baron Thénard. In guten Jahren werden nicht einmal 250 hl geerntet, so daß diese Kostbarkeit zugleich auch eine der größten Raritäten unter den Weißweinen der Welt darstellt. In besonders guten Jahren, wenn die Trauben goldgelb werden, dann sagt man in Montrachet: »Auf die Trauben haben die Hasen gepißt.«

Man hat den Wein in seiner Weltgeltung häufig mit dem berühmten Süßwein von Château d'Yquem verglichen, von dem es übrigens auch unter der Bezeichnung »Y« einen trockenen Weißwein gibt. Eine solche Gegenüberstellung kann zweifellos nur den unbestrittenen Ruhm der beiden Weißweine betreffen, ansonsten sind die Gegensätze unverkennbar. Der Montrachet ist in der Jugend hell mit leichten grünen Reflexen und nimmt erst mit zunehmendem Alter eine goldgelbe und schließlich tiefgoldene Farbe an, die auch gewisse Jahrgänge großer *Sauternes*-Weine auszeichnen. Sein charakteristischer Geschmack wird durch den unverkennbaren Mandelton geprägt, der diesem Wein einen aparten fruchtigen und vollen Geschmacksausdruck verleiht.

Chevalier-Montrachet (7 ha): Oberhalb des Montrachet befindet sich dieser Grand Cru, dessen Lage sich ausschließlich auf dem Gebiet von Puligny befindet. Seine Weine sind oft noch ein wenig maskuliner als die von Montrachet, ohne jedoch zu streng zu wirken.

Bâtard-Montrachet (12 ha): In seiner außergewöhnlichen Qualität liegt der Wein vielfach in unmittelbarem Wettbewerb mit dem von Montrachet. Er wächst unterhalb der Montrachet-Lage, der Weinberg liegt zu fast gleichen Teilen in den Gemarkungen von Puligny und Chassagne. Die Eleganz seiner Weine und sein runder, voller Geschmack sind in manchen Jahren sogar tatsächlich noch perfekter als die von Montrachet.

Bienvenues-Bâtard-Montrachet (2,3 ha): Dieser Grand Cru schließt unmittelbar nordöstlich von Bâtard-Montrachet an und gehört ausschließlich zu Puligny. Die Weine ähneln denen des Nachbarweinberges.

Criots-Bâtard-Montrachet (1 ha): Es handelt sich um die nördliche Fortsetzung von Bâtard-Montrachet gänzlich auf dem Boden von Chassagne. Früher war der Bâtard-Montrachet eine zusammenhängende Lage, die erst nach 1950 in drei einzelne Lagen aufgeteilt wurde. Qualitativ deutliche Differenzierungen wurden damit allerdings nicht unterstrichen.

Außer diesen Grands Crus rund um den Montrachet besitzt Puligny noch 11 Premiers Crus, die sich lediglich in gewissen Nuancierungen voneinander unterscheiden. Die Rotweinerzeugung hat einen Anteil von nur 5 %.

Chassagne-Montrachet (348 ha): Noch im 18. Jahrhundert besaß Chassagne eine große Bedeutung fast ausschließlich in der Rotweingewinnung, die auch heute noch mehr als zwei Drittel der gesamten Weinproduktion des Ortes ausmacht. Die Rotweine ähneln oft mehr den Gewächsen der Côte de Nuits als denen der Côte de Beaune, da sie durch einen angenehmen Bodengeschmack und eine gewisse Feinheit geprägt sind. Seinen eigentlichen Ruhm verdankt der Chassagne seinen Anteilen an den Weißwein-Lagen des Montrachet, dessen Grands Crus wir zuvor bereits vorgestellt haben. Die übrigen Weißweine von Chassagne zeichnen sich durch ein volles, duftiges Bukett, Festigkeit, pikante Frucht und einen nachhaltigen Abgang aus. Unter den Premiers Crus sind vor allem erwähnenswert: *Clos-Saint Jean, Morgrot, La Boudriotte, La Romanée, Les Grandes Ruchottes, Les Macherelles, Les Chenevottes, Les Vergers.*

Im Gegensatz zu vielen anderen Burgundern erreichen die roten und weißen Weine von Chassagne-Montrachet relativ früh ihren Reifehöhepunkt, oft schon nach 3 bis 5 Jahren. Dementsprechend ist ihre optimale Haltbarkeit vielleicht auch nur auf etwa 10 bis 15 Jahre begrenzt.

Meursault (480 ha): Mit Pommard und Beaune wetteifert diese ausgedehnte Weinbaugemeinde jeweils um die größte Weinernte an der Côte d'Or. Lediglich 5 % entfallen auf Rotweine, der weitaus überwiegende Teil ist für die Gewinnung eines delikaten, trockenen, runden, milden Weißweines reserviert, mit einem mandelartigen Aroma, das den Duft von Veilchen einschließt. Der Meursault unterscheidet sich von seinen Nachbarn Puligny und Chassagne durch eine weniger männliche Herbe, so daß man ihn aufgrund seiner Weichheit gerne als einen femininen Wein apostrophiert. In einem derart weitläufigen Rebenareal können natürlich gewisse geschmackliche Unterschiede bei den Weinen nicht ausbleiben. Ungeachtet dessen zeigen fast alle Meursault-Weine einen sehr angenehm anhaltenden Nachgeschmack und erfreuen die Weinsammler mit ihrer zuverlässigen Haltbarkeit.

Corton-Charlemagne (24,7 ha): *Aloxe-Corton* an der Côte de Beaune ist uns bereits als bedeutender Rotwein-Ort bekannt. Der breite, auf der Kuppe bewaldete Corton-Hügel ist mit drei Grands Crus-Lagen bedeckt: Im unteren und mittleren Bereich die überwiegend Rotwein produzierende Lage Corton, die nach Südosten ausgerichtet ist. In Süd- und Südwest-Exposition liegt am oberen Teil eine der besten Weißwein-Lagen Burgunds, Corton-Charlemagne, die ausschließlich *Chardonnay*-Reben umfaßt. Aus ihr wird Weißwein von seltener Delikatesse gewonnen, der im Gegensatz zum *Meursault* voller, fast stahlig und von reicher, beglückender Geschmacksharmonie ist. Der goldgelbe Wein mit dem bezaubernden Duft erfreut sich vor allem bei Feinschmeckern mit der Vorliebe für elegant-trockene Weine großer Wertschätzung. Der Lagename besagt, daß dieser Weinberg schon zu Zeiten Karls des Großen bepflanzt wurde und eine Legende spricht davon, daß der Kaiser persönlich den Anbau von Weißweinen auf dem begnadeten Stückchen Erde angeordnet habe, nachdem er bei einem Gelage seinen Bart allzu sehr mit Rotwein bekleckert hatte. Heute ist der Corton-Charlemagne eine teure und gesuchte Rarität, die von einigen wenigen Weingütern mit ständig steigenden Kosten in den relativ steilen Weinbergslagen, wo eine Vollmechanisierung nicht möglich ist, erzeugt wird. Die bekanntesten Besitzer sind die Firmen Louis Latour und Louis Jadot.

Chablis (1880 ha Rebfläche, davon 1082 im Anbau): Seit den frühen 70er Jahren ist der trockene, rassige Weißwein mit dem eigenartigen Feuersteingeschmack ein wahrer Modewein. Unter Kennern galt der 100 km nordwestlich von Dijon im Département Yonne wachsende Wein schon immer als eine der idealen kulinarischen Begleiter zu Fischgerichten und Schalentieren, vor allem Austern, Muscheln und anderen Meeresfrüchten. Fast zur gleichen Zeit, als es in den Hanglagen der Weinberge um die Stadt Chablis immer mehr zu Ernteausfällen aufgrund ungünstiger Witterung (Chablis gehört neben dem Elsaß und der Champagne zu Frankreichs nördlichsten Weinbauregionen) und der Abwanderung von Arbeitskräften kam, stieg die Nachfrage nach dem selten werdenden Saft trotz galoppierender Preise.

In gewisser Hinsicht ist der Chablis tatsächlich einzigartig. Man kann ihn zwar zur Not durch einen *Sancerre* oder einen italienischen *Soave* ersetzen, doch die Grands Crus aus guten Jahrgängen weisen eine derartig unverwechselbare fruchtige Frische und zauberhafte Harmonie zwischen einer stahligen Straffheit und charmanter Leichtigkeit auf, so daß ihre Berühmtheit in aller Welt durchaus verständlich ist. In der Jugend sind die Weine blaßgelb, mit zarten, grünen Reflexen. Nach etwa 6 bis 8 Jahren beginnen sie allmählich, ein volleres Gelb anzunehmen. Vom Chablis heißt es, man müsse ihn jung genießen, um seine unnachahmliche Frische und seinen dezent-nervigen Charakter zu erleben. Doch die großen Chablis-Weine, die anfänglich sogar ein wenig hart und sehr kernig wirken, können nach 8 bis 10 Jahren der Lagerung ein einzigartiges Geschmackserlebnis darstellen, bei dem die zusätzlich gewonnene Reife den Weinen ein interessantes Profil verleiht. Chablis Grand Cru (85 ha) wird in sieben überwiegend nach Süden ausgerichteten Hanglagen gewonnen: *Les Vaudésirs, Les Clos, Les Grenouilles, Valmur, Les Blanchots, Les Preuses, Bougros.*

Ein wichtiges Erfolgsgeheimnis besteht in ihren Weinbergsböden, die aus einem speziellen Muschel-Kalkstein zusammengesetzt sind mit der geologischen Fachbezeichnung

Kimmeridge. Auf ihnen gedeihen die feinsten, aromatischen Weißweine des Gebietes. Doch mit diesen wenigen Worten wird ihrem wirklichen Niveau kaum entsprochen. Ihnen haftet vielmehr etwas Unbeschreibliches an, das sie vielen anderen ähnlichen Weinen überlegen macht. Es ist schwer, dafür eine sachliche, natürliche Erklärung zu finden. Immer wieder kommt man auf den Weinbergsboden zurück, der zum Beispiel für die Weine der Appellation Petit Chablis gänzlich anders ist. Hier dominiert der Portland-Kalkstein und vielfach sind es flache, kaum geneigte Lagen, die sich nur selten in südlicher Exposition befinden.

Die Distanz zwischen dem *Chablis Grand Cru* und dem *Petit Chablis* wird durch die Appellation contrôlée *Chablis Premier Cru* (306 ha) mit 18 geschützten Lagen und der Appellation contrôlée *Chablis* (544 ha) ausgefüllt.

Auf die nicht gerade werbewirksame Herkunftsbezeichnung Petit Chablis entfallen schließlich 147 ha. Sie stehen für einen freundlichen, süffigen, oft auch etwas säuerlichen Wein, der ebenso wie der Chablis seine Qualitäten am besten im zweiten und dritten Jahr nach der Weinlese entfaltet. Etwa ein Viertel der Grands Crus-Erträge erntet die Cave Coopérative de Chablis, 15 % die Kellerei Testout, 7,5 % Moreau, 3 % Bichot de Beaune, 4 % William Fêvre und 2 % Drouhine. Der Rest verteilt sich auf mehrere kleinere Propriétaires.

Die Qualitätsweine von Mercurey und Mâcon

Wer Burgund sagt, meint häufig lediglich die Côte d'Or. Doch der Weinreichtum dieser alten Provinz, die heute verwaltungsmäßig keine Einheit mehr darstellt, erstreckt sich auf einen wesentlich größeren Raum. Damit wird zugleich auch die Grundlage geschaffen für eine vielseitige und vielschichtige Weinerzeugung. Denn die 1,657 Mill. Hektoliter Wein, die 1976 im Anbaugebiet Burgund geerntet wurden, stammen nur zu einem geringen Teil aus der Region Côte d'Or.

Da gibt es zum Beispiel in Niederburgund, südlich von

Auxerre, einen Weinbaudistrikt, der ziemlich unbekannt ist, obgleich er einen angenehmen Weißwein aus der *Sauvignon*-Rebe unter der V.D.Q.S.-Qualitätsbezeichnung *St. Bris* erzeugt sowie bei *Irancy* einen soliden, fruchtigen Rotwein, der manche Ähnlichkeit besitzt mit den bekannteren Burgundern, zumal er ebenfalls aus der Pinot noir-Rebe stammt.

Um einige Grade mehr sind hingegen die Weine von der *Côte Châlonnaise* bekannt, einem etwa 25 km langen Streifen, der südlich an der Côte d'Or anschließt. Im Mittelpunkt des Qualitätsweinanbaus stehen vier Weinbaugemeinden:

Rully, das zu 70 % einen sehr weinigen, feinen Weißwein mit ausdrucksvollem Bukett erzeugt, den man am besten jung genießen sollte. Rully, das immerhin über 29 Premiers Crus verfügt, ist übrigens das traditionsreiche Zentrum der burgundischen Schaumwein-Produktion, deren Erzeugnisse heute entweder als *Bourgogne Mousseux* oder *Bourgogne Crémant* bezeichnet werden.

Mercurey: Appellation contrôlée-Weine werden jährlich etwa 15 000 hl erzeugt, davon überwiegend Rotweine, die in gewisser Weise denen der Côte de Beaune gleichen, mit Körper und aparter Blume.

Givry hat einmal den Lieblingswein von Heinrich IV. von Frankreich geliefert. Heute erzeugt es zu 80 % Rotwein, der oft ein wenig rauh und kernig ausfallen kann, aber auch gelegentlich die Feinheiten eines Mercurey erreicht.

Montagny baut ausschließlich Weißweine an, in zwar guter Qualität, die aber — bis auf wenige Ausnahmen (z. B. von Louis Latour) — nicht überdurchschnittlich ist.

Die Côte Châlonnaise erhielt ihren Namen von der Stadt Châlonsur-Sâone, die allerdings von den Weinbergen schon so weit entfernt liegt, daß sie als Herkunftsbezeichnung auf den Weinetiketten nicht mehr erscheint. Anders hingegen beim *Mâconnais,* der seinen Namen der südburgundischen Weinmetropole Mâcon verdankt. Die *Rot*weine dieser ungeheuer produktionsintensiven Region tragen entweder die Appellation contrôlée Mâcon (gelegentlich auch mit dem Zusatz eines Gemeindenamens) oder *Mâcon Supérieur.* Es sind einfache Tropfen, die immer stärker unter dem Konkurrenzdruck durch die längst populärer gewordenen Beaujolais-Weine stehen. Sie basieren meistens auf Verschnitten aus *Gamay-* und *Pinot noir*-Mosten. Interessanter sind die *Weiß*weine, die häufig, freilich unter der Bezeichnung *Bourgogne Blanc,* in den Handel gelangen. Sie können auch mit der Bezeichnung Mâcon Supérieur oder *Pinot-Chardonnay-Mâcon* angeboten werden, wenn sie ausschließlich aus *Pinot blanc-* beziehungsweise *Chardonnay-*Reben stammen. Ob weiß oder rot, diese reichlich fließenden Weine von Mâcon — jährlich werden allein 15 000 hl Mâcon Supérieur gekeltert — sollten stets jung getrunken werden.

Für einige *erlesene* Weißweine gibt es im Mâconnais indessen auch einen bekannten Namen: *Pouilly.* Drei Weinbaudistrikte in der malerischen Landschaft südwestlich von Mâcon erhalten mit dem Zusatz Pouilly nicht nur einen dekorativen Schnörkel. Er ist zugleich die Bestätigung für den Anbau exzellenter Weißweine nach der in Burgund bewährten Regel: Chardonnay-Reben auf kalkhaltigem Boden. Die unbestritten Beste unter den Pouilly-Herkünften ist der *Pouilly-Fuissé,* der auf einer Rebfläche von 600 ha angebaut wird, deren Gemarkungen zu vier Gemeinden gehören. Die unmittelbar bei Fuisse wachsenden Weine sind die besten, die von Solutré-Pouilly sind ein wenig weicher und die von Chaintré und Vergisson sind in der Qualität nicht immer beständig. Allgemein zeichnet sich der Pouilly-Fuissé durch ein zartes Bukett, Leichtigkeit und einen gewissen Bodengeschmack aus. Er ist trocken, jedoch nicht so superb, aber auch weniger strenger als der Chablis.

Die beiden anderen Pouilly-Weine kommen aus den Gemarkungen der Orte Vinzelles und Loché. *Pouilly-Vinzelles* und *Pouilly-Loché* besitzen mit dem Pouilly-Fuissé viel Ähnlichkeit, in manchen Jahren sind sie sogar etwas fruchtiger, doch ihnen fehlt ein wenig die Rasse des besseren Fuissé, indem sie meist auch etwas leichter sind als der gehaltvollere Pouilly-Fuissé.

Zu den guten Weißweinen von Mâcon zählt schließlich auch der *Saint Véran,* der mit den Pouilly-Weinen verwandt ist. Alle diese Weine passen hervorragend zu Fisch, Geflügel, hellem Fleisch und mildem Käse. Die Weinbauern behaupten zwar, man könne ihre Pouilly-Weine ohne Bedenken 15 bis 20 Jahre auf der Flasche reifen lassen. Gewiß mögen die Weine einen solchen Zeitraum überstehen, ohne dabei umzuschlagen. Doch am besten schmecken sie zweifellos, wenn sie in einem jüngeren Stadium, also im 3. bis 5. Jahr nach der Lese getrunken werden.

Der Beaujolais

Konservativen Weinfreunden mag es paradox erscheinen, unter dem Titel »Große Weine« dem Beaujolais einen Abschnitt zu widmen. Genau besehen, gehören sie — vielleicht mit drei oder vier Ausnahmen — nicht zu den wirklich großen Weinen Frankreichs. Wenn man jedoch von den berühmten Gewächsen des französischen Weinlandes spricht, führt an ihnen kein Weg vorbei. Ohne Zweifel ist er der volkstümlichste Wein, der bei seiner scheinbaren Anspruchslosigkeit nichts anderes will, als heiter, unkompliziert und doch in seiner Art zuverlässig zu sein.

Dies trifft vor allem auf den eigentlichen Beaujolais und den Beaujolais Supérieur zu, von denen jährlich etwa 400000 hl erzeugt werden und der in Strömen fließen kann, ohne unbedingt mit Ehrfurcht geschlürft zu werden.

Beaujolais, das ist zu 99% ein blumiger, charmanter Rotwein aus der Gamay-Rebe, die in der reizvollen Hügellandschaft zwischen Mâcon und Villefranche zum unübersehbaren Bestandteil der Agrarkultur zählt. Nachweislich ist der Weinbau hier schon über 2000 Jahre alt, gleichwohl ist der Beaujolais ein moderner Wein, der seinen Welterfolg zunächst der Vorliebe der Lyonnaiser und Pariser Bevölkerung verdankt, die ihn als Schankwein schätzen. Seine Eignung, als sehr junger Wein besonders frisch, fruchtig und duftig zu wirken, hat schließlich zu steigender Bekanntheit des *Beaujolais Primeur* geführt, der bereits sechs Wochen nach der Lese auf die Flasche gefüllt und meist am 15. November, von seinen Anhängern umjubelt, den Weg in alle Welt antritt. Den jährlichen Publicity-Rummel um den Beaujolais Primeur sollte man nicht überbewerten, denn er bleibt bei alledem nur ein teilweise fertiges Produkt, attraktiv aufgrund seiner Aktualität (er ist immerhin der erste Wein des neuen Jahrgangs, der dem Konsumenten einen Eindruck von der zu erwartenden Qualität vermittelt) und somit ist er mal enttäuschend, mal überraschend, doch niemals langlebig. So rasch wie er in großen Mengen auf den Markt kommt, so schnell ist er auch wieder vergessen. Einen gewissen Nachklang bietet allenfalls der *Beaujolais Nouveau,* der einige Monate später erscheint und die Voraussetzungen zu ein wenig mehr Haltbarkeit mitbringt.

Keinesfalls sind Beaujolais-Weine nur Eintagsfliegen. Neun von ihnen, die alle im nördlichen Teil des Gebietes auf ziemlich dürren, granitartigen, wasserdurchlässigen Böden gedeihen, überragen das breite Spektrum der leichten, einfachen Beaujolais-Weine. Es sind in Nord-Süd-Richtung:

Saint-Amour (215 ha): Ein bukettreicher, einschmeichelnder, beschwingter Wein.

Juliénas (530 ha): Gehört zu den kraftvolleren unter den guten Beaujolais-Weinen und ist daher auch besonders haltbar.

Chénas (185 ha): Ebenfalls ein ziemlich starker, tanninhaltiger Rotwein, der manche Ähnlichkeit mit seinem berühmten Nachbarn Moulin-à-vent besitzt und daher zu den besten Beaujolais-Weinen gerechnet wird.

Moulin à Vent (700 ha): Qualitativ führend unter allen Beaujolais-Weinen, ist er eigentlich mehr ein Burgunder als ein echter Beaujolais, voll und warm, sehr weinig, kräftig und gut lagerfähig.

Fleurie (700 ha): Der typischste unter den hervorragenden Beaujolais-Gewächsen, ausgeprägt fruchtig, samtig, mundig, duftig und beschwingt.

Chiroubles (250 ha): Weich, betont fruchtig, charmant und frisch. Er schmeckt am besten, wenn er jung getrunken wird, möglichst schon im ersten Jahr nach der Lese. Eignet sich nicht für eine längere Aufbewahrung.

Morgon (550 ha): Vollmundiger, gehaltvoller, robuster Wein, der am längsten unter allen Beaujolais-Weinen zu seiner Entfaltung im Faß und auf der Flasche benötigt. Er vermag ohne Falten und Runzeln alt zu werden, eine Fähigkeit, die man im Beaujolais bezeichnenderweise »il morgonne« (= morgonnisieren) nennt. Der auf Schieferboden wachsende Wein mit einem Bukett, das an Kirschen, Aprikosen und Johannisbeeren erinnert, unterscheidet sich deutlich von den Weinen seiner Nachbarlagen.

Régnié (718 ha): Neue Appellation, deren Weine ab Jahrgang 1987 unter dieser Bezeichnung auf den Markt kommen.

Brouilly (800 ha): Relativ zart, aber doch fruchtig, leicht, bukettreich.

Côtes-de-Brouilly (200 ha): Fast purpurrot, schöner Duft, kerniger als der Brouilly, nachhaltig.

Zwischen den großen neuen Beaujolais-Weinen und den einfacheren Qualitäten gibt es noch eine Zwischenstufe, auf der die Weine von 39 Orten stehen. Sie werden als *Beaujolais-Villages* bezeichnet und sind wegen ihrer anmutigen, frischen, leichten und fruchtigen Art beliebt.

Die Appellations Contrôlées-Weine von Burgund

		Maximaler Ertrag	Durchschnittsproduktion	
	A.C.-Dekret des Jahres	Hektoliter pro Hektar	Weißwein Hektoliter	Rotwein Hektoliter
Côte d'Or (Hervorragende Weinbaugemeinden sind mit einem x gekennzeichnet)				
Aloxe-Corton (x)	1938	35	25	5250
Corton	1937	30	25	3250
Corton-Charlemagne	1937	30	1100	
Auxey-Duresses	1937	35	1150	3200
Beaune (x)	1936	35	600	15000
Blagny	1937	35		225
Chambolle-Musigny (x)	1936	35		6500
Bonnes Mares	1936	30		500
Musigny	1936	30	10	300
Chassagne-Montrachet (x)	1937	35	3750	6200
Bâtard-Montrachet	1937	30	450	
Chevalier-Montrachet	1937	30	160	
Criots-Bâtard-Montrachet	1939	30	50	
Montrachet	1937	30	275	

	A.C.-Dekret des Jahres	Maximaler Ertrag Hektoliter pro Hektar	Durchschnittsproduktion Weißwein Hektoliter	Rotwein Hektoliter
Cheilly-les-Maranges	1937	35		400
Chorey-les-Beaune	1937	35	7	4 000
Côte de Beaune	1937	35	15	450
Côte de-Beaune-Villages	1937	35		6 800
Côtes de Nuits-Villages	1964	35	5	6 500
Dezice-les-Maranges	1937	35		
Fixin (x)	1936	35		900
Gevrey-Chambertin (x)	1936	35		15 500
Chambertin	1937	30		500
Chambertin-Clos de Bèze	1937	30		500
Chapelle-Chambertin	1937	32		210
Charmes-Chambertin	1937	32		1 000
Griotte-Chambertin	1937	32		85
Latricières-Chambertin	1937	32		250
Mazis-Chambertin	1937	32		350
Mazoyères-Chambertin				
Ruchottes-Chambertin	1937	32		130
Bourgogne Hautes-Côtes-de-Beaune	1961	50	150	8 500
Bourgogne Hautes-Côtes-de-Nuits	1961	50	150	1 750
Ladoix	1937	35	125	2 200
Bourgogne Marsannay-la-Côte	1965	50		1 500
Meursault (x)	1937	35	12 500	800
Monthelie	1937	35	50	3 000
Morey-Saint-Denis (x)	1936	35	40	2 600
Bonnes Mares				
Clos de la Roche	1944	30		500
Clos Saint-Denis	1944	30		200
Clos de Tart	1939	30		275
Nuits-Saint-Georges (x)	1936	35	50	12 500
Pernand-Vergelesses	1936	35	400	2 600
Pommard (x)	1936	35		13 250
Puligny-Montrachet (x)	1937	35	7 000	300
Bâtard-Montrachet				
Bienvenue-Bâtard-Montrachet	1939	30	125	
Montrachet				
Saint-Aubin	1937	35	800	2 000
Saint-Romain	1947	35	1 100	750
Sampigny-les-Maranges	1937	35	150	100
Santenay	1936	35		10 000

	A.C.-Dekret des Jahres	Maximaler Ertrag Hektoliter pro Hektar	Durchschnittsproduktion Weißwein Hektoliter	Rotwein Hektoliter
Savigny-les-Beaune	1936	35	400	11 000
Volnay (x)	1937	35		9 000
Vosne-Romanée (x)	1936	35		6 500
Échezeaux	1937	30		1 100
Grands-Echezeaux	1937	30		350
La Tâche	1936	30		250
Richebourg	1936	30		300
Romanée-Saint-Vivant	1936	30		300
Romanée-Conti	1936	30		75
La Romanée	1936	30		35
Vougeot (x)	1936	35		650
Clos de Vougeot	1937	30		2 100
Chablis				
Chablis	1938	40	20 000	
Chablis Grand Cru	1938	35	2 500	
Petit Chablis	1944	40	6 000	
Chablis Premier Cru	1938	40	12 500	
Châlonnais				
Givry	1946	40	350	3 500
Mercurey	1936	35	1 000	20 000
Montagny	1936	40	2 500	
Rully	1939	40	2 000	2 200
Mâconnais				
Mâcon	1937	50	3 000	2 500
Mâcon-Supérieur	1937	50	80 000	60 000
Mâcon-Villages	1937	50	25 000	
Pouilly-Fuissé	1936	45	36 000	
Pouilly-Loché	1940	45	1 500	
Pouilly-Vinzelles	1940	45	2 200	
Saint-Veran	1971	45	12 000	
Beaujolais				
Beaujolais	1937	50	5 000	375 000
Beaujolais-Supérieur	1937	45		25 000
Beaujolais-Villages	1937	45	300	200 000

	A.C.-Dekret des Jahres	Maximaler Ertrag Hektoliter pro Hektar	Durchschnittsproduktion Weißwein Hektoliter	Rotwein Hektoliter
Brouilly	1938	40		27 500
Chénas	1936	40		10 000
Chiroubles	1936	40		11 000
Côte de Brouilly	1938	40		15 000
Fleurie	1936	40		27 500
Juliénas	1938	40		22 000
Morgon	1936	40		35 000
Moulin-à-Vent	1936	40		30 000
Saint-Amour	1946	40		15 000

Bordeaux: Wein für Ästheten

Menschen, die gerne in anschaulichen Gegensätzen denken und sprechen, haben für die Charakterisierung der Bordeaux-Weine schnell einen offenbar ebenso beliebten wie irreführenden Vergleich bereit: Bordeaux-Weine sind leicht, Burgunder sind schwer. Bordeaux-Weine sind herb, Burgunder sind weich.

Natürlich kann diese Vereinfachung für die Weine des mit 100 000 ha Rebfläche größten Qualitätsweinbaugebietes der Welt nicht so ohne weiteres zutreffen. Das *Bordelais,* wie die Region um die alte Hafenstadt Bordeaux genannt wird, ist eine eigene Welt des Weines mit zum Teil völlig verschiedenartigen klimatischen Bedingungen, Weinbergsböden und natürlich auch Rebsorten. Die herausragende Stellung, die einige bestimmte Weine aus den bekanntesten Rotweingebieten des Bordelais weltweit einnehmen, hat wahrscheinlich dazu geführt, daß man ihren Charakter zum Symbol für Bordeaux-Weine schlechthin gewählt hat. Diese Liebeserklärung an

Tabelle der A.O.C.-Weine von Bordeaux

Farbe	Gruppe	Herkunftsbezeichnungen	Produktion '86
Rotweine	Bordeaux	Bordeaux, Bordeaux supérieur; Bordeaux rosé, Bordeaux clairet	2324019 hl
Rotweine	Côtes	Premières Côtes de Blaye, Côtes de Bourg Bordeaux supérieur – Côtes de Castillon, Bordeaux supérieur – Côtes de Francs; Graves de Vayres Premières Côtes de Bordeaux	687439 hl
Rotweine	Libournais	Saint-Emilion; Saint-Emilion Grand Cru Classé, Saint-Georges-Saint-Emilion, Montagne-Saint-Emilion, Lussac-Saint-Emilion, Puisseguin-Saint-Emilion; Pomerol, Lalande-de-Pomerol; Fronsac, Canon-Fronsac	673695 hl
Rotweine	Médoc et Graves	Médoc, Haut-Médoc, Saint-Estèphe, Pauillac, Saint-Julien, Listrac, Moulis, Margaux, Graves	828929 hl
Weißweine	Trockene Weißweine	Bordeaux; Côtes de Blaye, Côtes de Bourg, Entre-Deux-Mers, Graves de Vayres, Graves	946307 hl
Weißweine	Liebliche Weißweine	Bordeaux supérieur; Sauternes, Barsac, Cérons, Graves supérieures, Sainte-Foy-Bordeaux, Graves de Vayres, Côtes de Bordeaux-Saint-Macaire, Sainte-Croix-du-Mont, Loupiac, Cadillac, Premières Côtes de Bordeaux	155447 hl

Dazu sollen noch genannt werden:

- Appellation Fine de Bordeaux (Herstellungsart wie Cognac)
- Appellation Bordeaux Mousseux (Sekt) (Herstellungsart wie Champagner)

namhafte rote Bordeaux-Weine mag gewiß auch für kleinere Weine aus dem Bordelais schmeichelhaft sein, die angesichts einer ehrfurchtheischenden Château-Bezeichnung von manchen Weintrinkern zunächst für einen großen Wein gehalten werden.

In Wirklichkeit entsprechen diese Klischeeurteile jedoch in keiner Weise den tatsächlichen Produktionsergebnissen einer Weinbauregion, deren 36 000 Weinerzeuger jährlich über 3 Mill. Hektoliter verschiedenartigster Rebensäfte keltern und damit trockene Rotweine, durchgegorene, liebliche und hochsüße Weißweine ausbauen.

Nimmt man zunächst eine sehr vereinfachende Einteilung der Produktionszonen des Bordelais vor, so läßt sich sagen, daß nördlich der Stadt Bordeaux fast ausschließlich Rotwein angebaut wird, im Süden fast ausschließlich Weißwein und im mittleren Teil der Region Rot- und Weißwein. Um die gesamte Vielfältigkeit, den unermeßlichen Weinreichtum des Bordelais kennenzulernen, muß man systematisch der exakt festgelegten Weingeographie nach den Einteilungen der Appellation contrôlée-Gebiete folgen.

Gebiete ausschließlich mit Rotweinerzeugung

Médoc

Unter den Rotweingebieten des Bordelais ist das Médoc nördlich der Stadt Bordeaux nicht das größte, jedoch wegen seiner Qualitäten das bedeutendste. Von den 7700 ha Rebfläche, die sich in einer Länge von etwa 80 km und einer Breite von 10 bis 15 km ausdehnt, befindet sich der wertvollste Teil im Süden, dem *Haut Médoc.* Diese regionale Appellation contrôlée gliedert sich in sechs lokale Herkunftsbezeichnungen auf (von Norden nach Süden genannt):

St.-Estèphe (1000 ha): Weine von schöner Farbe, ausgeprägtem Duft, fruchtiger Fülle, etwas schwerer als die meisten anderen Médoc-Weine.

BORDEAUX

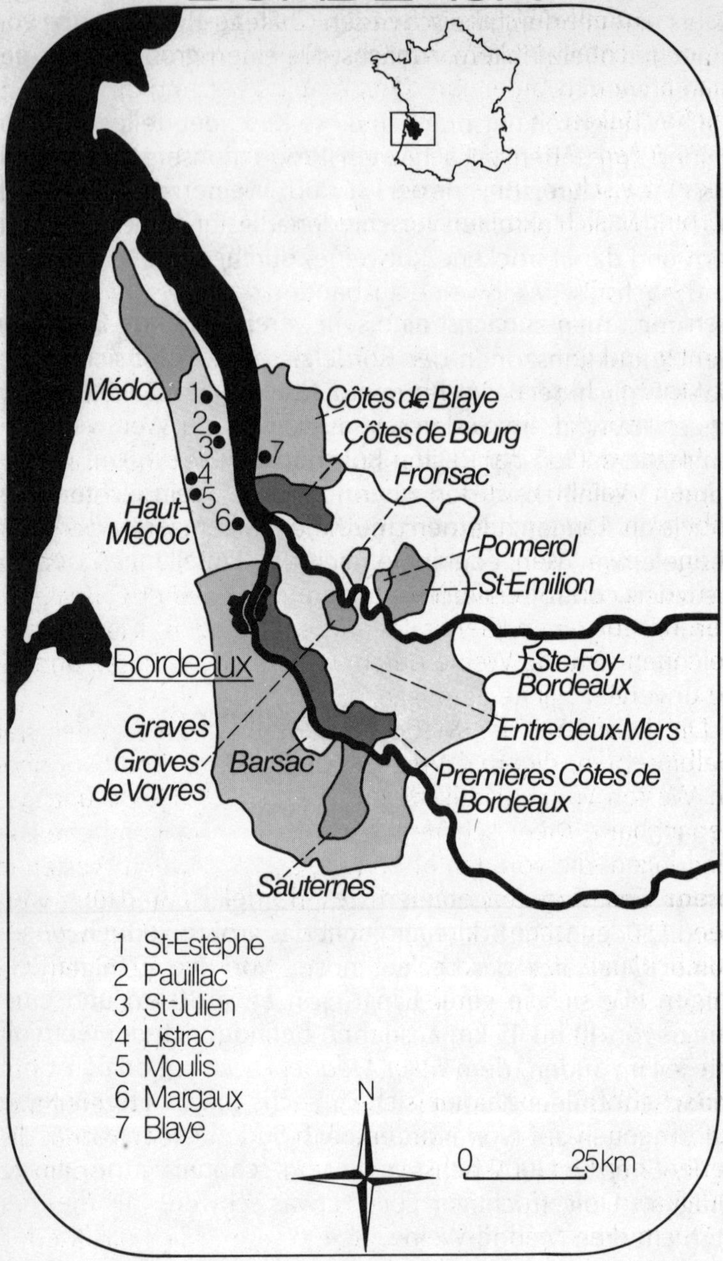

Médoc
Haut-Médoc
Côtes de Blaye
Côtes de Bourg
Fronsac
Pomerol
St-Emilion
Ste-Foy-Bordeaux
Entre-deux-Mers
Premières Côtes de Bordeaux
Bordeaux
Graves
Graves de Vayres
Barsac
Sauternes
1 St-Estèphe
2 Pauillac
3 St-Julien
4 Listrac
5 Moulis
6 Margaux
7 Blaye
N
0
25km

Pauillac (920 ha): Bedeutsamste Weinbaugemeinde des Médoc mit sehr individuellen Weinen, die vielfach voluminöser ausfallen als die wiederum delikateren Margaux und etwas leichter als die von St.-Estèphe. Hervorstechend ist ihr markanter Charakter, ihre Geschmeidigkeit und ihr finessenreiches Bukett.

St.-Julien (640 ha): Die Weine bewegen sich in ihrem Charakter zwischen denen von Pauillac und Margaux. In ihnen verbindet sich eine reiche, kraftvolle Art mit Feinheit und Rasse.

Listrac (370 ha): Rubinfarbene, körperreiche Weine mit festem, fruchtigem Kern, der nach einigen Jahren der Reife samtig und geschmeidig wird.

Moulin (265 ha): Weine mit ausgeprägtem Bukett, fruchtig, vollmundig, harmonisch und relativ leicht.

Margaux (935 ha): Differenzierte Bodenverhältnisse bedingen Weinqualitäten von den wohl interessantesten und subtilsten Unterschieden, die es zwischen scheinbar gleichen Gewächsen überhaupt festzustellen gibt. So ist es schwierig, diese reizvollen Abstufungen in einer Charakterisierung auf einen Generalnenner zu bringen. Gemeinsam zeichnen sich die Weine durch große Finesse, Rasse und eine unvergleichliche Samtigkeit aus.

Die Rebfläche des Médoc nimmt einen großen Teil der Halbinsel ein, die im Osten von der Gironde und Garonne, im Westen vom Atlantik begrenzt wird. Die Flüsse und das benachbarte Meer schaffen spezielle micro-klimatische Bedingungen, die von den hohen Kiefernwäldern im Westen in ihrem klimatisch mäßigenden Einfluß noch unterstützt werden. Die günstigen klimatischen Voraussetzungen werden durch ideale Bodenverhältnisse ergänzt. Die steinigen, oft kargen Böden, die geologisch von Split, Quarzsand, Grobsand mit ton- und kalkhaltigem Untergrund geprägt sind, scheinen auf den ersten Blick überhaupt nicht zu einer landwirtschaftlichen Bebauung geeignet zu sein. Ausgerechnet auf diesen kargen, wasserdurchlässigen Böden finden die Reben ihre besten Wachstumsvoraussetzungen für optimale Qualitäten.

Durch diese natürliche Grundlage konnte sich das Médoc

den Ruf erwerben, eines der besten Rotweingebiete der Welt zu sein. Das für die Gewinnung hochwertiger Médoc-Weine eingesetzte Rebensortiment ist traditionell auf drei bis vier Sorten begrenzt. Es besteht aus *Cabernet-Franc, Cabernet-Sauvignon, Merlot, Malbec* und ein wenig *Petit Verdot.* Bordeaux-Wein ist immer ein Verschnitt dieser Sorten, wobei die Cabernet-Sauvignon mit einem Anteil von 50 % bis 70 % in den Weinen gehobener Qualität die größte Rolle spielt. Das Geheimnis der Erzielung überragender Qualitäten besteht nicht zuletzt in der Zusammenstellung solcher Verschnittverhältnisse, durch die im Wein letztlich der Charakter, die Harmonie und die Festigkeit bestimmt werden. Freilich ist es nicht in jedem Jahr dem *maître de chai* (Kellermeister) möglich, eine optimale Homogenität seiner Weinqualität zu erreichen, da die Voraussetzungen zunächst einmal im Gedeihen der Reben im Weinberg liegen.

Im entscheidenden Maße kommt es dabei auf die beiden Cabernet-Sorten an, da der *Cabernet Sauvignon* dem Wein Duft, Körper und Feinheit schenkt, während der *Cabernet Franc* die Robustheit und notwendige Kraft vermittelt. Diese Merkmale werden durch die speziellen Eigenschaften der anderen Sorten ergänzt, so kann der relativ säurearme Merlot eine gewisse Geschmeidigkeit des Weines betonen, kann einen zu hohen Tanningehalt mildern, der dem Wein zwar Beständigkeit, aber wiederum auch eine gewisse Rauheit gibt.

Wenn ein großer Médoc-Wein uns mit einem subtilen Bukett, das an den Duft von Rosen und Veilchen erinnert, mit der einzigartigen Finesse und einer eigenwilligen Fruchtigkeit erfreut, so liegen diese Qualitätseigenschaften in dem Zusammenspiel zwischen Natur und menschlichen Fähigkeiten begründet. In Bordeaux hat man überdies gelernt, den typischen Rotweincharakter auf individuelle Weise zu betonen. Die Auswahl gesunden Traubengutes, Art und Dauer der Maischegärung und nicht zuletzt die Reife in speziell ausgewählten, sorgfältig gepflegten Holzfässern sind entscheidende Faktoren für die spätere Qualität der Weine.

Verständlich, daß in den meisten Wein-Châteaux diesem Bereich große Aufmerksamkeit gewidmet wird, und man heute, wo die allzu tanninhaltigen, bitter-herben Weine kaum noch gefragt sind, nichts mehr dem Zufall überläßt. Andererseits besitzt der Médoc mehr als jeder andere Rotwein der Welt die Tendenz zu außergewöhnlich langer Haltbarkeit, was er wiederum seinem festen Kern an Tannin verdankt. Je mehr man das Önotannin im Kompromiß mit einem sich wandelnden Publikumsgeschmack reduziert, desto fraglicher ist jedoch auch die Langlebigkeit dieses relativ leichten Weines.

Wirklich gute Rotweine von Bordeaux sollten daher niemals im jugendlichen Stadium getrunken werden. Nach einer Lagerzeit von 4 bis 6 Jahren werden sie allmählich trinkreif, indem sie ihren delikaten Aufbau zu erkennen geben. Die meisten Spitzenweine der Region erreichen ihre beste Ausstrahlung erst nach 8 bis 10 Jahren und sind in der Lage, sich in dieser erfreulichen Phase bei sachgemäßer Lagerung viele Jahrzehnte zu halten.

Wenn von den Spitzenweinen des Bordelais die Rede ist, dann wird unweigerlich von den Schlössern gesprochen, deren Namen heute offensichtlich auch außerhalb der Welt des Weines eine geachtete Stellung genießen. Tatsächlich sind sie in bemerkenswerter Weise auch Träger unserer abendländischen Kultur, weniger im strengen Sinne einer kultur-historischen Rolle auf politisch-sozialem Gebiet als im Bereich der Verfeinerung önologischer Leistungen über einen längeren Zeitraum hinweg und damit zur Steigerung des Ansehens dieser Weinbau-Region, wahrscheinlich sogar ganz Frankreichs.

Weniger philosophisch betrachtet sind die großen Wein-Châteaux von Médoc und seinen Nachbargebieten für alle am Bordeaux-Wein interessierten Käufer und Konsumenten untrügerische Erkennungszeichen für die zuverlässige Herkunft eines Weines. Bei ihm besteht kein Zweifel: Rebanbau, Weinausbau, Flaschenabfüllung und oft auch der Verkauf liegen in einer Hand, der Name des Château garantiert in jedem Falle Authentizität.

So vorteilhaft vertrauenswürdig dieses System auch sein mag, trotzdem kann die in die Tausende gehende Anzahl von Weinschlössern in Bordeaux einen noch unerfahrenen

Weinfreund zu arger Verzweiflung führen. Wie überhaupt ist der Begriff vom *Château* im Bordeaux-Weinsektor zu verstehen? Ein Gerichtsurteil aus dem Jahre 1938 sagt, daß das Wort Château im Gironde-Bezirk als Synonym für *Domaine, Clos* oder *Cru* zu verstehen ist. Und ein Dekret vom 30. September 1949 präzisiert, daß Weine, die unter dem Namen eines Château verkauft werden, aus einem Betrieb stammen müßten, der wirklich existiert und genau durch dessen Bezeichnung benannt sein müssen. Über die Beschaffenheit eines derartigen Erzeugerbetriebes sagt die Verordnung nichts. Dementsprechend kann es sich also bei einem Château um ein nach unseren Begriffen schloßartiges Gebäude handeln, ebenso wie um ein kleines, unscheinbares Weingut. Beide Formen trifft man in Bordeaux mit vielfältigen Varianten an, wobei für den Weinfreund letztlich nicht die hochherrschaftliche Ausstattung des Château, seine Historie und sein Ambiente entscheidend ist, sondern vielmehr die Qualität seiner Weine.

Zur Weltausstellung in Paris im Jahre 1855 erfolgte im Auftrag der Handelskammer von Bordeaux erstmalig eine umfassende *Klassifizierung* der Rotweine von *Médoc, St. Emilion, Sauternes* und *Barsac.* Die Weine einiger der übrigen Bordeaux-Gebiete wurden später klassifiziert. Die Güteeinteilung nach den Stufen 1 bis 5 (*premier cru* bis *cinquième cru)* erfolgte durch ein Gremium von *Courtiers* (Weinmaklern), die bereits über jahrzehntelange Handelserfahrungen und über Kenntnisse des langjährigen Qualitätsdurchschnittes der einzelnen Châteaux verfügen. Zur Grundlage ihrer Einstufungen machten sie alte inoffizielle Bewertungslisten, die auf den Bodeneignungen der Weinberge basierten, und die von den einzelnen Châteaux tatsächlich im Weinverkauf erreichten Preise. Dabei ergab sich folgende »Rangordnung« (in der aktualisierten Version):

Haut-Médoc: Klassifizierung von 1855

	Gemeinde	Rebfläche in Hektar	Jahresproduktion in Flaschen
Premiers Crus			
Château Lafite-Rothschild	Pauillac	90	250 000–350 000
Château Latour	Pauillac	50	250 000
Château Margaux	Margaux	75 (+ 10)	250 000
Château Haut-Brion	Pessac (Graves)	44	140 000
Château Mouton-Rothschild*	Pauillac	80	250 000
Deuxièmes Crus			
Château Rausan-Ségla	Margaux	42	170 000
Château Rauzan-Gassies	Margaux	30	120 000
Château Léoville-Las-Cases	St.-Julien	80	350 000
Château Léoville-Poyferré	St.-Julien	63	260 000
Château Léoville-Barton	St.-Julien	43	200 000
Château Durfort-Vivens	Margaux	20	100 000
Château Lascombes	Margaux	100	400 000–450 000
Château Gruaud-Larose	St.-Julien	78	380 000
Château Brane-Cantenac	Cantenac-Margaux	75	300 000
Château Pichon-Longueville-Baron	Pauillac	30	130 000
Château Pichon-Lalande	Pauillac	60	250 000
Château Ducru-Beaucaillou	St.-Julien	49	180 000
Château Cos-d'Estournel	St.-Estèphe	59	250 000
Château Montrose	St.-Estèphe	67	250 000
Troisièmes Crus			
Château Giscours	Labarde-Margaux	80	300 000
Château Kirwan	Cantenac-Margaux	30	120 000
Château d'Issan	Cantenac-Margaux	32	130 000
Château Lagrange	St.-Julien	70	250 000
Château Langoa-Barton	St.-Julien	20	100 000
Château Malescot-Saint-Exupéry	Margaux	31	150 000
Château Cantenac-Brown	Cantenac-Margaux	32	150 000–200 000
Château Palmer	Cantenac-Margaux	38	130 000
Château La Lagune	Ludon	55	300 000
Château Desmirail	Margaux	17	35 000
Château Calon-Ségur	St.-Estèphe	50	250 000

* Bis 1973 Deuxième Cru

	Gemeinde	Rebfläche in Hektar	Jahresproduktion in Flaschen
Château Ferrière	Margaux	5,3	12000
Château Marquis-d'Alesme-Becker	Margaux	18 (9,5)	40000
Château Boyd-Cantenac	Margaux	18	70000
Quatrièmes Crus			
Château Saint-Pierre	St.-Julien	18	100000
Château Branaire-Ducru	St.-Julien	50	250000
Château Talbot	St.-Julien	95	450000
Château Duhart-Milon-Rothschild	Pauillac	50	150000
Château Pouget	Cantenac-Margaux	8	40000
Château La Tour-Carnet	St.-Laurent	32	200000
Château Lafon-Rochet	St.-Estèphe	42	100000–170000
Château Beychevelle	St.-Julien	70	250000–300000
Château Prieuré-Lichine	Cantenac-Margaux	59	320000
Château Marquis-de-Terme	Margaux	30	150000
Cinquièmes Crus			
Château Pontet-Canet	Pauillac	72	450000
Château Batailley	Pauillac	50	200000–250000
Château Grand-Puy-Lacoste	Pauillac	43	160000
Château Grand-Puy-Ducasse	Pauillac	35	150000
Château Haut-Batailley	Pauillac	20	90000
Château Lynch-Bages	Pauillac	70	300000
Château Lynch-Moussas	Pauillac	25	100000
Château Dauzac	Labarde-Margaux	45	200000
Château Mouton-Baron-Philippe (früher Château Mouton d'Armailhacq)	Pauillac	50	180000
Château du Tertre	Arsac-Margaux	45	170000
Château Haut-Bages-Libéral	Pauillac	25	100000
Château Pédesclaux	Pauillac	20	100000
Château Belgrave	St.-Laurent	54	250000
Château Camensac	St.-Laurent	40	200000
Château Cos Labory	St.-Estèphe	15	70000
Château Clerc-Milon	Pauillac	35	100000
Château Croizet-Bages	Pauillac	21	100000
Château Cantemerle	Macau	52	200000

Heute sind sich die Experten weitgehend einig, daß diese fast 130 Jahre alte Klassifizierung in bestimmten Fällen der Revision bedarf. Mit Ausnahme von *Château Mouton-Rothschild,* das 1973 vom Deuxième Cru zum Premier Cru aufstieg, sind jedoch keine offiziellen Korrekturen an dieser Klassifizierung vorgenommen worden.

Was aber nun macht eigentlich die hervorragende Stellung der Médoc-Premiers Crus aus? Nicht von ungefähr beschreiben viele Autoren mit Begeisterung den göttlichen Ruhm dieser Weine, ihre Historie und die schillernde Welt ihrer Entstehung, ohne jedoch konkret auf die geschmacklichen Eigenarten dieser Spitzenerzeugnisse einzugehen. Denn fast kommt es einem Sakrileg gleich, mit einfachen Worten die Beschaffenheit dieser teuren Tropfen zu umreißen.

Château Lafite-Rothschild: Von den Bordeaux-Weinen ist der Lafite der Superlativ und nicht nur ein Name, sondern eine Philosophie. Selbst wenn es einem nur einmal im Leben vergönnt ist, ihn zu kosten, wird man immer einen Wein in liebevoller Erinnerung bewahren, der zumindest zum Teil das rechtfertigt, was an Überschwenglichem über ihn geschrieben wurde. Zu dem Anwesen gehören 90 ha Reben mit einem Durchschnittsalter von etwa 35 Jahren. Zwei Drittel sind *Cabernet Sauvignon,* ein Sechstel *Cabernet Franc* und das letzte Sechstel *Merlot.* Den Wein von Lafite zu beschreiben ist eine Herausforderung, von der man aber im voraus weiß, daß der Versuch zum Scheitern verurteilt ist. So viele haben es versucht, doch niemandem ist es je ganz gelungen. Wir zitieren vier berühmte Weinautoren, von denen jeder versucht hatte, das Wesentliche von Lafite in Worte zu kleiden: In seinem Buch »The Wines of Bordeaux« schreibt Edmund Penning-Rowsell: »In erfolgreichen Jahren ist der Lafite das Vollkommenste, was es an schönen Rotweinen gibt — ausgeglichen, elegant und schmiegsam, mit einem köstlichen Aroma.« In der »Encyclopaedia of Wines und Spirits« wird er von Alexis Lichine so beschrieben: »In großen Jahrgängen, in denen der Lafite gelungen ist, kann er von allerhöchster Qualität sein. Er hat große Feinheit und ist von besonderer Milde, die ihm durch die Merlot-Traube verliehen wird. Der Wein neigt zu Festigkeit und ist doch schmiegsam und letztlich — je älter er wird — von einer gewissen Leichtigkeit. Auch die weniger hervorragenden Jahrgänge sind immer noch ausgezeichnete Weine, zwar leichter als die großen, doch die Rasse, der Duft und das tiefe Aroma sind immer unverkennbar.« Frank Schoonmaker in seiner »Encyclopaedia of Wine« versucht es mehr auf die leidenschaftslose Art: »Wie alle Bordeaux, so fällt auch der Lafite qualitativ von einem Jahr zum anderen unterschiedlich aus, obwohl diese Schwankungen bei ihm weniger ausgeprägt sind. Für die Beschreibung der Lafites der besten Weinjahre jedoch kann man nichts anderes finden als Worte höchsten überschwenglichsten Lobes. Selten enthalten sie mehr als 12,5 % Alkohol; stets sind sie von höchster Reife und Eleganz, von hochpikanter Frucht und Rasse, von einem selten erlesenen Aroma und vereinen so alle hervorragenden Eigenschaften eines ganz großen, edlen Bordeaux in sich.« Cyril Ray zitiert am liebsten P. Morton-Shand, der in seinem »Book of French Wines« folgendes schrieb: »Sein Aroma und sein Bukett gelten als so großartig und erhaben, daß er ein Symposion aller Weine schlechthin darstellt.«

Eigenartig und interessant ist, daß der Lafite für gewöhnlich im Stil leichter ist als andere Pauillac-Weine desselben Jahrganges. Der Wein ist oft so feinfühlig, daß er dem Margaux näher steht als einem Latour oder Mouton. Wir möchten den Lafite in erster Linie als einen Wein mit Charme, Eleganz und Raffinement beschreiben, der dabei die stählerne Konstitution eines Rapiers hat. Aroma, Geschmack und alle Komponenten wie Farbe, Bukett, Frucht und Körper harmonisieren so vollkommen miteinander, als hätte sie ein Meister seines Faches mit größter Sorgfalt einzeln ausgewählt. Denn der Lafite ist unbestreitbar ein Kunstwerk, was allein schon daran zu erkennen ist, daß er selbst die allerkritischsten Kenner so tief beeindruckt. Auch wenn ihn jemand nicht mag, was immerhin möglich ist, so müßte selbst der schärfste Konkurrent eine superbe Qualität zugeben. Unter den Nachkriegsjahrgängen gelten als beste Jahrgänge 1945, 1953, 1955, 1959, 1961, 1970, 1975, 1978 und 1982. Baron James de Rothschild kaufte Lafite 1868 zum Preis von etwa 4,8 Mill.

Francs. Heute besitzen es vier seiner Enkel und die Witwe eines Enkels. Unter ihnen ist Elie de Rothschild der Verwalter.

Château Latour: Mit einem Anteil von 80 % dominiert die *Cabernet Sauvignon*-Rebe in den etwa 50 ha umfassenden Weinbergen, die restlichen 20 % bestehen aus etwa 10 % *Cabernet Franc,* und 10 % *Merlot.* Der Charakter des Latour-Weines wird hauptsächlich von dem großen Prozentsatz an Cabernet bestimmt und natürlich dem Unterboden, aus dem die Rebstöcke ihre Nährstoffe erhalten. Wegen der langen Maischegärung, die man auf Latour nach der Ernte praktiziert und die dem Wein einen hohen Tanningehalt vermittelt, wird er als der männlichste unter den Premiers Crus bezeichnet. In seiner Jugend ist er oft sehr hart und benötigt viele Jahre der Reife. In guten Jahren ist der Latour ein Wein, den man für seine Kinder aufheben kann und in großen Jahren für die Enkel. Es ist ein komplexer, intensiver Wein, voller kompakter Stärke. Das Bukett kann überwältigend sein und er besitzt sehr viel Tiefe, die immer mehr Abstufungen erkennen läßt, je länger man ihn aufbewahrt. Das Château hat den Ruf, auch in schlechten Jahren relativ gute Weine zu erzeugen. Somit ist die Liste der interessanten Latour-Weine praktisch endlos. Angefangen bei 1945 können die folgenden Jahrgänge als herausragend genannt werden: 1945, 1947, 1949, 1950, 1952, 1953, 1955, 1957, 1959, 1960, 1961, 1962, 1964, 1966, 1967, 1970, 1971, 1975, 1978, 1979, 1981, 1982. Das mit einer sehr modernen Kellertechnik ausgestattete Château gehört heute zu 75 % britischen Unternehmen, die 1963 die Aktienmehrheit erworben hatten.

Château Margaux: »Château Margaux ist der Inbegriff von Elite und Perfektion«, sagte Pierre Ginestet. Mehr als jedes andere Weingut von hohem Rang hinterläßt es beim Besucher eine Vielzahl von Eindrücken, die zusammen ein Bild ergeben, das so vollkommen und gleichzeitig so vielschichtig ist wie der Wein selbst. Tatsächlich ist der Margaux-Wein die Vollkommenheit an Eleganz. Wahrscheinlich findet man kaum einen Rotwein, der köstlicher ist. Wer auch immer Margaux trinkt, spürt den Duft herrlicher Blumen und fühlt sich erinnert an den subtilen Zauber feinen Porzellans, an die verhaltenen Klänge eines Spinetts — ein Hauch ist zu spüren von all den Dingen, denen ein besonderer Reiz und zarte Schönheit anhaftet. Trotz seiner einmaligen Eleganz ist der Margaux ein Wein, der sich gut hält und der seine Zeit braucht, bevor er seine ganze Noblesse offenbart — wie gut auch immer er in seiner Jugend schon schmecken mag. Margaux scheint die Sonne zu lieben, denn die besten Margaux-Weine entstehen immer in den Jahren, in denen es viel Sonnenschein gibt. Das heißt nun aber nicht, daß der Wein in durchschnittlich guten Jahren enttäuscht. Man sagt sogar, daß dieses Château in solchen Jahren seine charakteristischsten Weine hervorbringt. In sonnenarmen Jahren gibt es jedoch Probleme mit dem Margaux, weil der sehr zart veranlagte Wein dazu neigt, zu leicht zu werden. Die Weingärten umfassen ca. 85 ha, von denen etwa 75 ha für die Erzeugung von Rotwein genutzt werden. Die Weinstöcke teilen sich auf in 75 % *Cabernet* und 25 % *Merlot.* Heutiger Besitzer von Château Margaux ist die Familie Mentzelopoulos, die das Château, in dessen Privatkeller 100 000 Flaschen (die älteste aus dem Jahre 1865) liegen, für etwa 37 Mill. DM im Jahre 1976 erwarb. Die besten Jahrgänge waren 1961, 1962, 1966, 1970, 1975, 1978, 1979, 1981, 1982, 1983.

Château Haut-Brion: (Obleich Château Haut-Brion im Anbaugebiet *Graves* liegt, sei es hier im Rahmen der übrigen Premiers Crus von Médoc kurz vorgestellt.) Die Weine von Château Haut-Brion waren bereits im 17. Jahrhundert in London bekannt. Andere Namen wurden dort erst mit Beginn des 18. Jahrhunderts erwähnt. Mit Recht könnte Haut-Brion daher für sich in Anspruch nehmen, als erstes Bordeaux-Gut auf dem Markt international berühmt geworden zu sein. Das Gut hat heute eine Gesamtgröße von 50 ha, von denen 44 kultiviert werden. Sie sind bepflanzt mit 55 % *Cabernet Sauvignon, 35 % Cabernet Franc* und *25 % Merlot.* Der Haut-Brion ist ein kraftvoller Wein mit einem glatten, edlen Aroma. Außerdem ist es ein Wein mit einer ausgeprägt individuellen Persönlichkeit, der sich von den Médocs deutlich unterscheidet. Im Vergleich zu den in der Klassifizierung von 1855 erfaßten Médocs kann man im Haut-Brion den besonderen Graves-Stil herausschmecken. Normalerweise ist er weniger reserviert als die Médoc-Weine, obwohl gerade der schöne rote Graves eine starke Ähnlichkeit mit gewissen Pauillac-Weinen hat. Ein guter Haut-Brion wird neben Stärke und Tiefe auch immer etwas Samtiges aufweisen, das ihm in reifen Jahren einen entwaffnenden Charme verleiht. Die besten Jahrgänge waren 1961, 1962, 1964, 1966, 1970, 1971, 1975, 1978, 1981, 1982, 1983. Seit 1935 ist der amerikanische Finanzier Clarence Dillon Besitzer von Château Haut-Brion. 1962 übertrug er es auf seinen Sohn Douglas, der Botschafter der Vereinigten Staaten und unter J.F. Kennedy Finanzminister war.

Château Mouton-Rothschild: Das Château ist eines der beeindruckendsten Weingüter im Médoc. Jedes Jahr lockt es viele Tausende Touristen an. In Zeitungen und Zeitschriften war es — mehr als irgendein anderes Château — Gegenstand zahlloser Artikel. Dieses Interesse ist zu einem großen Teil dem 118jährigen Kampf zuzuschreiben, den Mouton gegen die Klassifizierung von 1855 geführt hat, wo es sehr zum Mißfallen seiner damaligen Besitzer nicht in die Premiers Crus-Klasse aufgenommen wurde, sondern sich mit dem Platz eines zweiten Gewächses zufriedengeben mußte. Das Weingut Mouton wurde von Baron Nathaniel de Rothschild 1853 in einem etwas desolaten Zustand erworben. 1880 wurde es von James, Nathaniels Sohn, allmählich in ein richtiges Château verwandelt. Von 1920 bis 1987 wurde es von seinem Enkel Baron Philippe de Rothschild geführt, der schließlich Mouton zu einem Premier Cru machte. Der Weinberg hat eine Ausdehnung von 80 ha, von denen 72 ha kultiviert werden. Typisch für Mouton-Rothschild ist der hohe Anteil von *Cabernet Sauvignon*-Trauben (90%), dazu kommen 5% *Cabernet Franc,* während der Rest *Merlot* ist. Der Wein von Mouton ist ein vielgepriesener. Charakteristisch ist die Beschreibung des Engländers Clive Coats, ein Meister unter den Weinkennern, der im »Wine Magazine« schreibt: »Das konzentrierte Aroma, die pure Fülle, die massive Fruchtigkeit, verbunden mit dem unverkennbaren, verführerischen Zedernholzaroma des reifen Mouton —, ein wahrlich erhebender Weingenuß.« Die überdurchschnittlichen und besten Jahrgänge der letzten Jahrzehnte waren 1961, 1962, 1966, 1970, 1971, 1975, 1976, 1978, 1979, 1981,

1982. Mit Château Mouton-Rothschild verbindet sich eine Reihe von Besonderheiten, die es in keinem anderen Médoc-Château gibt. So ist seit 1934 auf jedem Mouton-Etikett die Anzahl der abgefüllten Flaschen vermerkt, jede Flasche ist numeriert und seit 1945 (l'année de la Victoire) wird jedes Jahr der obere Teil des Etiketts von einem anderen Künstler entworfen. Nur 1953 war eine Ausnahme, weil man zur Feier des 100jährigen Bestehens Wein und Etikett jenen drei Rothschilds gewidmet hatte, die als erste Besitzer von Mouton waren. Die aufsehenerregendste Neueinführung des Baron Philippe war sein 1962 eröffnetes Wein-Museum. Mit Hilfe seiner Frau hat er eine einzigartige Sammlung von Kunstgegenständen zusammengestellt. Jedes Ausstellungsstück ist thematisch auf den Wein abgestimmt. Die Sammlung ist sehr vielfältig und reicht von feinstem Glas, großartigen alten Flaschen, persischen Pokalen, antiken Möbeln über Gemälde von Picasso und holländischen Meistern bis zu Gobelins.

Saint-Émilion

Die entzückende mittelalterliche Stadt St.-Émilion, die in ihrer Gesamtheit ein historisches Denkmal ist, liegt in der Mitte eines 5000 ha großen Rebengebietes, das in etwa 1000 Parzellen aufgeteilt ist. Die Traubensorte *Merlot* ist hier vorherrschend sowie *Cabernet Franc* (örtlich als *Bouchet* bezeichnet), und auch *Cabernet Sauvignon* spielt eine wichtige Rolle. Die meisten bedeutenden Weine von St.-Émilion wachsen auf den kalkhaltigen Hügeln an der Stadtgrenze.
Die erste Klassifizierung der Weine von St.-Émilion erfolgte am 7. 10. 1954. Im Gegensatz der zu den Klassifizierungen für die Weine von *Médoc* und *Sauternes* wird sie jedoch in bestimmten Zeitabständen (meist alle zehn Jahre) vom I.N.A.O. (Institut National des Appellations d'Origine) revidiert. Bis 1984 wurden zwei Klassifizierungen durchgeführt: Eine erste im Jahre 1955 mit einer Änderung im Jahre 1958. Eine zweite Klassifizierung erfolgte dann 1969. Anfang 1984 wurde ein neues Dekret verabschiedet, das die Anzahl von vier Klassifizierungsgruppen, die zugleich auch die Bedeutung ei-

ner Appellation besitzen, auf zwei reduzierte: *Saint-Émilion* und *Saint-Émilion Grand cru.* Die Grands Crus Classés und Premiers Grand Crus Classés gehören jetzt zur Appellation *Saint-Émilion Grand Cru.*

Klassifizierung von St. Émilion

	Rebfläche in Hektar	Jahresproduktion in Flaschen
Saint-Émilion Premiers Grands Crus Classés		
A		
Château Ausone	8	25000–35000
Château Cheval Blanc	35	180000
B		
Château Belair	13	50000
Château Canon	18	100000
Château Figeac	34	150000
Clos Fourtet	16	80000
Château La Gaffelière	18	90000
Château Magdelaine	11	70000
Château Pavie	35	150000
Château Trotevieille	8	45000
Saint-Émilion Grands Crus Classés		
Château l'Angélus	25	100000–170000
Château l'Arrosée	25	100000–150000
Château Baleau	16	80000–100000
Château Balestard-la-Tonnelle	8	50000
Château Bellevue	6,5	40000
Château Bergat	3	25000
Château Berliquet	15	50000
Château Cadet-Bon	3	15000
Château Cadet-Piola	18	85000
Château Canon-La-Gaffelière	22,5	130000–150000
Château Cap de Mourlin	17	80000
Château Chapelle Madeleine	1	1000
Château-le-Chatelet	2,5	10000
Château Chauvin	9,5	40000
Château Coûtet	12	40000

	Rebfläche in Hektar	Jahresproduktion in Flaschen
Château Couvent-des-Jacobins	8,8	45000
Château Croque-Michotte	10	60000–70000
Château Curé-Bon	5	25000–30000
Château Dassault	18	80000
Château Faurie-de-Souchard	8,5	50000–60000
Château Fonplégade	7	55000
Château Fonroque	18	65000–75000
Château Franc-Mayne	6,5	40000
Château Grand-Barrail-Lamarzelle-Figeac	23,5	175000
Château Grand-Corbin	13,5	75000
Château Grand-Corbin-Despagne	25,5	185000
Château Grand-Mayne	17,5	83000
Château Grand-Pontet	14	70000
Château Grandes-Murailles	2	9500
Château Guadet-St.-Julien	5,5	28000
Château Haut-Gorbin	3,5	18000
Château Haut-Sarpe	25	100000
Clos des Jacobins	8	50000
Château Jean Faure	9	52000
Château La Carte	4,5	30000
Château La Clotte	4,5	30000
Château La Cluzière	3	15000
Château La Couspaude	4,5	25000
Château La Dominique	17	80000
Clos La Madeleine	1	5000
Château La Marzelle	5,5	40000
Château La Tour-Figeac	16	115000–120000
Château La Tour-du-Pin-Figeac	8,5	70000
Château Laniotte, Château Chapelle-de-la-Trinité	5	30000
Château Larcis-Ducasse	11	70000
Château Larmande	8,5	60000
Château Laroze	28	110000
Château Lasserre	7	50000
Château Le Châtelet	15	30000
Château Le Couvent	6	4000
Château Le Prieuré	4,5	30000
Château Matras	8,5	40000
Château Mauvezin	2	12000
Château Moulin du Cadet	5	38000
Château l'Oratoire	6	42000

	Rebfläche in Hektar	Jahresproduktion in Flaschen
Château Pavie-Decesse	8,5	50000
Château Pavie-Macquin	12	60000
Château Pavillon-Cadet	3,5	20000
Château Petit-Faurie-de-Soutard	9	60000
Château Ripeau	30	170000
Château St.-Georges-Côte-Pavie	6	26000
Clos St.-Martin	2,5	12000
Château Sansonnet	6,5	37000
Château Soutard	18	80000
Château Tertre-Daugay	16,5	72000
Château Trimoulet	16	78000
Château Trois-Moulins	4,5	30000
Château Troplong-Mondot	25	170000
Château Villemaurine	6,5	40000
Château Yon-Figeac	21	128000–135000

Beschränken wir uns bei der Besprechung der Weine auf die zwei Spitzenreiter, die gleichsam das Leitmotiv in den Qualitäten von St.-Émilion bilden.

Château Ausone: Das Château, das nach dem römischen Dichter Ausonius benannt wurde, besitzt nur einen 8 ha großen Weinberg, der je zur Hälfte mit *Merlot* und *Cabernet Franc* bepflanzt ist. Interessant ist, daß man in Ausone Spuren fand, die darauf hinweisen, daß zur Zeit der Römer hier Wein angebaut wurde. Weinliebhaber hat immer wieder die Frage beschäftigt, ob die Weine von Ausone gleichwertig mit denen von Cheval blanc sind. In seinem Werk »The Wine of Bordeaux« schreibt Edmund Penning-Rowsell: »... Ich habe seit dem Krieg noch keinen außergewöhnlichen Ausone zu trinken bekommen.« Auch in anderen Büchern sind ähnliche Stellungnahmen zu lesen. Im allgemeinen ist Cheval blanc Favorit: Der Preis für ein Dutzend Flaschen ist gewöhnlich höher als der, der für Ausone des gleichen Jahrganges bezahlt wird. Tatsächlich ist Ausone eine Art Modewein gewesen, der heute nicht mehr so stark gefragt ist wie noch vor 25 Jahren. Ungeachtet dessen macht der Wein auch heute noch einen vorteilhaften Eindruck. Er besitzt eine satte Farbe, ein schönes Bukett mit ausgeprägtem Aroma und einen langwährenden Abgang.

Château Cheval Blanc: Das 35 ha große Gut liegt unmittelbar an der Grenze zum Anbaugebiet Pomerol. Sehr charakteristisch ist die ungewöhnliche Art, in der der Weinberg bepflanzt wurde: Es gibt nämlich überhaupt keinen Cabernet Sauvignon. Die hier angebauten Sorten sind zu zwei Drittel *Cabernet Franc,* fast ein Drittel *Merlot* und ein Prozent *Malbec.* Wenn man Cheval Blanc trinkt, mag man sich einen Augenblick einbilden, man sei wohlhabend, denn die Üppigkeit dieses Weines ist wahrlich fantastisch. Der Rotwein schmeckt wie ein Konzentrat. Es ist ein dunkler Wein, mit fabelhaftem Bukett, das immer prächtiger und üppiger wird und ein feines Aroma mit delikater Abstufung besitzt.

Gleichsam wie ein riesiger mit Weinlaub geschmückter Kranz ziehen sich um die alte Weinstadt St.-Émilion mehrere A.C.-Zonen, die weingeographisch zum St.-Émilion-Gebiet gehören. Ihre Gewächse sind in keiner Klassifizierung genannt und ihre zahlreichen Châteaux profitieren nicht vom Glanz der großen Herkunftsbezeichnungen. Erstaunlicherweise stört das viele der selbstbewußten Weingutsbesitzer überhaupt nicht. Da gibt es zum Beispiel das 1774 erbaute herrliche *Château St. Georges de Montagne* bei *Lussac,* dessen Besitzer, M. Desbois-Pétrus, mit seinem adeligen Wein voll Würze und Feinheit eine exzellente Qualität schafft. Auf gleicher Stufe stehen auch die Produkte von *Château des Tours,* einem im 14. Jahrhundert in der *Montagne-St.-Émilion* errichteten Schloß, das als das schönste des Gebietes gilt. Auch die ebenfalls in der Montagne gelegenen Châteaux *Beauséjour, Roudier, Calon* und *Maison Blanche* gehören zu den profilierten Erzeugern.

Andere wiederum tragen Bezeichnungen, die auf den ersten Blick leicht mit viel berühmteren Namensvettern verwechselt werden können. In Lussac-St.-Émilion steht zum Beispiel ein *Château Bel-Air,* das nicht identisch ist mit dem Premier Grand Cru Classé *Château Belair* von St.-Émilion. Es gehört zu den Dutzend von Bel-Air-Châteaux im Bordelais, die wegen ihrer Namensgleichheit ein genaues Studium des

Weinetiketts erfordern, um keinen — wohl kaum beabsichtigten — Täuschungen zu erliegen.

Im Süden, unweit der alten Weinhandelsstadt *Libourne,* gibt es die Appellation contrôlée *Sables-St.-Émilion,* die aufgrund einer 1973 erlassenen Bestimmung mit der Appellation contrôlée St.-Émilion gemeinsam verwendet werden kann, da die Rebsorten, die Hektarbegrenzung für den Maximalertrag sowie der Weinbergsboden beider Zonen identisch sind. Weitere Appellation-Distrikte im St.-Émilion-Gebiet sind:

Lussac (750 ha): Feine, körperreiche Weine, die schon jung getrunken werden können, aber auch gut haltbar sind;
Montagne (940 ha): Rubinrote, rassige, generöse Weine, die aus fünf verschiedenen Weinbaugemeinden stammen können;
St.-Georges (280 ha): Geschmeidige, vornehme Rotweine mit pikanter Frucht;
Puisseguin (580 ha): Gut lagerfähige, körperreiche Weine, die im Charakter denen von St.-Émilion ähneln;
Parsac (220 ha): Sehr ansprechende, duftige, gefällige Weine.

Pomerol

Das kleinste unter den A.C.-Regionen von Bordeaux ist zugleich auch eines der jüngsten, was seine Eigenständigkeit betrifft. Noch vor gut 50 Jahren wurden die Weine von Pomerol mit denen von St.-Émilion gemeinsam erfaßt. Historisch können die Gewächse dieses Gebietes, das man bequem in einer Stunde durchfahren kann, allerdings auf eine wesentlich ältere Bedeutung zurückblicken. Es ist gewiß richtig, daß man Pomerol zu einem selbständigen Qualitätsweinbaugebiet gemacht hat, denn seine Weine unterscheiden sich doch deutlich von denen des benachbarten St.-Émilion. Auf eine einfache Formel gebracht, kann man sagen, daß sie im Geschmack und im Charakter zwischen denen des Médoc und St.-Émilion liegen. Sie zeigen sich in der Jugend oft nicht so verschlossen wie die Médoc-Weine, somit sind sie für »Bordeaux-Anfänger« gewiß auch unproblematischer und einfacher, dafür bringen sie es im Alter nur selten auf derart würdige Erscheinungen wie Médoc. Pomerol, »bescheiden in seiner Lieblichkeit, groß in seiner Einförmigkeit«, wie es ein Autor treffend skizzierte, besitzt keine eigene Klassifizierung seiner Weine, ungeachtet dessen gilt *Château Pétrus,* das schon vor hundert Jahren in Paris mit einer Goldmedaille für seine Weine ausgezeichnet wurde, als das qualitativ führende Gut. Das größte Wein-Château, das auch am längsten in Familienbesitz steht, ist *Château de Sales.* Weitere erstklassige Erzeuger sind Château *Bellegrave, La Conseillante, Domaine de l'Eglise, Clos l'Eglise, l'Evangile, Latour-Pomerol, Vieux Certan, Crazin* und *La Fleur-Pétrus.*

Pomerol-Weine erfreuen sich seit einigen Jahren ständig steigender Beliebtheit. Dies mag in der glücklichen Verbindung zwischen Subtilität und Finesse mit einer angenehmen Festigkeit liegen, welche Pomerol-Weine auszeichnen. Die wachsende Nachfrage führt dazu, daß heute gute Pomerol-Weine oftmals teurer gehandelt werden, als die Weine der Premier Grands Crus des benachbarten St.-Émilion.

Zufällig ist *Château Pétrus* das einzige Weingut, dessen Humusschicht aus Lehm besteht, wogegen die meisten anderen Châteaux in Pomerol kiesigen Boden haben. Ihre Weine sind Kreszenzen, die einen rasch erobern. Sie haben einen solch unbezähmbaren Charakter, daß man es schwierig findet zu unterscheiden, was man dazu am besten essen soll, da sie viele Speisen einfach überschatten. Und dies gilt nicht nur für besonders gute Weinjahre, denn auch in ziemlich leichten Jahrgängen, wie zum Beispiel 1962, verliert Pétrus wenig von seiner Vornehmheit. Der Wein besitzt eine lebhaft tiefe Färbung, ein außerordentliches Bukett, das ganz besonders reich und voll ist, sowie ein überwältigendes Aroma, das man lange Zeit im Munde spürt. Andere Jahrgänge sind noch reichhaltiger, delikater und kräftiger. Es sind Weine, die viele Generationen überleben werden, ohne daß ihre Qualität nachläßt.

Pomerol besteht aus 650 ha, die in 130 Besitztümer gegliedert sind. Das in der Nachbarschaft gelegene *Lalande-de-Pomerol* besteht aus 825 ha. Seine bedeutendsten Weingüter sind die Châteaux *Bel-Air, Sergant, Des Annereaux* und *Perron.* Die Rotweine werden zu je einem Drittel aus *Malbec (Pressac), Cabernet (Bouchet)* und *Merlot* erzeugt. Im Bukett, in ihrem feinen Geschmack und ihrer distinguierten Art stehen sie denen von Pomerol kaum nach.

Fronsac

Westlich von Pomerol liegt ein kleines Rotweingebiet, dessen noch ziemlich preiswerte Weine zunehmend an Beliebtheit gewinnen: Fronsac (1000 ha). Seine Weine sind erst Mitte der 50er Jahre bekannt geworden, unter anderem durch einen seltsamen Umstand: Während im Jahre 1956 katastrophale Frosteinbrüche über ein Drittel der Weinberge des Bordelais vernichteten, wurden die Reben um die mittelalterliche Stadt Fronsac aufgrund ihrer besonderen geographischen Lage weitgehend verschont. Das führte zu einer sprunghaft ansteigenden Nachfrage nach den kräftigen, fast kernigen Rotweinen der *Côtes Canon Fronsac* beziehungsweise *Côtes de Fronsac.* Die Winzer erkannten damals ihre große Chance und begannen, in die Modernisierung der Weinerzeugung viel zu investieren und ihre Weine populärer zu machen. Für einen üblichen Bordeaux sind die Weine relativ schwer, sehr fruchtig, aber auch ausgesprochen delikat.

Gebiete mit Anbau von Rotweinen und Weißweinen

Die selbst von Weinkennern immer wieder unterschätzte Vielfältigkeit des Bordeaux-Wein-Sortiments kommt wohl am besten in der Erzeugung dieser über das gesamte Bordelais sich erstreckenden Gebiete zum Ausdruck. Mit Ausnahme des Grave-Gebietes sind die Regionen und ihre Weine eigentlich ziemlich unbekannt. Wer spricht schon über die Weine zum Beispiel von *St.-Marcaire* oder *Ste.-Foy-la-Grande*? Ein deutlicher Hinweis auf die vornehmlich in Frankreich konsumierten Weine dieser Anbaugebiete ist auch die Exportstatistik. Während zum Beispiel von den Médoc- und St.-Émilion-Weinen durchschnittlich etwa 56 %

ausgeführt werden, erreichen die Weinerzeuger von *Blaye, Castillon* oder im Gebiet von *Premières-Côtes-de-Bordeaux* Ausfuhrergebnisse, deren Anteil knapp unter 20 % der Gesamtproduktion liegt.

Allerdings gibt es innerhalb der Rot- und Weißwein-Produktionsgebiete eine Zone, deren Exportbedeutung noch über der von Médoc und St. Émilion liegt: Graves kommt im Durchschnitt von 10 Jahren auf fast 60 % Exportanteil seiner Gesamtproduktion, was immerhin annähernd 60 000 hl entspricht. Ihr folgt — innerhalb der anschließend vorgestellten Gebiete — *Graves de Vayres,* dessen Weinausfuhr sogar 40 % der Gesamterzeugung ausmacht, von denen der größte Anteil in die Bundesrepublik geht. Im einzelnen ist zwischen den folgenden A.C.-Gebieten mit Rot- und Weißweinerzeugung zu unterscheiden:

Graves

Im nördlich gelegenen Teil, dem »Hautes Graves«, werden aus den gleichen Reben wie im Médoc trockene Rotweine auf einer Fläche von 875 ha erzeugt. Weißweinreben, vor allem *Sémillon, Sauvignon* und *Muscadelle* nehmen eine Fläche von 1500 ha ein. Im Süden sind es vor allem halbtrockene bis liebliche Weißweine, die als *Graves Supérieures* bezeichnet werden, im Norden werden hingegen trockene, rassige Weißweine erzeugt.

Graves ist ein typisches Beispiel dafür, wie hartnäckig sich unter Weintrinkern Vorurteile und Klischeevorstellungen halten können. Lange Zeit hatten fast ausschließlich die vollmundigen, milden Weißweine des Graves im internationalen Weinhandel Bedeutung, so daß sie fast zum Synonym für die gesamte Weinerzeugung des Gebietes wurden. Gewiß haben es die Winzer in Graves nicht verstanden, die einstmalig außergewöhnliche Position vor allem im Exporthandel mit England zu erhalten. Im 17. Jahrhundert nämlich rangierten die roten Weine von Graves vor denen des Médoc. In der angelsächsischen Welt kam der Médoc-Wein erst im 18. Jahrhundert allmählich in Mode. Nachhaltige Rückschläge erlitten die Weinberge im Graves durch das epidemieartige Auftreten von Rebschädlingen zur Mitte bis Ende des 19. Jahrhunderts. Damals betrieben die Weingüter die Erneuerung der in Mitleidenschaft gezogenen Rebfelder nicht so rasch wie die in den benachbarten Gebieten. Das führte unter anderem auch dazu, daß in der Klassifizierung von 1855 nur ein einziges Weingut aus dem Graves berücksichtigt wurde: *Château Haut-Brion.* In den Jahren 1953 und 1959 wurden offizielle Klassifizierungen der besten Rotweingüter und Weißweingüter aufgestellt. Die im folgenden wiedergegebene Klassifizierung zeigt, daß die Güter in den Gemarkungen von Gemeinden sich befinden, die nicht nur wenige Kilometer entfernt von der Weinmetropole und Hafenstadt Bordeaux, sondern auch in mittelbarer Nachbarschaft zum Haut-Médoc liegen. Diese geographische Situation bedeutet einerseits traditionell gute Absatzmöglichkeiten für Weine über das Handelszentrum Bordeaux sowie eine Bodenbeschaffenheit, die den Weinbergen von Haut-Médoc, Pomerol und St.-Émilion in gewisser Weise ähnelt. Interessant ist, daß nach langem Kampf die Klassifizierung keine Hierarchie-Abstufungen zeigt wie die für St.-Émilion und Médoc.

1987 wurde im Norden des Graves-Gebietes eine Appellation amtlich festgelegt, die den Namen *Pessac-Léognan* trägt. Sie umfaßt eine Rebfläche von 900 Hektar, auf der im langjährigen Durchschnitt etwa 32500 hl Weiß- und Rotwein erzeugt wurde. Sie werden von 55 Crus aus zehn Weinbaugemeinden erzeugt, von denen als Bezeichnung der neuen A.C. die beiden Weinbauorte *Pessac* und *Léognan* gewählt wurden. Auf dem Weinetikett darf die neue Bezeichnung um die kleiner gedruckte Bezeichnung »vin de Graves« oder »grand vin de Graves« bzw. bei den Crus classés um »cru classé des Graves« ergänzt werden.

Die verschiedenen Haut-Brion-Châteaux, die in der Klassifizierung genannt werden, haben nicht nur ihre Nachbarschaft, sondern auch einen einzigen Besitzer, die Domaine Woltner, gemeinsam. *Château Haut-Brion,* der Primus inter pares, ist der älteste und berühmteste Erzeuger feiner Weine im Graves, das wiederum selbst das älteste Weinanbauge-

Graves: Klassifizierung von 1959

	Gemeinde	Jahresproduktion in Tonneaux	bzw. Kisten (à 12 Fl.)
Rotweine			
Château Haut-Brion	Pessac	150	12000
Château Bouscaut	Cadaujac	120	10000
Château Carbonnieux	Léognan	90	8000
Domaine de Chevalier	Léognan	40	3800
Château Fieuzal	Léognan	60	5500
Château Haut-Bailly	Léognan	55	5000
Château La Mission-Haut-Brion	Pessac	70	6000
Château La Tour-Haut-Brion	Talence	18	1500
Château La Tour-Martillac (Kressmann La Tour)	Martillac	50	4500
Château Malartic-Lagravière	Léognan	45	4000
Château Olivier	Léognan	10	900
Château Pape-Clément	Pessac	100	9000
Château Smith-Haut-Lafitte	Martillac	140	13000
Weißweine			
Château Bouscaut	Cadaujac	18	1500
Château Carbonnieux	Léognan	150	14000
Domaine de Chevalier	Léognan	10	950
Château Couhins	Villenave-d'Ornon	40	3800
Château La Tour-Martillac (Kressmann La Tour)	Martillac	6	500
Château Laville-Haut-Brion	Talence	20	1800
Château Malartic-Lagravière	Léognan	6	500
Château Olivier	Léognan	80	7000
Château Haut-Brion (wurde 1960 hinzugefügt)	Pessac	16	1500

biet in Bordeaux ist. Eine Erklärung für die außergewöhnliche Güte seiner Weine sieht man vor allem in der einzigartigen geologischen Beschaffenheit der Weinbergsböden. Vor Jahrtausenden trugen Flüsse Steine und Kiesel in die Mündung von Bordeaux und hinaus in den Ozean. Das Ergebnis war eine komplexe Bodenzusammensetzung aus Gesteinen, die zum Teil aus den Zentralpyrenäen, zum Teil aus dem Zentralmassiv oder auch aus den Flußtälern von Lot und Aveyron stammten. Im Gebiet von Haut-Brion wurde dieser für den Weinbau bestens geeignete Boden jedoch später von einer dicken Sandschicht bedeckt, die der Wind aus den Landes hergeweht hatte. Nur dort, wo heute Haut-Brion selbst steht, blieb kein Sand liegen, weil die Bäche zu beiden Seiten des Gutes ihn im Laufe der Jahrhunderte weggewaschen hatten. So blieb der berühmte kiesige Untergrund für die Rebwurzeln erreichbar. Da das Château in der ersten Hälfte dieses Jahrhunderts ein paar Mal die Besitzer wechselte, gibt es nur wenige alte Jahrgänge in seinem Keller. Zum Beispiel liegen im Keller von Mouton-Rothschild mehr alte Flaschen mit Haut-Brion als in Pessac.

Nur durch die Straße von Bordeaux nach Arcachon getrennt, grenzen an die Weingärten von Haut-Brion die Reben vom *Château La Mission Haut Brion,* die bis 1682 zusammengehörten. Bis zur Französischen Revolution war es Besitztum des Ordens der Prêcheurs de la Mission, worauf die heutige Bezeichnung noch hinweist. Die Weine von La Mission zeigen unverkennbar eine potente Klasse. Sie sind tief gefärbt, ausgewogen, elegant, abgerundet und in diesem Sinne eine Herausforderung für viele Rotweinliebhaber.

Durch eine Eisenbahnlinie vom Château La Mission Haut Brion getrennt, schließen im Süden, immer noch von der ausufernden Stadt Bordeaux beinahe umschlossen, die *Châteaux La Tour Haut Brion, La Vie Haut Brion* und *La Côte Haut Brion* an. Während das Château La Mission Haut Brion mit 18,5 ha Rebfläche immerhin noch ein beträchtliches Rebenareal besitzt, darf man den Weingarten von Château La Tour Haut Brion mit seinen 4,5 ha als relativ klein betrachten. Er ist im beinahe gleichen Verhältnis der Rebsorten gepflanzt, wie die Weingärten seiner Nachbar-Châteaux: 60 % *Cabernet Sauvignon,* 10 % *Cabernet Franc* und 30 % *Merlot.* Allgemein sind die Preise von La Tour Haut Brion um ein Drittel niedriger als die von La Mission, was auch durchaus verständlich ist, denn der Wein ist etwas herber und besitzt weniger Feinheit. Würde man denselben Jahrgang von La Mission und La Tour Haut Brion nebeneinander kosten, so könnte man feststellen, daß der letztere immer weniger zart gefärbt, etwas schlichter und herber ist. Bei alledem ist La Tour Haut Brion stets ein sehr zufriedenstellender Wein.

Dritter im Bunde der großen Graves-Châteaux von Pessac ist *Château Pape Clément,* dessen wechselvolle Geschichte im frühen 14. Jahrhundert begann. Nach manchen turbulenten Zeiten erlebte es mit Beginn der 40er Jahre wieder eine neue Glanzzeit. Der 27 ha große Weinberg bringt rote Weine mit viel Feinheit und Charme. Sie zeichnen sich durch eine extrem dunkle Farbe, feines, würziges Bukett und ein angenehmes und warmes Aroma aus.

Fährt man von Talence kommend in Richtung Süden, so stößt man nach etwa 8 km auf *Château Olivier,* einem von den sechs klassifizierten Graves-Châteaux um Léognan. In den Kellern des aus dem 12. Jahrhundert stammenden Schlosses werden Weißweine und Rotweine ausgebaut. Die Weißen sind von heller Farbe, haben ein zartes Bukett und ein charakteristisches Aroma, das abgesehen von einer gewissen Feinheit, gewöhnlich auch von frischer, junger Qualität ist. Rote Olivier-Sorten benötigen gewöhnlich eine längere Reifeperiode, da sie über einen markanten Tanningehalt verfügen. Der 160 ha große Besitz ist seit Anfang dieses Jahrhunderts von der Firma Eschenauer gepachtet, die auch die 51 ha umfassenden Weinberge des *Château Smith Haut Lafitte* in Martillac in Pacht genommen hat. Die ausgezeichnet gereiften Rotweine dieses zum Teil völlig erneuerten Schlosses werden in eigenwillig geformte Flaschen abgefüllt, die übrigens auch für die Weine von *Château Rausan Ségla* (Premier Cru Classé Margaux) — ebenfalls ein Eschenauer-Besitz — verwendet werden.

Produktionsintensivstes Gut in der Gemarkung von Léognan ist *Château Carbonnieux,* das über eine sehr moderne Kellertechnik verfügt und relativ herbe, leicht duftige und in manchen Jahrgängen brillante Weißweine sowie kräftige, finessenreiche Rotweine erzeugt.

Château Haut-Bailly produziert in seinem 20 ha großen Weinberg ausschließlich Rotwein, einen milden, köstlichen, subtilen Wein, der aus auffallend alten Rebstöcken (manche haben ein Alter zwischen 50 bis 60 Jahren erreicht) gewonnen wird. Der Rotwein von *Château de Fieuzal* besitzt immer ein höchst eigentümliches Aroma. Zudem ist er stark getönt, verfügt über ein ganz spezielles Bukett und einen ausgereiften Geschmack. All dies macht ihn zu einem prunkvollen, festlichen Wein. Der junge weiße Fieuzal trinkt sich angenehm, nicht nur sein Duft, sondern auch das Aroma erinnert an Pfirsiche.

Zwischen Château de Fieuzal und der Gemeinde Léognan liegen die Weingärten von *Château Malertic-Lagravière,* die einen recht eigenwilligen, sehr vollmundigen und kraftvollen Rotwein erzeugen. Der trockene Weißwein wird ausschließlich aus *Sauvignon Blanc* gewonnen.

In den unscheinbaren Gutsgebäuden der *Domaine des Chevaliers* reifen ausgezeichnete Rot- und Weißweine, die zu den besten Graves zählen. Mit Recht verdient der weiße Domaine des Chevaliers überschwengliches Lob, indem man ihn wegen seiner delikat-aristokratischen Eigenart und seiner überragenden Finesse als den »weißen Château Margaux« bezeichnet. Der Rotwein von der Domaine des Chevaliers wird gelegentlich mit den Qualitäten von Château La Mission Haut-Brion verglichen.

In der Klassifizierung für die Graves-Weine von 1959 wurde aus der Gemeinde Cadaujac lediglich das *Château Bouscaut* aufgenommen, heute ein stattliches Haus mit massiven, in der Jugend recht rauhen Rotweinen, deren hervorragendes Bukett und seine später schmeichelhafte Entwicklung mit vielem versöhnt, und frischen, angenehm duftigen Weißweinen. Auf *Château La Tour Martillac* wird vorwiegend Rotwein erzeugt, ein mundiger, feiner, reifer und milder Tropfen.

Die Bezeichnung *Graves* deutet auf den kiesigen (gravier) Boden der Weinberge hin, in die sich Ton- und Sand-Geröll mischten mit unterschiedlichem Untergrund, eisen-, ton-, oder kalkhaltig. So ist bereits der Anbau verschiedener Sorten zu verstehen, deren Charakter doch beträchtlich voneinander abweicht. Die edelsten Weine wachsen zweifellos im Norden, wo feine, delikate und ziemlich körperreiche Rotweine vorherrschen, die sich von denen des Médoc durch noch größeren Körperreichtum und eine gewisse Aufgeschlossenheit unterscheiden. Auf sie mag wohl besonders gut zutreffen, was einmal Curnonsky, Fürst der Gastronomen über den Bordeaux-Wein sagte: »Er stößt dich nicht mit dem Ellbogen an, um zu sagen: Schau her, da bin ich! Seine gelassene Souveränität zwingt sich von selbst auf. Er ist der Wein kultivierter Menschen, des ›honnête homme‹, wie man es im Sinne des 18. Jahrhunderts verstand. Dieser Wein spiegelt am besten den französischen Geist wider.«

Trockene Weißweine haben im Graves einen Anteil von nur etwa 12 % an der Gesamterzeugung. Die weitaus größte Fläche nehmen mit etwa 60 % die lieblichen weißen *Graves Supérieures* ein, die im Süden des Gebietes beheimatet sind. Weniger wegen seiner Weine als vielmehr wegen seiner reizvollen Landschaft und den sehenswerten Château, von denen nicht jedes unbedingt mit gutem Wein in Verbindung zu bringen ist, sei ein Besuch dieser Gegend empfohlen.

Blaye und Bourg

Begeben wir uns nun auf der Bordeaux-Landkarte nach Norden. Am Ostufer der Gironde, gegenüber von Médoc, liegen zwei sehr alte Weinbaubezirke in einer romantischen Gegend um die Städe Blaye und Bourg, deren Rot- und Weißweine auf fruchtbaren, tonigen Kalkböden wachsen. Die Rotweine haben den Vorzug, daß sie schon ziemlich früh getrunken werden können. Die trockenen Weißweine werden aus den gleichen Rebsorten gewonnen wie im Graves. Zu *Sauvignon, Sémillon, Muscadelle* kommen noch *Merlot Blanc* und *Colombard.* Die Rebsorten für feine Rotweine *(Cabernet, Merlot, Malbec)* spielen auch auf der 10000 ha großen Anbaufläche von Bourg und Blaye die wichtigste Rolle. Die Rotweine von Bourg sind körperreich und sehr ansprechend, die von Blaye hingegen etwas leichter.

Graves de Vayres und Ste. Foy

Graves de Vayres bildet eine Art Enklave von 3000 ha Rebfläche in dem weitläufigen Gebiet des *Entre-deux-Mers,* so daß nicht selten seine Weine pauschal zu denen des benachbaren Gebietes hinzugerechnet werden. Wer die geschmacklichen Unterschiede der Weine beider Gebiete kennt, wird verstehen, warum den Weinen von Graves de Vayres bereits 1937 die A.C.-Herkunftbezeichnung zugebilligt wurde. Durch eine gewisse Namensgleichheit werden die Weine von Graves de Vayres gelegentlich irrtümlich auch denen der Graves-Region zugeordnet. Zwar gibt es in der Bodenbeschaffenheit der Weinberge dieser beiden Gebiete gewisse Ähnlichkeiten, doch auch hier findet man nur selten in geschmacklicher Hinsicht Übereinstimmungen. Zudem liegt Graves etwa 25 km westlich von Graves de Vayres am linken Ufer der Garonne und ist damit anderen mikroklimatischen Gegebenheiten unterworfen als Graves de Vayres.

Seinen Namen führt das Gebiet auf die kiesige Beschaffenheit der Weinbergsböden zurück. Der zwischen den Flüssen Dordogne und Garonne angeschwemmte Boden setzt sich hier vor allem aus kieselhaltiger Erde sowie ton- und kalkhaltigen Segmenten zusammen. Auf den 725 ha Rebfläche werden für die Weißweingewinnung die Rebsorten *Sauvignon, Sémillon, Merlot Blanc* und *Muscadelle* kultiviert. Das Rotwein-Sortiment umfaßt die Sorten *Cabernet, Merlot* und *Malbec.*

Durch die starken Frostschäden von 1956 mußte ein großer Teil der Rebstöcke auch im Gebiet von Graves de Vayres erneuert werden. Die Wiederanpflanzungen erfolgten unter Aufsicht des Syndicat Viticole, das zuvor für die zu verwendeten Reben genaue Auflagen erlassen hatte, so daß nur qualitativ besonders geeignetes Pflanzgut Verwendung fand. Die Ernten der folgenden Jahre zeigten tatsächlich eine allgemeine qualitative Verbesserung der Weine. Unter den Weißweinen dominieren die kraftvollen, milden, lieblichen bis fruchtig-süßen Tropfen. Sie verfügen über Körper und Finesse — Charaktereigenschaften, die sie nicht zuletzt den kiesigen und trockenen Böden verdanken. Die Rotweine, die auf den kiesigen Böden gewachsen sind, zeichnen sich durch ein delikates Aroma aus, sie sind sehr süffig und gefallen durch ihre Feinheiten. Auf den Alluvialböden gedeihen recht kräftige Rotweine, die als Verschnitt-Rotweine sehr gefragt sind.

Mit einer durchschnittlichen Jahresproduktion von 25 000 hl nimmt die Weißweinerzeugung die führende Rolle ein. Davon wird mehr als die Hälfte exportiert und zwar fast ausschließlich in die Bundesrepublik. Ohne Zweifel finden die angenehm lieblichen und vollmundigen Weißweine der Graves de Vayres unter den bundesdeutschen Weintrinkern sehr viele Freunde.

Die Rotweinerzeugung liegt im Durchschnitt bei 10 000 hl, von denen etwa 6900 hl ausgeführt werden. Da auch die roten Graves de Vayres über gute Eigenschaften — wie eine schöne Farbe, ein angenehmes Bukett und Eleganz — verfügen, ist damit zu rechnen, daß sich ihre Exportzahlen ebenfalls noch erhöhen.

Im äußersten Osten der Region Bordeaux liegt das Gebiet Ste. Foy, das eigentlich schon fast ein reines Weißweinanbaugebiet ist. Nur etwa 5 % der Produktion entfallen auf Rotweine, der Rest ist ein goldgelber angenehm duftender, edelsüßer Weißwein, der mit den Dessertweinen des benachbarten Montbazillac im Bergerac geschmacklich verwandt ist.

Premières-Côtes-de-Bordeaux

Am rechten Garonne-Ufer zieht sich von Bordeaux bis nach St. Macaire ein 60 km langer, nur wenige Kilometer schmaler Streifen entlang, in dem auf 2100 ha Weißwein und 775 ha Rotweine erzeugt werden. Im nördlichen Teil des als Premières-Côtes-de-Bordeaux bezeichneten Gebietes dominiert Rotwein, der aus den gleichen Rebsorten gewonnen wird wie der Médoc *(Cabernot, Merlot, Malbec, Petit Verdot).* Entsprechend sind es schön gefärbte, schwungvolle, körperreiche und feine Weine. Die Weißweine aus den Sorten *Sémillon, Sauvignon* und *Muscadelle* gewonnen, tendieren überwiegend zu lieblicher bis süßer Geschmacksrichtung. Sie sind fruchtig und großzügig. Die edelsüßen Kreszenzen erreichen nicht immer die Klasse der Dessertweine von Loupiac und St.-Croix-du-Mont, doch können sie ohne weiteres mit den meisten Sauternes-Weißweinen wetteifern.

Cadillac

Die an der Grenze zwischen den Gebieten von Premières-Côtes-de-Bordeaux und Loupiac gelegenen Bezirke um die Stadt Cadillac wurden 1973 zu einer eigenen Appellation contrôlée zusammengefaßt. Neben einigen Rotweinen im Range guter Tafelweine werden vornehmlich fruchtig-süße, bukett- und alkoholreiche Weißweine erzeugt.

Bordeaux und Bordeaux Supérieur

Die Rebflächen, die nicht innerhalb einer der bestimmten Anbauzonen mit eigener Appellation contrôlée liegen, sich jedoch in den Grenzen des gesamten Appellations contrôlées-Gebietes Bordeaux befinden, produzieren Rot- und Weißweine, deren Herkunftsbezeichnung Bordeaux oder Bordeaux Supérieur heißt.

Der Unterschied zwischen beiden Bezeichnungen ist nicht ausschließlich geographisch bestimmt, sondern auch durch verschiedene Ertragsbegrenzungen: Für Rot- und Weißweine der Appellation contrôlée Bordeaux Supérieur beträgt sie 40 hl pro Hektar, für Rot- und Weißweine der Appellation contrôlée 50 hl pro Hektar. Auch das für den Anbau zugelassene Rebsortiment ist bei der A.C.-Bordeaux größer als bei der A.C.-Bordeaux Supérieur. Die gesamte Rebfläche für die Weißweingewinnung beträgt immerhin 17 000 ha, für die Rotweinerzeugung 15 000 ha. Die Qualitäten des auf diesem großen Areal wachsenden Weines weisen dementsprechend eine beträchtliche Bandbreite auf. Sie reicht von fruchtigen, nervigen, trockenen Weißweinen (Bordeaux A.C.) bis zu süßen, milden und weichen Weißweinen (Bordeaux Supérieur). Die Rotweine sind meist leicht, süffig, harmonisch bis körperreich, kräftig und rund.

Zwei kleine Zonen in der Nähe von St.-Émilion besitzen noch eine lokale Appellation: *Côtes de Castillon* (600 ha) für seinen Rotwein und *Côtes de Francs* (550 ha) für Rot- und Weißweine (trocken).

Bordeaux Clairet und Bordeaux Rosé

Von den Engländern stammt die Bezeichnung »Claret« für auffallend hellrote Rotweine, die in Bordeaux schon seit langem produziert werden. Ihre Erzeugung wurde durch ein Dekret im Jahre 1951 geregelt. Fünf Jahre später wurde auch die Herstellung von Bordeaux Rosé genau festgelegt. Bordeaux Rosé wird aus roten Trauben (Cabernet, Malbec, Petit Verdot und Merlot) nach Art der Weißweinbereitung, also ohne Maischegärung erzeugt, so daß die Weine nur wenig Farbstoffe der roten Beeren aufnehmen. Beim Bordeaux Clairet werden rote, besonders reife und säurereiche Trauben verarbeitet, deren Fruchtfleisch höchstens 24 bis 48 Stunden eingemaischt wird, ohne daß die Maische zur Gärung gelangt. Diese erfolgt vielmehr im roten Saft, der von den übrigen Maischebestandteilen getrennt rasch abgezogen wird und eine vollständige Gärung durchmacht. Bordeaux Rosé und Bordeaux Clairet sind einfache, sehr leichte, fruchtige und frische Weine, von denen jährlich etwa 900 000 l hergestellt werden.

Anbaugebiete für Weißwein

Etwa ein Viertel aller Bordeaux-Weine sind Weißweine. Diese Feststellung wirkt überraschend für eine Region, die allgemein als klassischer Rotweinproduzent betrachtet wird. Die Absatzsituation für die Bordelaiser Weißweine scheint hingegen ungleich problematischer zu sein als für die meisten Rotweine, die ja auf jeden Fall vom guten Image der Rotweinregion Bordeaux profitieren.

Tatsächlich wenden sich die Weißweine von Bordeaux an zwei offenbar sehr verschiedenartige Konsumentengruppen, da sie im Geschmack sich so stark unterscheiden, daß man kaum Gemeinsamkeiten feststellen kann. Abgesehen von den trockenen Weißweinen des nördlichen Graves-Gebietes, die sich eines besten Rufes erfreuen, können die übrigen trockenen Weißweine nicht uneingeschränkt zu den Spitzenweinen gerechnet werden. Gewiß gibt es zum Beispiel im Gebiet von *Entre-deux-Mers* einige wirklich außergewöhnlich sympathische Tropfen, doch bei einer derart breiten Produktionsbasis bleibt es nicht aus, daß auch einmal schwächere Qualitäten präsent sind. Trotz allem sind sie von dem weltweiten Trend für leichte, bekömmliche, trockene Weißweine begünstigt, zumal ihr Preisniveau für nicht so zahlungskräftige, aber konsumwillige Käufer sehr vorteilhaft ist. Andererseits wirkt sich der verbreitete Wunsch nach alkoholarmen und zum Essen passenden Weinen für die likörartigen Kreszenzen, die vor allem im Süden von Bordeaux gedeihen, nicht gerade vorteilhaft aus. Hier können nur die ganz großen Weine mit den traditionellen eindrucksvollen Château-Bezeichnungen glänzend bestehen, während die meisten anderen der süßen Weine einen reibungslosen Absatz nur über Preiszugeständnisse finden, was nicht zuletzt wiederum das Ansehen dieser in der typischen weißen Bordeaux-Weinflasche abgefüllten honigsüßen Weine beeinträchtigt.

Überall dort, wo man als Gourmet ein perfektes Menu zu genießen weiß, wird man zum Dessert und zum Abschluß gleichsam als Höhepunkt der Tafelfreuden einen der ölig fließenden, goldfarbenen, edelsüßen Tropfen aus Bordeaux trinken. Doch diese Anlässe werden in unserer hektischen Zeit leider immer seltener. Also führt man die ehemals kostbaren Ausleseweine anderen Käuferschichten mit gewandelten Trinkanlässen und Gewohnheiten zu. Ungeachtet dessen bleiben die Weißweine des Bordelais das fruchtige, rassige und üppige Pendant zu den subtilen, kräftigen und würzigen Rotweinen, die zutreffend als die Medizin des Alters bezeichnet werden.

Die trockenen Weißweine der *Appellation Contrôlée Bordeaux* können wie die Rotweine derselben Bezeichnung aus dem gesamten Anbaugebiet von Bordeaux kommen. Die restlichen trockenen Weißweine werden in drei Gruppen zusammengefaßt:

- Auf dem rechten Ufer von Gironde und Dordogne die *Côtes de Blaye* und *Côtes de Bourg.* Weiße Trauben werden hauptsächlich in den nördlichen Teilen der kontrollierten Ursprungsbezeichnungen von Blayais und Bourg geerntet.

- *Entre-Deux-Mers* liegt zwischen den Flüssen Dordogne und Garonne und besteht aus einem Mosaik von unterschiedlichsten Böden, stufenweise ansteigenden Hochebenen, ton- und kieselhaltig oder kiesig. Das Gebiet ist das größte geschlossene Weinanbaugebiet der Welt für Qualitätsweißweine.
- *Graves de Vayres* ist eine Enklave im Entre-Deux-Mers. Sie liegt gegenüber der Stadt Libourne am linken Ufer der Dordogne.
- Die *Graves* liegen auf der linken Seite der Garonne.

Alle trockenen Weißweine von Bordeaux sind besonders frisch und fruchtig, wenn sie jung, also ein oder zwei Jahre nach der Ernte getrunken werden. Einige von ihnen, besonders die *Graves,* altern aber auch sehr gut zehn Jahre und manchmal mehr.

Mit Ausnahme der *Appellation Contrôlée Bordeaux Supérieur,* die aus dem gesamten Anbaugebiet von Bordeaux kommen kann, liegen die Produktionszonen der wichtigsten lieblichen Weißweine an beiden Ufern der Garonne.

- Auf der linken Seite die A.C.*Sauternes, Barsac, Cérons,* die als Enklaven innerhalb des Bereichs der *Graves Supérieures* wachsen.
- Rechts der Garonne die A.C. *Côtes de Bordeaux-Saint-Macaire, Sainte-Croix-du-Mont, Loupiac, Cadillac* und *Premières Côtes de Bordeaux.*

Nur die beiden kontrollierten Ursprungsbezeichnungen *Graves de Vayres* und *Sainte-Foy-Bordeaux* liegen etwas entfernter, am linken Ufer der Dordogne.

Die lieblichen Weißweine sind in einer gänzlich anderen Weise vollkommen als die noblen roten Bordeaux und geradezu »himmlisch«. Die likörigen Weißweine verdanken ihre betonte Süße niemals der Zugabe von Zucker. Es ist die

Edelfäule an den überreifen Beeren, die eine ungewöhnliche Konzentration des Zuckergehaltes in den rosinenartig schrumpfenden Beeren ermöglicht. Dieser Schimmelpilzbefall, der bei den roten Trauben die Gewinnung guter trockener Rotweine nicht ermöglichen würde, ist bei den weißen Sorten für die Erzielung von Auslesen prädestiniert. Gewöhnlich tritt sie erst im Spätherbst ein, wenn sich die Sonnenwärme des Tages und die Luftfeuchtigkeit der Nacht harmonisch die Waage halten. Da nicht alle Beeren der Trauben zur gleichen Zeit von diesem *Botrytis cinera*-Pilz befallen werden, bedarf es oft mehrerer Durchgänge bei der Weinernte, um eine Trockenbeerenauslese zu gewinnen.

Sauternes

Unter den fünf Anbaugebieten für süße Bordeaux-Weine ist Sauternes das exponierteste. Seine Rebfläche beträgt 1350 ha, und seine Weinausfuhr in alle Welt besitzt einen Anteil von über 70 % der gesamten Weinerzeugung. Damit ist Sauternes das exportintensivste Weinbaugebiet des Bordelais. Dieses gesegnete Stückchen Erde liegt auf dem linken Garonne-Ufer, etwa 40 km stromaufwärts von Bordeaux. Der Nährboden für die Reben ist ein harmonisches Gefüge aus silicium- und kalkhaltigen Schichten mit sandigen und tonigen Beimischungen, die sich dort im Laufe der Zeit abgelagert haben und dem Wein Finesse, kräftigen Charakter und mundigen Geschmack verleihen. Ein Nebenfluß der Garonne, der Ciron, durchquert die Landschaft, und so genießt dieses Gebiet ein Kleinklima mit Morgennebeln im Herbst, die jedoch bald wärmenden Sonnenstrahlen weichen — ideale Voraussetzung für das Entstehen von Trockenbeeren. Die Lagebezeichnung Sauternes erstreckt sich über das Gebiet der fünf Gemeinden *Bommes, Fargues, Preignac, Sauternes* und *Barsac* — letztere mit dem Privileg auf eine eigene Appellation contrôlée.

Château d'Yquem

Sein Wein wurde zur Legende. Auf den internationalen Auktionen erzielt er fast regelmäßig die höchsten Preise für

Sauternes und Barsac: Klassifizierung von 1855

	Jahresproduktion in	
	Tonneaux	bzw. Kisten (à 12 Fl.)
Premier Grand Cru		
Château d'Yquem (Sauternes)	100	9 000
Premiers Crus		
Château Guiraud (Sauternes)	120	11 000
Château La Tour-Blanche (Bommes)	50	4 800
Château Lafaurie-Peyraguey (Bommes)	50	4 800
Château de Rayne-Vigneau (Bommes)	120	11 000
Chîateau Sigalas-Rabaud (Bommes)	35	3 000
Château Rabaud-Promis (Bommes)	75	7 000
Clos Haut-Peyraguey (Bommes)	25	2 200
Château Coutet (Barsac)	75	6 500
Château Climens (Barsac)	65	6 000
Château Suduiraut (Preignac)	110	10 000
Château Rieussec (Fargues)	90	8 500
Deuxièmes Crus		
Château d'Arche (Sauternes)	80	7 500
Château Filhot (Sauternes)	50	4 000
Château Lamothe (Sauternes)	25	2 000
Château Myrat (Barsac)	50	4 500
Château Doisy-Védrines (Barsac)	60	5 700
Château Doisy-Daene (Barsac)	20	1 900
Château Suau (Barsac)	15	1 300
Château Broustet (Barsac)	30	2 700
Château Caillou (Barsac)	40	3 700
Château Nairac (Barsac)	25	2 000
Château de Malle (Preignac)	40	3 700
Château Romer (Fargues)	15	1 300

Weißweine. Seine Haltbarkeit scheint kaum begrenzt zu sein. Als Anfang 1978 ein deutscher Weinsammler, spezialisiert auf alte Château d'Yquem-Weine, gemeinsam mit dem jetzigen Besitzer des Château und einigen Weinexperten aus Bordeaux eine von ihm ersteigerte Flasche des Jahrgangs 1861 verkostete, zeigte dieser museale Tropfen eine erstaunliche Frische und immer noch das charakteristische d'Yquem-Aroma.

Seit 1786 gehört das aus dem 16. Jahrhundert stammende Château d'Yquem der Familie des Marquis de Lur-Saluces. Von den 148 ha, die der Besitz einschließt, sind 102 ha mit Weißweinreben bepflanzt. 57 Mitarbeiter, einschließlich der saisonalen Erntehelfer, sorgen mit größter Sorgfalt durch Selektion der reifsten Beeren und einem drei Jahre währenden Faßausbau für die Erzeugung dieses kostbaren Elixiers. Unabdingbare Voraussetzungen dafür sind natürlich die Witterungsbedingungen eines Jahrganges. Größter Feind der Trokkenbeerenauslese ist der Hagel, der zum Beispiel die Ernten der Jahrgänge 1951, 1952 und 1973 weitgehend vernichtete. Auch in den Jahren 1964 und 1972 wurde kein Château d'Yquem erzeugt. Weine, die nicht dem hohen Niveau eines d'Yquem entsprechen, werden nur unter der Bezeichnung Sauternes verkauft. 80 % der Rebfläche sind mit Sauvignon, 20 % mit Sémillon bepflanzt. In Jahren, in denen die Sauvignon-Reben viel besser gedeihen als die Sémillon (zum Beispiel 1972) erzeugt das Château auch einen trockenen, kraftvollen und ausdrucksstarken Weißwein unter der Bezeichnung »Y«.

Barsac

In der Süßweinenklave des Graves-Gebiets liegt Barsac unmittelbar am linken Ufer der Garonne. Auf 650 ha verteilen sich zu zwei Drittel Sémillon, ein Sechstel Sauvignon und ein Sechstel Muscadelle. Auch in Barsac wird ein geschmeidiger, likörartiger, feiner Weißwein erzeugt, der den Sauternes an Eleganz kaum nachsteht. Daher gab es zeitweise auch Bemühungen, Barsac in die Appellation contrôlée Sauternes einzugliedern, gegen die sich die meisten Barsac-Châteaux heftig sträubten. In der Klassifizierung von 1855 sind sie indes zusammengefaßt. Unter den 12 *Premiers Crus* ist Barsac zweimal vertreten, unter den 13 *Deuxièmes* Crus siebenmal.

Cérons, Loupiac und Saint-Croix-du-Mont

Die drei Gebiete liegen in der Nachbarschaft von Sauternes-Barsac. Loupiac und Saint-Croix-du-Mont auf dem rechten Garonne-Ufer. Ihre Rebflächen umfassen jeweils 500 bis 650 ha, die Rebensortimente sind ähnlich wie in Sauternes und Barsac zusammengesetzt. Die Weine von Cérons, nicht ganz so schwer und süß wie die von Sauternes, erfreuen sich in Frankreich oft größerer Beliebtheit als im Ausland. Die Weine von Loupiac und Saint-Croix-du-Mont sind in ihrer feinen, rassigen und süßen Geschmacksrichtung ziemlich ähnlich.

Jung getrunken sind die Süßweine aus dem Süden von Bordeaux weinig und temperamentvoll, jedoch erhalten sie im Laufe der Jahre eine spezielle Mundigkeit, Rasse und Körper, die für sie charakteristisch sind. Am besten schmecken sie, wenn sie kühl getrunken werden, ohne daß sie im Eiskübel einen Kälteschock erleiden. Im Gegensatz zu einer weitverbreiteten Auffassung handelt es sich bei ihnen nicht nur um ausgesprochene Dessertweine. Große Sauternes- und Barsac-Weine sind zum Beispiel gastronomisch hervorragend als Begleiter zu Gänseleber oder Roquefort-Käse geeignet. Gourmets genießen sie auch gerne zu Hummer und Languste, Wild und Geflügel, Melone, Trockenfrüchten, Nüssen und Mandeln.

Appellations Contrôlées für die Bordeaux-Weine

		Maximaler Ertrag	Durchschnittsprod.	
	A.C.-Dekret des Jahres	Hektoliter pro Hektar	Weißwein Hektoliter	Rotwein Hektoliter
Barsac	1936	25	15 000	
Blaye oder Blayais	1936	45 weiß		
		50 rot	17 500	500
Bordeaux	1936	50	650 000	400 000
Bordeaux Clairet oder Rosé	1956			7 500

	Maximaler Ertrag		Durchschnittsprod.	
	A.C.-Dekret des Jahres	Hektoliter pro Hektar	Weißwein Hektoliter	Rotwein Hektoliter
Bordeaux Supérieur	1943	40	25 000	375 000
Bordeaux Mousseux	1943			
Cadillac	1969	40	15 000	
Cérons	1936	40	18 000	
Côtes de Blaye	1936	42	3 500	
Côtes de Bordeaux Saint-Macaire	1937	42	12 000	
Côtes de Bourg, Bourg	1941	50 weiß	5 000	
oder Bourgeais	1936	50 rot		95 000
Côtes Canon Fransac	1949	42		10 000
Côtes de Fronsac	1938	42		25 000
Entre-deux-Mers	1937	50	95 000	
Graves	1937	40	8 500	37 500
Graves Supérieures	1937	40	30 000	
Graves de Vayres	1937	42 weiß		
		40 rot	17 000	7 000
Haut-Médoc	1936	43		65 000
Lalande de Pomerol und Néac	1936	40		21 000
Listrac	1957	40		15 000
Loupiac	1936	40	15 000	
Lussac Saint-Émilion	1936	42		40 000
Margaux	1954	40		25 000
Médoc	1936	45		70 000
Montagne-Saint-Émilion	1936	42		35 000
Moulis	1938	40		10 000
Parsac-Saint-Émilion	1936	42		7 000
Pauillac	1936	40		31 000
Pomerol	1936	40		24 000
Premières Côtes de Blaye	1936	42 weiß		
		50 rot	1 000	37 500
Premières Côtes de Bordeaux	1937	40	85 000	30 000
Puisseguin-Saint-Émilion	1936	42		21 000
Sables-Saint-Émilion	1937	42		6 000
Sainte-Croix-du-Mont	1936	40	16 000	
Saint-Émilion	1936	42		190 000
Saint-Estèphe	1936	40		50 000
Sainte-Foy-Bordeaux	1937	45	6 000	1 000
Saint-Georges-Saint-Émilion	1936	42		7 500
Saint-Julien	1936	40		25 000
Sauternes	1936	25	27 000	

Elsaß: Weißweine für Kenner

Kaum einer der großen europäischen Weine ist in jeder Beziehung so einfach zugänglich wie der elsässische Weißwein. Er ist geradezu unverwechselbar, in Verpackung und Inhalt einmalig. In seinem äußeren Erscheinungsbild unterscheidet er sich bereits von allen anderen Flaschenformen. Mit Ausnahme von den Literflaschen wird er nach gesetzlichen Vorschriften ausschließlich in der 70 cl fassenden *Flûte d'Alsace* abgefüllt, einer grünen, elegant aussehenden Schlegelflasche mit einem sehr langen, schlanken Hals.

Die Flaschenform symbolisiert gleichsam schon die Eigenarten des elsässischen Weines, der ja kein deftiger, derber Landwein ist, sondern durch seinen trockenen bis feinherben, fruchtigen, frischen bis kraftvollen Charakter zu den gediegensten Kreszenzen unter den Weißweinen der Welt zählt.

Der Zugang zum elsässischen Wein ist vor allem aber auch über das Etikett unkompliziert. Es gibt nur eine Herkunftsbezeichnung, die *Appellation contrôlée Alsace* beziehungsweise *Vin d'Alsace,* der der Name der Rebsorte und gegebenenfalls auch des Weinbauortes hinzugefügt werden kann. Durch eine 1975 erlassene Regelung gibt es auch das Prädikat *Alsace Grand Cru,* das mit einem Lagenamen (zum Beispiel Schloßberg-Kienzheim, Kaysersberg) ergänzt werden kann. Für Spitzenweine mit der Grand Cru-Benennung darf der Hektarertrag höchstens 70 hl betragen, das Mostgewicht muß mindestens 83° Öchsle (= 11°) erreichen. Als Grand Crus kommen nur Weine aus den Rebsorten *Riesling, Gewürztraminer, Pinot Gris* und *Muscat* in Betracht. Für alle übrigen Weine beträgt der Mindestalkoholgehalt 8,5°.

Ihre eigenständige Aussage verdanken die elsässischen Weißweine in ganz besonderer Weise den ausgewählten Rebsorten, die für Spitzenweine sortenrein gekeltert werden.

Führende Sorte unter ihnen ist mit 22% des Anbaus der *Gewürztraminer,* aus dem besonders würzige, körperreiche,

ELSASS

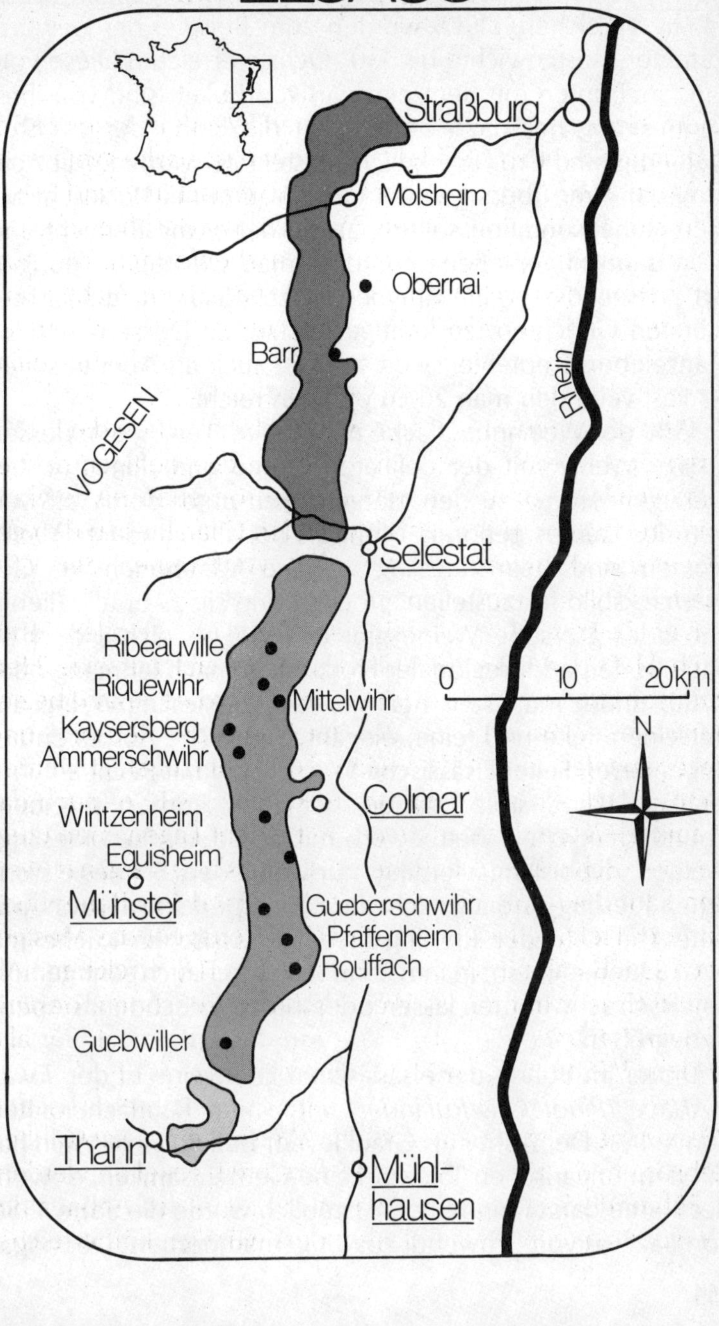
Straßburg
Molsheim
Obernai
Barr
VOGESEN
Rhein
Selestat
Ribeauville
Riquewihr
Mittelwihr
Kaysersberg
Ammerschwihr
Wintzenheim
Colmar
Eguisheim
Münster
Gueberschwihr
Pfaffenheim
Rouffach
Guebwiller
Thann
Mühl-
hausen
0
10
20 km
N

trockene, wahrhaft hochkarätige Kreszenzen gewonnen werden, deren Alkohol in sonnenreichen Jahrgängen bis an 14° heranreichen. (1976 wurden zum Beispiel bei Gewürztraminer Mostgewichte bis 130° Öchsle erreicht.) Diese vollrunden Tropfen mit dem einzigartigen Bukett sind von ihrer Veranlagung her dazu berufen, in die Reihe der edelsten weißen Grand Crus Frankreichs gestellt zu werden. Mit Achtung vor ihrer überragenden Qualität und mit Rücksicht auf die eigene Kondition sollte man sie daher mit Bedacht und Behutsamkeit genießen. In ihrer oftmals wuchtigen, feurigen Art passen die Weine am besten zu pikanten, delikat gewürzten Gerichten, zu kräftigem Käse, zu Desserts und zu Gänseleber. Empfehlenswert sind sie auch als Apéritif sowie als Festwein, den man zu Empfängen reicht.

15 % der Weinanbaufläche nimmt der *Riesling* ein, dessen rassige Weine mit der delikaten Blume und dem fruchtig-würzigen Aroma zu den männlichsten unter den Weißweinen des Landes gehören. Mehr als bei allen anderen Weißweinen sind beim Riesling gewisse Variationen im Geschmacksbild festzustellen. Trocken sind sie zwar alle (liebliche oder gar süße Weine gibt es im Elsaß nicht), doch je nach Boden oder regionaler Herkunft, je nach Jahrgang oder Ernte, findet man sehr nervige, rassige Riesling-Weine auf der einen Seite und feine, elegante, köstliche Ausgaben auf der anderen Seite. Elsässische Winzer sind mit Recht auf ihre Riesling-Weine stolz, stehen sie doch immer in einem freundschaftlichen Wettbewerb mit den deutschen Riesling-Weinen, die bislang allerdings nur wenig dem Stil des elsässischen Riesling-Anbaus nacheifern. Eine perfekte gastronomische Ehe geht der Riesling in der elsässischen Küche mit dem Sauerkraut ein, in ihm kann man aber auch sehr genußvoll Fisch schwimmen lassen oder ihn zuvor schon als Apéritif begrüßen.

Dritter im Bunde der elsässischen Edelweine ist der *Tokay d'Alsace (Pinot Gris/Ruländer)* mit einem Rebflächenanteil von 4,4 %. Der früher als Grauklevner bezeichnete Wein hat mit dem ungarischen Tokayer keine Gemeinsamkeit, obwohl der Name darauf hindeutet. Angeblich wurde die Sorte 1550 von Lazarus von Schwendi aus Ungarn importiert. Der ungarische Tokayer wird freilich aus Furmint-Reben erzeugt. Gleichwohl ist der Tokay d'Alsace einer der üppigsten, kräftigsten und aromatischsten Ruländer-Weine Mitteleuropas, die sehr eigenwillig wirken können, obgleich sie mild und gehaltvoll sind. Eine optimale kulinarische Verbindung können sie mit saftigen, gut gewürzten Braten sowie Gänseleber eingehen; gegebenenfalls sind sie auch als Begleitung zur Nachspeise geeignet.

Zu den Bukettsorten unter den Spitzenweinen zählt schließlich auch der *Muscat d'Alsace* (3,9 % Rebflächenanteil), der geschmacklich oft noch eine Spur extravaganter ausfallen kann als der Tokay. Bekannt ist der im 16. Jahrhundert von Fischart geprägte Reim über diese Sorte: »Der liebste Buhlen den in han, der liegt beim Wirt im Keller. Er hat ein hölzern Röcklin an, und heißt der Muskateller.« Man kann sich sehr gut vorstellen, daß der betont fruchtige Muskatgeschmack dieser sehr alten Traubensorte nicht nur im Mittelalter Weinfreunde begeisterte. Tatsächlich ist der Muscat d'Alsace ein vornehmer Weißwein, dessen Genuß gelegentlich sogar das Gefühl vermittelt, man beiße noch auf frische Muskattrauben. Da die meisten Muskateller-Weine in der Welt sehr süß sind, stellt der trockene Muscat d'Alsace auch in dieser Beziehung eine angenehme Ausnahme dar.

Der *Pinot blanc (Weißklevner, Clevner* oder *Weißburgunder)* ist mit etwa 14 % an der Rebfläche des Elsaß vertreten. Seine geschmeidigen, harmonischen, milden, ausgeglichenen, körperreichen Weine gehören zu den feinen Tischweinen, die die obere Klasse der Spitzengewächse nicht erreichen, ungeachtet dessen sich als sympathische Weißweine erweisen, die sanft und fordernd zugleich sind.

Etwa ein Viertel der elsässischen Weinberge sind mit dem *Silvaner* bepflanzt, der als gefälliger, fruchtiger und angenehmer Weißwein gemeinsam mit dem leichten, frischen *Chasselas* (16 %) im Verschnitt die beliebte elsässische Weinspezialität namens *Zwicker* ergibt. Der noch renommiertere *Edelzwicker (Gentil)* wird aus dem Verschnitt der Sorten *Silvaner und Pinot blanc* gewonnen.

Nur 4 % der elsässischen Rebsorten sind für die Rotweingewinnung bestimmt. Der *Pinot noir (Spätburgunder)* ist oftmals ein ziemlich kräftiger, vollmundiger und verhalten samtiger Wein, der noch am besten als Rosé schmeckt, weil er dann in süffiger Form herb-fruchtig ausfällt.

Wie in fast allen Weinbauregionen besitzen auch im Elsaß die verschiedenartigen Weinbergsböden auf die geschmackliche Ausrichtung der Weine einen nachhaltigen Einfluß. Gewürztraminer und Muskat werden vornehmlich auf tonhaltiger Erde gepflanzt, Riesling auf Schichten des Paläozoikums, Pinot auf Kalkboden, Silvaner hingegen fast überall. Gerade die Weinberge an den nach Südwesten ausgerichteten Vogesenhängen weisen eine äußerst vielfältige biologische Untergrundbeschaffenheit auf: Trias-, Lias- und Juraformationen mit späteren Anschwemmungen, Geröll aus der Eiszeit oder Lehmboden. Diese Vielfalt ist der Tatsache zu verdanken, daß diese Gegend durch die Absenkung eines früheren Gebirges entstand, von dem nur noch die Vogesen im Westen und der Schwarzwald im Osten bestehen blieben.

Die beiden Gebirgszüge und die Oberrheinische Tiefebene vermitteln dem elsässischen Weinbau einen nachhaltig günstigen klimatischen Einfluß mit ziemlich heißen Sommern (jährlich etwa 1900 bis 2000 Sonnenstunden) und gerade ausreichendem Niederschlag (ca. 700 bis 900 mm). Zwar ermöglicht dieses Klima mit vielen beständigen spätsommerlichen und herbstlichen Tagen das Wachstum spätreifender Trauben, wie zum Beispiel der Riesling, so bestehen für den elsässischen Weinbau doch auch durch das häufige Auftreten von Früh- und Spätfrösten gewisse Risiken.

Die etwa 18500 Winzer, die in über 100 Weinbauorten jährlich etwa 800000 hl Wein erzeugen, wissen sich sehr wohl auf diese klimatischen Sonderheiten ihres 11000 ha großen Weinbaugebiets einzustellen. Einige statistische Daten belegen ihren Erfolg sehr deutlich:

Mengenmäßig hat das Elsaß an der französischen Weinerzeugung nur einen Anteil von 10 %, die Bedeutung seines Qualitätsweines reicht indessen weit darüber hinaus. 13 % der in Frankreich konsumierten Weine kommen aus dem Elsaß. Berücksichtigt man, daß das wesentlich größere Weinanbaugebiet an der Loire mit seinen Erzeugnissen einen fast ebenso großen Konsumanteil besitzt, Burgunder-Wein nur

15 % und Beaujolais sogar nur knapp 10 %, dann besteht wohl kein Zweifel daran, daß der elsässische Wein unter den französischen Weinfreunden seinen festen Platz besitzt. Doch nicht nur im eigenen Lande, auch im Export sind die elsässischen Weine erfolgreich. Mehr als 12 % einer Jahresernte werden ausgeführt, davon über die Hälfte in die benachbarte Bundesrepublik. Allein wegen der engen Bindungen, welche die Länder durch die gemeinsame wechselvolle Vergangenheit auch heute verknüpft, hat das Elsaß schon immer östlich des Rheines die wichtigsten Abnehmer seiner Weine gefunden. Auch heute noch sind es vorwiegend deutsche Touristen, die auf der am 30. Mai 1953 feierlich eingeweihten *Route du Vin* die wie an einer Perlenschnur aneinandergereihten schmucken alten Städtchen und Weindörfer besuchen. Die 110 km lange elsässische Weinstraße, die in zahlreichen Windungen in Nordsüdrichtung die bis zu einer Höhe von 450 m Weinberge und schmucke Ortschaften verbindet, ist längst zu einem beliebten Pilgerziel für Feinschmecker, Weinfreunde und kulturhistorisch ambitionierte Reisende geworden. Goethe faßte in einem Brief an Frau von Stein 1799 seine Eindrücke von einer Elsaßreise in die Worte: »Ein willkommener Atem durch's ganze Land, Trauben mit jedem Schritt und Tage besser. Jedes Bauernhaus mit Reben bis an das Dach, jeder Hof mit einer großen, vollhangenden Laube, Himmelsluft, weich, warm, feuchtlich, man wird auch wie die Trauben reif und süß in der Seel'.«

Weinbauorte und Weinerzeuger

Nicht unmittelbar mit der elsässischen Weinstraße verbunden ist die nördliche Weinbauenklave um *Wissembourg (Weißenburg)*, durch die Staatsgrenze von der deutschen Weinstraße, der Rheinpfalz, getrennt. 450 Winzer der umliegenden Weinbauorte Cleebourg, Rotte, Steinselz und Oberhoffen haben sich 1946 zu einer Winzergenossenschaft zusammengeschlossen, die Silvaner, Riesling, Gewürztraminer und Tokay von beachtlicher Qualität erzeugt. Immerhin wurden Wissembourgs Weine schon im Mittelalter nach Schwaben, Bayern, Luxembourg und Belgien ausgeführt.

Ausgangs- und Zielpunkt aller Fahrten auf der Weinstraße ist *Straßburg,* historisch unter anderem auch eine der bedeutendsten Weinhandelsstädte Mitteleuropas, in der sich die heutigen Besucher über die weithin gerühmte Straßburger Gastronomie einen guten Vorgeschmack auf die folgenden Reiseerlebnisse holen. 20 km westlich von Straßburg beginnt die Route du Vin in *Marlenheim,* das wie viele elsässische Weinbauorte nachweisbar bereits im 6. Jahrhundert Weinbau betrieb und im Mittelalter offenbar mehr Rotwein als Weißwein erzeugte.

Das untere Elsaß, durch das die Weinstraße zunächst führt, verfügt nicht in einem so großen Maße über steile Weinbergslagen wie der südliche Teil des Landes. Die Gebirgszüge der Vogesen erheben sich auch hier nicht zu einem solch erhabenen Schutzwall, wie westlich von Colmar, so daß sich zwischen den beiden Teilen Ober- und Unterelsaß klimatisch und topographisch graduelle Unterschiede bemerkbar machen, die auf die Eigenarten der Weine natürlich nicht ohne Einfluß bleiben. Aus diesem Grunde mag man versucht sein, nach derartigem Gesichtspunkt eine — wenn auch inoffizielle — Klassifizierung der Qualitäten vorzunehmen. Damit könnte man allerdings den tatsächlichen Gegebenheiten kaum gerecht werden, denn viele der elsässischen Weinerzeuger bearbeiten Reben aus einem großen Einzugsbereich, was der speziell im Elsaß gepflegten Herkunftsbezeichnung mit der Nennung fast ausschließlich von Rebsorten natürlich nicht entgegensteht. Und so haben sich die Namen bekannter elsässischer Weinbauorte eigentlich deshalb in das Bewußtsein der Weininteressenten verankert, weil sie über angesehene Weingüter oder tüchtige Genossenschaften verfügen. Andererseits können diese Weinerzeuger selbstverständlich ihren guten Namen nur aufgrund besonders geeigneter Weinbergslagen erhalten, die von ihnen bewirtschaftet werden.

Folgt man einer Feststellung von Meister Merian, so gibt es in *Riquewihr (Reichenweiher)* den besten Wein im Elsaß:

»Zu Thann im Rangen,
zu Gebweiler in der Wannen,
zu Türckheim im Brand,
wächst der beste Wein im Land.
Doch gegen den Reichenweirer Sporen
haben sie alle das Spiel verloren.«

Recht unbefangen hat Merian mit diesem Spruch eine Starparade des elsässischen Weinanbaus geschaffen, wie sie auch heute noch ihre Gültigkeit hat. Allerdings sind die genannten Lagebezeichnungen heute nur wenigen Eingeweihten ein Begriff, da sie sich wegen ihrer relativ geringen Erträge auf den modernen Massenmärkten nur schwer durchsetzen können.

Ein Beispiel dafür ist die Lage Sporen in Riquewihr (Reichenweiher), die heute zu fast gleichen Teilen mit Riesling und Gewürztraminer sowie etwas Silvaner bestockt ist. Das 1639 gegründete angesehene Weingut Hügel hütet dieses Kleinod mit größter Sorgfalt und benutzt in seinem größeren Sortiment Weine der Lage Sporen als kostbares Aushängeschild.

Das zauberhafte Weinstädtchen Riquewihr (Reichenweiher) verfügt nicht nur über den Stammsitz der Familie Hügel (Jean Hügel war maßgeblich an der Restaurierung vieler der schönen alten Häuser des mittelalterlichen Ortes beteiligt), es ist zugleich auch die gute Adresse für zwei weitere der führenden elsässischen Weinerzeuger: Dopff und Irion sowie Dopff au Moulin und Preiss-Zimmer.

Seit 1574 ist das Château de Riquewihr Stammsitz der Familien Dopff und Irion, die 40 ha bester Weinlagen in die gemeinsame Firma einbrachten: Les Murailles für Rieslingwein, Les Maquisards für Tokayer, Les Sorcières für Gewürztraminer und Les Amandiers für Muscat. Darüber hinaus bestehen mit 600 Winzern Lieferverträge für die Übernahme von frischgelesenen Trauben, Kelterung, Lagerung, Reife und Abfüllung des Weines erfolgen im Château de Riquewihr. Dieses Verfahren ist charakteristisch für die Produktionsstruktur großer elsässischer Weingüter und Kellereien. Das Haus Dopff au Moulin schließlich zählt die exquisiten Lagen Schönenburg und Eichberg zu seinen kostbarsten Schätzen in einem repräsentativen elsässischen Weißweinprogramm von höchstem Niveau.

Ribeauvillé ist das bedeutendste Weinzentrum neben Colmar im mittleren Abschnitt des Elsaß. Vor einhundert Jahren hieß es in einer Chronik über die an Sehenswürdigkeiten reiche Stadt: »... sonst umgeben die Stadt nach allen Seiten Weinhügel, deren Traubensaft an Stärke keinem Elsässerwein etwas nachgibt und an Süßigkeit viele noch übertrifft. Daher der Weinbau und der Weinhandel die Haupterwerbsquellen der Bewohner sind.« Zu den führenden Weinerzeugern am Ort gehört die Firma Trimbach, die unter anderem auch ein Sortiment an elsässischen Edelbranntweinen führt.

Die Orte Kaysersberg, Kientzheim, Sigolsheim und Ammerschwihr ergänzen sich zu einem berühmten Weindreieck, das von den Rebgärten einiger namhafter Weingüter, Kellereien und Winzergenossenschaften ausgefüllt wird. Im 15. Jahrhundert wurde in *Ammerschwihr* die »Herrenstubengesellschaft« gegründet, aus der 1951 die *Confrérie St. Etienne,* die elsässische Weinbruderschaft, hervorging. Ihr Sitz ist heute das Château de Kientzheim, ein Renaissance-Schloß, in dem einmal der Baron von Schwendi wohnte, der den Tokayer in das Elsaß eingeführt hat. In vielerlei Veranstaltungen preist die rührige Weinbruderschaft in festlichen Kapitelsitzungen und fröhlichen Weinproben die großen elsässischen Gewächse. *Ammerschwihr* und *Sigolsheim* sind kurz vor Ende des Zweiten Weltkrieges fast restlos zerstört worden. Die heute wieder sehenswerten Weinstädtchen verfügen über einige besuchenswerte Weingüter und Kellereien, so zum Beispiel Spar und Söhne in Sigolsheim, die Firmen Kühn und Schöch (Maison Albert) in Ammerschwihr. Kaysersberg, der Geburtsort Dr. Albert Schweitzers, ist wegen seiner exponierten Lage besonders beliebter Ausflugsort. Seine beste Weinbergslage ist der Kaefferkopf, an dessen Reben das Haus Salzmann-Thomann einen guten Anteil hat.

Westlich von Colmar liegt der große Weinbauort *Wintzenheim,* wo ein hervorragender Gewürztraminer und excellenter Rieslingwein von den Domänen Zind-Humbrecht erzeugt werden.

Einen sehr interessanten und fast lückenlosen Überblick über die elsässische Weinerzeugung vermittelt jährlich der *Colmarer Weinmarkt,* der seit 1948 in der Dekade vor dem 15. August abgehalten wird. Die an historischen Sehenswürdigkeiten überaus reiche Kunststadt am Oberrhein mit dem malerischen Altstadtviertel und zahlreichen prächtigen Renaissance-Bauten ist zugleich auch Sitz der Zentrale Elsässischer Winzergenossenschaften (CEVA), in der sieben der achtzehn elsässischen Winzergenossenschaften zusammengefaßt sind.

Südlich von Colmar reihen sich bis nach Thann eine Reihe klangvoller Weinnamen aneinander: *Wettholzheim* (Antoine Gachy und Maison Wunsch et Mann), *Eguisheim* (Léon Beyer, der einen großen Teil der französischen Spitzengastronomie mit seinen hochdekorierten Qualitätsweinen beliefert, die sich darin auszeichnen, daß sie trotz ihres machtvollen Aromas überaus fein und elegant sind), *Westhalten* (Heim, Meyer-Walsch und Paul Schrapf) und *Guebwiller* (Domaine Viticole Schlumberger).

Nördlich von Sigolsheim verdienen noch die Weinbauorte *Mittelwihr* (Preiss-Henny) und *Bergheim* (Gustave Lorentz, Jerôme Lorentz Fils, Marcel Hugg) Erwähnung.

Bedeutsame Weinerzeuger im unteren Elsaß sind: In *Marlenheim* das Maison Michel Laugel, in *Dambach-La-Ville* das Maison Louis Gisselbrecht und Willy Gisselbrecht, in *Barr* die Weinkellerei Willm und das Haus Charles Wantz.

Côtes du Rhône: Super-Weine und guter Durchschnitt

Gibt es einen typischen Rhône-Wein? Bei Weinen einiger bestimmter Anbaugebiete verfällt man rasch in den Fehler, sie mit einer Standardcharakterisierung sozusagen über einen Kamm zu scheren. Gewächse der Côtes du Rhône zum Beispiel befinden sich in der Gefahr, von einer simpel formulierten Typologie in ihrer Ausdrucksvielfalt allzu stark vereinheitlicht zu werden. Man orientiert sich vielleicht an *Châteauneuf-du-Pape,* an *Lirac* und vielleicht auch an *Hermitage* und schon ist das Klischee fertig: glutvoll, kräftig, wuchtig, breit — das sind die Weine der Côtes du Rhône. Natürlich ist diese Vereinfachung in Anbetracht eines 200 km langen Weinanbaugebietes ungerecht. Obwohl der reichlich fließende Allerweltswein unter der Appellation contrôlée-Bezeichnung Côtes du Rhône eine Differenzierung von Güte- und Geschmacksunterschieden dem Weineleven nicht gerade erleichtert. Ähnlich wie bei Weinen anderer großer Anbauregionen sollte man sich schon für die Tropfen aus enger gezogenen geographischen Anbaudistrikten entscheiden, um die reiche Vielfalt der Rhône-Weine zu erkennen, die allein schon durch ein ungewöhnlich großes Rebensortiment und sehr abwechslungsreiche Bodenarten und Klimazonen bedingt ist.

In der folgenden Synopse der Qualitätsweine der Côtes du Rhône ist die Mannigfaltigkeit der Rebsorten und ihrer gesetzlich vorgeschriebenen Produktionsanteile bei den einzelnen Herkunftsangaben ersichtlich. Doch nur sehr wenige Rebsorten prägen auf deutliche Weise den eigentlichen Charakter vieler Weine der Côtes du Rhône. Allen voran die *Syrah,* die vollmundige, angenehm tanninhaltige und trockene Rotweine ergibt. Ihre gut gefärbten, ziemlich alkoholreichen Weine sind gut haltbar. Die wichtigsten Rebsorten für Weißweine sind die *Viognier,* die gerade in Hanglagen erstklassige Qualitäten erzielt, *Rousanne* mit duftigen, kraftvollen und milden Weinen sowie *Marsanne,* die im Ertrag etwas besser, in der Weinqualität ein wenig rustikaler ist als die Rousanne.

Das uralte Weinland, das sich in Nordsüd-Richtung zwischen der Römerstadt Vienne und Avignon erstreckt, läßt sich zur Gewinnung einer besseren Übersicht in drei Teile gliedern. Nicht mit Reben bewachsene Landstriche trennen diese Zonen, die ihre Fruchtbarkeit und ihre landschaftlichen Reize dem Rhônefluß verdanken. Er ist das Relikt einstmals breitflächiger Gletscher, die in der Urgeschichte dieser Gegend zwischen dem Massif Central und der Alpenkette lagen.

Der Fluß schwemmte über Jahrmillionen in dieses drittgrößte französische Weinanbaugebiet Quarzitgestein der Alpen, das sich allmählich in Kieselsteine formte und heute einem Teil der Rhône-Weinberge als Wärmespeicher unschätzbare Dienste erweist. Das Tal der Rhône, in einigen Abschnitten schmal und steil, in anderen Bereichen breit und flach, setzt auch die natürlichen Grenzen für den Rebanbau. Er beginnt im nördlichen Abschnitt mit einem glänzenden Auftakt. Die Anbaumöglichkeiten sind hier durch das enge Tal begrenzt, so daß man in der durch Jahrtausende bewährten Terrassenbauweise das Land mit Reben bepflanzte.

Lokale Herkunftsbezeichnungen von Norden nach Süden

Etwa 35 km südlich von Lyon beginnt der erste Bereich des Rhôneanbaugebietes, in dem sich drei lokale Appellation contrôlée-Anbauzonen in einer Länge von kaum 10 km auf dem rechten Rhône-Ufer erstrecken.

Côte Rôtie: Bei Vienne ändert die Rhône ein wenig ihre Flußrichtung. Von Südosten biegt sie nun nach Südwesten. Am rechten Rhône-Ufer liegt die Gemeinde Ampuis und dahinter wächst auf zwei Hügeln jährlich etwa 1300 hl eines delikaten feinen Rotweines mit einem bezaubernden an Veilchen erinnernden Duft und einem Geschmack, der das Aroma von Himbeeren eingefangen hat.

Condrieu: Die Syrah-Rebe von der Côte Rôtie wird nun

ganz von der Viognier abgelöst, die auf den Granitterrassen der Weinberge von Condrieu einen sehr raren (120 hl jährlich) weichen, trockenen, gelegentlich auch halbtrockenen und frischen Weißwein ergibt. Er empfiehlt sich gleichermaßen als jugendlicher Wein ebenso wie als gut gereifte Kreszenz.

Château Grillet: Im Triumvirat der drei großen Weine der nördlichen Côtes du Rhône ist das Gewächs von Château Grillet zwar mengenmäßig von geringster Bedeutung (seine Produktion überschreitet selten die 70 hl-Grenze), doch bezüglich seiner Qualität haben wir es hier mit einem der respektabelsten Weine Frankreichs zu tun. Finessenreich, herrlich aromatisch und angenehm trocken, mild und weich, ist er von Kennern als Begleiter zu Fisch, Gänseleber, Kaviar und Hammelkeule ein überaus geschätzter Wein. Seine qualitativen Besonderheiten verdankt er einem speziellen Anbausystem, bei dem oft nur zwei oder drei Rebzeilen eine Terrasse einnehmen sowie dem späten Lesertermin (vielfach nicht vor Ende Oktober) und der zweijährigen Lagerung, ehe er zum Verkauf freigegeben wird.

Auf dem folgenden Abschnitt von etwa 40 km stehen zwar rechts der Rhône Reben, doch sie besitzen nicht den Anspruch auf eine lokale Herkunftsbezeichnung. Ihre Weine werden unter der regionalen Appellation contrôlée *Côtes du Rhône* verkauft.

Crozes Hermitage: Am linken Rhône-Ufer liegt eine der größten Anbauzonen für Rot- und Weißweine mit lokaler Herkunftsbezeichnung. Hier beginnt zugleich auch der zweite Bereich des Rhône-Weinanbaugebietes. In den Gemarkungen von 11 Gemeinden werden 15000 hl Wein erzeugt, aus der Syrah, ein ausgewogener, nicht schwerer Rotwein und aus Marsanne und Rosanne ein frischer, trockener Weißwein mit einem etwas eigentümlichen, vom Boden geprägten Geschmack.

Hermitage: Unmittelbar an der Stelle, an der die Rhône ihren Flußlauf wieder einmal ändert und die südöstliche Richtung einschlägt, erhebt sich hinter der Gemeinde von Hermitage ein prächtiger Weinberg in nahezu reiner Südexposition. Auf Granitboden steht die Syrah, die einen unge-

CÔTES DU RHÔNE

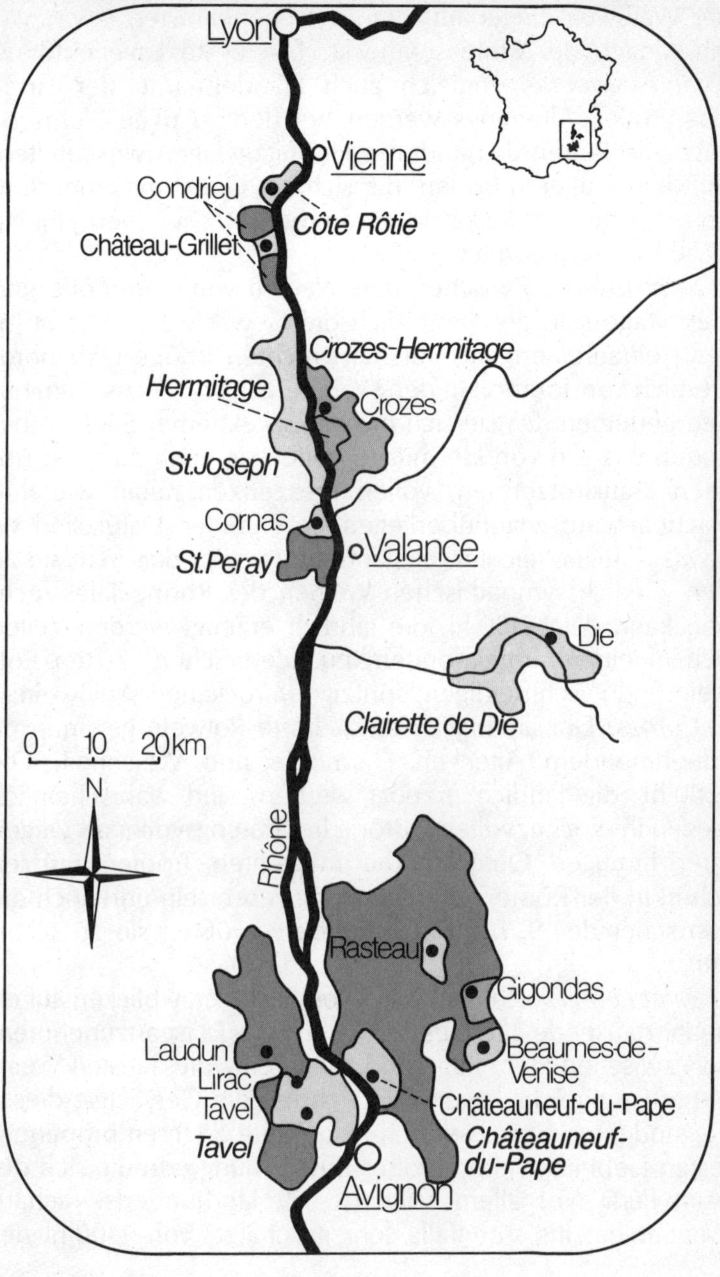

wöhnlich alterungsfähigen, kräftigen, körperreichen und delikaten Rotwein ergibt. Außerdem wird ein weicher, trockener Weißwein angebaut, der am angenehmsten etwa zwei Jahre nach der Ernte schmeckt. Die beste Lage dafür ist *Chante-Alouette,* zugleich auch Handelsname der Firma Chapoutier. Allerdings werden bei dem »Cuvée Numéro« auch die Ernten aus anderen Hermitagelagen verschnitten. Auf dem mageren Boden, der sich aus Granit mit einer dünnen Schicht von Kalkstein zusammensetzt, werden jährlich 3700 hl Wein geerntet.

Saint-Joseph: Zwischen den Weinen von Côte Rôtie und Hermitage sind geschmacklich die Gewächse von Saint-Joseph einzureihen, die auf dem rechten Rhône-Ufer nordwestlich von Tournon in den Weinbergen von sechs Gemeinden gedeihen. Da sie sich nicht in so extremer Südlage befinden wie die von Hermitage, reifen sie auch nicht zu solchen kraftstrotzenden, vollen Kreszenzen heran wie ihre Nachbarn am gegenüberliegenden Flußufer. Dafür sind sie etwas duftiger, leichter, elegant und fein, so daß man sie zu den wirklich sympathischen Weinen des Rhône-Tales rechnen kann. Die 2100 hl, die jährlich erzeugt werden, teilen sich in einen rubinfarbenen, nuancenreichen, zarten Rotwein und geschmeidigen, spritzigen, trockenen Weißwein.

Cornas: Der anfänglich etwas harte Rotwein gewinnt mit zunehmendem Alter an Harmonie und Weichheit. Die 1200 hl, die jährlich erzeugt werden, sind wahrscheinlich wegen ihrer glanzvollen Historie bedeutungsvoller als wegen ihrer heutigen Qualität. Die markanten Tropfen müssen schon in der Römerzeit bekannt gewesen sein und auch die Herrscher des 9. bis 17. Jahrhunderts wußten sie zu schätzen.

Saint Péray: Auch die Weine von Saint Péray blicken auf eine Jahrtausende alte Geschichte zurück. Es ist anzunehmen, daß zwischen Hermitage und Saint Péray die ältesten Weinberge Frankreichs liegen. Plutarch hat die Gewächse dieser Gegend gepriesen, Heinrich IV. gehörte zu ihren prominentesten Liebhabern und großer Zustimmung erfreute sich der Saint Péray vor allem Mitte des 19. Jahrhunderts. Richard Wagner hat ihn ebenfalls sehr geschätzt. Von 1300 hl des körpervollen, rassigen und trockenen Weißweines wird seit 1929 ein großer Teil als Mousseux hergestellt, der einzige Schaumwein des Rhône-Gebietes.

Südlich von Saint Péray liegt ein etwa 80 km langer rebenloser Abschnitt, ehe der dritte Bereich des Côtes du Rhône-Anbaugebietes mit einem zugleich glanzvollen Finale im Süden seine Abrundung erfährt. Hier dominiert der Einfluß der südlichen Klimazone mit intensiver, langewährender Sonneneinstrahlung, so daß auch die gesetzlich geforderten Mindestalkoholgehalte der Weine über denen des nördlichen Bereiches liegen. Typische Beispiele sind die natursüßen Weine von *Rasteau* und *Beaumes de Venise,* wo aus Grenache und Muscat-Reben hochkarätige Weine erzeugt werden, die bereits im Mittelalter sehr beliebt waren. Beide wachsen am linken Rhône-Ufer. Die beiden Anbaugebiete werden durch die Ouvèze getrennt. In Rasteau gibt es goldfarbenen, alterungsbeständigen Weißwein und auch ebenso lagerfähigen Rotwein. Den weißen Muscat de Beaumes de Venise sollte man gut gekühlt, zum Beispiel als Apéritif (eventuell mit einer Zitronenscheibe) oder mit einer Cantaloupe-Melone genießen. Auf den stufenartigen Weinbergen in dieser romantischen mediterranen Landschaft wachsen außerdem auch gute Tischweine der Herkunftsbezeichnung *Côtes du Rhône Villages.*

Vier Spitzenweine bilden den südlichen Abschluß des Weinbaugebietes Côtes du Rhône:

Gigondas: Unter dieser relativ jungen Herkunftsbezeichnung werden jährlich etwa 26 000 hl eines ausdrucksstarken, charaktervollen Rotweines und eines fruchtigen, auffallend feurigen Rosés erzeugt. Gigondas besaß den glücklichen Vorzug, vom Institut für Appellations contrôlées offiziell mit einer lokalen Herkunftsbezeichnung bedacht zu werden, was bislang anderen Bezirken wie *Vacqueyras, Cairanne, Vinsobres, Ladun* und *Chusclan* verwehrt blieb, obgleich ihre Weine von durchaus ansprechender Qualität sind.

Châteauneuf-du-Pape: In vielen Weinkonsumländern ist er der bekannteste Rhône-Wein, dessen Popularität die Winzer bedauerlicherweise dazu verleitete, einem bestimmten Publikumsgeschmack entsprechend gewisse Konzessionen zu machen. Das begann mit kitschigen Flaschenformen, die pseudohistorisch auf die tatsächlich große Vergangenheit der Weine hinweisen sollten. Künstlich bestaubte Flaschen *(poussièreuses)* und scheinbar geschichtlichen Vorbildern nachempfundene Bouteillen mit fantasievoll gestalteten Etiketten stellten eine offensichtlich verlockende Verpackung dar für Weine, die im qualitativen Format nicht halten konnten, was der Name Châteauneuf-du-Pape zu verheißen scheint. Normalerweise nämlich sollte es ein tiefroter, würzig duftender, fruchtiger, körperreicher Wein sein, der über Geist und Gehalt in edler Harmonie verfügt. Gewiß ist es schwer, bei einer Jahreserzeugung von durchschnittlich 100 000 hl diesen hohen Anforderungen stets gerecht zu werden. Wenn auch für die Weingewinnung immerhin 13 verschiedene Rebsorten zur Verfügung stehen, so erfolgt ihre Verwendung doch nach einem ganz bestimmten System, bei dem gerade in den Weingärten und Weinkellern der renommierten Güter nichts dem Zufall überlassen bleibt. Von der *Grenache*-Rebe erhält der Châteauneuf-du-Pape seinen Schmelz und die alkoholische Stärke, *Syrah, Vaccarèse* und *Muscardin* geben ihm die typische dunkle Farbe, Fülle, Körper und Festigkeit, *Counoise, Picpoul* und *Cinsault* vermitteln dem Wein Duft, Frische und den weinigen Charakter. Von *Bourboulenc, Terret noir* und *Rousanne* schließlich erhält er Finesse und Wärme. Die Reben für den Châteauneuf-du-Pape stehen in einem »Chaos von Steinen«, durch welche die Trauben bei der südlichen Sonnenglut geradezu geröstet werden. Die einzelnen kurz geschnittenen Stöcke sind in ziemlich weitem Abstand voneinander gepflanzt (bis zu 1,50 m), um den Reben eine optimale Vegetation in nicht zu dichtem Reihenabstand zu ermöglichen. Die Folge ist schließlich ein hoher Alkoholgehalt, der nach den Appellation contrôlée-Vorschriften mindestens 12,5° betragen muß. Diese Höchstgrenze wird nur für wenige französische Tischweine festgelegt, einen noch höheren Mindestalkoholgehalt gibt es für französische Tischweine nicht. Tatsächlich aber erreichen die Weine von Châteauneuf-du-Pape oft einen Alkoholgehalt von 13° bis 14°. Neben diesen vollen, körperreichen Rotweinen, die bereits schon nach einer Reifezeit von drei bis vier Jahren hervorragend munden und über eine Lagerfähigkeit von mindestens 10 bis 15 Jahren verfügen können, wird im Anbaugebiet um Châteauneuf-du-Pape auch ein trockener, fruchtiger, frischer Weißwein in sehr geringer Menge erzeugt. Diese Rarität (sie macht nur 1 % von der Gesamterzeugung aus) geht auf jene Zeit zurück, als man für liturgische Zwecke in Avignon auch Weißweine benötigte. Die Bezeichnung Châteauneuf-du-Pape bürgerte sich erst im Verlaufe des 19. Jahrhunderts für die Rotweine ein. Zuvor hießen sie schlicht »Weine von Avignon«. Der nach der mittelalterlichen Sommerresidenz der Päpste von Avignon benannte Wein gelangte bald zu einer beachtlichen Beliebtheit, so daß man es mit der Herkunftsbezeichnung nicht immer ganz genau nahm. Mitte der 20er Jahre dieses Jahrhunderts begann vor allem Baron Le Roy, der als langjähriger Präsident des Weinbauverbandes der Côtes du Rhône sich um das Ansehen der Weine sehr verdient gemacht hatte, eine strikte Abgrenzung der Anbaufläche für Châteauneuf-du-Pape und strenge Kontrollen zu fordern. Sie führten schließlich dazu, daß die Weintrinker der Qualität und damit dem Etikett des Châteauneuf-du-Pape wieder mehr Vertrauen schenkten. Ein beträchtlicher Teil der Erzeugung wird heute von großen Kellereien vermarktet. Daneben gibt es eine Reihe leistungsfähiger, teilweise sehr imposanter Weingüter, von denen als besonders bedeutsam zu nennen sind:

Château les Fines Roches	47,35 ha
Domaine de la Nerthe	46,54 ha
Clos Saint-Jean	44,49 ha
Domaine de Nalys	46,54 ha
Château de Vaudieu	29,70 ha
La Gardine	24,44 ha
Château Fortia	25,86 ha
Domaine des Sénéchaux	23,59 ha
Clos-des-Papes	13,51 ha

Tavel: Der brillanteste Rosé-Wein Frankreichs stammt scheinbar aus einem Konglomerat von Rebsorten. Und doch bilden die neun zur Erzeugung zugelassenen Sorten einen erstaun-

Die Qualitätsweine der Côtes-du-Rhône

A.O.C.-Wein	Weinart	Rebsorten	Maximal-Ertrag (hl/ha)	Minimal-Alkoholgrad	Mindestzuckergehalt im Most
Château-Grillet	Weiß	Viognier	32	11	187
Châteauneuf-du-Pape	Rot	Grenache, Clairette, Syrah, Mourvèdre, Picpoul, Terret noir, Counoise, Muscardin, Vaccarèse, Picardan, Cinsault, Rousanne, Bouboulenc	35 (42)	12,5	225
Châteauneuf-du-Pape	Weiß	wie oben	35 (42)	12,5	225
Condrieu	Weiß	Viognier	30	11	187
Cornas	Rot	Syrah	35	10,5	178
Côte Rôtie	Rot	Syrah, Viognier	35	10	170
Crozes-Hermitage	Rot	Syrah	40	10	170
Crozes-Hermitage	Weiß	Rousanne, Marsanne	40	14	255
Hermitage	Weiß Rot	wie oben	40	10	170
Lirac	Rot Rosé	Grenache, Cinsault Mourvèdre max. 60 %; Clairette, Bourboulenc, Ugni blanc, Maccabéo, Syrah, Picpoul, Calitor, Carignan max. 10 %	35	11,5	196
Lirac	Weiß	Clairette min. 33 %; Bourboulenc, Ugni blanc, Grenache, Picpoul, Calitor max. 25 %	35	11,5	196

Saint-Joseph	Rot	Syrah	40	10	170
Saint-Joseph	Weiß	Marsanne, Rousanne	40	10	170
Saint Péray und St.-Péray Mousseux	Weiß	Rousette (oder Rousanne, Marsanne)	40	10	170
Tavel	Rosé	Grenache, Cinsault, Syrah, Clairette (weiß u. rot), Picpoul, Calitor, Bourboulenc, Mourvèdre, Carignan	42 (48)	11	187
Rasteau (Süßweine/Likörweine)	Rot	Grenache mind. 90 %	30	15	252
	Rosé		30	15	234
	Weiß				
Côtes-du-Rhône	Rot Rosé Weiß	Grenache, Clairette, Syrah, Mourvèdre, Picpoul, Terret noir, Picardan, Cinsault, Rousette, Marsanne, Bourboulenc, Viognier, Carignan (max. 30 %); Counoise, Muscardin, Vaccarèse, Pinot fin de Bourgogne, Mauzac, Pascal blanc, Ugni blanc, Calitor, Gamay noir à jus blanc, Camarèse (max. 30 %)	50	11	187
Côtes-du-Rhône-Villages oder Côtes-du-Rhône ohne Ortsangabe	Rot	Grenache noir (max. 65 %) Syrah (min. 10 %), Cinsault Mourvèdre (min. 15 %)	35 (42)	12,5	225
Côtes-du-Rhône-Villages oder Côtes-du-Rhône ohne Ortsangabe	Rosé	Grenache noir (max. 65 %) Cinsault u. Camarèse (min. 15%), Carignan (max. 15 %)	35 (42)	12	204
Côtes-du-Rhône-Villages oder Côtes-du-Rhône ohne Ortsangabe	Weiß	Clairette, Rousanne und Bourboulenc (min. 80 %), Grenache blanc (max. 10 %)	35	12	204

lich homogenen Wein, der — wie beim Châteauneuf-du-Pape — seine speziellen Vorzüge den Eigenarten der einzelnen Sorten verdankt. Darüber hinaus bewirkt der Boden der dürren Hochebene auf dem rechten Rhône-Ufer nordwestlich von Avignon das Gedeihen eines prägnanten Weines, der von kreidigen Mergel- und Kalkböden gespeist und zu mindestens 60 % aus der *Grenache*-Rebe gewonnen wird. Der hellrosa Rosé mit seinem typischen topasfarbenen Schimmer schmeckt am besten zwei Jahre nach der Ernte. Den kräftigen Wein sollte man möglichst nicht älter als fünf Jahre trinken, wobei es übrigens zwischen den einzelnen Jahrgängen kaum große Qualitätsunterschiede gibt. Jährlich werden etwa 22 000 hl erzeugt, der größte Produzent ist die Winzergenossenschaft von Tavel.

Lirac: Während im Bereich von Tavel ausschließlich Rosé-Weine angebaut werden, keltern die Winzer im nördlich gelegenen Lirac neben Rosé auch Weiß- und Rotwein, die gemeinsam 12 000 hl ausmachen. Da der Boden im Lirac etwas trockener und sandiger ist als um Tavel, fallen die Rosé-Weine duftiger, anmutiger, aber auch etwas anspruchsloser aus als die des Nachbargebietes. Die Weißweine präsentieren sich ausgeglichen und angenehm, aber nicht außergewöhnlich. Die Rotweine benötigen zwei bis drei Jahre, ehe sie zur Entfaltung gelangen und ihren rustikalen Charme unter Beweis stellen.

Côtes du Rhône Villages: Zwischen den südlich gelegenen lokalen Herkunftsbezeichnungen breiten sich beiderseits der Rhône in den Gemarkungen von 14 ausgewählten Gemeinden Rebgärten aus, die seit 1967 in der Appellation contrôlée Côtes du Rhônes Villages zusammengefaßt sind. Insgesamt werden 60 000 hl erzeugt, überwiegend guter Schankwein, namentlich kräftige und herzhafte Rotweine, süffige und volle Rosé-Weine sowie geschmeidige Weißweine.

Unter der Appellation contrôlée *Côtes du Rhône* werden jährlich etwa 1 Mill. hl Rot- und Weißweine produziert. Die besten Rotweine kommen aus dem Gebiet von Vaucluse, die hervorstechendsten Rosé- und Weißweine wachsen im Gard.

Loire-Tal: Kreszenzen zum Angewöhnen

Ein in sich geschlossenes Weinanbaugebiet ist das Tal der Loire eigentlich nicht. Dies geht allein schon daraus hervor, daß der Name Loire mit sehr wenigen Ausnahmen überhaupt nicht auf den Weinetiketten erscheint. Bekanntheit erlangten vielmehr die einzelnen Anbaubezirke oder regionale Weinspezialitäten wie *Muscadet, Anjou* und *Saumur, Touraine, Sancerre* oder *Pouilly* (nicht zu verwechseln mit den Pouilly-Weinen des Mâconnais).

Ihr gemeinsames Band ist die Loire und deren Nebenflüsse, an denen die Weingärten für diese Herkunftsbezeichnungen liegen. Verbunden werden die Weine der Loire jedoch auch durch einen gemeinsamen Grundcharakter, der sich vor allem deutlich bei den Weißweinen zeigt: In ihm klingen in übertragender Weise Charme und Heiterkeit der Loire-Landschaft an, die zu den besonders lieblichen und bezaubernden Gegenden Frankreichs gehört. Auf eine einfache Formel gebracht, sind die Weine der Loire duftig und beschwingt, wobei es zwischen den trockenen und süßen Weißweinen, den schäumenden Weinen und den Rotweinen sehr reizvolle Unterschiede gibt.

Sancerre und Pouilly

In älteren Übersichten über die französischen Weinanbaugebiete werden die Weine von Sancerre und Pouilly nicht unter den eigentlichen Loire-Weinen aufgeführt, in anderen wiederum heißen sie die Sauvignon-Weine von der Loire. Dieser verhältnismäßig kleine Anbaudistrikt von knappe 1000 ha nimmt an der oberen Loire eine Enklaveposition ein, etwa 80 km östlich von der Touraine gelegen und von dieser durch ein rebenloses Land getrennt. Eine Außenseiterstellung haben die Weine hier deshalb niemals eingenommen. Im Gegenteil: Seit einigen Jahren gehören sie unbestritten zu den profiliertesten Kreszenzen der Loire, nach denen immer mehr gefragt wird. Die Weißweine von Pouilly und Sancerre sind dank ihrer belebenden Frische und anregenden Art schon lange als ideale Begleiter vieler gastronomischer Genüsse geschätzt. Ihre harmonische Säure macht sie zu ausgeglichenen Tropfen, die man beim Essen, vorwiegend zu Fisch und Kalbfleisch, gerne genießt.

Der Sancerre wird ausschließlich aus *Sauvignon*-Reben erzeugt, die in Böden verschiedener Kalkgesteinschichten und Mergel wachsen. Dementsprechend gibt es feine Unterschiede, die sich jedoch noch gravierender durch die Jahrgangsschwankungen auswirken. Sancerre-Weine sollte man jung, am besten im Alter bis zu drei Jahren, trinken, wenn sie ihren ganzen Schwung, Finesse und ihre Kraft überzeugend präsentieren. Außer dem beliebten weißen Sancerre gibt es noch eine geringe Menge eines freundlichen Rotweines und eines sehr guten, trockenen, fruchtigen Rosés, der schon wenige Monate nach der Flaschenabfüllung in Bestform ist.

Der *Pouilly Fumé* wird aus einer Spielart der Sauvignon-Rebe erzeugt, der Blanc Fumé. Der Name leitet sich von der Eigenart ab, daß die Beeren zur Reifezeit einen rauchartigen Beschlag aufweisen. Der eigenartige Geschmack des Pouilly Fumé, der vom Kenner als Feuersteingeschmack bezeichnet wird, rührt weniger von den Trauben her als von dem Boden, der eine ähnliche Zusammensetzung zeigt wie im Sancerre-Gebiet sowie von den sorgfältigen Traubenauslesen bei der Ernte. Der trockene, kräftige und würzige Pouilly Fumé ist bereits zwei Jahre nach der Lese trinkreif, besonders pikant ist er nach mehreren Jahren der Lagerung, die er dank seines Alkoholgehaltes von durchschnittlich 12° bis 13° sehr gut meistert. Etwas leichter und geschmacklich weniger finessenreich ist der *Pouilly-sur-Loire,* der aus *Blanc Fumé (Sauvignon)* und *Chasselas*-Reben gewonnen wird.

Quincy und Reuilly

Ein weiteres kleines A.C.-Gebiet für Weißweine außerhalb der geschlossenen Anbauzone an der Loire liegt an den Nebenflüssen Cher und Auron, wo ausschließlich *Sauvignon*-

LOIRE-TAL

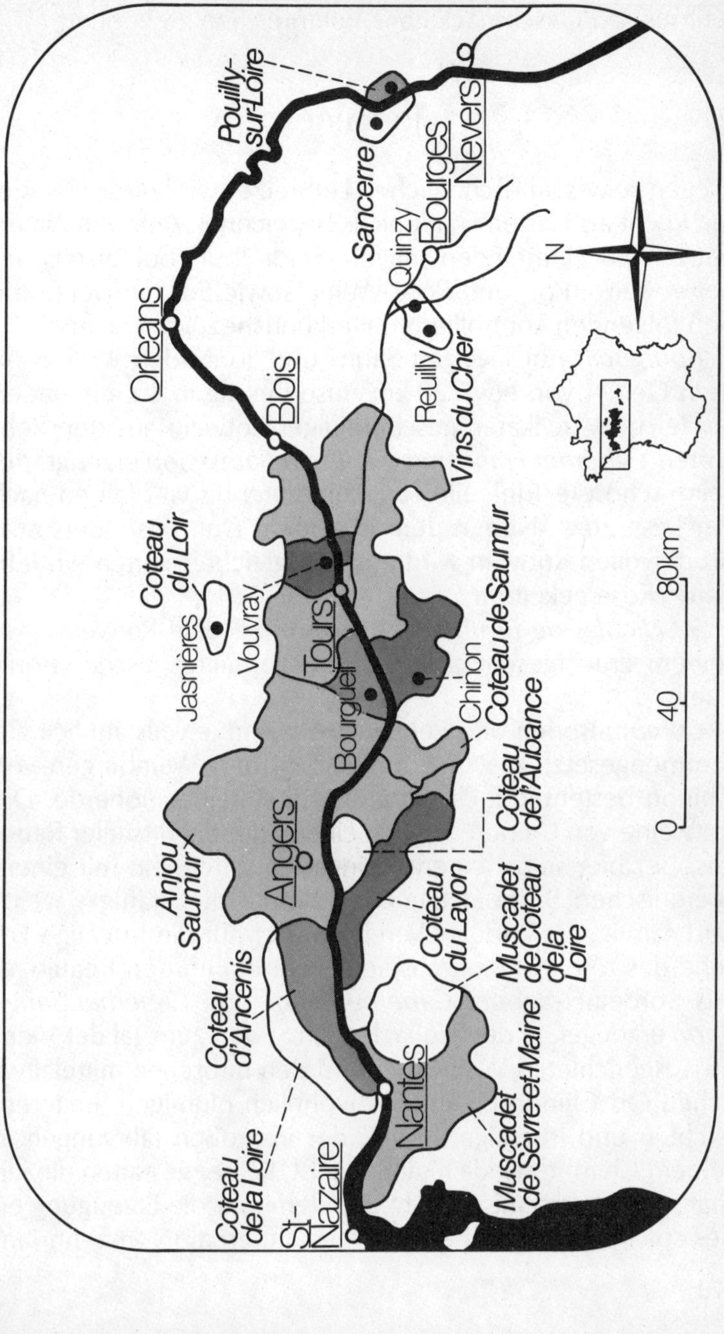
Pouilly-sur-Loire
Sancerre
Bourges
Nevers
Quinzy
Reuilly
Vins du Cher
N
Orleans
Blois
Coteau du Loir
Jasnières
Vouvray
Tours
Coteau de Saumur
Chinon
Bourgueil
Coteau de l'Aubance
Angers
Anjou Saumur
Coteau du Layon
Muscadet de Coteau de la Loire
Coteau d'Ancenis
Nantes
Muscadet de Sèvre-et-Maine
Coteau de la Loire
St-Nazaire
0
40
80km

Reben angepflanzt werden. Ihre Weine ähneln in der Frische denen von Pouilly und Sancerre, ohne jedoch an ihren vollen, runden Geschmack ganz heranreichen zu können.

Touraine

Wegen seines landschaftlichen Liebreizes wird dieses Gebiet mit Recht als Garten Frankreichs bezeichnet. Auf 7000 ha erzeugen 60 Gemeinden um die Stadt Tours beiderseits der Loire Weiß-, Rot- und Rosé-Weine sowie Schaumweine mit den folgenden kontrollierten Herkunftsbezeichnungen:

Bourgueil: Auf kiesigen Sand- und Tonböden wird in einem Gebiet von etwa 20 km Ausdehnung in 8 Gemeinden ein leichter, delikater, geschmeidiger Rotwein aus den Rebsorten *Cabernet Franc* und *Cabernet Sauvignon* erzeugt, der seine schönste Trinkreife etwa nach drei bis vier Jahren nach der Lese zeigt. Neben dem in seinem Duft besonders ausdrucksvollen Rotwein wird aus den gleichen Sorten ein lebhafter Rosé gekeltert.

St.-Nicolas-de-Bourgueil: Dieser exzellente Rotwein ist in seinem Fruchtgeschmack noch ausgeprägter als der Bourgueil.

Chinon: Boden und Rebsortiment sind jeweils ähnlich zusammengesetzt wie in Bourgueil. In den Weinbergen von Chinon besteht jedoch ein größerer Anteil an Tonerde. Die Rotweine von Chinon verglich einmal der Schriftsteller Rabelais, der hier selbst einen Weingarten unterhielt, mit einem bretonischen Bordeaux und er nannte ihn »taftig«, weich und samtig. Ein anderer Vergleich, der auf die fruchtige Frische des roten Chinon anspielt, sieht in ihm den Beaujolais aus Bordeaux-Reben. *Cabernet Franc* und *Cabernet Sauvignon* erzeugen in den vielfach nach Süden zum Tal der Vienne ausgerichteten Weingärten um den hübschen mittelalterlichen Ort Chinon einen ungewöhnlich blumigen, heiteren, leichten und fruchtigen Wein, der in großen Jahrgängen in seinem Charme wirklich einmalig ist. Leider gestatten die klimatischen Verhältnisse nicht in jedem Jahr die Erzeugung eines solchen freundlichen Tropfens. Innerhalb von zehn Jahren gibt es nur zwei bis drei wirklich hervorragende Jahrgänge. Der Rosé von Chinon ist weniger bemerkenswert als der Rotwein, und der Weißwein von Chinon reicht nur selten an die Qualität des Weißweines von Vouvray oder Montlouis heran.

Montlouis: Die Weißweine, halbtrocken oder lieblich, entstammen den Rebsorten *Pinot blanc de Loire,* die auf kalkhaltigen Böden mit Kalktuff wachsen. Ein Teil der Ernte wird zu Schaumwein oder Perlwein verarbeitet.

Vouvray: Loire — Land der Schlösser, hier liegt sein schönster Abschnitt. Die Weinberge datieren aus dem 8. Jahrhundert, Weinexport wurde bereits im 12. Jahrhundert betrieben. Während Montlouis mit dem südlichen, weingeographisch weniger attraktiven Ufer der Loire vorlieb nehmen muß, beherrschen die mit *Chenin blanc*-Reben bestandenen Kalksteinhügel um Vouvray das nördliche Ufer, vielfach nach Süden ausgerichtet — bei dem ohnehin launischen Klima —, eine unabdingbare Voraussetzung zur Erzeugung erstklassiger Qualitäten. In die Kalktuffhügel haben die Winzer Lagerkeller gebaut, die aufgrund ihrer gleichmäßigen Temperaturen für die Flaschenlagerung ideal sind. Ausgesprochen trokkene Weißweine werden in Vouvray kaum erzeugt. Auch die Kreszenzen, die fast durchgegoren sind, verfügen stets über einen milden, harmonischen Geschmack. Da die Jahrgangsqualitäten im Vouvray-Gebiet bemerkenswert schwanken, haben die Winzer traditionsgemäß neben den leicht-trockenen auch liebliche und edelsüße Weißweine im Angebot, deren Anteil von den jeweils geernteten Mengen reifer und überreifer Trauben abhängt. Gute Vouvray-Qualitäten benötigen nun einmal ein beträchtliches Sonnenminimun, was allerdings durch die Natur nicht immer gewährleistet ist. Einen willkommenen Ausweg stellt daher die rege Schaumweinproduktion dar sowie die Herstellung von Perlweinen, zu der die einfacheren Moste verwendet werden.

Es ist schwer, die Vielfalt der Geschmackspalette der Vouvray-Weine mit ein paar Worten zu beschreiben. Einige von ihnen können bei aller typischen Milde durchaus rassig sein, andere wiederum schmeichelhaft lieblich oder gar goldfarben und hochsüß. Gemeinsam ist ihnen eine wunderbare Frische, Distinktion und Feinheit. In der Regel sind Vouvray-Weine aus guten Jahrgängen überaus lange haltbar. Hervorstechende Qualitäten erreichen ihre beste Trinkreife nach etwa 8 bis 10 Jahren.

Touraine: Unter dieser Appellation contrôlée-Bezeichnung werden Rot-, Rosé- und Weißweine einfacherer Qualität erzeugt. Über einen enger begrenzten Herkunftsbereich verfügen: Touraine-Amboise: Rot- und Rosé-Weine aus den Rebsorten *Cabernet Franc, Cot* und *Gamay,* Weißweine aus der Rebsorte *Chenin blanc.* Die Weine aus dem relativ kleinen Bezirk sind allgemein besser als die der weitgreifenden A.C.-Bezeichnung Touraine. Sie erreichen jedoch nicht die Klasse der zuvorgenannten Regionen.

Touraine-Azay-le-Rideau: Die Rebfläche umfaßt etwa 70 ha und dient ausschließlich dem Weißweinanbau. Es werden fruchtige, trockene und halbtrockene Qualitäten erzeugt.

Touraine Mesland: Diese Appellation contrôlée wurde 1955 eingeführt und bezieht sich auf Rot- und Rosé-Weine, hauptsächlich aus der Rebsorte Gamay sowie Weißweine aus Chenin blanc und Sauvignon.

Anjou und Saumur

Anjou — »die Anmutige« — sagt man in Frankreich und schwärmt dabei von der Reinheit des Lichtes, der Klarheit des Himmels, der Milde des Klimas, der Harmonie seiner Landschaft. Innerhalb des Loire-Anbaugebietes ist es mit 20000 ha (davon 17000 ha A.C.-Rebfläche) die größte Weinbauregion. Schon im 13. Jahrhundert wurden Anjou-Weine nach England ausgeführt, lange bevor die Briten ihr Herz für den Bordeaux entdeckten. Später kamen die Holländer als bedeutende Abnehmer außerhalb Frankreichs hinzu. Ludwig XVI. ließ in Frankreich für die holländischen Weinschiffe sogar extra einen Kanal bauen. Heute erfreuen sich die Rosé-Weine des Anjou internationaler Beliebtheit.

Es ist interessant zu wissen, daß über die freundlichen Rosé-Weine hinaus in dieser friedlichen Landschaft auch noch eine Reihe anderer beachtlicher Kreszenzen wachsen, sehr feine, trockene, liebliche, vollmundige bis edelsüße Weißweine, rassige, feste Rotweine, Perlweine und Schaumweine. Die wichtigsten Herkunftsbezeichnungen sind:

Coteaux des Savennières: Trockene, delikate Weißweine mit guter Haltbarkeit, zwischen fünf und zehn Jahren trinkreif.

Coteaux du Layon: Mächtige, füllige Ausleseweine sind das Beste, was die Winzer der 25 Gemeinden des 3000 ha großen Weinbaubezirkes bieten können. Die hervorstechendsten Trockenbeerenauslesen kommen aus *Bonson* und *Quart de Chaume,* die sich mit ihrer Blume und ihrem Extrareichtum (Alkoholgehalt zwischen 13° und 16°) mit den großen Gewächsen von Sauternes messen können.

Coteaux de Saumur: Die vollmundigen, süßen Weißweine ähneln denen von Layon. Reizvoller jedoch sind die trockenen und halbtrockenen Weißweine, die über einen charakteristischen Bodenton verfügen, der von dem hier vorherrschenden Kalktuff geprägt ist. Der rote *Cabernet de Saumur* wird aus den Sorten *Cabernet Franc* und *Cabernet Sauvignon* erzeugt. Gelegentlich von ziegelroter, dann wieder mehr purpurroter Farbe sind diese Weine etwas kraftvoller und kerniger als die anderen Anjou-Rotweine. Dies trifft auch für die *Cabernets d'Anjou* zu.

Côtes de L'Aubance: Halbtrockene, liebliche, mundige Weißweine mit einem deutlichen Bodengeschmack und markanter Frucht. Sie werden aus der *Chenin blanc* erzeugt, die man hier *Pineau de la Loire* nennt.

Champigny: Auf 250 ha wird aus der *Cabernet*-Rebe ein stoffiger, nach Himbeeren duftender Rotwein erzeugt, der eine gewiße Ähnlichkeit mit guten Rotweinen von Chinon und Bourgueil besitzt.

Coteaux du Loir und Jasnières

Die Loir ist ein Nebenflüßchen, das bei Angers in die Loire mündet. Die scheinbare Namensgleichheit führt gelegentlich zu Verwechslungen. Die Coteaux du Loir liegt etwa 50 km nördlich von Tours. In diesem kleinen Anbaubezirk werden leichte, fruchtige, trocken bis liebliche Weißweine aus *Chenin blanc,* sowie Rot- und Rosé-Weine aus der *Pineau d'Aunis* (die heute weitgehend von der Cabernet verdrängt wurde), und *Cabernet Franc, Gamay* und *Cot* sowie *Groslot* erzeugt. In Jasnières werden kleinere Mengen halbtrockener Weißweine produziert.

Muscadet

»Muscadets sind heutzutage fast durchweg labbrige Weine in Deutschland, bei denen Rasse und aggressive, frische, fruchtige Säure fehlen.« Ein Bremer Weinimporteur, der seine Meinung im Frühjahr 1978 in einer gastronomischen Fachzeitschrift veröffentlichte, bezog sich dabei auf die allzu kritiklose Einstellung der Weintrinker gegenüber vielen populären französischen Weinen. Diese Situation wurde vor einigen Jahren bereits in Frankreich selbst beklagt, als ein Redakteur der angesehenen Tageszeitung »Le Monde«, in seinem Buch »Le Bon Vin et les Autres« eine sehr strenge Bestandsaufnahme der sogenannten guten Weine seines Heimatlandes durchführte. Tatsächlich muß der Verbraucher gerade bei solchermaßen klangvollem Namen wie Muscadet zwischen gut und mäßig zu unterscheiden lernen.

Wie nun aber ist ein guter Muscadet beschaffen? In tadellosem Zustand, jung und kühl getrunken, ist er ohne Zweifel einer der köstlichsten Weißweine des Landes, dessen Säure nicht unbedingt aggressiv sein muß (Marcel Lugan beschreibt ihn im Auftrage des Nanter Weinbauverbandes sogar als einen Wein mit wenig Säure), der jedoch eine angenehme, keineswegs markante Frucht und eine unbeschwerte Leichtigkeit aufweisen sollte. Ein von manchen Laien interpretierter Muskatgeschmack ist für diesen Wein nicht charakteristisch.

Das 9000 ha große Gebiet, in dem 8000 Winzer jährlich etwa 350000 hl Wein erzeugen, vermag freilich nicht nur Qualitäten mit diesen hohen Werten zu liefern. Für den Weinliebhaber sind drei Appellations contrôlées eine erste Orientierungshilfe:

Muscadet-de-Sèvre-et-Maine ist der größte Anbaubezirk. Hier liegen etwa 75 % aller Rebflächen für den Muscadet. Die typischsten Weine, angenehm duftig, spritzig und leicht würzig, kommen aus diesem Bezirk, namentlich aus dem Gebiet innerhalb des Dreiecks Clisson-Vallet-Loire-Nantes. Der Rest verteilt sich auf die Appellation contrôlée *Muscadet des Coteaux-du-Loir* (wo manche Jahrgänge besonders gehaltvolle Muscadets bringen) und *Muscadet.*

Bei allen drei Herkunftsbezeichnungen ist die Rebsorte die gleiche. Die *Melon de Bourgogne* stammt vom *Gamay* ab und kam anfang des 18. Jahrhunderts aus Burgund in die Gegend von Nantes. Damals war nicht vorauszusehen, daß dieser bretonische Wein einmal zu einem der bedeutendsten Frankreichs würde. Zunächst trank man ihn ausschließlich in Paris, in den 40er Jahren wurde er auch außerhalb der Hauptstadt populär und heute kennt ihn fast die ganze Welt. Wegen der steigenden Nachfrage mußte die Rebfläche für den Muscadet-Anbau verdoppelt werden, was nicht unbedingt zum Nutzen der Qualität war. Die anfänglich zitierte herbe Kritik hat daher gewiß ihre Berechtigung. (Sie trifft übrigens auch auf andere französische Weine in der Bundesrepublik zu.)

Eine spezielle Variante des Muscadet ist der *Muscadet sur Lie,* der durch den frühzeitigen Abzug schon einige Monate nach der Gärung von der Hefe im Faß direkt auf die Flasche gewonnen wird. Dieser Muscadet sur Lie besitzt einen unverwechselbaren, urwüchsigen Fruchtgeschmack und ein duftiges Bukett.

Der Muscadet ist einer der großen Favoriten unter den sogenannten Tischweinen. Obgleich er schon sehr preiswert ist, gibt es einen noch preisgünstigeren anderen Weißwein, von dem jährlich 700000 hl erzeugt werden und der mit seiner fordernden Säure gleichfalls ein guter Begleiter zu Fisch und allen Meeresfrüchten ist. Aus der Rebsorte Gros Plant wird in der Anbauzone von Muscadet und einigen benachbarten Regionen ein frischer, bukettreicher Weißwein gekeltert, den man — wie den Muscadet — jung trinken sollte. Der *Gros Plant* ist ein trockener, leichter Weißwein der Qualitätsklasse V.D.Q.S.

A.C.-Qualitätsweine der Loire

A.O.C.-Wein	Weinart	Rebsorten	Maximal-Ertrag (hl/ha)	Minimal-Alkoholgrad	Mindestzuckergehalt im Most
Muscadet	Weiß	Muscadet	40	9,5	162
Muscadet-des-Coteaux de-la-Loire	Weiß	wie oben	40	10	170
Muscadet-de-Sèvre-et-Maine	Weiß	wie oben	40	10	170
Anjou	Weiß	Chenin blanc Chardonnay, Sauvignon (min. 80 %)	45	9,5	162
Anjou	Rot	Cabernet franc, Cabernet-Sauvignon, Pineau d'Aunis (max. 20 %)	40	10	180
Rosé d'Anjou	Rosé	Cabernet franc, Cabernet-Sauvignon, Pineau d'Aunis, Gamay, Cot, Gros Lot	50	9	153
Cabernet-d'Anjou	Rosé	Cabernet-Sauvignon, Cabernet franc	40	10	170
Cabernet de Saumur	Rosé	wie oben	40	10	170
Anjou Coteaux-de-la-Loire	Weiß	Chenin blanc	30	11 (12)	204
Savennières	Weiß	wie oben	25	12 (12,5)	212
Coteaux-du-Layon	Weiß	wie oben	30	11 (12)	204
Coteaux-du-Layon	Weiß	wie oben	30	12 (13)	221
Coteaux-du-Layon-Chaume	Weiß	wie oben	25	12 (13)	221
Bonnezeaux	Weiß	wie oben	25	12 (13,5)	230
Quarts-de-Chaume	Weiß	wie oben	22	12 (13)	221

Saumur	Weiß	Chenin blanc (80 %); Chardonnay, Sauvignon (20 %)	45	10	170
Saumur	Rot	Cabernet franc, Cabernet-Sauvignon, Pineau d'Aunis	40	10	180
Coteaux-de-Saumur	Weiß	Chenin blanc	30	12	214
Saumur-Champigny	Rot	Cabernet franc, Cabernet-Sauvignon, Pineau d'Aunis	40	10	180
Touraine	Weiß	Chenin blanc, Arbois Sauvignon	45	9,5	162
Touraine	Rot	Cabernet franc (Breton) Cabernet-Sauvignon, Cot, Pinot noir, Pinot meunier, Pinot gris (Malvoisie) Gamay noir à jus blanc, Pineau d'Aunis	45	9	153
Touraine	Rosé	Gamay de Chaudenay und Gamay de Bouze (max. 10 %)	45	9	153
Touraine-Azay-le-Rideau	Weiß	Chenin blanc, Arbois, Sauvignon	45	10	170
Touraine-Amboise	Weiß	Chenin blanc	45	10,5	178
Touraine-Amboise	Rot	Cabernet franc, Cabernet-Sauvignon, Cot, Gamay noir à jus blanc	45	9,5	170
Touraine-Amboise	Rosé	wie oben	45	10	170
Touraine-Mesland	Weiß	Chenin blanc, Sauvignon	45	10,5	178
Touraine-Mesland	Rosé	Cabernet franc, Cot, Cabernet-Sauvignon, Gamay noir à jus blanc	45	10,5	178
Touraine-Mesland	Rot	wie oben	45	10	178
Bourgueil	Rot / Rosé	Cabernet franc, Cabernet-Sauvignon	40	10,5	162
St.-Nicolas-de-Bourgueil	Rot / Rosé	wie oben	35	10,5	162
Chinon	Rot / Rosé	Cabernet franc, Cabernet-Sauvignon	40	10,5	162
Chinon	Weiß	Chenin blanc	40	10,5	162

▽

A.O.C.-Wein	Weinart	Rebsorten	Maximal-Ertrag (hl/ha)	Minimal-Alkoholgrad	Mindestzuckergehalt im Most
Vouvray	Weiß	Chenin oder Gros Pinot und Menu Pinot oder Petit Pinot	45	10 (11)	187
Vouvray-Mousseux	Weiß	wie oben	45	9,5	162
Vouvray-Pétillant	Weiß	wie oben	45	9,5	162
Montlouis	Weiß	Chenin blanc	45	9,5 (10,5)	178
Montlouis Mousseux und Montlouis Pétillant	Weiß	wie oben	45	9,5	162
Coteaux-du-Loir	Weiß	wie oben	25	9,5 (10)	170
Coteaux-du-Loir	Rot	Pineau d'Aunis, Cabernet, Gamay, Cot	30	9,5	162
Coteaux-du-Loir	Rosé	Pineau d'Aunis, Cabernet, Gamay, Cot, Gros, Lot (max. 25 %)	30	9,5	162
Jasnières	Weiß	Chenin blanc	25	10	170
Pouilly-Fumé	Weiß	Blanc fumé	45	11	187
Pouilly-sur-Loire	Weiß	Blanc fumé, Sauvignon Chasselas	45	9	153
Quincy	Weiß	Sauvignon	45	10,5	178
Reuilly	Weiß	wie oben	40	10,5	178
Reuilly	Rot / Rosé	Pinot noir, Pinot gris	40	10	178
Sancerre	Weiß	Sauvignon	40	10,5	178
Sancerre	Rot / Rosé	Pinot noir	40	10	178
Menetou-Salon	Weiß	Sauvignon	40	10,5	178
Menetou-Salon	Rot / Rosé	Pinot noir	40	10	178
Coteaux-de-l'Aubance	Weiß	Chenin blanc (Pineau de la Loire)	30	10 (11)	187

Champagne: Im Feuerstrom der Reben

An dieser Stelle möchten wir endlich das Thema Champagner aufnehmen. Doch vielleicht ist es hier bereits deplaziert? Da mag jemand dafür plädieren, das Kapitel Schaumwein im Anhang eines Weinbuches zu behandeln und es eventuell mit dem Champagner zu eröffnen, weil er zwar nicht der älteste schäumende Wein (den gab es bereits um 1540 im französischen Limoux), so doch der bekannteste und kostbarste, beziehungsweise teuerste unter den perlenden Freudenspendern ist. Ein anderer Connaisseur hingegen mag den Champagner für die Krönung unter den Weinen halten, dem in einem Buch über die Spitzenweine der Welt sogar das erste Kapitel gebührt.

Wenn hier von dem Weinanbaugebiet Champagne die Rede ist, so spielt der schäumende Champagner zweifellos dabei die wichtigste Rolle. Wir möchten allerdings darüber hinaus nicht die stillen Weine der Champagne vergessen, die in den letzten Jahren mit der Herkunftsbezeichnung *Coteaux Champenois* immer reputierlicher wurden.

Wodurch unterscheidet sich der Champagner von allen übrigen Weinen der Welt? Faktum Nr. 1: Er ist Inbegriff des klassischen Luxusgetränkes. Faktum Nr. 2: Weder Weinbauorte noch Weinbergslagen sind auf dem Etikett für die qualitativ entscheidende Herkunft dieses Weines vermerkt. Nur zwei Begriffe zählen: Die Bezeichnung Champagne und der Name oder die Marke des Champagner-Hauses. Drittes Faktum: Wie kaum ein anderer Wein begleitet den Champagner eine von zahllosen Histörchen geschmückte Fama, die von seiner »Erfindung« durch den Benediktinermönch Dom Pérignon vor 300 Jahren über die erstaunlichen Firmengeschichten namhafter Champagner-Häuser bis zu dem noch erstaunlicheren Klatsch in den Spalten der Boulevardpresse über die exzessiven Champagner-Bacchanale der Schickeria und High Society reicht.

Vergessen wir zunächst die leicht frivolen Seiten, die immer schon diesem besonderen Saft anhingen, und wenden uns den sachlichen Definitionen des Champagnerweines zu. Seine besonderen önologischen Eigenschaften verdankt er folgenden Voraussetzungen:

- Der Champagner ist vor allem ein Weißwein, obwohl er zum Teil aus blauen Trauben gewonnen wird.
- Der Champagner wird durch zwei Gärungen erzielt.
- Der Champagner wird, im Gegensatz zu den anderen großen Weinen, durch Verschnitt von verschiedenen Gewächsen hergestellt. Der Grund dafür ist das nördliche Klima des Weinbaugebietes, das zur Folge hat, daß im gleichen Jahr die Trauben einer Lage besser sein können als die einer anderen Lage und daß die Trauben eines Jahres besser sein können als die eines anderen Jahres. (Horizontaler Verschnitt mit den 300 Gewächsen [Crus]: 300 Dörfer, davon sind 12 »Grand Crus« zu 100 %, 38 »Premiers Crus« zu 90 %—99 %, die anderen bis zu 77 %. Vertikaler Verschnitt mit Reserveweinen.) Der Traubenpreis wird jedes Jahr vom Champagner-Gesamtverband vor der Weinernte festgelegt. Zum Beispiel: Von einem Cru zu 77 % erhält der Winzer 77 % des Höchstpreises für seine Trauben (1976 betrug der Traubenpreis 7,18 französische Francs, das heißt ca. 3,50 DM pro Kilogramm).
- Der Champagner wird von seinem Satz entfernt. Er ist also kein Wein, der sich durch lange Lagerung verbessert.
- Der Champagner wird ausschließlich mit edlen Traubensorten in einem bestimmten Anbaugebiet der alten Provinz Champagne angebaut, gelesen und hergestellt. Auch die einzelnen Vorschriften der natürlichen Flaschengärung sind im französischen Weingesetz genauestens festgelegt. Die wichtigsten dieser Vorschriften sind:

Das Weinbaugebiet der Champagne ist durch ein Gesetz aus dem Jahre 1927 auf 34 000 ha Rebfläche begrenzt. Davon sind 25 000 ha mit Reben bestockt, die einem Prozent der Weinbaufläche Frankreichs entspricht. Das wichtigste Kriterium für die Begrenzung des Weinbaugebietes war die Bodenbeschaffenheit in der Champagne. Die Belemnit-Kreide aus der Sekundärzeit und Mikroelemente sind einmalig. Ein Hektar (unangebaut) kostet zwischen 170 000 DM und 450 000 DM.

Ausschließlich drei Rebsorten sind für den Anbau erlaubt: *Pinot Noir* und *Pinot Meunier* (blaue Trauben), *Chardonnay* (weiße Trauben). Diese Rebsorten wurden — unter Berücksichtigung des Klimas — gewählt, um leichte und feine Weine zu erzielen. Insgesamt werden durchschnittlich ca. zwei Drittel blaue und ein Drittel weiße Trauben gelesen.

Auch um die Qualität vor der Quantität zu fördern, sind nur vier Rebschnittmethoden gesetzlich erlaubt. Es sind kurze Rebschnitte, die eine gemäßigte Produktion gewährleisten. In geringfügigen Varianten werden regional unterschiedliche Rebschnittmethoden angewandt: »Chablis«, »Cordon de Royat«, »Guyot«, »Vallée de la Marne«. Gesetzlich festgelegt wird auch jedes Jahr die Traubenmenge pro Hektar, die zur Herstellung von Champagner verwendet werden darf. 13 500 kg Trauben pro Hektar hatten 1987 das Recht auf die Bezeichnung Champagner und »Coteaux Champenois«.

Beim Pressen der Trauben ist wiederum ein Höchstertrag von einem Hektoliter Most aus 150 kg Trauben gesetzlich erlaubt. Der zusätzlich gepreßte Most kommt zur Alkohol-Destillation.

Der Champagner-Gesamtverband legt jedes Jahr vor der Weinlese ein Minimum für den potentiellen Alkoholgehalt im Most fest. Der Most, der dieses Minimum nicht erreicht, verliert das Recht auf die Bezeichnung Champagner.

Die Weine werden in Räumen hergestellt, in denen nur Weine aus dem begrenzten Weinanbaugebiet lagern dürfen. Es ist gesetzlich verboten, »Vin mousseux« in dem Weinbaugebiet der Champagne herzustellen. Sowohl die Champagne-Weine als auch die Stillweine Coteaux Champenois dürfen nur in Flaschen — also nicht in Fässern oder Tanks — das Weinanbaugebiet der Champagne verlassen.

Nur die natürliche Flaschengärung nach der méthode champenoise ist erlaubt: Langsame Schaumbildung durch die zweite Gärung in der Flasche. Der vor der zweiten Gärung zugesetzte Likör (Wein + Zucker) verwandelt sich langsam durch die naturreinen Gärstoffe aus der Champagne in Kohlensäure.

Die Flaschen müssen mindestens ein Jahr, beziehungsweise drei Jahre für Jahrgangs-Champagner, in den Kellereien lagern. In der Praxis sind es meistens durchschnittlich drei bis fünf Jahre. Während dieser Lagerung bleibt der durch die zweite Gärung entstandene Satz in der Flasche. Gerade dieses langsame Altern in der Flasche ist einer der wichtigsten Faktoren der speziellen Feinheit des Champagners.

Nicht ohne Stolz weisen die offiziellen Champagner-Institutionen auf die überaus scharfen Qualitätskontrollen hin. Insgesamt gibt es vier Kontrollinstanzen mit eigenen Inspektoren und Technikern: das Finanzministerium (Alkoholsteuer), das Landwirtschaftsministerium (Repression des Fraudes), das Institut National des Appellations d'Origine und das Comité Interprofessionel du Vin de Champagne (Champagne-Gesamtverband). Dazu kommen noch zwei zusätzliche Kontrollmöglichkeiten auf den Flaschen: Jedes Etikett enthält eine Kontrollnummer. Vor der mehrstelligen Nummer stehen zwei Buchstaben als Abkürzung. Sie bedeuten:

N.M. = von einem Champagner-Haus bereitet
M.A. = Nebenmarke, der Champagner wurde vom Champagner-Haus als Spezial- oder Hausmarkenabfüllung geliefert, zum Beispiel für ein Restaurant
R.M. = von einem Champagner-Winzer bereitet
C.M. = Abfüllung einer Winzergenossenschaft

Auf dem Teil des Naturkorkens, der in der Flasche steckt, muß die Bezeichnung Champagne und gegebenenfalls der Jahrgang vorhanden sein. (Um dem Risiko unbekannter chemischer Einflüsse durch bedruckte Korken auszuweichen, wird bei hochwertigen Champagnermarken die jeweilige Kennzeichnung auf dem Korken eingebrannt.)

Diese strengen Maßstäbe galten freilich nicht von Anfang an bei der Champagner-Herstellung. Nicht ohne Grund kam es im Laufe der Zeit zu immer strengeren Auflagen für Anbau, Herstellung und Export des kostbaren Weines. Denn kaum ein Getränk sah sich so sehr Nachahmungen und hemmungslosen Plagiaten ausgesetzt wie der Champagner. Zwar ist der Name Champagner (wie auch Cognac) durch den Versailler Vertrag seit 1919 für Frankreich geschützt. Doch die Imitationen unter den champagnerähnlichen Bezeichnungen waren damit keineswegs unterbunden.

Gewiß ist der Champagner-Verband und das speziell auf die Verfolgung von Imitationen französischer Luxusprodukte angesetzte Comité Colbert nicht immer in der Lage, derartige schamlose Fälschungen völlig zu unterbinden. Aber angesichts der vielen intensiven Kontrollen — der Gesamtverband bezeichnet den Champagner als den meistkontrolliertesten Wein der Welt — konnte sich das Käufervertrauen in den Champagner wie bei kaum einem anderen aus Reben erzeugten Produkt festigen.

Indessen war der Champagner auch ohne derart strenge Kontrollen Lieblingsgetränk von Königen, Adel und ihrem Anhang. (Prinz Orlowski in der »Fledermaus«: »Champagner schwemmt mitunter / auch mancherlei hinunter. / Drum lassen weise Fürsten / die Völker niemals dürsten.«) Madame Pompadour, Mätresse des französischen Königs Ludwig XIV., bevorzugte den schäumenden Wein aus der Champagne so sehr, daß die Firma Moet in Epernay ihre Stammkundin körbeweise beliefern mußte.

Da berichtete Anfang des 18. Jahrhunderts ein Gast des Herzogs von Orléans: »Es war ein angenehmer spannender Augenblick, als der Wein plötzlich durch knallende Explosion angekündigt wurde ... Bald erwärmten sich die Gemüter, lösten sich die Zungen, und Fröhlichkeit und Gelächter und Witz verbreiteten sich rings um die Tafel.« In jener Zeit haftete am schäumenden Champagnerwein der Hauch des Außergewöhnlichen, des sensationell Neuen. Dom Pérignon war damals gerade einige Jahre tot. Die Geschichten, die sich um ihn rankten, sind eigentlich viel zu schön, um wahr zu sein. Er hat den Champagner nicht erfunden. Schäumende Weine gab es nämlich schon vor ihm und nicht nur in der Champagne. Und er hat auch nicht den Korkverschluß kreiert, sondern aller Wahrscheinlichkeit nach aus England übernommen. Doch er war eine historische Persönlichkeit. Geboren 1639, wurde er 1658 Mönch und 1668 Kellermeister der Abtei Hautvilliers, ein Amt, das er 47 Jahre, bis zu seinem Tode 1715, innehatte. Etwa zu der Zeit, als Dom Pérignon nach Hautvilliers kam, hatten es die Winzer geschafft, aus roten Trauben fast weißen Wein zu keltern. Aber diese Weine wurden zu »Pfropfensprenger« oder »Teufelswein«, das heißt, im Frühjahr fingen sie an, in der Flasche weiterzugären und zu schäumen. Ein ganz natürlicher Vorgang, dem die Winzer aber bislang ziemlich hilflos gegenüberstanden.

Sicher ist, daß Dom Pérignon, wie die Fachkollegen anderer Abteien, daranging, die damals geheimnisvollen Gärungsprozesse zu erforschen, um sie unter Kontrolle zu bringen. Und sicher mischte er als erster mehrere Weine verschiedener Lagen miteinander und brachte so »Cuvées« zustande, die ein reicheres Bukett hatten. Seine Ergebnisse gab er als praktische Anweisungen an die Winzer weiter, die damit fähig waren, ihre Erzeugnisse zu verbessern und weiterzuentwickeln.

Im Mittelpunkt des Teils der Champagnererzeugung, die sich im Keller vollzieht, steht das als méthode champenoise bezeichnete Verfahren. Im allgemeinen wird darunter nur ein bestimmter Produktionsprozeß verstanden, der die Flaschengärung mit dem nachfolgenden Rütteln (remuage) einschließt. Diese Herstellungsmethode ist nicht nur auf die Schaumweine der Champagne beschränkt. Aber für den Champagner ist sie seit jeher wichtigster Inhalt der gesamten Philosophie, einer Philosophie der Kompromißlosigkeit in allem, was der Vollkommenheit dient. In dieser Weise ist auch zu verstehen, daß der Begriff méthode champenoise nicht in der Champagne selbst, sondern in anderen Anbaugebieten geprägt wurde. Im einzelnen umfaßt er in der Champagne folgende Techniken: Wie bei der üblichen Weinherstellung wird der frisch gekelterte Most zunächst in Holzfässern oder Gärtanks einer ersten natürlichen Gärung unterzogen. Nach etwa drei Wochen ist ein stiller, junger Wein daraus entstanden, der nach dem Hefeabstich im Laufe des Winters noch mehrmals umgefüllt und gefiltert wird. Wenn sich der neue Wein geklärt hat, kann er nach seinen spezifischen Eigenschaften bestimmt und beurteilt werden. Und jetzt beginnt die entscheidende Phase in der Champagnererzeugung: Es gilt, aus in jedem Jahr anders ausfallenden Weinen einen wohl abgewogenen Champagner zu erzielen, der eigenständigen Markencharakter hat und ihn über viele Jahre hinweg beibehält. Die Kunst besteht also darin, ein paar Jahre vorauszuschmecken. Es gilt mit viel Talent, Erfahrung und Zungenspitzengefühl 10, 20 oder 30 Weine in unterschiedlichen Mengen, aus unterschiedlichen Lagen und Jahren zu einer Cuvée zusammenzustellen, die nach der zweiten Gärung und in drei bis fünf Jahren einen ganz bestimmten, vorher »konzipierten« Geschmack besitzt.

Den größten Teil der Cuvée machen die jungen Weine des neuen Jahrganges aus. In den meisten Fällen werden dann noch einige ältere Weine zugefügt, die »Reserveweine«. Das ergänzt die jungen Weine und steigert Feinheit und Moussiervermögen der Cuvées. In großen Weinjahren nimmt man oft nur Weine dieses neuen Jahrganges für die Cuvée. Das ergibt dann einen »Millésimé«, einen Jahrgangschampagner, der auf dem Etikett mit dem Jahrgang gekennzeichnet sein muß.

Was zunächst im Labor im Kleinen zusammengestellt wurde, wird nun im größeren Volumen in oft riesigen Behältern miteinander vermischt, »vermählt«, wie man in der Champagne sagt. Dann wird der Cuvée eine kleine Menge Hefe und in altem Wein aufgelöster Rohrzucker beigegeben und gut durchgerührt, um diese »Fülldosage« gleichmäßig zu verteilen. Danach wird auf Flaschen abgezogen. Mit Kronkorken oder Korken mit Drahthalterung verschlossen, wandern die Flaschen jetzt in die tiefen, kühlen Keller, um bei gleichbleibender Temperatur von 10° und gleichmäßiger Luftfeuchtigkeit mehrere Jahre still zu lagern.

Die Gärstoffe aus der Hefe wirken auf den Zucker ein, die zweite Gärung hat begonnen. Der Zucker verwandelt sich in Alkohol und Kohlensäure. Der Gasdruck im Innern der Flasche steigt bis auf fünf oder sechs Atmosphären. Durch die langsame Gärung unter Druck verbindet sich die Kohlensäure mit dem Wein und bleibt darin eingeschlossen. So entsteht, was den Champagner später moussieren läßt.

Die zweite Gärung dauert länger als die erste, statt drei, vier Wochen, drei, vier Monate. Nach Abschluß der zweiten

Gärung ist der Champagner hell und klar und auf der Innenwand der Flasche hat sich unten ein Satz aus Gärungsrückständen gebildet. Auf diesem Satz lagert der Champagner noch weiter für mehrere Jahre. Üblich sind in der Regel drei, für Jahrgangschampagner fünf Jahre.

Durch den allmählichen Gärungsprozeß und die lange Lagerung auf dem Satz bindet sich die Kohlensäure besonders fest an den Wein und ergibt später den unvergleichlich feinen Schaum und das lang anhaltende Perlen, zwei der wichtigsten Merkmale des Champagners.

Auf diese Weise reifen zur Zeit etwa 450 Mill. Flaschen Champagner ihrer Vollendung entgegen. In 20 m bis 40 m Tiefe unter der Erde, bei stets gleichbleibender Temperatur, geschützt vor Zugluft, Erschütterungen und Lichteinwirkung in über 200 km langen Gängen und Stollen, die in den weichen Kreidegrund getrieben wurden.

Der Satz aus den Rückständen der zweiten Gärung muß aus der Flasche verschwinden. Dafür werden die Flaschen am Ende der Reifezeit auf schräge Rüttelpulte gelegt, mit dem Hals leicht abwärts geneigt. Dieses Rüttelpodest wurde übrigens bei Veuve Cliquot von ihrem deutschen Kellermeister Müller erfunden. An diesen Pulten arbeiten die »Remueurs«, die Rüttler. Jeden Tag wird jede Flasche erstens leicht geschüttelt, zweitens etwa um ein Achtel gedreht und drittens gleichzeitig eine Idee aufgerichtet, so daß sie allmählich steiler steht. Dieses Rütteln von Hand ist eine der charakteristischen Phasen der méthode champenoise. Das Wunder dabei ist, daß ein guter Rüttler auf diese Weise täglich gut 40 000 Flaschen bewegt. Langsam gleitet so der Satz von der Innenwand in den Flaschenhals. Nach ca. 6 Wochen bis 3 Monaten hat sich der ganze Satz im Flaschenhals gesammelt und die Flaschen stehen »auf der Spitze«. In dieser Stellung warten sie auf den nächsten und letzten Arbeitsgang. Es ist das Degorgieren oder »Abschlämmen«, das Entfernen des Satzes aus dem Flaschenhals. Früher war es einer der heikelsten Arbeitsgänge, denn der Satz muß hinaus, ohne daß er viel vom Champagner mitnimmt. Heute wird der Flaschenhals in eine Gefrierlösung getaucht, bei —20° C gefriert der Satz zu einem Eisklötzchen, die Flasche wird geöffnet, und der Druck jagt den gefrorenen Satz aus der Flasche, wobei nur sehr wenig Wein verloren geht. Der geringe Verlust wird durch die »Dosage« wieder aufgefüllt. Sie besteht aus Wein derselben Cuvée und etwas sehr altem Champagner, in dem Rohrzucker allererster Qualität aufgelöst wurde. Mischungsverhältnis und Zugabemenge der Dosage richten sich nach der Geschmacksrichtung, die der Champagner bekommen soll.

Geschmacksbezeichnung	Restzuckergehalt in Gramm pro Liter (nach EG-Vorschrift)
Extra Brut/Extra herb	0—6
Brut/herb	weniger als 15
Extra dry/Extra trocken	17—20
Sec/trocken/dry	17—35
Demi-sec/halbtrocken/medium dry	33—50
Doux/mild	über 50

Geschmacksbezeichnungen wie *Brut Zéro* oder *Brut Intégral* weisen darauf hin, daß der betreffende Champagner völlig trocken (durchgegoren) ist und keine Dosage enthält.

Den Abschluß der Champagner-Herstellung bilden dieselben Arbeitsgänge wie in anderen Bereichen der Weinherstellung: Verkorken (grundsätzlich nur Naturkork), Anbringen des Drahtkörbchens zur Korksicherung und Etikettieren.

Auf dem Champagner-Etikett stehen neben Angaben über die Geschmacksrichtung wie zum Beispiel Brut (naturherb) oder Extra-Dry (rassig bis mild) auch noch Angaben über bestimmte Sorten. Ein *Blanc des Blancs* ist ein Champagner nur aus den weißen *Chardonnay*-Trauben. Er zeichnet sich durch Leichtigkeit, Eleganz und Feinheit seiner Blume aus. Ist er nicht schäumend, so trägt er die Herkunftsangabe *Côteaux de Champenois.* Ein Rosé-Champagner ist eine Ausnahmeerscheinung, die nach zwei verschiedenen Methoden hergestellt werden kann. Beim ersten, dem einfacheren Verfahren wird einem weißen Champagner im Stadium der Komposition der Cuvée eine gewisse Menge Rotwein aus der Champagne hinzugefügt, bis schließlich die roséfarbene Tönung eintritt. Die andere Roséerzeugungsmethode geht von der Herstellung eines roten Schaumweines aus, indem die blauen Trauben eine kurze Zeit auf der Maische vergoren und zum roten Champagnerwein ausgebaut werden. Im Stadium der zweiten Gärung auf der Flasche bewirkt nach etwa drei Jahren die Kohlensäure eine allmähliche Klärung des Weines und zugleich eine farbliche Veränderung, die vom Rot- zum Roséfarben sich wandelt. Meist ist jedoch dieses Rosé einige Nuancen dunkler als das aus der ersten Methode gewonnene Produkt. Auch hinsichtlich der geschmacklichen Qualitäten ist der in dem allein zeitlich aufwendigeren zweiten Verfahren gewonnene Rosé wegen seiner Eleganz, seines Aromas und seiner Weinigkeit dem anderen Rosé-Champagner überlegen.

Crémant heißt, daß zur zweiten Gärung weniger Gärstoffe zugegeben wurden. Champagne Crémant entwickelt deshalb weniger Schaum und läßt die Eigenart seiner Grundweine besonders rein zur Geltung kommen.

Steht zusätzlich noch eine Jahreszahl als Jahresangabe auf dem Etikett, handelt es sich um einen *Millésimé,* einen Jahrgangschampagner. Sein Cuvée bestand nur aus Weinen eines Jahrganges. Besonders hervorragende Jahrgänge waren: 1985, 1979, 1978, 1976, 1975, 1973, 1971, 1970, 1966, 1964, 1959, 1953, 1952 und 1947. Als gute Jahrgänge verzeichnet die Chronik: 1969, 1967, 1962, 1961, 1955, 1949 und 1945.

Tips und Adressen

Champagner muß immer liegend, ruhig, kellerkühl und dunkel gelagert werden. So hält er sich gut vier bis fünf Jahre, älter sollte er nicht werden. Man serviert ihn mit einer Temperatur von 6 bis 8 Grad. So öffnet man eine Champagner-Flasche: Mit einer Hand die Flasche halten, mit der anderen das Drahtkörbchen lösen. Flasche leicht geneigt halten, den Korken fest greifen, dabei mit der anderen Hand die Flasche drehen. So läßt sich der Korken leichter und sicherer lösen. Vorsichtig herausziehen, damit der Kohlensäuredruck sachte entweichen kann. Mit einem sauberen Tuch den Flaschenmund säubern. Schmale, hohe Gläser nehmen, am besten eignet sich die schlanke Tulpenform, damit das feine Perlen lange dauert. Vorsichtig einschenken, lieber weniger, dafür öfter. Die geöffnete Flasche möglichst auf einmal verbrauchen, aber mit einem guten Korken verschlossen hält sie sich gut gekühlt mehrere Stunden.

Kellereien bedeutender Champagner-Häuser, die Sie besichtigen können (d = deutschsprachige Führungen) *in:*

Reims:
Abel Lepitre 2, Av. Général Giraud (d)
Besserat de Bellefon Allée du Vignoble
Charles Heidsieck 46, rue de la Justice (d)
Vve Cliquot-Posardin 1, Place des Droits-de l'Homme
George Goulet 4, Av. du Général Giraud (d)
Heidsieck & Co. Monopole 83, rue Coquebert (d)
Henriot & Co. 3, Place des Droits-de l'Homme (d)
Krug 5, rue Coqueberg (d)
Lanson Pere & Fils 12, Bd. Lundy (d)
Louis Roederer 21, Bd. Lundy
Massé Pere & Fils 48, rue de Courlancy
G. H. Mumm & Co. 34, rue de Champ-de-Mars (d)
Piper-Heidsieck 51, Bd. Henri-Vasnier (d)
Pommery & Greno 5, Place Général Gourad (d)
Ruinart Pere & Fils 4, rue des Crayères
Taittinger 9, Place St.-Nicaise (d)

Ay:
Ayala 2, Bd. du Nord
Bollinger 16, rue Jules-Lobet
Collery 4, rue A.-France (d)
Deutz 16, rue Jeanson (d)
P. Philipponnat & Co. 13, rue de Pont Mareuil-sur-Ay (d)

Rilly-la-Montagne:
Canard-Duchêne Ludes (d)

Epernay:
De Castellane 57, rue de Verdun
G. H. Martel & Co 46, Av. Champagne

Mercier 75, Av. Champagne (d)
Moet & Chandon 20, Av. Champagne (d)
Perrier-Jouet 26, Av. Champagne
Pol Roger & Co. 1, rue Henri-Lelarge

Tours/Marne:
Vve Laurent-Perrier (d)

Schriftliche oder telefonische Voranmeldung vor allem für Reisegruppen ist angebracht.

Côtes de Provence: Weine zum Träumen

Nicht nur eine der ältesten, sondern auch schon in der Antike besonders intensiv bebaute Weinbauregion, deren Reiz wohl schon die Menschen von 2000 Jahren begeisterte — das ist die Provence. Die Phönizier waren die ersten, die systematisch zwischen der fantastischen Mittelmeerküste und der grandiosen Bergwelt des Hinterlandes Reben pflanzten. Diese von Malern und Dichtern geliebte Hügellandschaft präsentiert sich gegenüber der lebhaften, touristisch-turbulenten Côte d'Azur als ein Gebiet des zauberhaften Lichtes, der Anmut und der üppigen Vegetation in den Tälern sowie der kargen Wildnis unterhalb der schneebedeckten Berge.

Mit dem Namen Provence auf dem Weinetikett verbindet sich immer wieder eine romantische Vorstellung von geradezu paradiesischen Weingärten inmitten von Pinien- und Zypressenhainen, die von Weinbauern aus malerischen Dörfern bearbeitet werden und beinahe das ganze Jahr von einer freundlichen Sonne profitieren.

Die vier Départements, die dem Gebiet der klassischen Provence entsprechen, verfügen über eine Rebfläche von etwa 18 000 ha, auf der zu 70 % Rosé-Wein erzeugt wird — in ihrer Mehrzahl wohl die feinsten Rosés Frankreichs. Wegen ihrer Frische, ihrer brillanten Farbe, in der sich gelegentlich kupferartige Reflexe zeigen, ihrer scheinbaren Leichtigkeit, die den wahren Extraktgehalt elegant überspielt, und ihres herrlichen Duftes gehören sie zu den schönsten Sommer- und Picknick-Weinen der Welt. Man sollte sie — bis auf wenige Ausnahmen — jung und kühl trinken, wobei sie eine wunderbare Ergänzung zu beinahe jeder Mahlzeit, vor allem natürlich zu den provençalischen Spezialitäten darstellen.

Alle Weine der *Côtes de Provence,* auch die Rosés, sind sehr trocken. Sie dürfen laut Gesetz nicht mehr als 3 Gramm Restzucker pro Liter enthalten. Mit mindestens 11 Vol. % sind sie recht alkoholreich, trotzdem wirken sie fruchtig, frisch und leicht.

Führend in dem mannigfachen Rotweinrebsortiment ist die *Carignan,* aus der würzige, alkoholhaltige Weine gewonnen werden. Daneben werden *Cinsault, Grenache, Tibourin* und *Mourvèdre* angebaut. Doch nur zu 25 % werden aus den Sorten Rotweine erzeugt. Meist sind es Weine voller Temperament und Wärme, die auf der Flasche allerdings nicht älter als sechs Jahre werden sollten. Da die Weißweinherstellung nur einen Anteil von 5 % hat, verfügen die strohfarbenen, fruchtigen, trockenen und verführerisch schmekkenden Tropfen über einen ausgesprochenen Raritätencharakter.

1953 wurden die Weine der Côtes de Provence mit dem Gütezeichen V.D.Q.S. ausgezeichnet (Vins délimités de qualité supérieure = Weine begrenzter Herkunft höherer Qualität). 1977 wurden sie schließlich in den Stand der Appellation contrôlée-Weine erhoben, nachdem bereits vier Weine einige Jahrzehnte zuvor die A.C.-Herkunftsbezeichnung erhielten:

Bandol, dessen Weinberge am Rande eines zum Meer hin offenen hufeisenförmigen Talkessels liegen und dessen Weine in einem Buch aus dem Jahre 1787 beinahe genauso beschrieben wurden, wie sie auch sich heute noch darstellen: »Das milde Klima und die windgeschützte Lage von Bandol und seiner Umgebung, sein ton- und kalkreicher Boden, der einen hohen Gehalt an kohlensaurem Kalk aufweist, die intensive Sonnenbestrahlung der Rebhügel, die in nächster Nähe des Meeres vor rauhen Winterfrösten bewahrt sind, die ein besonders gnädiger Himmel mit hygrometrischem

Jod- und Salzgehalt in der Luft überwölbt, alles dies verhilft den diesem Landstrich entstammenden Weinen, zu den berühmten Produkten zu werden, von denen die provençalischen Dichter sagten, sie seien Sonne in der Flasche. Diese Weine haben die Konsistenz, das Bukett, die Feinheit, die derjenige unter den Kennern schätzt, dem die Qualität höher gilt als der Name auf dem Flaschenschild. Sie verkörpern einfach die wahren Tugenden der provençalischen Erde und ihrer Erzeugnisse: Lauterkeit, Feinheit und Feuer.«

In der Gegend von Bandol wird seit der Römerzeit Weinbau betrieben. In der Zeit nach den napoleonischen Kriegen legten jährlich durchschnittlich 1200 Schiffe im Hafen von Bandol an. Sie luden damals 60000 bis 65000 hl Wein, von dem etwa ein Drittel nach Italien, Nordeuropa und Amerika ging, der Rest nach Marseille und anderen französischen Häfen. Während der Schiffsreisen verbesserten sich die Weine auf bemerkenswerte Weise, und so dehnte sich ihr Absatzgebiet in der ersten Hälfte des 19. Jahrhunderts bis nach Indien und Brasilien aus. Gegen Ende des zweiten französischen Kaiserreiches reiste der Wein aus Bandol und Umgebung von diesem Hafen aus wirklich an die vier Enden der Welt, und die Stadt selbst war zu einer riesigen Böttcherwerkstadt geworden.

In Bandol verzeichnet man die ausgiebigste Sonnenbestrahlung der gesamte Côte d'Azur (mehr als 3000 Stunden im Jahr). Selbst der Mistral (Nordwestwind) hat hier einen günstigen Einfluß, er durchlüftet das Tal. Die Ost- und Südostwinde bringen den der Pflanzenwelt notwendigen Regen in ausreichender Menge (Jahresdurchschnitt 650 mm während Herbst und Winter). Die Hitze der Sommertage wird ständig durch gelinde Meerwinde gemildert. Das warme Licht der Monate August, September und Oktober läßt Jahr für Jahr die Trauben auf die vollkommenste Weise ausreifen. Man kann daher sagen, daß der rote Wein von Bandol eigentlich keine wirklich schlechten Jahre kennt.

Aus *Clairette-* und *Ugni-*Reben werden trockene, fruchtige Weißweine gewonnen. Die Rosé-Weine stammen aus *Grenache-* und *Cinsault,* denen man in kleineren Mengen *Carignan* und *Tibourin* beifügt, um sie harmonisch zu vervollkommnen. Sie werden auf verschiedene Weise zubereitet, sei es durch sofortiges Keltern nach der Lese, sei es durch vollständige oder teilweise Gärung während einiger Stunden in Behältern mit darauf erfolgender Trennung des Saftes vom Vorlauf. Die erste Methode erzeugt hellfarbene, fruchtige Weine, die man in den zwei ersten Jahren trinkt. Die zweite Methode läßt Weine entstehen, die eine stärkere Farbtönung aufweisen, kräftiger sind und gute Qualität erlangen, nachdem sie einige Monate in Flaschen lagern. Diese Weine sind besonders angenehm und leicht infolge ihres Glyzeringehaltes und besitzen wenig Alkohol.

Cassis, auf halbem Wege zwischen Marseille und Bandol an der Mittelmeerküste gelegen, baut auf etwa 180 ha ausgeprägt fruchtige, volle und trockene Rosé-Weine an. Interessant ist, daß um diesen freundlichen Mittelmeerhafen wesentlich mehr Weißwein als Rotwein erzeugt wird, während ansonsten das Verhältnis an den Côtes de Provence gerade umgekehrt ist. Der Mindestalkoholgehalt für die Weine von Cassis beträgt ebenso wie die Weine von Bandol 11 °.

Bellet, nordwestlich von Nizza gelegen, erzeugt nur 500 hl eines sehr begehrten und dementsprechend ziemlich teuren Weines. Er gedeiht auf trockenen und steinigen Böden an abschüssigen Hängen. Es sind relativ leichte Weine (10,5° Mindestalkohol), ausgeglichen und besonders fein.

Palette liegt etwa 10 km westlich der alten Stadt Aix-en-Provence. Ein großer Teil seiner Rebfläche wird von dem Besitztum der Domaine Château Simone eingenommen. Die Jahresproduktion beträgt etwa 300 hl, von denen ein trockener Weißwein besonders erwähnenswert ist. Aus einem ungewöhnlich großen Rebensortiment werden außerdem Rotweine, Weißweine und Rosé-Weine von ursprünglichem Charme erzeugt.

Am 23. Juli 1955 trat eine Klassifizierung in Kraft, die 23 »Crus« der Côtes de Provence umfaßt. Da einige Güter zwischenzeitlich nicht mehr bestehen, gehören zu den »Crus« folgende Betriebe:

Domaine de Mauvanne (Les Salins d'Hyères)
Coteaux de Ferrages (Pierrefeu)

Domaine de la Source (Sainte-Marguerite, La Londe)
Castel Roubine (Lorgues)
Domaine-de-l'Aumérade (Hyères)
Domaine-de-la-Clapière (Hyères)
Clos-du-Relars (Lorgues)
Domaine-de-Rimaurescq (Pignans)
Château de Sainte-Roseline (Les Arcs)
Château de Selle (Taradeau)
Clos Mireille (La Londe)
Domaine de Saint-Martin (Taradeau)
Domaine de la Croix (La Croix-Valmer)
Château Saint-Maur (Cogolin)
Clos Cibonne (Le Pradet)
Domaine du Galoupet (La Londe)
Domaine de Brégançon (Bormes)
Château Minuty (Gassin)
Domaine de la Grande Loube (Hyères)
Domaine du Noyer (Bormes)
Domaine du Jas-d'Esclans (La Motte)

Seit Dezember 1985 sind auch die *Coteaux d'Aix* und die *Coteaux d'Aix-Les Baux* A.O.C.-Weine. Auf 3000 ha tonkalkhaltigem Boden wachsen um Aix-en-Provence und Les Baux hauptsächlich Rotweine, ein knappes Drittel Rosé und wenig Weißweine. Die Ernte liegt bei 120000 hl. Die Roten sind ausgeglichen und reifen schnell (zwei bis vier Jahre). Die Rosés enthalten oft recht gerbsäurereiche Rebsorten und sind deshalb ziemlich kräftig. Die jung zu trinkenden Weißweine sind frisch und aromatisch.

Südwest-Frankreich: Qualität zu kleinen Preisen

Bergerac: Zwischen dem Bordeaux-Anbaugebiet und dem Feinschmeckerparadies des Périgord gelegen, genießt das Bergerac mit seinen Rot- und Weißweinen bei den Weinliebhabern nach vielen Jahren der Zurückhaltung nun wieder steigendes Interesse. Im 18. Jahrhundert hatten die Weine aus diesem von vielen Kämpfen und Kriegen heimgesuchten Land bereits eine beachtliche Konjunktur. Sie wurden im Faß über Libourne und Blaye bis nach England und später auch Skandinavien ausgeführt.

Zwischen dem benachbarten Bordelais und dem Bergerac entwickelten sich über Jahrhunderte heftige Rivalitäten. Die Folge war, daß die Weine des Bergerac bei den Weintrinkern als eigenständige Herkunft unbekannt blieben oder aber mit den Gewächsen von Bordeaux verwechselt wurden. Immerhin ist die Grenze zwischen beiden Gebieten fast willkürlich gezogen, sie basiert auf einer Teilung der Gebiete aus der Zeit der Religionskriege.

In dem schönen, weiten Tal der Dordogne um die Stadt Bergerac und an den angrenzenden Hügeln pflegen 93 Weinbauorte Rebkulturen, die 12000 ha A.C.-Rebfläche bedecken. Das Rebsortiment gleicht jenem von Bordeaux: *Sémillon, Sauvignon, Muscadelle, Oundenc* und *Chenin Blanc* für Weißweine, *Cabernet, Sauvignon, Cabernet Franc, Merlot* und *Malbec* für Rotweine. Von den 450000 bis 500000 hl Wein, die jährlich erzeugt werden, sind die Weißweine mengenmäßig führend. Sie zeichnen sich durch interessante Verschiedenartigkeit aus. Da gibt es trockene und halbtrockene Weißweine mit einem angenehmen Bukett und einem exzellenten Geschmack. Am linken Ufer der Dordogne wächst um *Saussignac* ein lieblicher, milder Weißwein. Er ähnelt den Weißweinen der Côte de Bergerac, die mit ihrem likörartigen Charakter als Dessert- und Apéritifweine empfehlenswert sind. An der *Côte de Bergerac* gibt es auch kräftige, vollmundige, starke Rotweine, die sich vor allem zur Begleitung von Wild, Braten und Käse eignen. Der halbtrockene, gelegentlich auch liebliche Rosette wächst nördlich von Bergerac. Er ist ein strohgelber bis goldgelber Wein, der über eine wunderbare Blume verfügt und bestens zu Trüffeln und Champignons paßt. Nordöstlich von Bergerac ist der *Pécharmant* beheimatet, ein körperreicher, tiefroter Wein, der am besten nach einer Lagerzeit von drei Jahren schmeckt. Westlich von Bergerac am rechten Dordogne-Ufer befassen sich 14 Weinbauorte mit der Erzeugung des *Montravel,* den es in einer trockenen, halbtrockenen oder lieblichen Variante gibt.

Monbazillac: Er ist wohl der außergewöhnlichste und bekannteste unter den Bergerac-Weinen. Der Likörwein, der früher zu unrecht als »der Sauternes des armen Mannes« bezeichnet wurde, stammt aus den Gemeinden Monbazillac, Rouffignac, Pomport, Colombier und Saint-Laurent-des-Vignes. Sie besitzen insgesamt 2537 ha Rebfläche mit einem durchschnittlichen Ertrag von 70000 hl. Die herrlich süßen, vollfruchtigen Weißweine des Monbazillac verfügen ebenso wie die des Sauternes über einen Zuckeranteil von etwa 80 g bis 100 g pro Liter, der das Ergebnis der Verarbeitung von edelfaulen Trockenbeeren ist. Die besten Lagen erstrekken sich um das mittelalterliche Schloß Monbazillac, das heute den örtlichen Winzergenossenschaften gehört. Das Mitte des 16. Jahrhunderts errichtete Château ist heute eine Gedenkstätte für die damalige protestantische Bewegung in diesem Gebiet. Größter Produzent ist die Union des Viticulteurs Bergerac, eine Vereinigung von Winzergenossenschaften aus dem Bergerac und dem Bordeaux-Gebiet. Diese Gruppe erzeugt mehr als 800000 hl Wein in den bekanntesten Lagen des Südwesten Frankreichs. Den Genossenschaften sind 5000 Winzer angeschlossen.

Gaillac: Auf einer Rebfläche von 1400 ha werden beiderseits des schönen Flüßchens Tarn aus einem halben Dutzend Rebsorten trockene und liebliche Weißweine, Perlweine und Schaumweine sowie Rot- und Rosé-Weine erzeugt. Die Chroniken berichten, daß Heinrich III. von England bereits im Jahre 1253 Weine aus dem Gaillac bezogen hat. Im 16. Jahrhundert haben sich diese Gewächse offenbar einer größeren Beliebtheit und Bekanntheit erfreut, als dies heute der Fall ist. Die wichtigste Rebsorte im Anbau ist die *Mauzac,* daneben gibt es die regionalen Spezialitäten wie *Loin-de-l'Oeil, Lundenc* sowie *Sémillon, Sauvignon* und *Muscadelle.* Ebenso wie im Bergerac profitieren auch hier die Weine von einem günstigen Klima mit intensiver Sonnenbestrahlung, so daß im allgemeinen hohe Mostgewichte bei den Trauben erzielt werden. Der Mindestalkoholgehalt für Weine der *Premières Côtes de Gaillac* beträgt 12°, die übrigen benötigen einen Mindestalkohol von 10,5°.

Cahors: Erst 1971 wurde die 660 ha große Rebfläche beiderseits des sich in vielen Schleifen dahinwindenden Flüßchens Lot in den A.C.-Schutz einbezogen. Zuvor waren die »schwarzen« Weine von Cahors mit dem V.D.Q.S.-Siegel ausgezeichnet. Ihre Tradition ist ebenso groß wie ihre heutige relative Unbekanntheit. In der orthodoxen russischen Kirche wurde er als Meßwein verwendet, und Zar Peter der Große gehörte zu seinen bedeutendsten Freunden. Die wegen ihrer tiefroten Farbe mit schwarzblauen Reflexen auffallenden Weine waren nach der Reblauskatastrophe (um 1880) für lange Zeit in Vergessenheit geraten, nachdem sie zuvor, oft zum Verdruß der benachbarten Gebiete, vor allem des Bordelais, an den Königshöfen in Ost und West einen glanzvollen Beitrag zu manchem festlichen Vergnügen lieferten. Die zu Beginn der 30er Jahre von den Winzern in Cahors geleistete Aufbauarbeit wurde durch die katastrophalen Frosteinbrüche der Jahre 1956 und 1957 teilweise wieder vernichtet. Seine auffallend dunkle Farbe verdankt der bukettreiche, charaktervolle Wein mit der Anlage zur vollendeten Reife im Alter der Rebsorte *Malbec* oder *Cot,* die auch hier *Auxerrois* genannt wird. In 45 Gemeinden werden 43000 hl Wein erzeugt, von denen etwa 60% die Winzergenossenschaft »Caves des Côtes d'Olt« in Parnac produziert. Nennenswerte Hersteller von Erzeugerabfüllungen sind darüber hinaus die Weingüter Tesseydre und Jouffreau.

Côtes-de-Duras: Etwa 110 km südöstlich der Stadt Bordeau liegt um Duras ein etwa 1000 ha großes Weinanbaugebiet, in dem 15 Winzerorte milde, frische, füllige und fruchtige Weißweine aus den Rebsorten *Sémillon, Sauvignon, Mus-*

cadelle und *Mauzet* erzeugen. Ihr Mindestalkoholgehalt muß 10,5° betragen. Aus den Rebsorten *Cabernet, Merlot* und *Malbec* werden trockene, schmackhafte und angenehm duftende Rotweine gewonnen, deren Mindestalkoholgehalt 10° beträgt.

Jurançon: Die Winzer südlich von Pau bezeichnen heute noch ihren Wein als den König des Béarn. In diesem stolzen Titel schwingt viel mit vom ehemaligen großen Ruf, den die Weißweine des Jurançon vor der Reblausinvasion hatten. Colette, Frankreichs populärste Schriftstellerin, schrieb einmal über diesen Wein: »Als junges Mädchen machte ich die Bekanntschaft eines entflammten Prinzen, der herrschsüchtig und verräterisch war wie alle großen Verführer: der Jurançon!« Länger als in vielen anderen Weinbaugebieten hat es gewährt, bis man sich von den Rückschlägen der Weinbergverseuchung erholt hat. Vielleicht liegt dies aber auch an den speziellen Rebsorten, die ausschließlich nur noch im Jurançon gepflanzt werden und die mit den nun einmal erforderlichen amerikanischen Unterlagsreben nicht gut harmonieren: *Gros Manseng, Petit Manseng* und *Courbu* werden zu etwa 85% für die Herstellung der Jurançon-Weißweine verwendet, der Rest entfällt auf die Rebsorten *Carmaralet* und *Lauset.* Den dominierenden Anteil an den Weißweinen nimmt ein ungewöhnlich süßer, ambra- bis bernsteinfarbiger Tropfen ein mit einem eigenartigen, reichen, anhaltenden Duft. Man trinkt ihn am besten erst nach dem dritten Jahr der Lese. Dieser Wein hält sich mindestens 20 Jahre unverändert in seiner schönen likörigen Art. Gastronomisch spielt er eine seltene aber interessante Rolle als großer Dessertwein, der hervorragend zur Gänseleberpastete, Entenpastete mit Morcheln oder aber auch zu eingemachtem Gänsefleisch paßt. Daneben wird ein rassiger, spritzer, fruchtiger und sehr trockener *Blanc des Blancs* erzeugt, der jung getrunken ein vorzüglicher Fischwein ist.

Madiran und *Pacherenc du Vic Bilh:* Nordwestlich von Pau im Bezirk der Hautes Pyrénées werden zwei Weine erzeugt, die außerhalb Frankreichs sehr selten angeboten werden, die jedoch eine Bekanntschaft auf jeden Fall lohnen. Der Madiran ist ein körperreicher, kräftiger Rotwein mit ausdrucksstarkem Bukett, der aus den Rebsorten *Tannat, Cabernet, Sauvignon, Bouchy* und *Pinenc* gewonnen wird. Sein Mindestalkoholgehalt beträgt 11°. Im Tal von Adour wächst der würzige und fruchtige Pacherenc du Vic Bilh, der ein Kind der Rebsorten *Rouffiat, Mansenc, Courbu, Sémillon* und *Sauvignon* ist.

Irouléguy: Im äußersten Südwesten Frankreichs, in den grandiosen Pyrenäen-Tälern um die Stadt St. Etienne-de-Baïgorry wächst einer der seltenen baskischen Qualitätsweine, der Irouléguy. Als Weißwein gleicht er dem benachbarten Jurançon. Qualitativ besser sind jedoch die Rotweine, die besonders fruchtig und von angenehmer Festigkeit sind. Im Jahre 1954 wurde die Winzergenossenschaft von St. Etienne-de-Baïgorry gegründet, die, wie man im Ort sagt, die kleinste Cooperative Frankreichs ist.

Languedoc-Roussillon: Weine mit sanftem Charme

Languedoc und *Roussillon* bilden das größte Weinanbaugebiet Frankreichs und wohl auch der Welt. Gleichzeitig ist es die älteste Weinkulturlandschaft Frankreichs. Phönizier und Griechen pflanzten hier gegen Ende des 6. Jahrhunderts vor Christus die ersten Reben an. Wie ein riesiges Amphitheater steigen die Weingärten vom Mittelmeer zu den Ausläufern des Zentralmassivs, zur Montagne Noir und den östlichen Pyrenäen hinauf.

Von Nîmes bis hinter Perpignan an die spanische Grenze reicht das 450000 ha große Weinanbaugebiet des Languedoc-Roussillon. Es umfaßt — von Norden nach Süden — die Départements Gard, Hérault, Aude und Pyrénées Orientales. Das sind mehr als ein Drittel der französischen Weinbaufläche. Ein Drittel des landwirtschaftlich genutzten Bodens ist hier mit Reben bepflanzt, die durchschnittlich 26 bis 30 Mill. hl Wein im Jahr ergeben.

Im Jahre 1986 ist Languedoc-Roussillon zum zweitgrößten

Anbaugebiet für Qualitätsweine mit *Appellation Contrôlée* (AOC) aufgestiegen. 2,7 Mill. hl wurden davon geerntet. Jahrzehntelange Bemühungen der Winzer haben zum Erfolg geführt. Außerdem kommt ein großer Teil der französischen Tafelweine *(Vins de Pays)* aus diesem Anbaugebiet. 1986 waren es 18,4 Mill. hl Tafel- und 6,9 Mill. hl Landweine, 58 % bzw. 72 % der gesamten französischen Ernte dieser Weinqualitäten.

In einem so großen Gebiet sind Böden und Rebsorten sehr unterschiedlich. Im *Languedoc* wachsen die Qualitätsweine auf Kieselsteinen, Schiefer oder Granit. Der viel kleinere *Roussillon* ist ein Mosaik von Böden unterschiedlichster Herkunft; Schiefer um Banyuls und Collioure, Granit im Nordwesten, Kalk mit rotem Ton vermischt um Rivesaltes.

Für die trockenen Weißweine wachsen die Rebsorten *Mauzac* — Basis für den feinen Schaumwein *Blanquette de Limoux* —, *Picpoul, Clairette, Ugni Blanc, Bourbolenc, Terrets* usw. Für die Rot- und Roséweine am weitesten verbreitet ist die *Carignan,* ferner die feinen Sorten *Grenache* und *Cinsault,* die *Mourvèdre* und der Zuwanderer aus dem Rhône-Tal, die *Syrah.* Neu für den Languedoc-Roussillon sind auch die Bordeaux-Reben *Merlot, Cabernet Sauvignon* und *Cabernet Franc.* In geographischer Reihenfolge von Norden nach Süden gibt es die folgenden Qualitätsweine:

Costières du Gard: Zwischen Nîmes und Arles wachsen die roten, roséfarbenen und weißen *Costières du Gard* in einer geschichtsträchtigen Landschaft. Die Arena von Nîmes oder der Pont du Gard erinnern an die Zeit der Römer. Auf 9666 ha Hängen mit steinigen Böden aus Siliziumkieseln, die in sanften Hügeln in der Ebene auslaufen, werden hauptsächlich Rotweine erzeugt. Sie sind blumig, fruchtig, rund und können drei oder vier Jahre alt werden.

Manchmal zieht man den Most schon nach einer kurzen Maischegärung ab und erhält so leichte, sehr fruchtige, hellrote »Vins de Café« (Kaffeehaus-Weine). Die Rosés sind kräftig getönt und nehmen nach einem Jahr Bernsteinfarbe an. Die Weißen sind trocken, fein, blumig. Aus dem Gard kommt auch der *Clairette de Bellegarde,* ein nach seiner Rebsorte benannter trockener, kräftiger Weißwein.

Coteaux du Languedoc: Nach Süden hin folgen die Coteaux du Languedoc mit zwölf Gemeinden, die ihren eigenen Namen auf dem Etikett anfügen können: *Cabrières, Coteaux de la Méjanelle, Coteaux de St-Christol, Coteaux de Vérargues, La Clape, Montpeyroux, Pic St-Loup, Quatorze, St-Drézéry, St-Georges d'Orques* und *St-Saturnin.*

Die zwölfte Herkunftsbezeichnung *Picpoul de Pinet* ist ausschließlich einem frischen, trockenen Weißwein vorbehalten.

Auf trockenen Hochebenen, die das flache Land des Languedoc überragen, gedeihen *Carignan, Grenache, Syrah, Mourvèdre* und *Cinsault.* Schieferhaltige Böden bringen körperreiche, edle Rotweine von geringem Ertrag, aber hoher Qualität hervor, die gut lagern können. Auf kalkhaltigem Kieselgestein gedeihen fruchtige, rundere, weichere Weine.

Faugères und *Saint-Chinian:* Die edlen, kräftigen Weine wachsen auf Schieferboden im Nordwesten von Béziers und können einige Zeit lagern. Der Ertrag ist auf höchstens 50 hl/ha festgesetzt.

Minervois ist nach der römischen Göttin Minerva benannt, was wiederum auf die lange Geschichte des Gebietes verweist. »Der Minervois steigt im Ansehen, aber er steigt nicht zu Kopf«, sagt Charles Quittanson, berühmter Önologe, von diesem Rotwein. Es gibt ihn auch in rosé und weiß. Die Rotweine können als »vins nouveaux« mit kurzer Maischegärung oder nach Art des Beaujolais mit Kohlensäuremaischen bereitet werden. Sie sind jung, frisch und sollten in einem Jahr getrunken werden. Daneben gibt es die sogenannten Lagerweine mit langer Maischegärung und anschließendem Ausbau in Eichenfässern. Sie kommen frühestens zehn Monate nach der Ernte in den Handel.

Basisrebsorten für die Rotweine sind *Carignan* und *Cinsault.* Hinzu kommen *Grenache, Syrah* und *Mourvèdre.* 18 000 ha sind zur Qualitätsweinproduktion zugelassen. Der Bereich erstreckt sich über 45 Gemeinden im Département Aude und 16 Gemeinden im Hérault.

Corbières: Südlich der Linie Carcassonne-Narbonne schließen sich die Corbières an. Sie ziehen sich von den Ausläufern der Pyrenäen bis zur Küste des Mittelmeeres hinab.

Die Einteilung des Bereichs in Parzellen, Voraussetzung für den Aufstieg in die A.C.-Klasse, ist praktisch beendet, so daß diese Weine vermutlich bald an der Reihe sein werden.

Um die typische Rebsorte *Carignan* scharen sich *Cinsault, Syrah* und *Mourvèdre.* Sie wachsen auf 23000 ha ton-kalkhaltigen Hügeln und ergeben weiche, körperreiche Rotweine. Es werden auch wenige Weißweine erzeugt. Ein roter *Corbières* mit Faßausbau hat viel Charakter und gute Lagereigenschaften. Die Farbe ist immer kräftig rot bis purpurrot. Zwei Enklaven in den Corbières, und zwar neun kleine Gemeinden, erzeugen den

Fitou: Er ist der älteste Rotwein mit Appellation Contrôlée des Départements *Aude,* und zwar seit 1948. Er wird zu 75 % aus der *Carignan* gekeltert, unter Zusatz hauptsächlich von *Grenache.*

Der Fitou hat eine tief rubinrote Farbe, er ist kräftig, sehr nobel und gut lagerfähig. Er muß mindestens neun Monate im Faß reifen.

Blanquette de Limoux: Zur Zeit Karls des Großen schon urkundlich erwähnt und einer der ältesten Schaumweine ist der *Blanquette de Limoux.* Limoux liegt 23 km südwestlich von Carcassone im Mittelpunkt von 42 weiteren Gemeinden, wo der Grundwein herkommen und auch der Sekt hergestellt werden muß. So verlangt es das französische Gesetz von allen Qualitätsschaumweinen mit *Appellation Contrôlée.* Voraussetzung ist ferner die traditionelle Flaschengärung nach der Champagner-Methode und eine neunmonatige Lagerung auf dem Bodensatz. Der *Blanquette de Limoux* ist ein »blanc de blancs« (weißer Wein aus weißen Trauben) und nach seiner traditionellen Rebsorte benannt. Die *Mauzac*-Traube hat lokal den Namen *Blanquette.* Hinzu kommen *Chardonnay* und *Chenin.*

Côtes du Roussillon: Von Perpignan bis fast an die Grenze Spaniens reicht das rund 11000 ha große Gebiet der *Côtes du Roussillon* und *Côtes du Roussillon-Villages.* Seit 1977 sind sie Appellation-Contrôlée-Weine. Zwei der insgesamt 25 *Côtes du Roussillon-Villages*-Lagen, die nur Rotweine erzeugen, dürfen ihren Namen an den des Anbaugebietes anhängen: *Caramany* und *Latour de France.*

Languedoc-Roussillon Qualitätsweinernte 1986

(in hl r = rot/rosé w = weiß)

Blanquette de Limoux Schaumwein	45000 w
Clairette de Bellegarde	3000 w
Clairette du Languedoc	9000 w
Collioure	6600 r
Corbières	635600 r
	26000 w
Costières du Gard	182000 r
	5600 w
Coteaux du Languedoc	293000 r
	17000 w
Cabrières	
Coteaux de la Méjanelle oder La Méjanelle	
Coteaux de St.-Christol oder St.-Christol	
Coteaux de Vérargues oder Vérargues	
La Clape	
Montpeyroux	
Picpoul de Pinet	
Pic St.-Loup	
Quatourze	
Saint-Drézéry	
Saint-Georges d'Orques	
Saint-Saturnin	
Côtes du Roussillon	198500 r
	9000 w
Côtes du Roussillon-Villages	80000 r
Caramany	
Latour de France	
Faugères	54000 r
Fitou	80000 r
Minervois	252600 r
	6000 w
Saint-Chinian	67000 r
Summe	2000500
Likörwein	622000
Insgesamt	2622500

Für die alkoholreichen, fülligen Rotweine und trockenen, fruchtigen Rosés wächst hauptsächlich die *Carignan*-Rebsorte. Hinzu kommen *Cinsault, Grenache, Lladoner pelut, Mourvèdre, Syrah* und *Maccabéo.* Für die frischen, trokkenen Weißweine mit angenehmer Säure wird die allein zugelassene *Maccabéo* schon vor der völligen Reife geerntet. Die Rotweine sind gute Lagerweine, die *Côtes du Roussillon* können fünf Jahre, die *Côtes du Roussillon-Villages* acht und mehr Jahre alt werden.

Nicht alle Qualitätsweine des *Languedoc-Roussillon* konnten hier beschrieben werden, jedoch sind alle Herkunftsbezeichnungen in der Liste aufgeführt. Die Weine dieses Gebiets sind wegen ihres günstigen Preis-Qualitätsverhältnisses sehr interessant. Man hat das in Deutschland schon festgestellt, denn die Deutschen sind die wichtigsten Auslandskunden für Weine aus dem Languedoc-Roussillon.

Qualitätsweine aus dem Südosten Frankreichs

Jura: Geschmackswunder mit dem Spezialitäten-Effekt

Keines der Appellation contrôlée-Gebiete Frankreichs weist auf so kleinem Raum eine derart beachtliche Palette von Weinarten und Sorten auf wie die 1000 ha umfassende Rebfläche des Jura. 1836, vor der Reblausinvasion, verfügte das Anbaugebiet zwischen er burgundischen Côte d'Or und der Schweizer Grenze noch über 18 400 ha. Heute ist der Weinanbau auf die besten Lagen um *Arbois,* den Norden von *Poligny* und um *Château Chalon* konzentriert. Die 2000 Weinbauern in dem landschaftlich reizvollen Jura erzeugen in guten Jahren etwa 40 000 hl Wein, der aufgrund sehr unterschiedlicher Bodenarten in den Weinbergen und seltener, verschiedener Rebsorten an Mannigfaltigkeit nichts zu wünschen übrig läßt.

Aus der *Poulsard* (oder *Ploussard*) wird ein außergewöhnlicher Roséwein erzeugt, der durch eine spezielle Bereitungsmethode fast den Charakter eines Rotweines hat. Der Most aus der Poulsard-Rebe, einer Traube, die es übrigens nur noch im Jura gibt, wird einer Maischegärung unterzogen, die 10 bis 15 Tage länger dauert als die übliche Rotweingärung. Auf diese Weise wird ein kräftiger, starker Wein erzeugt, der über ein auffallend dunkles Rosé verfügt, das mit der Zeit eine ambrafarbene Tönung annimmt. Bemerkenswert ist, daß man diesen Roséwein fünf oder zehn Jahre aufbewahren kann, ohne daß er qualitative Einbußen verzeichnet. Kenner trinken diesen Rosé daher auch nicht gekühlt, sondern bei einer Temperatur zwischen 15° und 18° C.

Aus der Rebsorte *Trousseau* werden charaktervolle, körperreiche Rotweine gewonnen, die nach einiger Zeit eine Goldkäferfarbe annehmen können.

Goldgelbe, trockene, fruchtige und vollmundige Weißweine, die häufig über eine sehr lange Lebensdauer verfügen, werden aus der Rebsorte *Chardonnay* gewonnen, die hier auch *Mélon d'Arbois* oder *Gamay blanc* genannt wird. Aus der gleichen Rebsorte wird auch ein feiner Schaumwein *(Vin fou)* gewonnen. Die beiden berühmten Weinspezialitäten des Jura sind jedoch der *Vin jaune* (Gelbwein) und der *Vin de paille* (Strohwein). Der gelbe Wein, der in Wirklichkeit von gelbgrauer Farbe ist, wird aus der mit dem Traminer verwandten Rebsorte *Savagnin* (auch *Nature* bezeichnet) erzeugt. Über die Herkunft dieser seltenen Traube gibt es verschiedene Versionen. In einer Geschichte heißt es, daß eine Nonne der Abtei Château Chalon vor vielen Jahren diese Rebsorte von einem Kreuzzug mitgebracht habe. Tatsächlich kann man gewisse Ähnlichkeiten in der Farbe und auch im Geschmack zwischen einem alten ungarischen Tokayer und einem Vin jaune des Jura feststellen. In einer anderen Legende über den Ursprung der Savagnin-Rebe heißt es, daß sie ursprünglich in Andalusien anzutreffen war, wo sie eine Spielart der dort für die Sherry-Herstellung verwendeten Reben war. Bemerkenswert ist in diesem Zusammenhang, daß der Most aus der Savagnin-Rebe einen ähnlichen Hefeflor bildet wie die spanischen Sherry-Weine. Interessant ist, daß außerhalb des Jura diese Sorte lediglich noch im Oberwallis (in Visperterminen) anzutreffen ist, wo sie als Haidarebe bezeichnet wird. Und eine vierte Erklärung besagt, daß es sich um eine im Jura immer schon ansässige Urrebe handelt, die auf dem Wege der Mutation sich zur heutigen Sorte entwickelt habe. Seinen speziellen Charakter erhält der Vin jaune nicht nur durch diese Rebe, sondern auch durch eine mindestens sechs Jahre lang dauernde Reife im Holzfaß, währenddessen der Wein unter dem Schutz einer dünnen Schicht von Hefepilzen seine spezielle Farbe und seinen besonderen Nußgeschmack entwickelt. Dabei wird der natürliche Schwund im Faß nicht durch Auffüllen ausgeglichen, so daß durch die allmähliche Sauerstoffaufnahme der Vin jaune in Richtung alter Sherry- oder Madeira-Weine sich entwickelt. Auf diese Weise wird aus der meist sehr spät gelesenen Savagnin-Rebe ein bernsteinfarbener, voller Wein mit starkem, anhaltendem und feinem Aroma gewonnen. Er kann, selbst in geöffneter Flasche, bis zu 100 Jahre alt werden.

Der Strohwein *(Vin de paille)* wird aus Weintrauben hergestellt, die sogleich nach der Lese getrocknet, auf Strohmatten ausgebreitet oder an Drähten aufgehängt werden. Zwei bis drei Monate später werden sie gekeltert, nachdem die Beeren durch das langsame Austrocknen rosinenartig eingeschrumpft sind. Der in ihnen gesammelte konzentrierte Zuckergehalt ergibt schließlich einen Wein mit hohem Alkohol, der als Likörwein in der typischen *Demi-Clavelins*-Flasche (33 cl) abgefüllt wird. (Der Vin jaune wird traditionsgemäß in der *Clavelins*-Flasche mit einem Inhalt von 0,63 l angeboten.) Für die Vin de paille-Erzeugung werden die Rebsorten *Poulsard, Trousseau, Chardonnay* und *Savagnin* verwendet. Für die Gewinnung von 18 l benötigt man 100 kg Trauben, deren Zuckergehalt schließlich eine Konzentration von etwa 20° erreichen muß. Verständlich, daß der Vin jaune ebenso wie der Vin de paille zu den besonders kostbaren Spezialitäten des Jura gehören.

Die Stadt Arbois, Geburtsort des genialen Louis Pasteur, der hier auch seine berühmten Forschungsexperimente durchführte, ist das Zentrum des Jura-Weinanbaus. Der reizvolle Ort hat sich heute stark auf den Weinverkauf an Durchreisende und Touristen eingetellt. Aktivstes und bedeutendstes Weinunternehmen ist die Firma Henri Maire, die den Besuchern in vielen Dégustationsstuben Gelegenheit bietet, die Weine von Arbois kennenzulernen. Die Weißweine aus der Appellation contrôlée Arbois sind trocken und rassig, die Rotweine feurig und die Roséweine korallenfarbig und besonders fruchtig und ausdrucksvoll. Zu allen paßt das Sprichwort: »Je mehr man von den Arbois-Weinen trinkt, desto sicherer steht man auf seinen Beinen.« In Arbois, das zu den ältesten geschützten Herkunftsbezeichnungen für Wein gehört, gibt es zugleich eine der modernsten eingerichteten Winzergenossenschaften von Frankreich: die Froutière d'Arbois.

Das kleine Städtchen Château Chalon ist vor allem für seinen Vin jaune berühmt. Die Jahresproduktion beträgt im Durchschnitt 200 hl dieses teuren und seltenen Weines.

L'Étoile erzeugt ausschließlich Weißweine mit Finesse und Eleganz. Unter dieser Appellation contrôlée werden auch Schaumweine hergestellt, die zu den besten des Jura zählen.

Savoyen: Weine, die mit den Alpen verwandt sind

Eine Reihe kleiner Anbaudistrikte am Südwestufer des Genfer Sees, am linken Rhône-Ufer sowie am rechten Ufer der Isère fügen sich zu dem 3000 ha umfassenden Weinanbaugebiet Savoyen zusammen. Etwa 1200 Weinbauern, davon viele als nebenberuflich tätige »Feierabendwinzer«, ernten jährlich etwa 150000 hl. Die Winzerfamilien bearbeiten im Durchschnitt eine Rebfläche von 1 bis 5 ha. Sie sind überwiegend mit Weißweinrebsorten bepflanzt: leichte, trockene, frische und bukettreiche Weißweine werden aus der *Chasselas* erzeugt, daneben werden noch die traditionsreichen Sorten *Roussette* und *Gringet* angebaut. Süffige, milde, harmonische und leichte Rotweine werden aus der *Gamay (Chautagne)* und *Mondeuse (Crouet, Montmélian, Chignin)* erzeugt.

Die Weinberge von *Crépy, Marignan* und *Ripaille* in der Nähe des Genfer Sees erzeugen die besten Chasselas-Weine, bei *Seyssel* wachsen die besten Roussette-Weißweine. Auch der Roussette von *Marestel* besitzt wegen seiner Feinheit einen guten Namen.

In *Chautagne,* zwischen Seyssel und Marestel gelegen, erzeugt die Winzergenossenschaft von Rouffieux einen angenehmen Rotwein aus der Gamayrebe, der viel Ähnlichkeit mit einem guten Beaujolais besitzt. In *Apremont* und *Abymes* werden aus der *Jacquère,* einer uralten Rebsorte aus der gallo-romanischen Zeit, die leichten, heiteren Weißweine des Val-d'Isère erzeugt.

Korsika: Bäuerlicher Wein mit Glut und Kraft

Vor 2500 Jahren begründeten die Griechen den Weinanbau auf der französischen Mittelmeerinsel. Sieht man heute die mancherorts wirklich pittoreske Weinerzeugung, so meint man, daß sich seit der Antike hier offenbar nicht viel geändert hat. Tatsächlich hat die korsische Weingewinnung zwei Gesichter: den traditionell betonten Weinanbau, der von Winzern und Bauern auf kleinsten Parzellen am Rande des Berglandes betrieben wird. Gepflanzt werden alte einheimische Reben, die es zum Teil nur noch auf der Insel gibt, wie *Sciaccarello, Barbarosso, Carcajolo, Niellucio, Allatico, Vermentino, Rossala* und *Riminèse.* Aus ihnen werden die typischen korsischen Rotweine gekeltert, tiefrot, schwer und von wechselnder Qualität.

Nach 1960 zeichnete sich allmählich im Weinanbau eine neue Tendenz ab. Schon lange konnte der Weinbedarf der Korsen und der Touristen nicht mehr durch die einheimische Produktion gedeckt werden. So versuchte man, sich von der Einfuhr algerischer, französischer und italienischer Weine unabhängig zu machen, indem nun Weinberge angelegt wurden, die mit bewährten und guten Rebsorten des Süden Frankreichs bestockt wurden, wie *Grenache, Carignan* und *Cinsault.* Das einstmals etwa 6000 ha große Rebengebiet wurde auf diese Weise um 20000 ha erweitert. Auf ihnen gedeihen nun besonders körperreiche, kräftige, alkoholstarke Rotweine, die eine gewisse Ähnlichkeit mit denen der Côtes du Rhône haben.

Korsischer Weinanbau erstreckt sich auf fast alle Randzonen der Insel. Die bekanntesten Herkünfte sind im Norden *Patrimonio,* wo auf schiefrigem, sand- und tonhaltigem Boden in einem heißen, trockenen Klima feurige Rot- und gehaltvolle Weißweine wachsen. Auf der Westseite der Insel gedeihen in einem gebirgigen Land in Granitporphyrböden in einem trockenen Klima an der *Coteau d'Ajaccio* Rotweine und Roséweine, die etwa zur Hälfte aus den neugepflanzten Rebsorten bestehen, sowie ein Weißwein, der aus der Rebsorte *Vermentino* (Malvoisie de Corse) erzeugt wird.

Unter beinahe nordafrikanischen Klimaverhältnissen wachsen im Süden der Insel um *Sartène* bukettreiche, glutvolle Weine, die einer gewissen Finesse nicht entbehren.

Ein bemerkenswerter Weißwein ist schließlich der *Muscat du Cap Corse,* ein eindrucksvoll duftender Likörwein, der am nördlichsten Zipfel der Insel wächst. Hier gedeiht auch ein sehr schöner, trockener und fruchtiger Weißwein aus der *Malvoisie*-Rebe, der mit zu den besten Weinen der Insel zählt.

DEUTSCHLAND:

Das Beste für Weißwein-Fans

Deutscher Wein — vielgepriesen, viel gescholten. Deutscher Wein — eine Besonderheit, »einzig unter den Weinen«. Deutscher Wein — trotzdem auch ein Massenprodukt? An Urteilen und Aussagen voller Widerspruch hat es über den Wein aus Deutschlands Rebengärten nie gemangelt. Die manchen deutschen Zechern offenbar angeborene Kritikfreudigkeit hat den Absatz der einheimischen Weine indes kaum beeinträchtigen können: Ob mit oder ohne Restzukker, ob mit viel oder wenig Schwefel, ob aus einem guten oder weniger guten Jahrgang, deutsche Weinfreunde bleiben im Prinzip ihren Rebensäften treu. Von den etwa 23,5 l Wein und Sekt, die jährlich pro Kopf in der Bundesrepublik getrunken werden (davon etwa 4 l Sekt) entfällt auf deutschen Wein ein Anteil von etwa 60 %. Weder das komplizierte System deutscher Weinbezeichnung, noch die damit zusammenhängende traditionelle Gliederung der Weinlagen, können deutsche Weinkonsumenten von ihrer Zuneigung zu den Tropfen vom Rhein und seinen Nebenflüssen fernhalten. Doch das Vertrauen in den heimischen Wein ist dort am größten, wo er auch wächst. Die südwestdeutschen Bundesländer, in denen die Reben seit fast 2000 Jahren gepflegt werden, sind zugleich auch die konsumfreudigsten Weinverbrauchergebiete. Die geographische Nähe zum Weinanbau vermittelt einen beinahe ebenso intimen Kontakt zum Weingenuß wie in den westlichen und südlichen Nachbarstaaten. Es ist kein Geheimnis, der Wein schmeckt immer dort am besten, wo er gedeiht.

Die Einstellung der nord- und westdeutschen Bundesbürger zum Weingenuß zeigt sich entsprechend etwas distanzierter. Der Nimbus einer Besonderheit, die dem Wein, speziell aus deutschen Landen, angehängt wird, führt schließlich dazu, daß man Wein dort vornehmlich zu besonderen Anlässen und keineswegs täglich genießt.

Welche Besonderheiten zeichnen deutschen Wein nun tatsächlich aus? Der scheinbare Nachteil, daß er an der Grenze des ökologischen Anbauoptimums in allzu nördlich gelegenen Breiten wächst, stellt sich in jedem dritten bis vierten Jahr in Wirklichkeit als ein einzigartiger Vorzug heraus: In den gemäßigten Breiten zwischen Kaiserstuhl und Ahr und zwischen Landau und Würzburg fallen gerade so viele Niederschläge, daß die phenologische Entwicklung des Rebstockes und seiner Früchte in einer Richtung beeinflußt wird, wie sie — vielleicht mit Ausnahme einiger nordfranzösischer Weinbaugebiete und Luxemburg — in keinem anderen Weinbauland der Welt zu verzeichnen ist. Während der Vegetationsperiode wird der Rebstock mit Feuchtigkeit und Nährstoffen versorgt, die schließlich in ausgeprägter Weise zum Aufbau einer feinen, fruchtigen Säure und eines duftigen Buketts beitragen.

Natürlich bleiben Sonnenlicht und Wärme neben der Luftfeuchtigkeit erster Wachstumsfaktor für die Reben. Und auch aus diesem Grunde konzentriert sich der Rebanbau in Deutschland vornehmlich auf die Flußtäler von Rhein, Mosel, Main, Neckar und ihren Nebenflüssen und hier wiederum auf kleinklimatisch geschützte Hanglagen mit südlichen, südwestlichen oder südöstlichen Ausrichtungen.

Diese einzigartige klimatische Grenzsituation, die dem deutschen Wein letztlich das harmonische Zusammenspiel von Fruchtigkeit, Würze, Eleganz und Duft schenkt, führt in gleicher Weise zu beachtlichen Risiken und Enttäuschungen bezüglich Menge und Qualität der Weinerträge. Weinbaupraxis, önologische Wissenschaft und Weingesetzgebung haben in Deutschland besondere Anstrengungen unternommen, um den Nachteilen zu entrinnen, die durch die Unbilden der Witterung in manchen Jahrgängen der deutschen Weinerzeugung entstehen können. Da werden Rebsorten gepflanzt, die noch von der Oktobersonne profitieren, zu einer Zeit, in der in anderen Ländern bereits alle Trauben gelesen worden sind. Da wurden steinige, steile Böden für den Rebstock bearbeitet, auf dem ansonsten keine andere Pflanze gedeihen würde. Da werden auch Rebsorten gezüchtet, die selbst in schlechten Jahren noch zufriedenstellende Mosterträge liefern können, und da gibt es schließlich für die Winzer die gesetzliche Möglichkeit, selbst in weniger guten Jahrgängen das Wort Qualitätswein auf das Etikett zu schreiben, ohne daß der Wein unbedingt noch mit der üblichen Vorstellung von Qualität identisch ist.

Derartige großzügige Regelungen müssen allerdings nicht unbedingt im Widerspruch zur Besonderheit des deutschen Weines stehen, von dem es heißt, daß er aufgrund seines niedrigen Alkoholgehaltes besonders bekömmlich sei. Zweifellos ist er auch in dieser Beziehung einzigartig in der Welt. Der durchschnittliche Alkoholgehalt deutscher Weine von etwa 11° sowie die vielen anderen Weinen fehlende herzhafte, fruchtige Säure haben dazu geführt, daß deutsche Weine sich in den letzten Jahren zu einem Exportschlager entwikkelt haben. Durchschnittlich mehr als 15% der Erzeugung fließen in den Außenhandel. Bedauerlicherweise sind es jedoch nicht immer die besten und originellsten Weine, die ins Ausland gehen. Aber auch im Inland ist nicht alles, was von den deutschen Weinkellereien vornehmlich in Lebensmittelgeschäften plaziert wird, »einzig unter den Weinen«. Wer allerdings eine Spätlese für DM 2,50 erwirbt, sollte an den Flascheninhalt auch nicht allzu große Ansprüche stellen. Gottlob garantiert die Zahl von etwa 90000 Weinanbaubetrieben in den 11 deutschen Qualitätswein-Anbaugebieten bei einer Rebfläche von ungefähr 100000 ha immerhin eine ungewöhnliche Mannigfaltigkeit an Weinen.

Sie basiert in erster Linie auf einem vielseitigen Anbauprogramm alter und neuer Rebsorten, die wesentlich den Charakter deutscher Weine prägen. Zu 85% sind es Sorten für die Weißweingewinnung, wobei fast die Hälfte der deutschen Weinerzeugung von zwei Rebsorten bestritten wird: *Riesling* (23%) und *Müller-Thurgau* (29%). Lediglich *Silvaner* (9%) und *Kerner* (8%) besitzen noch einen relativ großen Anteil an der Weingewinnung in Deutschland. Das restli-

DEUTSCHLAND

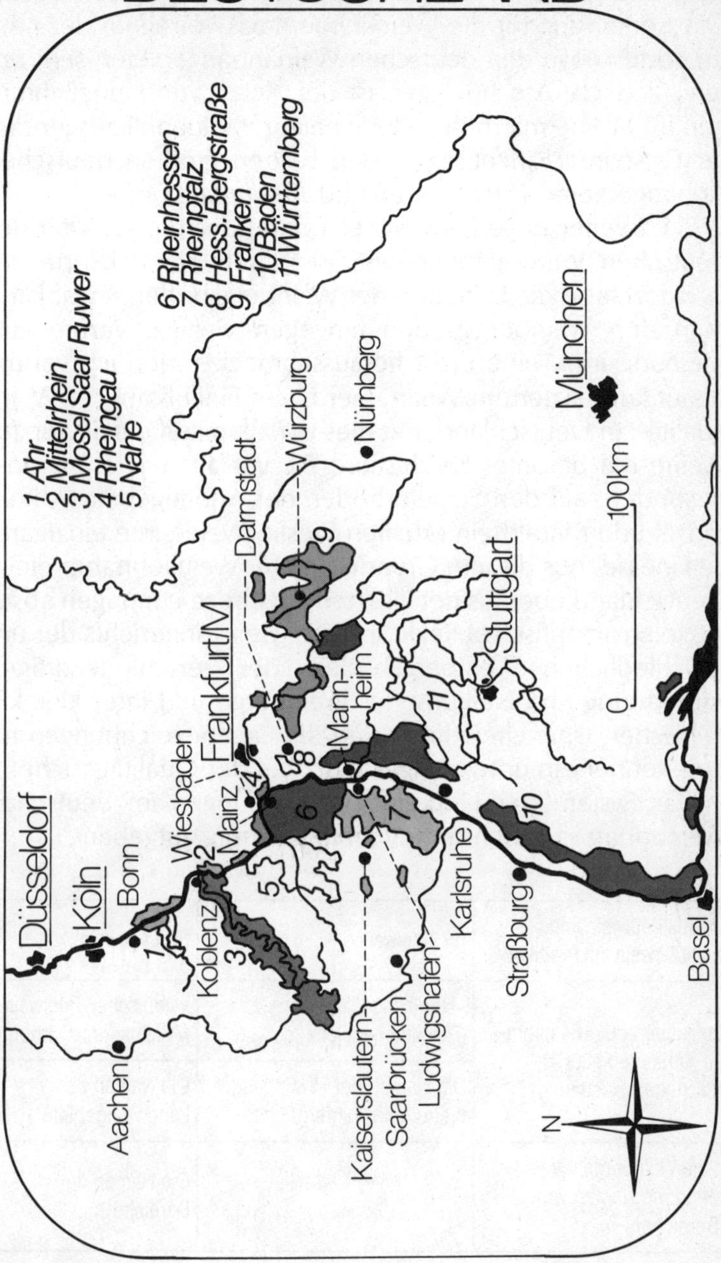

che gute Drittel verteilt sich auf nicht weniger als etwa 40 Ertragssorten, davon 16 traditionelle und 24 Neuzüchtungen. Die Bedeutung für die Weinanbaupraxis vor allem der neuen Sorten ist in den deutschen Weinanbaugebieten sehr unterschiedlich. Am höchsten ist der Anteil von Neuzüchtungen für Weine mit mehr oder weniger traditionell ausgeprägter Geschmacksrichtung in den beiden größten deutschen Anbaugebieten *Rheinhessen* und *Rheinpfalz.*

Ein zweiter unveränderlicher Faktor, der die Qualität des deutschen Weines beeinflußt, ist neben der Rebsorte der Standort, also die Lage und der Weinbergsboden. Zwar kann man den Weinbergsboden hingegen vielfach verbreiteter Meinung im Weine nicht herausschmecken, jedoch verfügt er auf kompliziertem Wege über einen Einfluß auf die Weinqualität. In Deutschland trifft dies vor allem auf die Sorten für Weine mit betonter Fruchtsäure zu, vor allem *Riesling.* Insbesondere auf den Schieferböden der Anbaugebiete Mittelmosel und Mittelrhein erhalten Rieslingweine ihre einzigartige Finesse. Aus diesem Grunde sind für Weinliebhaber die in Deutschland überaus detaillierten Lagebezeichnungen absolut kein romantisches Relikt früherer Zeit. Angesichts der unterschiedlichen Weinbergsböden, der verschiedenartigen Ausrichtung und Neigung der Weinberge und ihrer kleinklimatischen Umwelteinflüsse sind die Lagebezeichnungen für den Kenner ein notwendiges Indiz bei der Qualitätssuche.

Das System der Herkunftsbezeichnungen im deutschen Weinanbau ist gleichsam pyramidenförmig aufgebaut:

für Qualitätswein und Qualitätswein mit Prädikat	**für Tafelwein**	**für Landwein**
Die Namen der »bestimmten Anbaugebiete«[1]) (Pflichtkennzeichnung)	»Deutscher Tafelwein« (Pflichtkennzeichnung)	»Deutscher Tafelwein« (Pflichtkennzeichnung)
	Die Namen der »Weinbaugebiete« und »Untergebiete«[1])	Die Namen der Landweingebiete[1])
In die Weinbergsrolle eingetragene Namen von »Bereichen«[1])		Die Namen der Bereiche[1])

für Qualitätswein und Qualitätswein mit Prädikat	für Tafelwein	für Landwein
Namen von Gemeinden und Ortsteilen		
In die Weinbergsrolle eingetragene Namen von Lagen (Einzel- und Großlagen) Bei Angabe eines Lagenamens muß die Gemeinde oder der Ortsteil angegeben werden.[3])	(Lagenamen nicht erlaubt) Bei Angabe eines Bereichs[2]) ist das Weinbaugebiet oder das Untergebiet mit anzugeben. Wird keine engere geographische Bezeichnung als das Wort »deutsch« gebraucht, dann **muß** der Tafelwein neben der Bezeichnung »Deutscher Tafelwein« auch als »Weißwein« bzw. als »Rotwein« gekennzeichnet werden.	(engere Bezeichnung nicht erlaubt)

1) Gesetzlich festgelegte Namen.
2) Z.Zt. nur in Franken erlaubt.
3) Erstreckt sich die Lage über mehrere Gemeinden, so ist eine dieser Gemeinden anzugeben. Die weinbaubetreibenden Länder sind verpflichtet festzulegen, welcher Gemeindename (bzw. welche Gemeindenamen – wahlweise –) anzugeben ist. (Bis Redaktionsschluß lagen nur Regelungen der Länder Bayern und Hessen vor, die je Lage nur einen Gemeindenamen zugelassen haben. In Rheinland-Pfalz liegt ein Entwurf vor, der für viele Lagen ebenfalls nur einen Gemeindenamen, für andere auch mehrere Gemeindenamen zuläßt.)

Für Qualitätsweine b.A. (bestimmter Anbaugebiete) und Qualitätsweine mit Prädikat ist die geographisch umfassendste Herkunftsbezeichnung das *bestimmte Anbaugebiet,* in unserem Beispiel vergleichbar mit der Basis einer Pyramide. Wie die folgende Übersicht zeigt, gliedert sich ein bestimmtes Anbaugebiet in mehrere *Bereiche,* die damit über der Basis unserer Pyramide die nächstengere geographische Herkunftsbezeichnung für Wein darstellt. Ein Bereich setzt sich aus mehreren *Großlagen* zusammen, eine Großlage aus mehreren *Einzellagen,* die somit die engste geographische Herkunftsangabe sind.

Um Verwechslungen zwischen Qualitätsweinen und Tafelweinen zu vermeiden, unterscheidet das EWG-Recht zwi-

Qualitätsweine b. A.:		Tafelweine:		Landweine:
»bestimmte Anbaugebiete«	»Bereiche«*)	»Weinbaugebiete«	»Untergebiete«	»Gebiete«
Ahr	Walporzheim/Ahrtal	Rhein-Mosel	Rhein	Ahrtaler Landwein
Hessische Bergstraße	Starkenburg Umstadt			Starkenburger Landwein
Mittelrhein	Bacharach Rheinburgengau Siebengebirge			Rheinburgen-Landwein
Nahe	Kreuznach Schloß Böckelheim			Nahegauer Landwein
Rheingau	Johannisberg			Altrheingauer Landwein
Rheinhessen	Bingen Nierstein Wonnegau			Rheinischer Landwein
Rheinpfalz	Südliche Weinstraße Mittelhardt-Deutsche Weinstraße			Pfälzer Landwein
Mosel-Saar-Ruwer	Zell/Mosel Bernkastel Obermosel Saar – Ruwer Moseltor		Mosel	Landwein der Mosel
			Saar	Landwein der Saar
Franken	Steigerwald Maindreieck Mainviereck Bayer. Bodensee	Bayern	Main	Fränkischer Landwein
			Donau	Regensburger Landwein
			Lindau	Bayer. Bodensee-Landwein
Württemberg	Remstal – Stuttgart Württembergisches Unterland Kocher – Jagst – Tauber Oberer Neckar Württembergischer Bodensee	Neckar		Schwäbischer Landwein
Baden	Bodensee Markgräflerland Kaiserstuhl – Tuniberg Breisgau Ortenau	Oberrhein	Römertor	Südbadischer Landwein
	Bad. Bergstr./Kraichgau Bad. Frankenland		Burgengau	Unterbadischer Landwein

*) Die Namen der Bereiche können nicht nur für Qualitätsweine b. A., sondern auch für Landweine verwendet werden.

schen »bestimmten Anbaugebieten« und »Weinbaugebieten«. Für »Landweine« (die Tafelweine sind) mußten unterscheidungsfähige Namen festgelegt werden.

Unter den veränderlichen Faktoren, welche die Art der deutschen Weine bestimmen, gehören neben dem Witterungsverlauf im Vegetationszeitraum der Reifegrad und der danach ausgerichtete Lesezeitpunkt. Beide Faktoren sind die Voraussetzungen für die Benennung des Weines nach den Güteklassifizierungen von Qualitätswein bis zum höchsten Prädikatswein Trockenbeerenauslese.

Das deutsche Weingesetz schreibt ab Jahrgang 1971 eine *amtliche Prüfung* aller Qualitätsweine und Prädikatsweine vor — gewiß eine in der Welt einzigartige Methode, die Qualität im Glase zu überwachen und zu kontrollieren. Das aufwendige Verfahren besteht aus einer analytischen Prüfung, die jeder Weinerzeuger durch ein amtlich autorisiertes weinchemisches Labor für den zur Prüfung angestellten Wein durchführen lassen muß, und einer organoleptischen (Sinnen-)Prüfung, die von amtlichen Weinsachverständigen in Form einer Blindprobe (ohne Kenntnis des Weinerzeugers) nach dem 20-Punkte-System der Qualitätsweinprüfung.

Der analytische Untersuchungsbefund muß für die Prüfungsbehörden über folgende Inhaltsstoffe des zu prüfenden Weines Auskunft geben:

1. Gesamtalkohol in g/l und Grad
2. vorhandener Alkohol in g/l und Grad
3. Gesamtextrakt (indirekt) in g/l
   Extrakt zuckerfrei (indirekt) in g/l
4. Gesamtzucker vor Inversion in g/l
   Gesamtzucker nach Inversion in g/l
   Restzucker: Alkoholverhältnis (mit ausgerechneten Grenzfällen)
5. Gesamtsäure, berechnet als Weinsäure in g/l
6. Freie schwefelige Säure in mg/l
7. Gesamte schwefelige Säure in mg/l sowie
8. Gewichtsverhältnis 20/20° C.

Zur Durchführung der im Weingesetz vorgeschriebenen Sinnenprüfung sind bei den Prüfungsbehörden in den weinbautreibenden Ländern Prüfungskommissionen tätig. Diese stellen aufgrund eines *5-Punkteschemas* (bis 1982 20-Punkteschema) das Ergebnis der Prüfung fest.

Bewertet werden die *Prüfmerkmale Geruch, Geschmack* und *Harmonie**.

Sensorische Prüfmerkmale und Qualitätszahl

Punkteskala

Punkte	von – bis	Qualitätsbeschreibung
5	4,50–5,00	hervorragend
4	3,50–4,49	sehr gut
3	2,50–3,49	gut
2	1,50–2,49	zufriedenstellend
1	0,50–1,49	nicht zufriedenstellend
0		keine Bewertung, d. h. Ausschluß des Weines

Bei dem 5-Punkteschema ist die Mindestpunktzahl für jedes einzelne sensorische Prüfmerkmal 1,5. Dabei sind alle Prüfungsmerkmale bei der Beurteilung als gleich wichtig anzusehen. Die durch drei geteilte Summe der für Geruch, Geschmack und Harmonie erteilten Punkte ergibt die *Qualitätszahl,* die für Weine aller Qualitätsstufen entscheidend ist und mindestens 1,50 betragen muß.

Vorab sind aber folgende sensorische *Vorbedingungen* auf

* Unter *Harmonie* ist das Zusammenwirken von Geruch, Geschmack und sensorischen Vorbedingungen zu verstehen. Ihre Bewertung darf gegenüber Geruch und Geschmack um höchstens 1,0 Punkt nach oben abweichen. Sind Geruch und Geschmack unterschiedlich bewertet, so gilt jeweils die höhere Punktzahl.

Ja/Nein-Entscheidung zu prüfen, wobei ein NEIN den Ausschluß von der weiteren Prüfung bedeutet.

a) Rebsorte: wenn angegeben, aber nicht typisch, kann der Wein ohne Rebsortenangabe zugelassen werden.
b) Prädikat: wenn nicht für das beantragte, aber für ein anderes Prädikat typisch, kann der Wein für dieses zugelassen werden.
c) bestimmtes Anbaugebiet bzw. Bereich
d) Farbe
e) Klarheit.

Nach bestandener Prüfung erhält der Wein die *amtliche Prüfungsnummer* (A.P.Nr.). Sie setzt sich aus neun Chiffre-Werten zusammen:

Kennzahl der amtlichen Prüfstelle
Ortskennzahl des Antragstellers
Betriebskennzahl des Antragstellers
Jährlich fortlaufende Nummer des Antrags, für jeden Antragsteller eigens gezählt
Jahr der Antragstellung (muß nicht dem Weinjahrgang entsprechen)

Zugleich erhält der Antragsteller den Prüfungsbescheid mit Zulassung oder Ablehnung des beantragten Prädikates. Auf diese Weise werden im Jahr mehr als 100 000 Weinpartien amtlich getestet — eine wahrlich eindrucksvolle Leistung des deutschen Weinprüfungswesens. Die Ablehnungsquote beträgt im Durchschnitt 3 %.

Neben der obligatorischen Qualitätsweinprüfung kann sich deutscher Wein auch freiwilligen Prüfungen unterziehen. Als Auszeichnung auf den Flaschen sind Gütezeichen und Preise von Prämiierungen zugelassen. Auszeichnungen werden nur bei Erfüllung einer höheren Qualität verliehen, die genau festgelegt ist und durch gesonderte Verkostung neutral bestätigt werden muß. Die Qualitätszahl muß für Gütezeichen mindestens 2,5 Punkte und für Prämiierungen mindestens 3,5 Punkte betragen.

Als Gütezeichen sind zugelassen:

Das von der Deutschen Landwirtschafts-Gesellschaft

(DLG) verliehene überregionale Gütezeichen *Deutsches Weinsiegel* in drei verschiedenen Versionen: in Rot möglich bei allen Weinen, häufig bei den lieblichen; in Grün für halbtrockene Weine; in Gelb für trockene Weine und »Diabetikerweine« sowie die Gütezeichen des Badischen sowie des Fränkischen Weinbauverbandes.

Das Gütezeichen für *badische Qualitätsweine* und *Qualitätsweine mit Prädikat* wird in Flaschengrößen bis zu 0,75 l verliehen und zwar in den Farben »weiß« sowie in »gelb«. Die Verleihung in »gelb« erfolgt für Weine in den Qualitätsstufen Qualitätswein bis Spätlese, die auf dem Etikett zulässigerweise die Kennzeichnung »trocken« tragen.

Seit Anfang 1981 wird das Gütezeichen *Franken* für Qualitätsweine und Qualitätsweine mit Prädikat in handelsüblichen Flaschenformen bis zu 3 l verliehen. Auch dieses Gütezeichen wird in zwei verschiedenen Versionen verliehen, das mit dem gelben Rand für »trockene« Weine.

Prämiierungen finden für Qualitätsweine und Qualitätsweine mit Prädikat statt. Für alle 11 Anbaugebiete gibt es eine Gebiets- bzw. Landesprämiierung, getragen von 5 Organisationen, die dafür von der jeweiligen Landesregierung ausdrücklich anerkannt sind. Auf Bundesebene prämiiert die Deutsche Landwirtschafts-Gesellschaft (DLG) im Anschluß an die regionalen Wettbewerbe. Alle Prämiierungsveranstalter verleihen bei Erfolg einen Preis pro Wein und einzelne Ehrenpreise an die besten Betriebe des Jahres. Die DLG z.B. zeichnet die Weine mit dem Großen, Silbernen und Bronzenen Preis aus und die besten Betriebe mit dem Ehrenpreis des Bundesministers.

Für Sekte b.A., das heißt für deutsche Herkunftssekte, veranstaltet die DLG außerdem einmal pro Jahr eine gesonderte Bundesprämiierung. Neuerdings werden auch Landesprämiierungen durchgeführt.

Die Angabe »Für Diabetiker geeignet« darf unter Hinzufügung der Worte »nur nach Befragen des Arztes« verwendet werden, wenn der Wein höchstens 4 g/l unvergorenen Zucker (Restzucker) enthält und weitere gesetzlich besonders vorgeschriebenen Voraussetzungen erfüllt:

- Der vorhandene Alkohol darf 12 % Vol.,
- die freie schweflige Säure darf 40 mg/l,
- die gesamte schweflige Säure darf 150 mg/l nicht übersteigen.

Der Gehalt an unvergorenem Zucker (in g/l), der Alkoholgehalt (in % Vol.) und der Brennwert (in kJ bzw. kcal.) müssen angegeben werden.

Bezeichnungen auf dem deutschen Weinetikett

Deutscher Tafelwein Inländischer Wein mit Mindestalkoholgehalt von 8,5° (= 67° Öchsle), natürlicher Mindestalkoholgehalt 5° (44° Öchsle), darf also um 3,5° (Rotwein 4° Alkohol) verbessert werden.

Deutscher Landwein Mindestalkoholgehalt 0,5° höher als Tafelwein, muß der Geschmacksrichtung »trocken« oder »halbtrocken« entsprechen, sowie aus einem der 15 festgelegten Landwein-Gebiete stammen und für seine Herkunft typisch sein, u. a. *Ahrtaler Landwein* (Ahr), *Rheinburger-Landwein* (Mittelrhein), *Nahegauer Landwein* (Nahe), *Rheinischer Landwein* (Rheinhessen), *Landwein der Mosel, Landwein der Saar.*

Qualitätswein bestimmter Anbaugebiete (Qualitätswein b. A.) Stammt aus einem der 11 bestimmten Anbaugebiete, verkehrsfähig nur nach amtlicher Prüfung, natürlicher Mindestalkoholgehalt nach Anbaugebieten und Rebsorten unterschiedlich festgelegt, jedoch mindestens 57° Öchsle (= 7° Alkohol), Alkohol-Anreicherung auf maximal 9° Gesamtalkohol möglich.

Qualitätswein mit Prädikat (Prädikate: Kabinett, Spätlese, Auslese, Beerenauslese, Trockenbeerenauslese, Eiswein)	Stammt ausschließlich aus einem einzigen Bereich innerhalb eines bestimmten Anbaugebietes, Anforderungen hinsichtlich Lesezeitpunkt, Reifezustand und Mindestmostgewichte nach Prädikaten gestaffelt (differenziert nach Rebsorten und Anbaugebieten), Alkohol-Anreicherung verboten.
Rebsorten-Angabe	Der Wein stammt zu mindestens 85 % aus dieser Sorte (bis zum Jahre 1977: 75 %). Zwei Rebsorten dürfen nur angegeben werden, wenn der Wein zu 100 % aus den beiden Sorten stammt.
Jahrgang	Mindestens 85 % des Weines stammen aus den im angegebenen Jahr geernteten Trauben.
Erzeugerabfüllung	darf vom Erzeuger und von einem Erzeugerzusammenschluß nur gebraucht werden, wenn der Wein *vollständig* aus selbstgewonnenen Trauben des Erzeugers oder der Mitglieder des Zusammenschlusses im eigenen Betrieb bereitet und dort auch abgefüllt worden ist. Zugesetzte Süßreserve muß aus eigenen Trauben stammen, ihre Herstellung ist aber außerhalb des eigenen Betriebs (z. B. im Lohnverfahren) zulässig.
Weingut	darf nur dann verwendet werden, wenn das Erzeugnis *vollständig* aus Trauben gewonnen wurde, die aus Weinbergen des durch diesen Begriff bezeichneten Weinbaubetriebes stammen, und die Weinbereitung in diesem Betrieb erfolgt ist.

Die Doppelbezeichnung Weingut und Weinkellerei darf in der *Etikettierung* nur verwendet werden, wenn der Wein *vollständig* aus Trauben stammt, die in den Rebflächen des Weinguts geerntet worden sind, und die Weinbereitung in diesem Betrieb erfolgte.
Weine, die nicht aus eigenen oder gepachteten Rebflächen herrühren bzw. Fremdanteile enthalten, sind zur Vermeidung von Irreführungen bei Preisangeboten *deutlich* von eigenen Erzeugnissen zu trennen.
Herstellung der Süßreserve *und Abfüllung des Weins* sind jedoch außerhalb des eigenen Betriebs zulässig.

Schloß, Domäne, Burg und Kloster	darf nur dann verwendet werden, wenn der Wein *vollständig* aus Trauben gewonnen wurde, die aus Weinbergen dieses Weinbaubetriebes stammen, und die Weinbereitung in diesem Betrieb erfolgt ist.
Empfehlungen an den Verbraucher	z. B. über Verwendung, Behandlung oder Aufbewahrung eines Weins (kühl servieren u. dergl.; Empfehlungen zu bestimmten Speisen).
Kurzangaben zur Geschichte des Weines oder des Abfüllbetriebes	z. B. »Gründung der Firma im Jahre ...« oder »Weinbau in der Familie seit ...« auf dem gleichen Etikett wie die vorgeschriebenen Angaben. Umfassende Angaben aber nur auf einem Teil des Etiketts, der deutlich von dem Teil mit den vorgeschriebenen Angaben getrennt ist, oder auf Zusatzetiketten.
Hinweise zur Herstellungsart	Angaben zu den technischen und natürlichen Weinbaubedingungen (z. B.

Steillagenweinbau) sind nur dann erlaubt, wenn sie sich auf einen nachprüfbaren Sachverhalt beziehen. Angaben, die nicht nachprüfbar sind (wie z. B. Biowein), sind verboten.

Geschmacksangaben Geschmacksangaben sind eine beachtliche Einkaufshilfe. Folgende Angaben dürfen in der Etikettierung verwendet werden:

1. Die Angabe trocken, wenn der Wein einen Restzuckergehalt bis höchstens 4 g/l oder bis höchstens 9 g/l aufweist und der in g/l Weinsäure ausgedrückte Gesamtsäuregehalt höchstens 2 g/l niedriger ist als der Restzuckergehalt (Formel: Säure + 2 bis zur Höchstgrenze 9)

   Beispiel: Ein trockener Wein mit 5 g/l Gesamtsäure darf höchstens 7 g/l Restzucker haben (5 + 2 = 7). Ein trockener Wein mit 8 g/l Gesamtsäure darf höchstens 9 g/l Restzucker haben (zwar 8 + 2 = 10, aber Höchstgrenze 9)
2. Die Angabe halbtrocken darf auf dem Etikett erfolgen, wenn der Wein einen Restzuckergehalt bis höchstens 18 g/l aufweist und der in g/l Weinsäure ausgedrückte Gesamtsäuregehalt höchstens 10 g/l niedriger ist als der Restzuckergehalt (Formel: Säure + 10 bis zur Höchstgrenze 18).
3. Die Angabe lieblich darf nur verwendet werden, wenn der Wein einen Restzuckergehalt aufweist, der die für »halbtrocken« festge-

legten Werte übersteigt, aber höchstens 45 g/l erreicht.

4. Die Angabe <u>süß</u> kann nur gebraucht werden, wenn der Restzuckergehalt mindestens 45 g/l beträgt.

Alkoholgehalt

Die Angabe des vorhandenen Alkoholgehalts ist ab 1. 5. 1988 Pflicht. Die Angabe bestimmter anderer Inhaltsstoffe oder Zutaten ist bisher nicht erlaubt. Auf EG-Ebene wird ein Vorschlag der EG-Kommission beraten, der die verpflichtende Angabe der Zutaten für alle alkoholischen Getränke vorsieht.

Vorgeschriebene Angaben (auf gleichem Etikett, leicht lesbar)

a) Tafelwein:

- Angabe »Tafelwein«; bei inländischem Wein »Deutscher Tafelwein«. Die Angabe »Roséwein« oder »Rotling«, die Angabe »Weißwein« oder »Rotwein«, sofern keine nähere Herkunftsangabe als »deutsch« gewählt ist
- Nennvolumen (Flascheninhalt)
- Name (Firma) des Abfüllers sowie Mitgliedstaat, Gemeinde (Ortsteil) seines Hauptsitzes bzw. Angabe des tatsächlichen Abfüllungsortes
- bei Versand in andere EG-Mitgliedstaaten oder Exporte in Drittländer ist der Erzeugermitgliedstaat angabepflichtig
- bei Verschnitt von Erzeugnissen mit Ursprung in mehreren Mitgliedstaaten der EG: »Verschnitt von Weinen aus mehreren Ländern der Europäischen Gemeinschaft«
- bei Weinbereitung in einem Mitgliedstaat, in dem die Trauben nicht geerntet wurden: »in (z.B. Deutschland) aus in (z.B. Frankreich) geernteten Trauben hergestellter Wein«
- Alkoholgehalt (ab 1. 5. 1988).

b) Qualitätswein b. A.:

- das bestimmte Anbaugebiet, aus dem der Wein stammt
- »Qualitätswein«, »Qualitätswein b. A.« oder »Qualitätswein mit Prädikat« in Verbindung mit einem Prädikat, z.B. »Kabinett«

- Nennvolumen (Flascheninhalt)
- Name (Firma) des Abfüllers sowie Mitgliedstaat, Gemeinde (Ortsteil) seines Hauptsitzes bzw. Angabe des tatsächlichen Abfüllungsortes
- bei Versand in andere Mitgliedstaaten oder Export ist der Name des Erzeugermitgliedstaates angabepflichtig
- die zugeteilte amtliche Prüfungsnummer
- Alkoholgehalt (ab 1. 5. 1988).

Zulässige Angaben (auf gleichem Etikett oder Zusatzetikett)

- engere geographische Herkunftsangaben
- eine oder höchstens zwei Rebsorten und Jahrgang
- Weingut, Erzeugerabfüllung, Weinhändler, Winzer, Importeur, Burg, Domäne, Kloster
- Geschmacksangaben: »trocken«, »halbtrocken«, »lieblich«, »süß«
- bestimmte Empfehlungen an den Verbraucher, Angabe zur Geschichte des Weines
- Auszeichnung bei Prämiierungen, Verleihung von Gütezeichen, soweit ausdrücklich zugelassen
- EG-Verpackungszeichen »e«.

Baden: Von der Sonne verwöhnt

Das südlichste Weinanbaugebiet der Bundesrepublik kann sich rühmen, eine der ältesten und zugleich fortschrittlichsten Weinbauregionen Deutschlands zu sein. Die historische Entwicklung der Rebkultur, wie sie sich in Baden über Jahrtausende vollzogen hat, ist für die meisten der rheinischen Weinanbaugebiete bezeichnend. Sie sei daher hier in kurzen Streiflichtern stellvertretend für die Darstellung ähnlicher Abläufe in anderen deutschen Weinbauregionen vorgestellt.

Die Wildrebe war bereits in vorgeschichtlicher Zeit in den Auwäldern des Oberrheintales und am Bodensee heimisch. Nach der Legende brachte Christus selbst die Weinrebe an den Bodensee. Traubenkernfunde lassen darauf schließen, daß im Rheintal seßhaft gewordene Kelten die Trauben der bis an die Baumwipfel wachsenden Wildreben ernteten. Der Apotheker und Weinbauer aus Leidenschaft, Johann Philipp Bronner (1792—1864) aus Wiesloch, wies noch Mitte des vergangenen Jahrhunderts mehrere Wildrebensorten in den Rheinauen zwischen Rastatt und Karlsruhe nach.

Noch vor den Römern brachten griechische, etruskische und gallische Händler, von Marseille durch das Rhônetal und die Burgundische Pforte kommend, den Wein an den Oberrhein. Nach dem Abzug der Römer haben sich Alemannen im südlichen und mittleren Oberrheingebiet und nachdrängende Franken im Norden des Landes als tüchtige Kolonisatoren, Bauern und Winzer bewährt und das Land in einen fruchtbaren Garten verwandelt.

Weinbau wird am Oberrhein zum ersten Mal urkundlich im 8. Jahrhundert für 84 Rebgemeinden mit den Schwerpunkten südlich Freiburg und Heidelberg-Mannheim nachgewiesen. Karl der Große ließ auf den kaiserlichen Krongütern die aus Südtirol stammende Tirolerrebe *(Trollinger)* und aus den fränkischen Stammlanden die Orléansrebe anpflanzen. Mit der kaiserlichen Anweisung »capitulare de villis« — der ersten Regierungsverordnung zur Rebkultur nördlich der Alpen — gab er Anleitungen für Rebanbau, Rebpflege, Mostgewinnung und Weinbehandlung. Unter Karls Nachfolgern, vor allem seinem Sohn Ludwig dem Deutschen, erwarben sich die 160 Klöster an Bodensee und Oberrhein als Förderer der Weinkultur hervorragende Verdienste.

Die älteste erhalten gebliebene Rebordnung der Kurie, die der Schweizer Benediktinerabtei in Uri (1072) an die Klosterwinzer im heutigen Winzerort Bellingen, beweist dies. Die Bellinger Rebordnung legt strenge Gebote für die Düngung, das Schneiden und Binden der Reben fest. Sie gibt Arbeitsanweisungen für die Vermehrung der Reben, für die Bodenbearbeitung, Ablieferung des Mostgutes und die Kellerbehandlung des Weines.

Der Weinzehent, bedeutende Einnahmequelle von Adel und Klöstern, führte zwangsläufig zu einer ständigen Vermehrung der Rebanbaufläche im Rheintal und am Bodensee. Schließlich wurden zwischen Basel und Heidelberg fast

28 000 ha Rebfläche bearbeitet. (Vergleichszahl heute inklusive Badisches Frankenland und Bodensee: 12 000 ha). Zehntfässer wie das Heidelberger Faß (221 000 l) und das Meersburger Türkenfaß (150 000 l) waren keine Seltenheit.

Für die Klöster spielte der Wein als Meßwein eine untergeordnete Rolle. Klöster waren im Mittelalter zugleich Gasthöfe für Pilger und reisende Handelsleute. Der Durchschnittsjahresverbrauch der Abteien Sankt Gallen, Salem und Weingarten für diesen »Touristenbetrieb« lag im 11. Jahrhundert nicht unter 25 000 hl. Eine gewaltige Weinschwemme war die Folge. In Gasthöfen gab es Pauschalpreise für die Weintrinker (1 Groschen). Selbst das Land Bayern wurde zum Land der Weintrinker. Beim Ulmer Münsterbau rührte man den Mörtel mit Wein an und versprach sich davon mehr Festigkeit für das Bauwerk. Ärzte und Advokaten wurden mit Wein entlohnt. Um den »Konsumwein« trinkbar zu machen, süßte man ihn mit Honig und reicherte ihn mit orientalischen Gewürzen an.

Der Ausbau des Rheins als Schifferstraße brachte dem Weinland an Bodensee und Oberrhein eine Blütezeit und bürgerlichen Reichtum. Städte und Bürger machten ihr Geschäft mit dem »Pfälzer«, dem »Rheinländer« und dem »Elsässer« bis weit nach Norddeutschland und den deutschen Osten. Dabei war der Elsässer Qualitätsbegriff für alle Weine diesseits und jenseits des Stromes, den beiden »Hälften des goldenen Apfels«, Baden und Elsaß. Damals gehörte es zur bürgerlichen Reputation, vor den Stadttoren den eigenen Weinberg zu besitzen und von Rebleuten bestellen zu lassen.

Rebleute waren es auch, die in Freiburg (1450), Konstanz, Burgheim, Straßburg und Heidelberg die ersten Winzerzünfte als Rechts- und Schutzgemeinschaft gründeten, um ihre wirtschaftlichen Interessen zu sichern und Anbau, Rebpflege und allgemeine Leseverordnungen verbindlich zu regeln — echte Vorläufer der badischen Winzergenossenschaften von heute.

1472 lud die Stadt Basel alle Weinbaufachleute aus Klöstern und von adeligen Weingütern sowie der Städte zu einem Treffen, als dessen Ergebnis Vereinbarungen gegen Weinfälscher zu verzeichnen waren. »Niemand sollte erlaubt sein, gearztet und anders gemachte Wein zu kaufen oder zu verkaufen, es sei denn sie seien von der Art als Gott der Herr sie hat wachsen lasset.« 1495 ging Markgraf Christoph I. von Baden in seiner ersten Weinordnung gegen »unziemliche und schädliche Gemächte bei den Weinbesitzern« gesetzlich vor.

Bauernkriege und Dreißigjähriger Krieg, später die Kriegswirren zwischen französischen Heeren und Reichstruppen, brachten den Weinbau im Badischen Land zum Erliegen. Die Winzerdörfer, vor allem am Kaiserstuhl, starben aus und verödeten. Kriegsnot zwang die Menschen, Brotgetreide in den fruchtbaren Niederungen anzubauen. Das »Bankrutwasser«, die neuen Modegetränke Kaffee und Tee aus Übersee und die süßen Weine aus den Mittelmeerländern, von der Hanse herangeführt, brachten den Weinbau zum Zusammenbruch. Der Weinbau wanderte an die Hänge und Hügel von Schwarzwald und Bergstraße, wo er noch heute seine Heimat hat. Es war die Zeit, in der Wein so kostbar wurde, daß ein Stückfaß (1200 l) 300 Goldtaler kostete (etwa DM 9000). Den Höchstpreis zahlte ein Händler in Köln mit 500 Goldtalern.

Nach dem Zweiten Weltkrieg betrug die Rebfläche Badens 5862 ha. Nicht nur durch die Kriegsereignisse wurde sie so drastisch reduziert; Reblaus und andere Schädlinge sowie Rebkrankheiten hatten bereits seit dem Ersten Weltkrieg zu einem Rückgang der Rebfläche beigetragen. Nach 1945 begann eine beispielhafte Aufbauleistung der badischen Weinwirtschaft, die vor allem durch die Winzergenossenschaften initiiert wurde. Sie bestreiten heute 80 % der badischen Weinerzeugung, eine Weingewinnung, die auf das Qualitätsprinzip abgestimmt ist. (Baden gehört als einziges deutsches Weinbaugebiet in die EG-Weinbauzone B, in der die Mindestmostgewichte für Qualitätsweine mindestens 7° Öchsle (= 1° Alkohol) höher sein müssen als in den Weinbaugebieten der Zone A, zu der alle übrigen deutschen Regionen gehören.)

Das 300 km lange Weinbaugebiet verfügt heute über eine Rebfläche von 12 325 ha, die sich in sieben Bereiche, 16 Großlagen und etwa 340 Einzellagen gliedert. In dem weit auseinandergezogenen Gebiet findet man verschiedenartigste Weinbergsböden, die gemeinsam mit den reichhaltigen Rebsorten die Mannigfaltigkeit badischer Weine begründen. Klimatisch zählt das Gebiet zu den idealsten Weinanbauregionen Deutschlands. Mit 1860 Stunden Sonnenschein pro Jahr erreicht der Kaiserstuhl die besten Klimawerte, im Norden Badens beträgt die jährliche Sonnenscheindauer durchschnittlich 1663 Stunden.

Im Ertrag stehen folgende Rebsorten:

Müller-Thurgau (bis zum 1. 1. 1975 Riesling × Silvaner genannt, 37 %): Die Qualitätsweine dieser Sorte zeichnen sich durch eine leichte Art aus. Sie sind frisch, mild und im Geschmack fruchtig. In der Kabinettstufe erreichen diese Weine einen ausgeprägten Sortencharakter, der sich im Geruch mit einer feinen, typischen Muskatblume und im Geschmack auf eine fein-würzige Art bemerkbar macht. Bei Spätlesen tritt ein ausgereifter, edler Sortencharakter in Erscheinung, der als milder, blumiger, pikant-würziger Wein kennzeichnend ist.

Gutedel (auch *Markgräfler* genannt, 9 %): Sie wird vornehmlich im *Markgräflerland* zwischen Freiburg und Basel angebaut, wo sie milde, süffige, bekömmliche Weißweine ergibt. Die Qualitätsweine dieser Sorte sind bekömmlich mit meistens niedriger Säure und verhaltenem Bukett.

Ruländer (*Grauer Burgunder* 13 %): Mit feurig-wuchtigen Weißweinen sind die besten Qualitäten am Kaiserstuhl zu finden. Vorzügliche Geschmacksnuancen weisen auch die Ruländer-Weine der *Ortenau,* des *Markgräflerlandes* und des *Kraichgaus* auf. Auf kräftigen, nährstoffreichen Böden und im warmen Klima gibt schon der Qualitätswein und Kabinettwein kräftige, feurige und säurearme Weine mit zartem Aroma. Spätlesen zeichnen sich durch vollendete Harmonie in Bukett und Geschmack aus. Auslesen sind hochedle Weine mit goldschimmernder Farbe, feinem Duft, vollendet reif und für die Krönung festlicher Stunden geradezu prädestiniert.

Riesling (7 %): In der Ortenau heißt der Riesling auch *Klingelberger* nach der Lage Klingenberg, wo das markgräflich-badische Weingut Schloß Stauffenberg in Durbach den Riesling 1797 erstmalig anbaute. Heute bringt er auf den Böden der Ortenau, an der Bergstraße und im Kraichgau Weine vielfältig ausgeprägter Eigenart, für die jeweils ihre frische, fruchtige Säure charakteristisch ist. In der Qualitätswein- und Kabinettstufe liefert der Riesling fruchtige, rassige Weine mit dem speziellen Rieslingbukett, der sogenannten Pfirsichblume. Die Riesling-Spätlesen sind kernig, zeigen eine edle Eleganz und reife Fülle. Sie eignen sich besonders zu längerer Lagerung und können 30 bis 40 Jahre und älter werden.

Silvaner (4 %): In der Qualitätsweinstufe hat er ein zartes Bukett, ist mild, harmonisch im Geschmack und weist im Abgang vielfach einen dezenten Nußton auf. Die Spätlesen sind meist kernige, saftige Weine mit reifer Fülle und lieblichem Bukett. Auf dem heißen Vulkangestein des *Kaiserstuhls* ergeben sie Wein mit blumiger Fülle und einem ausgewogenen Alkohol-Säure-Verhältnis.

Weißburgunder (2 %): Diese Sorte wird vornehmlich am *Kaiserstuhl,* an der *Bergstraße* und im *Kraichgau* angebaut, wo sie an Böden und die klimatischen Bedingungen hohe Ansprüche stellt. Sie ergibt einen kraftvoll-eleganten und harmonischen Wein. Als Qualitätswein und Kabinettwein verfügt er meist über ein zartes Bukett und im Geschmack ist er relativ kernig, stahlig. In guten Jahren erreichen sie eine kräftige Art. Spätlesen sind vollmundig, mild, zum Teil leicht würzig und zeigen edle Art.

Gewürztraminer und *Traminer (Klevner,* 2 %): Das feuchtwarme Klima am *Kaiserstuhl* bringt neben kräftigen, tiefgründigen Böden die besten Voraussetzungen für ein erfolgreiches Gedeihen dieser Rebsorte mit. In guten und normalen Jahren erhält man praktisch immer Spätlesen und Auslesen. Spätlesen haben ein kräftiges, feines Bukett, das an edle Rosen erinnert. Im Geschmack sind sie würzig, füllig, oft schmalzig und mild. Auslesen zeigen ein ausgeprägtes Bukett nach dunkelroten Rosen, sind hochedel mit reifer angenehmer Fülle, würzig und edelsüß im Abgang.

Spätburgunder (17 %): Die Rebsorte wird für zwei Weinarten angebaut: Rotwein und *Weißherbst* (Rosé). Bei Rotweinen lassen sich folgende Steigerungen feststellen: Qualitätswein und Kabinettwein: Körper- und alkoholreiche Weine mit rubinroter Farbe und samtigem Geschmack. Spätlesen zeigen ein pikantes Aroma, sind voll und feurig und wirken durch die charakteristischen Gerbstoffe abgerundet und nachhaltend im Geschmack. Auslesen sind tiefdunkel, von typischem Brombeerton, haben füllige, wuchtige Art und zeigen höchste Vollendung in Reife und Geschmack. Sie gehören zu den Spitzenerzeugnissen deutscher Rotweingewinnung. Mit zunehmendem Alter und Reife können diese Weine eine rotbraune Färbung annehmen, ein Merkmal besonders alter und hervorragender Spätburgunderweine. Beim *Weißherbst* unterscheidet man zwischen folgenden Abstufungen: Qualitätswein und Kabinettwein sind roséartig, besitzen ein feines Bukett und sind vielfach füllig und mild. Weißherbst-Spätlesen zeigen eine reife Fülle, sind feurig, angenehm und ansprechend im Geschmack. Auslesen haben einen typischen Goldrosé-Ton. Das Bukett präsentiert sich in höchster Vollendung und Harmonie. Im Geschmack wirken Weißherbst-Auslesen edel und reif.

Ein neues Qualitätsprodukt aus Baden, das 1977 erstmals angeboten wurde, ist *Badisch-Rotgold.* Hierbei handelt es sich um einen Wein, der aus einer Trauben- oder Maischemischung von Spätburgunder und Ruländer gewonnen wird (kein Verschnitt). Der Ruländer muß einen Anteil von mindestens 51 % haben. Diesen Wein gibt es in allen Qualitätsstufen.

Übrige Sorten (9 %): Dazu zählen vor allem eine Reihe von Neuzüchtungen, unter denen ihre Bewährungsprobe bereits der *Freisamer* (Ruländer×Silvaner) und der *Nobling* (Silvaner×Gutedel) bestanden haben.

Von Süden nach Norden teilt sich das badische Weinanbaugebiet in folgende Bereiche:

Bodensee: Bis in Höhen von über 400 m gedeiht hier die Rebe, begünstigt von den Ausstrahlungen des riesigen Wärmespeichers, den der See darstellt. Von der einst umfangreichen Ausdehnung des Weinanbaues bis weit in das Hinterland hinein sind allerdings nur kleine Flächen übriggeblieben; nicht anders ist es am *Hochrhein.* Nur die besten Lagen tragen heute noch Reben. Das erklärt auch die Qualität der *See-Weine,* zu denen ein Spätburgunder Weißherbst gehört, der zu dem Besten zählt, was hier in der Pflege erfahrener

Winzer und Kellermeister gedeiht. *Meersburg, Konstanz* und *Überlingen* seien genannt, und Hagnau, wo 1881 der Pfarrer und Volksschriftsteller Heinrich Hansjakob die erste der 120 badischen Winzergenossenschaften gründete. Die Meersburger Lagen Chorherrenhalde, Bengel, Jungfernstieg und Rieschen sind am See führend.

Markgräflerland: Zwischen Basel und Freiburg gelegen, ist es die Heimat der Gutedelweine, deren Rebe der tüchtige Landesvater Markgraf Carl Friedrich im Jahre 1780 aus Vevey am Genfer See hierhin bringen ließ. Sie wurde bald in der heiteren Helle des Himmels dieser Landschaft heimisch. Heute bedeckt sie 90 % dieses Bereiches und ist längst zum »Markgräfler« geworden, ein Wein mit feinem Bukett, von lieblicher Milde und großer Mannigfaltigkeit. Die namhaftesten Weinbauorte sind *Auggen* (Einzellagen Letten, Schäf), *Müllheim* (Reggenhag, Sonnenhalde, Pfaffenstück), *Hügelheim, Schliengen, Mauchen* und *Efringen-Kirchen* mit der rührigen Bezirkskellerei Markgräfler Winzergenossenschaften (Spätburgunder, Blansinger Vogtei Rötteln).

Breisgau: Bis in die liebenswerte Stadt *Freiburg* hinein, auf zahllosen Hängen und Hügeln wachsen die Weine des Breisgaus. Neben wahren Festtagstropfen reift hier eine Vielzahl »kleiner« Weine, alle aber wohl gepflegt, sauber, bekömmlich und deshalb hochgeschätzt. Der *Glottertäler* — vom Weißherbst bis zum Muskateller — erfreut sich besonderen Rufes. Und dann der Spitzenwein von den Freiburger Hängen, dem *Schloßberg.*

Kaiserstuhl-Tuniberg: Ein Katzensprung ist es von Freiburg in diesen Bereich, der sonnenreichsten deutschen Landschaft, an der noch immer die Hast unserer Zeit vorüberflutet. Hier senkt die Rebe ihre Wurzeln in dicke Lößschichten und in vielerlei vulkanisches Gestein, aus dem sie Kräfte aufnimmt, die dem Kaiserstühler Wein als eine besondere Eigenart innewohnen, ein wuchtiger, feuriger Wein mit wildem Temperament. Die Großlage Vulkanfelsen faßt eine stattliche Zahl klangvoller Weinbergseinzellagen zusammen: Unter anderem von *Ihringen* den berühmten Winklerberg und den großen Fohrenberg, von *Achkarren* den Schloßberg mit seinen unvergleichlichen Ruländerweinen, von *Bickensohl* den

Steinfelsen, von *Oberrotweil* den Henkenberg und Eichberg (mit Silvaner, Traminer und Ruländer), *Oberbergen* mit der Baßgeige und dem Pulverbuck (Gewürztraminer, Müller-Thurgau, Ruländer, Weißburgunder), von *Bischoffingen* den Steinbuck, Enselberg und Rosenkranz (Ruländer und Silvaner).

Ortenau: Zwischen Lahr und dem Rebland vor den Toren Baden-Badens liegt dieser Bereich. Die mineralogische Mannigfaltigkeit der Ortenau scheint sich in den allerfeinsten Geschmacksnuancen ihrer Weine zu wiederholen, die den Kenner über alle Maßen begeistert. Die Kreisstadt *Offenburg* ist zwar Mittelpunkt der Ortenau, für den Weinfreund können jedoch auch Orte wie *Durbach* oder *Gengenbach, Zell-Weierbach* oder *Oberkirch* zu verlockenden Anziehungspunkten werden. Von *Baden-Baden* sind es nur wenige Kilometer bis ins »Rebland«. Die gut ausgeschilderte »Badische Weinstraße« führt hier an den Rebhängen des alten Klostergutes Fremersberg mit der Lage Feigenwäldchen vorbei zum Turm der Y-Burg. Nach Norden, Westen und Süden breitet sich ein prachtvoll gepflegtes Rebland aus. *Varnhalt, Umweg* (mit der renommierten Lage »Stich den Buben«), *Steinbach* und *Neuweier* mit seinem köstlichen »Mauerwein« im Bocksbeutel, *Kappelrodeck* mit der sagenumwobenen Hex' vom Dasenstein, *Waldulm* mit seinem ebenso berühmten Spätburgunder Rotwein gehören ebenso wie *Eisental* mit dem *Affentaler* Rotwein zu den klangvollen Namen der Ortenau.

Badische Bergstraße/Kraichgau: Von *Laudenbach* über *Weinheim* bis etwa *Heidelberg* erstreckt sich die Badische Bergstraße, wohl einer der schönsten und besonders romantischen Abschnitte im Badischen Weinland. Südlich von Heidelberg bei *Wiesloch* beginnt der Kraichgau, in dem Riesling-Weine von herrlicher Frische, liebliche Silvaner und vollmundige Müller-Thurgau-Weine erzeugt werden.

Badisches Frankenland: Der nördlichste Bereich Badens liegt an der Tauber. In diesem als »Madonnenländchen« bezeichneten Gebiet soll es einmal 6000 ha Rebfläche gegeben haben. Heute summieren sich die Weinberge des Badischen Frankenlandes, der südlichen Bergstraße, des Kraich-

BADEN

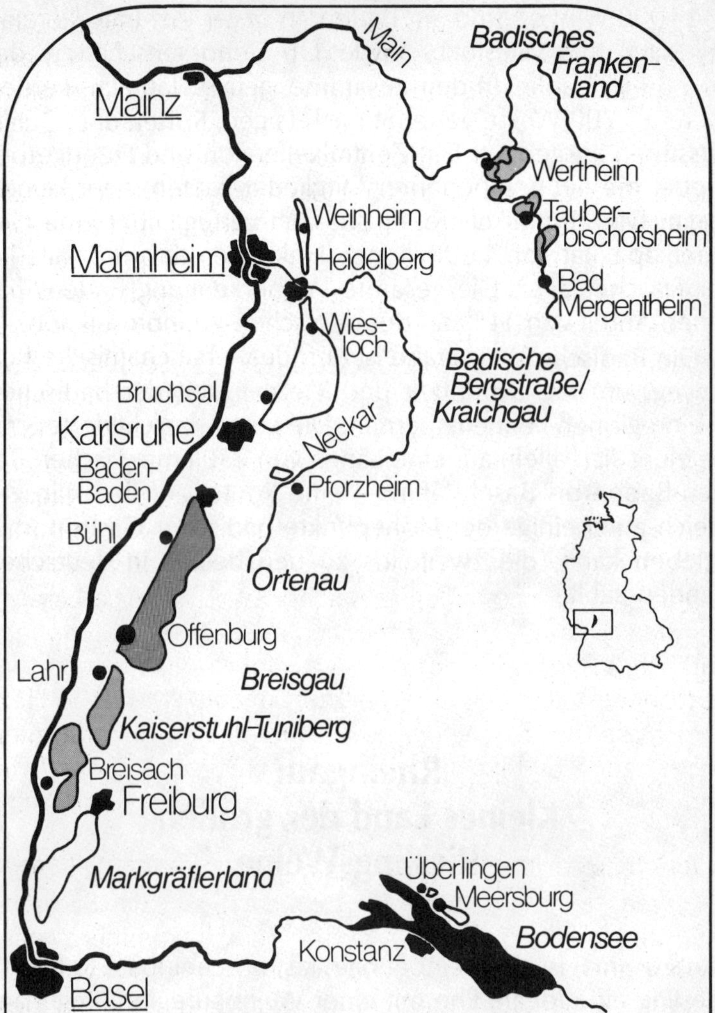
Main
Badisches Franken-land
Mainz
Wertheim
Weinheim
Tauber-bischofsheim
Mannheim
Heidelberg
Bad Mergentheim
Wies-loch
Badische Bergstraße/ Kraichgau
Bruchsal
Karlsruhe
Neckar
Baden-Baden
Pforzheim
Bühl
Ortenau
Offenburg
Lahr
Breisgau
Kaiserstuhl-Tuniberg
Breisach
Freiburg
Markgräflerland
Überlingen
Meersburg
Bodensee
Konstanz
Basel
N
0
30km

gaus und des Pfinzgaus auf insgesamt 2000 ha, einem Sechstel der gesamten badischen Rebfläche.

24000 Winzer sind in Baden in zwei Zentralkellereien (Breisach und Wiesloch) sowie 130 Genossenschaften, davon 85 voll abliefernden zusammengefaßt. Jährlich werden mehr als 700 Weine getrennt nach Lagen, Sorten und Qualitätsstufen ausgebaut. Die Zentralkellereien sind Erzeugerbetriebe, die nur Trauben ihrer Mitglieder kaufen, aber keinen Wein. Die Zentralkellerei in Breisach verfügt über eine Gesamtkapazität von 1,6 Millionen Hektoliter, davon 8 Mill. Liter Flaschenlager. Die gesamte Weinerzeugung Badens hat einen Anteil von 14 % an der deutschen Weinproduktion.

Die Badische Weinstraße ist der ideale bacchantische Reiseweg, um die Schönheit und Vielseitigkeit der badischen Weinregionen kennenzulernen. Die gut ausgeschilderte Straße zieht sich allein auf eine Länge von 230 km zwischen Baden-Baden bis Basel dahin — eine Route, auf der man zugleich auch einige der Höhepunkte badischer Gastronomie erleben kann, die zweifellos zu den besten in deutschen Landen zählt.

Rheingau: Kleines Land der großen Riesling-Weine

Nur zweimal ist die kleinbeerige, fast unscheinbare Rebsorte Riesling eine ideale Ehe mit einer Weinbauregion eingegangen: In den Weinbergen der Flußtäler von Rhein und Mosel (und an ihren Nebenflüssen Saar und Ruwer). Hier ergibt der Riesling einen Wein, der den Ruhm deutschen Weines überhaupt mitbegründen half. Zwar wird der Riesling auch in vielen anderen Weinanbaugebieten mit teilweise recht unterschiedlichen Güteergebnissen gepflegt, doch die letzte Vollkommenheit erreichen gerade in Spitzenjahrgängen nur

Rhein- und Moselweine. Aufgrund differenzierter klimatischer Bedingungen und verschiedenartiger Weinbergsböden gibt es auch in dieser führenden Gütekategorie noch gewisse Qualitätsunterschiede. Während neben einigen bestimmten Lagen an Saar und Ruwer vor allem die Weinbauregion an der Mittelmosel das Prestige der führenden Moselweinqualitäten für sich in Anspruch nimmt, gilt im Rheintal außer dem linksrheinischen Ufer zwischen Worms und Bingen vor allem jenes kleine rechtsrheinische Weinanbaugebiet als der wahre Rieslingfavorit, das unter der Bezeichnung Rheingau den Weinkennern in aller Welt ein Begriff ist.

Gemessen an der im Ertrag stehenden Rebfläche von 2742 ha rangiert der Rheingau hinter der Region Nahe an 7. Stelle unter den deutschen Weinanbaugebieten. Mag die Ernte auch quantitativ eher bescheiden sein (jährlich etwa 212 000 hl) — ihre Qualitäten sind Legende geworden. Obwohl man die typischen Eigenschaften eines Rheingauer Riesling-Weines mit wenigen Worten charakterisieren kann, wird man damit diesen nuancierten Weinen doch nicht ganz gerecht. Hervorstechendes Merkmal ist die je nach Lage und Jahrgang unterschiedlich ausgeprägte frische und belebende Fruchtsäure. Rebsortenreine Riesling-Weine aus dem Rheingau schmecken vorwiegend rassig und saftig, sie sind keineswegs mild und weich. Vor allen anderen jedoch sind es zwei Eigenschaften, die den unverwechselbaren Geschmack eines echten Rheingauers bestimmen: seine vielgerühmte Eleganz und seine Würze. Gerade die hochwertigen Prädikatsweine wie Auslesen und Beerenauslesen entwickeln diese unnachahmliche Eleganz im Spiel ihrer harmonischen Fruchtsäure und ihrer ausgeglichenen Reife.

Die vielen Superlativen verdankt der Rheingauer einer Laune der Natur. Seine Weinbergslagen sind in ihrem Standort für den Qualitätsweinanbau geradezu ideal. Denn während der Rheinfluß auf deutschem Boden fast in seiner ganzen Länge in nördlicher Richtung verläuft, macht er in Höhe von Mainz vor dem Taunus einen westlichen »Ausbruch«; erst bei Bingen/Rüdesheim wendet er sich wieder nach Nordwesten. In diesem etwa 40 km langen Landstrich zwischen der Mainmündung (mit der benachbarten Rheingauer

Weinenklave *Hochheim*) und der Rotweingemeinde *Assmannshausen* wachsen die Reben auf einer beachtlichen Vielfalt von Bodenarten. Die angrenzenden Taunushöhen schützen diesen fruchtbaren Landstrich gegen rauhe Nordwinde. Auf dem Wasserspiegel des seeartig verbreiterten Rheines werden die Sonnenstrahlen reflektiert, so daß die Weinberge hier ein hübsches Zusatzquantum Sonnenschein bekommen.

Trotz allem aber würden die Rheingauer ihre berühmte Würze und Eleganz nicht entwickeln können, würden die Reben nicht durch den Fluß mit einem notwendigen Maß an Luftfeuchtigkeit versorgt. Wie sehr der Rheingau mit diesem vorteilhaften Kleinklima für den Anbau von Qualitätsreben prädestiniert ist, erkannten bereits im 9. Jahrhundert die Benediktiner-Mönche auf dem Johannisberg und die im 12. Jahrhundert aus Burgund eingewanderten Zisterzienser, die vom Kloster Eberbach aus den Rheingauer Weinanbau entscheidend förderten. Seit damals ist hier über die Jahrhunderte hinweg bis in unsere Zeit der Weinbau stets ein Anliegen von Adel und Kirche gewesen. Dieser wahrhaft aristokratische Ursprung verlieh dem Rheingauer Wein über Jahrhunderte einen ganz besonderen Nimbus von Extravaganz.

Wohl kaum ein Weinanbaugebiet hat auf seinen Flaschenetiketten eine solche Vielzahl von adeligen Herkunftsangaben versammelt wie der Rheingau. Daher sind die Winzergenossenschaften im Vergleich zu anderen Weinregionen unterrepräsentiert — der selbständige Flaschen-Weinverkauf ist wegen des ständig zunehmenden Fremdenverkehrs eben lukrativer.

Allein *Rüdesheim,* das Mekka von Kegelclubs und Liebespaaren, verzeichnet pro Jahr mehr als 2 Mill. Übernachtungen. Davon profitieren nicht nur die auf Massentourismus eingestellten Weinlokale der weltberühmten Drosselgasse, sondern in zunehmendem Maße auch das Museum für die Geschichte des Weines. Die vielfältige Schau, eingerichtet in der fast 1000-jährigen Brömserburg, vermittelt einen zumeist fruchtbareren Kontakt zum »Kulturgut« Wein als es die Schunkelseligkeit in den benachbarten Vergnügungslokalen vermag. Rheingau-Kenner (vornehmlich der etwas älteren Semester) weichen dem betriebsam-fröhlichen Rüdesheim gern aus, um ihre Studien über und beim Wein an etwas beschaulicheren Plätzen zu treiben. Und daran mangelt es in den liebenswert-romantischen Winzerdörfern nicht.

Seit 1973 verbindet die übersichtlich beschilderte Rheingauer Riesling-Route die zwei Dutzend Weinbaugemeinden in diesem Riesling-Paradies. Sie führt durch den einzigen Bereich des Rheingaus *Johannisberg* und an zehn Großlagen vorbei, die sich in 117 Einzellagen gliedern. Ihren touristischen und bacchantischen Reiz erhält diese Route durch die zahlreichen kulturhistorischen Sehenswürdigkeiten, die vielen Möglichkeiten, welche die Gastronomie, die typischen Rheingauer Straußenwirtschaften und die prachtvollen Weinkeller den Weinwanderern bieten und die zauberhafte Landschaft, einmal großzügig, dann wieder von Rüdesheim bis Lorch dramatisch in der charakteristischen Talenge des Mittelrheingebietes.

Hochheim am Main, das einige renommierte Wein- und Sektkellereien (Burgeff) beheimatet, ist der eigentliche östliche Auftakt der Riesling-Route. Im benachbarten *Flörsheim* und *Wicker* stehen als Reste ehemalig großer Rebflächen heute noch in Südwestlagen einige wenige Rebstöcke. Hochheim ist, obgleich es am Main liegt, politisch und weingeographisch seit jeher ein Bestandteil des Rheingaus. Die Kurfürsten des gegenüberliegenden Mainz wußten bereits vor Jahrhunderten den Hochheimer Wein zu schätzen. In England erfreute er sich seit dem 19. Jahrhundert wachsender Beliebtheit, so daß man bald Rheinweine mit der von Hochheim abgeleiteten Kurzbezeichnung *Hock* billigte. Der in viktorianischer Zeit aufkommende Spruch »Good Hock keeps off the doc« (= guter Hochheimer hält den Doktor fern) hat gewiß zur Popularität der Rheingauer Weine in der gesamten angelsächsischen Welt beigetragen.

Als 1850 Königin Viktoria von England Deutschland bereiste, führte ihr Weg sie auch nach Hochheim. Bei der Besichtigung des Weinguts Papstmann überreichte der damalige Besitzer der Königin die ersten reifen Trauben. Sie war von dem edlen Geschmack der Trauben so erfreut, daß sie gestattete, den Weinberg nach ihrem Namen zu benennen. 1854 errichtete der Weingutsbesitzer in dem Weinberg ein stattliches Denkmal im englisch-gotischen Stil, das in seiner Inschrift auf den Besuch der Monarchin hinweist. Als geschlossene Weinbergslage in das Grundbuch der Stadt Hochheim wurde die Lage Königin Viktoria-Berg 1857 eingetragen. Sie befindet sich heute im Besitztum des Weingutes Hupfeld Erben in Mittelheim (Östrich/Winkel). Die würzigen, eleganten und fruchten Riesling-Weine aus dieser 5 ha großen Lage sind auf der Flasche durch ein in Format und Gestaltung ausgefallenes Etikett geschmückt. Zu den besten Lagen in Hochheim zählen außerdem Kirchenstück (15 ha) und Domdechaney (10,5 ha), wo auf sandig kiesigem Löß-Lehmboden ausschließlich Riesling-Weine gepflanzt werden, die sich durch eine herzhafte Säure, Körper und nach einigen Jahren der Reife durch eine vollendete Harmonie auszeichnen. Goethe, der häufig durch den Rheingau wanderte, rechnete die Hochheimer Weine gemeinsam mit den Gewächsen von Rüdesheim und Johannisberg zu den »Magnaten«, die untereinander keinen Rangstreit haben.

Über *Mainz-Kostheim* (etwa 20 ha Rebfläche mit 80 % Riesling-Anbau, beste Lage »Weiß Erd«) nahe der Mainmündung führt die Rheingauer Riesling-Route nach *Wiesbaden.* Alljährlich ist das Wiesbadener Kurhaus anläßlich der großen repräsentativen deutschen und Rheingauer Weinproben Treffpunkt vieler Weinfreunde von nah und fern. Die Kurstadt Wiesbaden, die über die Sektkellereien von Henkell und Söhnlein vor allem zum schäumenden Wein eine enge Beziehung hat, hat im eigentlichen Stadtgebiet noch einen 4,4 ha großen Weinberg, der sich in der Nähe der russisch-orthodoxen Kapelle in ziemlich steiler Lage am Neroberg erstreckt. Die bedeutenderen Wiesbadener Rebflächen befinden sich jedoch in den Vororten *Frauenstein* (etwa 67 ha), *Schierstein* (etwa 60 ha) und *Dotzheim* (10 ha).

Über *Nieder-* und *Oberwalluf* führt die Rheingauer Riesling-Route nach *Martinsthal,* dessen drei Lagen Langenberg, Wildsau und Rödchen gemeinsam eine Rebfläche von etwa 78 ha haben, die vorwiegend nach Südwesten und Süden ausgerichtet ist. Je nach Lage sind Martinsthaler Weine entweder körperreich, von frischer, fruchtiger, herzhafter Säure oder aber frühreif, von milder Säure und angenehmer, vollmundiger Art. Westlich von Martinsthal erhebt sich der *Rauenthaler* Berg, auf dem sich sechs Spitzenlagen des Rheingaus befinden: Baiken (15 ha) und Gehrn (18 ha) zählen als reine Südlagen mit einer Neigung von 15 Grad zu den besten der Rheingauer Weinlagen. Auch Wülfen (14 ha), Rothenberg (20 ha) und Nonnenberg (15 ha) verfügen über eine reine Südexposition. Lediglich die Lage Langenstück (26 ha) ist nach Südwesten bis Südosten ausgerichtet. Von Rauenthal aus verbindet der »Rheingauer Riesling-Pfad« als Wanderweg zwischen Taunuswäldern und Weinbergen in westlicher Richtung die auf den Höhen liegenden Weinbergsorte bis nach Lorchhausen.

Erste Station auf dem Rheingauer Riesling-Pfad ist nach Rauenthal das gotische Weindorf *Kiedrich,* eines der schönsten Winzerorte des Rheingau. Seine Renommierlage ist der 11 ha große Gräfenberg, der in großen Jahren wuchtige Weine mit viel Finesse hervorbringen kann. Die größten Kiedricher Lagen sind Klosterberg (66,6 ha) und Sandgrub (57,8 ha). Die Weine der Sandgrub sind süffiger, würziger, während die aus dem Klosterberg über eine pikante, fruchtige Säure und einen meist nicht so hohen Alkoholgehalt verfügen. Oberhalb des Gräfenberg liegt die Lage Wasseros, dessen Weine stoffig und kräftig sind.

Eltville, dessen schöne Uferpromenade jahrelang Gegenstand heftiger Diskussionen über den Verlauf einer Rheingau-Schnellstraße gewesen ist, hat sich nicht nur als Stadt der Rosen und des Sektes (Matheus Müller, Schloß Vaux, G. H. von Mumm) einen Namen gemacht, sondern verfügt auch mit der Lage Sonnenberg (68 ha) über eine beachtliche Rebfläche.

Unter den acht größtenteils vorzüglichen Einzellagen von *Erbach,* von denen sich sogar eine auf einer Aueninsel im Rhein befindet (Lage Rheinhell) hat der Marcobrunn unbestritten den größten Namen. Diese nur 5,2 ha große schmale unmittelbar an der Rhein-Ufer-Straße sich erstreckende Lage erzeugt auf Mergelboden, in einigen Bereichen wasserführendem Berg hervorragende Spitzenweine, die nach einigen Jahren der Reife und Lagerung in ihrer Eleganz und Rasse begeisternd sind. Größte Lage Erbachs ist der Honigberg (100 ha), in der vorwiegend vollmundige und körperreiche Weine gelesen werden. Zu den guten Lagen zählt auch Michelmark (75 ha),m dessen Weine eine betont stahlige, nervige Säure aufweisen können.

Seit jeher stand das benachbarte *Hattenheim* mit Erbach in einem mehr oder weniger friedlichen Weinwettstreit. Denn auch Lagen wie Mannberg (11,2 ha), Engelmannsberg (20 ha) und Nußbrunnen (66 ha) verfügen unter Riesling-Weinliebhabern über einen ausgezeichneten Ruf. An der Nordgrenze der Hattenheimer Gemarkungen liegt der Steinberg, ein 32 ha umfassender Weinberg, der im frühen 13. Jahrhundert von den Zisterzienser-Mönchen des benachbarten Klosters Eberbach angelegt wurde und 1766 mit einer 2,5 km langen Mauer vollständig eingefriedet wurde. Die Lage, die zweifellos einen der besten Weine des Rheingaues spendet, befindet sich im Alleinbesitz der Staatsweingüter im Rheingau. Mit seinen eindrucksvollen Räumlichkeiten, darunter eine sehenswerte Ausstellung mittelalterlicher Baumkeltern und ein historischer Cabinet-Keller, bietet das 1135 von den aus Burgund stammenden Zisterzienser-Mönchen gegründete Kloster Eberbach einen würdigen Rahmen für zahlreiche, vielfältige dem Wein gewidmete Veranstaltungen. Dazu gehören die immer stark beachteten Weinversteigerungen und Weinverkaufsmessen, die Tagungen des Rheingauer Weinkonvents, das Erntedankfest der Rheingauer Winzer, die festlichen Weinproben des Rheingauer Weinseminars und der »German Wine Academy« sowie der Gebiets- und Bundesweinprämiierungen.

Hallgarten bietet seinen Besuchern einen herrlichen Panoramablick auf den Rheingau und das gegenüber liegende Weinbaugebiet Rheinhessen. Seine Weinbergsböden sind sehr unterschiedlich gestaltet, so daß auch die Mannigfaltigkeit der Hallgartener Weine kaum zu wünschen übrig läßt. Die Einzellagen heißen Würzgarten (42,5 ha), Schönhell (58,5 ha), Jungfer (54,75 ha), Hendelberg (53,5 ha). Fährt man von Hallgarten auf der Rheingauer Riesling-Route wieder zum Rhein-Ufer hinunter, so gelangt man nach Schloß Reichhartshausen, einem ehemaligen Klosterhof der Zisterzienser-Abtei Eberbach, an dessen Stelle ein Bau aus dem 18. Jahrhundert steht, der durch eine »künstliche« Ruine auf romantische Weise erweitert wurde, und zu dem 5,8 ha Rebland gehören, das zur einen Hälfte in die Hattenheimer und zur anderen Hälfte in die *Östricher* Gemarkungen fällt.

Als Dokument der ehemals regen Weinhandelstätigkeit der Reichhartshausener Klosterkellerei steht am Östricher Rhein-Ufer ein 1501 erbauter Kran, der zur Verladung der Rheingauer Weinfässer bestimmt war. Eine der größten Einzellagen des Rheingaus ist Östricher Lenchen, dessen Bezeichnung sich wahrscheinlich nicht von einem Mädchenvornamen, sondern vom Begriff der Berg-Lehne ableitet. Die 145 ha große nach Süden ausgerichtete Lage spendet duftige, mundige und aromatische Riesling-Weine. Die Kreszenzen aus der 142 ha großen Einzellage Östricher Klosterberg sind meist rassiger, ausdrucksvoller und körperreicher als die aus der angrenzenden Lage Lenchen. Bei einer Wanderung auf dem Rheingauer Riesling-Pfad kann man diese Lagen aus unmittelbarer Nähe kennenlernen. Dieser Pfad führt am Klosterberg und der *Mittelheimer* Lage Edelmann (93 ha) vorbei zu dem im frühen 14. Jahrhundert erbauten Schloß Vollrads. Es befindet sich im Alleinbesitz des Grafen Matuschka Greiffenklau und verfügt über eine Rebfläche von 47 ha. Auf den vorwiegend tiefgründigen, frisch kalkhaltigen Böden aus Sandlöß und Löß werden zu 96 % fruchtige, harmonische und säurereiche Rieslingweine von hoher Qualität gewonnen. Die mit verschiedenfarbigen Kapseln ausgestatteten Weine verfügen über eine gute Haltbarkeit. Auffallend hoch ist der Anteil an trockenen und halbtrockenen Weinen, die in ihrer herzhaften, kernigen Art ein angenehmes Pendant zu den feinen aromatischen Spätlesen sowie den eleganten, stoffigen Auslesen darstellen. In diesem Zusammenhang ist es interessant, daß Graf Matuschka Greiffenklau sich mit Nachdruck für die Verwendung trockener und halbtrockener deutscher Weißweine im Rahmen der internationalen Spitzengastronomie und ihrer modischen Variante, der nouvelle cuisine, einsetzt.

Fast unmittelbar am Rhein liegt die wohl beste Lage des Weinbauortes *Winkel:* Jesuitengarten (25 ha), ein schmaler, nach Süden ausgerichteter Streifen, der beinahe über keine Neigung verfügt. In guten Jahren zeigen die Weine Finesse und Spiel, eine herzhafte und fruchtige Säure, so daß sie zu einer langen Lagerung prädestiniert sind. Die größte Lage von Winkel ist Hasensprung (100 ha), dessen Weine ziemlich lange zu ihrer besten Entfaltung benötigen.

Die sieben Einzellagen der Weinbaugemeinde *Johannisberg* sind mit Ausnahme der Hölle (27 ha) nicht besonders groß. Dafür liefern sie allerdings Weine von feiner Eleganz, Würze und rassiger Säure. Die besten Qualitäten kommen aus den Lagen Klaus (2 ha), Goldatzel (24 ha) und Hölle. Weithin sichtbares Wahrzeichen von Johannisberg ist das 1826 klassizistisch umgebaute ehemalige Barockschloß, das oberhalb des eigentlichen Johannisberges, durch den der 50. Breitengrad hindurchführt, voller Stolz und Erhabenheit thront. Das dem Fürst von Metternich-Winneburg gehörende Schloß verfügt über eine Rebfläche von 35 ha, die in einer 10 Grad steilen Neigung ausschließlich nach Süden gerichtet ist und mit Ausnahme einiger Versuchsanpflanzungen nur mit Riesling-Reben besetzt ist. Ihnen allen ist ein ausgeprägter fein-würziger Fruchtgeschmack eigen, der durch seine pointierte Säure eine angenehme Ergänzung erfährt. Zu den sehenswerten Einrichtungen auf Schloß Johannisberg gehört die »Bibliotheca subterranea«, eine Weinschatzkammer, die ihren Ursprung in der Zeit des ehemaligen Benediktiner-Klosters Johannisberg hat. Der älteste hier lagernde Wein stammt aus dem Jahre 1748. Mit Beginn des Jahres 1842 sind noch alle guten Weinjahrgänge von Schloß Johannisberg in flüssiger Form dokumentiert.

Als Sitz der 1872 gegründeten Lehr- und Forschungsanstalt für Wein-, Obst- und Gartenbau hat die sogenannte Schulstadt *Geisenheim* über den Rheingau und die anderen deutschen Weinbaugebiete hinaus weltweite Bedeutung. Der Weinkeller mit den vielen interessanten holzgeschnitzten Faßböden sowie die verschiedenen wissenschaftlichen Versuchen dienenden Anlagen der Forschungsanstalt und Fachhochschule sind für den ernsten Weinliebhaber (im Rahmen

AHR/MITTELRHEIN/ RHEINGAU

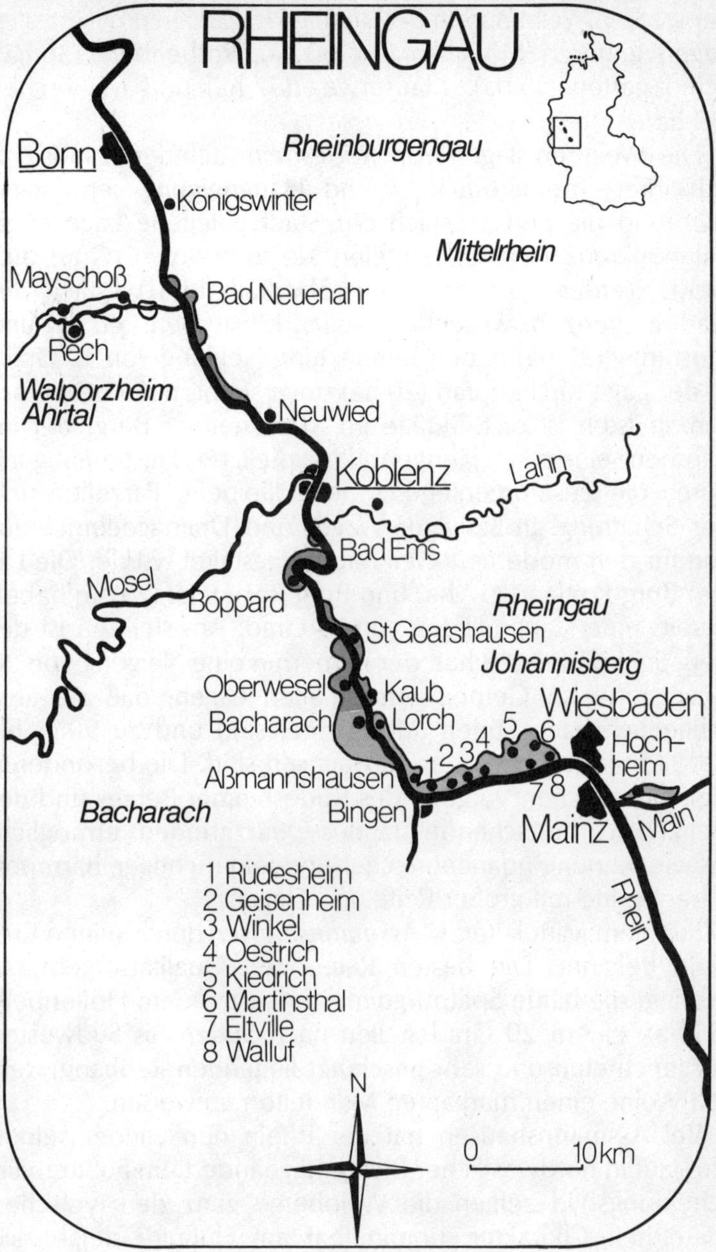

eines Rheingauer Weinseminars) einen Besuch wert. Mit seinen acht ausgedehnten Weinbergslagen ist Geisenheim einer der größten Weinbauorte des Rheingaus. Zu den profiliertesten Lagen gehören Mönchspfad (160 ha), Rothenberg (36 ha), Schloßgarten (18 ha), Kläuserweg (57 ha) und Mäuerchen (33 ha).

Die Weinbergslagen von *Rüdesheim* differieren hinsichtlich ihrer Bodengestaltung und Hangneigung sehr stark. Während die große östlich der Stadt gelegene Lage Magdalenenkreuz (49 ha) nur eine Neigung von 5 Grad aufweist, werden die Lagen, die oberhalb und westlich der Stadt angrenzen, wesentlich steiler. Klosterberg (40 ha) und Klosterlay (38 ha) haben bereits eine Neigung von 10 Grad. In der Lage Kirchenpfad (20 ha) steigt sie bis auf 12 Grad an. Am steilsten ist das Gefälle im Rüdesheimer Berg, der im Rahmen einer langjährigen, kostspieligen Flurbereinigung durch die Zusammenlegung vieler kleinerer Parzellen und der Schaffung großzügiger Wege- und Drainageeinrichtungen für den modernen Weinbau umgestaltet wurde. Die Lagen Berg Rottland (37 ha) und Berg Roseneck (29 ha) haben bereits eine Hangneigung von 15 Grad. Am steilsten ist der Berg Schloßberg (29 ha), der immerhin eine Neigung von 20 Grad aufweist. Gemeinsam ist allen Lagen, daß sie ausschließlich nach Süden ausgerichtet sind und zu 90 % bis 100 % mit Riesling-Reben bewachsen sind. Die besonderen kleinklimatischen Vorzüge des Rüdesheimer Berges und der vielfach vorherrschende Taunus-Quarzitboden ermöglicht die Gewinnung nuancenreicher und feinfruchtiger, harmonischer Weine mit großer Reife und Eleganz.

Seit dem Mittelalter ist *Assmannshausen* durch seinen Rotwein bekannt. Die besten Reife- und Qualitätsergebnisse erbringt die blaue Spätburgunder-Rebe auf dem Höllenberg (55 ha), einem 20 Grad steilen nach Süden bis Südwesten ausgerichteten und sehr geschützt liegenden Rebhang, dessen Weine einen markanten Mandelton aufweisen.

Bei Assmannshausen hat der Rhein nun wieder seinen Flußlauf in nordwestlicher Richtung geändert. Im äußeren Erscheinungsbild zeigen die Weinberge ganz den typischen Mittelrhein-Charakter: unmittelbar am Flußufer steigen sie steil an und ziehen sich, nur von einzelnen Weinbauorten unterbrochen, am Rhein entlang. Pfaffenwies (35 ha), Krone (13 ha), Kapellenberg (58 ha) und Schloßberg (53 ha) reihen sich bis *Lorch* aneinander. Schon im 11. Jahrhundert wurden die guten Weinberge dieses hübschen Weinstädtchens lobend erwähnt. Bei *Lorchhausen* mit seinen Lagen Rosenberg (40 ha) und Seligmacher (50 ha) finden die Rheingauer Weingemarkungen ihren Abschluß.

Rheinhessen: Von lieblich-mild bis kräftig-herb

Im Umgang mit Fremden haben die Rheinhessen ständig einige Mißverständnisse auszuräumen. Erstens einmal: Sie heißen zwar (Rhein)Hessen, sind aber gar keine. Das Land im Rheinknick zwischen Bingen, Mainz und Worms gehörte nur knapp 130 Jahre zu Hessen, vom Wiener Kongreß bis zum Ende des letzten Krieges; und heute ist es Teil des Bundeslandes Rheinland-Pfalz. Zweitens wird hier kein Apfelwein (Äppelwoi) angebaut, wie es sich für den Teil Hessens gehört, der nicht am Rhein liegt, sondern nur echter Traubenwein. Mit 21820 ha Rebgelände ist Rheinhessen sogar das größte deutsche Weinanbaugebiet. Und eines der ältesten! Schon Jung-Siegfried soll am Wormser Königshof »guoten vin, den besten, den man kunde vinden umben Rin« getrunken haben. Als eigentliche Begründer der Weinkultur links des Rheines werden jedoch Kaiser Probus und seine römischen Legionäre gefeiert. Von ihnen übernahmen die Germanen und Kelten lateinische Spezialausdrücke in der Weinsprache, wie Winzer aus »vinator«, Most aus »mustum« und viele andere.

Nach einem Rückgang des Weinanbaus im 4. bis 7. Jahrhundert infolge politischer Wirren und Kriege erfolgte durch die Franken die Belebung der Weinkultur in Rheinhessen. Zugleich gründeten sie Haufendörfer mit den typischen

Fachwerkhäusern, wie sie noch heute das Bild mancher rheinhessischer Gemeinden prägen. Neben der königlichen Hofhaltung war auch der Klerus bedeutender Abnehmer heimischer Weine. Das steigende Interesse der Kirche an diesem Getränk und der Bedarf an naturreinem Meßwein führte dazu, daß sich in größerem Maße vor allem Klöster im Weinanbau betätigten. Die erste Urkunde über eine rheinische Weinlage stammt aus dem Jahre 742. Sie belegt die auch heute noch wegen ihrer exzellenten Qualität geschätzte Lage *Niersteiner Glöck,* die damals von dem Frankenherzog Karlmann, einem Onkel Karls des Großen, als Geschenk an das Bistum Würzburg ging (heute im Besitz der Staatlichen Weinbaudomänen Rheinhessen, deren Weine von dem Haus Jakob Gerhardt in Nierstein vertrieben werden). Aufgrund zahlreicher Schenkungsurkunden, die die Überreichung von Weinbergsbesitz an das Kloster Fulda dokumentieren, sind in den folgenden Jahren erstmalig eine Vielzahl rheinhessischer Weinbauorte urkundlich erwähnt: 753 Weinbergsbesitz in *Mainz-Bretzenheim,* 754 in *Mainz,* 759 in *Bingen* und — aus Urkunden des Klosters Lorch — 763 in *Oppenheim,* 772 in *Nackenheim.*

Im Jahre 843 erhielt König Ludwig der Deutsche bei der Reichsteilung das Gebiet des heutigen Rheinhessens — angeblich des guten Weines zuliebe. Das rebenreiche Land um Speyer, Worms und an der Nahe bildete des Deutschen Reiches Weinkeller. Der damalige Weinreichtum zeigte allerdings auch schon seine ersten Schattenseiten. Um 760 verließ der Benediktiner-Mönch Wunibald die Stadt Mainz, weil sie ihm durch ihren Reichtum an Wein zu große Verführung geboten hatte.

Im Jahre 1490 wird erstmalig die Rebsorte *Riesling* (»Rusling«), (»Rusling Vingart«) bei Worms erwähnt. Ein Jahrhundert später zeigt eine Stadtaufnahme von Mainz 1574 Morgen, von denen 642 mit Reben bepflanzt sind, davon ein Drittel im geistlichen Besitz. Weitere rund 65 Morgen gehören Beamten, so daß nur noch rund 311 Morgen als bürgerlicher Besitz ausgewiesen wurde (bei 193 Bürgern).

Die Rebsorte Riesling hat auch heute noch im rheinhessischen Weinanbau seinen festen Platz. Führend im Rebsortiment sind jedoch die Rebsorten *Müller-Thurgau* (5800 ha = 23 %) und *Silvaner* (3200 ha = 12 %). Sie bilden die Grundlage für den populär gewordenen mild-lieblichen Geschmackstyp des Rheinhessen-Weines. Ein weiteres Drittel setzt sich aus einer bemerkenswerten Vielfalt von Rebsorten zusammen. Hier dominieren die Alzeyer Neuzüchtung *Scheurebe* (2350 ha = 9 %), *Riesling* (1600 ha = 6 %), und *Morio-Muskat* (938 ha = 4 %). Entsprechend ihrer Bedeutung im Weinanbau folgen die Weißweinsorten *Faber, Ruländer, Bacchus, Kerner, Huxelrebe, Perle, Siegerrebe, Gewürztraminer, Ortega, Weißer Burgunder, Traminer und Optima.*

An dieser Sortenvielfalt kann man bereits erkennen, daß in Rheinhessen eindeutig die Weißweinerzeugung mit 92 % überwiegt. Bei den Rotweinsorten führt der *Blaue Portugieser.* Es folgen der *Blaue Spätburgunder* und die *Heroldrebe.*

Die Rebsorten wachsen in einem vornehmlich aus Tertiärschichten bestehenden, niedrigen, sehr waldarmen, altbesiedelten und von breiten Tälern zerschnittenen Plateau- und Hügelland im Winkel von Rhein und Nahe, das gegen Osten scharf zum Rheingraben abfällt. Mit seinen klimabegünstigten, ertragreichen Rebflächen gehört Rheinhessen zu den Gunstlandschaften der Bundesrepublik.

Es ist bekannt dafür, eines der trockensten und wärmsten Gebiete Deutschlands zu sein. Die Gründe dafür sind einerseits die geringe Meereshöhe — zwischen 90 m im Rheintal, ca. 250 m auf den Plateaus und max. 300 m im Westen — und andererseits die günstige orographische Abschirmung durch Gebirgszüge in den Hauptwetterrichtungen Südwest bis Nordwest, dem Nordpfälzer Bergland, Hunsrück und Taunus, während sie nach Süden das weite, warme Oberrheinische Tiefland öffnet. Die in Lee der Gebirge absteigenden Luftmassen haben die Neigung, sich über Rheinhessen föhnartig zu erwärmen und Bewölkung aufzulösen, was sich vorteilhaft auf die Sonnenscheindauer auswirkt.

Der Anteil der Rebfläche an der gesamten landwirtschaftlich genutzten Fläche beträgt in Rheinhessen 24 %. Weinbaugeographisch wird es in drei Bereiche (Bingen, Nierstein, Wonnegau), 26 Großlagen und 442 Einzellagen aufgeteilt. Die Einzellagen gehören teilweise mehr als einer Gemarkung an und sind deshalb im Weinlageverzeichnis mehrfach — der jeweiligen Gemeinde zugeordnet — aufgeführt. 37 % der gesamten Anbaufläche stehen in der Ebene oder im Talboden, 52 % befinden sich in Hanglagen und 5 % in Steillagen. Je nach Rebsorte, Bodenqualität und Hangneigung beträgt der Flächenertrag etwa 80 hl bis 100 hl pro ha. In Rheinhessen gibt es 14800 Weinbetriebe, davon etwa 50 % reine Weinbaubetriebe. Unter den 39 Winzergenossenschaften des Landes ist die Zentralkellerei Rheinischer Winzergenossenschaften in *Gau-Bickelheim* mit 4170 Mitgliedern und einer Lagerkapazität von 32,7 Mill. Liter der größte Weinerzeugerbetrieb.

Den lieblichen, süffigen, milden Rheinhessen-Wein kennt zwar fast jeder Liebhaber deutscher Rebensäfte und auch im Ausland steht er unter den rheinischen Weißweinen an erster Stelle, doch seine eigentliche Heimat gehört auf der touristischen Landschaft noch zu den weißen Flecken.

Dies ist um so erstaunlicher, als Rheinhessen verkehrsmäßig äußerst günstig liegt Die Autobahn Koblenz/Ludwigshafen führt als »Rheinhessen-Linie« sogar direkt durch diese Weinschatzkammer hindurch und vom Frankfurter Autobahnkreuz beziehungsweise vom Frankfurter Flughafen benötigt man nicht einmal eine halbe Autofahrstunde, um mit Streifzügen durch das Weinparadies Rheinhessen beginnen zu können.

Gelangt man nicht über die neue Autobahn ins Rebenland, so wird man zum Auftakt eines Besuches von der »Rheinfront« begrüßt, die für sich in Anspruch nehmen kann, bereits vor zwei Jahrtausenden von den Römern entdeckt worden zu sein. Die römischen Legionäre, die Völkerwanderung, die Zeiten, in denen Rheinhessen französisches Territorium war, haben Land und Leute nachhaltig geprägt. Städte wie Mainz, Worms und Bingen können mit ihrer Geschichte geradezu prahlen. Weltberühmte Weinbauorte wie Nierstein, Oppenheim oder Ingelheim bilden für die Touristen Anziehungspunkte auf ihre Weise. Die romantisch gelegenen Weinberge, alte prachtvolle Weinkeller oder die vielbesuchten Weinfeste tragen dazu bei, daß an der *Rheinfront* immer etwas los ist.

Abseits vom Rhein gelegen gibt es im bäuerlich geprägten *Hügelland* zwar auch eine stattliche Zahl von Winzerfesten, doch hier dominiert im Gegensatz zur lebhaften Rheinfront Stille und Weite, mit denen die zunächst reizlos monoton scheinende Landschaft den Reisenden empfängt. Das rheinhessische Hügelland ist ein waldloses Gebiet, in dem ausschließlich endlose Felder, Weinberge und dazwischen eingestreut kleine Weinorte mit schlichten Häusern und großen Höfen das Bild bestimmen. An touristischen Attraktionen im üblichen Sinne fehlt es daher im Hügelland fast völlig. Anstelle von komfortablen Ausflugsrestaurants muß man in den meisten Orten mit zünftigen, soliden Gasthäusern vorlieb nehmen. Und auch das Angebot an Fremdenbetten ist nicht sonderlich groß, sieht man einmal von *Alzey,* der Weinmetropole des Hügellandes ab.

Die vielen, oft schnurgerade und gut ausgebauten Straßen, die das Hügelland Rheinhessen durchqueren, verlokken freilich zu einem bequemen und interessanten Tagesausflug. Denn dieses von Carl Zuckmayer geliebte und gepriesene Stückchen Erde bietet wie sonst kaum die Möglichkeit, der hektischen Betriebsamkeit am Rheine zu entgehen.

Wer bei einem Besuch in dem abwechslungsreichen und an Gegensätzen nicht armen Rheinhessen nicht nur Land und Leute, sondern auch den Wein genauer kennenlernen möchte, dem sei vor allem die Teilnahme an einem der in Mainz veranstalteten Weinseminare für praktisches Weinwissen empfohlen.

Rheinhessen zählt immerhin 176 Orte mit Weinanbau, die sich nicht zu natürlich gewachsenen oder historisch geformten Bereichen und Zonen zusammenfassen lassen, wie in anderen Weinanbaugebieten. Gleich wie vier mächtige Eckpfeiler wird das Weinbauland begrenzt von Bingen und Mainz im Norden, Worms und Alzey im Süden.

Die Römergründung *Bingen* befindet sich am Schnittpunkt von vier Weinbaugebieten: Rheinhessen, Nahe, Rheingau, Mittelrhein. Zweifellos gehört die fröhliche Weinstadt zu den landschaftlich am reizvollsten gelegenen Städten Rheinhessens, vielleicht sogar des gesamten Rheines. In zahlreichen Schriften, Erzählungen und Fabeln findet die mit Geschichte

RHEINHESSEN

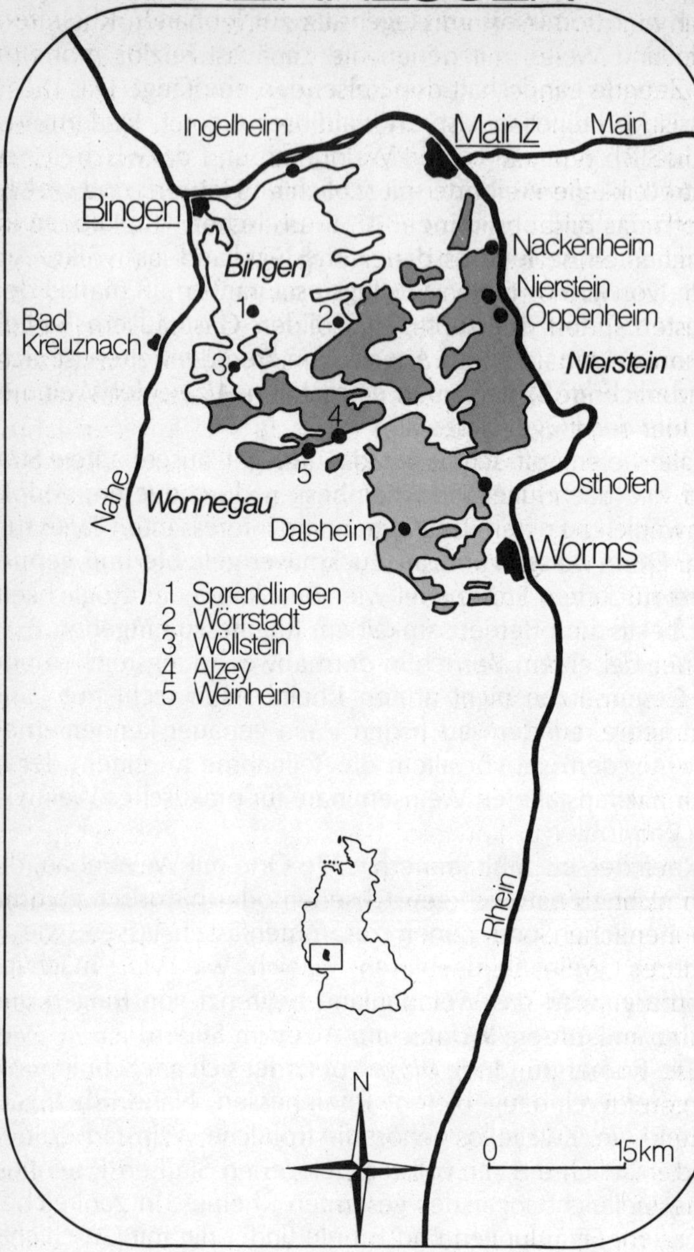

dicht beladene Tradition dieser heute touristisch frequentierten Stadt ihren Niederschlag. Goethes berühmte Nacherzählung von der Weinpredigt des Binger Weihbischofs auf dem Rochusberg (aus dem Jahre 1814) kann wohl als das trefflichste Zeugnis Binger Weinseligkeit verstanden werden. Durch die Eingemeindung von sechs nahegelegenen Weindörfern wurde Bingen, das eine Reihe namhafter Weingüter, Sekt- und Weinkellereien beherbergt, auch wieder mit nun 813 ha Rebfläche eine bedeutsame Weinbaustadt. Die Großlage Sankt Rochuskapelle erstreckt sich über die Gemarkungen von 12 angrenzenden Weinbaugemeinden. Urkundlich die älteste Lage ist der Binger Scharlachberg, der 1248 in einer Chronik erstmals erwähnt wird und schon früher vielgelobte, hervorragende Weine ergab. Heute sind die qualitativen Erträge hier recht unterschiedlich. In nicht zu trockenen Jahren gefallen die Weine durch bestechende Eleganz, Harmonie und viel Frucht, vor allem aus der Rieslingsorte. Schloßberg-Schwätzerchen (mit Rosengarten 78 ha), eine ebenfalls stark geneigte Lage in Südausrichtung, ist eine zweite gute Herkunft für Binger Spitzenweine.

Über die rührige 300 ha Rebfläche umfassende Weinbaugemeinde *Ockenheim* (mit vielen interessanten Neuzüchtungen) und das benachbarte *Gau-Algesheim* (360 ha), deren mittelalterlicher Weinmarkt von Bedeutung war (heute ist Gau-Algesheim Sitz großer Wein- und Sektfirmen), gelangt man nach *Ingelheim,* denen 655 ha Rebfläche überwiegend mit Rebsorten für Rotweine bestockt ist. Die besten Qualitäten werden aus *Blauem Spätburgunder* gewonnen, die in den Weingärten des ehemaligen Ober-Ingelheim wachsen (Sonnenhang, Sonnenberg, Horn, Pares). Es heißt, daß Kaiser Karl der Große, der hier in Ingelheim eine Pfalz besaß, die Spätburgunder-Rebe persönlich habe anpflanzen lassen. Erstmals wurde sie im Jahre 1040 in Urkunden genannt. Zeitweise wurde der Spätburgunder in den Ingelheimer Weinbergen durch die Sorte *Frühburgunder* verdrängt. Inzwischen jedoch aber ist sie im Anbau wieder stark zurückgegangen, an ihre Stelle treten Spätburgunder und Blauer Portugieser.

Die rheinlandpfälzische Landeshauptstadt und das vielzitierte »Goldene Mainz« ist in erster Linie eine Weinhandelsmetropole, obgleich es durch die Eingemeindung der angrenzenden Weinbauorte Ebersheim (100 ha), Laubenheim (85 ha) und Hechtsheim (55 ha) über eine Rebfläche von 250 ha verfügt. Diese 1971 ermittelte Rebfläche ist inzwischen durch Neu- beziehungsweise Wiedereinpflanzungen um weitere etwa 150 ha vergrößert worden. Damit ist *Mainz* wieder zu einer der größten Weinbau betreibenden Großstädte der Bundesrepublik geworden. Weinbau und Weinhandel haben seit 2000 Jahren die Stadt Mainz und die Mentalität ihrer Bürger mitgeprägt und der Wein war das verbindende Medium, das die Menschen tolerant und lebensfroh werden ließ — trotz vieler Schicksalsschläge, die Mainz im Laufe seiner Geschichte erleben mußte. Die Einzellagen der Mainzer Weinberge gehören fast ausschließlich zur Großlage »Sankt Alban« (982 ha) und damit zum Bereich Nierstein. Nicht nur das Haus des Deutschen Weines (Weinkarte mit über 300 Sorten im Restaurant und Sitz wichtiger Weininstitutionen), sondern auch die vielen gemütlichen, stets eifrig besuchten Weinstuben, in denen der Wein aus dem typischen Stangenglas (Mainer Halwe) mit Weck und Worscht oder Handkäs stilecht vom »Schoppenstecher« (= Weingenießer) getrunken wird, haben Mainz zu einem liebenswerten Touristenzentrum gemacht.

Die Großlagenbezeichnung Sankt Alban hat in den *Bodenheimer* Weingärten ihren Ursprung. Hier gab es bis zum Jahre 1971, als die Lagebenennungen im deutschen Weinanbau reformiert wurden, eine 3,5 ha große Einzellage namens Sankt Alban, die ihre Bezeichnung nach dem ehemaligen gleichnamigen Mainzer Benediktinerkloster trug, das in Bodenheim eine Vogtei besaß. (Der Heilige Alban ist der Legende nach ein Märtyrer, der im Jahre 406 bei der Verwüstung von Mainz durch Vandalen in der Hilariuskirche in Zahlbach starb.) Als im Jahre 1419 das Kloster Sankt Alban aufgelöst wurde, gelangten die Weinberge am heutigen Sankt Alban-Denkmal in Bodenheim in den Besitz des Reichsritterstiftes, nach dem die berühmte Lage heute ihren Namen trägt. Sie ist im Alleinbesitz der Staatlichen Weinbaudomänen Rheinhessen und gilt neben Westrum, Hoch und

Silberberg als beste der Bodenheimer Einzellagen. Sehr gut gedeiht hier der *Silvaner,* aber auch der *Riesling* ergibt reife und bukettreiche Weine. Infolge der wasserhaltenden Kraft der schweren Böden wachsen gerade in trockenen und heißen Jahren Weine mit hervorragender Qualität.

Hinsichtlich ihrer Bodenbeschaffenheit unterscheiden sich die Lagen der Gemarkung Bodenheim wesentlich von denen *Nackenheims.* Hier stehen die Reben größtenteils auf dem »Rotliegenden«, einem besonders wärmespeichernden, violett-roten Schieferletten. Als Tonschiefer-Verwitterungsboden stellt er für den Silvaner den optimalen Standort dar und ermöglicht somit die Gewinnung von Weinen einmaliger Größe. In den Oberhanglagen des Nackenheimer Rothenbergs stehen vornehmlich *Riesling*-Reben. Sie bringen Weine, die sich durch eine feine, geschliffene Art, eine hervorragende Blume, Körper und Rundung auszeichnen. Von besonders günstigem Einfluß auf die Traubenentwicklung und Reife ist in den Hanglagen des Nackenheimer Rothenbergs die ausgedehnte Wasserfläche des Rheines, also die Reflektion von Wärme und Licht, die dadurch bewirkte ausgleichende Wirkung der Temperaturen und die reifebegünstigende Wirkung der Herbstnebel.

Diese Vorzüge treffen auch auf *Niersteins* Weinberge zu, soweit sie unmittelbar dem Rhein zugewandt sind. Mit 1090 ha Rebfläche, auf der ausschließlich Weißwein wächst, ist Nierstein die größte weinbautreibende Gemeinde am Rhein. Geschichtsschreiber früherer Jahrhunderte sagen übereinstimmend, daß der Niersteiner mit Recht zu den besten aller Rheinweine zu zählen sei und als »Nektar unter den Rheinweinen von uralter Zeit« gelte. In einer Beschreibung aller rheinhessischer Weinbaugemarkungen zu Anfang dieses Jahrhunderts heißt es über die Qualität des Niersteiner Weines: »Altberühmte, selbständige, rassige, elegante Weine von eigenartigem, hervorragendem Bukett.« Der Weinbergsboden ist einer der Gründe, denen Niersteins Weine ihren Erfolg verdanken. Der rote, eisenhaltige Tonschiefer besitzt die besondere Eigenschaft, in hohem Maße die Sonnenwärme in sich aufzunehmen, die des Nachts wieder ausstrahlt und dadurch größere Temperaturschwankungen verhindert. An Nährstoffen enthält dieses markante »Rotliegende« Phosphor, Kali und Kieselsäure und verleiht den Weinen eine pikante Note. Unterstützt werden diese günstigen Bodenverhältnisse durch die unmittelbare Nähe des Rheins, der zwischen Mainz und Worms lediglich bei Nierstein hart an die Rebenhügel heranreicht. Niersteins Spitzenlagen sind die Großlage Rehbach (mit den Einzellagen Pettenthal, Brudersberg, Hipping und Goldene Luft), sowie Auflangen (mit den Einzellagen Glöck, Ölberg, Heiligenbaum, Orbel, Schloß Schwabsburg, Kranzberg, Zehnmorgen und Bergkirche). Gute Weine, die allerdings nicht immer die pikante Note der Gewächse aus den Rehbach-Lagen aufweisen, werden in der Großlage Spiegelberg gewonnen (Einzellagen: Hölle, Paterberg, Brückchen, Bildstock, Ebersberg, Schloß Hohenrechen, Kirchplatte, Findling, Klostergarten und Rosenberg).

In geologischer Hinsicht zeigen die *Oppenheimer* Weinbergsböden weitgehende Ähnlichkeiten mit den Weinbergslagen in Bodenheim. Auf diesen Böden wachsen kräftige, körperreiche, saftige und blumige Wiesen von feiner Fruchtsüße. In Oppenheim, der ehemals Freien Reichsstadt und besuchenswertes Zentrum des Qualitätsweinanbaus an der Rheinfront, werden auf etwa 250 ha elegante *Riesling*-Weine mit viel Volumen, feurige *Ruländer,* gehaltvolle *Silvaner* und besonders aromatische *Müller-Thurgau*-Weine gewonnen. In der Großlage Güldenmorgen finden sich einige Einzellagen für Spitzenweine: Sackträger, Herrenberg, Zuckerberg, Daubhaus, Kreuz, Gutleuthaus und Schützenhütte. In der populären Großlage Krötenbrunnen sind die Einzellagen Schloßberg, Schloß, Paterhof und Herrengarten zusammengefaßt. Ein Teil dieser Lagen reicht bis in die Gemarkungen des benachbarten *Dienheim.*

In fast gerader Südrichtung nimmt die »Liebfrauenmilch-Straße« von Dienheim ihren Verlauf über *Ludwigshöhe* (100 ha), *Guntersblum* (600 ha, beste Lagen: Eiserne Hand, Sonnenberg und Sonnenhang), *Alsheim* (600 ha, Einzellagen: Frühmesse, Fischerpfad, Römerberg, Sonnenberg) und *Osthofen* (500 ha) nach *Worms.* Die an Geschichte und gut erhaltenen Sehenswürdigkeiten reiche, sagenumwobene

Stadt ist Mittelpunkt des *Wonnegaus,* Rheinhessens südlichstem Weinbereich und über die Liebfrauenmilch Namensgeber der Großlage Liebfrauenmorgen. Einer der bedeutendsten deutschen Weine und gerade im Ausland bekanntesten deutschen Typenweine wird entweder als *Liebfraumilch* oder *Liebfrauenmilch* bezeichnet. Eine solche Lage hat es in Worms tatsächlich gegeben. Sie befand und befindet sich unter der Bezeichnung Liebfrauenstift-Kirchenstück im Schatten der im 14. und 15. Jahrhundert errichteten gotischen Stiftskirche Liebfrauenkirche. In einer Reisebeschreibung eines Engländers aus dem Jahre 1687 ist erstmalig von einem Wein in Worms die Rede, der »süßer sei als die Milch der Heiligen Jungfrau.« Allgemein wurde zu jener Zeit den Weinen noch kein Lagenamen gegeben. Offiziell tauchte der Name Liebfrauenmilch erstmals in Weinversteigerungslisten aus dem Jahre 1790 auf. Eine erste sehr ausführliche Beschreibung des Liebfrauenmilch-Weines findet sich in den »Statistischen Mitteilungen über Rheinhessen« aus dem Jahre 1849: »Der beste Wein, welcher hier (Worms) gewonnen wird, ist die sogenannte Liebfrauenmilch. Im weiteren Sinne versteht man darunter das Produkt der in der Umgebung der Liebfrauenkirche gelegenen Weingärten. An diese Kirche schlossen sich in früheren Zeiten ein Kreuzgang nebst Garten, ein Kapuzinerkloster, ebenfalls mit einem Garten, sowie verschiedene weltliche Gebäude an. Alles dies, mit Ausnahme der Liebfrauenkirche selbst, ward 1689 von den Franzosen unter Melacs Anführung zerstört und dem Boden gleichgemacht. In der Folge wurde dieser ganze Platz nach und nach mit Weinreben bepflanzt, und hier ist es, wo die eigentliche Liebfrauenmilch wächst ... Der Ertrag dieses Areals selbst, welcher sich durch einen besonderen aromatischen Geruch auszeichnet, behauptet man, daß er um so vorzüglicher, je näher er an der Kirche gewachsen sey.« In einer anderen Beschreibung aus der gleichen Zeit wird die Qualität der Liebfrauenmilch-Weine detailliert wie folgt begründet: »Diese Kirche (Liebfrauenkirche) schützt die zu ihren Füßen befindliche Weinlage gegen die rauhen Nord- und Nordostwinde und vermehrt die Sonnenwärme auf eine sehr bemerkliche Weise ... der Boden besteht in einer Mischung von Ton und Kies, worüber sich an den Stellen, wo früher Gebäude standen, etwas weniger Bauschutt befindet ... die Liebfrauenmilch zeichnet sich durch ein eigentümliches Aroma (Bouquet) aus, welches sich in den Weingärten außerhalb des Klosterbezirkes verliert, obgleich das Erzeugnis der dem Liebfrauenstift und Kapuzinergarten nahegelegenen Weinfeldern ebenfalls Liebfrauenmilch genannt wird.« Seine Popularität verdankt der Liebfrauenmilch-Wein eigentlich dem vom Niederrhein stammenden Kaufmann Peter Joseph Valckenberg, der im reichsstädtischen Worms volontierte, sich dann der Landwirtschaft widmete und das Weingut Liebfrauenstift pachtete. Valckenberg betrieb das Gut zunächst im Sinne der bisherigen geistlichen Stiftsherren und Kapuzinermönche weiter. Nachdem er aufgrund geschäftlicher Erfolge den Besitz erworben hatte, konnte er — im übrigen auch als Bürgermeister von Worms — seine Geschäftsbeziehungen ständig ausdehnen, indem er vor allem zunehmend exportierte und dabei die Aristokratie zu seinen Abnehmern zählen durfte. Als kultivierter und weitsichtiger Weingutsbesitzer pflegte er mit seinen Kunden bemerkenswerte Briefwechsel, wobei das eigentlich Geschäftliche nur am Rande berührt wurde. Unter seiner Korrespondenz befanden sich Schreiben mehrerer Lords, Regierungsmitglieder und selbst des königlichen Hofes in London. Auch Charles Dickens stattete dem gewandten Propagandisten für den Liebfrauenmilch-Wein in Worms einmal einen Besuch ab. Wie erfolgreich letztlich diese Art der Werbung für den Wormser Wein mit dem schönen Namen war, zeigt das heutige Bestreben mancher Weinbaugebiete außerhalb Rheinhessens, ihre lieblich-milden Weine nach dem Geschmackscharakter der berühmten Liebfrauenmilch ebenfalls unter dem populären Namen anbieten zu können. Über die Herkunft dieses seltenen Namens für einen berühmten Wein sind sich die Sprachforscher bis heute nicht einig geworden. Die einen meinen, das Wort Milch sei aus einer Umformung des Namens »Münch = Mönch« entstanden. Andere Erklärungen gehen davon aus, daß sich dieser Name zunächst auf die damalige Milchwirtschaft des Klosters und des Stiftes bezieht. Ebenso wie sich die Bezeichnung Wonnegau von dem

Namen Pagus Vangionum und Vangionengau (= ein gottgesegnetes Stück Land, wo Wein und Milch fließen) ableitet, ebenso kann man sich auch denken, daß die Wallfahrtskirche Unserer Lieben Frau den Segen in die Weinberge trägt und Wein und Milch zum köstlichen Begriff zusammenzieht.

Rheinpfalz: Männerweine — von Damen geliebt

»Die Unter-Pfalz ist eines der gesegnetesten und schönsten Länder in ganz Teutschland. Die Berge sind voller Weinstökke, welch solchen edlen Wein im Überfluß lieffern, daß nicht nur Teutschland, sondern auch die Niederlande, England, Polen und die nordischen Reiche ihr Vergnügen aus der Pfalz holen. Diese Weine thun es an Dauerhafftigkeit und Gesundheit allen Italienischen, wovon doch einige so viel Wesens machen, weit zuvor.«

So lobt der Autor des 1746 erschienenen Buches »Germania princeps« das Pfälzer Land und seine Weine. Und heute, 230 Jahre später, kann man nur bestätigen: Es ist an diesem Lob fast nichts übertrieben. Man hat Grund, von diesem Tropfen begeistert zu sein.

Nicht zu Unrecht haben sie auch seit jeher die Fantasie ihrer Liebhaber beflügelt. So sagt man zum Beispiel den Pfälzer Weinen nach, es gäbe unter ihnen mehr und bessere Charaktere als unter den Menschen. Ein angelsächsischer Literat hat die Pfalzweine als Männerweine charakterisiert, die darum auch bei den Frauen so beliebt seien. Ein anderer beschreibt den Wein aus der Pfalz als »die große Geliebte«, der man das ganze Leben lang treu bleibe.

Alle diese Beschreibungen und Vergleiche, so blumig und weinselig sie klingen mögen, entsprechen doch der Wirklichkeit.

Nach Baden verfügt wohl die Rheinpfalz über die besten klimatischen Bedingungen zur Erzeugung von Gewächsen, die schon im Mittelalter das Land dazu prädestinierten, zum Weinkeller des »Heiligen Römischen Reiches deutscher Nation« zu werden. Auf einer Länge von 80 km und einer Breite von 6 km bis 8 km wachsen an den Hängen der Haardt und Ausläufern des Pfälzer Waldes in einem nahezu geschlossenen Rebgürtel Weine, von denen man oft fälschlicherweise glaubt, sie seien besonders schwer und wuchtig. Es stimmt zwar, daß im Schutz des Donnersbergmassives und durch die klimatischen Begünstigungen des Oberrheingrabens in guten Jahren an der Mittelhaardt und an der südlichen Weinstraße hohe Mostgewichte bei den Trauben registriert werden, so daß dann die Weißweine kräftig und füllig sind. In einer Region, die hinsichtlich ihres Mostertrages das größte deutsche Weinbaugebiet ist, findet sich naturgemäß eine breite Palette von Weinen, so daß neben den kraftvollen, saftigen auch leichte, feinfruchtige, frische Tropfen erzeugt werden.

Weingeographisch teilt sich die 20766 ha große Rebfläche in zwei Bereiche, 25 Großlagen mit 330 Einzellagen auf. Es gibt 152 Weinbauorte, von denen 42 an der Deutschen Weinstraße liegen, der ersten offiziellen Weinstraße, die vor über 40 Jahren eingerichtet wurde. Schon im Vorfrühling ist eine Fahrt auf dieser Straße sehr reizvoll, wenn dank der einzigartigen Lage in den geschützten Fluren die Mandelbäume blühen. Teilweise ermöglichen die günstigen Klimabedingungen mit einer jährlichen Sonnenscheindauer von 1700 Stunden und einer Durchschnittstemperatur von 10,1° C (während der Vegetationszeit 15° C) das Gedeihen subtropischer Vegetation mit Feigen, Edelkastanien, Zitronen, Mais und Tabak.

Das abwechslungsreiche Rebensortiment vermittelt den rheinpfälzischen Weinen interessante Tupfer. Führende Sorte im Anbau mit 24,5 % ist der *Müller-Thurgau,* aus dem milde, fruchtige, duftige, blumige Weine erzeugt werden, die vornehmlich auf Löß-Lehm-Böden gedeihen.

Im Anbau rückläufig ist der *Silvaner* (9 %), dessen Weine zartblumig, mild und relativ geschmacksneutral ausfallen. Die verschiedenen Weinbergsböden, die auch in der Rheinpfalz zu differenzierten Qualitätsergebnissen führen, lassen den Silvaner gelegentlich füllig, dann wieder elegant, oder sogar auch spritzig erscheinen.

Der *Riesling* besitzt zwar nur einen Anteil von 15 %, er verhalf jedoch das Ansehen der rheinpfälzischen Spitzenweinerzeugung in entscheidendem Maße zu prägen. Hier sind es inbesondere die Klasseweine der Mittelhaardt, aus *Deidesheim, Forst* und *Wachenheim,* die das Renomée Pfälzer Rieslinge mit ihrer rassigen, edlen, vollen und fruchtigen Art begründet haben. In anderen Weinbergen wiederum wachsen herzhafte, feinfruchtige Riesling-Weine mit einer pikanten Säure und nachhaltiger Art.

Zu einer typischen Pfälzer Sorte hat sich der *Morio-Muskat* entwickelt, dessen Anbau 6 % ausmacht. Diese Sorte wird häufig mit Silvaner-Weinen verschnitten, da sie nicht immer vollreife, feine Weine ergibt und durch ihr vordergründiges Muskat-Bukett und mangelnde Säure hohen Qualitätsansprüchen nicht immer gerecht wird. Im Verschnitt verleihen sie anderen Weinen eine angenehme Würze; als sortenreiche gute Weine können sie trotz ihrer kräftigen, bukettbetonten Art zugleich auch fein und fruchtig wirken.

Eine andere Neuzüchtung, der *Kerner,* hat es in der Rheinpfalz inzwischen schon auf eine Verbreitung von 11 % gebracht, da die mit dem Riesling verwandte Sorte sogar in weniger guten Jahren reife, frische bis kräftige, harmonische Weine mit Stoff liefert. Als Rieslingersatz hat diese Sorte in der Rheinpfalz eine weitere gute Karriere vor sich.

Die *Scheurebe* (6 %) wird zur Erzielung zufriedenstellender Qualitäten vornehmlich in tiefgründigen, warmen Böden gepflanzt, wo sie als Spätlese oder Auslese fruchtige, duftige, körperreiche Weine mit einem feinen, an schwarze Johannisbeeren erinnernden Bukett liefert. Nicht selbständige Scheurebe-Weine werden häufig auch zu Verschnittzwecken verwendet.

Der *Ruländer* besitzt mit 2,5 % zwar eine relativ geringe Anbaubedeutung, vermag indes erstklassige Weine zu liefern, zumal wenn er auf warmen, nährstoffreichen Böden gepflanzt wird. Ausgeprägt fruchtig und extraktreich sind die Ruländer Spätlesen und Auslesen von der Mittelhaardt.

Traminer und *Gewürztraminer* mit einem Rebflächenanteil

von 1,7 % beschränken sich im Anbau auf beste Lagen, wo sie würzige, bukettbetonte Weine ergeben.

Raritätencharakter besitzt schließlich der *Weißburgunder,* der vorwiegend in Mergelböden steht und dort füllige Weine mit einer aparten Säure und einem dezenten Bukett schenkt.

Unter den Rotweinen hat der *Portugieser* den größten Anteil (7,8 % an der gesamten Rebfläche). Aus ihm werden milde, süffige Schoppenweine und ein lieblicher, frischer *Weißherbst* gekeltert.

Ziemlich hoch ist in der Rheinpfalz der Anteil der Weinbaubetriebe, die im Nebenerwerb bewirtschaftet werden: Während 6000 Pfälzer Familien ausschließlich im Weinanbau beschäftigt sind, gelten 8000 Weinbauern als Feierabendwinzer. Die Winzergenossenschaften nehmen etwa 27 % der Traubenernte auf. 20 % bis 25 % der Erzeugung bestreiten Weingüter, von denen die bedeutendsten an der Mittelhaardt liegen.

Zwischen *Kallstadt* und *Neustadt* an der Weinstraße fügen sich die Weinbauorte der Mittelhaardt mit ihrem imposanten Rebenmeer zu einer klangvollen, bacchantischen Symphonie zueinander. Der Bereich Mittelhaardt/Deutsche Weinstraße beginnt allerdings schon wesentlich nördlicher mit der Großlage Schnepfenflug im Zeller Tal bei *Zell.* Doch die Weine aus dieser und den angrenzenden Großlagen wie Grafenstück *(Bockenheim),* Höllenpfad *(Grünstadt),* Schwarzerde *(Kirchheim)* und Rosenbühl *(Freinsheim)* sind international nicht so bekannt wie die dann südlich folgenden Weine aus den Großlagen Kallstadter Kobnert, Kallstadter Saumagen, Dürkheimer Feuerberg, Dürkheimer Hochmeß, Ungsteiner Honigsäckel, Wachenheimer Schenkenböhl, Forster Schnepfenflug, Forster Mariengarten, Deidesheimer Hofstück und Gimmeldinger Meerspinne.

Für den Kenner sind aus diesem Paradies berühmter Großlagen wiederum einige bestimmte Einzellagen besonders interessant, die gleichsam den goldenen Kern der rheinpfälzischen Spitzenerzeugung bilden. In *Forst,* wo ein Hektar Rebfläche vor einigen Jahren schon auf einen Wert von 30 000 DM taxiert wurde, sind es der 6 ha große Jesuitengarten, der unmittelbar am nordwestlichen Ortseingang

RHEINPFALZ

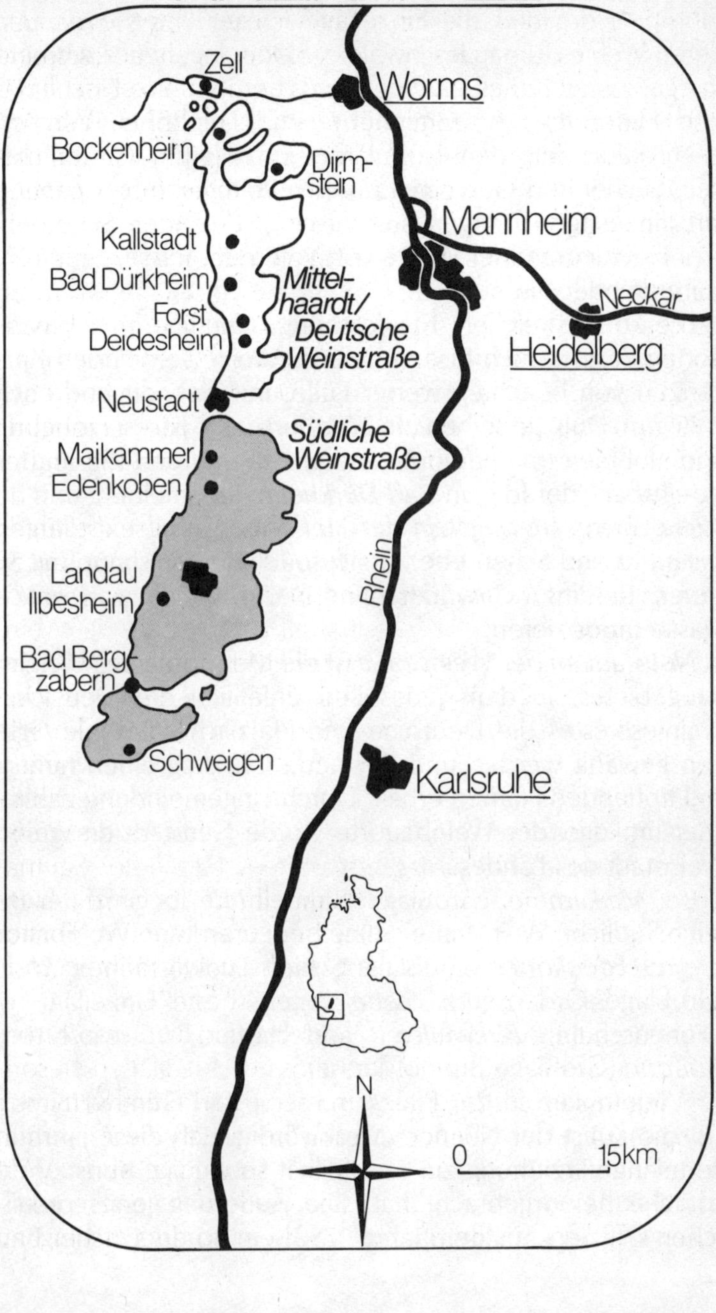
Zell
Worms
Bockenheim
Dirm-
stein
Mannheim
Kallstadt
Bad Dürkheim
Mittel-
haardt/
Deutsche
Weinstraße
Neckar
Forst
Deidesheim
Heidelberg
Neustadt
Südliche
Weinstraße
Maikammer
Edenkoben
Landau
Ilbesheim
Rhein
Bad Berg-
zabern
Schweigen
Karlsruhe
N
0
15km

anschließt und die kostbare Eingangspforte zum Rebgarten Gottes bildet — wie man die Weinberge in Forst gelegentlich rühmt —, dahinter die Einzellage Forster Ungeheuer, über deren Weine Bismarck schwelgte: »Der Ungeheuer schmeckt mir ganz ungeheuer.« *Deidesheims* berühmteste Einzellagen sind Herrgottsacker, Grainhübel und Leinhöhle. Wachenheim kann mit den populären Einzellagen Goldbächel, Rechbächel und Gerümpel prahlen. Sämtliche hier genannten Einzellagen bringen aus Riesling, Ruländer, Scheurebe und Gewürztraminer Weine von Volumen, Rasse, Feuer und animierender Blume.

Die kontrastreichen, mal leichten, dann wieder schweren Böden, lassen auch in den benachbarten Gemeinden Kreszenzen von beachtenswerter Fülle, mit viel Saft und nachhaltigem Duft gedeihen. In *Ruppertsberg* ist es Hoheburg und Nußbien (mit hervorragendem Silvaner und Riesling), in *Königsbach* der Idig, in *Bad Dürkheim* der Spielberg und der Michelsberg, in *Ungstein* der Herrenberg (mit excellentem Ruländer und Scheurebe), in *Musbach* die Eselshaut (mit Silvaner, Riesling, Gewürztraminer), die Weine von großer Klasse produzieren.

Neustadt an der Weinstraße ist die Metropole des Weinanbaugebietes, in dem jedes Jahr anläßlich des Deutschen Weinlesefestes die Deutsche und Pfälzischen Weinköniginnen gewählt werden und der neue Jahrgang einen humorvoll treffenden Namen erhält. Durch Eingemeindung zahlreicher umliegender Weinbauorte wurde Neustadt die größte Weinstadt des Landes.

Bei *Maikammer* (Großlage Mandelhöhe) beginnt der Bereich Südliche Weinstraße. Seine bedeutendsten Weinbauorte sind *Edenkoben* (Großlage Schloß Ludwigshöhe), *Rhodt* (Großlage Ordensgut), *Siebeldingen* (beste Einzellage im Sonnenschein), *Birkweiler* (Mandelgarten), *Burrweiler* und *Nußdorf* (Großlage Bischofskreuz).

»Weintrinken in der Pfalz«, schreibt Karl Günther Simon, »ist die Kunst der Nuance. Merkwürdig, daß diese jahrhundertelange Erziehung zur Sensibilität so wenige Künstler der Sprache hervorgebracht hat. Die Äußerung jenes preußischen Offiziers aus dem Jahre 1793, ein norddeutscher Bauer bringe in einem Jahr nicht so viele Gedanken und Worte hervor wie ein Pfälzer Bauer in einer Stunde, läßt sich kaum ins Literarische erweitern.«

Und so greift man gerne zur Beschreibung der Schönheit dieser Landschaft auf romantische Schilderungen zurück, wie zum Beispiel jener von Lenz, dem Zeitgenossen Goethes, der die Rheinpfalz mit einem Amphitheater der Natur verglich und schwärmte: »Berge, die den Himmel tragen, Täler voller Dörfer zu ihren Füßen, die dort zu schlafen scheinen wie Jakob am Fuße seiner Himmelsleiter.«

Mosel-Saar-Ruwer: Süße Früchte einer späten Sonne

Kaum ein Wein steht seit eh und je so in dem Ruf, gesund zu sein, wie der Moselwein. »Moselwein, du Sorgenbrecher, schaffst gesundes Blut«, dichtete schon Heinrich von Kleist, und noch heute machen viele Ärzte in ihren meist alkoholfeindlichen Diätvorschriften beim Mosel eine Ausnahme. Denn der Moselwein gilt als frisch, leicht, als ein braves Getränk ohne große Sensationen, »wie eine liebenswürdige frische Musik, die nachklingt, ohne Körper und Gemüt zu belasten«. So hat es Rudolf G. Binding, der Verfasser jener berühmten »Moselfahrt aus Liebeskummer«, einmal ausgedrückt. Mit dieser Klassifizierung tut man dem Moselwein aber bitter Unrecht. Gewiß, es gibt ja auch Weine, die sich besser zur Diät als zum Genießen eignen, es wachsen hier auch leichte, brave Gewächse. Aber in guten Sonnenjahren und auf Spitzenlagen werden Weine geerntet, deren Charme und aromatische Fülle wohl einzigartig sind.

Es sind die klassischen Vertreter des anspruchsvollen *Riesling,* der an den Steilhängen entlang des an Mäander reichen Flußlaufes fast ausschließlich angebaut wird. Gerade hier findet der Riesling nämlich die idealen Wachstumsbedingungen. Der tiefe Schieferboden vieler Moselweinberge garantiert den Reben die nötige Feuchtigkeit und vor allem die nötige Wärme, denn er speichert die Sonnenwärme und gibt sie während der Nacht an die Reben ab. Die Sonneneinstrahlung wird zudem noch in Süd- und Südost- oder Südwest-Lagen besonders dadurch intensiviert, daß viele Weingärten auf Steilhängen liegen, also fast senkrecht von den Strahlen getroffen werden. Die Reben bekommen Wärme wie auf einem Grillrost, hat ein Kenner einmal gesagt.

Für diese klimatischen Vorzüge müssen die Winzer der etwa 160 Weinbaudörfer an Mosel, Saar und Ruwer allerdings einen hohen Preis zahlen: Im Gegensatz zu den meisten anderen Weinbaugebieten kann hier die Arbeit nicht mechanisiert werden. Jeder Weinstock muß noch einzeln per Hand gepflegt werden. So nimmt sich bei näherem Ansehen die Arbeit im Weinberg weniger romantisch aus, als es den Touristen vom Ufer oder vom Moselboot zunächst scheinen mag.

Die Gründerjahre des Weinanbaus auf deutschem Boden durch die Römer im 2. bis 4. Jahrhundert nach Christi haben an der Mosel ihre eindrucksvollen Zeugnisse hinterlassen. Da wurde auf Grabdenkmälern, wie aus Neumagen, der Weintransport auf dem Fluß dargestellt, ein anderer Römer, Decimus Magnus Ausonius, besingt in seinem Gedicht »Mosella« die Schönheit und den Rebenreichtum des Moseltales. In kaum einem anderen Weinbaugebiet sind kulturelles, religiöses, volkstümliches Leben so eng verbunden mit Reben und Wein wie an der Mosel.

Denn an diesem Fluß tritt die Rebe nur in Monokultur auf. Rebstöcke begleiten den seit 1964 kanalisierten Fluß von der Mündung bis an die Staatsgrenze: Auf einer Strecke von 245 km bis auf wenige Ausnahmen Reben, genauer gesagt Riesling-Reben. Der Trierer Kurfürst Clemens Wenzelau ordnete 1787 den Anbau von Riesling-Reben in den Moselweinbergen an und dabei ist es bis in unsere Zeit geblieben. Seinen höchsten Anteil erreichte er 1954 mit 91,6 %; heute beläuft er sich nur noch auf 54 %. 1954 gab es an der Mosel nur 1,7 % *Müller-Thurgau;* sein Anteil ist inzwischen auf 23 % gewachsen, da die Rebe vor allem in den Tallagen mit ihren tiefgründigen Böden anstelle der Riesling-Rebe gepflanzt wird.

Ziemlich konstant ist der Anteil der Sorte *Elbling* geblieben; 1985 betrug ihr Anteil 9,3 %, die sich im wesentlichen auf die Weinberge der Obermosel mit ihren Lehm- und Tonböden konzentriert. Die säurereichen Weißweine der Elbling-Rebe sind kernige Schankweine oder begehrte Grundweine für die Sekterzeugung.

Auch die Müller-Thurgau-Weine der Mosel weisen in den meisten Jahren eine etwas höhere Säure auf als die aus anderen Anbaugebieten, ohne dabei die Grenzwerte der sogenannten milden Säure wesentlich zu überschreiten. Im Aroma sind sie oft nicht so stark muskatbetont und nur selten gelangen sie als Ergänzungssorte zum Riesling, dem natürlich die besten Standorte reserviert werden, in den mittleren oder gar oberen Prädikatsbereich.

Neuzüchtungen werden in recht unterschiedlichem Umfang gepflanzt: *Kerner* (6,5 %), *Bacchus* (2,2 %), *Optima* (1,5 %), *Ortega* (1,15 %), *Reichensteiner* (0,5 %) und *Scheurebe* (0,1 %) nehmen sich gegenüber Riesling und Müller-Thurgau geradezu als fremdartige Exoten aus.

Mosel-Saar-Ruwer ist nach Rheinhessen und Rheingau das flächenmäßig drittgrößte Anbaugebiet in Deutschland. Seine Rebfläche von 12 800 ha, die nahezu gänzlich der Weißweinerzeugung gewidmet ist, teilt sich in vier Bereiche, 19 Großlagen, 251 Einzellagen auf.

Zwar besteht das Geheimnis für den großen Erfolg von Moselweinen in dem harmonischen Zweiklang Riesling und Schieferboden, doch die Weinbergsböden von Mosel und ihren beiden östlichen Nebenflüssen Saar und Ruwer sind in Wirklichkeit abwechslungsreicher, als diese Kombination zunächst glauben läßt. Erst beim Durchbruch der Mosel durch das Rheinische Schiefergebirge (bei Schweich) beginnt der eigentliche Abschnitt mit dem Superboden für die Moselrieslinge. Und auch der Schiefer selbst ist noch unterschiedlich beschaffen. Weicher Tonschiefer dominiert ab Zell, zwischendurch hin und wieder kieselsäurereiche Grauwacken. An der Obermosel bis zur Saarmündung herrschen Muschelkalk und Keuper vor, um Trier gibt es Kalksedimente, um Wittlich Rotliegendes und Buntsandgestein, der etwa bis Ürzig reicht. Im unteren Flußabschnitt schließlich dominieren

Böden aus dem Devon. Allein durch diese bemerkenswerte geologische Vielfalt der Böden gibt es keinen einheitlichen Moselwein, und dazu kommt noch die Tatsache, daß die etwa 13600 Moselwinzer schon für unterschiedlichste Weine sorgen.

Klimatisch bewegt sich das Moselweinanbaugebiet an der Schwelle der gerade noch möglichen Weinerzeugung. Die jährliche Durchschnittstemperatur beträgt 9,8° C (während der Vegetationszeit 14,4° C), die Sonnenscheindauer 1574 Stunden (Vegetationszeit 1157 Stunden), die Niederschlagsmenge 727 mm (Vegetationszeit 448 mm). Diese statistischen Durchschnittswerte werden aufgrund besonderer kleinklimatischer Verhältnisse im engen, geschützten Moseltal über- beziehungsweise unterschritten. Außerdem differenzieren sie in den einzelnen Bereichen. So ist zum Beispiel an Saar und Ruwer die Jahrestemperatur etwas geringer als der Durchschnittswert, an Mittelmosel geringfügig höher. Diese klimatische Grenzsituation wird durch ausgewählte, seit Jahrtausenden bewährte Standorte für die Reben und in schlechten Jahren auch durch Weinbehandlungsverfahren ausgeglichen, wie die 1851 erstmalig von Dr. Gall vorgestellte Naßverbesserung, mit der zwar die aggressiv hohen Säureanteile von Rieslingweinen gemildert werden können, die jedoch auch dem Ruf der gesamten Moselweinerzeugung geschadet hat.

Etwa ein Viertel aller Moselwinzer sind sogenannte Selbstmarkter, die ihre selbsterzeugten Weine unmittelbar an Privatkundschaft verkaufen. Durch den lebhaften Tourismus im Moseltal ist diese Vermarktungsform zukunftsträchtig. Für den Weinliebhaber bietet sie auch zugleich die beste Chance, ohne Umwege zu Weinen seiner Geschmacksrichtung zu gelangen. Neben den großen, traditionsreichen Weingütern bilden die zahlreichen Selbstmarkter ein wichtiges Pendant.

Die besten und berühmtesten Weine werden von den Gütern und Selbstmarktern im Bereich der Mittelmosel offeriert. Die vehementen Diskussionen der Moselweinliebhaber, die ja durch manchen köstlichen Tropfen noch aufgeheizt werden, über die Frage, was denn nun tatsächlich die allerbe-

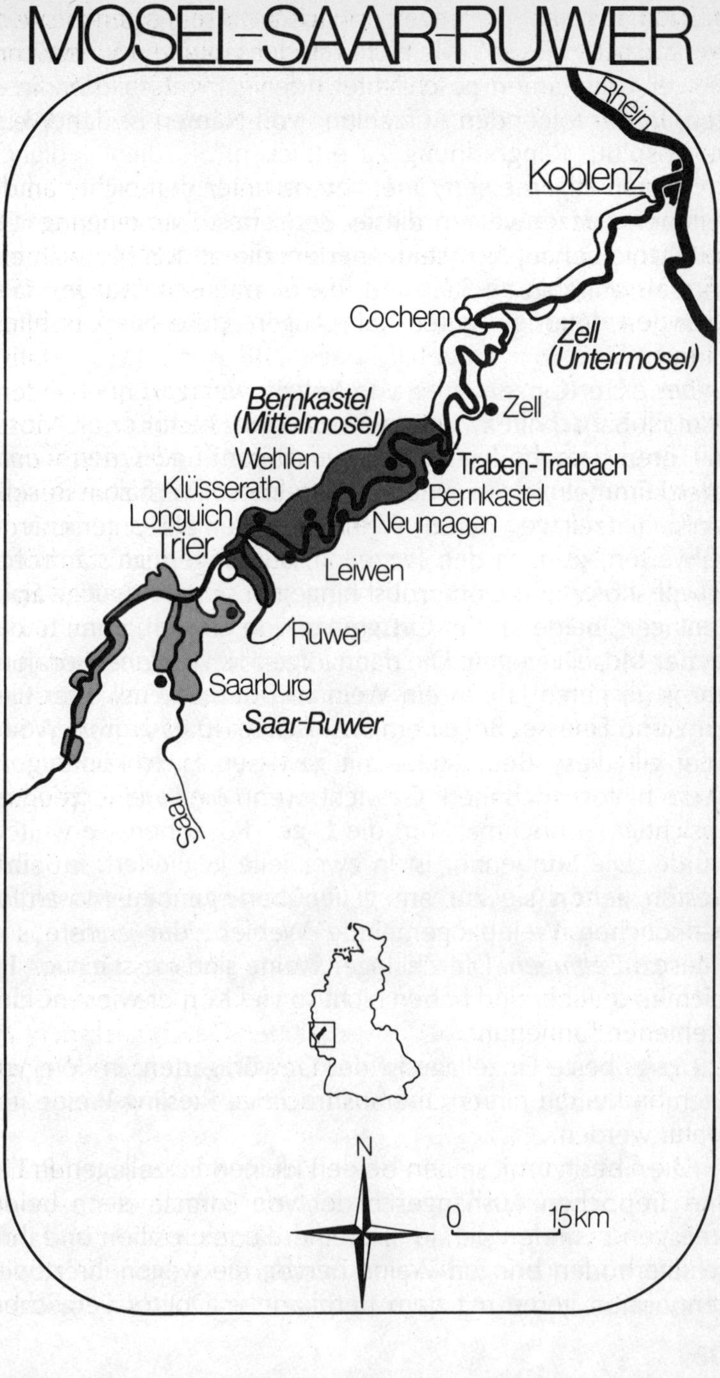
MOSEL-SAAR-RUWER
Rhein
Koblenz
Cochem
Zell
(Untermosel)
Bernkastel
(Mittelmosel)
Zell
Wehlen
Traben-Trarbach
Klüsserath
Bernkastel
Longuich
Neumagen
Trier
Leiwen
Ruwer
Saarburg
Saar-Ruwer
Saar
N
0
15km

sten Lagen seien, derartige euphorische Streitgespräche können auch an dieser Stelle nicht mit der lapidaren Vorstellung einiger Lagenamen geschlichtet oder gar entschieden werden. In der folgenden Aufzählung von Namen ist daher keine absolute Rangordnung zu erblicken. Sie dient lediglich der ersten allgemeinen Orientierung unter den nicht gerade seltenen Spitzenweinen dieses Bereiches. (Mit einer gewissen Ironie behaupten Weinexperten, die besten Moselweine würden ohnehin an Saar und Ruwer wachsen, was in manchen exceptionell guten Jahrgängen durchaus zutreffen kann.)

Die erste Konzentraton von Spitzenweinen ergibt sich in dem Flußabschnitt zwischen *Bernkastel* (Doctor und Graben mit ihren beinahe legendären Qualitäten) und *Erden. Graacher* Himmelreich ist eine für Mittelmosel-Verhältnisse sehr große Einzellage, deren Weine naturgemäß Unterschiede aufweisen, je nach den Parzellen, aus denen sie stammen. Josephshöfer und Domprobst hingegen sind eindeutige Spitzenlagen, beide an der Ortsgrenze von Graach, unmittelbar an der Mosel gelegen. Die dann folgende *Wehlener* Sonnenuhr ist in guten Jahren ein Wein von bemerkenswerter Eleganz und Finesse. Bei einem inzwischen 40 ha großen Weinberg gilt diese Beurteilung mit gewissen Einschränkungen. Diese hätten noch mehr Gewicht, wenn die Lage — wie beabsichtigt — nochmals um die Lage »Rosenberg« erweitert würde. Die Sonnenuhr ist in zwei Teile gegliedert. Im Südwesten gehört sie zur am gegenüberliegenden Moselufer befindlichen Weinbaugemeinde Wehlen, der andere Teil zählt zu *Zeltingen.* Die Zeltinger Weine sind meist ein wenig leichter, duftiger und haben nicht so viel Körper wie jene der Wehlener Sonnenuhr.

Ürzigs beste Einzellage ist der Gewürzgarten, in dem vor allem in heißen Jahren überaus fruchtige Riesling-Weine geerntet werden.

Erden besitzt mit seinen beiden kleinen Einzellagen Prälat und Treppchen Aushängeschilder von Format, denn beide Steilagen befinden sich in fast reiner Südexposition und ihre Schieferböden bringen Weine hervor, die wegen ihrer Spitzenposition gerne mit dem Bernkasteler Doctor verglichen werden. Ein dabei häufig benutzter Vergleich besagt, daß der Riesling vom Bernkasteler Doctor wie ein Mädel sei, der vom Erdener Treppchen hingegen wie ein Bube. Tatsächlich sind die Weine der 490 Einwohner zählenden Gemeinde Erden voller und delikater als beispielsweise aus der Lage Wehlener Sonnenuhr. Nur noch eine Lage hat an der Mittelmosel so eine gut exponierte Südausrichtung wie das Erdener Treppchen: *Brauneberger* Juffer, der schon in einer Werteinstufung der guten Moselgewächse aus dem Jahre 1806 in die erste Kategorie kam. Wegen seiner sonst bei Weißweinen selten erreichten Verbindung zwischen Würze und Eleganz nehmen der Brauneberger Juffer und die benachbarten Einzellagen Kammer und Hasenläufer einer Sonderstellung ein.

Ein weiteres großes S des Mosellaufes ist ebenfalls mit einer Reihe wichtiger Spitzenweinherkünfte eng verknüpft: Zwischen Klüsserath und Piesport schafft die Natur mehrfach die Möglichkeit, die Reben auf Weinberge zu pflanzen, die vollends dem Süden zugewandt sind, so daß der Riesling auch noch im Spätherbst viel Licht und Wärme tanken kann. *Klüsseraths* Einzellage Bruderschaft ist dafür ein typisches Beispiel, allerdings wendet sich das letzte, östliche Viertel des Weinberges schon wieder etwas mehr dem Westen zu, so daß es hier oft Unterschiede bei den Mostgewichten gibt — um so mehr, als in den letzten Jahrzehnten die populäre Lage vor allem auf dem Wege der Lagereform um einiges vergrößert wurde. Dies trifft auch für das *Trittenheimer* Altärchen zu, das heute praktisch verschiedene Formen von Rebgärten unterschiedlicher Güte umfaßt. *Neumagens* Weinberge sind vorwiegend nach Westen ausgerichtet, *Drohns* beste Lage, der Hofberger, erstreckt sich in einem kleinen Seitental an der Drohn und in *Piesport* (von Piesonis portus = Hafen des Pieso) findet man schließlich mit dem Goldtröpfchen noch einmal eine echte Spitzenlage, deren Kern westlich von der Ortsgrenze direkt am Flußufer liegt.

Mit den Weinen aus all diesen Lagen dokumentiert sich eindeutig das, was man Charakter beim Moselwein nennt. Bei der durch gewisse Markenweine forcierten »Demokratisierung des Geschmacks« ist es wichtig, jene Unterschiede zwischen einem lieblichen Zweimarkswein und einem großen Wein erhalten zu wissen. Die alte Spruchweisheit »Wo ein Pflug kann gehen, soll kein Weinberg stehen«, sollte auch heute noch das Prinzip für den Moselweinanbau sein, zumal in immer stärkerem Maße konturlose Weine in Flachlagen (zum Teil aus der Müller-Thurgau-Rebe) wachsen und durch moderne Kellertechnik poliert werden. Solange es jedoch Konsumenten gibt, die auf die Eigenart individuell gepflegter Moselweine Wert legen, solange wird sich wohl auch die Plackerei in den steilen Schieferbergen und das Risiko eines launischen Herbstes für den Winzer lohnen.

Das trifft natürlich auch auf die Situation an Saar und Ruwer zu, wo die klimatischen Voraussetzungen oft noch diffiziler sind als an der Mittelmosel. Der Weinanbau beschränkt sich hier nur auf den jeweils unteren Flußlauf bis zur Mündung in die Mosel. Wenn das Wort Rasse im Zusammenhang mit der Weinansprache jemals eine wirklich greifbare Bedeutung besessen hat, dann in bezug auf die großen Weine von Saar und Ruwer, deren finessenreiches Säurespiel in guten Jahrgängen auf einmalige Weise zur Geltung gelangt. Gerade in dieser feinangelegten Säure zeigt sich bei reifen Weinen die Überlegenheit von Saar und Ruwer mit seinen besten Rebenstandorten, die selbst in heißen Jahren niemals schwere Weine liefern, sondern Tropfen, deren fruchtige Süße und pikante Würze ein vorzügliches Pendant zu ihrer sublimen Säure bilden.

Ruwer-Weine sind vielfach in jungen Jahren recht urwüchsig, so daß man sie mindestens drei Jahre lagern sollte, ehe sie auf der Flasche ihre Reife vollendet unter Beweis stellen können.

Die kleine Ruwer, die man mit gutem Willen noch gerade als Flüßchen bezeichnen kann, hat zu beiden Seiten zwei Spitzenlagen und zwei große Lagen: Maximin Grünhäuser Herrenberg und Eitelsbacher Karthäuserhofberg mit den Einzellagen Kronenberg (Südwestlage) und Sang (Süd-Südostlage) sind die besten Standorte an der Ruwer, die sich jeweils im Alleinbesitz befinden. Der *Maximin Grünhäuser* gehört der C. von Schubertschen Gutsverwaltung in Grünhaus-Mertesdorf, das die Reben in den Hang- und Steillagen an Drahtrahmen erzieht, während beinahe überall an Mosel, Saar und Ruwer die Einzelstockerziehung vorherrscht. Neben dem 8,5 ha großen Herrenberg gehören zum Gut auch der 2,5 ha große Maximin Grünhäuser Abtsberg. In guten Jahren zeigen vor allem die Weine im Auslesebereich eine geschliffene Säure, Fülle und feinfruchtige Süße.

Der 18 ha große *Kartäuserhofberg* gehört dem Weingut Karthäuserhof in Eitelsbach, dessen Besitzer Werner Tyrell langjähriger Präsident des Deutschen Weinbauverbandes ist. Es herrschen frische, finessenreiche Weine mit feiner, dezenter Restsüße vor und auch in sehr trockenen Jahren bleibt dem Tropfen ihre arteigene Säure erhalten, da ein Teil des Karthäuserhofberges mittels einer Beregnungsanlage ausreichend mit Feuchtigkeit versorgt werden kann.

Durch die Eingemeindung von Eitelsbach nach *Trier* wird die Zuordnung bestimmter Lagen nicht gerade erleichtert. Denn unter den immerhin 30 Trierer Einzellagen gibt es zum Beispiel auch einen Maximer, einen Sankt Maximer Kreuzberg, einen Herrenberg und Domherrenberg sowie auch Lagebezeichnungen, die in diesem Gebiet sehr häufig vorkommen, wie beispielsweise Kupp (gleiche Lagebezeichnungen in Wiltingen und Ayl) oder (Avelsbacher) Rotlay, das sich übrigens von »gerodetem Schieferboden« ableitet (denn Lay oder Ley kommen vom griechischen lâas = Fels, Schiefer, Stein).

Qualitativ große Lagen im Ruwertal sind die nördlich von *Kasel* gelegenen Nieschen und Hitzlay, die vorwiegend Südausrichtung besitzen.

Bis auf eine Ausnahme von etwa 100 ha Rebfläche gehören die Weinberge an der Saar nicht zum Bundesland Saar, sondern noch zum Bundesland Rheinland-Pfalz. Hier gibt es eine Menge bekannter Weinbergslagen, deren Namen bei vielen Weinfreunden angenehme Gefühle wecken, zum Beispiel *Serriger* Vogelsang oder *Saarburger* Schloßberg. Doch neben diesen guten Südlagen nehmen etwa fünf Lagen eine herausragende Position ein:

Allen voran der Scharzhofberg bei *Wiltingen,* ein 27 ha großer steiler Weinberg, dessen Rebstöcke 15 Besitzern gehören, davon 7 ha dem Weingut Egon Müller sowie weitere

Anteile den Weingütern Hohe Domkirche, Joseph Apollinar Koch, Vereinigte Hospizien, C. W. Rautenstrauch, Staatsminister a. D. van Volxem und von Hövel. Enthusiastisch wird diese Weinbergslage als Olymp unter den deutschen Riesling-Weinlagen oder gar als »eine der besten Weißweinlagen der Welt« (Schoonemaker) gefeiert. Tatsächlich erreichen die Weine auf Ausstellungen höchste Auszeichnungen, auf Weinversteigerungen höchste Preise und immer wieder höchstes Lob, indem sie mit Kreszenzen verglichen werden, die nahezu perfekte Spitzenweine darstellen. Der steile Weinberg mit dem Schiefer-Witterungsboden bringt in guten Jahren ungewöhnlich exquisite Weine mit aromatischem Körper, vollkommen in der Harmonie zwischen edler Süße und reifer Säure. Viele zeichnen sich durch eine bemerkenswerte Haltbarkeit aus, so daß sie selbst noch in einigen Jahrzehnten kaum etwas von ihrer Frische einbüßen.

Der zweite im Bunde der Spitzenlagen von der Saar ist der Wiltinger Braune Kupp, dessen Weine um einiges besser sind als die aus der benachbarten Lage Wiltinger Kupp. Die Braune Kupp ist eine direkt nach Süden ausgerichtete Steillage an einer Saarschleife zwei Kilometer nördlich von Wiltingen, dessen Parzellen überwiegend den großen Trierer Weingütern und dem Kanzemer Weingut Le Galais gehört, das auch von Egon Müller vom Scharzhof bewirtschaftet wird.

Ein anderes traditionsreiches und bedeutendes Weingut in *Kanzem* ist das der Familie Maximilian von Othegraven, dessen 5 ha Rebbesitz ausschließlich im steilen Kanzemer Altenberg (früher auch Kanzemer Berg, Wolfsberg, Altenberg genannt) liegt. Diese Spitzenlage schließt sich westlich an die Wiltinger Braune Kupp an und begleitet auf einer Länge von gut zwei Kilometer die Saar, wobei sie in Süd-Südostrichtung blickt. Die Weine, die auch vom Bischöflichen Priesterseminar, das am Kanzemer Berg ein Weingut unterhält, angeboten werden, brillieren mit Eleganz, Finesse und Rasse.

In zwei Seitentälern der Saar verstecken sich einige große Lagen, die zum festen Bestandteil des Königreiches der Saar-Rieslinge wurden: *Ockfener* Bockstein und Ockfener Herrenberg oberhalb des Ockfener Baches in einer Höhe von

200 m bis 300 m aufragend und beinahe nach Süden ausgerichtet sowie *Ayler* Kupp und Ayler Herrenberger, ebenfalls oberhalb eines Baches gelegen. Die Weine aus diesen renommierten Einzellagen, deren Schicksal in geringen Jahren zwar ebenso bemitleidenswert ist, wie bei allen anderen Saar- und Mosellagen (dann eignen sie sich nämlich nur noch für die Sekterzeugung), bringen jedoch in guten Jahren Qualitäten von berauschendem Charme, zauberhafter Leichtigkeit und oft einem Hauch verführerischer Süße.

Dem Kenner von Mosel-Saar-Ruwer mag die Aufzählung von Weinbauorten und die Erwähnung gewisser Weinbergslagen vielleicht bislang unvollständig erscheinen. Denn es gibt noch eine beachtliche Reihe nennenswerter Winzerdörfer, deren Lagen zwar international noch keinen großen Namen haben, die jedoch mit ihren Gewächsen und in einigen Betrieben besonders sorgsam ausgebauten Weinen eine Bekanntschaft wert sind. *Winningen, Hatzenport, Cochem, Ediger-Eller, Zell* und *Zeltingen-Rachtig* mögen dafür Beispiele sein. Freilich können auch in diesem Abschnitt nur einige Spitzenlagen anstelle einer lückenlosen Aufzählung aller guten Lagen für das Qualitätsniveau der großen Weine von Mosel, Saar und Ruwer stehen.

Württemberg: Musterweine aus dem Musterländle

Wer glaubt, die Schwaben seien nur emsig beim »Häusle baue«, der irrt. Sie sind zum Beispiel auch Deutschlands fleißigste Weintrinker, getreu dem Motto ihres ehemaligen Innenministers Ulrich: »Zum Durscht darfs gar nit erscht komme.« Sage und schreibe 160 Mill. Viertele »schaffe« die wakkeren Landsleute Friedrich Schillers pro Jahr. Eine Menge, die auf jahrhundertelanges Training zurückzuführen ist, wie ein Schillervers beweist: »Ein Württemberger ohne Wein, kann das ein Württemberger sein?«

Wobei allerdings nicht unterstellt werden soll, daß die Schwaben Trunkenbolde sind. Die findet man unter Weintrinkern eigentlich selten. Warum das so ist, das hat ein anderer großer Schwabe, nämlich Theodor Heuss, einmal so umschrieben: »Wer Wein säuft, sündigt. Wer Wein trinkt, betet.« Am Neckar gehört ein solches Gebet eben zum Ausklang des Tages.

Und das ist eigentlich auch nicht verwunderlich, denn die Württemberger Weine sind eine Klasse für sich. Auch im wahrsten Sinne des Wortes. So wird in Deutschlands fünftgrößtem Anbaugebiet (9500 ha Rebfläche) prozentual mehr Rotwein angebaut als sonst hierzulande (53% Rotwein, 47% Weißwein). Außerdem haben die Winzer hier ihre Spezialtrauben, den *Lemberger*, den *Trollinger* und den *Schwarzriesling* und ihren Spezialwein: den *Schiller* nämlich, der allerdings nichts mit dem Dichterfürsten zu tun hat. Dieser Wein wird aus roten und weißen Trauben gewonnen, er schillert im Glas zwischen rot und gelblich.

Und da wir nun gerade bei den schwäbischen Eigenheiten sind: Es existiert auch ein urschwäbisches Wein-Latein, das nur für Eingeweihte verständlich ist. So heißt zum Beispiel der Winzer in Württemberg »Gôg«. Einen Weintrinker nennt man hier »Schlotzer« und einen sauren Wein bezeichnet man oft als »Simsenkrebsler« (ursprünglich ein Wein, dessen Rebstöcke sich am Haussims emporkrebsen, ein Wein Marke Eigenbau also). Und ein typischer Schwabenwein hat oft ein »Bodegefährtle«. Darunter versteht man jenen Geschmacksnachklang, den ein guter Wein im Gaumen hinterläßt, und der oft fälschlich mit »Erdgeschmack« übersetzt wird. Denn der Fachmann versteht unter »Erdgeschmack« etwas Negatives: Der Wein schmeckt nicht reintönig. Und gerade das kann man von den guten württembergischen Weinen nicht sagen.

Doch die Weinbergsböden haben gerade in Württemberg einen nachhaltigen Einfluß auf die Qualität. Dies um so mehr, als Württemberg nicht über ein zusammenhängendes Rebgebiet verfügt. Mittelpunkt ist zwar der Neckar, an dessen Ufer zwischen Heilbronn und Stuttgart — jeweils mit Unterbrechungen — der intensivste Rebanbau betrieben wird, doch an seinen Nebenflüssen haben sich zahlreiche Weinenklaven gebildet, die zum Teil andere geologische und klimatische Gegebenheiten für den Weinanbau aufweisen. Verschiedene Keuperformationen dominieren um Stuttgart, Heilbronn, im Remstal, im Bottwartal, im Weinsberger Tal (Sulmtal) und im Zabertal. Muschelkalkfelsen gibt es im mittleren Neckartal bei Marbach, Ingersheim, Mundelsheim, Hessigheim, Neckarwestheim und Lauffen am Neckar. Die meist tiefgründigen Böden geben kräftige, markante Weine.

Der Weinanbau konzentriert sich auf die klimatisch geschützten Südflanken der Täler, wo sich je nach Lage kontinentaler (im Osten des Landes) oder maritimer Klimaeinfluß bemerkbar macht. Die Jahresdurchschnittstemperatur liegt bei 9,5° C (während der Vegetationszeit 14,3° C). In den für den Weinanbau geeigneten Talkesseln werden im Jahresdurchschnitt 1533 Stunden Sonnenschein (während der Vegetationszeit 1227 Stunden) und 737 mm Niederschlag (Vegetationszeit 483 mm) registriert. Typisch für die württembergische Weinkarte ist ihre Rebsorten-Vielfalt. Bedeutung im Anbau besitzen allein sieben Rotwein- und sechs Weißweinsorten. Mit 23 % Rebflächenanteil ist der *Trollinger* Nummer eins, der schon im 16. Jahrhundert in Schwaben bekannt war. Zu jener Zeit hatte Württemberg übrigens seine größte Rebfläche mit etwa 45 000 ha. Der Trollinger ist der rechte Wein für Viertele-Schlotzer. Er bevorzugt als Weinbergsböden kräftige, schwere Böden und mittlere Hanglagen. Die innerhalb der deutschen Gebiete nur in Württemberg angebaute Sorte gibt fruchtige, kräftige, rezente Rotweine, die als das Nationalgetränk der Schwaben gelten.

Der *Schwarzriesling* wächst vorzüglich in Löß-Lehm-Böden. Er begnügt sich mit relativ anspruchslosen Böden und Lagen, sofern sie tiefgründig und leicht sind. Das Ergebnis sind zarte, samtige und aromatische Rotweine, die zur Burgunder-Familie gehören. Die vornehmlich im württembergischen Unterland angebaute Sorte besitzt einen Flächenanteil von 14 %.

Die anspruchsvolle *Lemberger*-Rebe wird nur in besten und trockenen Gebieten angepflanzt. Sie ergibt fruchtige, wuchtige und feinherbe Rotweine, die sich für eine längere

Lagerzeit gut eignen. Man findet ihn vornehmlich im Weinsberger Tal, im Zabergau und am Stromberg.

Der *Blaue Spätburgunder,* aus dem auch in Württemberg erstklassige Rotweine mit Volumen und Feuer gewonnen werden, steht hier vorwiegend auf warmen, tiefgründigen Böden.

Um Heilbronn wird vor allem der *Clevner* (Frühburgunder) für körperreiche, aromatische Rotweine gepflegt.

Der *Samtrot* besitzt nur noch geringe Anbaubedeutung (gemeinsam mit dem Clevner 54 ha Rebfläche) und stellt inzwischen eine rare schwäbische Spezialität dar. Seine duftigen, feinwürzigen Weine zeigen eine deutliche Verwandtschaft zum Spätburgunder.

Aus dem *Portugieser* werden ausschließlich milde, harmonische Schoppenweine gewonnen. Seine Anbaubedeutung geht allmählich zurück.

Der *Riesling* nimmt in Württemberg die zweitgrößte Anbaufläche (24 %) ein. Für ihn sind die besten Lagen reserviert, wo er Weine mit Duft und Eleganz und einer pikanten Säure liefert.

Der *Silvaner* wächst in höheren Muschelkalk- und Keuperlagen und besitzt einen Rebflächenanteil von 10 %. Seine Weine sind mild und süffig, aber doch meist etwas fälliger als die aus den rheinischen Anbaugebieten.

Der *Müller-Thurgau* gehört zu den immer beliebter werdenden Weißweinen. Sein Rebflächenanteil, der inzwischen 10 % beträgt, steigt beständig. Die Weine sind blumig, lieblich, oft auch elegant und besonders frisch. Wenn sie auf den Muschelkalkböden des Kocher-, Jagst- und Taubertales wachsen, weisen sie einen angenehmen Muskatton auf.

Der *Kerner* ist unter den Neuzüchtungen in Württemberg die erfolgreichste Sorte. Die ausdrucksvollen, rassigen Weißweine werden immer mehr geschätzt, so daß die Sorte innerhalb von 20 Jahren einen Rebflächenanteil von 9 % erhalten konnte.

Eine interessante Außenseiterposition nehmen schließlich *Ruländer* und *Traminer* sowie *Muskat-Trollinger* ein. Es sind Spezialitäten, durch welche die württembergische Weinkarte noch nuancenreicher wird.

Das Weinbaugebiet teilt sich in drei Bereiche, 15 Großlagen und ca. 200 Einzellagen auf. 80 % der Weinernte werden von Genossenschaften erfaßt. Die Württembergische Weingärtner-Zentralgenossenschaft in Möglingen unterhält eine der modernsten Weinkellereien Deutschlands mit einem umfangreichen Tanklager für 97 Mill. Liter für Weine, die aus mehr als 100 Mitgliedsgenossenschaften stammen, deren Lesegut im Herbst ganz oder teilweise angeliefert wird.

Viele der württembergischen Weinorte werden durch die Schwäbische Weinstraße verbunden. Sie beginnt bei *Gundelsheim* mit seiner berühmten Lage Himmelreich, auf der die Staatliche Lehr- und Versuchsanstalt für Wein- und Obstbau hervorragende Lemberger, Spätburgunder und Ruländer anbaut. Die Route führt weiter über *Neckarsulm* (in der Lage Scheuerberg excellente Ruländer und Kerner der Weingärtner Genossenschaft), nach *Erlenbach,* wo auf dem Kayberg unter anderem beachtlicher Muskateller, Gewürztraminer und Ortega als Raritäten angebaut werden.

Die Renommierlage Wartberg der Weinstadt *Heilbronn,* welche die nächste Station an der Schwäbischen Weinstraße ist, hat in den letzten Jahren beachtliche Konkurrenz durch die Einzellage Stiftsberg erhalten. Auch hier wird neben Riesling, Kerner, Ruländer als Rarität Muskateller und Scheurebe angepflanzt. Ein großer Teil der Heilbronner Gemarkungen ist mit Trollinger-Reben für kräftige Rotweine besetzt. Über *Talheim* geht es weiter nach *Lauffen,* einer Domäne der Schwarzriesling-Weine. In den Einzellagen Katzenbeißer und Riedersbückele werden praktisch auch alle anderen württembergischen Rebsorten angepflanzt. Von hier aus lohnt sich ein Abstecher nach *Flein,* einer der bedeutendsten Rieslinganbau-Gemeinden Württembergs. Beste Lage ist der Eselsberg, der sich südwestlich des beliebten Ausflugsortes erstreckt, im Sonnenberg wächst ein milder Samtrot-Wein.

Im mittleren Neckartal liegen die Weinbauorte Kirchheim, Gemmrigheim, Hessigheim, Mundelsheim (160 ha, beste Lage Käsberg) und Marbach (die Schiller-Stadt). Lohnend ist auch eine Stippvisite in Walheim (herrlicher Panoramablick vom Schalkstein, welcher der Großlage den Namen gab),

Löchgau und Besigheim mit seinen mächtigen Kellern und der malerischen Altstadt. An den Steilhängen steht bevorzugt Trollinger, auf den Höhen wächst Silvaner.

In *Fellbach* werden neben dem obligatorischen Trollinger auch Spätburgunder sowie Riesling, Kerner und Ehrenfelser angebaut. Fellbacher Weine wurden bereits 1724 am Zarenhof in Petersburg getrunken.

Auf den steilen Muschelkalkhängen von *Bad Cannstatt* wächst ein vorzüglicher Riesling, der unter seinem Lagenamen Cannstatter Zuckerle eine ausgezeichnete Ergänzung zu dem auf dieser Lage traditionell bereits gepflanzten Trollinger und Spätburgunder darstellt.

Die Landeshauptstatt *Stuttgart* besitzt mit seiner Weinbergslage Mönchshalde nicht nur eine der besten Weinherkünfte Schwabens, sondern zugleich wohl auch eine der teuersten Weinlagen überhaupt. Denn diese Lage befindet sich inmitten der Metropole, umgeben von Wohn- und Gewerbebauten auf sehr teuren Grundstücken. Das Weingut der Stadt Stuttgart, das die Mönchshalde bewirtschaftet, pflanzt hier Riesling und Müller-Thurgau an.

Im Stuttgarter Raum haben die Weinbergsorte *Rotenberg, Untertürkheim, Obertürkheim* und *Uhlbach* Bedeutung.

Der Weg führt nun nach *Esslingen,* das Theodor Heuss einmal »eine Stadt aus dem Musterbuch der Romantik« genannt hat. Unmittelbar am Neckar, von Stuttgart kommend am Ortseingang liegt die Einzellage Schenkenberg, die neben dem Lerchenberg Esslingens bedeutendste Weinlage ist.

Von Esslingen ist ein Abstecher ins *Neuffener* Täle zum »Täleswein« (Silvaner) interessant und nach *Metzingen,* wo es Silvaner, Müller-Thurgau und Schwarzriesling gibt, die alle vom Jura geprägt sind. Über den Schurwald geht es nun ins *Remstal.* Zuerst zu den Weinbaugemeinden auf der linken Seite des Flusses: nach *Beutelsbach* (mit der rührigen Remstal-Kellerei), *Strümpfelbach, Stetten* (beste Lagen Brotwasser und Pulvermächer), *Schnait* und dann auf der rechten Seite *Kleinheppach, Großheppach* und *Korb.* Hier sind Trollinger, Silvaner und Riesling beheimatet.

Zwei Einzellagen für große Weine verdienen im Bottwartal

WÜRTTEMBERG

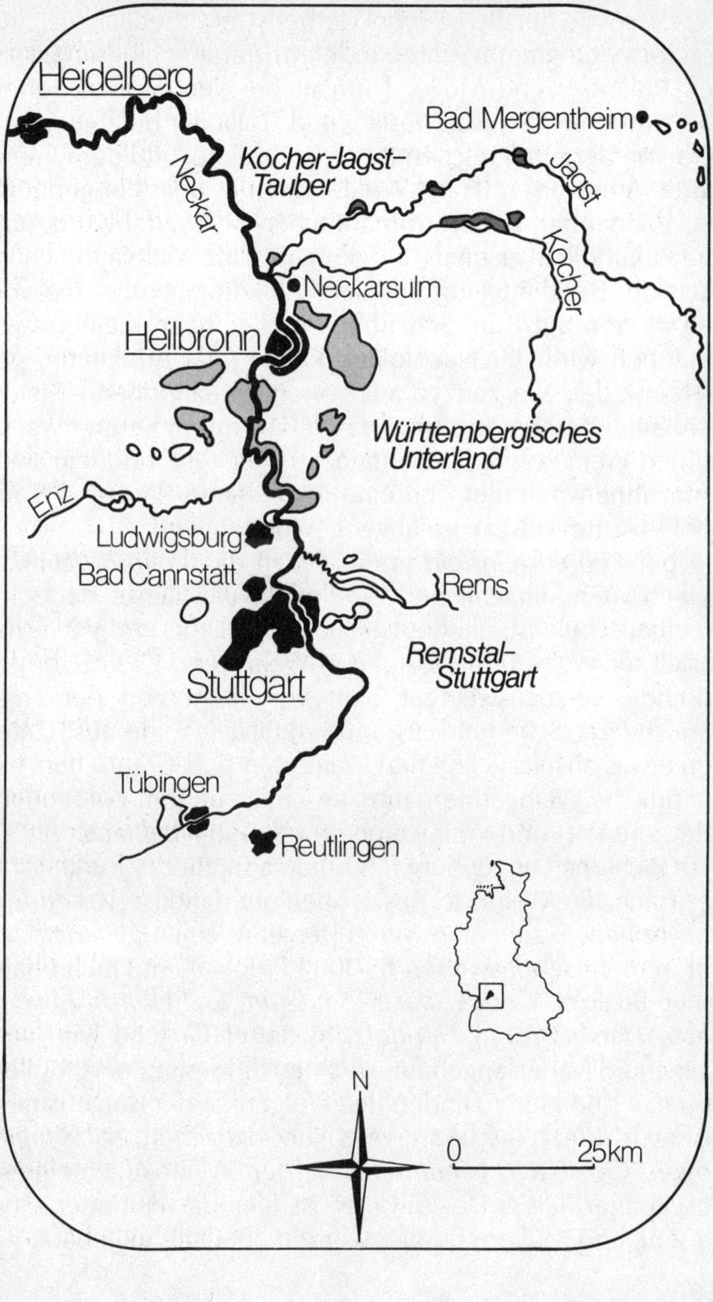

Beachtung: Der Lichtenberg, an dem die Weinbaugemeinden *Großbottwar, Kleinbottwar, Hof* und *Lembach* partizipieren, sowie der *Beilsteiner* Wartberg. Ihr erfreulich vielfältiges Sortenprogramm (unter anderem Traminer, Riesling, Kerner, Ruländer und Müller-Thurgau bei den weißen Sorten und Limberger, Schwarzriesling und Trollinger bei den roten) wird von der erfolgreichen Bottwartalkellerei und dem Weingut St. Annagarten (Hans Wiedemann) in Beilstein gepflegt. Der Weinanbau in dem romantischen Bottwartal wurde um 950 urkundlich erstmals erwähnt. Bis ins Mittelalter reicht auch die Beschäftigung mit der Rebkultur zurück, die von den Herren auf Burg Schaubeck in Steinheim-Kleinbottwar betrieben wird. Ihr Nachfolger, Raban Graf Adelmann, genießt mit den Kreszenzen aus seinem 16 ha großen Weingut »Brüssele« hohes Ansehen, da die auf rotem Keuper wachsenden Weine duftig, besonders ansprechend und fein sind. Unter ihnen befindet sich eine interessante Rarität, die aus der Rebsorte Muskat-Trollinger gewonnen wird.

Über *Lehrensteinsfeld* erreicht man das *Weinsberger Tal,* dessen weinbaufachlicher Mittelpunkt die älteste deutsche Weinbauschule ist, die heutige Staatliche Lehr- und Versuchsanstalt für Wein- und Obstbau in Weinsberg. Das zu ihr gehörende Versuchsweingut baut vor allem von der Lage Weinsberger Schemelsberg mustergültige Weine aus. Unter den etwas abseits gelegenen Weinorten sind *Grantschen,* wo die örtliche Weingärtnergenossenschaft auf dem Wildenberg sehr gute Rot- und Weißweine erntet, und *Affaltrach.*

In Richtung Langenburg fährt man nun auf der Burgenstraße durch die Weinorte des Hohenloherlandes: *Verrenberg* (mit seinen exzellenten Verrenberger Weinen), *Pfedelbach* (mit seinem sehenswerten 65 000 l Prunkfaß im Hochrenaissance-Schloß), *Geddelsbach, Adolzfurt, Eschelbach, Michelbach, Harsberg* und *Heuholz.* In dieser Gegend wird vorwiegend Silvaner angebaut, doch auch Riesling und Müller-Thurgau sind hier zu finden. Jetzt folgt man der Burgenstraße bis nach *Künzelsau* und zweigt kurz danach ab nach *Ingelfingen, Criesbach, Niedernhall* — den Weinbaugemeinden des Kocher Tales. Der Silvaner ist hier die Nummer eins, Riesling und Müller-Thurgau werden ebenfalls angebaut.

In *Weikersheim* gibt es nicht nur das prächtige Renaissance-Schloß zu besichtigen, sondern auch die vorzüglichen Weine von den Lagen Karlsberg und Schmecker. In *Markelsheim* baut die örtliche Weingärtnergenossenschaft bemerkenswerte Silvaner und Müller-Thurgau auf dem Probstberg und Mönchsberg an. Der Weinbauort *Lautenbach* gehört ebenso wie *Elpersheim, Hagen* und *Markelsheim* zur Großlage Tauberberg von *Bad Mergentheim.*

Zurück nun entlang der Jagst über Jagsthausen nach Heilbronn. Vom Heilbronner Wartberg aus sieht man im Westen die Heuchelberger Warte mit dem Höhenzug des Heuchelbergs. Fast parallel auf der anderen Seite des Zabertales die Bergzüge des Strombergs. Bevor die württembergische Weinreise zu Ende geht, sollte man noch die Lemberger und Trollinger Gegend am Heuchelberg besuchen. Der 16 ha große Neipperger Schloßberg, die 6,5 ha große Schwaigener Ruthe und der Klingenberger Schloßberg, alle im Alleinbesitz des Gräflich von Neipperg'schen Weingutes in *Schwaigern* gehören zu den besten Lagen dieser Region. Die Mitglieder der Schwaigener Heuchelberg Kellerei bewirtschaften mit großem Erfolg Einzellagen wie Schwaigener Vogelsang und Schwaigener Grafenberg, auf denen Traminer, Kerner, Riesling, Ruländer, Optima, Müller-Thurgau sowie Lemberger und Trollinger gepflanzt werden.

Dürrenzimmern besitzt mit seiner Einzellage Mönchsberg einen ertragsreichen und im Rebensortiment vielfältig gepflanzten Weinberg. Einer der besten Lemberger Rotweine Württembergs kommt vom *Brackenheimer* Zweifelberg, der sich im Besitz der örtlichen Weingärtnergenossenschaft befindet.

Nun als letzte Station der Weinreise *Sternenfels,* von dem aus man die Weinorte im Stromberggebiet erreichen kann. Hier gedeihen Trollinger und Lemberger, aber auch der Riesling. Zu den hochdekorierten Genossenschaftskellereien dieses Gebietes zählt die in *Bönnigheim* ansässige Strombergkellerei, deren beste Weine auf dem Sonnenberg wachsen. Außerdem wird in der Hohenhaslacher Einzellage Kirchberg neben Trollinger und Lemberger ein vorzüglicher Kerner-Weißwein gewonnen.

Da — wie eingangs schon gesagt — die Schwaben zu 90 % ihre Weine im eigenen Ländle selbst trinken, bedarf es schon einer Reise auf der Schwäbischen Weinstraße, um die mannigfachen Nuancen des Württemberger Weines an Ort und Stelle kennenzulernen. Die zahlreichen gemütlichen Gasthöfe mit den kräftigen und gediegenen schwäbischen Spezialitäten auf der Speisekarte erleichtern dem Wissensdurstigen eine derartige Expedition, bei der er zwangsläufig den besten Kontakt zur schwäbischen Weinschlotzer-Mentalität bekommen wird.

Franken: Handfester Genuß aus dem Bocksbeutel

Franken verdankt seinen Wein einem Iren namens Kilian, der im 7. Jahrhundert den heidnischen Met-Trinkern an Main und Steigerwald das Evangelium nebst den ersten Reben brachte. So einfach ließen sich die wackeren Franken allerdings nicht von Wotan und Met abbringen. Sie brachten Kilian kurzerhand um, und seither heißt er Sankt Kilian. Inzwischen sind sie natürlich längst auf den Wein gekommen und Kilian avancierte zum Schutzheiligen der Winzer.

Wer es etwas genauer mit der Geschichte des fränkischen Weinanbaus nimmt, der mag sich zunächst auf Karl den Großen berufen, der im Jahre 777 einen Weinberg bei Hammelburg dem Kloster Fulda schenkte, womit der fränkische Weinanbau in einer Urkunde erstmals dokumentiert wurde.

Der Frankenwein war nachweisbar schon im Mittelalter so beliebt, daß — ebenso wie in anderen deutschen Weinanbaugebieten — die Rebfelder eine ungeheure Ausdehnung nahmen. Einige Jahrhunderte später wurden sie jedoch kläglich dezimiert. Diese Gesundschrumpfung hat dem Frankenwein eigentlich nur gut getan, denn er wird heute nur noch in den für Qualitätsweine besonders geeigneten Standorten kultiviert. Das hat zu einer Rebfläche von etwa 4600 ha geführt, womit das Gebiet am Main von Aschaffenburg bis Schweinfurt, an seinen Nebenflüssen und an dem Westabhang des Steigerwaldes zu den kleinen deutschen Weinanbaugebieten zählt. Die Reben stehen hier in einer maritimen und kontinental-maritimen Klimazone, die Klimascheide ist der Spessart. Westlich des Spessart und am Untermain herrschen maritime Klimaeinflüsse vor, ostwärts des Spessarts kontinental-maritime. Hier gibt es daher heiße Sommer und kalte Winter, der Frühling ist nur kurz, der Herbst dafür um so länger und schöner. Die mittlere Jahrestemperatur beträgt 8,9° C, die mittlere Niederschlagsmenge 550 mm. Diese Werte differieren regional. Am Untermain liegt die mittlere Jahrestemperatur bei 9° bis 9,5° C und die mittlere Niederschlagsmenge 600 mm bis 700 mm. Bei dem starken Einfluß des kontinentalen Klimas ist die Gefahr von Spät- und Frühfrösten für den fränkischen Weinanbau besonders hoch.

Weingeographisch teilt sich der fränkische Weinanbau in drei Bereiche, 12 Großlagen mit ca. 130 Einzellagen auf. Mit Rücksicht auf den klassischen Typ des Frankenweines korrespondieren mit den Bereich- und Lageeinteilungen die unterschiedlichsten Weinbergsböden. Im Bereich Mainviereck um *Miltenberg, Wertheim* und *Klingenberg* dominieren »feurige« Buntsandsteinböden, nordwestlich von *Aschaffenburg* Urgestein und Glimmerschiefer. Muschelkalk herrscht im Bereich Maindreieck um *Würzburg* und an der Volkacher Mainschleife sowie an der fränkischen Saale um *Hammelburg* vor. Im Bereich Steigerwald um *Iphofen, Rödelsee, Castell* und *Abtswind* prägt Gipskeuper den Wein.

Die Rebsorten-Vielfalt der Frankenweine wird von dem *Müller-Thurgau* angeführt. Er besitzt einen Anteil von über 49 % an der gesamten Rebfläche — ein so hoher Prozentsatz wird in keinem anderen deutschen Weinanbaugebiet vom Müller-Thurgau erreicht. In Franken finden sich die eigenwilligsten und originellsten Müller-Thurgau-Weine. Ihr bester Standort ist Keuperboden, so daß die Wein-Musterexemplare vom Steiger- und Frankenwald kommen. Sie zeigen ein facettenreiches Bukett, Eleganz, Würze und Harmonie. Flotte, lebhafte Müller-Thurgau-Weine wachsen auf Muschelkalkböden.

Von diesen Böden werden auch die schönsten *Silvaner*-Weine geprägt. Die Rebsorte Silvaner hat einen Anteil von 20 % an der gesamten Rebfläche. Ihre Weine weisen, wie zum Beispiel die *Randersacker* Silvaner, zarte Frucht auf, sind füllig, kernig und kräftig und somit oft gänzlich anders als die rheinischen Silvaner.

Unter den übrigen Weißweinsorten lohnt vor allem der *Riesling* das Kennenlernen. Er macht nur 3 % der Gesamterzeugung im Land aus, liefert aber auch hier in guten Lagen und Jahren körperreiche, fruchtige, charaktervolle und harmonische Weine mit reifer Säure. Spitzenerzeugnisse kommen aus den Muschelkalkböden der *Würzburger* Renommierlagen Stein und Leiste. Riesling-Weine aus Schieferböden (zum Beispiel aus Kahlgrund, Höhrstein, Wasserlos und Michelbach) benötigen etwas längere Entwicklungszeiten als die von den Muschelkalkböden, stehen ihnen aber als reintönige, fruchtige, rassige Weine nicht viel nach. Auffallend stahlig in ihrer Säure mit zarter Frucht und Rasse geraten die Rieslinge aus Buntsandsteinböden (am Untermain, in *Großheubach* und *Klingenberg*).

Die Rebsorte *Perle,* eine fränkische Neuzüchtung, spendet gehaltvolle, aromatische Weine, die je nach Bodenart würzig oder ansprechend-verhalten geraten.

Weitere Neuzüchtungen mit Anbaubedeutung in Fraken sind die Sorten *Bacchus* (9 %), *Scheurebe* (2,9 %), *Kerner* (6 %) und *Rieslaner* (1 %). Der Rieslaner ist ebenfalls eine fränkische Neuzüchtung, die früher den Namen Main-Riesling trug, und körperreiche, saftige Weine mit einem fruchtigen Bukett schenkt. Die Scheurebe erbringt auf Keuperböden duftige, elegante, kräftige und charaktervolle Weine, in Muschelkalkböden ansprechende herbe und würzige Weine.

Unter den Rotweinen bestreiten *Portugieser* und *Spätburgunder* den Hauptanteil. Feurig, warm und gelegentlich auch mit kräftiger Gerbsäure versehen, sind die Spätburgunder von den Südhängen des Spessarts, von *Kreuzwertheim* bis *Klingenberg-Erlenbach.* Einige gute Frühburgunder weisen die Gemeinden *Bürgstadt, Miltenberg* und *Großheubach* auf. Sie sind temperamentvoll, samtig-mollig und werden

FRANKEN

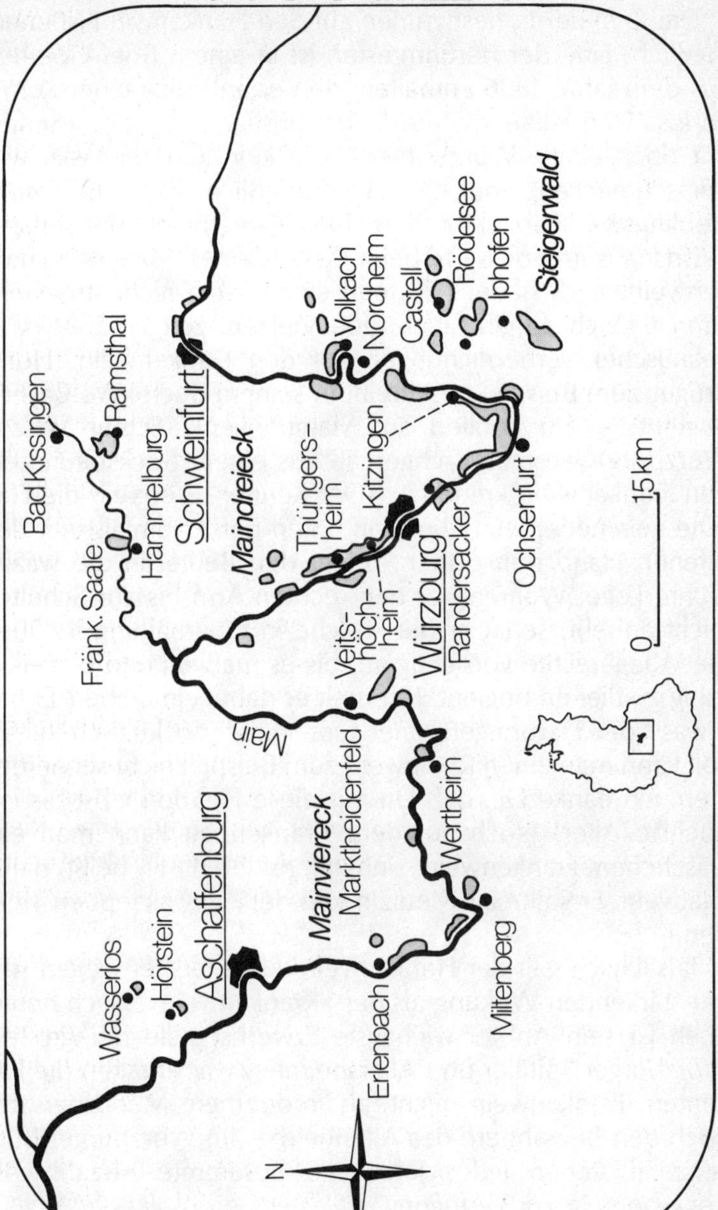

Bad Kissingen
Ramsthal
Hammelburg
Fränk. Saale
Schweinfurt
Maindreieck
Volkach
Nordheim
Castell
Rödelsee
Iphofen
Steigerwald
Thüngersheim
Kitzingen
Veitshöchheim
Würzburg
Randersacker
Ochsenfurt
0
15 km
Main
Marktheidenfeld
Wertheim
Mainviereck
Aschaffenburg
Hörstein
Wasserlos
Erlenbach
Miltenberg
N

von Kennern zu den besten fränkischen Rotweinen gerechnet.

Die Zahl der Lobeshymnen auf den Frankenwein ist unermeßlich. Eine der berühmtesten ist in einem Brief Goethes aus dem Jahre 1806 enthalten, den er anläßlich einer Kur in Karlsbad an seine spätere Frau Christiane schrieb: »Sende mir doch einige Würzburger, denn kein anderer Wein will mir schmecken, und ich bin verdrießlich, wenn mir mein Lieblingswein abgeht.« Kurt Tucholsky meinte in seinem »Wirtshaus im Spessart« beim Genuß eines göttlichen Frankenweines: »Schade, daß man einen Wein nicht streicheln kann.« Doch es gibt auch eine Vielzahl zeitgemäßer bacchantischer Verherrlichungen auf den Frankenwein. Horst Krüger zum Beispiel beschreibt in seinem Buch »Wo Bayern beginnt — Ein Loblied auf Mainfranken« (Echter Verlag, Würzburg) wie man sachgemäß aus einem Bocksbeutel einen Frankenwein kredenzt: »Der Kenner... ergreift die Flasche aufs neue, jetzt aber von unten her. Er umfaßt mit der offenen Hand den Boden, bringt den Beutel in die waagrechte Lage. Während er den rechten Arm bis zur Schulter leicht anhebt, senkt er die Flasche in Querhaltung so über die Waagerechte vorsichtig an, bis es maßvoll und makellos ruhig zu fließen beginnt. Murmelt er dabei ein Gebet? Er hat etwas vom Darbringen einer Opfergabe. So kultisch-kunstvoll kann man einen Rheinwein zum Beispiel nicht servieren. Herr, ich danke Dir, daß Du mir diese Freuden gibst bis ins höchste Alter! Noch auf dem Krankenbett kann man ein Fläschchen Frankenwein sinnvoll riskieren. Er heißt dann Diätwein. Er sollte als Medizin von der AOK akzeptiert werden.«

Tatsächlich galt der Frankenwein von altersher wegen seiner stärkenden Wirkung als der »Krankenwein«. Auch heute noch ist sein Anbau wichtigste Erwerbsquelle der großen Würzburger Spitäler und Altersheime. Zwar erhalten die Patienten Frankenwein nicht als modernen Medizinersatz, doch den Bewohnern des Altenheimes im Würzburger Bürgerspital stehen jedes Jahr eine bestimmte Anzahl von Bocksbeuteln zur Verfügung.

Der Bocksbeutel ist fraglos das wichtigste Erkennungsmal

des Frankenweines — für das Frankens Winzer sogar bis vor den Bundesgerichtshof zogen. Seine flache, bauchige Form erinnert zunächst an eine Feldflasche. Viele Leute meinen deshalb, das Wort leite sich von Buch's-Beutel ab. Die Mönche, so glaubt man, hätten die »Flachmänner« vorn in ihrer Kutte mit sich herumgetragen, in einem Beutel, der eigentlich für das Gebetbuch bestimmt war. Zuzutrauen wär's den frommen Vätern schon. Aber die Gelehrten haben eine viel weniger feine Erklärung: Ihrer Meinung nach verdankt der Bocksbeutel Namen und Form dem Hodensack des Bocks, der in ältesten Zeiten als Behälter diente.

Seine inneren Vorzüge, mit denen er sich von den übrigen deutschen Weinen abhebt, bestehen aus einem sparsamen Gehalt an Restsüße, die der allgemein hohe Extraktgehalt der Frankenweine möglich macht. Und selbst bei der vom Gesetzgeber geschaffenen Möglichkeit, bei sogenannten trockenen Weinen den Restzucker bis auf 9 g pro Liter anzuheben, sofern ausreichende Säure im Wein vorhanden ist, machen Frankens Winzer nicht mit. Ihr Wein bleibt altfränkisch, also wirklich durchgegoren trocken. Das Resultat sind markig-männliche, rassige, fruchtige und kernige Weine, deren Bekömmlichkeit durch einen nicht zu hohen Alkoholgehalt gefördert wird. Viele Frankenweine werden zudem durch einen scheinbar erdhaften Geschmack geprägt, der bei den verschiedenen Anbauregionen mit ihren unterschiedlichen Weinbergsböden pikante Geschmacksnuancen ergibt.

Über zwei Drittel der fränkischen Weinerzeugung konzentriert sich auf den Bereich Maindreieck. Hier gibt es dementsprechend die stärkste Ansammlung von Spitzenlagen und großen Weinen. Sie präsentieren sich mit prägnanter Frucht, vollem Extrakt, unverkennbarem Sortencharakter und anregender Säure. Paradebeispiele dafür sind die kostbaren Tropfen aus den *Würzburger* Renommierlagen Stein und Stein-Harfe (mit hervorragendem Riesling, Silvaner, Kerner und Scheurebe) sowie Innere Leiste und Schloßberg am Süd- und Osthang unterhalb der Feste Marienberg. Die Einzellage Stein, eine große, reine Südlage mit Muschelkalkboden, war eine Zeitlang Namensgeber für Frankenwein schlechthin, den man gerne kennerhaft als Steinwein bezeichnete. In der Würzburger Abtsleiste an der Südgrenze der Stadt gibt es eine interessante Sortenvielfalt, unter anderem Gewürztraminer, die in Deutschland sehr seltene Sorte Muskat-Ottonel und Scheurebe. Größte Besitzer sind das Bürgerspital und Julius-Spital in Würzburg, die auch von der Einzellage Stein einen großen Teil bewirtschaften.

Mainaufwärts gelangte man nun nach *Randersacker,* dessen Pfülben mit Riesling- und Silvaner-Reben schönste Ergebnisse zeigt. Fast gleichwertig steht am anderen Ortsende der Marsberg, dessen Rebensortiment dem von Pfülben ähnelt. Durch die erfolgreiche Winzertätigkeit der drei großen *Sommerhausener* Weingüter Ernst Gebhardt, Christoph Steinmann und Steinmann und Flach (Schloß Sommerhausen) konnten sich die Gewächse vom Steinbach und Reifenstein in der Großlage Ölspiel nach einer Flurbereinigung auf allen Weinprämiierungen höchste Auszeichnungen erwerben. Auffallend hoch ist der Anteil von Prädikatsweinen der oberen Kategorie, wie Auslesen aus Riesling, Ruländer und Scheurebe sowie Kerner-Beerenauslesen.

Die am Main folgenden Weinbauorte *Frickenhausen, Marktbreit, Segnitz* und *Sulzfeld* haben seltsamerweise nicht den großen Ruf erlangt wie ihre benachbarten Winzerorte. Dies ist allein schon deshalb erstaunlich, weil zum Beispiel Frickenhausen auf dem Kapellenberg, einer reinen Südlage direkt am Main, erstaunliche Qualitäten unter anderem mit Riesling, Silvaner, Scheurebe, Bacchus und Rieslaner erreicht. Ähnliches gilt auch für Marktbreit, wo der Sonnenberg mit Silvaner und Müller-Thurgau exzellente Ergebnisse bringt.

Die führende Weinhandelsmetropole *Kitzingen* deckt ihren Bedarf an Spitzenweinen vor allem aus den großen Lagen der näheren Umgebung im Bereich Steigerwald: *Rödelsee* mit Küchenmeister, *Iphofen* mit Julius-Echter-Berg und *Castell* mit Kugelspiel, Schloßberg und Bausch.

Drei Kilometer westlich von Kitzingen hat die Gebiets-Winzergenossenschaft Franken ihre hochmoderne Kellerei in *Repperndorf* errichtet, wo sie aus 80 Weinbauorten von über 2200 Mitgliedern etwa ein Drittel der fränkischen Weinmosternte erhält. In ihrem Angebot befindet sich dementsprechend eine reichhaltige Palette großer fränkischer Weine, die vom *Retzbacher* Benediktusberg bis zum *Eschendorfer* Lump reicht.

Letztere gilt heute international wohl als die populärste fränkische Einzellage, die sich unterhalb der Vogelsburg an der Volkacher Mainschleife erstreckt. Der steile Weinberg mit dem geologisch etwas komplizierten Innenleben (Keuper löst sich hier mit Muschelkalkböden ab, dazwischen gibt es Löß-Lehm-Inseln) ist unter anderem mit Riesling, Silvaner, Gewürztraminer und Rieslaner bepflanzt. Damit auf einem Qualitätsniveau stehen die meisten Weine aus der Lage *Volkacher* Ratsherr, die in ihrem Bekanntheitsgrad dem Eschendorfer Lump nicht nachstehen. Das Rebsortiment ist sehr breit gefächert und umfaßt beinahe alle fränkischen Weißweinrebsorten. *Nordheim* mit der Lage Vögelein hat vor allem mit Silvaner-Weinen nachhaltigen Erfolg.

Thüngersheim, nordwestlich von Würzburg gelegen, verdient wegen seiner Lage Johannisberg Beachtung, für deren Weine die örtliche Winzergenossenschaft zahlreiche »Große Preise« auf der DLG-Bundesweinprämiierung erhielt.

Am Mainviereck haben die imposante terrassierte Lage *Homburger* Kallmuth mit vorzüglichen Silvaner-Weinen sowie der *Klingenberger* Hochberg mit seinen kräftigen Spätburgunder-Weinen den Anspruch, zur ersten Kategorie fränkischer Kreszenzen gerechnet zu werden.

Die Weinbauorte an der fränkischen Saale, insbesondere *Hammelburg* und *Saaleck,* erreichten mit ihren Weinen in den letzten Jahren bei kritischen Qualitätsvergleichen ebenfalls beachtlich gute Ergebnisse. Viele Orte, die hier nicht genannt wurden, verfügen nur noch über sehr geringe Rebflächen, so daß sie vornehmlich für den regionalen Bedarf produzieren und ihre Weine trotz guten Niveaus über Frankens Grenzen hinaus kaum bekannt wurden. Sie an Ort und Stelle zu entdecken, gehört zu den reizvollsten Erlebnissen auf einer Fahrt durch dieses an kulturellen Zeugnissen aus Gotik, Renaissance und vor allem Barock überaus reichem Land.

Nahe: Der vorbildliche Weißweingarten

Nahewein in Profilierungsnöten? Wer derartiges glauben mag, sieht sich bei einem Blick auf die stolzen Verkaufsergebnisse des Naheweins um Besseres belehrt: Von den Weinkonsumenten in Deutschland werden für Nahewein gemäß Marktforschungs-Statistik die höchsten Preise pro Weinflasche gezahlt. Diese Ausgabebereitschaft kommt nicht von ungefähr. Der noch um die Jahrhundertwende verspottete Nahewein hat sich inzwischen seinen nachbarlichen Konkurrenten Rheingau, Rheinhessen und Mosel gegenüber längst gut behaupten können. So wie in anderen deutschen Anbaugebieten hat man auch an der Nahe konsequent auf Qualität, kaum auf Quantität gesetzt. Auf diese Weise ist die Nahe mit einem Anteil von 4,3 % an der deutschen Weinerzeugung ein kleineres Anbaugebiet geblieben.

Den Gedanken, deutschen Wein zur Spezialität unter den Weinen der Welt zu machen, hat man hier sehr ernst genommen. Dazu boten sich zunächst einige natürliche Voraussetzungen an: Im 4600 ha großen, relativ geschlossenen Rebgebiet gibt es eine bemerkenswerte Mannigfaltigkeit von Weinbergsböden, unter ihnen Schiefer, Schieferton, Sandstein, Hangschutt, vulkanischer Gesteine des Rotliegenden, Kiesböden sowie löß- und kalkhaltige Tonböden. Für den Laien unvermutet hoch mit 25 % ist der Anteil der Steillagen, 45 % der Weinberge sind Hanglagen. Der nördlich vorgelagerte Hunsrück gibt dem Gebiet den notwendigen Klimavorteil mit einer Durchschnittstemperatur von jährlich 9,7° C (in der Vegetationszeit 14,6° C) und einer Sonnenscheindauer von jährlich 1542 Stunden (während der Vegetationszeit 1206 Stunden). Die Niederschlagsmenge beträgt pro Jahr 520 mm (Vegetationszeit 343 mm).

Die drei klassischen deutschen Rebsorten *Riesling* (22 %), *Silvaner* (14 %) und *Müller-Thurgau* (27 %) machen im Rebsortiment an der Nahe 63 % aus, so daß man sagen kann, auch an der Nahe gehe man in puncto Sortenwahl auf Nummer sicher. Doch die restlichen 37 % verteilen sich auf eine derartige Sortenvielfalt, daß der Slogan vom »Probierstübchen der deutschen Weinlande« für die Nahe hier seine Berechtigung hat. Zu 99 % werden Weißweine angebaut, die nun in der Sortenvielfältigkeit wohl kaum einen Wunsch offen lassen. Da gibt es neben den erwähnten Standardsorten die *Scheurebe* (7 %), *Kerner* (8 %), *Ruländer* (2,5 %), *Bacchus* (5,6 %), *Faber* (3 %), *Morio-Muskat* (1,3 %), *Weißer Burgunder* (1,3 %), *Huxelrebe* (1,2 %), *Optima* (0,5 %), *Traminer* (0,3 %), *Siegerrebe* (0,5 %), *Ortega* (0,3 %), *Perle* (0,2 %), *Ehrenfelser* (1 %) und *Reichensteiner* (0,1 %).

Das besondere Geschick vieler Nahewinzer besteht in der optimalen Zuordnung dieser Rebsorten zu den dafür speziell geeigneten Böden. Dies ist natürlich kein Lotteriespiel, sondern basiert auf sehr langwierigen und sorgfältigen Versuchsreihen, die großes fachliches Können und Erfahrung voraussetzen. Renommierte Nahewinzer, wie zum Beispiel Dr. Ingo Diel von Burg Layen, befassen sich mit dem Problem des Einsatzes von Neuzüchtungen für die Weinbaupraxis an der Nahe mit Passion und Fantasie, da die qualitative Stellung des Naheweins ihres Erachtens nicht zuletzt auch die Möglichkeiten ausschöpfen muß, die sich durch die Vorzüge von Neuzüchtungen ergeben können.

Trotz der Experimentierfreudigkeit mit neuen Züchtungen sollte auch für die Nahe die Bedeutung der klassischen Rebsorten nicht unterschätzt werden. Ein getreues Spiegelbild der tatsächlichen Leistungsbilanz einzelner Sorten in den besten Lagen der Nahe zeigt, daß *Riesling, Ruländer, Gewürztraminer, Weißburgunder* und *Müller-Thurgau* immer noch die höchsten und meisten Auszeichnungen auf Weinwettbewerben und Prämiierungen erreichen. In diesen Weinen zeigt sich wohl auch am auffälligsten die vielgerühmte Eleganz, feinfruchtige Art, Frische, Fülle und Harmonie der Naheweine, so daß man sie gerne als eine gelungene Symbiose zwischen den Weinen von Mosel und Rheingau betrachtet.

In dem landschaftlich abwechslungsreichen Gebiet befinden sich große Lagen für Spitzenweine oft etwas versteckt und auf Anhieb für den Laien kaum erkennbar. Eine gewisse Konzentration ergibt sich um die Nahewein-Metropole *Bad*

NAHE

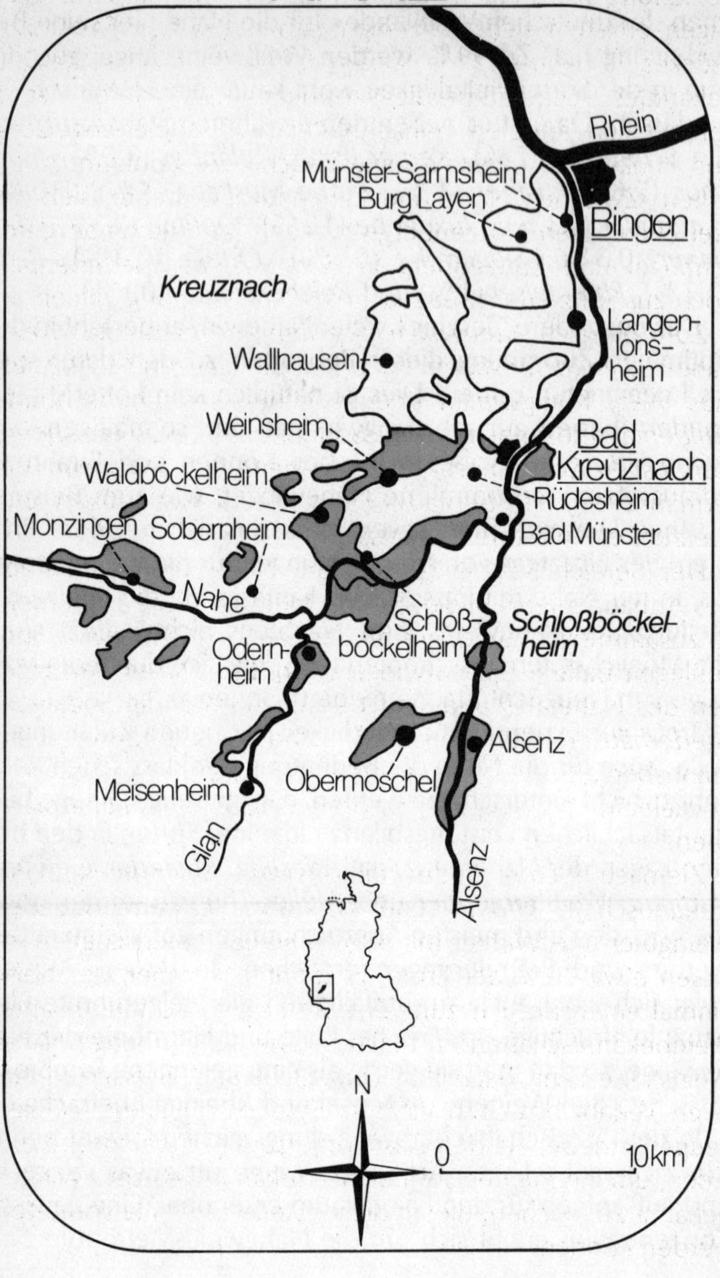

Rhein
Münster-Sarmsheim
Burg Layen
Bingen
Kreuznach
Langen-
lons-
heim
Wallhausen
Weinsheim
Bad
Kreuznach
Waldböckelheim
Rüdesheim
Monzingen
Sobernheim
Bad Münster
Nahe
Schloß-
böckelheim
Schloßböckel-
heim
Odern-
heim
Alsenz
Obermoschel
Meisenheim
Glan
Alsenz
N
0
10 km

Kreuznach, die mit nicht weniger als 37 Einzellagen in dieser Beziehung wohl einen Rekord hält. Die traditionell besten Lagen erheben sich unmittelbar am nördlichen Stadtrand: Brückes, Kahlenberg und Krötenpfuhl. Kreuznachs offenbar bekannteste Lage dürfte die Narrenkappe sein, deren Weine von einigen anderen benachbarten Lagen wie Vogelsang und Hinkelstein qualitativ eine beachtliche Konkurrenz erhalten. Zwischen Nahe und Kauzenburg erheben sich die drei Einzellagen Kauzenberg-Oranienberg, Kauzenberg-Rosenhügel und Kauzenberg in den Mauern, die ebenfalls noch zur Spitze der Kreuznacher Weinerzeugung zählen.

Zum Bereich Kreuznach gehören als namhafte Weinbauorte *Langenlonsheim* (mit den großen Lagen Sankt Antonius Weg, Königsschild und Steinchen), das benachbarte *Guldental* (Rosenheim und Sonnenberg), *Rümmelsheim/Burg Layen* (Schloßberg, Hölle, Rothenberg), *Dorsheim* (Pittermännchen, Klosterpfad), *Laubenheim* (Karthäuser) und *Bretzenheim* (Pastorei, Vogelsang).

Der Bereich Schloß Böckelheim, der den südlichen Teil des Anbaugebietes bildet, ist in seiner Rebfläche nicht mehr so zusammenhängend, wie an der unteren Nahe. Seine Spitzenlagen ballen sich vorwiegend unmittelbar an den Hängen des Nahetales und sind beinahe vollständig Südlagen: *Niederhäuser* Hermannshöhle und Niederhäuser Hermannsberg, *Schloßböckelheimer* Kupfergrube und Schloßböckelheimer Königsfels sowie *Monzinger* Frühlingsplätzchen.

Ziemlich hoch ist an der Nahe der Anteil der direkt an Privatkundschaft, Handel und Gastronomie vermarktenden Weingüter und Winzer mit 40 %. Die Genossenschaften erfassen etwa 20 % der Ernte. Es lohnt sich daher, der Nahe einmal einen Besuch zum Zwecke neuer und interessanter Weinbekanntschaften zu machen. Die 130 km lange Nahe-Weinstraße kann dazu den verläßlichen Wegweiser bilden. Ihren Verlauf begleiten viele größere und kleinere Weinerzeugerbetriebe, die den Gast gerne zu einer Weinprobe einladen, um ihn mit den zahlreichen lokalen Weinspezialitäten bekannt zu machen, die an dieser Stelle nicht alle vorgestellt werden können.

Ahr, Mittelrhein, Hessische Bergstraße: Klein, aber fein

Die drei kleinsten unter den 11 deutschen bestimmten Anbaugebieten haben schon immer ein treues Stammpublikum mit ihren Spezialitäten beliefert. Darüber hinaus zeigt sich in jeder Region eine Art »Laufkundschaft«, vor allem weintrinkende Touristen, die bei einem Besuch in den beliebten Fremdenverkehrsgebieten oft eine kurze, aber gründliche Bekanntschaft mit den einheimischen Weinen machen und somit eigentlich nicht den rechten Weg zu einer Dauerliebschaft mit ihnen finden. Ein charakteristisches Beispiel dafür ist das Rotweinparadies an der Ahr.

»Rotweintrinker sind doch bessere Menschen.« Wenn der Ausspruch Gottfried Kellers stimmt, dann ist es um den Charakter der Deutschen eigentlich nicht gerade gut bestellt. Mehr als drei Viertel allen Weins, der in der Bundesrepublik angebaut und getrunken wird, ist weiß. In großem Stil wird Rotwein nur in Württemberg und Baden angebaut und im zweitkleinsten Anbaugebiet, an der Ahr. An dem nur 100 km langen Eifelflüßchen, das bei Sinzig in den Rhein mündet, wächst seit etwa 100 Jahren Rotwein, Wein, der sich in guten Jahrgängen durchaus neben den Erzeugnissen der klassischen Rotweinländer sehen lassen kann.

Diese Spitzenweine sind es freilich nicht, die die Ahr, ähnlich wie den Rhein, zu einem so beliebten Ausflugsziel machen. Die trinkfreudigen Touristen, die an den Wochenenden die Weinstuben bevölkern, sind mehr an Quantität als an Qualität interessiert. Denn: »Wer einmal an der Ahr war und weiß, daß er an der Ahr war, der war nicht an der Ahr. Wer jedoch nicht (mehr) weiß, daß er an der Ahr war, der war an der Ahr.« So lautet ein bekannter Zungenbrecher von der Ahr, mit dem die Gäste testen können, wie sehr sie schon die Promillegrenze überschritten haben. Die edlen Rotweine haben in der Mehrzahl einen ganz anderen Kundenkreis: Es sind Kurhotels und die Gastronomie in Badeorten der ganzen Bundesrepublik. Denn der Ahrwein gilt als gesund und magenfreundlich. Wenn die Patienten auch im Interesse ihrer Gesundheit auf die meisten Freuden des Lebens verzichten müssen — zu einem Glas Ahrwein dürfen sie fast immer noch greifen.

Von den 423 ha Rebfläche, die zu 75 % mit terrassierten Steillagen bedeckt ist, sind 162 ha mit dem *Blauen Spätburgunder,* 162 ha mit *Portugieser* und 30 ha mit sonstigen Rotweinreben bestockt. Die Rotweinreben, deren Anteil in den letzten Jahren am Weinanbau ständig zunimmt, zeigen ihre besten Qualitäten auf den steinhaltigen, wärmespeichernden und zum Teil vulkanischen Böden, wo sie elegante, samtige Weine mit würzigem Aroma ergeben. Obgleich die Ahr das nördlichste deutsche Anbaugebiet ist, können in den extrem geschützten Lagen des tiefen Taleinschnitts bei günstigen mikro-klimatischen Bedingungen selbst Spätburgunder-Spätlesen, Auslesen, Beerenauslesen und Trockenbeerenauslesen gewonnen werden, die wegen ihrer ausgeprägten Frucht, ihrem feinen Spiel, ihrem Feuer und ihrem delikaten Bukett zu den besten Rotweinen Deutschlands gerechnet werden.

An der unteren Ahr dominieren die tiefgründigen, lößreichen Böden. Die auf Schieferboden wachsenden Rieslinge (61 ha) liefern spritzige, kernige und rassige Weine. Duftig und süffig sind die *Müller-Thurgau*-Weine der Ahr (auf 49 ha, 17 ha sind mit anderen Weißweinsorten bepflanzt, die gemeinsam mit dem Müller-Thurgau vornehmlich den Bedarf an Konsumweinen für die Gastronomie decken.

Der 20 km lange Rotwein-Wanderweg führt an einigen der besten Lagen dieses Gebietes vorbei: *Walporzheimer* Alte Lay und Walporzheimer Domlay, *Bachemer* Karlskopf, *Dernauer* Goldkaul und *Recher* Herrenberg (mit Spitzenweinen aus der Blauen Spätburgunder-Rebe).

Am Mittelrhein mit seiner 740 ha großen Rebfläche wachsen fast ausschließlich Weißweine. In dem 100 km langen Anbaugebiet beiderseits des Rheinstroms vom *Siebengebirge* bis *Kaub* beziehungsweise von *Koblenz* bis *Trechlingshausen* (auf dem linken Rheinufer) genießt der *Riesling* mit 76 % die eindeutige Vorrangstellung. In den terrassierten Steillagen (60 %) auf Schiefer- und Grauwacken-Verwitterungsboden findet diese Sorte ihre besten Wachstumbedingungen. Dazu kommen die geschützten mikroklimatischen Bedingungen im oft engen Rheintal, so daß vor allem in *Boppard* (Hamm Fässerlay und Hamm Mandelstein), *Bacharach* (Wolfshöhle), *Kaub* (Roßstein, Backofen) und *Oberwesel* (Ölsberg) in guten Jahren kernige, rassige und herzhafte Weißweine gewonnen werden. Ergänzt werden sie durch duftige, blumige *Müller-Thurgau*-Weine (10 %) und einen geringen Anteil von *Kerner* (5,6 %).

Wo nördlich der Alpen die ersten Mandel-, Pfirsich- und Kirschbäume blühen und im Herbst Edelkastanien und Feigen reifen, liegt die Frühlingsstraße, die ehemalige strata montana der Römer. Sie ist identisch mit der heutigen Bergstraße. An einen edlen Tropfen denkt man zunächst dabei nicht. Und das, obwohl das Gebiet am Westhang des Odenwaldes von Darmstadt bis zur hessisch-badischen Grenze Deutschlands kleinstes, jüngstes und keineswegs schlechtestes Weinanbaugebiet ist. Bis zum Inkrafttreten des neuen Weingesetzes wurden die Weine der Hessischen Bergstraße unter badischer Flagge verkauft. Die Bergstraßenweine jenseits dieser Grenze, also bis Heidelberg, gehören zum Anbaugebiet Baden. Aber wenn es um die Weine der Hessischen Bergstraße geht, müssen selbst erfahrene Weinliebhaber passen.

Eine Bildungslücke, an der übrigens die Winzer selbst die größte Schuld haben. Sie betreiben den Weinanbau vielfach bis jetzt mehr als Hobby und kümmern sich um ihre Spargelbeete und Kirschgärten genau wie um ihre Rebstöcke. Und den Wein, den sie keltern — meist ein hervorragender, frischer Tropfen — trinken sie lieber selbst. Sie wissen eben, was schmeckt. Das 390 ha große Anbaugebiet teilt sich in zwei Bereiche, drei Großlagen und 19 Einzellagen. Das Rebensortiment setzt sich zusammen aus 53 % *Riesling, Müller-Thurgau* (20 %), *Ruländer* (7 %) und *Silvaner* (7 %). Die im Schutz des Odenwaldes reifenden Weißweine zeichnen sich durch eine feinfruchtige Art und eine delikate Säure aus. Beste Lagen sind *Heppenheimer* Centgericht, wo das Staatsweingut Bergstraße neben Riesling auch Ruländer pflanzt, Heppenheimer Schloßberg (Riesling), Heppenheimer Steinkopf, aus der die Bergsträßer Gebiets-Winzergenossenschaft neben Riesling auch einen beachtlichen Silvaner hervorbringt, *Bensheimer* Streichling und Bensheimer Paulus (jeweils mit Riesling).

ÖSTERREICH:

Was nach dem Heurigen kommt

Der Weinbau hat in Österreich eine Tradition, die bis in die frühgeschichtliche Zeit der Keltenbesiedlung zurückreicht. Urkundlich erwähnt wird der Weinbau in Österreich erstmals allerdings erst im 5. Jahrhundert, in der berühmten Lebensbeschreibung des Heiligen Severin, des Namenspatrons des heutigen Wiener Heurigenortes Sievering. Bereits im 16. Jahrhundert erschien das erste Weinbuch »Von Bau, Pflege und Brauch des Weins«, dem bis auf den heutigen Tag noch viele folgen sollten. Mit der Gründung der Weinbauschule Klosterneuburg im 19. Jahrhundert — übrigens der ersten Weinbauschule der Welt — und der Umstellung der Weingärten auf Hochkulturen in der Zeit zwischen den beiden Weltkriegen wurde der Übergang zum modernen, leistungsstarken Weinbau geschaffen, der heute etwa 20 % des Wertes der pflanzlichen Produktion Österreichs ausmacht. Etwa 40 000 bäuerliche Betriebe beschäftigen sich mit dem Weinbau. Auf einer Weingartenfläche von 55 000 ha wird jährlich Wein im Werte von ca. 2,5 Milliarden Schilling geerntet.

Da in Österreich hauptsächlich Weißweinsorten gepflanzt werden, entfallen 83 % der Ernte auf Weißwein und nur 17 % auf Rotwein.

Die am weitesten in Österreich verbreitete Rebsorte ist der *Grüne Veltliner* (34 %), der in Niederösterreich sogar einen Rebflächenanteil von 47 % besitzt. Wie kaum ein anderes

Weinbauland verfügen die österreichischen Weinregionen über die idealsten Klima- und Bodenverhältnisse für den Grünen Veltliner. Denn er bevorzugt mittelkräftige Weinbergsböden, die weder zu feucht, noch zu trocken sind. Insbesondere in den niederösterreichischen Anbaugebieten, in denen vorwiegend Lehm- und Lößböden (bis zu einem Kalkgehalt von 30 %) auftreten, gedeiht er vortrefflich, so daß diese Standardsorte eine große Bandbreite in der Qualität besitzt. Ein heller Goldton mit grünen Reflexen im Glas ist charakteristisch für das Farbenspiel seiner Weine. Die Qualitäten reichen vom einfachen Tischwein bis zum Spitzenwein mit ausgeprägtem Sortenbukett. Der typische Grüne Veltliner ist spritzig, würzig und pfeffrig und besitzt eine angenehme Säure.

Der *Müller-Thurgau* (10 %) wächst bevorzugt auf nährstoffreichen Böden mit guter Wasserversorgung. Die frühreifende Sorte, die sich besonders schnell ausbaut und in trokkenen Sommern einen hervorragend blumigen, lieblichen und säurearmen Wein gibt, ist in allen österreichischen Weinbaugebieten vertreten. Besonders stark in der Steiermark (etwa 18 %) und in Niederösterreich (knapp 13 %). Im Burgenland besitzt er einen Rebflächenanteil von 9 % und ergibt hier besonders ausdrucksvolle Weine, die sogar teilweise in den höheren Prädikatsweinbereich reichen.

Der *Welschriesling* hat in den österreichischen Weinbauländern eine beträchtliche Tradition. Er nimmt in der Sortenstatistik mit 8 % den dritten Platz ein. Im Burgenland sowie im Gebiet von Klösch-Oststeiermark und Südsteiermark steht er sogar jeweils an erster Stelle, wo er sich während der natürlich langen, sonnigen und warmen Reifezeit bestens entwickeln kann. In warmen Lagen, auf leichtem Boden reift diese Sorte voll aus und ergibt Weine mit feiner Würze. Frisch, je nach Art blaßgold bis goldig in der Farbe, zeichnen sich die harmonischen Weine durch eine gute Haltbarkeit aus.

Der *Neuburger* (3 %) gehört zu den österreichischen Spezialitäten-Rebsorten, deren Herkunft nicht genau geklärt ist. In den 20er Jahren dieses Jahrhunderts begann allmählich sein Anbau. Nur in der Steiermark hat er sich bisher nicht richtig durchsetzen können, um so verbreiteter ist er dafür in Niederösterreich (3,2 %) und im Burgenland (5,6 %). In mittelguten Lagen, auf sehr trockenen und kalkreichen Böden, wie sie im Gebiet um Baden, Krems und in der Wachau anzutreffen sind, bringt er die besten Qualitäten. Das sind meist milde, volle und kräftige Weine mit feiner und zarter Blume, die je nach Witterung und Lage das Niveau eines sehr ordentlichen Tafelweines oder aber eines ansprechenden Qualitätsweines besitzen können.

Der *Rheinriesling* (2 %) wird nur in besten Südlagen, vornehmlich in Flußtälern auf Urgesteinsböden oder sonstigen warmen Böden gepflanzt, wo er sich in den vergangenen Jahrzehnten die Stellung einer Spitzensorte geschaffen hat. Man findet ihn in allen Weinbauregionen Österreichs: in Niederösterreich (2,8 %) vor allem in der Wachau, im Burgenland (2,5 %), in der Steiermark (3,3 %) und in Wien (8 %). Die Weine zeichnen sich durch ein hochfeines Bukett aus, sind spritzig und rassig und erhalten erst nach einer Lagerzeit von zwei bis vier Jahren ihre elegante, hochedle Art.

Der *Muskat-Ottonel* (1,8 %), ist ein milder Wein mit außergewöhnlich intensivem, jedoch sehr feinem Muskatbukett, erreicht seine Spitzenqualität meist im Burgenland (5,9 %).

Der *Weiße Burgunder* (3,4 %) tritt in Österreich in zwei Spielarten auf: als *Morillon* (Chardonnay) ergibt er die besseren Qualitäten. Diese Weine zeichen sich durch ein charakteristisches Bukett und vollen Körper aus. Die vortrefflichsten Vertreter dieses Weines, der sich zu einer langen Lagerung gut eignet, finden sich in der Südsteiermark. Die andere Spielart ist der *Klevner*, der meist nicht so hohe Mostgewichte erreicht wie der Morillon. Sein Anbau erstreckt sich auf Niederösterreich und Wien.

Der *Traminer* (oder Gewürztraminer, 1,5 %) ergibt auch in Österreich sehr hochwertige Qualitätsweine, die man an ihrem typischen, sehr ausgeprägten Bukett und an ihrer sattgoldenen Farbe erkennt. Besonders die Weine aus dem Burgenland zeichnen sich durch hohen Extrakt- und Alkoholreichtum aus. Österreichische Traminer-Weine sind würzig, vollmundig und relativ säurearm.

Der *Frührote Veltliner* (1,9 %), der an die Weinbergsböden

nicht so hohe Anforderungen stellt, ist vorwiegend nur noch in Niederösterreich verbreitet (3,6 %). Die frühreifende Sorte liefert milde, doch sehr extraktreiche Weine mit zartem Bukett.

Außer diesen wichtigsten Weißweinrebsorten gibt es noch einige regionale Spezialitäten, wie den *Zierfandler* und *Rotgipfler,* die ausschließlich im Weinanbaugebiet Baden gepflanzt werden. Der Rotgipfler, der offenbar mit dem Grünen Veltliner und Zierfandler verwandt ist, beansprucht Südlagen mit guten Böden, auf denen er erstklassige Qualitätsweine mit viel Extrakt, angenehmer Säure und einem edlen Bukett erbringt. Der gut lagerfähige Wein, der seine qualitative Vollendung oft erst nach fünf oder zehn Jahren zeigt, wird häufig mit dem Zierfandler verschnitten. Auch diese Sorte erreicht meist hohe Mostgewichte mit angenehmer Säure. Ebenso wie der Rotgipfler benötigt sie sonnige Lagen.

Die *Bouvier-Traube* wächst in kleinen Anpflanzungen im Burgenland und in der Steiermark. Die Rebsorte, die auch als Tafeltraube geeignet ist, bringt milde und volle Weine mit einem angenehmen Muskataroma.

Der *Blaufränkisch* ist unter den Rotweinreben die führende Qualitätssorte. Die größten Güteerfolge erzielt er im Burgenland, doch er wird auch in Niederösterreich und in der Steiermark angebaut. Hinsichtlich des Bodens ist er wenig anspruchsvoll, er gedeiht auf schweren Kalk- und Muschelkalkböden, dafür verlangt er nach warmen, geschützten Lagen. So ist es nicht verwunderlich, daß gerade um den Neusiedlersee Blaufränkisch geerntet werden, die nach mehreren Jahren der Lagerung und Reife ihre beste Entfaltung erreichen. In guten Jahren wird aus dieser Sorte allgemein ein feinfruchtiger, gerbstoffreicher Wein von heller bis rubinroter Farbe und einem ausdrucksvollen Bukett gewonnen.

Aus dem *Blauen Portugieser* werden süffige, milde und dunkelrote Weine mit relativ wenig Bukett gewonnen. Er ist der typische rote Heurigenwein, der jung getrunken werden sollte.

Die *Sankt-Laurent-Rebe* ist nach dem Portugieser die in Niederösterreich verbreitetste Rotweinsorte. Sie ergibt ebenso gute Tischweine wie auch hervorragende Qualitätsweine mit feinem Bukett und etwas höherer Säure. Die Spitzenweine sind von dunkler Farbe, Rasse und verfügen über ein aparates Bukett.

Der *Blaue Burgunder* wird in Niederösterreich und im Burgenland nur in besten, warmen Lagen mit tiefgründigen, fruchtbaren und lockeren Böden angepflanzt. Die edle Rotweinsorte bringt körperreiche, vollmundige Weine, die Milde mit Würze vereinen und oft von eleganter Samtigkeit sind.

Regionale Rotweinspezialitäten sind die *Blaue Zweigeltrebe,* die vorwiegend im Burgenland anzutreffen ist, wo sie milde, aber doch charaktervolle Rotweine ergibt und der *Blaue Wildbacher,* der fast ausschließlich in der Steiermark zu Hause ist, wo er die Basissorte für die regionale Spezialität *Schilcher* stellt, ein hellroter, roséfarbener, frisch-herber und spritziger Wein.

Nach dem Ansehen und Ausfuhr der österreichischen Weine äußerst schädigenden Glykol-Skandal trat am 1. Oktober 1985 ein neues Weingesetz in Kraft, das mit seiner Novelle vom 3. Juli 1986 vor allem eine lückenlose Kontrolle von Weinbau und Weinhandel gewährleisten will. Dem dient eine umfassende Kennzeichnungspflicht.

Im einzelnen wird zwischen drei verschiedenen Qualitätsgruppen unterschieden: *Tafelwein, Landwein* und *Qualitätswein.*

Tafelwein oder »Tischwein« stammt aus Trauben, die mindestens 63° Öchsle (13° KMW = Klosterneuburger Mostwaage) verfügen. Als *Landwein* darf ein Tafelwein bezeichnet werden, dessen Alkoholgehalt höchstens 11,5 Vol. % beträgt und dessen Gehalt an Restzucker 6 g/l nicht übersteigt.

Für *Qualitätswein* gelten folgende Bestimmungen: Es muß ein sortentypischer Wein sein, der aus zugelassenen Qualitätsweinrebsorten erzeugt wurde. Er muß mindestens aus einem der Weinbaugebiete stammen. Das Mindestmostgewicht muß 73° Öchsle (= 15° KMW) betragen. Eine Anreicherung (Verbesserung) darf auf höchstens 94° Öchsle (= 19° KMW) erfolgen. Der durch Verordnung festgelegte Höchstertrag der Reben (hl pro ha) darf nicht überschritten werden. Der Wein unterliegt einer staatlichen Qualitätsweinprüfung.

Die Bezeichnung *Kabinettwein* darf nur verwendet werden, wenn der Most mindestens 83,5° Öchsle (=17° KMW) und höchstens 94° Öchsle (= 19° KMW) aufweist, der Most nicht verbessert worden ist und der Wein nicht mehr als 9 g/l unvergorenen Zucker aufweist.

Prädikatsweine oder »Qualitätsweine besonderer Reife und Leseart« müssen außer den für die Qualitätsweine geltenden Bestimmungen folgenden Normen entsprechen: Sie dürfen nicht aufgebessert werden, eine etwaige Restsüße darf nur durch die Gärungsunterbrechung, nicht jedoch durch Zufügung von »Süßreserve« (Traubenmost) erzielt werden, die Angabe des Jahrganges ist vorgeschrieben, bei Spät- und Auslesen muß auch die Rebsorte genannt sein. Mit Ausnahme von Spätlesen und Eiswein dürfen Prädikatsweine nicht mit Lesemaschinen geerntet werden. Die Leseabsicht muß täglich bis 9 Uhr bei der Gemeinde gemeldet werden, in der das Lesegut dem amtlichen Mostwäger vorgeführt wird.

In Flaschen abgefüllte Spätlesen dürfen nicht vor dem 1. März, alle sonstigen Prädikatsweine nicht vor dem 1. Mai des auf die Ernte folgenden Jahres in den Verkehr gebracht werden.

Für die einzelnen Prädikate gelten folgende Mindestmostgewichte: *Spätlese* 94° Öchsle (19° KMW), *Auslese* 105° Öchsle (105° KMW), *Eiswein* 127° Öchsle (25° KMW), *Beerenauslese* 127° Öchsle (25° KMW), *Ausbruch* 138° Öchsle (27° KMW) und *Trockenbeerenauslese* 150° Öchsle (30° KMW).

Der *Ausbruch* ist eine österreichische Spezialität, die ausschließlich aus edelfaulen oder überreifen, auf natürliche Weise eingetrockneten Beeren erzeugt wird. Zur besseren Auslaugung des natürlichen Zuckergehaltes kann frischgekelterter Traubenmost oder Wein nach derselben Art zugesetzt werden.

Kabinett- und *Prädikatsweine* dürfen nur in Flaschen gefüllt exportiert werden. Jeder exportierte Wein muß von einem amtlichen Zeugnis begleitet werden, aus dem die genauen Ursprungsangaben sowie die amtlichen Analysendaten ersichtlich sind. Die Flasche muß mit einer Banderole oder mit einem »Kontrollzeichen« mit registrierter Nummer versehen sein.

Niederösterreich: Bekanntes und Entdeckenswertes

Wie bei der Vorstellung der Rebsorten schon erwähnt, wird in Österreich in drei Bundesländern und in Wien Weinanbau betrieben. Niederösterreich ist das größte und traditionsreichste Weinbauland. Fast 60 % der gesamten österreichischen Weinproduktion stammen aus diesem Bundesland. Die Donau mit ihrer romantischen Weinlandschaft bildet das einigende Band zwischen den nördlich gelegenen und den südlichen Weinbaugebieten. Landschaftlich vielleicht am reizvollsten ist es in der *Wachau.* Die Donau hat sich hier ein 300 m tiefes, enges Tal durch das Gebirge gegraben. Eine dramatische Landschaft, wenn man diesen Ausdruck für eine Landschaft gebrauchen darf. Aber keine düstere, keine tragische, um im Bild zu bleiben, sondern eher eine mit Happyend. Denn vor allem linksseitig des Flusses ziehen sich die klein parzellierten Weingärten steil hinauf bis fast zu den bewaldeten Berggipfeln. Und wo das Gebirge nur ein wenig Platz läßt, drängen sich am Donau-Ufer freundliche kleine Ortschaften, eine winkliger und gemütlicher als die andere. In dem 1350 ha großen Gebiet wird zu 94 % Weißweinanbau betrieben. Die Reben stehen hier auf kristallinem Gestein und Urgestein, wo *Grüner Veltliner, Müller-Thurgau* und vor allem *Rheinriesling* sowie *Neuburger* hervorragende Qualitäten liefern. Unter den 16 weinbaubetreibenden Gemeinden besitzen einen erstklassigen Ruf: *Dürnstein* (traditionsreiche Rieden und bekannte Weinnamen sind Himmelsstiege, Hollerin und Liebenberg sowie Lichtgartel und Katzensprung, Katzenstriegel), *Loiben* (Burgstall, Rothenberg), die größte Rebengemeinde in der Wachau, *Weißenkirchen* (Achleiten, Klaus) sowie der romantische Weinort *Spitz* mit seinem Tausendeimer-Berg und Gut am Steg.

Das Weinbaugebiet Kamptal-Donauland (früher Krems und Langenlois) betreibt ebenfalls zu 96 % Weißweinanbau. Die 6370 ha Rebfläche ist zu 56 % mit *Grünem Veltliner* bepflanzt, der andere Teil setzt sich aus *Müller-Thurgau, Rheinriesling* und *Neuburger* zusammen. Die großen Weine kommen zu einem Teil aus den unmittelbar an der traditionsreichen, barocken Doppelstadt Krems-Stein liegenden Weinbergen wie Sandgrube, Jungfrau, Weinzierlberg, Narrensteig, Kremsleiten, Kögel, Wachtberg, Wieden, Martaler, Goldberg, Steiner Hund und Pfaffenberg. Auf Lößböden wachsen hier duftige, aber doch auch reiche Veltliner-Weine, während auf Glimmerschiefer in guten Jahren *Rieslingweine* voller Kraft und Fülle gedeihen. Weitere nennenswerte Winzerorte in diesem Gebiet sind *Furth-Göttweig, Rohrendorf* und *Thallern.*

1880 Weinhauerbetriebe bewirtschaften die Gemarkungen von 14 Weinbaugemeinden im Bereich von Langenlois, darunter solchermaßen bekannte Namen wie *Straß, Hadersdorf* und *Gobelsburg.* Die Weine dieses Gebietes zeichnen sich durch fruchtige Säure und harmonische Vollmundigkeit aus.

Das Weinbaugebiet Weinviertel (früher Retz und Falkenstein) ist mit einer Rebfläche von fast 13 000 ha das größte Weinbaugebiet Niederösterreichs. Neben Retz sind vor allem *Röschitz, Mailberg* und *Haugsdorf* bekannt, letzterer vor allem durch seine Rotweine. An erster Stelle im Rebsortiment steht der *Grüne Veltliner* (48 %), es folgen *Müller-Thurgau, Welschriesling, Frühroter Veltliner* und *Weißer Burgunder.* Der Rotweinanbau im Pulkautal und um Retz basiert vor allem auf *Blauer Portugieser* und *Zweigeltrebe.*

Die Hauptsorte ist auch hier der *Grüne Veltliner,* jedoch liefern *Neuburger, Traminer* und *Weißer Burgunder* ebenfalls angenehme Weine. Im *Falkensteiner* Gebiet sind unter den 86 Weinbaugemeinden *Matzen, Wolkersdorf* und *Poysdorf* die bekanntesten.

Das Weinanbaugebiet *Donauland — Carnuntum* (früher Klosterneuburg und Baden) ersteckt sich westlich und südöstlich von Wien beiderseits der Donau. Es handelt sich hier um Lößweingärten, deren Böden den Wein spürbar prägen. In

ÖSTERREICH

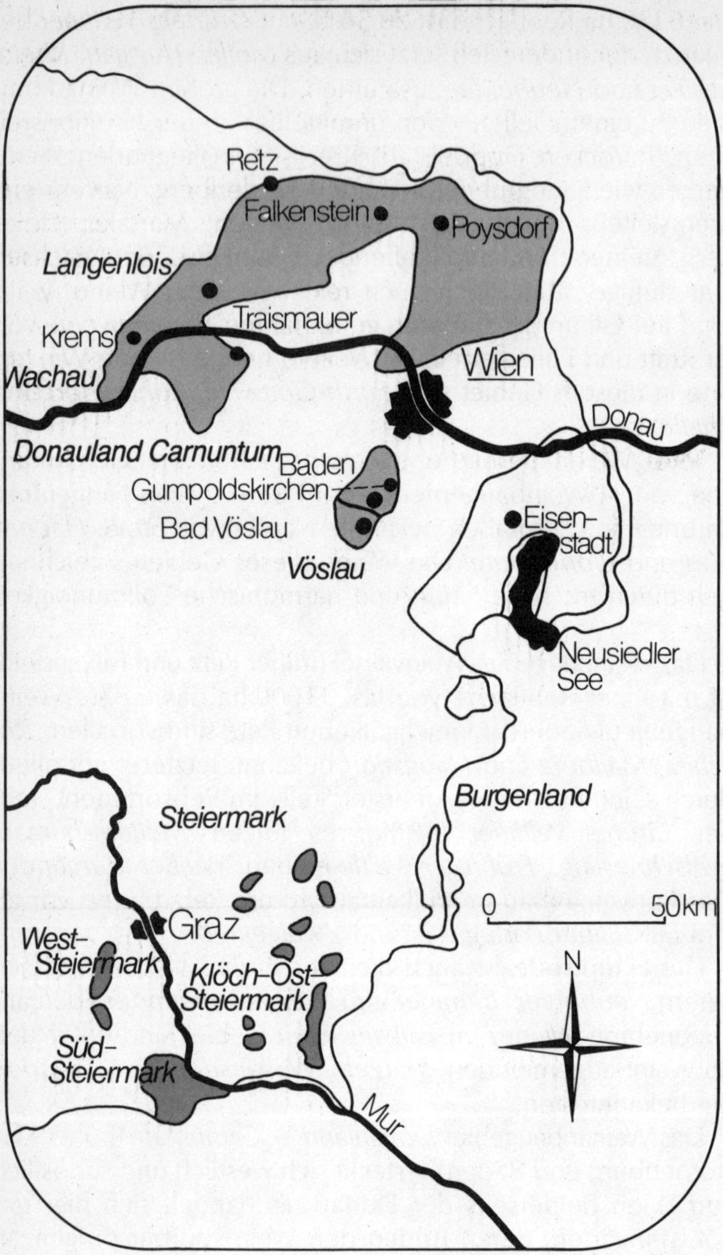
Retz
Falkenstein
Poysdorf
Langenlois
Traismauer
Krems
Wachau
Wien
Donau
Donauland Carnuntum
Baden
Gumpoldskirchen
Bad Vöslau
Vöslau
Eisen-
stadt
Neusiedler
See
Burgenland
Steiermark
0
50km
N
Graz
West-
Steiermark
Klöch-Ost-
Steiermark
Süd-
Steiermark
Mur

Klosterneuburg befindet sich nicht nur das dem Weinbau schon seit langem eng verbundene Chorherrenstift, sondern auch das Schul- und Forschungszentrum des österreichischen Weinbaus. Dieses Institut, das aus einer Privatschule hervorgegangen ist, besitzt heute Weltgeltung. Hauptsorten in dem 4360 ha großen Rebengebiet sind *Grüner Veltliner, Rheinriesling, Neuburger* und *Blaufränkisch.*

Von Wien kommend, sieht man von der »Paßhöhe« des Eichkogels bereits weit in das Weinanbaugebiet Thermenregion (3200 ha) mit Baden, Gumpoldskirchen und Bad Vöslau. Geschützt durch den Anninger (ein fast 700 m hoher Berg am Rande des Wiener Beckens) liegen die Weingärten von Baden am Hang dieses Höhenzuges. Unter den hiesigen 14 Weinbaugemeinden hat *Gumpoldskirchen* Weltberühmtheit erlangt. Durch äußerst günstige kleinklimatische Bedingungen (Jahresdurchschnittstemperatur 9,9° C, Niederschlagsmenge 693 mm) und der Pflanzung anspruchsvoller Rebsorten konnten die Gumpoldskirchener Weine sich von alters her schon durch Vollmundigkeit, Wucht, Kraft und Finesse auszeichnen. Die warmen, kalkreichen Böden um Gumpoldskirchen sind in eine Vielzahl von Rieden aufgesplittert: Satzing, Wiege, Spiegel, Oberer Badner Weg, Holleisel, Grimmling, Sonnberg, Jungherrn, Hofpoint, Bran, Steinfeld, Dolomatsch, Raßlerin, Kramer, Hafnerin und Stocknarrn. Nur in den seltensten Fällen erscheinen sie auf dem Weinetikett. Besonders glücklich dürfen Sie sich schätzen, wenn Sie einmal einen Gumpoldskirchener mit der Riedbezeichnung Spiegel oder Wiege erhalten, handelt es sich doch hier um die besten Herkünfte des Ortes.

Das Rebensortiment im Weinbaugebiet Thermenregion ist sehr vielfältig. Angeführt wird es vom *Blauen Portugieser* (20 %), *Neuburger* (16 %), *Weißburgunder* (6 %), *Rotgipfler* und *Zierfandler* (8 %) und *Müller-Thurgau* (3 %).

Vöslau wird als die Wiege des österreichischen Schaumweins bezeichnet. Robert Schlumberger begann 1845 hier mit der ersten österreichischen Schaumweinerzeugung.

Burgenland: Reben zwischen Wald und Pußta

Das Burgenland nimmt mit 20800 ha über ein Drittel der gesamten Rebfläche Österreichs ein. Mehr als 20000 Weinbauern erzeugen ca. 38 % der gesamten Weinernte Österreichs. Klimatisch ist es das für den österreichischen Weinanbau am meisten begünstigte Bundesland. Die Jahresdurchschnittstemperatur in Eisenstadt beträgt zum Beispiel 10° C, die jährliche Niederschlagsmenge 666 mm. Die Sonnenscheindauer beläuft sich in einem Jahr auf 1945 Stunden. Neben der optimalen Sonnenbestrahlung fällt vor allem dem Neusiedlersee als Wärme- und Feuchtigkeitsregulator eine wichtige Rolle in den kleinklimatischen Bedingungen zu. Als drittgrößter See Europas verfügt dieser Steppensee über eine sehr hohe Wasserverdunstung, die das Weinbauklima an seinen Ufern äußerst positiv beeinflußt. Der Weinbau des Burgenlandes reicht in geschichtlich weite Ferne zurück. Sicher ist, daß schon die Römer die ganz hervorragende Eignung des Gebietes um den See herum für den Weinbau richtig einschätzten und die Kultur der edlen Gewächse betrieben. Eine entscheidende Rolle für die Fortdauer der Weinkultur spielten im 12. Jahrhundert die Zisterziensermönche. Am Abhange des Leitha-Gebirges bei Winden bepflanzten sie 20 Joch mit Reben, nachdem sie ihre ersten Versuche im Königshofertal wegen ungünstiger Standortverhältnisse aufgeben mußten. Damit war für die Umgebung des Sees, des heutigen Weinparadieses, ein neuer Grundstein gelegt. Die Bewohner der Umgebung ahmten das Vorbild der Mönche nach und so entstanden nach und nach wieder ausgedehnte Weingärten.

Daß das Burgenland betreffs Weinqualität mit den besten Spitzenweinen der Welt konkurrieren kann, beweist der schon jahrhundertealte Ruhm des Ruster Weines. Schon im Jahre 1364 bekamen die Ruster von der Königin Maria aus Ungarn das Privileg, die Fässer mit Brandeisen zu bezeichnen, was eine Art Markenschutz darstellt. Im 15. Jahrhundert war der *Ruster-Ausbruch* bereits weltberühmt, und es wurden viele Freiheiten auf Ausfuhr usw. auch in den späteren Jahrhunderten gegeben beziehungsweise neu bestätigt.

Das Burgenland gliedert sich in vier Weinbaugebiete: *Neusiedlersee, Neusiedlersee-Hügelland, Mittelburgenland, Südburgenland.* Östlich an den Neusiedlersee grenzt das mit 11000 ha zweitgrößte österreichische Weinbaugebiet Neusiedlersee. Im Rebensortiment gibt es eine Vielfalt: *Grüner Veltliner* (18 %), *Welschriesling* (16 %), *Müller-Thurgau* (9 %), *Zweigelt blau* (5 %), *Weißburgunder* (5 %), *Muskat Ottonel* (6 %), *Neuburger* (5 %).

Die Differenziertheit der Weine vom Weinbaugebiet Neusiedlersee-Hügelland (7280 ha) hat ihren Ursprung auch in der Verschiedenartigkeit der Weinbergsböden. Im Kern kristallines Schiefergestein, sind die sanften Rücken der Ruster Hügelkette überlagert von Kalksandstein. Im oberen Bereich befinden sich kalkreiche Lehme und Mergel, im mittleren aufgewehte Lößschichten und Lößlehme und im Bereich am See pannonische Tegeln. Die Rebfläche mit ihrer sanften Neigung gegen Osten und Südosten ist durch das Leitha-Gebirge gegen Nordwesten geschützt. Die intensive Sonneneinstrahlung ermöglicht, verbunden mit der Wärmerückstrahlung des Neusiedlersees und der höheren Luftfeuchtigkeit, ein besseres Reifen der Trauben als in anderen Weinbaugebieten. Die Weine zeichnen sich dementsprechend weniger durch Alkoholreichtum als durch ihren hohen Extraktgehalt aus. Wegen ihrer meist guten Fruchtsäure eignen sie sich auch für eine ziemlich lange Lagerung. Der Ruster-Ausbruch, früher vorwiegend aus der Furmint-Rebe gewonnen, wird heute aus ausgesuchten Trockenbeeren verschiedener Rebsorten gepreßt und ergibt einen natursüßen, äußerst gehaltvollen Wein, der wie alle übrigen Prädikatsweine von jeder Verbesserung ausgeschlossen ist.

Die Weine des nördlich von Rust gelegenen *Oggau* haben gleichfalls durch hervorragende Prämiierungs- und Wettbewerbsergebnisse Weltruf erlangt. Oggauer Rotweine konnten sich bereits 1930 und 1932 auf den Weltausstellungen in Paris und London gegen stärkste französische, italienische und spanische Konkurrenz mit einem Grand Prix und Goldmedaillen behaupten. Auf weiteren internationalen Weinwettbewerben in Budapest, Brüssel und Ljubljana erzielten Oggauer Weine erste Preise. Im Bezirk Eisenstadt werden große Weine außerdem in den Gemeinden *Mörbisch* am See, *Donnerskirchen, St. Margarethen, Siegendorf, Purbach, St. Georgen* und *Breitenbrunn* erzeugt. Im Bezirk Neusiedel am See werden Spitzenweine unter anderem in den Gemeinden *Illmitz, Apetlon* (aus Reben, die hier im Seewinkel in sehr sandigen Böden stehen und noch nicht reblausverseucht sind), *Podersdorf, Frauenkirchen, Halbthurn, Weiden, Gols* und *Jois.*

Steiermark: Spezialitäten und Raritäten

Zu den großen Unbekannten in der europäischen Weinlandschaft zählen die Tropfen aus der *Südsteiermark.* Außerhalb der steierischen Landesgrenzen sind sie noch heute eine echte Rarität, man muß schon außerordentliches Glück haben, um sie im Handel oder auf den Weinkarten zu finden. Einmal herrschte selbst in Österreich ein Vorurteil gegenüber diesen Weinen. »Die schweren steirischen Weine, darunter entschieden viele Südweine, sind nur zu kosten, nicht zu trinken«, so kritisierte der österreichische Weinfachmann Freiherr von Babo noch vor hundert Jahren. Diese Kritik ist aber längst nicht mehr stichhaltig. Denn die Rebsorten, die man zu jener Zeit dort anpflanzte und die einen süßen, schweren Wein ergaben, wurden längst durch andere ersetzt. Und die Winzer haben auch weinbautechnisch eine Menge dazugelernt: Ihre Weine sind heute wesentlich eleganter, geschmeidiger und duftiger geworden. Sie besitzen zwar immer noch Kraft und ausdrucksvolle Fülle, doch sind sie nicht mehr so klotzig. Und der zweite Grund: Die Winzer tranken und trinken ihren Wein lieber selbst. Seine besondere Eigenart — jene ausdrucksvolle Fülle — verdankt der Wein dieses auch vom Fremdenverkehr noch weitgehend unentdeckten Landes vor allem den Witterungsbedingungen, die für österreichische Verhältnisse wahrhaft ungewöhnlich sind. Die Niederschlagsmengen sind hier fast doppelt so hoch wie in anderen Weinregionen. Das hat allerdings auch sehr viele Nachteile für die Winzer: In manchen Jahren entladen sich über den in 400 m bis 500 m liegenden Weinbergen heftige Hagelschauer, die einen großen Teil der Ernte vernichten können. Trotzdem bekommen die Reben genug Sonne, denn alle Weinberge liegen in Süd- und Südwestlagen, wo die Trauben bis in den Spätherbst hinein reifen können. Einige von ihnen befinden sich in extrem steilen Lagen, wie zum Beispiel im Sausal mit bis zu 80 % in einzelnen Lagen sogar bis zu 100 % Hangneigung. Etwa die Hälfte aller steiermärkischen Weinberge verfügen über eine Neigung von 30 % bis 50 %.

Die 2640 ha große Rebfläche verteilt sich auf drei Weinbaugebiete: Süd-Oststeiermark (früher Klöch-Steiermark) mit einer Rebfläche von 926 ha, auf der von 135 Weinbaugemeinden fast ausschließlich Weißweinrebsorten angepflanzt werden, Südsteiermark, das mit 1500 ha größte steirische Weinbaugebiet und Weststeiermark, das lediglich 200 ha Rebfläche besitzt.

Auf den vulkanischen Böden des Süd/Oststeirischen Weinbaugebietes wachsen hervorragende *Traminer-Weine.* Auch *Welschriesling, Müller-Thurgau, Muskat-Sylvaner* und *Weißer Burgunder* sind verbreitet. Mosaikartig schließen sich kleinere Weinbaugebiete zum oststeirischen Weinbaugebiet zusammen. Dort wird vorwiegend der *Welschriesling* kultiviert, aber daneben auch *Weißer Burgunder, Ruländer* und *Müller-Thurgau.*

Im weststeirischen Gebiet an den Ausläufern der Koralpe mit den Orten *Stainz, Ligist, St. Stefan ob Stainz* und *Deutschlandsberg* gedeiht eine besondere Spezialität: Aus der *Blauen Wildbacher*-Rebe wird um Stainz ein hellroter, um Deutschlandsberg ein rubinfarbener, feinsäuerlicher, aromatischer Wein — der sogenannte *Schilcher* — gekeltert.

Das südsteirische Weinbaugebiet im Bezirk Leibnitz, das Zentrum der Weinbauregion Sausal ist, umfaßt den Anbau von *Welschriesling, Muskat-Sylvaner, Müller-Thurgau, Trami-*

ner und *Weißer Burgunder.* In den Orten *Kitzeck, Silberberg, Höch* und *St. Nikolai* im Sausal gedeiht auf steinigen, trockenen Tonschieferböden vorwiegend der Rheinriesling. Speziell zur Herbstzeit lädt das Gebiet zu einem Ausflug ein, wenn über dem farbenprächtigen Bild der Landschaft der Klang des Klapotetz liegt, eines Windrades, das die Vögel von den reifen Trauben fernhalten soll.

Wien:
Stätten der Weinseligkeit

Die Donaumetropole Wien, von alters her ein bedeutendes Weinerzeugungs- und Weinhandelszentrum, ist ein eigenes Weinbaugebiet. Bis ins Stadtgebiet reichen die Rieden, die am Südhang des zur Donau geneigten Nußberges neben süffig verführerischem Weißwein auch ansprechende Qualitäten hervorbringen. In *Nußdorf* und *Heiligenstadt,* in *Sievering* und *Grinzing,* in *Altottakring* oder aber jenseits der Donau am Fuße des Bisamberges in *Stammersdorf* sind die Buschenschenken des Heurigen eine der berühmtesten Attraktionen für den fremden Gast. Der Heurige hat übrigens eine Doppelbedeutung. Er bezeichnet den »heurigen« Wein, also den Wein der letzten Ernte, aber auch die Lokalitäten, in denen er ausgeschenkt wird. Die Tradition des Wiener Heurigen ist uralt. Der Brauch, Wein an Ort und Stelle auszuschenken, wird in Wien schon seit Karl dem Großen geübt. Um die Wende vom 18. zum 19. Jahrhundert hat der Wiener Heurige seine Hochblüte erlebt und ist in dieser althergebrachten Form auch heute noch für Wien typisch. Der Wiener Heurige mit der Schrammelmusik gehört zu den Wiener Besonderheiten. Die Wiener Weinorte wie *Grinzing, Heiligenstadt* und *Nußdorf* haben aber auch kulturelle Bedeutung. Musiker und Dichter wie Ludwig van Beethoven, Wolfgang Amadeus Mozart, Franz Schubert, Franz Grillparzer, Ferdinand Raimund und viele andere haben sie gerne und oft besucht und sich hier ihre Inspiration geholt. Zur Erhaltung der noch bestehenden Wiener Rebflächen hat der Gemeinderat ein »Weinbauschutzgesetz« geschaffen. So wie die Stadt ihre schöne Umgebung, den Wald- und Wiesengürtel, der die alte Kaiserstadt umgibt, schützt, so bewahrt sie nun gesetzlich die Weinberge um den Kahlen- und den Nußberg, den Bisamberg, die Alszeile, Hernals und Ottakring, Oberlaa und Mauer.

Von den 680 ha Rebfläche Wiens steht ungefähr die Hälfte noch im gemischten Satz. Es werden vor allem *Grüner Veltliner, Rheinriesling, Weißer Burgunder, Müller-Thurgau* und *Traminer* gepflanzt. Wien und der Wein — diese beiden Worte klingen harmonisch zusammen und haben Weltberühmtheit erlangt. Es dürfte daher nicht übertrieben sein, zu behaupten, daß österreichischer Wein gerade in der Donaumetropole seine völkerverbindende Funktion immer und immer wieder beweist.

SCHWEIZ:

Köstlichkeiten von den schönsten Weinbergen Europas

Vor etwas mehr als 100 Jahren hatte der Rebenanbau in der Schweiz seine größte Ausdehnung. Von den damals bebauten 30000 Hektar sind bis heute 14000 Hektar übriggeblieben, auf denen im Durchschnitt der letzten Jahre etwa 1,2 Mill. hl Wein erzeugt wurden. Mit Ausnahme von Uri und Jura werden in jedem Schweizer Kanton Reben gepflanzt. Seine größte Konzentration erreicht der Rebanbau in den »lateinischen« Kantonen. 78 % der Weinberge liegen in der Französischen Schweiz, 7 % im Tessin. Allein im Wallis verfügen 72000 Haushaltungen über Rebbesitz. Mit der Weinerzeugung befassen sich in der Schweiz ungefähr 20000 Landwirtschaftsbetriebe, mit dem Weinhandel zudem 1500 Firmen.

Die Zahlen verdeutlichen zugleich auch die stark zersplitterte Struktur der Weinproduktion in der Schweiz. Im statistisch ermittelten Landesdurchschnitt verfügt nämlich jeder Weinbaubetrieb über eine Fläche von 0,62 ha, im Wallis sind es sogar nur 0,4 ha, im Tessin 0,29 ha. In vielen Fällen handelt es sich um Betriebe mit gemischten landwirtschaftlichen Kulturen, die in der Schweiz Weinanbau betreiben. Überwiegend sind es Familienbetriebe, die im Weinbau entweder im Voll- oder Teilzeiterwerb ihr Einkommen finden. Insgesamt arbeiten in der Weinerzeugung der Schweiz etwa 30000 Personen.

Damit stellt der Wein in der Schweiz nicht nur einen wichtigen kulturellen, sondern auch einen nicht unerheblichen wirtschaftlichen Faktor dar. Die Existenzsicherung der Weinbauern erfolgte erstmals Mitte des vorigen Jahrhunderts, als die Zollabgabe auf Importweine erhöht wurde. Gleichzeitig jedoch trugen Rebkrankheiten wie *Oidium* (Mehltau) und Rebschädlinge wie die Reblaus zur drastischen Reduzierung der Rebfläche in der Schweiz bei. Ein beachtlicher Maßnahmenkatalog führte schließlich dazu, daß der Rebanbau in der Eidgenossenschaft in den letzten Jahrzehnten auch wirtschaftlich gesundete. Dazu gehören sowohl die amtliche Weinlesekontrolle und die Qualitätsbezahlung (zunächst in der Ostschweiz eingeführt), die Festlegung von Mindestmostgewichten (in Öchslegraden) für Weine mit Herkunftsangaben sowie die 1933 vom Bundesrat beschlossene Kontingentierung der Weinimporte.

Das Ziel der Weinbaupolitik der Schweiz gipfelt in dem Bemühen, den heimischen Rebanbau vor Einfuhren zu schützen, ihn zugleich aber auch in qualitativer Hinsicht wettbewerbsfähig zu halten. Damit wurde die Grundlage für eine kostendeckende Einkommenssicherung der Winzer geschaffen, die in ihrer Art in Europa einmalig ist.

Die Vielfalt der Informationen auf Schweizer Weinetiketten ist zwar auf den ersten Blick überraschend, doch auch gleichzeitig Ausdruck jenes großen Freiraumes, den die Schweiz ihren Winzern und Produzenten bei der Etikettengestaltung läßt. Mehr im übrigen, als dies innerhalb der EG der Fall ist. Dennoch kann sich der Liebhaber Schweizer Weine darauf verlassen, daß ihn die Angaben auf den Etiketten genau ins Bild setzen über das, was ihn erwartet. Dafür bürgen strenge Bundes- und Kantonal-Gesetze bzw. Verordnungen.

Sie lassen sich auf den für alle Weintrinker leicht verständlichen Nenner bringen: je direkter ein Wein durch seine Herkunfts- oder Ursprungsbezeichnung definiert wird, desto höher sind die an ihn gestellten Qualitätsanforderungen.

Im Rahmen der Herkunftsbezeichnung, die sich auf das Land, eine Provinz oder einen Kanton bezieht, reicht z. B. bereits »Schweizer Weißwein« als geographische Angabe, wenn dieser verschiedene weiße Weine aus unterschiedlichen Gegenden der Schweiz enthält. Als *Landwein* wird in den Kantonen Wallis, Waadt, Genf, Neuenburg und Tessin jener Wein bezeichnet, der ausschließlich aus diesen Kantonen stammt. Es gibt aber in den genannten Kantonen (mit Ausnahme von Neuenburg) zusätzlich noch staatlich geschützte Sorten- und Qualitätsbezeichnungen. So können ein *Fendant,* ein *Johannisberg,* ein *Dôle* oder ein *Goron* nur aus dem Kanton Wallis stammen, während ein *Dorin,* ein Chasselas-Weißwein, ausschließlich aus dem Kanton Waadt kommt. Ein Waadtländer Rotwein ist der *Salvagnin,* und dem Kanton Genf vorbehalten ist der *Perlan* (Genfer Chasselas). Der Tessiner Rotwein trägt den Namen *Merlot del Ticino* als ebenfalls eindeutige Herkunftsbezeichnung.

Enger werden die Begriffsbestimmungen bei der Ursprungsbezeichnung. Die entsprechende Schweizer Lebensmittelverordnung nennt als typische Anwendungsbeispiele die Bezeichnung einer Produktionsgegend, eines Produktionsortes, einer Lage, eines Weingutes, eines Schlosses oder einer Domäne. Hierzu ein Beispiel aus dem Kanton Waadt: eine Produktionsgegend ist z. B. *La Côte,* ein Produktionsort *Mont-sur-Rolle* und ein Weingut die *Domaine de la Treille.*

Nicht immer wird der Weinfreund auf den Schweizer Etiketten die verwendete Traubensorte als Information finden. Dies ist in der Schweiz nicht obligatorisch. Wenn dies aber geschieht, muß in jedem Fall die Sortenbezeichnung mit einer Herkunfts- oder Ursprungsbezeichnung verbunden sein. »Chasselas« allein genügt also nicht. Es muß »Chasselas de Romandie« oder »Ostschweizer Klävner« heißen.

Die Deklaration auf Schweizer Weinetiketten weist überdies noch einige landestypische Besonderheiten auf. So ist *Œil-de-Perdrix* eine geschützte Bezeichnung für einen Rosé, der ausschließlich aus Schweizer Blauburgundertrauben gewonnen wurde. *Federweißer, Weißherbst, Chiaretto* oder *Clairet* bezeichnen einen aus blauen Trauben vollständig süß gekelterten weißen Wein. Als *Schiller* wird ein aus blauen und weißen Trauben gemischt gekelterter Wein bezeichnet, und aus dem Wallis kommen Weine, die auf dem Etikett als »mi-flêtri« oder »flétri« bezeichnet werden, was im Prinzip nichts anderes als *Spätlese* (Traubengut mit Edelfäule) bedeutet.

Neben diesen Bezeichnungen findet der Verbraucher auch noch »Wortmarken« vor, die sich einige Schweizer Weinbauregionen haben schützen lassen und die als Qualitätsgarantie gelten. Im Kanton Waadt beispielsweise werden die besten Rot- und Weißweine jährlich von einer Degustationskommission geprüft. Weißweine mit mindestens 18 von 20 Punkten dürfen sich *Terravin* nennen, Rotweine *(Pinot noir* oder *Gamay* bzw. eine Mischung beider) mit mindestens 17 von 20 Punkten *Salvagnin.*

Das Wallis läßt nur solche Rotweine *(Pinot noir* oder gemischt mit *Gamay)* als »Dôle« zu, die eine jährlich neu festgesetzte Mindestgradierung erreichen. Weine, die diesen Anforderungen nicht genügen, findet der Konsument als »Goron« etikettiert vor. In der Ostschweiz gibt es den *Winzer-Wy,* einen unverschnittenen Qualitätswein, der von der Prüfungskommission mindestens 18 von 20 Punkten bekommen muß.

Zu einer vereinfachenden Übersicht wird die Schweizer Rebfläche in die drei Anbaugebiete Westschweiz, Ostschweiz und Südschweiz unterteilt. Abgesehen von der Südschweiz, wo nur im Kanton Tessin Rebanbau betrieben wird, sind es in der Westschweiz sechs Kantone und in der Ostschweiz sogar vierzehn Kantone, die unterschiedlich intensiv Weinanbau pflegen.

Westschweiz

Die weinergiebigsten Kantone liegen in der Westschweiz, allen voran das *Wallis* mit einer Rebfläche von 5020 ha, auf der über ein Drittel der Schweizer Weinernte wächst. Zweifellos gehört dieser Kanton zu den grandiosesten Weinlandschaften Europas. Bis zu einer Höhe von 1000 m (im Oberwallis, bei *Visperterminen)* ziehen sich die terrassenförmig angelegten Rebgärten an den Bergflanken oberhalb des Rhônetales entlang. Das Hochmassiv der Alpen schirmt sie vor Winden und Stürmen ab, das Schmelzwasser dient zur Bewässerung der sonst überaus trockenen Weinbergsböden.

Diese steinigen, leichten Böden und die kalkhaltigen Schutt-Terrassen stellen die erste Voraussetzung für das Gedeihen hochgradiger Weine mit Körper, Rasse und Frucht dar; die andere Vorbedingung besteht in einem Klima nach Maß: Ausgiebige Sonnenbestrahlung, spärliche, gleichmäßig verteilte Niederschläge (im Jahresdurchschnitt oft weniger als 600 mm) und verhältnismäßig hohe Temperaturen bis in den Spätherbst. In diesem natürlichen »Glutofen« ernten die Walliser ihre schwersten und ausdrucksvollsten Weine.

Etwa 57 % davon sind Weißweine, von denen der *Fendant* die Spitzenposition einnimmt. Er wird aus der *Chasselas*-Rebe (Gutedel) gewonnen und zeichnet sich durch seine trockene, milde bis spritzige, gerundete Art aus. In der Farbe ist der Wein zartgelb bis blaßgold mit grünen Reflexen, im Duft zart und verhalten. Fendant-Weine gibt es in verschiedenen Gütekategorien, die man aus den Bezeichnungen des Weinetikettes nur indirekt ersehen kann. Fendant im Niveau eines Konsumweines wird nur durch den Namen Fendant, gegebenenfalls mit einer hinzugefügten Fantasie-Bezeichnung, angeboten. Bessere Qualitäten weisen auf dem Etikett eine Ortsbezeichnung auf, Spitzenqualitäten sogar eine Lagebezeichnung und die Adresse eines Weingutes. Große Lagen für Fendant zwischen *Leytron* und *Sion* sind: Montibeux, Ardévaz, Ravanay, Mont d'Or, Lentine sowie zwischen Sion und *Sierre:* Brûlefer, Clavoz, Molignon, Uvrier und Goubing. Neben Sion (Sitten) und Sierre (Siders) sind die besten Fendant-Weinbaugemeinden *Fully, Conthey, Vétroz* und *Savièse.*

Der *Johannisberg* steht im Weißweinanbau des Wallis an zweiter Stelle. Er wird aus der Rebsorte *Rhin* (Silvaner) gewonnen und ergibt einen blumigen, milden, in guten Jahren sehr gehaltvollen Wein mit relativ neutralem Geschmack. Die besten Qualitäten mit Feinheiten und reicher Blume gedeihen auf dem Schiefergeröll zwischen *Leytron* und *Chamoson.*

Die restlichen Walliser Weißweine verteilen sich auf acht zum Teil sehr alte Rebsorten:

Malvoisie wird aus *Pinot gris* (Ruländer) erzeugt und brilliert im Wallis mit bernsteinfarbiger Schönheit, viel Volumen

SCHWEIZ

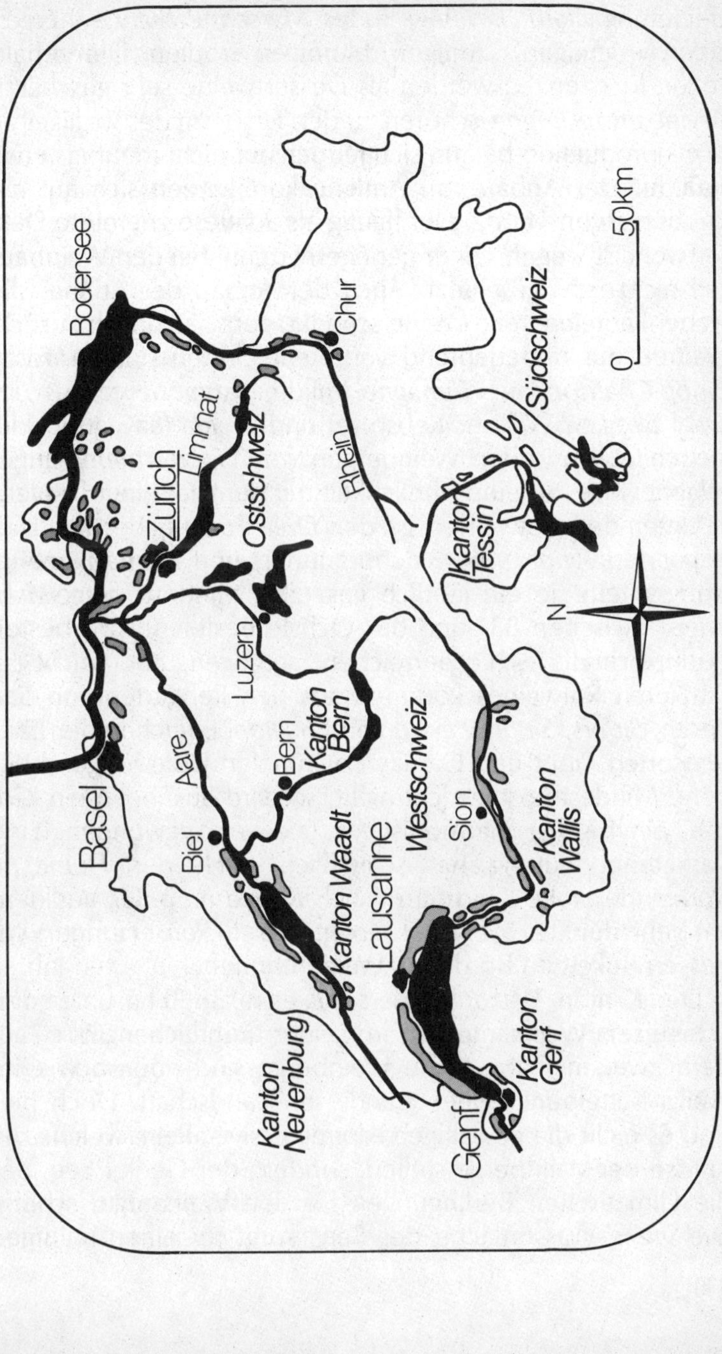

Bodensee
Basel
Zürich
Limmat
Ostschweiz
Rhein
Chur
Südschweiz
0
50km
Luzern
Aare
Bern
Kanton Bern
Biel
Kanton Waadt
Lausanne
Westschweiz
Sion
Kanton Wallis
Kanton Tessin
N
Kanton Neuenburg
Genf
Kanton Genf

und guter Haltbarkeit. Der Wein gehört zu den edelsten Rebenprodukten des Gebietes. Als Süßwein trägt er die Bezeichnung *Flétri. Ermitage* (oder *Marsanne Blanche)* ergibt einen wuchtigen, samtigen, blumigen Tropfen. Die gehaltvollen Kreszenzen werden als Dessertweine sehr geschätzt. *Arvine* und *Amigne* gehören zu den Ursorten des Wallis, ihre Jahresproduktion beläuft sich jedoch auf nicht mehr als etwa 1500 hl. Der Anbau von Amigne konzentriert sich auf die Rebberge von *Vétroz.* Der häufig als Spätlese geerntete Dessertwein ist wegen seiner geringen Erträge bei den Weinbauern nicht sehr geschätzt. Auch der Anbau der Arvine, die kraftvolle, feine, reife Weine schenkt, geht allmählich zurück. Weitere nur unbedeutend vertretene Sorten sind: *Muscat, Pinot Chardonnay, Humagne* (milde, zarte Weine aus der wohl ältesten Walliser Rebsorte) und *Heida* (Savagnin), die ausschließlich in den Weinbergen von *Viperterminen* angepflanzt wird und eine Ähnlichkeit mit dem Traminer besitzt.

Unter den Rotweinen ist der *Dôle* Favorit, der aus den Rebsorten *Pinot Noir* (Blauburgunder) und *Gamay* erzeugt wird, sofern sie ein jährlich gesetztes Mindestmostgewicht (meist zwischen 83° und 85° Öchsle besitzen). Die besten Exemplare dieses körperreichen, samtigen, aber nicht zu schweren Rotweines kommen aus den Rebgärten von *Salgesch, Siders, Sitten, Leytron* und *Saillon.* Erreichen die Traubensorten Pinot und Gamay das für den Dôle vorgeschriebene Mindestmostgewicht nicht, so wird aus ihnen ein *Goron,* ein frischer, harmonischer Tafelwein gewonnen. Eine Raritätenbedeutung hat schließlich noch der *Humagne Rouge,* der »alte Landrote« (auch *Rouge de pays),* aus dem ein sehr dunkler Wein mit violetten Reflexen erzeugt wird, dessen Bukett an Bordeaux-Weine erinnert.

Der Kanton *Waadt* rangiert mit etwa 3650 ha unter den Schweizer Weinkantonen in seiner Rebflächengröße auf dem zweiten Platz. Seine Weinberge sind ebenso wie im Wallis Mittelpunkt einer grandiosen Landschaft. Doch hier sind es nicht die gewaltigen Alpenmassive allein, welche die Kulisse der Weinberge stellen, sondern der Genfer See, der die klimatischen Bedingungen für den Weinanbau schafft. Die weite Wasserfläche des Sees sorgt für einen mäßigen

Temperaturaustausch zwischen Tag und Nacht und vor allem im Herbst für ausreichende Luftfeuchtigkeit. Lediglich Frühjahrsfröste und vor allem Hagelgewitter stören immer wieder diese günstigen Wachstumsbedingungen.

Nicht alle Reben im Kanton Waadt stehen in Weinbergen am Genfer See-Ufer. Ein Teil von ihnen zieht sich in das Rhônetal entlang bis an die Grenzen zum unteren Wallis. Andere wiederum wachsen auf leichten Hanglagen in einer nicht von steilen Bergen geprägten Landschaft am Westende des Sees. Um der Verschiedenartigkeit dieses Anbaugebietes zu entsprechen, wurde es in sechs Regionen eingeteilt (von Westen nach Osten): *La Côte, Lavaux, Chablais, Côte de l'Orbe, Bonvillars* und *Vully Vaudois.*

In allen Regionen dominiert der Weißweinanbau, und zwar wiederum aus der *Chasselas*-Rebe, deren Weine hier *Dorin* heißen. Es sind fruchtige, trockene, ausgeglichene Weine, hell, durchsichtig und von zartem Grün-Gelb bis leichtem Gold. Je nach Weinbergsboden und Standort gibt es bei den Dorins interessante Unterschiede, die sich auch im Alkoholgehalt bemerkbar machen. Die kräftigsten wachsen im Gebiet von Lavaux, speziell im Dézalay sowie im Chablais mit einem durchschnittlichen Alkoholgehalt von 11° bis 13°. Ein Grad Alkohol darunter liegen meist die Dorins von der Bonne Côte bei Rolle, am leichtesten sind die aus den übrigen Anbauregionen (zwischen 9,6° bis 11° Alkohol). Delikat, fein und ziemlich spritzig sind die Dorins von Morges und der Côte de Nyon. Dorin-Weine, die durch eine Expertenkommission bei einer Prüfung von 20 möglichen Punkten mindestens 18 erhalten haben, können die Qualitätsbezeichnung *Terravin* erhalten.

Vier Fünftel der Weinberge sind mit Chasselas-Reben bepflanzt, das andere Fünftel mit *Pinot Noir* und *Gamay,* deren Verschnitt den Waadtländer Qualitätswein *Salvagnin* ergibt. Diese Rotweine werden zuvor von Fachleuten nach einem 20-Punkte-System bewertet und müssen in der organoleptischen Prüfung mindestens 17 Punkte erreichen, um den Namen Salvagnin zu tragen. Im allgemeinen ist der Salvagnin ein leichter, milder, schön abgerundeter und eleganter Wein.

Die Weine von Féchy, Mont-sur-Rolle, Luins, Vincel und

Tartegnin zeichnen sich gemeinsam durch eine besondere Feinheit aus, der sie ihren außergewöhnlichen Ruf verdanken. In den Regionen von Bonvillars, Vully und Les Côtes de l'Orbe gibt es eine Reihe interessanter Spezialitäten, wie *Pinot Gris, Riesling×Sylvaner* sowie *Muscat.*

Einen kräftigen, generösen Charakter zeigen die Weine aus dem Lavaux wegen ihrer einmaligen, geographisch vorzüglichen Lage: die schroff abfallenden Weinberge scheinen vom Himmel in schwindelerregenden Sprüngen über trockene Steinmauern in den See zu tauchen. Hier wird die Weintraube von der Sonne zweimal gereift. Einmal von oben und einmal von unten, von wo die spiegelnde Fläche des Genfer Sees die Strahlen zurücksendet. So sehr sich die Weine von La Côte durch ihre Anmut charakterisieren, so sehr zeichnen sich die von Lavaux durch ihre Fülle aus. Auf granitartigem Boden des *Dézalay* wachsen die größten Dorin-Weine. Ihnen eifern die von *Lutry* und *Vilette* nach. Trocken, etwas leichter, aber nicht minder raffiniert sind die Dorins von *Epesses, Saint Saphorin, Chardonne* und *Vevey.*

Das Chablais Vaudois zieht sich von *Château de Chillon* bis nach *Bex* hin. Auf der von Felsgeröll angeschwemmten Erde wachsen vor allem um *Yvorne* Dorins von einzigartigem, bezauberndem Geschmack. An die ersten Ausläufer der Voralpen angelehnt, liefern die Rebberge von *Aigle* einen Wein von überzeugender starker Eigenart. *Ollon* bringt behäbige, solide Weißweine von guter Haltbarkeit. Auf den steilen, kreidehaltigen Böden von Bex wachsen trockene, spritzige Dorins.

Sämtliche Dorin-Weine eignen sich hervorragend als Apéritif, zum See- oder Meerfisch, insbesondere zu Schalentieren, Forellen, Seezunge, Hummer oder Krebs, sowie zu Geflügel, Pasteten und nicht zu scharfen Käsen.

Mit einer Rebfläche von 1440 ha steht der Kanton *Genf* an dritter Stelle unter den Westschweizer Weinbauregionen. Er baut zu etwa zwei Drittel Weißwein und ein Drittel Rotwein an. Die Weißweinerzeugung wird fast ausschließlich durch die *Chasselas*-Rebe bestimmt, deren Weine als *Perlan* bezeichnet werden. Es sind, ähnlich wie im Waadt, frische, bekömmliche, in guten Jahren auch recht gehaltvolle Weine. Einige ha sind mit *Sylvaner* und *Aligoté* bepflanzt, die harmonische, milde und kräftige Weine ergeben.

Bei den Rotweinen beherrscht die *Gamay*-Rebe (hier als Gamay de Genève bezeichnet) den Anbau. Sie gibt einen dem Beaujolais nicht unähnlichen, frischen, leichten und angenehm fruchtigen Wein. Vielfach wird aus der Gamay auch ein Rosé erzeugt, ein pikant-fruchtiger *Œil-de-Perdrix.* Auf über 50 ha stehen Blauburgunder-Reben, die einen warmen, samtigen Rotwein ergeben.

Das Rebensortiment hat sich im Laufe der Zeit sehr stark verändert. Die meisten älteren Sorten sind heute verschwunden. Sie trugen hübsche Namen wie Gouet, Clairette, Folle blanche für weiße oder Gros Noir, Mondeuse für blaue Reben. Gegen Ende des letzten Jahrhunderts produzierte der Kanton Genf fast nur Rotwein. Gegen 1900 erfolgte eine totale Umstellung. Fast alle alten Sorten wurden durch die Chasselas-Rebe ersetzt, und in ganz geringem Umfang ist noch Riesling-Sylvaner hinzugekommen.

Der Genfer Weinanbau erstreckt sich auf beide Ufer der Rhône, wobei der größere Anteil im *Mandement,* am rechten Ufer, vor allem um *Satigny* liegt, das sich als größte Weinbaugemeinde der Schweiz bezeichnet. Der Rest gliedert sich zu ungefähr gleichen Teilen auf das Gebiet zwischen See und Arve einerseits, Arve und Rhône andererseits. Zwischen Arve und Rhône ist das Rebgelände viel konzentrierter und gruppiert sich vor allem den Südhang des Hügels von *Bernex-Lully, Confignon* entlang. Die Anzahl der Rebbauern sinkt seit dem Anfang des Jahrhunderts. Vor dem Zweiten Weltkrieg waren es noch etwa 1000. Seither wurden es immer weniger. Heute sind es nur noch ungefähr 375. Fast alle, das heißt etwa 350 haben sich dem Bund der Genfer Kellereien (Féderation des Caves Genevoises) angeschlossen, dem sie ihren ganzen Ertrag abliefern. Die unabhängig gebliebenen setzen ihre Produktion teils direkt, teils über den einschlägigen Handel ab.

Etwa 610 ha Rebfläche erstrecken sich entlang des Nordufers des Neuenburger Sees im Kanton *Neuenburg.* Ihre Weine tragen die Herkunftsbezeichnung *Neuchâtel.* Auch hier steht der Chasselas an erster Stelle im Weißweinsortiment. Seine Weißweine werden vielfach nach der »sur lie«-Methode, das heißt, unmittelbar nach dem ersten Hefeabstich auf Flaschen gefüllt, so daß sie einen ziemlich hohen Anteil natürlicher Kohlensäure besitzen. Dieser führt beim Einschenken des Weines aus der hochgehaltenen Flasche im Glase zu einer Bläschenbildung, wobei es scheint, daß sie sich zu einem Stern formiert. Aber es war wohl nicht nur diese reizvolle Eigenschaft des Perlens von Neuenburger Weißweinen, die sie international fast ebenso bekannt gemacht hat, wie die Walliser Fendants (in manchen Ländern vielleicht sogar noch populärer). Tatsächlich ist er durch seinen hohen Kohlesäureanteil auch gut transportfähig und ziemlich lange haltbar. Seine Frische und seine dezente Eleganz verdankt er dem kalkhaltigen, relativ kargen Ton- und Kiesboden, seinen Gehalt den guten kleinklimatischen Bedingungen am See-Ufer. Das trifft auch für die anderen Weißweine zu, wie *Sylvaner, Riesling×Sylvaner, Pinot Gris* (Ruländer), *Pinot Blanc* und *Chardonnay,* die interessante Spezialitäten und Raritäten liefern.

Die Rotweinerzeugung wird fast ausschließlich aus *Pinot Noir* (Blauburgunder) betrieben, die hier in großem Umfang auch für die Erzeugung eines hellroten *Œil-de-Perdrix* eingesetzt wird. Dieser fruchtige, spritzige Wein ist allerdings nicht für eine längere Haltbarkeit bestimmt. Die besten Rotweine kommen aus *Boudry, Auvernier* und *Cortaillod,* wo auch die bemerkenswertesten Chasselas-Weißweine erzeugt werden. Gute Weißweine wachsen außerdem in Cressier-Combes, Hauterive am Nordufer des Sees, *La Coudre* mit der Lage Champreveyres sowie in *Bevaix* und *Gorgier.*

Die beiden übrigen Weinbaukantone der Westschweiz sind *Bern* (237 ha) und *Freiburg* (103 ha). Berns Weinberge liegen am Bieler See, wo sie unmittelbar an den Rebflächen des Kanton Neuchâtel anschließen und als *Bieler See-Wein, Schafiser* oder *Twanner* bezeichnet werden. Die *Inselweine* kommen von der Sankt-Peter-Insel, der *Erlacher* aus der Jolimont-Region. Zu drei Viertel werden Chasselas-Reben angebaut, deren Weine denen von Neuchâtel ähnlich sind. 5% verteilen sich auf ein größeres Spezialitätensortiment mit *Riesling×Sylvaner, Gewürztraminer, Pinot Gris, Sylvaner, Pi-*

not Chardonnay und *Freisamer,* 20 % kommen auf den *Blauburgunder.*

Die 15 ha Reben am Thuner See liegen am Südufer um *Spiez* und am Nordufer um *Oberhofen,* wo jeweils Winzergenossenschaften die traditionelle Rebkultur mit Fleiß und Erfolg aufrechterhalten.

Die Reben am Südufer des Neuenburger Sees sowie am Murtensee gehören zum Kanton Freiburg. Der Hauptanteil liegt hier bei *Chasselas,* in kleinerem Umfang wird auch *Riesling × Sylvaner, Traminer* und *Pinot Gris* gepflegt. Die Weißweine erfreuen durch ihre trockene, markante, natürlich-spritzige Art, die Rotweine sind rubin- bis granatrot, gehaltvoll und ansprechend.

Südschweiz

Der Kanton Tessin in der italienischen Schweiz ist fast ein reines Rotweingebiet. Von den 900 ha sind 70 % mit *Merlot* bepflanzt, die in dem trockenen, oft subtropischen Klima der Tessiner Täler die idealen Wachstumsbedingungen vorfindet. Die Sorte hat sich in den letzten 30 Jahren erst richtig durchgesetzt, nachdem der Tessiner Weinanbau zuvor in verschiedenen krisenhaften Entwicklungen kaum qualitativ nennenswerte Erfolge aufzuweisen hatte. Auch heute noch ist der Anteil von Direktträgerreben (Americana) mit einem knappen Viertel der Rotweinpflanzen ziemlich hoch. In den 184 Weinbaudörfern des Tessins werden die Americana und die einheimischen *Nostrano* (etwa 20 %) fast ausschließlich als preiswerter, etwas derber Konsumwein für den Eigenbedarf oder zur Traubensafterzeugung verwendet, während der Merlot heute das Aushängeschild für den Tessiner Rotwein in der Gastronomie des Landes und sogar schon in der Weinausfuhr ist. Zu diesem Zwecke gibt es für den Merlot die Möglichkeit, das Gütezeichen VITI (= Vini ticinesi) zu erhalten, wenn er bei einer organoleptischen Prüfung durch eine Fachkommission das Prädikat ausgezeichnet erhält.

Der ursprünglich aus Bordeaux stammende Merlot ergibt einen rubinfarbigen, milden, aromatischen, harmonischen und mundigen Tropfen, der schon nach einem Jahr Trinkreife besitzt und nach Möglichkeit innerhalb von vier bis fünf Jahren getrunken sein sollte. Im *Mendrisiotto* südlich des Luganer Sees liegt die intensivste Merlot-Erzeugung mit den besten Lagen. In den anderen Tessiner Regionen hingegen ist die Landweingewinnung immer noch recht groß, wobei diesen Weinen, in einer typischen Grotto mit einer herzhaften Zutat getrunken, als rustikale Erfrischung durchaus ihre Reize haben.

Die kaum nennenswerte Weißweinerzeugung beschränkt sich auf den Anbau von *Chasselas*- und *Sémillon*-Reben. Chasselas-Weine werden unter anderem im *Balerna* vom Weingut Mezzana und in *Coldrerio* vom Weingut Colle degli Ulivi erzeugt. Zur Prüfung auf ihre praktische Anbaueignung befinden sich außerdem weitere Sorten wie *Sauvignon, Pinot Blanc,* und die Rotweinsorten *Syrah, Malbec* und *Bondola.* Für den Weinanbau zugelassen im Tessin ist außerdem der *Pinot Noir,* der allerdings keine nennenswerte Verbreitung gefunden hat.

Tessiner Weine werden im allgemeinen nicht nach geographisch eingegrenzten Lagebezeichnungen benannt. Sie tragen lediglich die Bezeichnung der Rebsorte. Nur bei einigen wenigen Spitzenherkünften wird eine Lagebezeichnung eingesetzt, wobei es oft schwer ist, Lagenamen von einer Fantasiebezeichnung auseinander zu halten. So ist zum Beispiel der bei *Stabio* gelegene mit 75000 Rebstöcken bepflanzte Montalbano die größte und eine der besten Lagen im Tessin, deren Weine eine entsprechende Verbreitung finden. Im Gegensatz dazu ist beispielsweise die Bezeichnung Verbanello eine Fantasiebezeichnung und entspricht keiner Weinbergslage. Wer auf spezifische Herkunft beim Merlot del Ticino Wert legt, sollte daher auf den Erzeugernamen achten, wobei eine kleine Tenuta (Weingut) in der Regel nur die selbstgeernteten Trauben verarbeitet, während die größeren Kellereien vielfach Trauben aus verschiedenen Lagen zukaufen müssen.

Ostschweiz

Mehr als 300 kleine Weinberge sind über den Rest der Schweiz verstreut, wo man die schweizerisch-deutschen Mundarten spricht. Diese Weine sind selbst in der Schweiz nicht weit verbreitet; denn die Mengen sind so beschränkt, daß sie wohl völlig im Erzeugungsgebiet verbraucht werden. Größte Rebkantone in der Ostschweiz sind *Zürich* (585 ha), *Schaffhausen* (477 ha) und *Aargau* (330 ha). Die sortenmäßige Zusammensetzung des Rebbestandes in der Ostschweiz hat in den letzten 50 Jahren eine bemerkenswerte Veränderung genommen. In den 20er Jahren setzte sich mit der Rebberg-Zusammenlegung allmählich die Rebsorte *Blauburgunder* durch, die heute etwa 70 % der gesamten Rebfläche der Ostschweiz ausmacht. Ihre Weine sind meist etwas leichter, heiterer, duftiger und auch heller als die aus den südlichen Anbaugebieten. In Jahren mit heißen Sommern können allerdings auch feurige, schwere, dunkelrote Tropfen aus dem Blauburgunder in der Ostschweiz gekeltert werden. Im Züricher Land hat er auch noch den alten Namen *Klevner,* was auf seine Herkunft aus Kleven (Chiavenna) hinweist. Werden roséfarbene, hellrote Trauben ohne jegliche Gärung abgepreßt, entsteht Federweißer. Als *Beerliwein* wird da und dort an der Maische durchgegorener Rotwein bezeichnet. Ostschweizer Blauburgunder entfalten ihre beste Qualität oft im dritten bis vierten Jahr nach der Lese, wenn ihr Fruchtgeschmack besonders ausgeprägt ist und sie ein feines Bukett erhalten.

Einen Anteil von etwa 20 % an der Ostschweizer Rebfläche hat die Rebsorte *Riesling × Sylvaner,* ein milder, duftiger, und mit angenehmem Muskataroma ausgezeichneter Wein. Der *Räuschling,* der sehr herbe, säurebetonte, kräftige und rassige Weine ergibt, hatte früher im Zürcher Unterland eine große Verbreitung. Heute ist er nur noch in geringem Prozentsatz an der Rebfläche beteiligt und konzentriert sich auf einige wenige Parzellen am Zürichsee in *Weiningen* und *Uhwiesen.* Als Spezialitäten werden daneben *Tokayer* (Grauburgunder/Pinot Gris) und *Gewürztraminer* angebaut.

Mit einer Rebfläche von 300 ha verfügt der Kanton *Grau-*

bünden über einen ansehnlichen Weinanbau. Seine große Stärke ist der *Blauburgunder,* der in der *Bündner Herrschaft* im Gebiet um *Chur* unter Föhneinfluß auf kalkigen Weinböden einen vollen, ansprechenden Rotwein erzeugt. Die Weinbaugemeinden *Malans, Jenins, Maienfeld* und *Fläsch* sind für die hohe Qualität ihrer Bündner Rheinweine seit langem geschätzt. In Malans werden außerdem noch kleine Restbestände der alten weißen Rebsorte *Completer* gepflegt.

Die bedeutendsten Weinberge des Kanton *Thurgau* (240 ha) liegen an den Hängen rechts der Thur. Die eigentliche Heimat der thurgauischen Weißweine sind die Rebberge am Untersee, wo fast ausschließlich *Riesling × Sylvaner* wächst. Diese feinblumigen, leichten Weißweine sind als Apéritif und beim Genuß eines Fischmahles besonders begehrt. Im Gebiet von *Eschenz* und *Schlattingen* werden Rotweine aus Blauburgunder angebaut.

In *St. Gallen* verteilt sich die Rebfläche von 160 ha auf fast den gesamten Kanton. Mit einem Anteil von 95 % beherrscht der *Blauburgunder* fast die gesamte Weinszene. Aus ihm wird ein fruchtiger, frischer, rubinroter Wein gewonnen, den man in jungen Jahren auch kellerkühl (Temperatur 12° bis 14° C) trinken kann.

Fast alle Ostschweizer Weine zeichnen sich durch eine feine, frische, nicht allzu schwere Art aus. Ihr Alkoholgehalt steigt selten über 11° hinaus. Oft beträgt er nur 9,5° bis 10,5°. An steilen Sonnenhängen und in Föhnlagen, wie zum Beispiel in der Bündner Herrschaft, können auch vollmundige, körperreiche Weine gedeihen.

ITALIEN

Ein Stiefel voller Wein

2500 Jahre intensiver Rebkultur beweisen es: Italien ist als größtes Weinbauland der Welt aufgrund seiner Nord-Süd-Ausrichtung und seiner mannigfachen klimatischen Verhältnisse für die Herstellung zahlreicher und unterschiedlichster Weine bestens prädestiniert. Das Ergebnis sind nahezu 3000 verschiedene Weine, die zum überwiegenden Teil dem Bereich einfacher Tafel- und Landweine angehören.

Viele Weine Italiens haben den Ruf des klassischen Ferienweines. Man genießt sie vornehmlich in Verbindung mit einem Urlaubsaufenthalt und — als Reminiszenz an das Ferienland — in Form von Souvenirs später auch daheim.

Mit dem Image zum Ferienwein ist die Vorstellung von unkomplizierten, heiteren Landweinen eng verknüpft. Ein Wein, der — wie viele der italienischen Spitzenweine — mindestens drei Jahre bis zur vollen Entfaltung benötigt, paßt in ein solches Klischee nicht hinein.

In Wirklichkeit ist das Bild der Weinerzeugung in Italien sehr heterogen. Von den insgesamt etwa 3,6 Mill. landwirtschaftlichen Betrieben des Landes befassen sich 1,9 Mill. mit Weinanbau. Über die größte Anzahl von Weinerzeugern verfügen die Regionen *Venetien, Campanien, Apulien, Latium* und *Sizilien.* Dabei ist die Größe der Rebfläche, die im Durchschnitt der Region von einem Weinbauern bewirtschaftet wird, sehr unterschiedlich. Im *Aosta-Tal* zum Beispiel, wo der Weinbau bis zu einer Höhe von 1000 m ü. d. M. an oft steilen Hanglagen betrieben wird, liegt die durchschnittliche Rebfläche nur bei 0,18 ha pro Weinerzeuger. In *Marken* hingegen, wo der Rebanbau auf leichten Hügelhängen dominiert, bewegt sich die Durchschnittsgröße um fast 2 ha.

Einen wichtigen Einfluß auf die Technik des Weinanbaus und die Weinvermarktung haben in den letzten Jahrzehnten die Genossenschaften gezeigt. Derzeit werden in Italien etwa 40 % der Weinproduktion durch Genossenschaften erfaßt. Eine besonders große Rolle spielen die Winzergenossenschaften in Emilia-Romagna, Apulien, Venetien, Piemont, Sizilien und Sardinien. Das Genossenschaftswesen, das sich in Italien Anfang der 30er Jahre durchsetzte, wirkt sich auch immer nachhaltiger auf die Qualitätspolitik in der Weinerzeugung aus. Immer mehr Kooperativen produzieren eine breite Skala von Qualitätsweinen. Dabei kommen ihnen die modernen kellertechnischen Einrichtungen bei der Traubenannahme, der Weinreife und Lagerung sowie Abfüllung sehr zugute.

Parallel zur Entwicklung im Genossenschaftswesen haben auch viele Weingüter in den letzten Jahren ihre Betriebseinrichtungen nach den Erkenntnissen moderner technologischer Arbeitsverfahren umgestellt, um somit nicht nur rationeller, sondern auch qualitativ effektiver den Wein an- und ausbauen zu können.

Allgemein läßt sich in den letzten 15 Jahren ein starker Rückgang der Mischkulturen feststellen, während die Flächen, die ausschließlich dem Weinanbau dienen, zugenommen haben. Parallel dazu konnten aufgrund landwirtschaftlicher und biologischer Intensivierungsmaßnahmen die durchschnittlichen Hektarerträge beachtlich gesteigert werden. Das führte trotz insgesamt rückläufiger Anbaufläche zu relativ gleichmäßigen Ernteergebnissen, sieht man einmal von den jahrgangsbedingten Schwankungen aufgrund der Witterungseinflüsse ab.

Die in den europäischen Weinbauländern traditionsgemäß unterschiedlich gehandhabten Weinerzeugungsmethoden führen zwangsläufig auch zu einer verschiedenartigen Kennzeichnung der gehobenen Weinqualität. Während zum Beispiel in Deutschland oder Österreich Spitzenweine Bezeichnungen nach ihrer Leseart wie Beerenauslese oder Trockenbeerenauslese, führen, gibt es in anderen Weinbauländern anstelle dieser Prädikate kontrollierte Ursprungsbezeichnungen, mit denen Qualitätsweine bestimmter Anbaugebiete ausgestattet werden.

Eine solche kontrollierte Ursprungsbezeichnung schützt einerseits den betreffenden Wein, zum anderen garantiert sie dem Konsumenten die Herkunft des bezeichneten Weines aus dem jeweilig genannten Anbaubereich.

Für die italienischen Weinerzeugung wurde 1963 die kontrollierte Ursprungsbezeichnung für gehobene Qualitätsweine eingeführt. Diese *Denominazione di Origine controllata,* abgekürzt *D.O.C.,* wurde seitdem für über 210 Weine erteilt. Mit ihr verbinden sich strenge gesetzliche Auflagen, die nicht nur den jeweiligen geographischen Raum, der für die Weinerzeugung zugelassenen Rebflächen abgrenzen, sondern auch genaue Vorschriften für die dabei zu verwendenden Rebsorten, deren Anbaumethoden und Maximalerträge, den Mindestalkoholgehalt sowie weitere Zusatzbezeichnungen wie zum Beispiel »classico« enthalten.

Die Produktionsvorschriften, die nach Möglichkeit auf bewährte ortsübliche Erzeugungsmethoden Rücksicht nehmen, umfassen auch Auflagen über die Meldepflicht der geernteten und verkauften Traubenmengen sowie die Notwendigkeit, in einem Kellerbuch die An- und Verkäufe von Weinen oder Mosten zu verzeichnen.

Ein paritätisch aus allen Bereichen der italienischen Weinwirtschaft zusammengesetztes Nationalkomitée zum Schutz der Ursprungsbezeichnungen überwacht in Zusammenhang mit den staatlichen Organen die Einhaltung der Vorschriften, die sich insbesondere auf die wahrheitsgemäße Deklaration vom Ursprung des Weines auf den Weinetiketten erstrecken.

Dieses Nationalkomitée schlägt dem italienischen Landwirtschaftsministerium weitere für den D.O.C.-Schutz nach einem ausgiebigen Prüfungsverfahren in Frage kommende und geeignete Weine vor.

Aufgrund ihrer strengen Normen ist die D.O.C.-Bezeichnung übrigens identisch mit den anderen in der EG-Verordnung für die europäischen Weinbauländer festgesetzten Qualitätskategorien wie Appellation d'origine contrôlée (Frankreich) und Qualitätsweine b. A. (Deutschland). Durch die Schaffung der D.O.C.-Qualitätsgruppe wurde der frühere Status bestimmter Typenweine in Italien aufgelöst. Nun definiert das Dekret D.O.C. als eine Ursprungsbezeichnung von Wein den geographischen Namen des entsprechenden Produktionsgebietes — mit oder ohne Nennung der Rebsorten oder anderer Hinweise —, der gebraucht wird, um die dort wachsenen Weine zu bezeichnen, deren Charakteristika im wesentlichen von den Rebsorten und den natürlichen Umweltbedingungen (Boden, Klima) abhängen.

Das D.O.C.-System schützt damit zugleich vor Fälschungen und Nachahmungen, zumal nicht nur der Rebanbau in den betreffenden Gebieten einer Kontrollaufsicht unterliegt, sondern zugleich auch die Weinherstellung im Gebiet sowie die Verkäufe gemäß den behördlichen Vorschriften überwacht werden. Die *Denominazione di Origine controllata e garantita (D.O.C.G.)* = kontrollierte und garantierte Ursprungsbezeichnung trat erstmals 1984 für einige Weine in Kraft *(Barolo, Barbaresco, Brunello di Montalcino, Chianti, Vino Nobile di Montepulciano).* Hierbei werden Weinherstellung und Weinqualität ständig von einer amtlichen Expertenkommission überprüft und die Flaschen mit einer entsprechenden Kontrollmarke ausgestattet.

Zu etwa 15 % besteht die italienische Weinerzeugung aus Qualitätsweinen mit der D.O.C.-Ursprungsbezeichnung. Der Anteil der D.O.C.-Qualitätsweine an der Weinerzeugung der einzelnen Weinanbaugebiete ist sehr unterschiedlich. Den höchsten Anteil weisen die Regionen *Trentina-Alto Adige/Südtirol, Toskana, Piemont* und *Venetien, Apulien* und *Basilikata.* In der Erzeugung von D.O.C.-Weinen spielen mengenmäßig die größte Rolle *Chianti, Marsala, Soave, Valpolicella, Moscato d'Asti, Kalterer See, Barbera d'Asti, Bardolino* und *Frascati.* Etwa 40 % der gesamten D.O.C.-Weinerzeugung geht in den Export.

In der folgenden Vorstellung der großen italienischen Weine werden bis auf wenige Ausnahmen ausschließlich D.O.C.-Weine erwähnt, wobei wir uns wiederum nur auf die namhaftesten beschränken, deren Bedeutung über den regionalen Raum ihrer Erzeugung hinausgeht. Dabei ist es nicht leicht, über den Weinanbau in Italiens Provinzen zu schreiben, ohne auf ihre eigentlichen landschaftlichen Reize einzugehen, die durch die Kultur der Rebe oft entscheidend mitgeprägt werden, vielfach in Verbindung mit Olivenbäumen, Zypressen und all jenen Pflanzen, welche die Konturen des klassischen italienischen Landschaftsbildes zeichnen.

Und so ist es auch schwer, die von Dichtern und Malern wiedergegebene Schönheit des Landes gleichsam völlig unbeachtet zu lassen, um mit nüchterner Akribie sich ausschließlich auf die besten Früchte der Erde zu konzentrieren — eines Landes, das schon immer das begehrte Ziel inbrünstiger Sehnsucht vieler Menschen war.

Aosta-Tal und Piemont: Noble Kreszenzen aus Nebbiolo-Reben

Über die Alpenpässe kamen in alten Zeiten die Gallier, Hannibal und die Germanenstämme. Über die Alpenpässe zogen die römischen Legionen nach Gallien und Germanien. Aus diesem Grunde erscheint Piemont so innig mit West- und Mitteleuropa verbunden und läßt noch heute die geistigen Reste des seit Jahrhunderten untergegangenen Königreichs Burgund erkennen. Piemont, das Land zu Füßen der Berge, ist eine einzigartige Hochburg bester italienischer Weine, deren großer Ruf in den angrenzenden Staaten und weit darüber hinaus seit jeher unangefochten war. Die traditionellen Handelsbeziehungen zu den Nachbarn im Norden und Westen ließen Piemonteser Weine ebenso rasch international bekannt werden, wie ihre überragende Qualität ihnen eine Vielzahl prominenter Verehrer schenkte. Als Julius Cäsar 49 v. Chr. aus Gallien nach Italien zurückkam, ließ er, um seine Erfolge zu feiern, fässerweise *Barolo*-Wein aus Piemont nach Rom schaffen. Aimone di Romagna, im 15. Jahrhundert Bischof von Turin, ließ sich die Pacht für Ländereien der Kirche nur noch in Fässern mit *Nebbiolo*-Wein aus Piemont auszahlen. Weil dem italienischen Abt Gorret, der 1865 das Matterhorn bestieg, *Donnaz*-Wein aus dem Aosta-Tal über alles ging, bekam er vom Bischof die Auflage, nur einen Becher pro Mahlzeit zu trinken. Der Abt ließ sich daraufhin einen 2-Liter-Humpen anfertigen.

Diese drei zufällig ausgewählten historischen Begebenheiten mögen den klassischen Ruhm Piemonteser Weine auf ihre Weise dokumentieren. Heute sind es fast drei Dutzend D.O.C.-Weine, mit denen Piemont und das Aosta-Tal ihren immensen Beitrag zur italienischen Qualitätsweingewinnung beisteuern. Wenn wir mit der Aufzählung von D.O.C.-Weinen im hochgelegenen Aosta-Tal beginnen, wo die Reben von einem eindrucksvollen Alpenpanorama umgeben sind, und sie bis zum südlichen Ende Siziliens fortführen, so wird auf dieser Distanz von 1500 km oder fast 10 Breitengraden die gewaltige Bandbreite italienischer Weinerzeugung am eindrucksvollsten sichtbar.

Als erster Wein des Aosta-Tales erhielt der *Donnaz* 1971 den D.O.C.-Schutz. Der leuchtend rote aus der Nebbiolo-Rebe gewonnene Wein wurde erstmals in einem Dokument im Jahre 1214 erwähnt. Es ist ein weicher, harmonischer Wein mit einem charakteristischen Mandelgeschmack, der erst nach drei Jahren der Lagerung in den Verkauf gelangen darf. Sein Absatz beschränkt sich im wesentlichen auf die touristischen Bereiche, die in dem Ski- und Bergsteigerparadies des Aosta-Tales eine große Rolle spielen. Dies gilt auch für den *Enfer d'Arvier,* einem granatroten, delikaten und angenehm herben Rotwein, der in der Umgebung der 780 m hoch gelegenen Gemeinde Arvier angebaut wird.

Piemont, nach Sizilien die zweitgrößte Region des Landes, widmet sich in einigen Bereichen so intensiv dem Weinanbau, daß in diesen Gemeinden über 90% der landwirtschaftlichen Fläche bestockt ist. Die Piemonteser, wegen ihrer harten, realistischen, selbstgenügsamen Art von ihren Landsleuten auch gerne als die Preußen Italiens bezeichnet, haben es verstanden, aus diesem Rebenreichtum eine ungewöhnlich hohe Zahl von Spitzenweinen zu erzeugen. Allen voran *Barolo* und *Barbaresco,* die ihr vinologisches Fundament der Rebsorte *Nebbiolo* verdanken. Die Nebbiolo-Rebe vollbringt im Norden Italiens mehrere Glanzleistungen, wie zum Beispiel bei *Carema, Fara, Gattinara, Nebbiolo d'Alba, Ghemme, Sizzano* und *Boca,* doch nur mit Barolo und Barbaresco erreicht sie in guten Jahren einzigartige qualitative Rekorde. Auf den kalkhaltigen, steinigen Böden des Piemonts, insbesondere in der Gegend der Monferrata-Berge findet die Nebbiolo ihre besten Wachstumsbedingungen. Übersetzt bedeutet Nebbiolo = Nebel, eine Bezeichnung, die zu vielen Interpretationen Anlaß gab. Im Herbst, zur Zeit der Traubenreife und Weinlese, hüllt sich die Hügelkette des Monferrato in Nebelschleier, so daß die Sorte ihren Namen möglicherweise hiervon herleitet.

Die wichtigsten D.O.C.-Rotweine Piemonts und ihre Merkmale sind: *Barolo:* Rubin- bis granatroter Wein, der mit zunehmendem Alter orange- bis bernsteinfarbene Reflexe zeigt. Er verfügt über ein volles, reiches nachhaltiges Bukett, in den sich manchmal der Duft von Veilchen mischt. Im Geschmack ist der Wein trocken, voll, samtig, ausgeglichen, mit zunehmendem Alter sehr edel, wobei er nach einigen Stunden der Flaschenöffnung oft einen charakteristischen Nachgeschmack zeigt, der durch eine leichte Oxydation bedingt ist und an den Geschmack von Teer erinnert. Bevor Barolo in den Handel kommt, muß er mindestens drei Jahre, davon mindestens zwei Jahre in Eichen- oder Kastanienholzfässern gelagert werden. Die Bezeichnung *Riserva* darf er nach vierjähriger Lagerung tragen. Das Anbaugebiet für Barolo umfaßt etwa 680 ha und beginnt 10 km südöstlich der Stadt Alba am rechten Ufer des Flusses Tanaro. In den Gemarkungen von 11 Weinbaugemeinden wird der Barolo angebaut, unter ihnen die namensgebende Winzergemeinde Barolo (beste Lagen: Cannubbio, Castellero und La Mandorla), Castiglione Falleto (beste Lagen: Rocche, Montanello), La Morra (beste Lage: Brunate), Monforte d'Alba, Serralunga d'Alba (beste Lage: Vigna Rotonda). Neben der Herkunft aus dem Weinberg spielt der Ausbau im Holzfaß eine große Rolle für die Vollkommenheit eines guten Barolo-Weines. Die dabei benutzten Fässer haben sehr unterschiedliche Größen, wobei das jeweils verwendete Eichenholz einen nicht unbedeutenden Einfluß auf die Reife des Weines haben kann. Als besonders geeignet gelten die schwarzen Eichenhölzer der slowenischen Eiche. Während der vorgeschriebenen langen Reifezeit verliert der Wein seine in der Jugend durch hohen Tanningehalt ausgeprägte Herbe und wird allmählich geschmeidig und weich. Barolo-Weine, die das Attribut »König der Weine — Wein der Könige« tragen, gehören nicht nur zu den besten Rotweinen Italiens, sondern rangieren ebenbürtig mit den großen Weinen Bordeaux' und Burgunds in der absoluten Spitzenklasse. Es sind Weine, die über eine ungewöhnlich gute Lagerfähigkeit verfügen, so daß sie ihre gesamte Vollkommenheit oft erst nach 15 bis 20 Jahren zeigen. Die durchschnittliche Jahresproduktion von Barolo beträgt etwa 48 000 hl.

Barbaresco: Dank der enormen Anstrengungen der Weinbauern im Gebiet von Barbaresco hat der dortige Wein inzwischen eine Spitzenstellung errungen, die sich in guten Jahrgängen und Lagen vom Barolo kaum noch unterscheidet. Das Erzeugungsgebiet des Barbaresco liegt ebenfalls in der Provinz Cuneo, nördlich von Alba am rechten Ufer des Tanaro. Mit einer Jahresproduktion von 19 000 hl kommt der Barbaresco mengenmäßig an die Baroloproduktion nicht heran. Der granatrote Wein mit den orangefarbenen Reflexen reift etwas früher als der Barolo, so daß er vor allem in jungen Jahren nicht dessen kernige Substanz zeigt. Gleichwohl ist er ein harmonischer, vollmundiger, kräftiger und samtiger Wein, der über eine ausgezeichnete Lagerfähigkeit verfügt.

Der Wein muß mindestens zwei Jahre in Eichenholzfässern gelagert werden, ehe er verkauft wird. Nach einer vierjährigen Lagerung kann er die Bezeichnung *Riserva* tragen.

Barbera d'Alba: Der aus der Rebsorte Barbera in der Provinz Cuneo erzeugte Wein ist einer der populärsten Piemonteser, da er wegen seiner aromatischen, gehaltvollen Art sich großer Beliebtheit erfreut. Der Barbera benötigt zur Reifeentfaltung eine nicht so lange Lagerzeit wie *Barolo* oder *Barbaresco.* Vorgeschriebene Mindestlagerung beim Produzenten: ein Jahr; für die Zusatzbezeichnung Superiore: zwei Jahre. Seine Haltbarkeit beträgt in der Regel 6 bis 8 Jahre.

NORDITALIEN

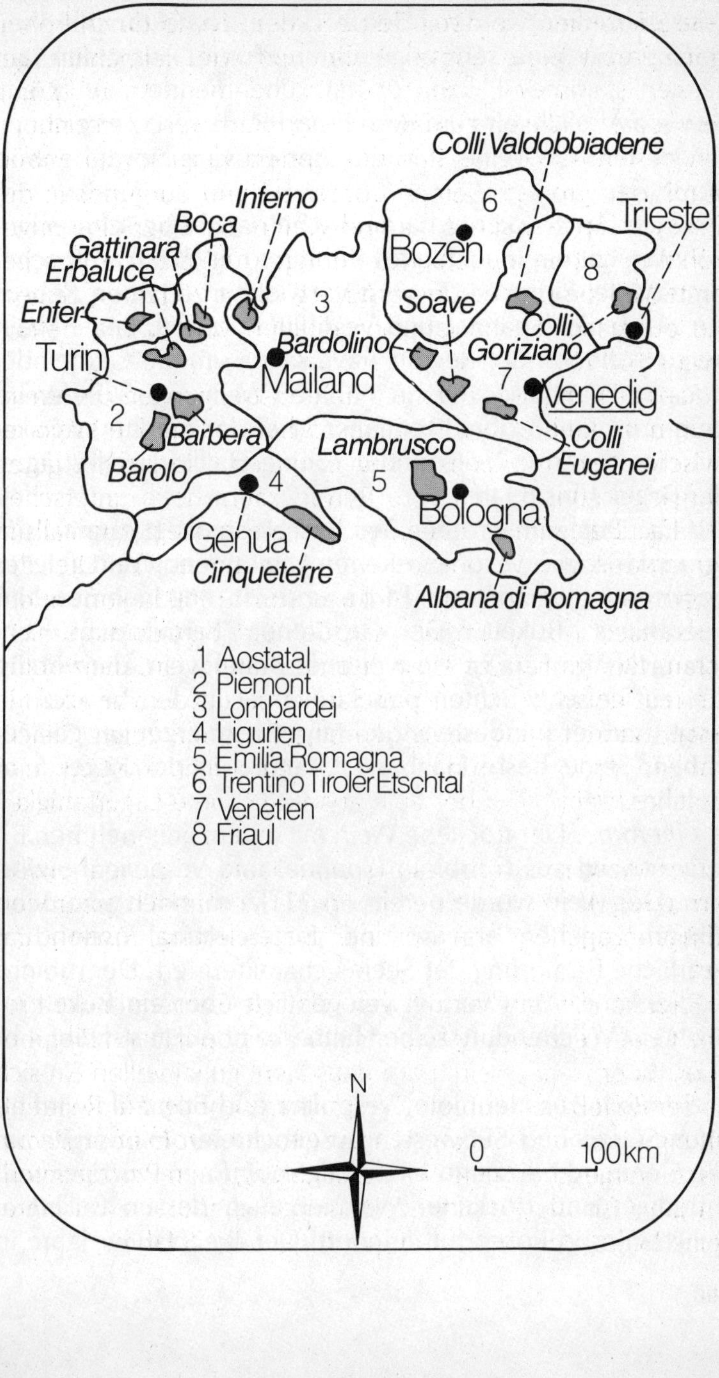

Nebbiolo d'Alba: Der rubinrote Wein reift relativ schnell und sollte möglichst im dritten bis fünften Jahr nach seiner Lese getrunken werden. Der trockene, charaktervolle Wein verfügt über eine sehr angenehme Blume. Aus guten Jahrgängen stammend, kann er mit zunehmendem Alter eine gewisse Ähnlichkeit zum Barolo und Barbaresco erreichen.

Vier D.O.C.-Weine sind aus der Provinz Novara erwähnenswert:

Boca: Der trockene, harmonische nachhaltig schmeckende Wein hat ein leuchtendes Rubinrot mit charakteristischen Granatapfel-Reflexen. Er wird vorwiegend aus den Rebsorten Nebbiolo (Spanna) und Vespolina erzeugt. Seine Weinberge stehen in der Region Traversagna um die Gemeinden Boca und Grignasco. Wenn man den Wein zwei Stunden vor dem Trinkgenuß öffnet, entfaltet er ein angenehmes Bukett mit einem zarten Veilchenduft. Seine Haltbarkeit beträgt in der Regel 4 bis 8 Jahre.

Fara: Der zum größten Teil aus Nebbiolo-(Spanna-) und Bonarda- sowie Vespolina-Reben gewonnene Wein zeigt eine intensive, granatrote Farbe und ein angenehmes himbeerartiges Bukett. Der trockene, harmonische und schmackhafte Fara ist ein typischer Bratenwein, der vorzüglich zu Fleischgerichten paßt. Bevor er in den Verkauf gelangt, muß er mindestens drei Jahre beim Erzeuger gelagert haben. Seine beste Haltbarkeit beträgt in der Regel 6 bis 10 Jahre.

Ghemme: Der trockene Wein mit einem angenehmen Bittergoût wird aus Nebbiolo (Spanna) und Vespolina gewonnen. Der Wein wurde bereits im 13. Jahrhundert von Benediktinermönchen erzeugt und später einmal treffend als »zärtliche Berührung der Seele« charakterisiert. Der rubinrote, trockene Wein verfügt gelegentlich über ein Bukett mit leichtem Veilchenduft, seine Haltbarkeit beläuft sich auf 4 bis 8 Jahre.

Sizzano: Aus Nebbiolo, Vespolina und Bornarda wird auf nach Süden und Südwesten ausgerichteten Hanglagen um die Gemeinde Sizziano ein kräftig rubinroter, würziger, vollmundiger und trockener Wein erzeugt, dessen Bukett an Veilchen- und Rosenduft erinnert. Der drei bis vier Jahre im

Faß reifende Wein kann eine Haltbarkeit von bis zu zehn Jahren erreichen.

Carema: Auf den Hügeln der Voralpen bis in eine Höhe von 650 m bis 700 m wird aus Nebbiolo-Trauben in Hanglagen auf zum Teil felsigem Moränenboden um den Ort Carema in der Provinz Turin ein körperreicher, weicher Rotwein erzeugt, der schon im 16. Jahrhundert bekannt war. Erst nach vierjähriger Lagerung darf der Wein in den Handel gebracht werden. Seine Haltbarkeit beträgt 5 bis 8 Jahre.

Dolcetto: Aus der Dolcetto-Rebe werden in den Provinzen Cuneo, Asti und Alessandria harmonische, leicht herbe und körperhafte Rotweine gewonnen, die keineswegs — wie ihr Name zunächst vermuten läßt, lieblich oder gar süß sind. Je nach Herkunft schwankt ihr Mindestalkoholgehalt zwischen 10,5° und 11,5°. Zu den besten Dolcetto-Weinen zählt der Dolcetto d'Alba und der Dolcetto di Diano d'Alba.

Barbera d'Asti: Der Wein besitzt weitgehend Ähnlichkeit mit dem Barbera d'Alba, ohne jedoch in jungen Jahren dessen ausgeprägten Tanningehalt zu besitzen.

Gattinara: Dieser kernige, kräftige, herzhafte Rotwein wächst um die Gemeinde Gattinara in der Provinz Vercelli und wird aus Nebbiolo-Reben gewonnen, die hier regional als *Spanna* bezeichnet werden. Die Herkunft des Namens Spanna ist ungewiß, einige Experten leiten sie von Spagna = Spanien ab, so daß die Herkunft dieser Rebe aus Spanien zu vermuten wäre. Man darf jedoch annehmen, daß es sich hierbei um eine Spielart einer burgundischen Rebe handelt. Der in guten Jahren elegante, ausdrucksvolle Wein mit einem ansprechenden Bukett kann eine Haltbarkeit von 10 bis 12 Jahren erreichen.

Freisa: Aus der gleichnamigen Rebe wird ein trockener, im Gebiet von Chieri auch lieblicher Rotwein gewonnen, der sich durch seine hellrubinrote Farbe, sein feines, an Veilchen erinnerndes Bukett, seinen trockenen, würzigen und delikaten Geschmack auszeichnet.

Grignolino: Seiner Herkunftsbezeichnung entsprechend kommt dieser aus der Grignolino-Rebe erzeugte Wein aus dem Gebiet von Asti (Grignolino d'Asti) oder Monferrato Casalese (oder Casorco d'Asti). Es handelt sich jeweils um einen runbinroten Wein mit orangefarbenen Reflexen, einem delikaten Bukett und einem trockenen, leicht tanninhaltigen und angenehm herben Geschmack.

Malvasia di Castelnuovo Don Bosco: Der Wein besitzt das Rot der Weichselkirsche, verfügt über ein charakteristisches Aroma der Malvasia-Trauben, einen süßen Geschmack und ist angenehm aromatisch. Von ihm gibt es auch als liebliche, schäumende Version einen Rossa amabile.

Zwei recht unterschiedliche weiße Qualitätsweine stehen auf der Piemonteser Weinkarte:

Erbaluce di Caluso wird aus der Erbaluce-Rebe in 31 Gemeinden der Provinz Turin und in vier weiteren Weinbaudörfern der Provinz Vercelli gewonnen. Der strohgelbe Wein mit dem feinen, weinigen Duft und dem trockenen, frischen Geschmack sollte jung getrunken werden. Von ihm gibt es auch einen *Passito,* der aus edelfaulen, zuckersüßen Trauben gewonnen wird und einen Alkoholgehalt von 13,5° aufweist. Der gold- bis ambrafarbige Wein ist süß, voll, geschmeidig und harmonisch.

Moscato naturale d'Asti: 27 Gemeinden aus der Provinz Asti, 13 Weinbauorte aus der Provinz Cuneo und 9 aus der Provinz Alessandria sind berechtigt, aus der Moscato bianco-Traube den süßen, mit einem typischen Muskataroma ausgestatteten, strohgelben oder goldgelben Weißwein zu gewinnen, aus dem auch der berühmte *Moscato d'Asti Spumante (Moscato d'Asti, Asti spumante, Asti)* erzeugt wird. Die genauen Produktionsvorschriften für diesen berühmten schäumenden Dessertwein wurden bereits Anfang der 30er Jahre festgelegt. Fast alle großen Wein- und Vermouthkellereien Piemonts sind in dem offenbar erfolgreichen Spumante-Markt vertreten. Da gibt es Marken von Cinzano, Gancia und Cora aber auch von Bersano, Bosca, Riccadonna und Cortese. Einer der besten Asti Spumante stammt von Fontanafredda in Serralunga. Ein guter Asti Spumante ist trotz seines dominierenden Muskataromas und seines würzig-süßen Geschmacks blumig, ausgewogen und verfügt über ein feines Mousseux.

Lombardei: Delikates für Kenner

Das Gebiet zwischen Mailand, Turin und Genua heißt im modernen Italien das Industrie-Dreieck. Tatsächlich besagt die Statistik, daß die Bewohner der Lombardei, der Gegend zwischen Po und den Alpen, zwischen Lago Maggiore und Gardasee, fast ein Viertel des Gesamteinkommens der italienischen Nation verdienen. Lombardei — unmittelbar denkt man zunächst an Mailand, der Hauptstadt der Gewinne, wie man diese vom Reichtum geprägte Großstadt nennt, vielleicht auch, wenn man kulturhistorisch etwas bewandert ist, an Pavia, Mantua und Cremona und, falls man die oberitalienische See-Romantik kennt, auch an den Comer See. Die drittgrößte Region Italiens verfügt zu 47 % über gebirgiges Land, zu 12 % über Hügel und der Rest erstreckt sich auf die Ebene. Neben Industrie und Handel spielt daher die Landwirtschaft eine große Rolle. Gorgonzola, Bel Paese und Taleggio, einige der bekanntesten Käsesorten Italiens, sind ihre renommiertesten Agrar-Produkte. Aber auch Risotta alla Milanese, Polenta Taragna und schließlich der berühmte Panettone, der einzigartige Fruchtkuchen, sind Zeugnisse der rührigen lombardischen Lebensmittel-Wirtschaft. Wenn man auch bei dem Namen Lombardei an Weinbau nicht unmittelbar erinnert wird, so besitzt diese landschaftlich so abwechslungsreiche Region im Norden und Süden eine Vielzahl von Reben, aus denen nennenswerte D.O.C.-Qualitätsweine erzeugt werden.

Im nördlichen Bereich, in einem 100 km langen Einschnitt in der Alpenkette nördlich des Flusses Adda wachsen im *Valtellina* (Veltlin-Tal) vor allem in der Provinz Sondrio, umrahmt von einem imposanten Alpenpanorama, einige der besten Rotweine Italiens. Auf den überwiegend nach Süden ausgerichteten Weinbergtrassen, deren Erde die Weinbauern jahrhundertelang auf Schultern hinaufgetragen haben, wird die *Nebbiolo*-Rebe gepflanzt, die hier regional als Chiavennasca bezeichnet wird. Sie bestreitet etwa 70 % der Rotweine aus dem Valtellina, die anderen Rebsorten sind *Pinot Noir, Merlot, Rossola, Brugnola* und *Pignola Valtellinese.* Der Valtellina wird in 19 Weinbaugemeinden der Provinz Sondrio erzeugt. Für den Valtellina Superiore sind das Ursprungsgebiet die geographisch genau umrissenen Zonen von *Sassella, Grumello, Inferno* und *Valgella.* Der Valtellina Superiore muß mindestens zwei Jahre gelagert haben, bevor er in den Handel kommt. Trägt er die Zusatzbezeichnung *Sforzato* oder *Sfurzat,* dann handelt es sich um einen alkoholreichen (Mindestalkoholgehalt 14,5°) kraftvollen Wein, der aus leicht getrockneten Trauben erzeugt wurde. Als Riserva darf ein Valtellina Superiore bezeichnet werden, wenn er mindestens vier Jahre gelagert hat. Alle Weine zeichnen sich durch ein kräftiges Rot aus, sind trocken, mehr oder weniger tanninhaltig und eignen sich für eine Lagerung von mindestens 4 bis 8 Jahren.

Im frühen Mittelalter tranken die Mailänder so viel Wein (die 200000 Einwohner schluckten jährlich 3 Mill. Liter, hauptsächlich von der Sorte *Oltrepò Pavese* aus der Lombardei), daß 1263 verordnet wurde, nur noch auf Glockenzeichen für zwei Stunden täglich Wein auszuschenken. Dieser Oltrepò Pavese ist außerhalb Norditaliens ziemlich unbekannt geblieben. Doch an seiner Qualität ist, wie obige Anekdote besagt, schon etwas dran. Das Anbaugebiet erstreckt sich auf 37 Gemeinden südlich von Pavia und des Pos (die Bezeichnung Oltrepò setzt sich aus oltre il Po zusammen, das »jenseits des Pos« bedeutet), wo schon vor Urzeiten Reben angebaut wurden. Der Geschichtsschreiber Strabo (60 v. Chr. bis 20 n. Chr.) berichtet, daß der dortige Wein in Holzfässern gelagert wurde, welche die Ausmaße von Häusern hatten. Unter den Rotweinsorten werden *Barbera, Bonarda, Pinot Nero* (Blauburgunder) und *Croatina* angepflanzt, für die Weißweinerzeugung werden *Riesling Italico* (Welschriesling) und *Riesling Rhenano* (Rheinriesling) und *Moscato* kultiviert. Mit Ausnahme des Oltrepò Moscato sind alle Weine trocken, die Weißweine sind frisch, angenehm fein und ziemlich mild, die Rotweine verfügen über eine tiefe rubinrote Farbe, einen relativ leichten Tanningehalt, sind weich und frisch.

Viele Touristen, die am Gardasee ihren Urlaub verbrachten, haben an Ort und Stelle den *Riviera del Garda,* einen freundlichen, schmackhaften, zart-bitteren Rotwein und einen gelegentlich mit einem Mandelaroma behafteten Roséwein kennengelernt. Ein sehr harmonischer, trockener, frischer und aromatischer Weißwein ist der *Lugana,* der am Südufer des Gardasees beheimatet ist.

Der rote *Franciacorta* wird in 21 Gemeinden der Provinz Brescia südlich des Lago d'Iseo aus *Cabernet Franc, Barbera, Nebbiolo* und *Merlot* erzeugt. Der weiße Franciacorta stammt aus der Sorte *Pinot Bianco* (Weißburgunder). Wie aus dem Oltrepò Pavese wird auch aus dem Franciacorte gelegentlich ein schäumender Wein erzeugt.

Trentino-Alto Adige/Südtirol: Üppige Weinvielfalt an Etsch und Eisack

In der Bundesrepublik, in der Schweiz und in Österreich erfreuen sich die Südtiroler Weine aus mancherlei Gründen einer großen Volkstümlichkeit. Die in der zweisprachigen Region erzeugten Tropfen werden mit deutschsprachigen Bezeichnungen exportiert, was allein ihre Bekanntheit fördert. Das Erzeugungsgebiet, historisch mit den Nachbarländern im Norden eng verknüpft, hat zudem als stark frequentierte Fremdenverkehrsregion und wegen seiner geographischen Nähe zu den nördlichen Exportländern weitere günstige Voraussetzungen, seinem Wein zu einem beachtlichen Bekanntheitsgrad zu verhelfen. Schließlich entsprechen Geschmack und Qualität vieler der hier erzeugten Weine ziemlich genau den typischen Erwartungen deutscher, Schweizer oder österreichischer Weintrinker, wobei freilich nicht alles, was aus den Südtiroler Weingärten über die Alpen fließt, den Anspruch auf hohes Güteniveau erfüllen kann.

Lange bevor die Römer das damalige Rätien besetzten,

war das Gebiet bereits Rebland. Verschiedene 1839 im Eisacktal gefundene etruskische und keltische Gegenstände lassen keinen Zweifel daran, daß schon vor 2500 Jahren in den südlichen Alpentälern Wein erzeugt wurde. Plinius berichtete, daß der nördlich von Verona erzeugte Wein in Holzfässern reift und lagert, ein Verfahren, das für die Römer, die Tongefäße verwendeten, neu war und sie zur Nachahmung übernahmen. Vergil lobte die Weine des damaligen Rätiens und verglich sie mit den Falernern, die in der Antike als beste Qualitäten an erster Stelle standen. Kaiser Augustus schätzte diese Weine offenbar sehr und an der Tafel des Kaisers Tiberius hatten sie einen festen Platz.

Im Gebiet zwischen Eisack und Etsch widmen sich etwa drei Dutzend Weindörfer der Rebkultur, so daß beileibe nicht alles, was an Südtiroler Rebensäften produziert wird, die verkaufsträchtige Bezeichnung *Kalterer See* trägt. Diese Herkunftsbezeichnung, die tatsächlich ein großes Erzeugungsgebiet um den See umfaßt (nebst Kaltern 7 Gemeinden in der Provinz Bozen und 5 in der Provinz Trento), hat zwar einen beträchtlichen Anteil an der Popularität Südtiroler Weine in den nördlichen Exportstaaten begründet, doch sie hat mit ihrem allzu reichlich fließenden Strom dem Weintrinker auch etwas den Blick versperrt auf die vielen anderen D.O.C.-Qualitätsweine der Region, die in Niveau und Originalität dem Kalterer einige Grade voraus sind.

Unter den Rotweinen besetzt die erste Position der *Santa Maddalena (Sankt Magdalena),* ein nordöstlich von Bozen auf felsigem Porphyrgestein wachsender, körperreicher, warm-würziger, mild-feuriger Wein, der aus den *Vernatsch*-Reben zur höchsten Vollkommenheit reift.

Ebenfalls aus den Vernatsch-Reben wird der samtige, volle, milde, rubinrote und fruchtige *Meranese di Collina (Meraner Hügelwein)* gewonnen. Sein Gegenstück ist der *Colli di Bolzano (Bozener Leiten),* ein milder, süffiger, köstlicher und leichter Rotwein, der aus *Vernatsch-*, *Malvasier-* und *Lagrein*-Reben gewonnen wird.

Auf den Alluvialböden rings um Bozen, in den Weinbergen der Stadtteile *Dorf* und *Gries,* findet die Lagrein-Rebe ideale Anbaubedingungen. Auf der Trester vergoren, ergibt sie einen gehaltvollen, dunklen Wein. Doch schon seit der Zeit der Bauernkriege wird aus der Traube nach Art der Weißweinbereitung, also durch baldiges Vergären des abgepreßten Saftes, ein rosa bis hellrubinfarbiger Wein gewonnen, der seinen Zunamen nach der Kretze, einem aus Weidenruten gebauten Sieb erhalten hat, durch das früher die Maische geseiht wurde. Der *Lagrein-Kretzer* muß schon in früheren Zeiten nicht ganz harmlos gewesen sein, denn der Bauernführer Michael Gaismaier hat ihn seinen Landsknechten verboten.

Mit Ausnahme dieser auf eine engere geographische Herkunft abgestimmten Weine sind alle anderen Südtiroler D.O.C.-Weine nach ihrer Rebsorte benannt. Unter den 17 für die D.O.C.-Erzeugung zugelassenen Rebsorten dominieren die Weißweintrauben mit folgenden Sorten: *Moscato Giallo (Golden-Muskateller), Pinot Bianco (Weißburgunder), Pinot Grigio (Ruländer), Riesling Italico (Welschriesling), Riesling Rhenano (Rheinriesling), Riesling × Sylvaner (Müller-Thurgau), Sylvaner, Sauvignon* und *Traminer aromatico (Gewürztraminer).* Die Rotweine sind mit den Sorten *Cabernet, Lagrein Rossato (Lagrein-Kretzer), Lagrein Scuro (Lagrein dunkel), Malvasia (Malvasier), Merlot, Pinot Nero (Blauburgunder), Chiave (Vernatsch)* und *Moscato Rosa (Rosen-Muskateller),* aus dem ausschließlich Rosé erzeugt wird, vertreten. In Verbindung mit der Herkunftsbezeichnung *Alto Adige* stammen diese Weine aus den Anbaugebieten der Provinzen Bozen und Meran.

Eine ähnliche Bezeichnungsform gibt es auch für verschiedene Weißweine aus dem Raum *Terlan.* Den D.O.C.-Schutz genießen die Sorten *Pinot Bianco, Riesling Italico, Riesling Rhenano, Sauvignon* und *Sylvaner.*

Aus dem Raum *Trentino* sind folgende Weine nach Rebsorten benannt: *Cabernet, Lagrein, Marcemino, Merlot, Pinot Nero, Pinot, Riesling, Traminer Aromatico* und *Moscato.* Der Trentino Moscato ist ein dunkel strohgelber, alkoholhaltiger, süßer und delikater Weißwein. Alle übrigen Trentiner Weine sind trocken und fruchtig und zeichnen sich als Rotweine mit einem ziemlich leichten Tanningehalt aus. Der Trentino *Vin Santo* ist ein delikater, aromatischer, süßer Dessertwein mit einem hohen Alkoholgehalt. Die Weine müssen ein Jahr vor dem Verkauf lagern, Cabernet und Vino Santo zwei beziehungsweise fünf Jahre. Nach einem zusätzlichen Jahr der Lagerung dürfen die Weine die Bezeichnung *Riserva* tragen. Schaumweine aus dem Gebiet des Trentino werden aus der Rebsorte Pinot Bianco hergestellt. Auf den alluvialen Schwemmböden des Wildbaches Noce werden im »Campo Rotaliano« aus Teroldegotrauben der *Teroldego Rotaliano,* ein hellroter Wein mit Mandelaroma-Geschmack, hergestellt. Dieser eindrucksvolle Wein aus den herrlich gelegenen Weinbergen trägt in der Region den stolzen Namen »Prinz der Trentiner Weine«. In einer rubinroten, leicht tanninartigen Version heißt er Teroldego Rotaliano Rubino.

Die Erträge aus einigen Weinbergen an Etsch und Eisack sind jeweils mit einer Herkunftsbezeichnung zusammengefaßt. Dabei unterscheidet man zwischen *Etschtaler Weiß (Valdadige Bianco)* und *Etschtaler Rot (Valdadige Rosso).* Die *Eisacktaler* Weine tragen neben der Herkunftsbezeichnung *Valle Isarco* jeweils eine Rebensortenangabe. Sie betrifft die folgenden Sorten: *Traminer Aromatico, Pinot Grigio, Veltliner, Sylvaner, Müller-Thurgau.*

Ein leichter, trockener, gelegentlich auch lieblicher Rotwein ist der *Casteller,* der ein Verschnitt aus Chiava-, Lambrusco- und Merlot-Reben ist. Er wird im Gebiet von 26 Gemeinden zwischen Trento und dem Nordufer des Gardasees angebaut.

Venetien und Friaul-Julisch-Venetien: Die großen Veroneser und ihre zahlreichen Geschwister

Die landschaftlich und kulturell höchst abwechslungsreiche Region zwischen Gardasee und Adriabecken, zwischen Dolomiten und Pro-Delta gehört zu den Gegenden, in denen die *Vitis vinifera,* die Urform der Weinrebe in prähistorischen Zeiten vorhanden war. Ausgrabungen in der Nähe von Peschiera am Südufer des Gardasees förderten Traubenkerne zutage, die aus der Bronzezeit stammen. Venetien — das Wort weist auf Venedig, doch die Bezeichnung leitet sich von den Venetern ab, einem Volksstamm, der vor der Zeitenwende hier lebte. Unter dem Aspekt der großen Weine betrachtet, rangiert nicht Venedig, die Königin der Meere, an erster Stelle, sondern Verona, eine der reizvollsten Städte Italiens, in dessen Nachbarschaft drei der berühmtesten Weine des Landes gedeihen.

Im eigentlichen Sinne sind es keine wuchtigen Spitzenweine, denn zur Erzielung eines hohen Extraktgehaltes fehlt es dem Valpolicella, Bardolino und auch Soave. Durch ihren freundlichen Charme jedoch wurden sie zu den liebenswertesten Weinen Oberitaliens und ihre delikate, grazile Art hat ihnen den Weg zu den Weinliebhabern in aller Welt geebnet.

Mit Ausnahme des *Recioto di Valpolicella,* dessen Alkoholgehalt bei oder über 14° liegt, sind die Veroneser Weine ziemlich leicht, heiter und unproblematisch.

Der *Valpolicella Classico* wächst in einer 10 km breiten, hügeligen Region nordwestlich von Verona. Hier liegen seine bedeutendsten Weinbaugemeinden wie Fumane, Marano, Negrar, San Pietro Inccarriano und Sant' Ambrogio. Der rubinrote Valpolicella wird aus den Rebsorten *Corvina Veronese* (zu 55 % bis 70 %), *Rondinella* (zu 25 % bis 30 %), *Molinara* (zu 5 % bis 15 %) sowie maximal zu 10 % aus *Rossignola, Negrara Trentina, Barbera* und *San Giovese* gewonnen. Die Rondinella-Rebe bestimmt den Körper des Weines, die Corvina den Duft und Molinara die Geschmeidigkeit und Feinheit. Der trockene, harmonische, volle und mit einem an Mandeln erinnernden Bukett versehene Valpolicella hat einen Mindestalkoholgehalt von 11°. Als Superiore beträgt sein Alkoholgehalt mindestens 12°. Der in der Jugend spritzige, samtige und milde Wein erreicht seine beste Trinkreife im Alter von zwei bis fünf Jahren.

Der intensiv granatrote Recioto della Valpolicella wird aus den gleichen Reben erzeugt wie der Valpolicella. Es handelt sich hierbei um eine Art »Trockenbeerenauslese« von sehr spät gelesenen, vollreifen Trauben. Als Recioto sind sie gewöhnlich süß und kräftig, eine ideale Ergänzung zum Dessert, falls man dazu Rotweine bevorzugt. Der *Recioto Amarone* hingegen bleibt trotz seines hohen Alkoholgehaltes von 15° trocken, ohne daß er streng oder gar aufdringlich wirkt. Die Recioto-Trauben werden in mehreren Lesegängen hintereinander geerntet, auf Schilfmatten unter Dächern ausgebreitet und im Januar gepreßt. Ihren Namen leiten sie vom italienischen Recia ab, was im regionalen Dialekt Ohr bedeutet. Bevor man die Traubenbüschel auf den Strohmatten in den Lagerhäusern zur weiteren Reifung ausbreitet, werden ihnen »die Ohren« abgeschnitten, wie man den oberen, herausragenden Teil der Traube bezeichnet. Ohne Zweifel sind diese Weine besonders verführerisch, die man gut dosiert genießen sollte, da sie eine echte Rarität darstellen, die mit zunehmendem Alter noch besser wird. Gelegentlich erinnert ihr volles Bukett an den Duft von Waldhimbeeren, ihre Haltbarkeit kann bis zu 12 Jahre betragen.

Der *Bardolino,* nach dem gleichnamigen Städtchen am Ostufer des Gardasees bezeichnet, wird aus denselben Reben gewonnen wie der Valpolicella. Lediglich ihre Mischungsverhältnisse sind geringfügig anders. Der Bardolino Classico stammt aus der ältesten Erzeugungszone um die Ortschaften Bardolino, Gareda, Lazise, Affi, Costermano und Cavaion. Der hellrubinrote Wein ist noch etwas leichter, frischer, lieblicher als der Valpolicella. Der trockene Rotwein besitzt eine angenehme, leichte Herbe und schmeckt jung getrunken am besten. Seine optimale Trinkreife erreicht er im Alter von zwei bis vier Jahren. Werden die Rotweinreben nach der Weißweinerzeugungsmethode gekeltert, so erhält man einen Bardolino Chiaretto, einen delikaten roséfarbenen Wein, der angenehm spritzig schmeckt.

Unterhalb eines märchenhaften Castells, etwa 10 km östlich von Verona, breiten sich die malerischen Hügel von *Soave* aus. Nach ihnen ist ein Wein benannt, dessen Historie sich bis auf etruskische Zeiten zurückführen läßt. In der italienischen Sprache heißt soave sanft, lieblich oder süß. Eigenschaften, die für diesen Wein nur bedingt zutreffen. Seinen Namen leitet er vielmehr von den Suavi ab, einem Volksstamm, der unter König Albuin im Jahre 568 dieses Gebiet besetzte. Der Schriftsteller Zennari (1830—1889) meint, daß dem Wein dieser Name von Dante Alighieri gegeben wurde. Das Erzeugungsgebiet des Soave Classico liegt in einer Gartenlandschaft nördlich der Städte Soave und Monteforte, wo der Soave und der *Recioto di Soave* zu 70 % bis 90 % aus der Garganega-Traube und zu 10 % bis 30 % aus Trebbiano di Soave hergestellt wird. Der blaßgrün-gelbe, manchmal auch strohgelbe Wein verfügt über ein frisches, delikates Bukett, und seine besondere Stärke ist seine reine Trockenheit, sein milder, harmonischer, zart-bitterer Geschmack. Der Soave verlangt keine besonders lange Reifezeit, nach drei Jahren ist er schon voll entwickelt. Auf dieser Stufe hält er sich ausgezeichnet für eine ganze Weile. Eine längere Lagerung trägt jedoch kaum zu seiner Vollendung bei. Wie fast alle Weine dieser Gegend ist der Soave ziemlich leicht. Sein Alkoholgehalt liegt bei 10,5°, als Superiore bei mindestens 11,5°. Der Recioto di Soave verfügt über einen Mindestalkoholgehalt von 14,5°. Feinschmecker betrachten den Soave als den italienischen Fischwein par excellence. Kühl getrunken ist er ebenso ein ausgezeichneter Durstlöscher wie ein willkommener Apéritif.

Südlich des bekannten Kur- und Heilbades Abano Terme beginnt das Anbaugebiet der *Colli Euganei*-Weine. Der Weinanbau auf den euganeischen Hügeln geht auf die Zeit der Römer zurück. Der strohgelbe Colli Euganei Bianco wird aus den Rebsorten *Garganega* (30 % bis 50 %), *Serprina* (20 % bis 30 %) und *Tocai* oder *Sauvignon* erzeugt. Der ziemlich leichte Wein ist entweder trocken oder lieblich, samtig, weich und fein. Der rubinrote Colli Euganei Rosso kommt aus den Rebsorten *Merlot* (60 % bis 80 %), *Cabernet Franc, Cabernet Sauvignon, Barbera* und *Raboso Veronese* (40 % bis 20 %). Der leichte bis körperreiche Wein ist entweder trocken oder lieblich. Dazu gibt es noch einen goldgelben Colli Euganei Moscato, mit einem typischen Muskataroma und einem süßen, mehr oder weniger prickelnden Geschmack.

Zwischen Verona und Vicenza liegt der kleine Ort *Gambellara,* wo in den umliegenden Hügeln ein herber, gelber, manchmal auch goldgelber, delikater, trockener und ausgeglichener Weißwein erzeugt wird. Der goldgelbe *Recioto di Gambellara* ist halbtrocken mit einem delikaten bitteren Nachgeschmack. Süß und samtig schmeckt der ambrafarbene *Vin Santo di Gambellara,* der zwei Jahre lagern muß, bevor er in den Handel kommt.

Nördlich von Vicenza liegt der kleine Ort *Breganze,* Geburtsort des berühmten Architekten Andrea Palladio aus dem 16. Jahrhundert. Unter den hiesigen D.O.C.-Qualitätsweinen ragen als Rotweine heraus der Breganze Cabernet, der Breganze Pinot Nero und ein Breganze Rosso, der überwiegend aus Merlot-Reben gewonnen wird. Der Breganze Bianco stammt zum größten Teil aus der Tocai-Rebe. Daneben gibt es noch einen strohgelben Breganze Pinot Bianco und einen vollen, frischen, mit einem fruchtigen Bukett brillierenden Breganze Vespaiolo.

Zu den besten Weinen Venetiens zählt der *Prosecco di Conegliano di Valdobbiadene.* Der Prosecco war bei den Deutschen früher offenbar sehr beliebt. Im Jahre 1606 schrieb der Bürgermeister von Conegliano: »Die Deutschen kommen mit den eigenen Wagen von weit her und holen die Fässer selbst ab.« Er wird in verschiedenen Weinarten hergestellt und zwar als Stillwein in der Variante trocken und amabile-dolce (lieblich-süß), als strohgelber Frizzante (Perlwein), ebenfalls mit trockenem oder lieblichem Geschmack, oder als Spumante (Schaumwein) mit einem charakteristisch fruchtigen, lieblichen Duft, strohgelber, brillanter Farbe und einem trockenen, halbtrockenen oder süßen Geschmack. Auch der Prosecco gehört nicht zu den aufregend großen Weinen Italiens, doch er ist sympathisch wegen seiner leichten, harmonischen und gefälligen Art.

Ein Geheimtip unter Kennern ist der *Tocai di Lison,* der nordöstlich von Venedig in einer Region wächst, die ein Dichter einmal als das »irdische Paradies« bezeichnete. Der würzige, vollmundige und mit 13° Alkohol relativ kräftige Weißwein paßt ausgezeichnet zur deftigen Hausmannskost dieser Landschaft. Es ist fraglich, ob die Rebsorte Tocai, die hier schon seit Jahrhunderten angebaut wird, mit der ungarischen Sorte Furmint verwandt ist, aus der man den bekannten Tokayer-Wein gewinnt. Bemerkenswert ist der trockene, volle und harmonische Geschmack mit leichtem Mandelaroma sowie der zarte Duft dieses Weines.

In seiner westlichen Nachbarschaft wachsen der *Cabernet* und *Merlot di Pramaggiore,* trockene, volle, körperreiche angenehm duftende Rotweine, die im Bereich von elf Gemeinden der Provinz Venetien, sechs Gemeinden der Provinz Pordenone und drei Gemeinden der Provinz Treviso beheimatet sind.

In einem großen Bereich der Provinz Treviso und in einigen Gegenden der Provinz Venetien sind die *Vini del Piave* (oder einfach nur Piave bezeichnet) beheimatet. Im einzelnen sind es der rubinrote, trockene, körperreiche, mit reichlichem Tanningehalt versehene Piave Merlot, der angenehm gerbsäurehaltige, mit einem feinen Kräuteraroma ausgestattete Piave Cabernet, der trockene, aromatische, hellstrohgelbe bis grünliche Piave Tocai und der trockene, freundliche, harmonische Piave Verduzzo. Nach einer Lagerung von zwei Jahren kann der Merlot die Zusatzbezeichnung Vecchio, nach einer Lagerung von drei Jahren und einem Mindestalkoholgehalt von 12,5° darf die Cabernet die Zusatzbezeichnung Riserva tragen.

In der Region *Friaul-Julisch-Venetien* gibt es zwar inzwischen eine Vielzahl von D.O.C.-Weinen, die jedoch über die Landesgrenzen hinaus kaum bekannt geworden sind. *Aquileia,* einstmals eine bedeutende Römerstadt, 181 v.Chr. begründet, ist heute ein kleines Örtchen unweit des bekannten Seebades Grado. Sieben hier wachsende D.O.C.-Qualitätsweine tragen die Bezeichnung von Rebsorten: *Merlot, Cabernet, Refosco, Tocai Friulano, Pinot Bianco, Pinot Grigio* und *Riesling Rhenano.*

Bekannter als diese erst in den letzten Jahren mit der D.O.C.-Bezeichnungen versehenen relativ leichten Weine sind die von den Görzer Hügeln stammenden, die ebenfalls nach ihren Rebsorten benannt werden. Die *Collio Goriziano* (oder auch nur *Collio* benannt) werden aus *Riesling Italico, Tocai, Malvasia, Pinot Bianco, Pinot Grigio, Sauvignon, Traminer, Merlot, Cabernet Franc* und *Pinot Nero* erzeugt. Die D.O.C.-Weine von Friaul verfügen über zwei bekannte Herkunftsbezeichnungen: Colli Orientali del Friuli und Grave del

Friuli. Das Sortiment der *Colli Orientali* umfaßt zwölf Sortenweine (Tocai Friulano, Ribolla, Pinot Grigio, Riesling Rhenano, Merlot, Pinot Nero, Verduzzo Friulano, Pinot Bianco, Sauvignon, Picolit, Cabernet und Refosco), die in einem hügeligen Gelände östlich von Udine wachsen. Der interessanteste von ihnen ist wohl der *Picolit,* ein süßer, gehaltvoller Dessertwein, den man gerne als den Château d'Yquem Italiens bezeichnet. Alle übrigen Weißweine sind trocken, mit Ausnahme des Verduzzo, der auch lieblich oder süß hergestellt wird. Die Rotweine sind angenehm herb, voll, warm und aromatisch. Die *Grave del Friuli* werden aus den Rebsorten Merlot, Cabernet, Refosco, Tocai, Pinot Bianco, Pinot Grigio und Verduzzo erzeugt. Die Weine müssen mindestens zu 90 % aus den Trauben hergestellt sein, deren Sortenbezeichnung sie tragen. Sie wachsen vornehmlich auf kieshaltigen und Kalksandstein enthaltenden Böden in der Gegend von Udine und Pordenone.

Nordöstlich von Venedig um die Stadt *Latisana* am Tagliamento-Fluß werden rebsortenreine Weine aus Merlot, Cabernet, Refosco, Tocai, Pinot Bianco, Pinot Grigio und Verduzzo Friulano angebaut. Ein ähnliches Rebsortiment findet sich auch in den Weinbergen am Fluß *Isonzo,* das außerdem noch als interessante Spezialität einen *Malvasia Istriana* als trockenen, delikaten, strohgelben Wein und einen Gewürztraminer enthält.

Emilia-Romagna: Im Bannkreis des Lambrusco

Mit dem Namen Aemilia wurde bereits im 1. Jahrhundert nach Christi das Gebiet zwischen dem Po, dem Apennin und dem Adriatischen Meer bis zur Conca-Mündung bezeichnet. Im Mittelalter wurde dieser alte Name nicht mehr verwendet und erst vor 100 Jahren wurde dem Gebiet der Name Emilia gegeben. Man verband ihn mit dem weiteren Namen Romagna. Diese letztere Bezeichnung für den Ostteil der Region ist von dem Wort römisch abgeleitet und bezeichnet ein beim Oströmischen Reich nach dem Einfall der Langobarden verbliebenes Territorium. Durchquert wird die Region von der Via Emilia, der alten Via Aemilia, seit über 2000 Jahren die große Verbindungsstraße von der Adriaküste zum Po, die am Fuß des Apennin entlangführt. Etrusker, Römer, Byzantiner, freie Städte und die großen Familien, die mit Klugheit und Pracht herrschten, haben deutliche Spuren hinterlassen. Zwischen den früheren Hauptstädten großer und kleiner Staaten liegen Dörfer, Landgüter, Villen und Orte im Gebirge, die mit ihren Türmen, Burgen und Kastellen ihre Umgebung beherrschten.

Die Emilia, die im Norden von den Alpen und im Süden vom Apennin und an die Po-Ebene stößt, hat ein Klima, das als subkontinental zu bezeichnen ist und nur zum Teil durch die Nähe des Meeres gemildert wird. Im allgemeinen sind die Sommer heiß und die Winter ziemlich kalt. Im Frühjahr und Herbst setzen Regenfälle ein, die in den gebirgsnahen Gegenden stärker sind. Einer der wichtigsten Erwerbszweige ist die Landwirtschaft. Neben Wein und Obst werden Weizen und Mais und vor allem Parmesan-Käse erzeugt. Die Weinberge befinden sich hauptsächlich im Hügelgebiet. Im Mittelpunkt der Region dienen sie zu einem großen Teil der Erzeugung des Lambruscos, jenem freundlichen, großzügigen Tischwein, der offenbar vor allem junge Menschen begeistert, auch in Deutschland und in den USA, wo der Lambrusco den überwiegenden Anteil der italienischen Weinausfuhr in die Staaten ausmacht. Allein die Riunite, ein Zusammenschluß von Genossenschaftskellereien, verarbeitet pro Jahr 600000 dz Weintrauben für die Lambrusco-Erzeugung, was mehr als ein Viertel der Produktion der Provinz Reggio Emilia darstellt.

Dabei handelt es sich um verschiedene Spielarten der Lambrusco-Rebe, die übrigens eine Namensgleichheit mit der im Mittelalter beschriebenen Wildrebe Lambrusco hat, die in den Apenninen-Wäldern wuchs. Sie ist nicht identisch mit der amerikanischen Rebe *Vitis labrusca.*

Woraus erklärt sich nun der große Auslandserfolg dieses Weines? Interessanterweise wird er fast ausschließlich in der lieblichen Geschmacksrichtung exportiert, weil sie einem gewissen Teil des Konsumentenpublikums besonders entspricht. Im Landesinneren hingegen wird der trockenen Version der Vorzug gegeben. Die Bewohner der Emilia-Romagna behaupten, dieser Wein fördere nachweislich die Verdauung, was angesichts der fetten und reichlichen Küche zwischen Ravenna und Piacenza ja auch unbedingt notwendig ist. Das Besondere am Lambrusco ist seine Perlfähigkeit, was man in Italien als *frizzante* bezeichnet. Der relativ hohe Anteil natürlicher Kohlensäure im Wein bildet sich, indem man ihn noch vor Abschluß der Faßgärung in die Flasche füllt, wo — ähnlich wie bei der Champagnerherstellung — eine zweite Gärung stattfindet. Das Perlen ist also keineswegs das Ergebnis künstlich hinzugefügter Kohlensäure.

Je nach ihrem Anbaudistrikt unterscheidet man eine Reihe von Lambrusco-Sorten, deren feine Unterschiede der Kenner leicht herausfindet. Der Lambrusco aus dem Dorf *Sorbara* trägt den Zusatz »il vero«, also der echte, wahre Lambrusco. Er wird in den Gemarkungen von 10 Gemeinden der Provinz Modena aus den Rebsorten Lambrusco di Sorbara und Lambrusco Salamino erzeugt. Daneben unterscheidet man einen reintönigen *Lambrusco Salamino di Santa Croce,* ein *Lambrusco Grasparossa di Castelvetro* und einen *Lambrusco Reggiano.* Mit Ausnahme des letztgenannten Weines haben alle Lambrusco-Sorten einen Mindestalkoholgehalt von 11° (Lambrusco Reggiano 10,5°), sind prickelnd, mit lebhaft rotem Schaum, der jedoch nach dem Einschenken im Glase rasch abklingt.

Im Umkreis der schon zu ältesten Zeiten blühenden Stadt Bologna wachsen auf den *Colli Bolognesi* Rotweine aus *Barbera* und *Merlot* sowie Weißweine aus *Pinot Bianco, Riesling Italico* und *Sauvignon.*

Einige der bemerkenswertesten Weine der Romagna wachsen im Südosten unweit der Adriaküste: *San Giovese di Romagna, Trebbiano di Romagna* und — als der wohl beste unter ihnen — *Albana di Romagna,* den es in der Version trocken und amabile (lieblich) gibt.

Das geographische Pendant dazu bildet im Norden der Emilia der *Gutturnio dei Colli Piacentini,* der auf den Hügeln von Piacenza wächst. Zur Zeit Ciceros wurde dieser Rotwein von Pisone Piacentino, dem Schwiegervater Cäsars nach Rom eingeführt. Der in hohem Ansehen befindliche Wein wurde in großen Trinkgefäßen gereicht, die »gutturnium« hießen und dieser Kreszenz ihren Namen gaben. Ein solches Gefäß wurde 1878 in einer römischen Villa in der Nähe von Piacenza (dem früheren Placentia) gefunden und wird im Römischen Nationalmuseum gezeigt. Der dunkelrote, trokkene oder leicht liebliche Wein wird zu 60 % aus Barbera- und 40 % Bonarda-Reben gewonnen.

Toskana: Chianti und Co.

In unserer Zeit wurde das zauberhafte Dreieck zwischen Florenz, Pisa und Siena als ein Paradies für Träumer, für Romantiker wiederentdeckt. Menschen, die ihr ideales Refugium in einer noch unversehrten Landschaft suchen, haben sich ganz der Toskana zugewandt, der bunten und pittoresken Toskana mit den verschiedenen Grüntönen, welche die Kultur der Weinreben und Ölbäume harmonisch sich abwechselnd auf den Hügeln dieser Gegend verleiht.

Die Region trägt ihren Namen nach den Etruskern, die offenbar schon im 9. Jahrhundert v. Chr. hier Weinanbau betrieben haben (früher hieß diese Region Etruria).

Das relativ milde Klima und die günstige Bodenbeschaffenheit der Toskana prädestiniert sie nicht nur zu einem allgemeinen Rebanbau, sondern darüber hinaus zur Erzeugung ausgezeichneter Weine.

Ein gutes Drittel davon entfällt auf einen Wein, der jahrhundertelang fast als Synonym für italienische Rotweine schlechthin galt: der *Chianti.* Auch heute noch hat der berühmteste aller italienischen Weine gelegentlich unter diesem Mißverständnis zu leiden und so haben die Schutzbestimmungen für echten Chianti, die auf das Jahr 1716 zurückgehen, durchaus noch ihre Berechtigung. Damals wurden vom Großherzog der Toskana in einer Verfügung die genaue Erzeugungszone für den wahren Chianti festgelegt, nachdem es 1710 zu einem Riesenskandal gekommen war. Bei einer großen Menge eines für England bestimmten »Chianti-Weines« stellte sich heraus, daß er mit billigem Most aus anderen Anbaugebieten gepanscht worden war. Das Anfang des 18. Jahrhunderts festgelegte Anbaugebiet erstreckt sich auf die Provinzen Florenz, Siena, Arezzo, Pisa und Pistoia. Es wird in folgende Bereiche eingeteilt: *Chianti Rufina, Chianti Colli Fiorentini, Chianti Classico, Chianti Montalbano, Chianti Colline Senesi, Chianti Colline Aretine, Chianti Colline Pisane.* Für jeden einzelnen Bereich gilt, daß die Rebanpflanzungen eine Höhe von 550 m (in Ausnahmefällen 650 m) nicht überschreiten und auf besonders geeigneten Hanglagen sich befinden. Der älteste und berühmteste Bereich ist der des Chianti Classico, der sich zwischen Florenz und Siena erstreckt. Die hier ansässigen Erzeuger haben sich zu einem Konsortium zusammengeschlossen, das in freiwilliger Selbstkontrolle auf die Einhaltung der Produktionsvorschriften im Gebiet des Chianti Classico achtet. Ihre Weine sind durch ein Siegel mit dem Gallo Nero (schwarzer Hahn) als Markenzeichen ausgestattet.

Nach dem amtlichen Dekret über die Erzeugung des Chianti-Weines besteht er aus drei Traubensorten: *San Giovese* (50 % bis 80 %), *Canaiolo Nero* (10 % bis 30 %), *Trebbiano Toscana* und *Malvasia del Chianti* (10 % bis 30 %). Diese Auswahl und Zusammensetzung der Traubensorten geht vor allem auf den Baron Bettino Ricasoli zurück, einem Patriot, der von einem vereinigten Italien träumte, und der nach der Verwirklichung der Vereinigung unter Cavour erster Minister wurde. Der sogenannte eiserne Baron lebte Anfang des 19. Jahrhunderts auf dem Schloß Brolio in der Toskana, wo er zwei Jahrzehnte lang an den Abhängen des Schlosses diese Reben anbaute und dabei das optimale Verschnittverhältnis für den besten aller Chianti-Weine versuchte herauszufinden. Mit dem Jahrgang 1841 schien er das beste Ergebnis gefunden zu haben: 70 % Giovese, 15 % Malvasia und 15 % Canaiolo. Am 26. April 1847 schickte er 40 Flaschen seines Weines an einen Kongreß von Wirtschaftsgelehrten in

MITTELITALIEN

Florenz zur Begutachtung. Später wurde für die Erzeugung des Chiantis diese Rebsortenzusammensetzung gewählt.

Die erste Erwähnung des Chianti-Weines findet sich in einem Dokument aus dem Jahre 1398. Seitdem scheint sein Siegeszug in alle Welt unaufhaltsam zu sein. Der in jungen Jahren rubinrote, später granatrote Wein zeichnet sich bei guten Qualitäten durch einen körperhaften, feinherben, nach längerer Lagerung sanften, weichen Geschmack aus. Diese Qualitätseigenschaften können noch durch ein charakteristisches Bukett mit dem aparten Duft bestimmter Blüten wie Veilchen oder Rosen ergänzt werden. Die Jahresproduktion von Chianti-Wein liegt bei etwa 1,2 Mill. Hektoliter, von denen lediglich 180 000 hl auf Chianti Classico kommen. Wer einen Chianti excellenter Qualität sucht, sollte daher aus dem breiten Angebot sorgfältig wählen. So pittoresk auch die typische bastumflochtene, bauchige »fiasco« als Chianti-Flasche wirkt — sie enthält höchstens einen Chianti in guter Landwein-Qualität. Große Chianti-Weine werden ausschließlich in Bordeaux-Weinflaschen abgefüllt. Doch auch innerhalb dieser Gruppe gibt es eine Art Crème de la crème, die sich mit außergewöhnlichen Höchstleistungen hervorhebt. Meist sind es kleinere Güter, denen es gelingt, absolute Spitzenqualitäten zu erzeugen, wie die Fattoria Vignaveccia in Radda bei Siena (Dottor Franco Beccari), die Tenuta Vignamaggio in Greve (Conte Ranieri Sanminiatelli) oder ebenfalls in Greve der Chianti Classico vom Castello di Uzzano (Export durch Harald Bremer, Efeuweg 3, 33 Braunschweig). Im Gegensatz zu den meisten kleineren Erzeugerbetrieben verfügen die traditionsreichen großen Chianti-Kellereien mit eigenen Gütern über ausgezeichnete Exportverbindungen.

Südlich von Siena wird einer der wirklich großen Weine Italiens angebaut, der neben dem Barolo zu den haltbarsten Rotweinen des Landes zählt und sich in seinem Güteniveau mit großen Burgundern messen kann: *Brunello di Montalcino.* Wie der Barolo gehört er zu den ersten Weinen, denen das Prädikat D.O.C.G. (Denominazione di Origine controllata a garantita = kontrollierte und garantierte Herkunftsbezeichnung) zugesprochen wurde. Wenn der Barolo »der

Wein der Könige« ist, so ist der Brunello »der Wein für wenige«, da zum Beispiel 1985 davon nur insgesamt 31605 hl hergestellt wurden, eine beschränkte Menge, daher wertvoll und sehr gesucht. Schon 1926 hat einer der führenden italienischen Weinsachverständigen, Arturo Marescalchi behauptet, daß der Brunello di Montalcino ein hochwertiger, italienischer Wein ist, der sich vom Chianti Classico abhebt, aber gleichzeitig dessen Feinheit besitzt. Gegenüber dem Chianti ist der Brunello lebhafter und besitzt eine verhaltene Robustheit, die, wie es selten vorkommt, bestens harmoniert mit allen anderen Eigenschaften des Weines, mit seinem Körper, seinem Duft, seiner Farbe. Die verhaltene, aber erkennbare Lebhaftigkeit des Weines, die Robustheit in einer an sich sanften Struktur charakterisieren tatsächlich dieses einzigartige Erzeugnis, das — mit der richtigen Speise gepaart — ein Fest darstellt für Auge, Nase, Gaumen und Zunge. (Paolo Desana in »Enotria«).

Im Vergleich zu anderen großen Qualitätsweinen Italiens ist der Brunello di Montalcino ein verhältnismäßig junger Wein. Ende des vergangenen Jahrhunderts wurde er von Ferruccio Biondi-Santi aus einer Spielart der Rebsorte *Sangiovese Grosso* entwickelt. Er muß mindestens vier Jahre lagern, bevor er in den Handel gebracht wird. Professor Garoglio schreibt über diesen Wein: »Eine besondere Eigenschaft des Brunello ist die Eignung zu besonders hoher Alterung. Man kann behaupten, daß er mit den Jahren immer besser wird. Sein trockener und männlicher Geschmack, seine Kraft und Geschmeidigkeit machen ihn zu einem der großen italienischen Bratenweine.«

Südöstlich von Siena wächst im Hügelgebiet von Montepulciano ein Rotwein mit einer vornehmen Bezeichnung: *Nobile di Montepulciano.* Sein Name weist darauf hin, daß schon im frühen Mittelalter auf den aristokratischen Weingütern dieser Wein erzeugt wurde. Er verdankt seinen Namen wohl den Jesuiten, die während des 13. Jahrhunderts nach Montepulciano kamen und ihn als Meßwein ausbauten. Er zählte zu den Lieblingsweinen von Papst Paul III. (1534 bis 1549) und wurde schon im 15. Jahrhundert in viele Länder exportiert. Seine Rebsortenzusammensetzung stimmt in etwa mit der des Chianti überein: *Sangiovese Grosso* (50 % bis 70 %), *Malvasia del Chianti* und *Trebbiano* (10 % bis 20 %) und *Canaiolo Nero* (10 % bis 20 %). Der mit einem delikaten Veilchenduft ausgestattete, mehr oder weniger intensiv granatrote Wein ist leicht tanninhaltig, schmeckt trocken und vollmundig und eignet sich für eine längere Lagerung. Bevor er in den Verkauf kommt, muß er zwei Jahre beim Erzeuger gelagert haben. Nach einer dreijährigen Lagerzeit darf er die Bezeichnung *Riserva,* nach einer vierjährigen Lagerung *Riserva Speciale* tragen.

Zu den wohl sehenswertesten Städtchen der Toskana zählt das vieltürmige San Gimignano, das man mit Recht als das »Rothenburg Italiens« bezeichnet. Auf den es umgebenden Hügeln wächst der leichte, feine, *weiße Vernaccia di San Gimignano,* der sich durch einen angenehmen Bitterton auszeichnet. Der klare, goldgelbe Wein mit dem feinen, durchdringenden Geruch wurde als erster italienischer D.O.C.-Wein am 6. Mai 1966 anerkannt. Der Wein mit dem blassen Strohgelb und einem charakteristischen Feuerstein-Bukett zeichnet sich durch einen trockenen, frischen, ausgeglichenen, angenehm bitteren Geschmack aus.

Auf der Insel *Elba* wird ein trockener, ausgeglichener Weißwein aus *Trebbiano-* und ein herber, leicht aromatischer Rotwein im wesentlichen aus *Sangiovese*-Trauben erzeugt, die beide als D.O.C.-Weine anerkannt sind.

Umbrien, Latium, die Marken und Abruzzen: Mittelitaliens Weinbestseller

Mit Ausnahme von Latium ist das Sortiment an D.O.C.-Qualitätsweinen in diesen Provinzen nicht so reichhaltig wie im Norden. Dafür kann jede einzelne Provinz mindestens mit einem Wein dienen, dessen Bekanntheitsgrad wohl ebenso groß ist wie seine Tradition und die Anstrengung, im Vergleich mit anderen Qualitätsweinen des Landes ein gewichtiges Wort mitzusprechen.

In Umbrien ist es der *Orvieto,* der früher in unverwechselbaren Formflaschen, Pulcianella (eine gedrungene Korbflasche), abgefüllt wurde und heute nur noch in der weißen Bordeaux-Weinflasche angeboten wird. In früheren Jahrhunderten besaß der Orvieto bereits einen großen Ruf, da der unweit der Stadt Orvieto gelegene Bolsena-See als »heiliger See« galt, und daher Päpste, Kardinäle und Bischöfe oft hierhin kamen und somit einen engen Kontakt zum Orvieto-Wein fanden. Papst Gregor XVI. (1831—1846) war vom Orvieto sogar derart begeistert, daß er in seinem Testament verfügte, seinen Leichnam vor der Beisetzung mit diesem Wein zu waschen. In Lagen zwischen 100 m und 500 m werden aus *Trebbiano Toscana* (50% bis 65%), *Verdello* (15% bis 25%), *Grechetto* (20% bis 30%) und *Malvasia* (etwa 20%) strohgelbe, delikate, freundliche Weine gewonnen, die im Geschmack entweder trocken mit einem leicht bitteren Nachgeschmack oder lieblich bis halbsüß sind. Die besten Weinbergslagen bestehen aus vulkanischen Tuffböden, in denen auch — ähnlich wie in Vouvray — die Keller zur Weinreife errichtet wurden. Der liebliche Orvieto weist einen speziellen Charme auf und ist sehr delikat. Der trockene hingegen darf als ausgesprochen fein, harmonisch und schmackhaft angesprochen werden.

Ein anderer bemerkenswerter Wein Umbriens ist der *Colli di Trasimeno,* der um den Trasimeno-See nahe von Perugia wächst. Noch besser als der ausgeglichene, relativ leichte Weißwein ist der angenehm tanninhaltige, trockene, bukettreiche Rotwein, der zu 60% bis 80% aus *Sangiovese*-Reben erzeugt wird.

Der beste Weißwein aus den Marken ist der *Verdicchio dei Castelli de Jesi,* der sich in den letzten Jahren auch außerhalb Italiens immer größerer Beliebtheit erfreut. Sein spezielles Erkennungszeichen ist die charakteristische Flaschenform, die an eine Amphore erinnert. Der westlich von Ancona wachsende hell-strohgelbe delikate Weißwein zeichnet sich durch einen harmonischen Geschmack mit angenehmen Bittergoût aus. Er ist ein immer mehr geschätzter vorzüglicher Tischwein, der sich ebenso für Fisch als auch für Vorgerichte eignet.

In seiner Nachbarschaft wächst der *Rosso Piceno,* zu 60 % aus *Sangiovese* und zu 40 % aus *Montepulciano*-Reben gewonnen. Er ist von klarer, rubinroter Farbe mit reichem Charakter, leicht bitterlich, doch erfrischend und angenehm im Geschmack.

Bekanntlich führen alle Wege nach Rom, von Norden aus nun einmal durch Umbrien und Latium. Von den Pilgerzügen, den geistlichen und weltlichen Herren, die in die Heilige Stadt zogen, konnten schon in früheren Jahrhunderten die entlang der großen Fernverbindungen wachsenden Weine profitieren. Diesem Umstand verdankt auch ein Weißwein von *Montefiascone* seine Berühmtheit: der *Est!Est!!Est!!!* Im Gefolge des Königs Heinrich V., der 1110 nach Rom zog, war auch der Bischof und Weinfreund Giovanni Defuk. Er schickte jeden Tag seinen Mundschenk voraus, der das Lokal mit dem besten Wein ausmachen und mit dem lateinischen Wort *est* die Kneipentür markieren sollte. In Montefiascone las der Bischof: »Est!Est!!Est!!!«. Der geistliche Würdenträger trank hier drei Tage lang, reiste weiter, kehrte wieder um und blieb für immer. (Die gleiche Geschichte erzählt man auch über einen Prälaten aus dem Fugger-Geschlecht.) Der vorzügliche Wein aus dem Latium trägt seitdem diesen etwas außergewöhnlichen Namen. Der trokkene oder liebliche Wein wird zu 65 % aus der *Trebbiano*-Rebe und zu etwa 20 % aus *Malvasia* sowie zu 15 % aus *Rosetto* erzeugt.

Latiums bekanntester Weißwein ist zweifellos der *Frascati* von den Castelli Romani, den schon Goethe als einen himmlischen Tropfen empfand. Der ziemlich weiche, samtige, feine und schmackhafte Wein wächst südöstlich von Rom in einem Gebiet, das ein beliebtes Ausflugsziel der Bewohner der italienischen Hauptstadt ist und dort in einer der gemütlichen Osterias Gelegenheit zur Verkostung der unterschiedlichsten Frascati-Qualitäten bietet. Auch in Rom selbst ist der trockene, strohgelbe Frascati der beliebteste Tischwein. Er wird außerdem in einer halbtrockenen bis lieblichen Version (amabile) sowie als süßer Wein (cannellino) aus verschiedenen *Malvasia-* und *Trebbiano*-Reben hergestellt.

Südlich von Rom in der Nähe des Albano-Sees wächst der

Marino, ein fruchtiger, ausgeglichener, trockener oder lieblicher Weißwein, der aus den Rebsorten *Malvasia* und *Trebbiano* in den Gemarkungen von Marino und Castel Gandolfo hergestellt wird.

Drei interessante und noch sehr junge Qualitätsweine Latiums kommen aus der Provinz *Latina,* südlich von Rom. Hier führten mit Beginn der 50er Jahre italienische Winzer, die aus politischen Gründen Tunesien verlassen mußten, ihre Weinbauerfahrungen mit *Merlot-, Sangiovese-* und *Trebbiano*-Reben fort. Die in den Gemeinden von Aprilia, Cisterna, Latina und Nettuno auf vulkanischen und Alluvial-Böden erzeugten Kreszenzen gelten als vortreffliche Tischweine.

In der Liste namhafter D.O.C.-Qualitätsweine sind die Abruzzen mit zwei Gewächsen vertreten: Dem *Montepulciano d'Abruzzo* und dem *Trebbiano d'Abruzzo.* Der dunkelrubinrote Wein aus der Montepulciano-Rebe stammt aus dem Herzen der grandiosen Abruzzen-Landschaft und mit ein wenig Fantasie erinnert sein Duft an blühende Abruzzenfelder. Verfügt er über eine Lagerzeit von mehr als zwei Jahren, so kann er die Zusatzbezeichnung *vecchio* (alt) auf dem Etikett tragen. Der sehr gut haltbare Wein, der ohne weiteres eine Lagerfähigkeit von 8 bis 10 und noch mehr Jahren bestehen kann, darf zu den besten Rotweinen Italiens gezählt werden. Erfolgt seine Vergärung nach einem traditionellen Verfahren gemeinsam auf den Traubenschalen, so darf der Wein als *Cerasuolo* bezeichnet werden.

Süditalien und Sizilien: Wein von der Sonnenseite

Apulien, ein sehr altes Kulturland, ist heute Italiens größte Weinprovinz. Sie erzeugt in beträchtlichem Umfang billige Konsumweine. Die D.O.C.-Qualitätsweine, die sich von der Masse der Tafelweine wohltuend abheben, haben es wie fast alle süditalienischen Weine schwer, die Märkte außerhalb Italiens zu erobern. Noch immer hängt ihnen der Nimbus des hochgradigen, schweren und daher für die meisten Weintrinker ungeeigneten Tropfen an. Die als D.O.C. anerkannten Weine beweisen jedoch das Gegenteil. Mit modernen Vinifikationsmethoden gewonnen, sind sie keineswegs zu dick und zu alkoholhaltig, vielmehr gefallen sie auch den Mittel- und Nordeuropäern wegen ihrer angenehmen, freundlichen, fruchtigen und oft sogar frischen Art.

Typische Beispiele sind der *Locorotondo* oder der *Martina Franca,* trockene, zarte Weißweine mit einem Alkoholgehalt zwischen 11° und 12°. Ein spritziger, schmackhafter, trockener Rosé ist der *Castel del Monte,* der unweit des gleichnamigen Stauferschlosses südlich von Barletto wächst. Von ihm gibt es auch einen dezent tanninhaltigen Rotwein. Erwähnenswert ist schließlich der weiße oder rote (beziehungsweise roséfarbige) *San Severo.*

Die Griechen, die vor 2500 Jahren dem südlichen Italien den Namen Oinotria (Land des Weines) gaben, müssen dazu vor allem auch durch den Rebenreichtum Campaniens inspiriert worden sein. Viele der Weine, die in der Antike berühmt waren, wie der Falerno vom schwarzen Vulkangestein der »Campi Laborini« konnten indes ihren Ruf bis in unsere Zeit nicht rechtfertigen. Der bekannteste unter ihnen ist der mit dem legendären Namen *Lacrima Christi* (Tränen Christi), ein gehaltvoller, trockener oder süßer Wein, der an den Südhängen des Vesuvs wächst.

Zu den wohl besten Gewächsen Campaniens gehört der sehr entwicklungsfähige, trockene, volle, aromatische *Taurasi,* der nach vier Jahren Lagerung die Bezeichnung Riserva trägt und der weiche, trockene, stroh- oder goldgelbe *Greco di Tufo.* Die auf der Insel *Ischia* erzeugten trockenen, harmonischen Weine besitzen ebenfalls die D.O.C.-Anerkennung. Unter den *Capri*-Weinen ist vor allem der Weißwein bemerkenswert, der hervorragend zu den einheimischen Fischgerichten paßt.

Calabriens renommiertester Wein ist der glutvolle und starke *Ciró Rosso* beziehungsweise der fruchtige, gehaltvolle *Ciró Bianco.* Sie gehören, wie die Weinbauern hier sagen, zu den ältesten Weinen der Welt. Ihre Geschichte führt auf den Cremissa zurück, jenen Trank, den im antiken Hellas die Sie-

SÜDITALIEN

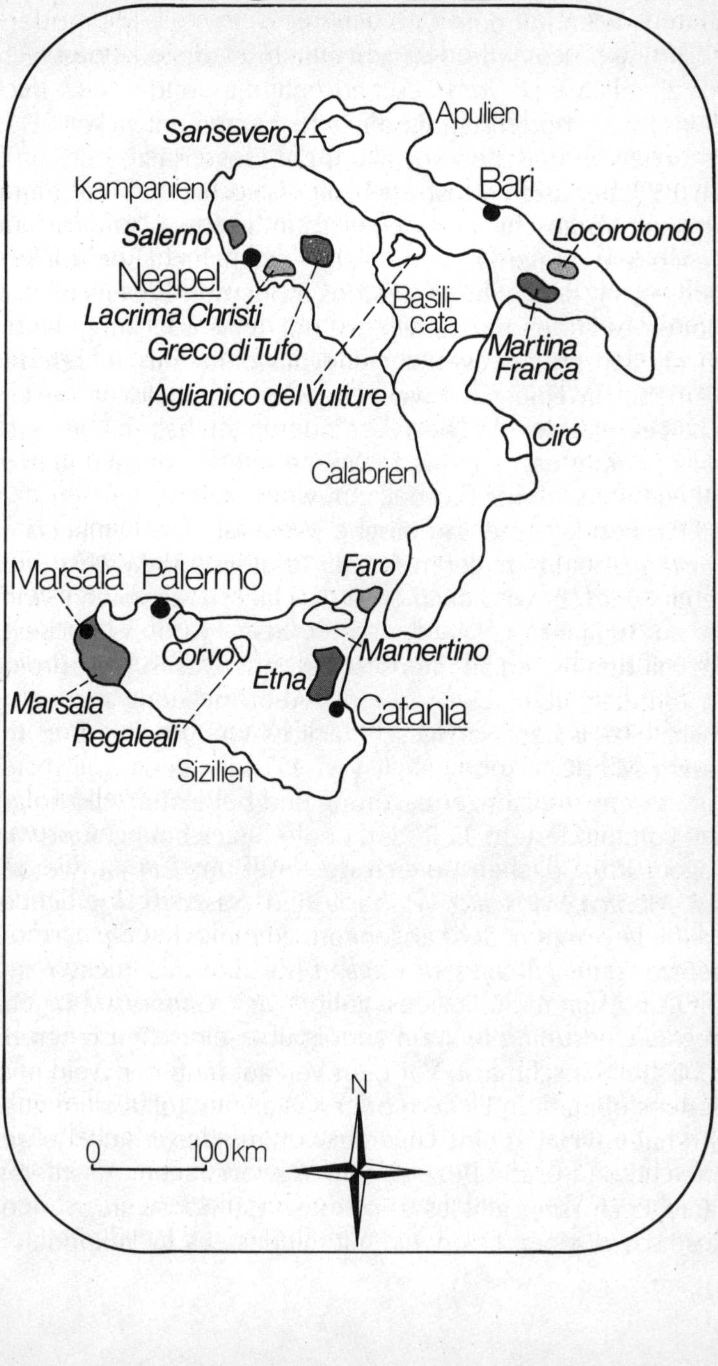

Apulien
Sansevero
Kampanien
Bari
Salerno
Locorotondo
Neapel
Lacrima Christi
Basili-
cata
Greco di Tufo
Martina
Franca
Aglianico del Vulture
Ciró
Calabrien
Faro
Marsala
Palermo
Corvo
Mamertino
Etna
Marsala
Catania
Regaleali
Sizilien
N
0
100 km

ger bei den Olympischen Wettkämpfen erhielten. Auch heute noch werden die italienischen Teilnehmer an den Olympischen Spielen mit dem Ciró versorgt.

Sardinien ist in jeder Hinsicht eine Insel, denn es liegt nicht nur ziemlich weit vom Festland entfernt, sondern hat auch seine Kultur bodenständig aus sich heraus entwickelt. Den Besucher überraschen vor allem die Gegensätze der Landschaft: Überraschend ist auch die Tatsache, daß auf Sardinien die Vorgeschichte offener als in anderen Ländern und Gegenden zutage liegt und sich — manchmal sogar irritierend — mit den Äußerungen des modernen Lebens mischt. Modernes Leben ist nämlich erst mit der Entdeckung der Insel für den Fremdenverkehr und das daraufhin auftretende Baufieber in eine noch weitgehend patriarchalische Gesellschaft eingedrungen. Diese Veränderungen haben aber auch dazu geführt, daß sardinische Weine über die Insel und über Italien hinaus allmählich bekannt werden.

Der berühmteste sardinische Wein ist der *Vernaccia di Oristano,* der im mittleren Teil der Insel bis zur Westküste angebaut wird. Er wird nach etwa drei Jahren reif, kann jedoch bis zu 30 Jahren gelagert werden. Seine Farbe ist hellgelb, das mit den Jahren an Intensität gewinnt. Das Bukett erinnert an Mandelblüten. Der trockene Wein mit dem angenehm leicht bitterlichen Nachgeschmack ist voll, fruchtig und mit einem Mindestalkoholgehalt von 15° sehr gehaltvoll. Nach mindestens dreijähriger Lagerung und bei einem Alkoholgehalt von mindestens 15,5° darf er die Bezeichnung *Superiore* tragen. Im südlichen Bereich der Insel um *Cagliari* werden aus *Monica, Moscato, Malvasia* und *Nasco* sehr wuchtige Weine gewonnen. Sehr angenehm zu trinken ist der goldgelbe, trockene *Nuragus di Cagliari.* Zu den ausdruckvollsten D.O.C.-Weinen Süditaliens gehört der *Cannonau di Sardegna.* Der rubinrote Wein verfügt über einen trockenen bis lieblichen Geschmack. Vor dem Verkauf muß der Wein mindestens ein Jahr in Eichen- oder Kastanien-Holzfässern gelagert haben. Hat er eine Lagerzeit von mindestens drei Jahren erreicht, darf er die Bezeichnung *Riserva* tragen. Als interessante Ergänzung gibt es zum roten Cannonau auch einen Rosé sowie einen Likörwein mit mindestens 16° Alkohol.

Ein ständiger Wechsel von Völkern, Kulturen und Regierungsformen, eine Verflechtung von Sitten und Bräuchen, eine wechselvolle Natur mit Vulkanen, Bergen, Meer und Gebirge haben auch die Insel Sizilien geprägt. Das uralte Weinland wurde viele Jahre außerhalb Italiens fast nur mit einem Wein in Verbindung gebracht, dem *Marsala.* Seine Entdekkung verdankt er den Gebrüdern Woodhouse, die ab 1773 mit dem Export dieses berühmten Dessertweines nach England begannen. Sein eigentlicher Siegeszug aber setzte erst nach 1800 ein, als er durch Nelsons Flotte in England eingeführt und zum Modegetränk wurde. Auch heute noch wird der Marsala nach uralten, traditionsgebundenen Methoden zur Reife gebracht und in drei Gruppen eingeteilt, nämlich in *Marsala Fine* (oder Marsala I.P. = Italia Particolare) mit einem Alkoholminimum von 17°, *Marsala Superiore* (oder L.P. = London Particular; S.O.M. = Superior Old Marsala; G.D. = Garibaldi Dolce; O.P. = Old Particular) mit einem Alkoholminimum von 18° und einer Lagerzeit von mindestens zwei Jahren, *Marsala Vergine,* der nach dem Solera-System hergestellt wird und mindestens fünf Jahre gelagert hat, mit einem Alkoholgehalt von mindestens 18°. Es ist ein trockener Marsala, der ohne Zusatz von eingedicktem oder konzentriertem Most hergestellt wird. Der *Marsala Speciali,* der mit verschiedenen Zusätzen wie Eiern, Mandeln usw. versehen wird, verfügt über einen Mindestalkoholgehalt von 18°.

In der Provinz Trapani im Westen der Insel, der Heimat des Marsala, wachsen eine Vielzahl anderer, zum Teil feuriger Weine, die allerdings nicht über die D.O.C.-Bezeichnung verfügen, wie zum Beispiel der Grecanico, der daran erinnert, daß vermutlich schon griechische Siedler im 8. Jahrhundert vor Christi den Weinanbau nach Sizilien gebracht haben, der Pignatello, der Monticello, der Normanno und der Tonino.

Auch der berühmte *Corvo,* der südöstlich von Palermo wächst, besitzt nicht das D.O.C.-Prädikat, obgleich er in aller Welt zu den renommiertesten Weinen zählt. Seine eigene Heimat ist die alte Gemeinde von Casteldaccia, wo der Herzog von Salaparuta, nach seiner Rückkehr von einem Aufenthalt in Bordeaux, mit der Schaffung neuer Rebanlagen und edlen Trauben 1824 den Vino Corvo schuf. Corvo war der Name des Weingutes, auf dem der Herzog lange Jahre hindurch besondere Rebkreuzungen erprobt hat. In den ersten Jahren dieses Jahrhunderts hat Don Enrico Alliata, Herzog von Salaparuta, den ererbten Betrieb modern organisiert und die Durchsetzung des Corvo auf allen Weinmärkten beigetragen. Im Erzeugungsprogramm befinden sich ein trockener, frischer, neutral schmeckender, harmonischer Bianco Prima Goccia, ein sehr trockener, spritziger, harmonischer Colomba Platino, beides trockene Weißweine mit etwa 12° Alkohol, ein rubinroter, trockener Rotwein sowie ein 16°iger exquisiter Apéritif oder Dessertwein mit der Bezeichnung Corvo Stravecchio di Sizilia.

Im fruchtbaren Hügelland zwischen Palermo und Caltanissetta liegt das Landgut *Regaleali,* dessen Weinberge in eine Höhe von 450 m bis 650 m reichen. Gleichwohl sind es überraschend harmonische Weine, die sich durch viel Eleganz, Frische und eine harmonische Säure auszeichnen. Der Besitzer dieses Gutes, Graf Tasca von Almerita-Regaleali konnte durch die hohe Qualität seiner Weine erreichen, daß sie inzwischen zu den begehrtesten Tropfen unter Italiens Rebsäften avancierten.

Mit einer D.O.C.-Auszeichnung hingegen ist der *Etna* versehen, ein weißer, roter oder roséfarbener Wein, der in 20 Gemeinden der Provinz Catania um den Vulkan erzeugt wird. Der weiße Etna paßt hervorragend zu Meerfisch, Krebsen und Frutti di Mare, der rote ist sehr zu Braten zu empfehlen.

Zu den großen Weinen Siziliens zählt schließlich auch der *Cerasuolo di Vittoria,* der es auf eine Lagerfähigkeit von mindestens 30 Jahren bringen kann. Der meist über 13° starke, volle, runde, trockene, harmonische Wein verfügt über ein sehr delikates Bukett und zeigt in seiner Farbe Anklänge an die Farbe der Weichselkirsche.

Auf der Insel *Pantelleria* wird ein origineller, süßer, aromatischer *Moscato Naturale* in Weinbergsböden vulkanischen Ursprungs erzeugt. Der sehr süße Wein muß über einen Gesamtalkoholgehalt von mindestens 17,5° verfügen, womit er sich als ein aparter Dessertwein anbietet.

SPANIEN:

Spitzenweine für preisbewußte Käufer

Spanien verfügt über die größte Weinanbaufläche Westeuropas. Hier sind insgesamt 1600000 ha mit Reben bepflanzt. Das bedeutet 16 % Anteil an der weltweiten Anbaufläche und knapp die Hälfte des gesamten EG-Reblandes. Auf den ersten Blick mag da der Eindruck entstehen, als produziere Spanien damit eine gewaltige Menge an Wein. Doch das täuscht. Im Schnitt erzeugen die spanischen Winzer pro Hektar halb so viel Most wie beispielsweise ihre europäischen Nachbarn, deren durchschnittliche Erträge zwischen 70 und 100 hl/ha liegen.

Früher hatte der deutsche Verbraucher vom Begriff »spanischer Wein« nur eine diffuse Vorstellung. Bot sich ihm doch in den Regalen der Supermärkte meist nur eine anonyme und einseitige Auswahl an Tafelweinen. Die einzige Sonderstellung nahm damals schon der *Sherry* ein.

In den letzten zehn, fünfzehn Jahren hat sich dieses Bild ganz entscheidend geändert. Zum einen haben die Winzer und Bodegas in Spanien beträchtliche Anstrengungen zur Verbesserung der Anbaumethoden und der Kellereitechnik unternommen. Zum anderen liegt es an der ständig zunehmenden Präsenz spanischer Weine der D.O.-Klasse *Denominación de Origen* — Qualitätsweine mit gesetzlich geregelter Herkunftsbezeichnung. Sie rückten auch bei den deutschen Weinliebhabern das Bild von spanischen Weinen allmählich ins rechte Licht. Mittlerweile sind Gewächse aus den Regionen *Rioja, Navarra, Panadés* und *Ribera del Duero* ein gewohnter Anblick in deutschen Weinfach- und Lebensmittelgeschäften.

Spanien ist eines der traditionsreichsten Weinbauländer der Welt. So, wie die Römer vor über 2000 Jahren den Weinbau nach Spanien brachten, taten es die spanischen Eroberer in der »Neuen Welt«. In Mexico legten sie systematisch Weinberge an und später waren es spanische Franziskanermönche, die den »Grundstein« für den kalifornischen Weinbau legten.

Mit Ausnahme von *Sherry* waren die spanischen Weine außerhalb ihrer Landesgrenzen bis weit über die Hälfte des letzten Jahrhunderts so gut wie nicht bekannt. Das änderte sich schlagartig, als nach 1870 die verheerende Reblausplage den größten Teil des europäischen Weinbaus vernichtete — Spanien war davon zunächst über 25 Jahre nicht betroffen. Während dieser Zeit hatten die spanischen Weinexporte Hochkonjunktur, vor allem die der Regionen Rioja und Panadés. Zu jener Zeit siedelten sich im Norden Spaniens, auf der Flucht vor der Reblaus französische Winzer an. Auch von deren Einflüssen profitierte der spanische Qualitätsweinbau. So stammt unter anderem aus dieser Epoche die Methode, den Wein in 225-Liter-Eichenholzfässern, »barricas« oder »bordelesas« genannt, auszubauen.

Trotz Beibehaltung einer langen Tradition orientiert sich Spaniens Weinwirtschaft seit vielen Jahren auch stark am Fortschritt. Bereits in den sechziger Jahren bahnte die *Bodega Torres* (Region Panadés) mit Erfolg den Weg, neue Technologien anzuwenden. Weitere fortschrittliche katalonische Winzer folgten schnell diesem Beispiel, und die Region gewann in bemerkenswert kurzer Zeit neben Rioja den Ruf als eines der angesehensten Weinbaugebiete der Welt. Winzer in ganz Spanien sind inzwischen deren Beispiel gefolgt und haben erheblich in moderne Ausrüstung und Technologie investiert. Sie beschäftigen erfahrene Önologen, die hohe Maßstäbe an Qualität legen. Bedeutende Umwandlungen in den Weinbergen begannen zu Anfang der Verhandlungen über Spaniens EG-Beitritt. Unwirtschaftliche Rebflächen wurden aufgegeben. Winzer, die alte oder minderwertige Rebstöcke durch bessere Rebsorten ersetzen, erhalten staatliche

Unterstützung. Fortbildungsprogramme für Winzer werden heute in Spanien ebenso forciert, wie die Einrichtung von Fachhochschulen für Weinbau und Önologie.

Spanien ist ein gebirgiges Land. Bis auf die schmalen Küstenregionen gibt es im wesentlichen nur zwei niedrige Gegenden: das Ebrotal im Norden und das Tal des Guadalquivir im Südosten. Verglichen mit anderen europäischen Ländern hat Spanien eine große klimatische Spannbreite (Atlantik-, Mittelmeer- und Kontinentalklima). Das bringt auch ein unvergleichbar breites Spektrum an Weinen mit sich.

Ein Viertel der in Spanien erzeugten Weine werden unter den strengen Regeln der *Denominación de Origen* (D.O.) hergestellt. Diese Gesetze schreiben insbesondere Rebsorten, Anbau, Herstellung in der Kellerei, Lagerzeit und Deklaration auf den Flaschen vor. 1987 gab es 29 solcher Herkunftsbezeichnungen.

Weltweit wird der *Rioja* als eine Art Maßstab für Spaniens Weine angesehen. Selbst innerhalb Spaniens nehmen die Riojaweine eine Sonderstellung ein. Der Grund ihrer Unnachahmlichkeit liegt in der Zusammensetzung der Faktoren Boden, Klima, Rebsorten, Ertragsbegrenzung und Ausbaumethoden.

La Rioja ist ein grünes, hügeliges Hochtal am oberen Lauf des Ebroflusses, im Windschatten der Sierra Cantabria und Sierra de la Demanda. Rote Erde, Weingärten, Uferweiden, silbrige Olivenhaine und blaue, schroffe Berge zu beiden Talseiten prägen die Landschaft.

Die gesetzlich geregelte Herkunftsbezeichnung ist in drei Anbaugebiete unterteilt: *Rioja Alta* (17 000 ha), *Rioja Alavesa* (7000 ha) und *Rioja Baja* (10 000 ha). In allen drei Gebieten werden Rot-, Rosé- und Weißweine erzeugt.

Die zugelassenen Rebsorten für Rotweine: *Tempranillo* (Hauptsorte), *Garnacha, Graciano* und *Mazuela;* bei Weißweinen: *Viura* (Hauptsorte), *Malvasía Riojana* und *Garnacha Blanca.*

Höchstens 42 hl dürfen pro ha erzeugt werden, wobei auf derselben Fläche maximal 3500 Rebstöcke erlaubt sind.

Die Weinberge liegen verhältnismäßig hoch: 450 bis

600 Meter über dem Meeresspiegel. Durch die jeweiligen Unterschiede bei Klima, Boden und der Mischung von Rebsorten ergeben sich drei verschiedene Grundcharaktere.

Rioja Alta: Das Gebiet unterliegt atlantischen Klimaeinflüssen. Kalkböden und rote Tonerde dominieren. Die Weine haben einen hohen Säuregehalt, der besonders für die Alterung wichtig ist. Alkoholgehalt: mindestens 10°.

Rioja Alavesa: Auch hier herrscht atlantisches Klima. Doch die Landschaft ist steiler. Fast ausschließlich rote Tonerde mit hohem Kalkanteil. Die Weine haben etwas mehr Alkohol (mindestens 11° bei weißen und 11,5° bei roten), gemäßigtere Säure und Gerbstoffe geben den Weinen einen runden, weichen Charakter. Hier wird fast ausschließlich die *Tempranillo*-Rebe angeaut.

Rioja Baja: Unterscheidet sich vollkommen von den beiden anderen Gebieten. Wärmeres und trockeneres Klima, vom Mittelmeer beeinflußt. Liegt 250 bis 350 Meter hoch. Boden aus Tonerde und fluvialen Steinablagerungen. Die Weine erreichen einen Alkoholgehalt von mindestens 12° (Weißweine) und 12,5° (Rotweine). Vorwiegend *Garnacha*-Rebe. Hier gibt es auch gute Rosé-Weine.

Was den *Rioja*-Wein, insbesondere die *Reserva* und *Gran Reserva* ganz besonders prägt, ist die zwischen einem und drei Jahren dauernde Lagerung in 225-l-Eichenholzfässern, die, wie bereits erwähnt, »barricas« oder »bordelesas« genannt werden. Anschließend lagert er weiter in Flaschen. 15 000 und mehr solcher Eichenfässer sind in vielen Bodegas absolut keine sensationellen Größenordnungen.

Außerhalb Spaniens lagen die Weine *Navarras* von ihrem Bekanntheitsgrad her lange im Schatten ihres Nachbarn *Rioja*. Dabei hat der Weinbau in dieser Region schon eine ruhmreiche Vergangenheit. Der König von Navarra, Thibaut I de Champagne, den die ausgedehnten Rebflächen an seine französische Heimat erinnerten, ließ bereits Mitte 1300 die ersten großen unterirdischen Weinkeller anlegen und gab entscheidende Impulse für die Ausbreitung und Verbesserung der spanischen Weinkultur.

Die Provinz liegt zwischen der Pyrenäengrenze und dem

oberen Ebroverlauf. Das Klima ist recht unterschiedlich, aber, wie auch die Böden, durchwegs für den Weinbau bestens geeignet. Während in der Region um die Stadt Puente la Reina ein atlantisches, halbfeuchtes Klima vorherrscht, reichen die Weinbaugebiete im Süden in die Zonen des trockenen, heißen, regenarmen Klimas hinein. Die nördlichen Zonen befinden sich in einer Höhe von rund 400 bis 800 Meter über dem Meeresspiegel, die südlichen liegen etwa 250 bis 500 Meter hoch. Besonders der Süden Navarras bringt beachtliche Spitzenweine hervor.

Von dem 41000 ha großen Weinbaugebiet sind seit dem 30. Juni 1958 per Gesetz 23700 ha in den Stand der *Denominación de Origen Navarra* erhoben worden.

Tempranillo, Granciano, Garnacha und *Mazuelo* sind die zugelassenen roten Rebsorten. *Garnacha Blanca, Viura, Malvasia, Moscatel del Gran Menudo* und *Palomino* sind für die Weißweine erlaubt.

Typisch sind die Rotweine: kräftig, voll, tiefgründig und von nuanciertem Aroma. *Reserva* und *Gran Reserva* müssen wie üblich eine bestimmte Lagerzeit zunächst im Eichenfaß und anschließend in der Flasche nachweisen.

Hervorhebenswert sind die frischen und fruchtigen Rosés, die ausschließlich aus der blauen *Garnacha*-Traube gewonnen werden. Zur Ausprägung ihres charakteristischen Aroma- und Geschmacksbildes wird der Most bereits nach vier bis fünf Stunden ohne Druckanwendung von der Maische abgefiltert.

Durch dieses Verfahren entsteht zwar weniger Wein, dafür aber ein hochwertiger, interessanter Rosé.

Neben *Rioja* und *Navarra* weist die spanische Weinkarte eine in den letzten Jahren bemerkenswert gestiegene Zahl von kleineren D.O.-Weinanbaugebieten auf, von denen im folgenden die qualitativ wichtigsten (in alphabetischer Reihenfolge) vorgestellt werden:

Aragón: Herausragend ist hier der südlich von Zaragoza wachsende rote *Cariñena,* der sich in der Jugend etwas rauh und herb gibt, mit zunehmender Reife jedoch rund, geschmeidig und füllig schmeckt. Der fruchtige, körperreiche

Wein wird aus der *Garnacha* gewonnen und hat 13° bis 15° Alkohol.

Castilla-León: Bemerkenswert ist hier der weiße *Rueda,* ein ziemlich extraktreicher Wein mit 12° Alkohol. Der aus *Verdejo, Palomino* und/oder *Viura* erzeugte Wein verfügt nach einer angemessenen Reifeentwicklung über ein typisches Haselnußaroma. Unter dem Einfluß des kontinentalen Klimas gedeiht in der D.O.-Zone *Ribera del Duero* in der Provinz Burgos ein leichter, harmonischer Rotwein sowie ein geschmacksintensiver, tief rubinroter Wein aus der Sorte *Tempranillo,* der seine Reife in Eichenholzfässern erhält.

Castilla-La Mancha: Im La Mancha dominieren Weißweine aus der Rebsorte *Airén.* Es handelt sich um ziemlich säurearme Weine von strohgelber Farbe. Dazu kommen relativ leichte Rotweine. Populärer sind hingegen die Rotweine von *Valdepeñas,* einem D.O.-Gebiet im Zentrum von La Mancha. Die aus *Cencibel* erzeugten Weine erfreuen sich seit dem 17. Jahrhundert großer Wertschätzung. Üblicherweise wird er mit dem Saft der weißen *Airén* gemischt und ergibt so einen milden, fruchtigen, leichten Wein, der sich für eine längere Lagerung allerdings wenig eignet.

Katalonien ist neben *Rioja* die qualitativ interessanteste Region Spaniens. Dies gilt vor allem für den Bereich von *Panadés* in der Provinz von Barcelona, in dem hervorragende Rotweine und außergewöhnlich frische, betont fruchtige Weißweine erzeugt werden. Der Weißwein von *Alella* verfügt meist über etwas mehr Säure als der von *Panadés.* In *Ampurdán,* im nordöstlichen Bereich von Katalonien, wachsen angenehme Rot- und Roséweine, die aus der *Cariñena* erzeugt werden. *Tarragona* ist speziell wegen seiner Dessertweine erwähnenswert, während im *Priorato* feine Rotweine gekeltert werden.

Katalonien ist darüber hinaus Heimat der inzwischen berühmt gewordenen Schaumweine, die nach der Champagner-Methode erzeugt werden und den Gattungsnamen »Cava« tragen. Dabei vollzieht sich die zweite Gärung in der Flasche. Für sechs Monate verbleibt dann der Wein in der Flasche. In dieser Zeit setzt sich die Hefe allmählich am Flaschenboden an, indem die Flasche regelmäßig bewegt wird.

SPANIEN

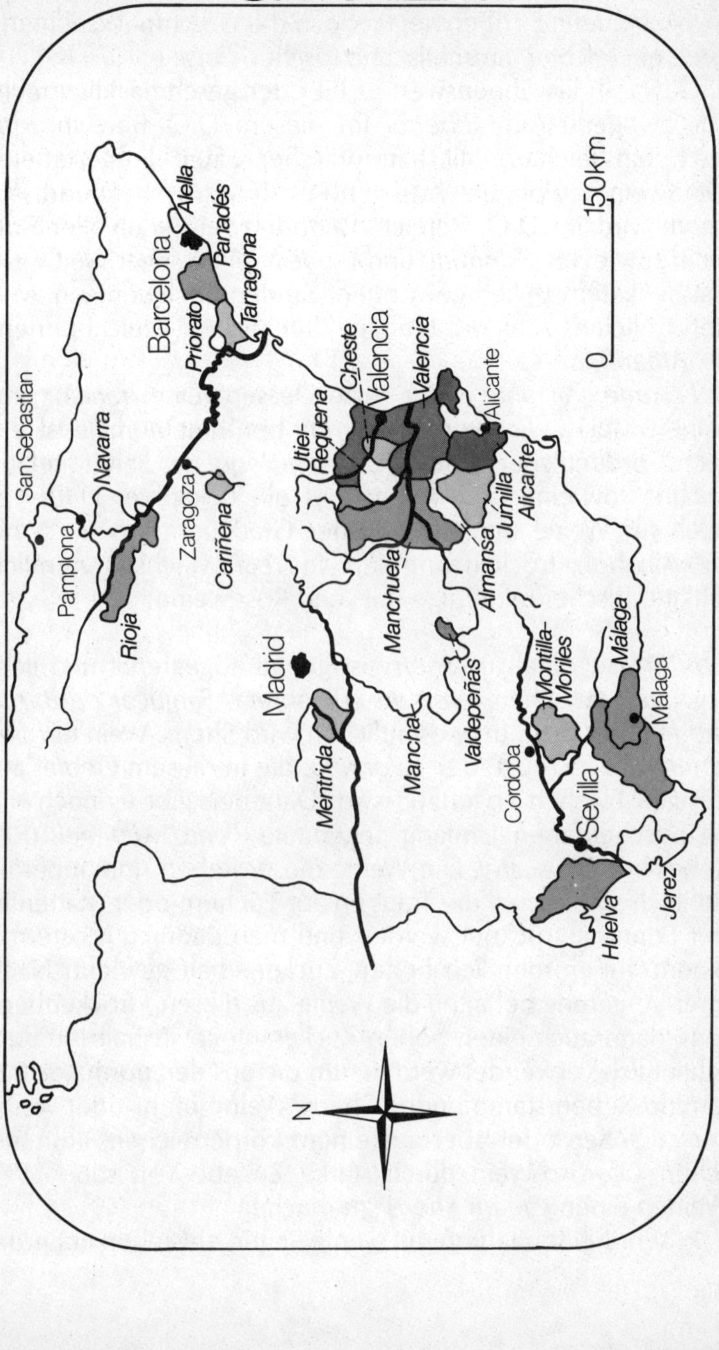

San Sebastian
Pamplona
Navarra
Rioja
Zaragoza
Cariñena
Barcelona
Alella
Panadés
Tarragona
Priorato
Madrid
Méntrida
Utiel-
Requena
Cheste
Valencia
Valencia
Manchuela
Mancha
Mancha
Valdepeñas
Almansa
Jumilla
Alicante
Alicante
Montilla-
Moriles
Córdoba
Sevilla
Málaga
Málaga
Huelva
Jerez
0
150km
N

Anschließend wird der Sekt umgefüllt, die Sorten der lieblichen bis süßen Geschmacksrichtungen (*dulces)* erhalten ein wenig Liqueur. Es überwiegt jedoch die Geschmacksrichtung *Brut,* ein leichter, aromatischer, frischer *Cava.*

Galicien: Erwähnenswert ist hier der geschmacklich recht ausgewogene rote *Ribeiro.* Im diesem D.O.-Bereich wird auch ein leichter, mit harmonischer Säure ausgestatteter Weißwein gewonnen. Aus den Rebsorten *Mencia* und *Alicante* wird im D.O.-Bereich *Valdeorras* ein kraftvoller Rotwein sowie aus *Palomino* und *Godello* ein frischer Weißwein mit delikatem Bukett gewonnen. Zu den hochwertigen Weinen Galiciens zählt der blumige, fruchtige und leicht perlende *Albariño.*

Levante: Alicante ist für seine Dessertweine *(rancio)* und seinen Muskateller von *La Marina* berühmt. *Jumilla* ist ein recht ordentlicher Rotwein, *Utiel-Requena* liefert relativ leichte Rotweine und *Valencia* ist ein bekannter D.O.-Bereich für Weine unterschiedlicher Gradationen (von 11 bis 16° Alkohol), trocken und süß. In *Yecla* wachsen ziemlich leichte, frische, reintönige Rot- und Roséweine.

Das Anbaugebiet für *Sherry* ist genau abgegrenzt und liegt im Raum zwischen *Jerez de la Frontera, Sanlúcar de Barrameda* und *Cadiz.* Im wesentlichen wird Sherry-Wein nur aus einer Rebe erzeugt, der *Palomino,* die in diesem Gebiet auf riesigen Flächen angebaut wird. Daneben gibt es noch die im bescheidenen Umfang angebaute *Pedro Ximénez* (PX-Rebe) und *Moscatel.* Die Weine dieser Reben sind außerordentlich süß, zumal die Trauben auf Tüchern oder Matten in der Sonne getrocknet werden und man dadurch Moste mit einem außerordentlich hohen Zuckergehalt gewinnt. Nach ihrer Vergärung behalten die Weine aus diesen »Trockenbeeren« dann auch einen hohen Zuckeranteil, weshalb sie ausschließlich verwendet werden, um die aus den normalen Palomino-Reben stammenden Sherry-Weine mehr oder weniger zu süßen oder aber aus einem körperreichen, aromatischen *Oloroso*-Wein durch starke Zugabe von süßen PX-Weinen einen *Cream Sherry* zu machen.

In sehr heißen Jahren mit wenig Regen entstehen außerordentlich gehaltvolle, feurige Weine, die als kernige Sherry-Typen generell in die Gruppe der Oloroso-Weine einzureihen sind. In regenreichen, milden Jahren dagegen erntet man Weine, die zarter und eleganter sind und für die Gruppe der *Fino*-Sherrys geeignet sind.

Entscheidendes Merkmal der Sherry-Herstellung ist das sogenannte Solera-Verfahren. Dabei durchläuft der Wein eine bestimmte Anzahl von Fässern, der Oloroso und der Fino im Laufe seiner Herstellung etwa 8 bis 12 Fässer, wobei der Wein jeweils mit einer kleinen Partie von Jahr zu Jahr in ein Faß mit älteren Weinen wandert, dem vorher ein entsprechender Anteil genommen wurde, um dann nach vielen Jahren endlich bis zum letzten Faß zu gelangen, aus dem die trinkfertigen Weine abgefüllt werden. Der Oloroso legt diesen Werdegang aber nicht in den schattigen kathedralartigen oberirdischen Bodegas zurück, sondern sein Werdegang erfolgt im Sommer wie im Winter im Freien, jedem Wetter ausgesetzt. Dabei wandert auch er durch die typischen, etwa 500 Liter fassenden Holzfässer *(Pipes)*, die meist zu dritt übereinander gestapelt sind, und die nur zu 60% gefüllt werden. Dem Oloroso-Wein wird allerdings schon in seinem Jungedstadium Weinalkohol zugesetzt, wobei sein natürlicher Alkoholgehalt von 13° bis 14° auf etwa 18° bis 20° angehoben wird. In den folgenden Jahren durchläuft er seine Reifezeit in dem beschriebenen Lebensweg von Faß zu Faß.

Der Werdegang der Fino-Weine aus den milden, regenreichen Jahren ist wesentlich komplizierter und arbeitsaufwendiger. Hat man die Weine nach etwa anderthalb Jahren als Fino-Weine eingeordnet, kommen sie sofort in eine der mächtigen kühlen Bodegas. Die Fässer werden zu etwa zwei Drittel gefüllt, um eine große Oberfläche für die Luftberührung zu haben, und der Wein wird dann mit der sogenannten Florhefe geimpft. Diese, im oxydativen Stadium lebenden Hefezellen bilden während des Frühjahrs und Sommers auf der Weinoberfläche eine dicke gelbliche Schaumschicht. Die Florhefen verleihen den Finos einen Teil ihres besonderen Geschmackes. Innerhalb der Bodega wandert der Fino-Wein — genau wie der Oloroso — mit einem kleinen Teil von Jahr zu Jahr in ein älteres Faß, vermischt sich somit jeweils mit den darin befindlichen noch älteren Jahrgängen, um genau wie der Oloroso nach 8 bis 12 Jahren in seinem letzten Faß angekommen zu sein. Den Zusatz von Weinalkohol bekommt der Fino aber erst am Ende seines gesamten Werdegangs. Er wird ebenfalls auf etwa 18° bis 20° Alkohol eingestellt.

Amontillado und *Manzanilla* sind Abkömmlinge von den Fino-Weinen, wobei die Amontillados ihren speziellen Geschmack dadurch bekommen, daß sie »auf den Höhen«, in höher gelegenen Landesteilen, zum Beispiel in der Gegend um Jerez reifen und ausgebaut werden (ihre Bezeichnung leitet sich von monte = Berg ab). Der Manzanilla ist auch ein Abkömmling des Fino, der in den Bodegas in Sanlúcar de Barrameda am Meer entstanden ist und in dieser niedriger gelegenen, wärmeren und feuchteren Zone mit der salzigen Meeresluft ebenso seine spezielle Geschmacksnote entwikkelte.

Die meisten Kenner geben dem gänzlich trockenen Sherry den Vorzug, also den sehr zuckerarmen und herben Typen.

PORTUGAL:

Portwein und viele Geheimtips

Die Qualitätsweine dieses alten und bedeutsamen Weinbaulandes sind — abgesehen vom Port — international nur wenig bekannt. Ähnliche Gegebenheiten wie im benachbarten Spanien lassen auf einer Rebfläche von 360000 ha jährlich nur acht bis zehn Mill. hl Wein wachsen. Im Zuge einer neuen Weingesetzgebung wurden bestimmte Weinbauregionen und Bereiche geographisch genau abgegrenzt. Die in einer solchen *Regiao demarcada* erzeugten Qualitätsweine tragen das (für den Export obligatorische) Garantiezeichen *Selo de origem/Selo de garantia,* das von der *Junta Nacional do Vinho* vergeben wird.

Die Gesamterzeugung an Trinkwein gliedert sich auf in *Vinho verde* = junger, frischer, leichter Weiß- und Rotwein aus Nordportugal, *Vinho madouro* = ausgereifter, älterer Wein. Unter ihnen sind die Rotweine meist interessanter und vielfach von beachtlicher Qualität, die Weißweine hingegen zeigen sich oft oxidativ und abgebaut. *Vinho generoso* ist ein alkoholreicher Apéritif- und Dessertwein wie Port, Madeira oder Moscatel.

Zunehmender Bekanntheit erfreut sich seit einigen Jahren der im Norden des Landes wachsende *Vinho verde,* der vor allem als spritziger, säurebetonter, gelegentlich leicht prikkelnder Weißwein gerne als typischer Sommerwein getrunken wird. Über einen geringen Alkoholgehalt verfügen auch die frischen und rassigen Rotweine, die ebenfalls jung getrunken werden sollten.

Etwa 60 % der Trauben, die in der Anbauregion Douro wachsen, werden für die Erzeugung guter Tischweine und Schaumweine verwendet, aus den restlichen 40 % wird Portwein hergestellt.

Zu den qualitativ hervorragendsten Rotweinen des Landes zählen der dunkelrote, charaktervolle, kräftige Rotwein von Dão, der sich nach einer längeren Lagerung geschmacklich fein und ausgewogen präsentiert, sowie die trockenen, fruchtigen, oftmals sehr aromatischen Rotweine von *Bairrada.*

Ein sehr lagerfähiger Rotwein mit einem typischen Veilchen- und Mandelaroma ist der *Colares.* Unter diesem Namen gibt es auch einen rassigen, vollen, nachhaltig schmekkenden Weißwein, der Raritäten-Charakter besitzt. Ebenfalls nur geringe Mengen werden vom delikat süßen *Carcavelos* erzeugt. *Bucelas* schließlich liefert bukettreiche, feine Weißweine, die auch nach längerer Lagerung ihre Frische behalten.

Die Trauben, aus denen der Portwein gemacht wird, gedeihen ausschließlich im gesetzlich abgegrenzten Gebiet des *Douro*-Tales, im Norden Portugals. Vor 200 Jahren, als dieser Wein zum erstenmal von Porto ausgeführt wurde, hieß er »Wein aus Porto«. Das Douro-Gebiet ist eine gebirgige und rauhe Landschaft. Der Anbau ist schwierig, und da der Boden felsig und hügelig ist, müssen zahlreiche Terrassen angelegt werden. Von Spanien kommend hat der Douro sich hier eine 500 m bis 600 m tiefe Schlucht gegraben, an deren Ufer sich Berge mit Schiefer- und Granitgestein erheben. Bei einer Hangneigung von 60° und einer Sonneneinstrahlung von vielfach 40° C finden die Weinstöcke jene Wachstumsbedingungen, die sie zur Erzeugung eines hochsüßen, gehaltvollen Mostes benötigen. Die eigentlichen Qualitätsfaktoren beim Anbau sind die Höhe der Weinbergslagen (möglichst nicht unter 500 m) sowie der durchschnittliche Hektarertrag (nicht mehr als 600 l/1000 Rebstöcke). Die Rebsorten spielen dabei eine ebenso bedeutende Rolle wie die Sonneneinstrahlung.

Zu den spezifischen Eigenarten der Portwein-Gewinnung gehört auch die Unterbrechung des Gärungsprozesses.

PORTUGAL

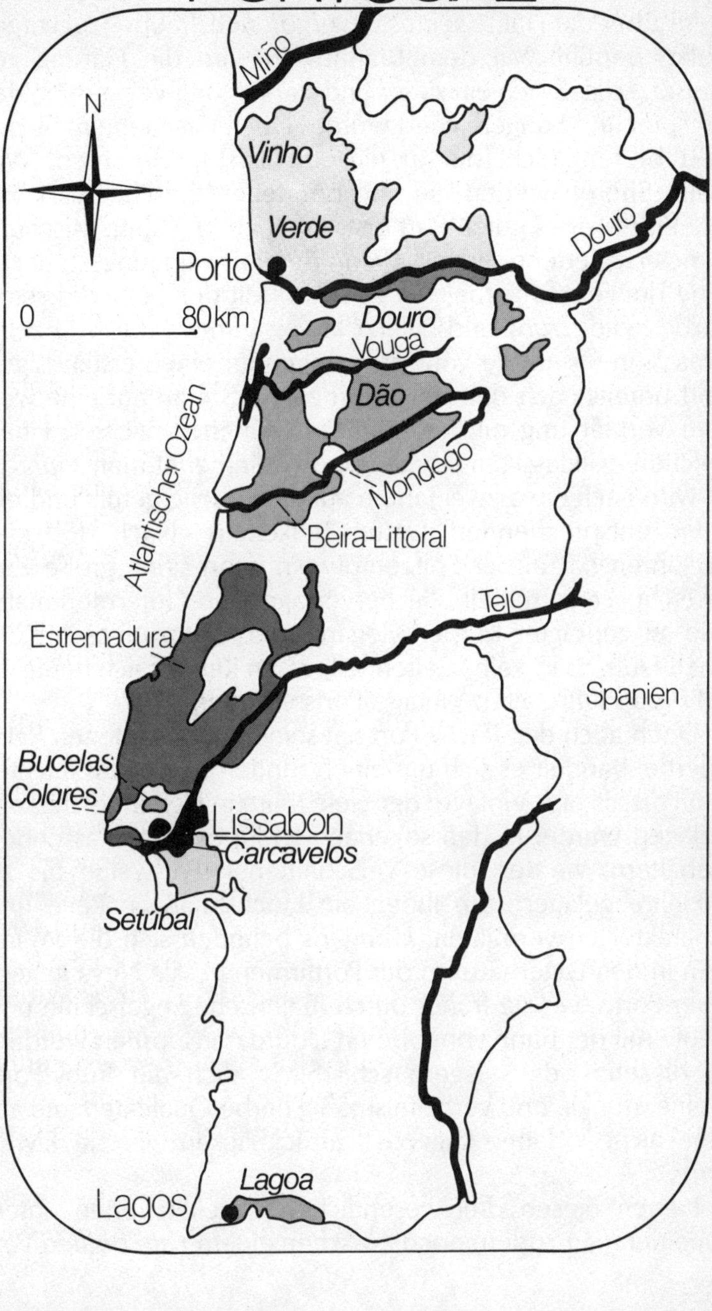

N
Miño
Vinho
Verde
Porto
Douro
0
80 km
Douro
Vouga
Dão
Atlantischer Ozean
Mondego
Beira-Littoral
Tejo
Estremadura
Spanien
Bucelas
Colares
Lissabon
Carcavelos
Setúbal
Lagoa
Lagos

Der teilvergorene Wein wird in ein zu einem Viertel mit Branntwein gefülltes Faß gegeben, solange er noch mindestens über die Hälfte seines unvergorenen Traubenzuckergehaltes verfügt. Mit dem Branntwein wird die Gärung gestoppt, so daß sich ein süßer und starker Jungwein ergibt, der entsprechend angereichert wurde. Doch das Geheimnis des Port besteht nicht nur in diesem Gärstop-Verfahren. Wie beim Sherry werden die vollkommenen Geschmackskomponenten eines guten Port erst durch ausgewählte Mischungen verschiedener erzielt. Wenn der Portwein jung ist, hat er eine dunkelrote Farbe, *full* genannt. Mit der Zeit wird seine Farbe heller: *ruby* und zuletzt *tawny.* In etwa drei von zehn Erntejahren sind die Voraussetzungen für einen erstklassigen Port bereits nach der Ernte so ideal, daß man auf eine weitere Vermählung mit anderen Portweinen verzichtet. Einen solchen erstklassigen Jahrgangsportwein nennt man *Vintage.* Er wird nach etwa zwei Jahren auf die Flasche gefüllt und mit dem entsprechenden Datum etikettiert. Nach 15 oder 20 Jahren hat dieser Spitzenrotwein dann seine große Zeit erreicht. Er vermittelt alle hervorragenden Gütermerkmale, wie ausgeprägter Körper, Eleganz und einen unbeschreiblichen Duft. Es ist keine Seltenheit, wenn Kenner sich heute an 30 bis 50 Jahre alten Vintage-Ports erfreuen.

Doch auch der Tawny Port hat seinen unbestrittenen Reiz. Hierbei handelt es sich um einen runden und etwas leichteren Port als den Vintage, der viele Jahre in Eichenholzfässern gelagert wurde. In den sogenannten Pipes, 420 l fassenden Behältern, werden diese verschnittenen Portweine bis zu 50 Jahre gelagert, um ihnen ein Höchstmaß an Reife und Charakter zu vermitteln. Übrigens befinden sich die Weine nun in den Lagerhäusern der Portfirmen in Vila Nova gegenüber Porto, wo sie früher durch malerische Segelschiffe und heute mit der Bahn vom oberen Douro transportiert wurden. In diesen Lodges lagern schließlich auch die Ruby-Portweine, dunkle und verhältnismäßig herbe Qualitäten, die auf eine nicht so lange Lagerzeit zurückblicken wie die Tawny Ports.

Neben diesen drei wesentlichen Gütekategorien unterscheidet man zudem noch zwischen einem *Late bottled Vin-*

tage, also einem spät abgefüllten Jahrgangswein, der etwas leichter ist als ein Vintage Port und einem *Crusted Port,* bei dem das Rotweindepot (der Niederschlag der Gerbstoffe) an der Flaschenwandung eine Kruste gebildet hat. Diese Flaschen sollte man sehr sorgfältig behandeln, damit die Kruste nicht bricht. Anderenfalls vermischt sie sich mit dem Wein, der dann vor dem Trinken gefiltert werden muß.

Etwa 90% der Portweinerzeugung geht in die Ausfuhr, und damit ist der Port einer der wichtigsten Exportartikel Portugals. Wenn auch weiterhin Großbritannien der wichtigste Abnehmer für Portwein ist, so steht die Bundesrepublik doch inzwischen schon an dritter Stelle in der portugiesischen Ausfuhrstatistik.

Diesen Erfolg können die übrigen protugiesischen Tischweine natürlich nicht nachvollziehen, sieht man vielleicht einmal von den trockenen bis halbtrockenen, leichten und pikant fruchtigen *Rosé*weinen aus Nordportugal ab, die oft in Spezialflaschen (zum Teil dem Bocksbeutel ähnelnder »cantil« wie für den berühmten Mattheus Rosé) in vielen Ländern zum Begriff wurde. Auf ihren Spuren folgen jedoch die *Vinhos Verdes,* leichte, spritzige und harmonische Weine, die man gerne als die Rheinweine Portugals bezeichnet. Die im Norden des Landes hergestellten jungen (verde bedeutet in diesem Zusammenhang jugendlich und nicht grün) Weine schmecken im zweiten bis dritten Jahr nach der Lese angenehm frisch und stellen einen pikanten Apéritif ebenso wie die delikate Ergänzung zu Fischgerichten dar. Ihren angenehmen Säuregehalt verdanken sie dem Umstand, daß sie aus nicht vollreifen Trauben in Weinbergen geerntet werden, in denen die Reben unter schattigen Spalieren wachsen.

Im Übergang von Nord- zu Zentralportugal liegt die große Anbauzone des *Dão,* eines dunkelroten, kraftvollen, sehr tanninhaltigen und kernigen Weines, der dank seiner guten Haltbarkeit und seiner fleischigen Struktur zu den besten Rotweinen des Landes zählt. Der in jungen Jahren mit viel Önotannin ausgestattete Tropfen benötigt mindestens drei bis vier Jahre, um als gerundeter, harmonischer Wein seine Trinkreife zu erlangen. Aber auch dann zeichnet ihn oft noch eine kernige Herbe aus, die den trockenen Wein jedoch als

Bratenwein und als Begleiter zu würzigem Käse besonders geeignet macht.

Unweit der Hauptstadt Lissabon liegen drei kleine Anbaugebiete für Weine mit der kontrollierten Herkunftsbezeichnung *Denominacão de Origem: Bucelas,* wo ein trockener, ziemlich leichter Weißwein angebaut wird, in Sandböden von *Colares* wächst ein bukettreicher, kräftiger, robuster Rotwein, der früher qualitativ sogar über dem Dão rangierte, heute jedoch nicht mehr dessen Bedeutung erreicht, und südwestlich von Lissabon schließlich der Süßwein *Carcavelos.* Namhafter als dieser bernsteinfarbige Dessertwein ist der *Moscatel de Setúbal,* der sein spezielles Aroma durch die Zugabe frischer Moscatel-Traubenschalen erreicht, die einige Monate bis zur Abfüllung im Wein verbleiben.

GRIECHENLAND:

Weine von »göttlicher« Herkunft

Die Weinkultur kommt von den Göttern Griechenlands. So jedenfalls heißt es in griechischen Sagen. Der Weingott Dionysos war es, der die Menschen angeblich den Weinbau lehrte. Und das Weintrinken. Denn auf seinen Bacchanalien floß der Rebensaft in Strömen. Mit ihrem Dionysos-Mythos begründeten die Hellenen zwar die klassische Weinkultur, griechischer Wein wird aber außerhalb der Landesgrenzen bei Kennern bisher wenig beachtet.

Für das mangelnde Interesse an griechischen Weinen sind vor allem zwei Gründe zu nennen: Einmal die geschichtliche Vergangenheit des Landes — immerhin stand Griechenland bis Mitte letzten Jahrhunderts unter der Herrschaft der Türken, und die sind als treue Anhänger Mohammeds Anti-Alkoholiker. Und zweitens wird zumindest der griechische Tischwein seit jeher geharzt. Viele Griechen meinen, schon die Helden Homers hätten geharzten Wein getrunken. Durch das Harz einer bestimmten Kiefernart erhält der *Retsina,* der griechische Landwein, seine Würze und Haltbarkeit.

Gleichzeitig gibt das terpentinartige, frische Harz den Weinen eine gewisse pikante Note, die sie in den Augen aller Retsina-Freunde aromatischer und süffiger macht. Allerdings: Gerade dieser spezielle Harzgeschmack macht es vielen Neulingen schwer, sich mit diesem Wein aus Griechenland anzufreunden. Übrigens: Wer sich vor dem Trinken von der Güte des Retsina überzeugen möchte, der kann einen speziellen Geruchstest machen: Einige Tropfen auf die linke

Handfläche geben und mit der rechten Hand verreiben. Riechen die Hände danach nach Essig, ist der Retsina von minderer Qualität, und man sollte sich lieber einen anderen servieren lassen.

Retsina heißt nur der weiße geharzte Wein. Roter geharzter Wein heißt *Kokkineli.* Er wird vor allem wegen seiner Bekömmlichkeit von den Griechen gern getrunken, denn in Griechenland ist man auf dem Land der felsenfesten Überzeugung, daß geharzter Wein gesünder sei.

Ungeharzte Weine sind in Griechenland den einfachen Landweinen in der Regel überlegen. Doch diese nach modernen Konservierungs- und Stabilisierungsmethoden ausgebauten Weine haben im Land der Hellenen noch keine lange Tradition. Die besten ungeharzten Weine stammen alle aus den höheren Regionen Griechenlands, wo der Sommer nicht so lange andauert, nicht so trocken und so heiß ist. Bei den Weißweinen sind das vor allem die Tropfen, die auf der Insel *Cephalonia* gedeihen, wie der *Robola,* dessen Flaschen aus der Kellerei Calligas in Etuis aus Sackleinwand stecken, und die Weine aus dem Erymanthos-Gebirge des nördlichen Peloponnes, aus *Elis, Arkadien,* ebenfalls auf dem Peloponnes und vom Berg *Athos.*

Die besten Roten stammen aus *Rhodos, Nemea, Kreta* und aus *Achaia* im Erymanthos-Gebirge auf dem nördlichen Peloponnes. Das rote Gegenstück zum weißen Robola von Calligas ist der *Monte Nero,* ein milder, runder Tropfen mit leichtem Tannin und einem delikaten Bukett. Auf der Insel Levkas wird zudem noch eine ganz besondere griechische Spezialität hergestellt, ein fast schwarzer Rotwein mit dem Namen *Mavrodaphne* (von mavros = schwarz).

Ausgerechnet ein Deutscher begann Ende des vergangenen Jahrhunderts mit einer Pionierleistung im griechischen Weinanbau. Der deutsche Gustav Clauss war im Gefolge des späteren Griechenkönigs Otto I. nach Griechenland gekommen. Er legte nach antiken Vorbildern Rebgärten auf dem Hochplateau oberhalb der Hafenstadt Patras, in der für ihre hervorragenden Weine bekannten Weinlandschaft Achaia im Erymanthos-Gebirge auf dem Peloponnes an. Im Jahre 1861 gründete er hier das Weingut Achaia Clauss, ein Mustergut

GRIECHENLAND

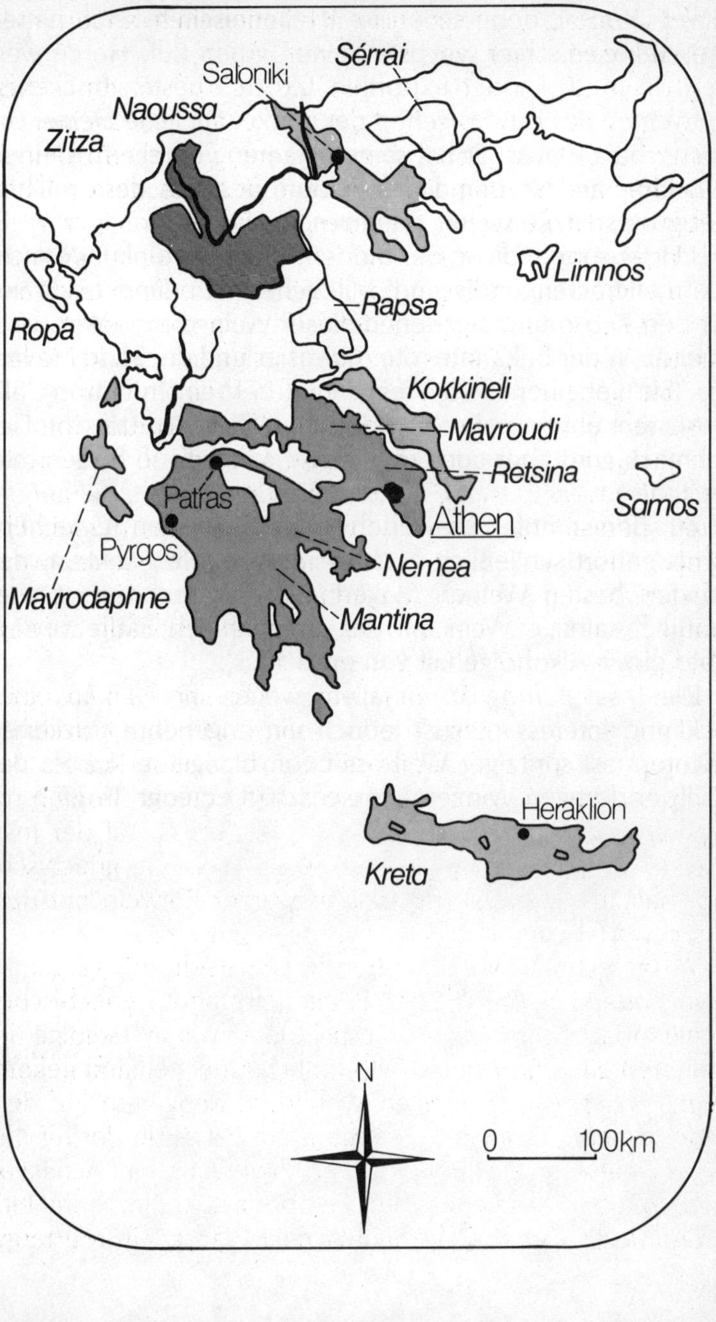

und bis jetzt auf seine Art das größte und bekannteste in Griechenland. Seine Weinberge liegen sozusagen auf historischem Boden, denn schon im Byzantinischen Reich hatten die Weine, die hier wuchsen, einen guten Ruf. Heute werden sie in 20 Länder exportiert. Zu den besten trockenen Rotweinen des Landes gehört der markenähnliche *Demestica* von Achaia Clauss. Er hat seinen Namen von einem kleinen Weindorf am Nordrand des Peloponnes, aus dem mit die bekanntesten Rotweine stammen. Es ist ein kräftiger Wein aus Urrebsorten, die in der modernen Rebsortenkunde nicht mehr alle aktenkundig sind. Mit Sicherheit befindet sich unter den Rebsorten, aus denen dieser Wein komponiert wird, aber auch der bekannte rote Malvasier und die Sorte Mavrudia. Sie verleihen dem Wein einen herben, fruchtigen Ton mit einem unverwechselbaren Aroma. Dieser spezifische Geschmack wird aber auch durch den kalkhaltigen Boden mitbestimmt.

Zu den empfehlenswerten Qualitätsweinen Griechenlands gehört schließlich auch der dunkelrote *Naoussa,* der zu den besten Weinen Makedoniens zu rechnen ist. Der kräftige, samtige Wein mit der angenehmen Säure verfügt über einen Alkoholgehalt von etwa 12,5°.

Die Insel *Samos* ist vor allem wegen ihres Likörweines bekannt. Interessanter ist jedoch ein angenehm trockener, leichter, fast spritziger Weißwein von blaßgelber Farbe, der von der dortigen Winzergenossenschaft erzeugt wird.

JUGOSLAWIEN:

Feurige Genüsse

Durch die in Wirtschaftsorganisationen zusammengefaßten Erzeugerbetriebe und Kellereien konnte Jugoslawien die Struktur seiner Weingewinnung und damit auch den Weinexport in den letzten Jahren wesentlich intensivieren. Die etwa 250000 ha Rebfläche Jugoslawiens liefert eine Jahresernte von 3 bis 6 Millionen Hektoliter Wein, davon die Hälfte aus Trauben der großen Rebenplantagen mit ausgewählten Sorten und durch modernste Technologie des Anbaus und der Weiterverarbeitung der Reben hergestellt. Die naturgebundenen Voraussetzungen in Jugoslawien ermöglichen den Anbau und die Herstellung auch hochwertiger Weine verschiedener Typen. Durch die unterschiedlichen geologischen und klimatischen Bedingungen des Landes zeigt das Weinangebot Jugoslawiens eine interessante Vielfalt.

Die wichtigsten Weinbauregionen sind:

Bosnien und *Herzegowina:* Gebiet im Mittelpunkt Jugoslawiens, mit 5500 ha Rebfläche. Hier, im kontinentalen Klima, werden die meisten Sonnenstunden Jugoslawiens registriert (2400 bis 2600). Aus dem Gebiet der Stadt Mostar kommt Jugoslawiens berühmtester Weißwein, der *Zilavka-Mostar.* Ein weiterer berühmter Wein ist der rote *Blatina-Mostar.*

Kroatien und Dalmatien: Gebiet im nördlicheren Teil, erstreckt sich über eine Länge von 350 km mit insgesamt 40000 ha Weinbaufläche. Mitteleuropäisches Klima im westlichen, Steppenklima im östlichen Teil. Im kroatischen Weinsortiment dominieren weiße Sorten wie *Welschriesling,*

Weißburgunder, Traminer, Gewürztraminer, Sauvignon, Silvaner und *Rheinriesling.*

In der Küstenregion — auf Höhe der Herzegowina — wachsen die großen Rotweine Dalmatiens. Der Zentrum der besten Kreszenzen ist die Halbinsel Peljesac nördlich von Dubrovnik. Hier gedeihen der *Peljesac, Postup* und *Dingac.*

Mazedonien: Gebiet im äußersten Südosten Jugoslawiens, mit Einflüssen von mediterranem und kontinentalem Klima sowie lokalem Gebirgsklima. Die Rebfläche umfaßt 28 000 ha. In der Hauptsache werden Rotweine angebaut *(Prokupac, Vranac, Kratosija, Teran),* die eine gewisse Ähnlichkeit mit französischen Burgundern haben. Aber auch Weißweine gibt es *(Smederevka, Zilvaka, Welschriesling, Sipon, Semillon* und *Sauvignon.)*

Montenegro: Gebiet im südlichen Teil des Landes mit ca. 2000 ha Rebfläche. Mediterranes Klima im Küstengebiet, extrem kalte Winter und extrem warme Sommer im Landesinnern. Die Rotweine aus den Sorten *Vranac* und *Kratosija* galten lange Zeit als einfachere Konsumweine, doch hat sich ihre Qualität in den letzten Jahren enorm verbessert.

Serbien und *Kosovo:* Gebiet in der südlichen Landeshälfte, an Rumänien und Bulgarien angrenzend. Östliches Kontinentalklima herrscht vor. Im nördlichen Teil Serbiens überwiegen Weißweine (führende Sorte *Smederevka* vor *Welschriesling, Semillon* und *Sauvignon*). Im südlichen Teil, dem zu Serbien gehörenden autonomen Gebiet Kosovo (Amselfeld), dominieren Rotweine wie *Spätburgunder, Merlot, Cabernet Franc* und *Gamay Noir* (vorwiegend für den Export als Markenweine bestimmt) sowie die jugoslawische Sorte *Prokupac.* Serbien hat, inklusive der Rebfläche von Kosovo, eine Anbaufläche von etwa 130 000 ha, also deutlich mehr als die Bundesrepublik Deutschland.

Slowenien: Gebiet im Norden zwischen Adria, ungarischer und österreichischer Grenze. Mitteleuropäisches Klima, 15 000 ha Weinberge. Gewonnen werden hervorragende Weißweine wie *Muskateller, Traminer, Gewürztraminer, Rheinriesling, Welschriesling (Laski-Riesling), Sauvignon, Weißburgunder, Sipon, Muskat Ottonel.*

Vojvodina: Gebiet nördlich von Belgrad, an Ungarn an-

JUGOSLAWIEN

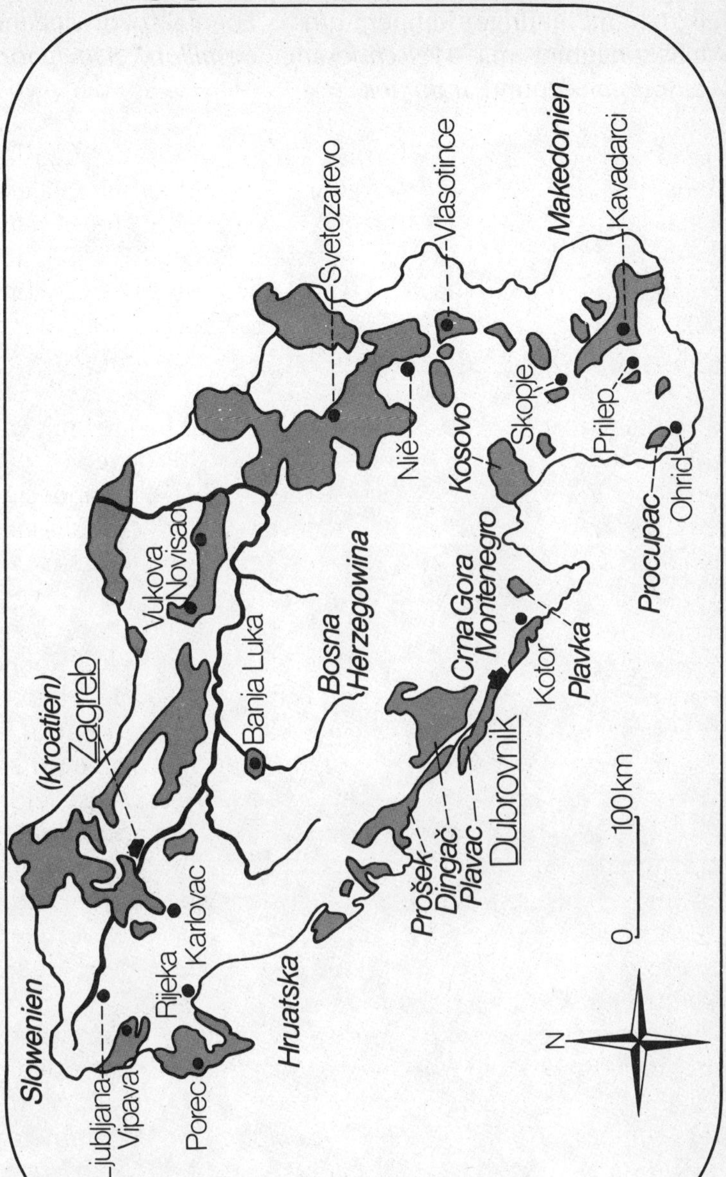

grenzend, mit 24 000 ha Weinbaufläche, die sehr unterschiedlichen klimatischen Verhältnissen ausgesetzt ist (zum Teil extrem niedrige Temperaturen). Ebenfalls vorwiegend Weißweingebiet mit *Welschriesling, Semillon, Sauvignon, Weißburgunder* und *Traminer.*

UNGARN UND SÜDOSTEUROPA:

Klassischer und moderner Weinanbau

Die abwechslungsreichen klimatischen und geographischen Verhältnisse begünstigen in Ungarn den Weinanbau außerordentlich. Die Wärmemenge sowie die Zahl der Sonnenstunden in der Vegetationsperiode ermöglichen auch die Produktion von Qualitätsweinen. Ein Beweis für die Vielfältigkeit der Anbaubedingungen ist, daß auf dem Triebsand des ungarischen Tieflandes genauso Wein angebaut wird, wie an den Hängen der Basaltberge von Badacsony oder auf den auf Andesit und Riolit gelegenen Lymphen- und Lößböden von Tokajhegyalja. Daher bietet Ungarn vom Tafelwein bis zum Auslesewein eine breite Skala verschiedenster Sorten. Zu diesem Weinreichtum tragen auch die vielfältigen Rebsorten bei sowie die häufig praktizierte Staffelung der Weinlese und die verschiedenen Arten des Weinausbaus.

In Ungarn wird auf ca. 115 000 ha Wein angebaut. Die Weinanbaugebiete erstrecken sich über das gesamte Land. Interessant sind die Ertragsmengen pro Hektar. Im Gegensatz zu anderen Weinanbaugebieten erlösen die ungarischen Weinbauern nur durchschnittlich 40 hl/ha, da sie die Trauben nach hohen Qualitätskriterien anbauen. Ihr Motto lautet: Qualität geht vor Quantität.

Es ist ein besonderes Erlebnis, die unterschiedlichen Weingegenden Ungarns zur Lesezeit zu besuchen. Die kleinen, malerischen Häuser sind mit Ketten roter Paprikaschoten bedeckt, die in der Sonne trocknen. Temperamentvolle Musiker spielen ihre wilden Melodien und die ungarischen Weine verbreiten Frohsinn und Heiterkeit.

Vom Weinanbaugebiet Ungarns entfallen 30 bis 40 % auf die bergigen, historischen Weingegenden, die restlichen 60 bis 70 % auf meist flaches, sandiges Anbaugebiet.

Die ungarischen Weinanbaugebiete werden in fünf geographische Regionen aufgeteilt:

Ungarische Tiefebene: Alexanderdorf, Bischofsberg, Blauberg, Bodenburg, Donautal, Hajós, Herzogacker, Hexenberg, Johannesberg, Kaiserwall, Kecskemét, Kiskórös, Kunbaja, Langenberg, Marienstadt, Philipsheim, Pirto, Priesterberg, Puszta, Pusztakloster, Quellenbrunnen, Sandberg, Schwarzhügel, Solt, Sonnenberg, St. Andreas, Steinbrunnen, St. Emmerich, Sternberg, Szeged, Teichdorf, Theresienhügel, Vaskut, Waldgrund, Weißensee.

Nord-Transdanubien: Abrahamsberg, Akal, Altenberg, Badacsony, Balatonfüred, Burgtal, Esztergom, Jakobsheim, Klosterabtei, Mönchberg, Monoszló, Mór, Ödenburg, Pannonberg, Somló, St. Antoniusbaum, St. Georgsberg, St. Jakobsbaum, St. Nikolaus, St. Peter, Stuhlweißenburg, Sümeg, Tihany, Ungardorf, Velence, Zeltberg.

Süd-Transdanubien: Balatonboglár, Eschenberg, Fasangarten, Fünfkirchen, Hahnenberg, Inselburg, Marienbad, Mecsek, Pusztaturm, Schloßhügel, Sterntal, St. Martinsberg, Szekszárd, Teufelstal, Theresienhof, Tolna, Urbanberg, Villány, Wildgarten.

Nordungarn: Abasár, Burgberg, Debró, Domoszló, Erlau, Herrenwald, Jakosberg, Johanneshof, Kompolt, Lehmberg, Matraberg, Nagyréde, Novaj, Ostoros, Rotenburg, St. Martin, St. Stephan, Visonta.

Tokaj-Hagyalja: Tokaj, Tolcsva.

Qualitätsbezeichnungen für ungarische Weine sind:

Tafelwein *Asztali bor* = Tischwein: Tischweine sind einfache, ehrliche Landweine, die allerdings den hohen Exportanforderungen der Ungarn nicht genügen. Während einer Reise durch Ungarn sollte man aber auf Proben dieser meist offen ausgeschenkten Weine nicht verzichten.

Minósegi bor = Qualitätswein: Ein qualitativ gehobener Wein. Er enthält die für den Anbauort, die Rebsorte und den Jahrgang charakteristischen Geschmacksmerkmale. Ungarische Qualitätsweine gibt es in den Geschmacksrichtungen von trocken bis lieblich.

Különleges minóségú bor = hochwertiger Qualitätswein: Die höchste Qualitätsstufe ungarischer Weine, die aus voll- und überreifen Trauben hergestellt werden.

Töppedt szóoóból készült bor = Ausbruch: Ein Prädikat der Qualitätsstufe »hochwertiger Qualitätswein«. Hier handelt es sich um Weine, die teilweise aus überreifen und zusammengeschrumpften Beeren hergestellt werden.

Die hochwertigen Ausbruchweine gibt es ausschließlich in der Geschmacksrichtung lieblich.

Schon im 16. Jahrhundert verfügte Ungarn über einen regelmäßigen Weinexport. 1562 stellte der Erzbischof Draskovich auf dem Trienter Konzil die Weine von Tokaj Papst Pius IV. vor. Ungarische Weine wurden am Zarenhof getrunken, von Staatsmännern gepriesen und zahlreiche Kunstwerke erwähnen lobend diese Tropfen.

Vinum regum — rex vinorum (Wein der Könige, König der Weine), dieser Ausspruch Ludwig XIV. steht auf dem Wappenschild für den *Tokajer.* Er ist nicht nur ein besonderer ungarischer Wein, er ist ebenso ein Stück ungarischer Kultur und Geschichte, vielleicht sogar eine Weltanschauung. Darüber hinaus hat dieser Rebensaft auch eine erhebliche wirtschaftliche Bedeutung. 270000 hl Tokajer werden jedes Jahr hergestellt und nicht weniger als 60% wandern in den Export. Verblüffend auch für ein sozialistisches Land: Fast die Hälfte der Produktion, 120000 hl, kommen aus der privaten Erzeugung. Von alters her ist der Tokajer Anbaubezirk, der 28 Gemeinden umfaßt, ein in sich geschlossenes Gebiet, in das anderswo gewachsene Trauben oder bereitete Weine nicht zur Weiterverarbeitung eingeführt werden dürfen. An den günstig liegenden Hängen der Bergkette zwischen Eperjes und Tokaj liegen die Weinberge in einer Höhe von 150 m bis 300 m. Hinsichtlich der Rebsorten ist das Weingebiet ziemlich einheitlich. Der Anteil der Sorte *Furmint* beträgt 70 %, der des *Lindenblättrigen* 20 % und der des *Gelben Muskatellers* 5 %.

Nach ihrer jeweiligen Erzeugung unterscheidet man zwischen vier verschiedenen Arten von Tokayern: *Tokaji Szamorodni* ist ein Tokajerwein von ansprechendem Duft und Aroma. Er wird aus dem Most der nicht separat gelesenen, auch überreife oder edelfaule Beeren enthaltenden Trauben durch alkoholische Gärung gewonnen. Er enthält mindestens 13° Alkohol. Der süße Szamorodni hat mindestens 10 g natürlichen Zucker und 25 g zuckerfreien Extrakt.

Tokaji Furmint ist ein harmonischer Tokayerwein mit mindestens 11° Alkohol. Der an Duft und Aroma reiche Qualitätswein hat eine sehr feine Säure. Der trockene Szamorodni ist ein ausgezeichneter Apéritif, man kann ihn aber auch zu verschiedenen Gerichten wie Wild, Hase usw. trinken. Den süßen Szamorodni und die Aszu-Weine empfehlen sich zu Kuchen und Dessert. Der Tokaji-Furmint kommt in 0,7-l-Schlegelflaschen, der Szamorodni und die Aszu-Weine in der 0,5-l-Tokajerflasche in den Handel.

Tokaji Aszu 3-4-5 Puttonyos (= buttig) sind Tokajer-Weine von speziellem Aszu-Duft und -Aroma. Sie werden aus Tokajer-Weinen gewonnen, deren Most von eingedickten, überreifen oder edelfaulen, bei der Weinlese separat gelesenen Beeren beigefügt wird. Der 3buttige Tokaji Aszu enthält mindestens 60 g/l natürlichen Zucker und 30 g/l zuckerfreien Extrakt. Der 4buttige enthält mindestens 90 g/l natürlichen Zucker und 35 g/l zuckerfreien Extrakt. Der 5buttige mindestens 120 g/l natürlichen Zucker und 35 g/l zuckerfreien Extrakt.

Der *Tokaji Aszu Essenz* ist ein von einem ausgezeichnet geeigneten Gebiet und Jahrgang stammender Aszu-Wein von hervorragender Qualität, dessen Wert durch Angabe der Buttenanzahl nicht mehr ausgedrückt werden kann.

Bei einer allgemeinen Geschmacks-Beschreibung kann man den Tokajer-Wein am ehesten mit fülligen Beerenauslesen von konzentrierter Süße vergleichen. Er enthält jedoch eine Würze, die dem Furmint, der Lindenblättrigen Traube

UNGARN

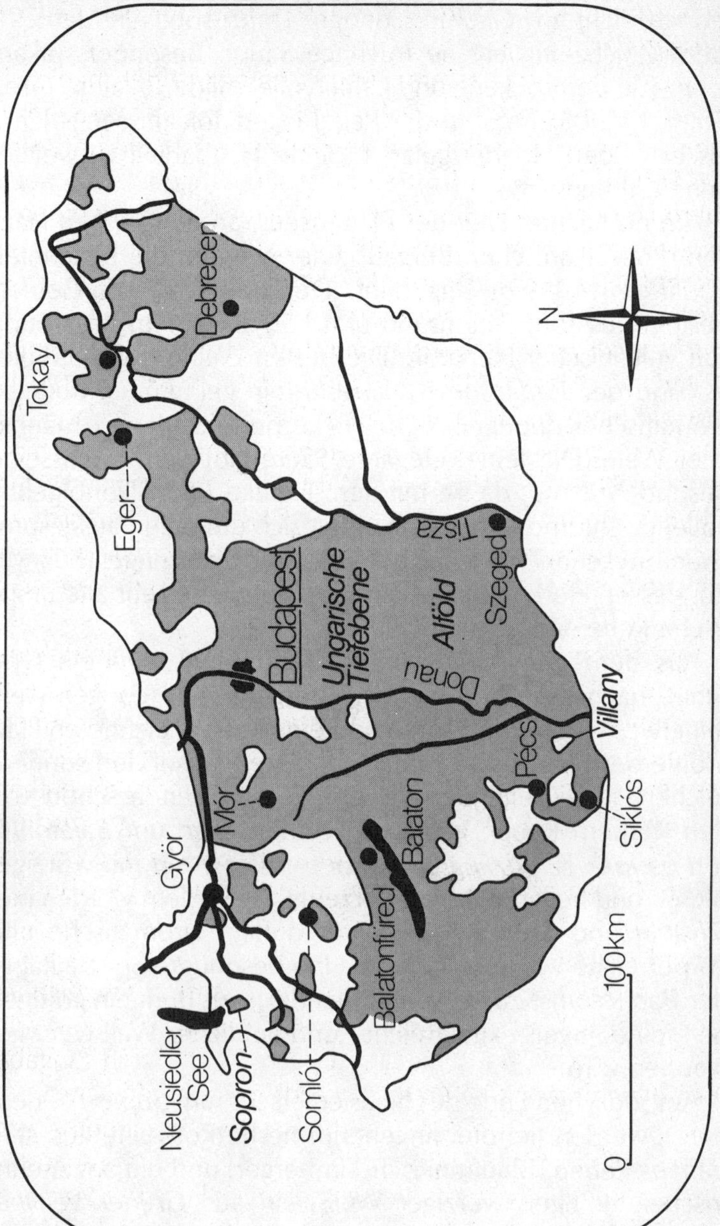

Tokay
Debrecen
Eger
Budapest
Ungarische Tiefebene
Alföld
Tisza
Szeged
Donau
Villany
Pécs
Siklós
Mór
Balaton
Balatonfüred
Győr
Neusiedler See
Sopron
Somló
N
0
100km

und dem Boden vulkanischen Ursprungs rund um Tokay zu verdanken ist. Trotz seiner Süße bleibt einem die Zunge jedoch nicht am Gaumen kleben. Dafür sorgt die dem Tokajer gleichzeitig eigene fruchtige Säure. Besonders pikant schmeckt der trockene und gehaltvolle, milde Tokajer. (Tokaji Szamorodni Száraz). In der Regel lagert Tokajer sechs Jahre bis er in den Handel gelangt. Seine Haltbarkeit ist weitgehend unbegrenzt.

Am nördlichen Ufer des Plattensees, an den sanften Hängen der vulkanischen Bergausläufer, werden die bekannten *Badacsonyer-Weine* angebaut. Der Boden dieses Gebiets besteht aus Ton, Panonsand und Löß auf einem Basalt und Tuff vulkanischer Herkunft. Die besten Weine dieses Gebietes sind der *Badacsonyi Kéknyelü,* ein gelbgrüner, duftiger, aromatischer, feuriger, ziemlich körperreicher und männlicher Wein. Die feine, elegante Säure gibt dem Wein seine besondere Note, da sie mit dem Extrakt- und Alkoholgehalt vollendet harmonisiert. Es handelt sich um einen ausgesprochen trockenen Wein aus der Rebsorte Blaustengel (Kéknyelü), dessen Herkunft unbekannt ist, aber eine sehr alte ungarische Rebe darstellt.

Aus dem *Olaszrizling* (= Welschriesling) wird ein typischer, nach Reseda duftender, aromatischer, feuriger Wein mit etwas weicheren Säuren und einer ausgezeichneten Harmonie der Duft- und Aromastoffe erzeugt. Auf den sonnenreichen, ideal liegenden Weinbergen, in denen schon von den Römern Reben gepflanzt wurden, wird um *Balatonfüred-Csopak* als *Rizling* ein körperreicher Wein mit würziger Blume und hellgrüner Farbe erzeugt. Außerdem werden hier *Silvaner* und *Müller-Thurgau* für duftige, aromatische und körperreiche Weine angebaut. Eine besondere Spezialität ist der *Badacsony Szürkebarát* (Ruländer), aus dem ein goldgelber, feinduftiger, extraktreicher und lieblicher Weißwein gewonnen wird.

Am südlichen Ende des Neusiedlersees, um *Sopron* (Ödenburg), werden tiefrote, angenehm herbe Rotweine aus *Kékfrankos*-Reben (Blaufränkisch/Limberger) und ein angenehm frischer, duftiger, würziger Weißwein aus *Grüner Veltliner* hergestellt.

Eine der modernsten Rebanlagen und Kellereibetriebe des Landes liegt am südlichen Ufer des Plattensees. Das dortige Staatsgut *Balatonboglár* liefert leichte, frische, elegante, duftige Weißweine aus der Rebsorte *Leányka* und frische, feinduftige, jugendliche Weißweine aus *Sémillon.* Ergänzt werden diese Sorten durch einen duftigen, würzigen *Traminer* (Tramini) und einen aromatischen, weichen mit typischem Muskataroma ausgestatteten *Muskatály.*

Auf dem vorderen Bükk-Gebirge liegt das Weingebiet von *Eger* (Erlau). Der Berg Nagy Eged ist vulkanischer Herkunft. Er bildet den Kern dieses Gebietes. Vor ihm ziehen sich die leicht abfallenden kleineren Berge und Hügel im Halbkreis hin. Über den Ursprung des Namens seines berühmtesten Weines, *Egri Bikavér* (= Erlauer Stierblut) gibt es kein verläßliches Dokument. In der Sage wird seine Herkunft bis auf die Mitte des 16. Jahrhunderts zurückgeführt. Die Rebsorte *Kadarka* gibt dem Erlauer Stierblut das würzige Aroma, das durch die feinen Gerbsäuren, die tiefrote Farbe und den großen Extraktgehalt der Rebsorte *Blaufränkisch* ergänzt wird. Von der Rebe *Médoc Noir* gewinnt er seine Feurigkeit und die einmalig feinen Duft- und Aromastoffe. Zur vollkommenen Abrundung ist oft auch die leichtere Rebsorte *Oporto* oder *Cabernet* unentbehrlich. Alle diese Eigenschaften bilden im Erlauer Stierblut, in diesem granatrotfarbenen, vollen, samtigen, leicht herben, feurigen Rotwein eine perfekte Harmonie.

Vielleicht das berühmteste Rotwein-Anbaugebiet Ungarns liegt am Villány-Gebirge. Alle Bedingungen für guten Weinbau sind hier gegeben: Die sonnenreichen, südlichen Berghänge, das Klima von mediterranem Charakter und der zum Weinanbau ausgezeichnet geeignete Löß- und Kalktonboden. Der berühmteste unter den hiesigen Rotweinen ist der *Villányir Cabernet Franc.* Der Wein hat eine außerordentlich feine Blume, ist würzig und durch den typischen Sortencharakter ausgezeichnet. Die angenehme Herbe des an Gerbsäuren reichen Weines harmonisiert sehr gut mit dem typischen Geschmack und Aroma. Eine der interessantesten Sorten ist der *Villányi Médoc Noir,* dessen Rebe aus Frankreich stammt. Der dunkel-rubinfarbene Wein besitzt einen außerordentlich reichen, würzigen Duft und ein feuriges Aroma. Der dritte im Bunde der großen Rotweine von Villányi ist der *Burgunder,* außerdem werden auch die Rebsorten *Blaufränkisch* und *Limberger* angebaut. Der Wein hebt sich mit seiner angenehmen Blume und dem würzigen Aroma hervor. Er hat einen markanten, vollen Geschmack und eine schöne tiefrote Farbe. Außerdem wird ein feuriger, körperreicher Weißwein mit eleganter Säure aus der Rebsorte *Hárslevelú* angebaut.

In der Rangfolge der weinbautreibenden Nationen in Europa steht RUMÄNIEN an siebter Stelle. Seine Ertragsfläche beträgt etwa 3,5 % der gesamten Weltrebfläche. Die Hälfte der Anbauflächen gehört Genossenschaften, ein Sechstel dem Staat und ein Drittel wird von Privatpersonen bewirtschaftet. In der Gebirgsregion der Karpaten, die den mittleren und nördlichen Teil des Landes bilden, findet sich nur wenig Weinbau. Dieser konzentriert sich zur Hauptsache auf die Ausläufer des Gebirges und die vorgelagerten Ebenen. Es gibt vier Hauptweingebiete:

Unweit der Schwarzmeerküste liegt ein berühmtes Weinbaugebiet mit seinem Zentrum *Murfatlar.* Das für die Weinerzeugung besonders geeignete milde Meeresklima bringt eine Vielzahl hochwertiger Qualitätsweine hervor, die sich durch die fruchtige Eigennote in Geruch und Geschmack besonders auszeichnen.

In die Karpaten eingebettet liegen im westlichen Teil des Landes die Weinbaugebiete *Siebenbürgen* und *Banat.* Dort wird vor allem der Anbau hochwertiger Weißweine aus den Traubensorten *Fetească (Mädchentraube), Traminer, Fetască Regală (Königsast)* und *Riesling Italien (Welschriesling)* intensiv gepflegt. Berühmt sind die Vollreiflesen sowie Edelreiflesen aus den Kokeltälern (Tânarve), der Heimat der Siebenbürger Sachsen.

An sonnenüberfluteten Südhängen der Karpatenausläufer liegen die Weinbaugebiete von *Odobesti* und *Dealul Mare (Großberg),* hier werden vorzügliche Weiß- und Rotweine gewonnen, die durch sehr viel Ausdruck und Frucht die Weinkenner ansprechen.

SÜDOSTEUROPA

Schon im Mittelalter hatten die Weine der Moldau-Klostergüter einen guten Namen. An den Osthängen der Karpatenausläufer liegt dieses klimatisch begünstigte Weinbaugebiet, das unter anderem Weine von Weltruf aus dem Zentrum *Cotnar* hervorbringt. Unter den Rebsorten für rote Qualitätsweine dominieren *Cabernet, Spätburgunder* und *Schwarze Mädchentraube (Fetească Alba).* Unter den Rebsorten für Weißweine haben *Welschriesling, Mädchentraube, Muskat-Ottonel* und *Pinot Gris (Ruländer)* Bedeutung.

Die im rumänischen Weingesetz festgelegten Qualitätsstufen sind Vollreiflese (entspricht einer Spätlese), Edelreiflese (entspricht der Auslese) sowie Edelbeerenauslese oder Trokkenbeerenauslese.

Der Weinanbau in der UdSSR verfügt zwar über einige internationale Standardsorten wie *Cabernet* und *Sauvignon,* doch im Süden des Landes, in Grusinien und im Nordkaukasus-Gebiet, finden sich mehr typische osteuropäische Sorten. In den letzten Jahren vermochte die dynamische russische Weinbauforschung ihrem Land eine Vielzahl neuer Rebsorten für die Praxis zu empfehlen, die den speziellen kontinentalen klimatischen Bedingungen mit den harten, eiskalten Wintern standhalten. Ein übriges tat die imposante Anbau- und Kellertechnik mit eindrucksvollen Großanlagen, durch die innerhalb weniger Jahre die UdSSR zu einem der bedeutendsten Weinerzeuger der Welt wurde.

Den Bedürfnissen des Landes entsprechend werden vorwiegend gehaltvolle, trockene bis leicht süße Verschnittweine produziert. Einen traditionellen Vorsprung genießen immer noch die *Krimweine,* deren Rebfläche annähernd 300 000 ha ausmacht. Von den 11 weinbautreibenden Sowjetrepubliken ist die *Ukraine* flächenmäßig die bedeutendste. Es folgen die *Moldau,* die ähnlich wie die Ukraine körperreiche, schwere Rotweine produziert, *Grusinien* mit herben, trockenen Rotweinen und die Gebiete am *Schwarzen* und *Kaspischen Meer* mit gleichen Weintypen wie Grusinien.

Acht der zwölf Weinbauregionen der CSSR liegen im Süden, in der *Slowakei,* drei in *Mähren* und eine in *Böhmen.* In fast allen Regionen dominiert der Weißwein, trockene, manchmal auch ein wenig süße, oft kernige, herbe und kräftige Weine, gelegentlich sogar edelsüße, extrakt- und körperreiche Dessertweine. Auf dem Etikett wird streng zwischen Markenwein, der gesetzlich geschützt ist, und sortenreinem Wein unterschieden. Tschechoslowakische Qualitätsweine sind in drei Güteklassen eingeteilt. In der ersten finden sich unter anderem *Rheinriesling, Lindenblütler, Gelber Muskateller, Welschriesling, Veltliner, Mädchentraube* und *Riesling-Silvaner,* in der zweiten Gruppe *Tausendgut* und in der dritten *Portugieser.*

Auch BULGARIEN verfolgt bei seinen Bemühungen um eine weitere Modernisierung seiner klassischen Weinerzeugung den Ausbau seiner Weinexporterfolge. Insgesamt werden jährlich über 200 Millionen Flaschen von Bulgarien aus ins Ausland geliefert, die aus 36 staatlichen Großbetrieben mit Großkellereien in *Sofia, Russe, Pleven* und *Pavlikeni* sortenreine Weine und mit Fantasienamen ausgestattete Verschnitte als trockene und süße Rot- und Weißweine liefert.

Das Exportprogramm ist unter anderem besetzt mit den weißen Sorten *Dimiat* (goldgelber, harmonischer Wein aus Ostbulgarien und dem Schwarzmeer-Gebiet), *Riesling* (aromatischer Wein aus Südbulgarien), *Taminaka* (trockener oder süßer Wein mit ausgeglichenem Geschmack), *Rzaziteli* (fülliger, aromatischer Wein) und *Misket,* feines Sortenaroma, trocken bis süß, hellgelbe Farbe mit grünlichem Einschlag. Die Rotweine sind überwiegend trocken, aus der im Donautal wachsenden Rebsorte *Gamza* werden rubinrote, milde Weine mit vorzüglicher Blume gekeltert, aus der *Cabernet-Sauvignon* aromatische, gut haltbare Weine, aus *Mavrud* (vornehmlich in Süd- und Südwestbulgarien) füllige, starke Weine von dunkelroter Farbe, aus der *Saperavi* schwere, gehaltvolle Rotweine mit hohem Tanningehalt. Zu den Spezialitäten Bulgariens mit Exporterfolg gehören auch die goldgelben, süßen und aromatischen Dessertweine.

Weinvielfalt an den Mittelmeerküsten

Nach der griechischen Mythologie hat Dionysos die Reben aus Kleinasien gebracht. Interessanterweise hat die *Vitis vinifera* nach ihrer Verbreitung auf dem süd- und mitteleuropäischen Kontinent in ihrer Urheimat zur Weinbereitung niemals mehr eine so große Rolle gespielt, wie in der westlichen Welt. Das hat zunächst religiöse Gründe, die auch heute noch für viele Länder des Orients gelten.

Die TÜRKEI beispielsweise verfügt über riesige Rebplantagen, von denen jedoch nur ein geringerer Teil zur Weinherstellung genutzt wird. Der überwiegende Anteil der Ernte dient der Rosinen- und Sultaninengewinnung. Einige große Weinkellereien sehen freilich in der Produktion »moderner« Weine für den Export nach Europa eine gute Chance, etwas mehr Kapital aus ihren Rebanlagen zu schlagen, als beim Tafeltrauben- und Rosinenanbau. Diese Bemühungen gehen schon auf die Jahrhundertwende zurück, als die ersten türkischen Weine in Europa auftauchten. Doch durch den Ersten Weltkrieg und den griechisch-türkischen Konflikt der 20er Jahre wurden diese Exportbemühungen zunächst stark gemindert. In der neuen Republik setzte sich dann wieder die Ansicht durch, daß die Weinherstellung im religiösen Sinne nicht unbedingt als Sünde anzusehen sei, so daß das Staatsmonopol mit der Erzeugung recht guter Weine beginnen konnte. Damit hatte die Türkei wieder den Anschluß gefunden zu ihrer uralten Weinbautradition, welche in die Anfänge der Weinkultur überhaupt zurückreicht. Im 3. und 4. Jahrtausend vor Christi wurde auf dem Territorium der heutigen

Türkei aus wilden Reben in Anatolien und an den Ufern des Kaspischen Meeres schon Wein erzeugt.

Heute werden praktisch alle Weinarten und Weintypen vom trockenen bis zum süßen Dessertwein, Rotwein, Rosé, Weißwein und Schaumwein entweder von der Staatskellerei oder von privaten Betrieben hergestellt. Im Anbau befindet sich eine Vielzahl alter einheimischer und aus Frankreich eingeführter Sorten wie *Sémillon, Alicante, Grenache* und *Bouchet.* Die besten Weißweine kommen aus *Thrazien* und von der *Marmara*-Küste sowie aus *Zentralanatolien.* Gute Rotweine werden in *Süd-* und *Ostanatolien* gewonnen. Die staatlichen Weinkellereien besitzen heute eine Lagerkapazität von 18 Millionen Liter, die sich auf neun große und fünf kleinere Kellereibetriebe in den verschiedenen Anbaugebieten des Landes erstreckt. Wichtigste Ausfuhrländer sind die Bundesrepublik, Schweden, Norwegen, England und Italien.

Aus Frankreich, Italien und Spanien eingeführte Rebsorten trugen auch in anderen uralten Weinbauländern im östlichen Mittelmeerraum sowie später in jüngeren Weinbauregionen Südafrikas und Amerikas dazu bei, der Rebkultur entscheidende Impulse zu geben.

Ein bezeichnendes Beispiel dafür ist der um die Jahrhundertwende wieder auflebende Weinanbau ISRAELS, der durch neue Rebanlagen des Baron Edmond de Rothschild bei *Richon-le-Zion* südlich von Tel Aviv und *Zichron-Jacob* im nördlichen Landesteil initiiert wurde. Zunächst wurden vor allem fünf Rebsorten angepflanzt: *Alicante, Grenache* (vor allem für Roséwein-Erzeugung), *Sémillon* für Weißweine, *Bourboulenc* (als Clarette in Israel bezeichnet), *Ugni Blanc* sowie *Carignan* für Rotweine. Während der 60er Jahre kamen weitere Rebsorten hinzu, die zuvor vom Israelischen Weininstitut für ihre Anbaueignung getestet worden waren, wie *Sauvignon Blanc, Cabernet Sauvignon, French Colombard, Chenin Blanc.* Diese Sorten stehen auf einer Rebfläche von mehr als 5000 ha und werden von 25 Weinkellereien mit etwa 1000 Beschäftigten zu trockenen, halbtrockenen und süßen Weinen sowie zu Likörwein und Branntwein verarbeitet. Die Anbaugebiete befinden sich im Ober- und Untergaliläa, wo gebirgige und relativ kühle Zonen den Anbau von Rot- und Weißweinen bestimmen, an den Hängen des Berges Carmel um Zichron-Jacob, das mit einem Anteil von 40 % Israels größte Weinbauregion darstellt, und vor allem auf die Roséwein-Erzeugung spezialisiert ist, in der Landesmitte um *Sydon-Gezer,* wo vor allem Rotweine angebaut werden, und in der Umgebung von Jerusalem sowie der *Negev* im Süden, wo ein heißes, trockenes Klima vorherrscht und zunächst nur Weißweine erzeugt werden.

Unter den nordafrikanischen Küstenstaaten bemühen sich vor allem TUNESIEN und MAROKKO um einen intensiven Weinexport nach Europa, zumal die einheimische Bevölkerung — wie auch in ALGERIEN — für die Abnahme der eigenen Weinerzeugung kaum in Betracht kommt. Um den Anforderungen der Importländer in bezeichnungsrechtlicher und qualitativer Hinsicht zu entsprechen, wurden in den alten Weinbauländern zwischen Marrakesch und Rabat, zwischen Oran und Algier und um Tunis Vorschriften für die Qualitätsweinerzeugung und Kennzeichnung nach europäischen Vorbildern erlassen. Tatsächlich sind die Flaschenabfüllungen derartiger Weine, beispielsweise vom tunesischen *Mornag* (2000 ha Rebfläche), der *Domaine d'Ouzra* oder *Sidi Saad* sowie von den algerischen Spitzenlagen wie *Château Romain* an der *Coteaux du Zaccar* oder *Paul Robert* im Weinbaugebiet *Dahra* außerordentlich angenehme Tischweine, körperreich, füllig, rund, dabei nicht zu schwer.

Diesen Weinen gelingt der Durchbruch auf dem europäischen Markt allerdings meist nur in Kooperation mit leistungsstarken Kellereien der Importländer, die gleichzeitig für eine erfolgreiche Vermarktung sorgen können. So zum Beispiel die Traben-Trarbacher Weinkellerei Fritz Wilhelm Langguth Erben, die seit Mitte der 60er Jahre tunesischen Wein (»Edler von Mornag«) einführt.

SÜDAFRIKA:

Über 300 Jahre Weinbau-tradition

Dieses Land, das Mitte des 17. Jahrhunderts mit der Weinherstellung begann, richtet seine Weinerzeugung deutlich nach den großen europäischen Vorbildern aus. Dabei weist der Kap-Weinbau, mit rund 110000 ha sogar noch etwas größer als der deutsche, eine beachtliche Vielfältigkeit auf. Der hohe Anteil von Verschnittweinen der nordafrikanischen Länder existiert hier allerdings nicht. Über 80 % des Weinbaugebietes Südafrikas liegen geschlossen im Umkreis von 200 km um Kapstadt. Einmalig sind die landschaftlichen Reize dieser von Meer und dolomitenartigen Gebirgen umrahmten Rebtäler.

Man unterscheidet zwei Regionen: Das sogenannte »Küstengebiet«, das unter dem Einfluß des Meeres ein gemäßigtes, regenreiches Klima aufweist, und die »Klein-Karoo«, eine regenärmere, heißere, durch Bergketten von der Küste getrennte Dornbuschlandschaft. Abseits dieser Hauptanbaugebiete erstrecken sich vereinzelte, kleinere Tafeltrauben- und Sultaninen-Anbau-Inseln bis zum Oranje-Fluß hinauf und bis nach Transvaal hinein.

Nur ca. 40 % der Ernte wird zu natürlichen Weinen verarbeitet. Der Rest der Ernte wird der Branntweinherstellung oder der Zubereitung von Dessertweinen zugeführt.

Das Kap-Klima ist ideal für den Anbau der Reben. Den ganzen Sommer über umspannt ein wolkenloser Himmel den zwischen dem 33. und 34. Grad südlicher Breite liegenden Küstenstreifen, der oft die Riviera Afrikas genannt wird.

Die geographische Lage entspricht auf der nördlichen Halbkugel Orten wie Beirut, Tripolis und Casablanca. Doch dank des an der Westküste Südafrikas entlang reichenden kalten Benguela-Meeresstromes ist das Kap bedeutend kühler als oben erwähnte Orte. Der langjährige Durchschnitt der heißesten Sommermonate Januar und Februar weist 22,6° C auf und das langjährige mittlere Maximum dieser Monate ist mit 29,4° C nicht viel höher als dasjenige heißer Sommertage in Mitteldeutschland. Die Wintertemperaturen gleichen denen des Monats Mai in Deutschland. Frost kommt nur in den höher gelegenen Gebirgsstätten vor, Gewitter und Hagel gibt es kaum. Fast sämtliche Niederschläge fallen während der Wintermonate. Die tiefwurzelnde Rebe kann in den meisten Böden auch die regenlosen Sommer über von diesem Wasser Gebrauch machen. Talsperren, sowie die fast auf jeder Farm anzutreffenden eigenen Dämme, sammeln die winterlichen Niederschläge, um damit eine künstliche Bewässerung zu ermöglichen. Dank der relativ gleichbleibenden klimatischen Bedingungen ist die Weinernte von Jahr zu Jahr qualitativ fast konstant.

Der südafrikanische Weinbau liefert eine unwahrscheinliche Vielfältigkeit, er kann feinfruchtige, dezent herbe Rieslingweine, leichte, elegante, trockene Colombard-Weine, oder den vollen, duftigen Hanepoot hervorbringen. Die leichten, roten Clarets können fast mit den Originalen aus Bordeaux verglichen werden und die extraktreichen, weichen »Burgunder« mit denen der Côte d'Or. Dazu kommen die vollen, süßen Muskatweine, die Bismarck mit Vorliebe getrunken haben soll, die Klopstock in seiner Ode »Der Kapwein und der Johannisberger« als »Tochter Constanzia« weinselig lobpreiste und die Napoleons Lebensabend auf der nicht weit vom Kap entfernt gelegenen Insel Sankt Helena verschönt haben.

Vom technologischen Standpunkt aus gesehen, gehören die südafrikanischen Kellereien zu den modernsten der Welt. Fortschritte in der Stabilisierung, Filtration, temperaturkontrollierten Gärung, steriler Abfüllanlagen sorgen dafür, daß die Weine sauber verarbeitet werden, sich gut transportieren lassen und der Verbraucher höchste Qualitätsanforderungen stellen kann. Forschungsanstalten des Staates, der Universität Stellenbosch sowie die der Großproduzenten sorgen für verbesserte und neue Rebsorten, wie auch bessere Bearbeitung der Weinberge.

Die 1918 gegründete K.W.V. (Ko-Operative Wijnbouwers Vereeniging van Zuid-Afrika Deperkt) besitzt alle amtlichen Rechte, die gesamte Weinproduktion des Landes zu kontrollieren, sie setzt Minimumpreise fest, an die sich der Weinhandel halten muß und sorgt mit Hilfe von fünf riesigen Brennereien dafür, daß Weinüberschüsse wegdestilliert werden. Heute ist die K.W.V. mit einer Lagerungskapazität von nahezu 3 Millionen Hektolitern wohl das größte genossenschaftliche Unternehmen dieser Art in der Welt. Der Großhandel in Südafrika tritt sowohl als Produzent, Abfüller, wie auch als Großhändler direkt an den Kleinhandel auf. Er ist strukturmäßig ziemlich konzentriert in einer kleinen Anzahl Firmen. Stellenbosch Farmers' Winery, sowie die Tochtergesellschaft Nederburg, sind für ca. 70 % aller Weinverkäufe in der südafrikanischen Republik verantwortlich.

Seit 1973 besitzt Südafrika auch ein neues Weinrecht, das den Bestimmungen der EG entspricht und von dieser anerkannt wurde. Dementsprechend gibt es auf dem Etikett folgende Bezeichnungen: Kontrollierte Herkunftsbezeichnung, kontrollierte Rebsortenbezeichnung und kontrollierte Jahrgangsbezeichnung. Weinen ganz besonderer Qualität wird das Prädikat *Superior* von den staatlichen Kontrollbehörden zuerkannt.

Die meist angebauten Rebsorten für Rotwein sind: *Cabernet Sauvignon, Pinotage* (eine eigene Rebsortenart Südafrikas, die aus einer Kreuzung zwischen der *Pinot Noir-* und *Ermitage*-Rebe entstanden ist), *Cinsault, Tintra das Barocceas* und *Shiraz.* Für Weißweingewinnung werden angepflanzt *Riesling, Steen (Chenin Blanc), Clairette Blanche, Muscat d'Alexandrie* und *Colombard.*

VEREINIGTE STAATEN:

Auf den vorderen Plätzen der Weltrangliste

1697 pflanzte ein spanischer Jesuitenpater, Juan Ugarte, bei einer Mission an der Westküste Nordamerikas bei San Francisco Xavier in Baja California Reben, aus denen ein Missionswein (Meßwein) erzeugt wurde. Einige Zeit später wurden diese Reben von Pater Junipero Serra zur Mission San Diego de Alcala gebracht, die 1769 gegründet wurde. Die daraus gewonnenen Weine zeigten eine bislang für den kalifornischen Weinanbau unbekannte, gute Qualität. Die Franziskanermönche unter Pater Serra errichteten in Kalifornien einundzwanzig Missionen jeweils mit dazugehörigen Weingärten, wo die Missionsreben angebaut wurden. Als 1830 viele der Missionen von den spanischen Behörden säkularisiert wurden, nahmen sich zunehmend auch die Farmer der Weinerzeugung an. Darunter befanden sich etliche Winzer aus Bordeaux und aus Deutschland, die sich an der Westküste der Vereinigten Staaten niederließen.

Für die Entwicklung des kalifornischen Weinbaus war es ein glücklicher Umstand, daß Mitte des 19. Jahrhunderts Zehntausende von Deutschen aufgrund politischer Unruhen in Mitteleuropa zum Verlassen ihrer Heimat bewegt wurden. Bei den deutschen Einwanderern handelte es sich meist um gebildete Angehörige des Mittelstandes, oftmals in der Landwirtschaft beheimatet und so auch mit dem Weinbau vertraut. Als die erste Welle des Goldfiebers nachgelassen hatte, siedelten viele von ihnen in der Bucht von San Francisco, vorwiegend im *Sonoma Valley.* Sie kauften Land und legten Weinberge an, als der Ungar Ágoston Haraszthy das Gebiet zum Weinparadies ausbaute. Namen wie Bundschuh, Grundlach, Krug oder Dresel tauchten auf und erklären die Einführung deutscher Qualitätsreben in einem Landstrich, der innerhalb der nächsten zwei Jahrzehnte Ausgangspunkt des besten kalifornischen Weißweines werden sollte.

Charles Krug war der erste, der in den 60er Jahren des 19. Jahrhunderts ins *Napa Valley* zog und dort ein wirklich erfolgreicher kommerzieller Winzer wurde. Noch bedeutender allerdings war die Arbeit einiger Deutscher, die halfen, im heutigen *Orange County* in Südkalifornien eine riesige Winzerkolonie zu gründen. Allerdings wurde dieser *Anaheim Kolonie* durch die Pierce'sche Krankheit ein Ende gesetzt; über 10 Jahre war sie jedoch das wichtigste Einzelunternehmen in der bundesstaatlichen Weinherstellung.

Charles Kohler gründete ein eigenes Weinunternehmen in der Gegend von Los Angeles, nachdem er unter dem Firmennamen Kohler & Fröhlich bereits in San Francisco Weinkeller unterhielt. Später verlegte Kohler, eine herausragende Persönlichkeit der kalifornischen Weinindustrie, sein Unternehmen nach Glen Ellen im *Sonoma County.*

Henry Gerke baute nördlich von Sacramento einen riesigen Weinkeller auf, der später Standort von Leland Stanfords großem *Vina* Weingut wurde, welches in den 90er Jahren von sich behaupten konnte, das größte der Welt zu sein. Georg Krause pflanzte in den Gebirgsausläufern bei *Knight's Ferry* Weinreben und nannte diesen Bereich *Red Mountain Vineyard,* in den USA ein Markenname, der Liebhabern offener Weine nicht unbekannt ist.

Viele andere Deutsche waren in den 60er Jahren des 19. Jahrhunderts an der Gründung wichtiger Weinunternehmen im *Central Valley* und in den *Sierra Foothills* beteiligt. Jakob Knauth errichtete sein großes Weinunternehmen *Orleans Hill* im Vorgebirge westlich von Sacramento, welches er später an A. Haraszthy verkaufte, und Adam Uhlinger, dessen Mutter Schweizerin war, gründete 1856 ein Weingut, das im heutigen *Amador County* unter dem Namen *d'Agostini Winery* bekannt ist. Im *Santa Clara Valley* waren deutsche Winzer nicht so zahlreich vertreten wie französische.

In den 80er Jahren entstand an den Hängen der *Santa Cruz Mountains* eine regelrechte deutsche Kolonie, die unter Leitung Emil Meyers landesweit bekannt wurde. Meyers *Mare Vista Winery* stand 1898 im Blickpunkt, als er einen sich nähernden Waldbrand abwehrte, indem er die Gebäude mit gärendem Wein übergoß. Dieser wirkte wie ein Riesenfeuerlöscher, und der Ort wurde gerettet.

In den 90er Jahren gab es im *Napa Valley* 98 deutsche Weinbauern, die Hälfte davon in St. Helena. Namen wie die aus Mainz stammenden Jakob und Friedrich (Onkel Fritz) Beringer oder Jacob Schramm (aus Pfeddersheim bei Worms) gesellten sich zu dem von Charles Krug und bürgten für eine kontinuierliche Weiterentwicklung der gesamten Gegend zu führender Stellung. Manch anderem Weingebiet Kaliforniens mangelte es an dieser fortdauernden Stabilität. Im Sonoma Valley nahmen die deutschen Winzerfamilien in den 90er Jahren zahlenmäßig ab; ihr Anteil betrug — genauso wie im *Santa Clara Valley* — nur noch 20%.

Gegen Ende des Jahrzehnts hatte der Weinboom auch *Livermore Valley* förmlich in einen einzigen Weinberg verwandelt. Es gab dort mehr als 30 deutsche Weinbauern. Namen wie Altschul, Brodt und Kottinger sind zwar mittlerweile historisch verlorengegangen, jedoch erinnert noch heute, 100 Jahre nach Gründung der Wente Bros., der Name Carl Wente an den bedeutenden Einfluß deutscher Pioniere in dieser Gegend. Auch Eugene Hilgard machte sich während seiner Amtszeit als Professor für Landwirtschaft an der Universität von Kalifornien um eine bessere Weinqualität verdient.

Die Prohibition zwischen 1919 und 1933 machte alles wieder zunichte. Nach Aufhebung des Anti-Alkohol-Gesetzes war ein Neubeginn notwendig.

Die aus Hitlerdeutschland emigrierten Weinfachleute Franz Sichel, Alfred Fromm und Otto Meyer bewiesen ihr bemerkenswertes Talent beim Wiedererstehen der Paul Masson Vineyards, als dieses historische Weingut im Jahre 1943 von Seagram erworben wurde. Nach dem Zweiten Weltkrieg übernahmen die beiden Deutschen Kurt Opper und Hans Hyba die Leitung des hervorragenden Weinherstellerteams.

Der 1940 in die USA emigrierte Hanns Kornell gründete 1952 seine bekannte Schaumweinkellerei. Und auch die *Franciscan Vineyards* in St. Helena sowie die *Buena Vista Winery* in Sonoma wurden durch deutsche Kapitalanlage ermöglicht. Heute wie damals wird deutlich, welchen Beitrag — vor allem im wissenschaftlichen Bereich — deutsche Emigranten zur Entstehung der kalifornischen Weinindustrie über Jahre hinaus geleistet haben.

Die Entwicklung verlief zunächst langsam: Noch vor gut 20 Jahren standen in Kalifornien lediglich 44 000 ha unter Reben. 1980 waren es bereits 260 000 ha, 1987 mehr als 330 000 ha. Allerdings wird nur die Hälfte der Traubenernte zu Wein verarbeitet — auch kalifornische Tafeltrauben und Rosinen haben Weltgeltung.

Kalifornien hat ein ideales Weinklima mit hoher, aber nicht zu extremer Sonnenscheindauer und ausreichenden Niederschlägen. Den Nachtfrösten, die vor allem im *Napa Valley* relativ häufig auftreten, begegnet man mit moderner Technik: spezielle Windmaschinen treiben Warmluft über die Weinberge. Moderne Beregnungsanlagen halten den Frost von jungen Trieben fern. Die Rebstöcke selbst sind in großen Reihenabständen gepflanzt, was die Feldarbeit erleichtert.

Die kalifornischen Weinerzeuger kennen einige Dutzend verschiedener Rebsorten; die meisten davon stammen aus Europa. Nach deutschem Muster wurden in Kalifornien auch einige Kreuzungen gezüchtet. Von den heimischen Trauben hat lediglich der *Zinfandel* größere Bedeutung: er ist seit über 150 Jahren bekannt und liefert interessante, oft bukettreiche Rotweine mit gutem Lagerungspotential.

Viel Wertschätzung genießt der *Cabernet Sauvignon,* aus der die besten kalifornischen Rotweine gekeltert werden. Gut gerät der noch seltene *Merlot* und der *Pinot Noir.*

Bei den Weißweinen ist die *Chardonnay*-Rebe mit Abstand die wichtigste: sie erlebte in den letzten Jahren einen regelrechten Boom. Die besten kalifornischen *Chardonnays* stehen im Wettstreit mit erstklassigen *Burgundern.* Beliebt ist der *Johannisberg-Riesling* (oder *White Riesling*): er ist identisch mit dem Riesling vom Rhein. In guten Häusern erreicht er auch manchmal dessen Rasse und Feinheit. Beachtenswert ist außerdem die Sorte *Fumé Blanc (Sauvignon Blanc)*: ihr Merkmal ist ein intensiver, fast grasig anmutender Duft. Weitere in Europa bekannte Rebsorten sind noch *Gewürztraminer, Muscat (Muskateller), Sémillon* und *Silvaner.*

Die kalifornischen Weinerzeuger verbinden moderne Technik in Weinberg und Keller mit Tradition. Es gibt gigantische Weinfabriken mit riesigen Tanks. Und es gibt viele tausend kleine Barrique-Fässer aus neuem Holz in den großen Wineries. Beim Ausbau beweisen die hervorragend geschulten Önologen viel Geschick. Der Holzton soll nicht zu dominant sein, sondern nur die Feinheiten und die Geschmacksfülle der Weine zart unterstreichen.

Es gibt in Kalifornien einige hundert Betriebe mit einer Rebfläche von 50 bis 100 ha, eine Größenordnung, die man in Deutschland nur selten antrifft. Bedeutende Betriebe haben bis zu 500 ha eigene Reben.

In den letzten Jahren sind zahlreiche Weinbaubetriebe neu entstanden. Etliche europäische Unternehmen haben sich in Kalifornien eingekauft oder eigene Güter gegründet. Die berühmteste Kooperation wurde 1979 beschlossen: Damals unterschrieben Robert Mondavi, der »grand old man« des kalifornischen Qualitätsweinbaus, und Philippe de Rothschild, Hausherr von Château Mouton-Rothschild, einen Partnerschaftsvertrag mit der Zielsetzung, gemeinsam einen großen kalifornischen Wein zu erzeugen: das berühmte »Kind« heißt *Opus One.*

In Kalifornien werden etwa 19 Mill. hl produziert. Am Weinertrag der Vereinigten Staaten hat Kalifornien etwa zwei Drittel Anteil. Ausgeführt werden rund 330000 hl. In Deutschland waren kalifornische Weine vor zehn Jahren fast völlig unbekannt. Erst überraschende Erfolge bei einer »Weinolympiade« in Frankreich machten den Wein »made in USA« populär. Der deutsche Import stieg von etwa 15000 l im Jahr 1978 schnell auf eine Mill. l im Jahr 1981. Der Boom war beendet, als der Dollar teurer wurde. Nur noch wenige deutsche Importeure hielten dem kalifornischen Wein die Treue. 1987 wurden aus den USA nur noch knapp 230000 l

Wein eingeführt. 1988 gingen führende kalifornische Spitzenweingüter in die Offensive, um mit neuen Marketingaktivitäten auf der Basis der veränderten Währungssituation die Marktpräsenz erheblich zu verbessern.

Die Begeisterung, Reben für die Weinkelterung anzubauen und Tischwein zu erzeugen, hat inzwischen auf fast alle Staaten der USA übergegriffen. Angebaut werden sowohl Reben der amerikanischen Gattung *Vitis labusca* als auch europäische *Vitis vinifera* und Kreuzungen aus beiden Gattungen. Dies betrifft vor allem Virginia, Pennsylvania, Neu-England und den Mittleren Westen. Doch neben Kalifornien sind es vor allem die nördlich davon gelegenen Staaten an der Pazifik-Küste, die für die Gewinnung guter Qualitäten die klimatisch besten Voraussetzungen bringen:

Oregon liegt auf dem gleichen Breitengrad wie *Bordeaux.* Hier werden aus *Riesling, Chardonnay, Sauvignon, Pinot gris* und *Gewürztraminer* trockene, fruchtige und frische Weißweine erzeugt, die zumeist etwas leichter sind als die aus Kalifornien. Dies gilt auch für die Rotweine, unter denen vor allem der *Pinot noir* viel beachtete Ergebnisse bringt. Geographisch wird der Weinanbau von Oregon in drei Gebiete unterteilt: *Williamette Valley, Umpqua Valley* und *Rogue Valley.*

Der andere Staat im pazifischen Nordwesten, der überdurchschnittliche Weinqualitäten liefert, ist *Washington.* Relativ kühles Klima ermöglicht im *Yakima Valley* und im *Columbia River Basin* auf künstlich bewässerten Steppenböden die Erzeugung zum Teil vorzüglicher Weißweine, die als »Varietal-Wines« auf dem Etikett nur dann mit ihrem Rebsortennamen bezeichnet werden dürfen, wenn sie zu 90 % aus der angegebenen Sorte stammen. Eine Ausnahme bildet der *Cabernet Sauvignon,* bei dem ein Anteil von 75 % genügt. Die im Anbau befindlichen Rebsorten gleichen zum größten Teil denen Oregons.

Zu den »traditionsreichen« Weinbaustaaten der USA gehört *New York.* Der Rebanbau besitzt hier zwar nicht die Bedeutung wie in Kalifornien, doch nicht ohne Stolz blicken die hiesigen Weinerzeuger auf ihre Produkte, die zu einem größeren Teil aus französisch-amerikanischen Hybriden stammen, so daß sie oftmals über einen etwas eigenartigen Geschmack (»Fox« = Fuchston) verfügen. Der Anteil von europäischen Kulturreben nimmt jedoch stets zu. Schwerpunkt des Anbaus sind die *Finger Lakes,* das *Hudson River Valley* sowie *Long Island.*

ARGENTINIEN UND CHILE:

Große Mengen und gute Qualitäten

In Südamerika erlebte der Weinanbau seine Geburtsstunde zwar schon ein Jahrhundert früher als in Südafrika, doch er vermochte sich nicht so kontinuierlich zu entwickeln wie am Kap. Seinen Ursprung hatte er im Jahre 1524, als Cortez, der spanische Eroberer von Mexiko, den Weinanbau dort anordnete. Die damals gepflanzten Reben, wahrscheinlich spanischen Ursprungs, hatten überraschenderweise so gute Qualitäten ergeben, daß ihre Weine bei einem Vergleich mit den spanischen Originalweinen zu vorteilhaft abschnitten und die Behörden — wie im 3. Jahrhundert n. Chr. im alten Europa unter dem römischen Kaiser Domitian — die Vernichtung der Weinberge anordneten. Doch auch diesen amtlichen Eingriff überstanden die Rebkulturen, der Weinanbau wurde heimlich weiter betrieben.

Unter den großen Weinbauländern der Welt ist Argentinien international wohl am wenigsten bekannt. Dies hat seine Ursache keineswegs in der Qualität seiner Weine, als vielmehr in der Tatsache, daß dieses bedeutendste Weinbauland Südamerikas lange Zeit Wein im wesentlichen nur für den Inlandsbedarf erzeugte. Für die Weinerzeugung steht Argentinien eine Rebfläche von derzeit etwa 300000 ha zur Verfügung. Durch die starke Ausdehnung des Rebanbaus in den USA liegt Argentinien mit dieser Rebfläche, die in den letzten Jahren etwas reduziert wurde, an zweiter Stelle unter allen Weinbauländern des amerikanischen Kontinents.

Argentinien ist zugleich ein altes und modernes Weinbauland. Die Geschichte des Rebanbaus beginnt hier Mitte des 16. Jahrhunderts. Schon bald nach Gründung der Stadt Mendoza dehnte sich der Weinanbau in dieser sonnenreichen, warmen und durch künstliche Bewässerung fruchtbar gemachten Region aus. Mit Beginn des 19. Jahrhunderts kamen immer mehr europäische Einwanderer nach Argentinien. Als 1885 die Eisenbahnlinie zwischen Mendoza und Buenos Aires fertiggestellt war, erlebte die argentinische Weinwirtschaft einen neuen Aufschwung. Um die Jahrhundertwende brachten Einwanderer aus europäischen Weinbaugebieten nicht nur Erfahrung und Wissen über die Weinkultur ins Land, sondern sie führten zugleich auch europäische Rebsorten ein, welche gleichsam die natürliche Grundlage für einen neuen Abschnitt der argentinischen Weinerzeugung bildeten. Im Gegensatz zu anderen Ländern in diesem Teil der Erde vollzog sich während der letzten Jahrzehnte auch eine technisch perfekte Industrialisierung im argentinischen Weinbau, wo Weinkellereien mit großen Verarbeitungskapazitäten beträchtliche Mengen guter Konsumweine erzeugen. Parallel dazu entwickelten sich Betriebe, die nicht nur den quantitativ bedeutsamen argentinischen Binnenmarkt berücksichtigen, sondern hochwertige Weine keltern, die qualitativ international konkurrenzfähig sind.

Argentinien liegt im südlichen Teil des amerikanischen Subkontinents und erstreckt sich vom 22. Breitengrad 3000 km nach Süden. Zwischen den breiten Stränden der Ostküste und den Höhen der Andenkordilleren findet man Ebenen, Mittelgebirge, Hochebenen, Schluchten und Täler. Die Größe des Landes, die Vielfalt der Landschaften, die unterschiedlichen Höhenlagen und die geographische Breite bedingen in Argentinien die verschiedenen Klimazonen, von den tropisch feuchten Urwäldern bis zum Eis der Antarktis, über die »feuchte« und die »trockene Pampa«, die dürren Steppen, das gemäßigte Mittelgebirge und die kalten Hochebenen Patagoniens.

Die Weinbaugebiete sind fast über das ganze Land verteilt. In den meisten Provinzen werden Weintrauben angebaut. Jedoch bewirken Klima und Bodenqualität, daß die

Trauben am Fuße der Anden am besten gedeihen. Die geeigneten Temperaturen, intensive Sonneneinstrahlung, wenig Regen, niedrige Luftfeuchtigkeit und das fast völlige Fehlen von Wind ergeben zusammen mit gutem Boden optimale Verhältnisse für ein gutes Gedeihen der Weinstöcke und Erträge allerbester Qualität.

Das argentinische Weinanbaugebiet erstreckt sich über einen Erdstreifen mit wechselndem Gefälle vom Fuße der Anden im Westen und zieht sich vom Wendekreis des Steinbocks bis zum 40. Breitengrad im Süden, somit die gesamte gemäßigte Zone umfassend. In diesem Streifen liegen die drei wichtigsten Weinbauprovinzen des Landes: *Mendoza* mit 72 % der gesamten Anbaufläche, *San Juan* mit 18 % und *Rio Negro* mit etwa 5 %. Auch die Provinzen *La Rioja, Catamarca* und *Salta* gehören in diese Zone; allerdings liegt ihre Bedeutung lediglich in der Herstellung von typischen Regionalweinen und der Produktion von Früh- und Tafeltrauben.

In den Weinbaugebieten herrscht ein arides Kontinentalklima mit geringem Niederschlag (200—250 mm/Jahr). Diese Trockenheit wirkt sich sehr vorteilhaft auf die Qualität der Trauben aus, da sie das Risiko der Entwicklung von Pilzkrankheiten wesentlich verringert. Das trockene Klima mit niedriger Luftfeuchtigkeit und der wolkenlose Himmel befähigen den Rebstock, all seine Entwicklungsmöglichkeiten voll zu entfalten. Die im Sommer zwischen 10° und 40° schwankenden Temperaturen begünstigen das Reifen, wohingegen die Minustemperaturen im Winter der Rebe während der Vegetationspause zugute kommen.

Der wenige Regen fällt hauptsächlich im Sommer. Ausschlaggebend für die Bewässerung sind die winterlichen Niederschläge in den Kordilleren, denn die Weinpflanzungen werden mit dem Wasser der Schneeschmelze, das in Staudämmen aufgefangen, gespeichert und durch ein kompliziertes Netz von Kanälen verteilt wird, bewässert. Diese Bewässerungsanlagen gehören zu den modernsten der Welt. Die Wasserverteilung unterliegt einem »Wasserkodex«. Auch das Grundwasser wird angebohrt, und zur Zeit sind etwa 30000 Tiefbrunnen in Betrieb.

Vor der Anpflanzung muß der Boden nivelliert werden, und zwar mit einem kleinen Gefälle, zur besseren Wasserverwertung. Diese Infrastruktur ermöglicht es, das lebenswichtige Naß im richtigen Moment und in ausreichender Menge an den Weinstock zu führen. Es werden verschiedene Bewässerungssysteme angewandt: Furchen, Überschwemmung, Tropfbewässerung und Beregnung.

Das trockene Klima im Andenvorland erlaubt es den Weinbauern nicht nur, das Wasser nach Bedarf in die Pflanzungen zu leiten — es bietet auch den Vorteil, dieses mit wertvollen Nährstoffen anreichern zu können.

Dank der Bewässerung konnte man die Kanalufer mit Bäumen bepflanzen und, da diese Kanäle fast alle Straßen und Landstraßen säumen, fährt man auf allen Wegen durch einen »Tunnel« grüner Blätter. Diese Alleen, willkommene Oasen, prägen eine einzigartige Landschaft und spenden Schatten und wohltuende Kühle während der heißen Sommermonate, wenn die Sonne unbarmherzig auf das trockene Land niederbrennt.

Durch die weite Ausdehnung der Weinbaugebiete in Argentinien sind die Böden natürlich von sehr verschiedener Beschaffenheit. Vorwiegend handelt es sich um Schwemmböden alluvioalen oder solischen Ursprungs.

Die Pflanzungen werden mittels moderner Reberziehungssysteme angelegt. Über die Hälfte werden als Drahtrahmenerziehung, 43 % als Pergola im »Parral Cuyano« und 3 % nach anderen Systemen erzogen. Des größeren Ertrags wegen bevorzugen die Weinbauern den »Parral Cuyano«.

Von der gesamten Anbaufläche entfallen etwa ein Drittel auf Rotweintrauben, darunter *Cabernet Sauvignon* und *Franc, Merlot, Malbeck, Lambrusco, Barbera d'Asti, Sirah, Pinot noir, Pinot gris, Refosco, Nebbiolo, Grignolino, Bonarda, Tempranillo.*

Unter den Weißweintrauben finden sich *Sauvignon, Chenin, Chardonnay, Riesling, Ugni Blanc, Semillon, Palomino, Moscato d'Asti, Torrontés Riojano* und *Sanjuanino, Moscatel de Alejandría, Pedro Ximenez.*

Nicht immer gibt die Geschichtsschreibung so eindeutig Auskunft über die Ursprünge des Rebanbaus wie im Falle der chilenischen Weinhistorie.

In ihrer Geburtsstunde und in den Aufbauperioden spielte die katholische Kirche eine wichtige Rolle. Die ersten Reben wurden 1548 von einem Pater Francisco de Carabantes aus Cuzco nach CHILE gebracht. Etwa zur gleichen Zeit pflanzte Don Francisco Aguirre in der Region von *Copiapo,* etwa 800 km nördlich von Santiago einen Weinberg, in dem er 1551 zum ersten Mal Trauben erntete. Juan Jufré, der spätere Gründer der argentinischen Stadt San Juan, kultivierte südöstlich von Santiago im Gebiet von *Nunoa* Weinberge.

Unter dem Einfluß spanischer Kolonialherrschaft wuchs die Weinherstellung in beträchtlichem Maße an, so daß ihre Produkte nicht nur im Handel eine große Rolle spielten, sondern schließlich im Lande zu sozialen Problemen führten. Denn die billigen Weine wurden in solchen Mengen von den Indianern getrunken, daß sie zu Alkoholikern wurden und dahinsiechten.

Ein neuer Abschnitt chilenischer Weinbaugeschichte wurde Mitte des 19. Jahrhunderts durch Silvestre Ochagavia eingeleitet, der mit fachlicher Unterstützung aus Frankreich Rebsorten wie *Cabernet, Merlot, Pinot* und *Sémillon* einführte. So segensreich diese Neuerungen für die Qualität der chilenischen Weine auch waren, so konnte die Weinerzeugung des Landes in den letzten Jahrzehnten aus politischen und wirtschaftlichen Gründen nicht den gleichen Aufschwung verzeichnen, wie dies in anderen vergleichbaren Ländern der Fall war.

Dabei sind die Voraussetzungen sowohl in klimatischer als auch geologischer Hinsicht für die Gewinnung vorzüglicher Weine vor allem im mittleren Teil des Landes ideal. Eine Reihe von traditionsreichen Kellerei- und Gutsbetrieben haben — freilich mit überwiegend konventionellen An- und Ausbaumethoden — immer wieder bewiesen, daß sie exzellente Rotweine keltern können.

Chile besitzt unter den südamerikanischen Weinbauländern qualitativ die höchste Bedeutung. Der Weinanbau erstreckt sich auf drei Zonen, im Norden wachsen vor allem mit Alkohol verstärkte Weine, im mittleren Teil gute Tafelweine und im Süden geringere Qualitäten. Die Weine gehobener Qualität werden vor allem in den beiden Bereichen von *Aconcagua Valley* und *River Maipo Valley* erzeugt. Die klimatischen und geologischen Bedingungen stimmen hier weitgehend mit denen von Bordeaux überein, und da der Anbau der *Cabernet*-Rebe dominiert, zeigen diese chilenischen Rotweine eine gewisse Ähnlichkeit mit denen aus dem Bordelais. Vor allem im Maipo Valley sind die Weinbergsböden ziemlich kalksteinhaltig, so daß *Cabernet Franc* und *Cabernet Sauvignon* hier die besten dunkelroten, kraftvollen und bukettreichen Rotweine ergeben.

AUSTRALIEN:

Auf dem Weg zur absoluten Spitzenklasse

Man schrieb das Jahr 1788, als die ersten europäischen Siedler an der Küste des Inselkontinents Australiens landeten. Die kleine Gruppe betrat ein fremdartiges, riesiges, offenes Land, das seit Millionen von Jahren nur von den Eingeborenen und so merkwürdigen Tieren wie dem Känguruh, dem Koalabären und dem Schnabeltier bewohnt war.

Doch als die Siedler die Schiffe der sogenannten »Ersten Flotte« aus England — die unter dem Kommando von Kapitän Arthur Philip standen — an der Stelle verließen, an der heute im Hafen von Sydney die gewaltigen Betonsegel des Opernhauses emporragen, brachten sie nicht nur ihre Erinnerungen an die Heimat und das Können und Wissen ihrer Zivilisation mit: sie hatten auch Schafe, Getreidesaaten und verschiedene Kulturpflanzen dabei. Und noch etwas brachten sie mit: Rebensamen und Ableger von Rebstöcken.

Es gehörte damals zur Tradition der Seefahrt, daß in den Offiziersmessen der Schiffe Wein kredenzt wurde. Auch Kapitän Philip war ein Freund dieser Tradition. Kein Wunder also, daß er die Anpflanzung von Rebstöcken unterstützte.

Bei den ersten Rebenanpflanzungen in Australien handelte es sich um Reben vom Kap der Guten Hoffnung in Afrika und aus Rio de Janeiro in Brasilien. Frühe Berichte sprechen von »Claret«-Reben, die wahrscheinlich von der Rebensorte *Cabernet Sauvignon* abstammten. Besonders erfolgreich waren diese ersten Pflanzungen allerdings nicht: Sie waren wohl zu nahe am Hafen von Sydney, wo ein subtropisch heißes Klima vorherrscht, angelegt worden. Erst als kurze Zeit später westlich von Sydney (ein Vorort heißt heute noch »Vineyard«, Weingarten) und noch weiter im Norden und Südwesten der jungen Kolonie gepflanzt wurde, gediehen die Reben besser.

Sie brachten sogar Weine, die so gut ausfielen, daß sie in Europa Anerkennung fanden. Im Jahre 1823 gewann Gregory Blaxland — berühmt wegen seiner Entdeckungsreisen durch den 5. Kontinent — für einen seiner Rotweine von der *Society for the Encouragement of Arts, Manufacture and Commerce* in London eine Silbermedaille. 1928 gewann er für einen anderen seiner Weine eine Goldmedaille.

Im Laufe des 19. Jahrhunderts brachten neue europäische Siedler ihre Kenntnisse vom Rebenanbau und der Weinherstellung nach Australien. Unter den Einwanderern waren auch Deutsche — religiöse Flüchtlinge aus Schlesien, deren Nachkommen noch heute im Barossa Valley leben. Namen wie Seppelt, Lindeman und Gramp genießen immer noch großes Ansehen in der australischen Weinwirtschaft. Sie sind und bleiben lebendige Erinnerungen an die Tüchtigkeit und Opferbereitschaft der Einwanderer von damals.

Ein Einwanderer aus der französischen Schweiz, Hubert de Castella, machte sich besonders verdient um Australiens Weinbau: Er propagierte in seinem Buch »John Bull's Vineyard« die Idee, Australien zur »Weinquelle« Großbritanniens zu machen. Tatsächlich wurde Australien im Laufe der folgenden Jahrzehnte zu einem führenden Weinexportland. Schließlich war es dann — kurz vor dem Zweiten Weltkrieg und allerdings auch nur für eine kurze Zeit — soweit, daß Australien mehr Wein exportierte (18 Mill. l), als es selbst konsumierte (16 Mill. l).

Die Pioniere haben bewiesen, daß die Kolonie nicht nur gute Weine erzeugen, sondern sie auch noch erfolgreich exportieren kann. Australiens Klima erwies sich als ideal für die Rebenkultur, immer mehr Gebiete des Kontinents wurden für den Weinbau erschlossen.

Die Hauptweingebiete Australiens liegen zwischen dem 32. und 39. südlichen Breitengrad. Einige Anbaugebiete erstrecken sich jedoch bis hinunter zum 43. Grad südlicher

Breite. Die Sommer sind zumeist heiß und sonnig, die Winter kühl und mitunter regnerisch. Das sind klimatische Bedingungen, die ebenso gut und oft sogar noch besser sind als die der zwischen dem 40. und 50. nördlichen Breitengrad liegenden europäischen Weinbaugebiete.

Die Ähnlichkeit der Klimakurven australischer und europäischer Weinbaugebiete trägt wesentlich dazu bei, daß die »klassischen« Traubensorten in Australien sehr gut gedeihen.

Die große Ausdehnung des Erdteils (etwa 3500 km von Ost nach West, ungefähr 2500 km vom tropischen Norden zu den schneebedeckten Bergen des Südens) bietet dem Weinbau eine enorme Variationsbreite.

Das generell warme Klima und die Ausdehnung der Weinbaugebiete ergeben zusammen die besten Voraussetzungen für gute Ernten — gut bis sehr gut sowohl im Hinblick auf Qualität als auch Ergiebigkeit. Sicher gibt es auch in Australien von Anbaugebiet zu Anbaugebiet Schwankungen. Aber es gibt nur selten Mißernten, wie sie zum Beispiel in manchen europäischen Gegenden immer wieder mal hingenommen werden müssen.

Australien gehört zur südlichen Hemisphäre. Da ernten die Winzer in der ersten Jahreshälfte, also mit 6 Monaten Vorsprung vor den europäischen Winzern. Traubenlese ist in Australien je nach Lage des Anbaugebietes zwischen Januar und Mai.

Alle Weine Australiens stammen von Variationen der bewährten europäischen Rebsorten *Vitis vinifera.* Es handelt sich um Variationen, die im Laufe der vergangenen 190 Jahre nach Australien eingeführt oder dort sogar gezüchtet worden sind.

In vielen Gebieten Australiens ist man besonders stolz darauf, daß die australischen Reben dem Originalstock näher und mehr artgetreu geblieben sind als viele der »modernen« europäischen Reben. Dies ist unter anderem auch darauf zurückzuführen, daß Australien von der »Reblaus-Katastrophe« gegen Ende des 19. Jahrhunderts weitgehend verschont blieb.

In Australien gelang es, die Reblausinvasion rechtzeitig einzudämmen und auf ganz wenige und kleinere Gebiete zu beschränken. Die meisten australischen Weingärten mußte man nicht neu bepflanzen, und die Rebstöcke konnten auf ihrer ursprünglichen »europäischen Unterlage« weiter kultiviert werden. In Australien gedeihen also nach wie vor Reben, die direkt aus berühmten französischen und deutschen Rebbeständen aus der Zeit vor der Reblaus-Katastrophe stammen.

Große Verdienste um die Verpflanzung bester europäischer Rebstöcke nach Australien hatte Captain John MacArthur (1767—1834). Er ist auch der Mann, der das Merinoschaf nach Australien brachte. Er war ebenfalls ein Pionier des Weinbaus: Mit seinen beiden Söhnen James und William bereiste er in den Jahren 1815 und 1816 Frankreich und die Schweiz »mit dem ausdrücklichen Zweck, Reben zu sammeln und Informationen über ihren Anbau zu erhalten«. (John MacArthur brachte auch deutsche Winzer dazu, nach Australien auszuwandern und in seinen Weinbergen in der Nähe von Sydney zu arbeiten.)

Die australische Weinwirtschaft gab und gibt sich selbstverständlich mit dem Bewährten und Erreichten allein nicht zufrieden. Mit Unterstützung der Regierung und staatlicher Stellen arbeitet sie daran, die Klone der verschiedenen Rebsorten weiter zu verbessern und sie dem australischen Boden, dem Klima und anderen Bedingungen optimal anzupassen.

Selbstverständlich benutzten die ersten australischen Winzer die europäischen Trauben- und Weinbezeichnungen. Sie setzten ja die europäische Weinbautradition fort. Namen wie »Mosel«, »Claret« oder »Burgunder« wurden verwendet, um die Art, den Charakter des in Australien ausgebauten Weines zu beschreiben. Manche dieser Namen werden auch heute noch von den australischen Winzern gebraucht. Nach und nach treten an die Stelle »europäischer« Namen und Begriffe die sicher genaueren und zutreffenderen australischen Bezeichnungen.

Eine Tatsache: Obwohl die Trauben, aus denen Australiens Winzer ihre Weine erzeugen, ursprünglich aus Europa gekommen sind, haben sie in ihrer neuen Heimat doch neuen Geschmack, neue Vorzüge gewonnen. Das gilt zum Beispiel für die *Shiraz*traube, die an der Rhône und anderswo in Europa als *Syrah (Hermitage)* angebaut wird. Das gilt auch für *Cabernet Sauvignon, Merlot-* und *Malbec*-Trauben. Sie werden übrigens in Australien wie in Frankreich manchmal in kleinen Mengen mit *Cabernets* verschnitten. (Ebenso verschneidet man auch wuchtige *Cabernets* mit milderem *Shiraz.*)

Die meisten der berühmten Rebsorten werden in Australien angebaut und veredelt. Weiße Sorten: *Riesling, Sémillon, Chardonnay, Traminer, Müller-Thurgau* und andere. Rote Sorten: *Shiraz, Cabernet, Pinot Noir, Malbec, Merlot,* Abkömmlinge von *Frontignon.*

Die Angaben auf australischen Weinetiketten geben Traubensorten und Jahrgang an. Das Gesetz bestimmt, daß jeder Wein zu mindestens 80 % aus der angegebenen Traubensorte und zu 100 % aus der Ernte des angegebenen Jahrgangs hergestellt sein muß.

Auf dem Etikett ist auch fast immer angegeben, welche Traubensorten für den eventuellen Verschnitt verwendet wurden, in welchem Verhältnis gemischt wurde und aus welchen Anbaugebieten die verschiedenen Sorten stammen.

Sydney, die größte Stadt Australiens, war auch Gründungsort der Kolonie. Und ganz in der Nähe lagen die ersten australischen Weingärten. Der Weinbau breitete sich dann rasch aus — von der Ostküste ins Innere des Kontinents und an die Süd- und Südwestküste.

Heute ist der Weinbau in allen australischen Staaten fest verwurzelt: In jedem der sechs Staaten und in den beiden Territorien gedeihen Reben. *Südaustralien* liegt an der Spitze: Hier werden fast 55 % des australischen Weins erzeugt. *Neu-Südwales* und *Victoria* folgen. Kleinere Anbaugebiete gibt es in *Westaustralien,* im »Nordstaat« *Queensland,* auf der Insel *Tasmanien.* Insgesamt zählt Australien heute über zwei Dutzend »weinproduzierende Gebiete«.

In den letzten Jahren ist eine weitere Ausdehnung der Anbaufläche festzustellen. Australiens Winzer haben mit Erfolg begonnen, auch in den höher gelegenen, kühleren Regionen Reben zu pflanzen.

Adelaide: In Südaustraliens Hauptstadt reichten die Weingärten einst bis in die Nähe des Stadtzentrums. Viele von ihnen wurden von Häusern verdrängt, aber immer noch gibt es Weingärten und Weinkellereien am Stadtrand und im Einzugsgebiet der Stadt. Hier gedeihen einige der besten und berühmtesten Weine Australiens, zum Beispiel der *Grange Hermitage.*

Barossa Valley: Ein weites, grünes Tal, etwa 60 km nordöstlich von Adelaide gelegen. George Angas siedelte sich hier im Jahre 1841 an. Er unterstützte die Ansiedlung von schlesischen Lutheranern, die ihres Glaubens wegen verfolgt wurden und aus der Heimat flüchten mußten. Der Einfluß dieser Siedler ist auch heute noch überall im Barossa Valley spürbar: Brauchtum, Eßgewohnheiten, Architektur — alles deutscher Stil. Aus dem Barossatal kommen einige der besten australischen Rieslinge *(Rhine-Riesling),* aber auch wundervolle Rotweine *(Shiraz, Cabernet).* Seitentäler wie das *Eden Valley* werden übrigens auch zum Barossa-Gebiet gezählt. Hier gedeihen in höheren Lagen angenehm trockene Weine.

Coonawarra: Das Gebiet liegt in der südöstlichen Ecke von Südaustralien. Es ist mit Recht für die Qualität seiner Rotweine weltberühmt. Seit kurzem kommen aus Coonawarra Rieslinge von hoher Qualität. Die ersten Reben wurden hier im letzten Jahrzehnt des 19. Jahrhunderts auf einem höchst fruchtbaren Erdstreifen der »terra rossa« gepflanzt. Da hat die Traubensorte *Cabernet Sauvignon* eine natürliche Heimat gefunden. Aus ihr werden Weine gewonnen, die sympathisch trocken und elegant sind. Weine, die durch das Lagern von Jahr zu Jahr noch mehr an Fülle und Größe gewinnen.

Clare und Watervale: Ein enges, ziemlich hoch gelegenes Tal nördlich von Adelaide. Aus ihm kommen sowohl vollmundige Rotweine als auch elegante Weißweine. Das kleine Anbaugebiet Watervale liegt in der Nähe des Taleingangs, Clare ist eine malerische Stadt in der Nähe des oberen Talschlusses.

Goulburn Valley: Ein nördlich von Melbourne gelegenes, sandiges Tal. Der sandigen Erde verdankt es das Gebiet, daß die Reblaus die um 1860 gepflanzten Rebstöcke nicht befallen konnte. Die Weinstöcke von damals sind kerngesund

und tragen immer noch in reicher Fülle Trauben. Das Gebiet ist bekannt für seine Rotweine.

Great Western: Ein höher gelegenes Gebiet nordwestlich von Melbourne, überall in Australien bekannt als das Gebiet, in dem gute Schaumweine hergestellt werden. Das nahegelegene *Avoca* ist ein neues und vielversprechendes Rebenanbaugebiet.

Griffith: Die Stadt und ihre Umgebung liefern heute etwa ein Fünftel von Australiens Wein. Der Murrumbidgee-Fluß sichert die Bewässerung der Weingärten. Im Murrumbidgee-Bewässerungsgebiet leben zahlreiche italienische Einwanderer, die viel Weinbaukenntnis aus ihrer europäischen Heimat mitgebracht haben.

Hunter Valley: Ein langgestrecktes Tal entlang des Hunter-Flusses, unfern der Industriestadt Newcastle. Das flache »niedere Gebiet« wurde bereits um 1830 mit Reben bepflanzt. Die neuen Gebiete liegen im Oberen Hunter Valley. Das ganze Gebiet ist berühmt für seine trockenen Weißweine (überwiegend aus *Sémillon*-Trauben) und für seine trockenen Rotweine (*Shiraz,* neuerdings auch *Cabernet* und *Pinot Noir*).

Lilydale: Am Yarra-Fluß, von Melbourne stromaufwärts, liegen die welligen, grünen Hügel dieses kleinen Weinbaugebietes. Es hatte seine erste Blütezeit im 19. Jahrhundert. Dann lag der Weinbau aus wirtschaftlichen Gründen für lange Zeit darnieder. Heute steht das Gebiet in neuer Blüte. Es gewinnt zunehmend wieder an Bedeutung. Seine Rotweine bestechen durch Fülle und Eleganz.

Mildura: Eine große, florierende Stadt an der Flußgrenze zwischen den Staaten Neu-Südwales und Victoria. Um die Stadt herum ausgedehnte, gut bewässerte Weingärten. Das subtropische Klima behagt den Trauben. Der 2500 km lange Murray-Fluß bringt das notwendige Wasser heran. Er ist der Lebensnerv des Murraytals, eines der landwirtschaftlich reichsten Gebiete des Kontinents und ein Hauptzentrum der australischen Weinwirtschaft. (In der Nähe von Mildura: Australiens größte und modernste Weinkellerei, *Lindeman's Karadoc Winery.*)

Mudgee: Eine von Hügeln umgebene Stadt in Neu-Südwales, westlich vom Hunter Valley. Weinbau kann hier auf eine jahrhundertlange Tradition zurückblicken — und während der letzten Jahre ein aufsehenerregendes Wachstum verzeichnen. Die Rotweine dieses Gebietes sind vollmundig, die Weißweine mild und rund im Geschmack.

Nordöstliches *Victoria:* Auf mehreren Landstrichen dieses an der Leeseite der schneereichen australischen Alpen gelegenen Gebietes gedeihen sehr gute Weine. Rutherglen, eine kleine Stadt, ist die Heimat des einzigartigen australischen Likör-Muskatellers. Das ist ein reicher, köstlicher Dessertwein von großer Finesse. Die Pflanzungen im nordöstlichen Victoria litten gegen Ende des 19. Jahrhunderts schwer unter der Reblaus-Invasion. Sie haben sich aber alle von den Schäden erholt. Sie liefern heute ohne Ausnahme erstklassige Trauben für feine, noble Rotweine und bemerkenswerte Weißweine.

Riverland: Eine Reihe von Städten inmitten von Weingärten. Ein Gebiet, aus dem hochwertige, bei vielen internationalen Wettbewerben ausgezeichnete Sherry-Weine und Brandys stammen. Ein Gebiet, das auch Schoppenweine hervorbringt, die von den weinfrohen Australiern heute gerne getrunken werden.

Southern Districts: Eine Weinbaugegend südlich der südaustralischen Stadt Adelaide. Es liegt, dicht mit Reben bepflanzt, zwischen welligen Hügeln und dem Meer. Fast 70 Weinhersteller produzieren hier Weine, die gut und zum Teil sehr gut sind: Rotweine, Weißweine, »Portwein«.

Westaustralien: In diesem riesigen Staat, der das westliche Drittel Australiens einnimmt, werden seit 1840 Reben gepflanzt. *Swan Valley,* westlich von der Hauptstadt Perth, zählt zu den traditionsreichen Gebieten des Staates. Nördlich und südlich von Perth wurden in den letzten Jahren Weingärten angelegt, die Weine von hoher Qualität liefern: *Moondah Brook* im Norden, *Morgant River* und *Mount Barker* im Süden und Südwesten.

Andere Gebiete: Sie werden immer zahlreicher — der Weinbau wächst in Australien. Vor allem in *Victoria* hat sich der Anbau von Qualitätstrauben in höheren und kühleren Gebieten als sehr erfolgreich erwiesen. Eine große Zukunft haben auch die neuen Weingärten auf der Insel *Tasmanien* — vor allem die in der Nähe der Stadt *Hobart* und *Launceston.*

Ein großes Problem in der jüngsten Geschichte des australischen Weinbaus war der »Geschmackswechsel« in den 60er Jahren: Die Australier begannen plötzlich, von den kräftigen Dessertweinen, die sie bisher mit Vorliebe zu trinken pflegten, auf leichtere Rotweine umzusteigen. In den 70er Jahren folgte ein weiterer Wechsel im Geschmack. Der Trend zum »Trockenen« kam auf. Trockene Rotweine, trockene Weißweine waren nicht länger »Geschmacksprivileg« weniger Gourmets, sie wurden zu Favoriten vieler Weinfreunde — in Australien so gut wie in Amerika und Europa.

Australiens Winzer stellten sich mit Erfolg darauf ein. Die australische Weinwirtschaft floriert heute. Sie basiert aber noch immer auf dem Können und der Arbeit der ersten Siedler aus Europa. Sie profitiert vom »Weinboom« und von der wachsenden Nachfrage nach allererster Qualität.

Australiens Weine finden Anerkennung für ihre gleichbleibend gute Qualität. Nur ein Beispiel: Auf der Pariser Wein-Olympiade wurden ungefähr 330 Weine aus 30 verschiedenen Ländern von einem internationalen Sachverständigengremium beurteilt. Australische Weine schnitten in mehreren Klassen außerordentlich gut ab. Ein australischer *Pinot Noir* gewann in der Klasse für Rote Burgunder sogar vor einem der berühmtesten französischen Burgunder.

Hinter dem Qualitätsangebot der australischen Weinwirtschaft stehen etwa 8000 Winzer und zirka 350 Weinkellereien. Die Betriebsgröße reicht vom Einmannbetrieb (mit ein paar tausend Flaschen Jahresproduktion) über mittelgroße Familienunternehmen (die schon seit 150 Jahren Wein erzeugen) bis hin zu großen, multinationalen Gesellschaften, die jährlich 50000 und mehr Tonnen Trauben verarbeiten.

In Australien werden heute insgesamt nach jeder Ernte ungefähr eine halbe Million Tonnen Weintrauben verarbeitet und etwa 400 Mill. l Wein erzeugt.

Australischer Wein — jährlich mehr als 7 Mill. l — wird in rund 70 verschiedene Länder exportiert. Den meisten australischen Wein aber trinken die Australier selbst. Sie konsumieren pro Kopf und Jahr rund 18 l Wein.

NEUSEELAND gehört zu den jüngsten Weinbauländern der Welt. Zur Deckung des Inlandsbedarfs wurden in den letzten Jahrzehnten größere Rebflächen angelegt, die einen Jahresertrag von etwa 200000 hl erbringen. Die Reben wachsen etwa auf dem gleichen Breitengrad wie die argentinischen oder chilenischen Rebkulturen. Mit dem Weinbau auf Neuseeland ergibt sich auf der südlichen Erdhälfte, vorwiegend zwischen dem 35. und 40. Breitengrad, eine sich ausdehnende Rebfläche, die langfristig zu einer steigenden Unabhängigkeit dieser Staaten gegenüber den europäischen Weinexporten führt.

Nachwort

Dieser Streifzug durch die Welt der großen Weine kann trotz umfangreicher Aufzählung zahlreicher Kreszenzen nicht den Anspruch auf absolute Vollständigkeit erheben. Wie der Buchtitel besagt, sollen vorwiegend die wirklich herausragenden Weine berücksichtigt werden. Dabei scheint es sinnvoll zu sein, die Weinerzeugung vor allem jener Länder eingehend darzustellen, deren Erzeugnisse von den Lesern — wahrscheinlich auch gelegentlich auf einigen Umwegen — erworben werden können.

Nach diesen Auswahlkriterien mußten dementsprechend die Weine aus bestimmten Ländern, die zum Teil ebenfalls seit vielen Jahren Reben anbauen, unberücksichtigt bleiben. Dazu gehören unter anderem die Deutsche Demokratische Republik, deren Weine aus den beiden Weinbauregionen Saale/Unstrut und im Elbtalkessel vielfach leichten Moselweinen ähneln, ebenso Polen, Albanien, Malta und Zypern sowie Großbritannien und Kanada, die von der Rebanbaustatistik tatsächlich als »Weinbauländer« ausgewiesen werden und deren Weine von Raritätenjägern gesucht und von Einheimischen wie manchen Touristen geschätzt werden.

Letzteres gilt auch für Luxemburg mit seinen bemerkenswerten trockenen Weißweinen vom Moselufer sowie Liechtenstein, dessen Weine stark den Weißweinen der Ostschweiz ähneln. Im Gegensatz dazu handelt es sich beim Iran, Ägypten oder auch Japan um zunächst »exotische« Weinbauländer, die allerdings ihre Weinproduktion immer stärker an den klassischen Vorbildern Westeuropas ausrichten und daher in diesem Rahmen zumindest einer kurzen Erwähnung bedürfen.

Der Verfasser ist sich bewußt, daß nicht alle Leser seine Auswahl und Wertungen großer Weine teilen. Verlag und Autor nehmen daher Anregungen zur Ergänzung dieses Bandes jederzeit dankbar entgegen.

ANHANG:

Anschriften wichtiger internationaler Institutionen

Office International de la Vigne et du Vin O.I.V., 11, rue Roquépine, F-75008 Paris

FRANKREICH:

Office Nationale Interprofessionnel des Vins, 232, rue de Rivoli, F-75001 Paris

Institut National des Appellations d'Origine des Vins et Eaux-de-Vie, 138, Champs-Elysées, F-78008 Paris

Sopexa, Absatzförderung für französische Agrarprodukte, Sternstr. 58, 4000 Düsseldorf 30

ITALIEN:

Unione Italiana Vini, Via S. Vittore al Teatro 3, I-20123 Milano

Südtiroler Weinbauverband, Pfarrgasse 13/1, I-39100 Bozen

Italienisches Institut für Außenhandel I.C.E., Jahnstr. 3, 4000 Düsseldorf 1

ÖSTERREICH:

Bundesverband der Weinbautreibenden Österreichs, Löwelstr. 12, A-1014 Wien

Österreichisches Weininstitut, Löwelstr. 12, A-1014 Wien

Österreichische Weinmarketservice GmbH, Gumpendorfer Str. 5, A-1010 Wien

SCHWEIZ:

Schweizer Weinhändlerverband, Amtshausgasse 1, CH-3000 Bern 7

Societé des Exportateurs de Vins Suisses, Case postale 853, CH-1001 Lausanne

SPANIEN:

Instituto Nacional de Denominaciones de Origen, Dulcinea 4, E-Madrid 20

Instituto Nacional de Formento de la Exportación, Paseo de la Castellana 14, E-28046 Madrid
Spanische Handelsabteilung, Jägerhofstr. 30, 4000 Düsseldorf 30

PORTUGAL:

Instituto da Vinha e do Vinho, B. Moozinho da Silveiro, S, P-1200 Lisaboa
Instituto do Vinho do Porto IVP, Rua Fereira Borges, P-4000 Porto
Portugiesisches Handelsbüro, Ubierstr. 78, 5300 Bonn

GRIECHENLAND:

H.O.P.E. Griechische Exportförderungsorganisation, 1, Mitropoleos St. 12—14, G-10557 Athen

JUGOSLAWIEN:

Combic Außenhandelsges., Thalkirchner Str. 2, 8000 München 2

UNGARN:

Monimpex, Blumenthalstr. 12a, 2800 Bremen

LUXEMBURG:

Fédération des Associations Viticoles du Grand-Duché de Luxembourg, 23, route de Trèves, L-6793 Grevenmacher
Commission de Propagande pour les Vins Luxembourgeois, Boîte postale 50, L-5501 Remich

GROSSBRITANNIEN:

The Wine and Spirit Association of Great Britain, Five Kings House, Kenneth Wharf Lane, Upper Thames Street, London EC4V 3BH

USA:

Wine Institute, 165 Post Street, San Francisco 94108

AUSTRALIEN:

Australian Wine Board, Fourth Floor, 55 Hindmarsh Square, Adelaide, South Australia 5000

NEUSEELAND:

Wine Institute of New Zealand, P.O.Box 39—276, Auckland, New Zealand

SÜDAFRIKA:

Cape Wine and Spirits Exporters' Association, P.O.Box 236, Stellenbosch 7600, Südafrika

Adressen deutscher Weingüter, Winzergenossenschaften und wichtiger Institutionen

Diese Adressenliste wurde nach persönlicher Auswahl zusammengestellt, sie erhebt keinen Anspruch auf Vollständigkeit oder Objektivität.

ÜBERREGIONALE ANSCHRIFTEN

Deutscher Weinverband, Heussallee 26, 5300 Bonn
Stabilisierungsfonds für Wein, Deutsches Weininstitut, Gutenbergplatz 3—5, 6500 Mainz
Deutsche Landwirtschaftsgesellschaft, Deutsche Weinsiegel GmbH, Zimmerweg 16, 6000 Frankfurt/Main 1
Deutscher Raiffeisenverband e. V., Adenauerallee 127, 5300 Bonn
Verband deutscher Prädikats- und Qualitätsweingüter (VDP), Schloß Vollrads, 6227 Oestrich-Winkel
Bundesverband des Deutschen Wein- und Spirituosenhandels e. V., Rheinallee 15c, 5300 Bonn 2 — Bad Godesberg
Mainzer Weinbörse, Stromberger Str. 15—19, 6550 Bad Kreuznach
Bundesverband Deutscher Weinkommissionäre, Große Bleiche 29, 6500 Mainz
Deutsches Weinbaumuseum, Wormser Str. 49, 6504 Oppenheim

AHR

Kreisbauer- und Winzerverband, Wilhelmstr. 16, 5483 Bad Neuenahr-Ahrweiler
Gebietsweinwerbung Ahr, Marktplatz 11, 5483 Bad Neuenahr-Ahrweiler
Weinseminar Mayschoß, Verkehrsverein, Sonnscheidtstr. 5, 5481 Mayschoß
Landeslehr- und Versuchsanstalt für Weinbau, Walporzheimer Str. 48, 5483 Bad Neuenahr-Ahrweiler
Landwirtschaftskammer Rheinland-Pfalz, Weinbauamt Koblenz, Bahnhofsplatz 9, Postfach 1260, 5400 Koblenz
Winzermuseum im Alten Backhaus, Himmelsburger Str. 85, 5483 Bad Neuenahr-Ahrweiler

Weingut-Weinkellerei J. J. Adeneuer, Max-Planck-Str. 8, 5483 Bad Neuenahr-Ahrweiler

Weingut Sonnenberg — Görres & Linden, Heerstr. 98, 5483 Bad Neuenahr-Ahrweiler

Weingut Peter Kriechel, Walporzheimer Str. 83, 5483 Bad Neuenahr-Ahrweiler

Staatliche Weinbaudomäne Kloster Marienthal, Walporzheimer Str. 48, 5483 Bad Neuenahr-Ahrweiler

VA — Vereinigte Ahrwinzergenossenschaft Dernau, Heerstr. 91—93, 5483 Bad Neuenahr-Ahrweiler

Weinbau Toni Nelles, Göppinger Str. 13a, 5483 Bad Neuenahr-Ahrweiler

Weingut-Sektkellerei Zum Domherrenhof, Hans Brogsitter, Walporzheimer Str. 125, 5483 Bad Neuenahr-Ahrweiler

Weingut Im Kräuterberg — Alois Grimminger, Walporzheimer Str. 143, 5483 Bad Neuenahr-Ahrweiler

WG Mayschoß-Altenahr, Bundesstr. 42, 5481 Mayschoß

BADEN

Badischer Weinbauverband, Merzhauser Str. 115, 7800 Freiburg

Weinwerbezentrale Badischer Winzergenossenschaften, Kesslerstr. 5, 7500 Karlsruhe

Weinseminare der Stadt Oberkirch, Verkehrsamt, Postfach 103, 7602 Oberkirch

Ortenauer Weinseminare, Stadt Offenburg, Gärtnerstr. 6, 7600 Offenburg

Wein und Kultur, Am Wollhaus, 7100 Heilbronn

Staatliches Weinbauinstitut, Merzhauser Str. 119, 7800 Freiburg

Arbeitsgemeinschaft Württembergisch-Badischer Weingüter im VDP Burg Schaubeck, 7141 Steinheim-Kleinbottwar

Weinmarkt der Stadt Müllheim, Aula des Gymnasiums, Bismarckstr. 3, 7840 Müllheim

Offenburger Weinmarkt, Oberrheinhalle, Postfach 2110, 7600 Offenbach

Heimatmuseum Königshofen, 6970 Lauda-Königshofen

Weinbaumuseum Meersburg, Vorburggasse, 7758 Meersburg

Markgräfler Weinmuseum, Rathaus, Wilhelmstraße, 7840 Müllheim

Weinbaumuseum Ortenberg, WG Ortenberg, Winzerkellerweg 1, 7601 Ortenberg

Heimatmuseum Reichenau, Rathaus, Münsterplatz, 7752 Reichenau

Weinbaumuseum Salem, Markgräfliche Badische Weingüter, Im Schloß, 7777 Salem

Heimatmuseum Überlingen, Krummbergstr. 30, 7770 Überlingen

Kaiserstühler Weinbaumuseum, Schloßbergstraße (Ortsmitte), 7818 Vogtsburg-Achkarren
Heimatmuseum Astorhaus, 6909 Walldorf

Weingut Reichtsgraf und Marquis zu Hoensbroech, Am Sonnenberg, 6921 Angelbachtal-Michelfeld
WG Auggen, Hauptstraße (B3), 7841 Auggen
Weingut Schloß Neuweiler — Fam. Rößler, Mauerbergstr. 21, 7570 Baden-Baden-Neuweier
WG Neuweier-Bühlertal, Mauerbergstr. 32, 7570 Baden-Baden-Neuweier
WG Varnhalt, Weinsteige 11, 7570 Baden-Baden-Varnhalt
WG Ballrechten-Dottingen, Franz-Hess-Str. 2, 7801 Ballrechten-Dottingen
Gräflich von Bodman'sches Rentamt-Schloßkellerei, Postfach 220, 7762 Bodman-Ludwigshafen
WG Bötzingen, Hauptstr. 13, 7805 Bötzingen
Gräflich von Kageneck'sche Verwaltung, Kupfertorstr. 35, 7814 Breisach
Weingut Gebr. Müller — H. Glattes, Richard-Müller-Str. 5, 7814 Breisach
ZBW — Zentralkellerei Badischer Winzergenossenschaften, Zum Kaiserstuhl 6, 7814 Breisach
Affentaler WG Bühl, Winzerstr. 2, 7580 Bühl-Eistental
Markgräflich Badisches Weingut, Schloß Staufenberg, 7601 Durbach
Weingut Andreas Männle, Heimbach 293, 7601 Durbach
Weingut Franz Männle, Kasselberg 353, 7601 Durbach
Weingut Heinrich Männle, Sendelbach 86, 7601 Durbach
Staatliches Weinbauinstitut Freiburg, Versuchsgut Steinberg in Durbach, 7601 Durbach
WG Durbach, Nachtweide 1, 7601 Durbach
Gräflich Wolff-Metternich'sches Weingut, Im Grohl 117, 7601 Durbach
Bezirkskellerei Markgräferland, Winzerstr. 2, 7859 Efringen-Kirchen
Schloßgut Idstein, Albert Soder, 7859 Efringen-Kirchen-Idstein
WG Kirchhofen, Herrenstr. 11, 7801 Ehrenkirchen-Kirchhofen
Weingut Dr. H. Mackenstein, Schwobthaler Str. 20, 7833 Endingen
WG Kiechlinsbergen, Herrenstr. 35, 7833 Endingen-Kiechlinsbergen
Staatliches Weinbauinstitut Freiburg, Merzhauser Str. 119, 7800 Freiburg
WG Vorderes Kinzigtal, Börsiglachenweg 2, 7614 Gengenbach
WG Glottertal, Winzerstr. 2, 7804 Glottertal-Ohrensbach
Winzerverein Hagnau, Im Hof 3, 7759 Hagnau

Weinbau-Weinkellerei Karl Walz, Hauptstr. 39, 7843 Heitersheim
Weinbau-Weinkellerei Julius Zotz, Staufener Str. 1, 7843 Heitersheim
Weingut Freiherr Roeder von Diersburg, Kreisstr. 20, 7601 Hohberg-Diersburg
Weingut Dr. Heger, Bachenstr. 19—21, 7817 Ihringen
Kaiserstühler WG Ihringen, Winzerstr. 6, 7818 Ihringen
Weingut Günter Karle, Scherkhofenstr. 69, 7817 Ihringen
Staatliches Weinbauinstitut Freiburg, Versuchs- und Lehrgut, Blankenhornsberg, 7817 Ihringen
Weingut Rudolf Stigler, Bachenstr. 29, 7817 Ihringen
WG Kappelrodeck, Waldulmer Str. 41, 7594 Kappelrodeck
Weingut Freiherr Schilling von Cannstatt Erben — von Maffei'sche Gutsverwaltung, Spitalhof 2, 7500 Karlsruhe-Hohenwettersbach
Spitalkellerei Konstanz, Wessenbergstr. 41, 7750 Konstanz
Städtisches Weingut Lahr — Hans Wöhrle, Weinbergstr. 3, 7630 Lahr
Staatliches Weinbauversuchsgut Lauda, Rebgutstr. 80, 6970 Lauda-Königshofen
WG Beckstein, Weinstr. 30, 6970 Lauda-Königshofen-Beckstein
Weingut-Weinkellerei Adam Müller, Geheimrat-Schott-Str. 15, 6906 Leimen
Staatsweingut Meersburg, Seminarstr. 6, 7758 Meersburg
Fürstlich zu Waldburg-Wolfegg'sches Rebgut, Unterstadtstr. 9, 7758 Meersburg
Weingut Hermann Dörflinger, Mühlenstr. 7, 7840 Müllheim
Weingut-Weinkellerei, H. Germann, Hauptstr. 36—38, 7840 Müllheim
Markgräfler WG Müllheim, Werderstr. 51, 7840 Müllheim
WG Britzingen, Markgräfler Str. 25—27, 7840 Müllheim-Britzingen
Weingut Emil Marget, Schloßgartenstr. 4, 7840 Müllheim 15 — Hügelheim
WG Hügelheim, Baseler Str. 12, 7840 Müllheim 15 — Hügelheim
Freiherrlich von Gemmingen-Hornberg'sches Weingut, Burg Hornberg, 6951 Neckarzimmern
Renchtäler WG Oberkirch, Renchener Str. 42, 7602 Oberkirch
Freiherrlich von und zu Franckenstein'sches Rentamt, Weingartenstr. 66, 7600 Offenburg
Schloß Ortenberg — Weinbauversuchsgut des Ortenaukreises, Postfach 1960, 7600 Offenburg
WG Rammersweier, Weinstr. 87, 7600 Offenburg-Rammersweier
WG Ortenberg, Winzerkellerweg 1, 7601 Ortenberg
Weingut der Stadt Offenburg — St. Andreas-Hospital-Fond, Steingrube 7, 7601 Ortenberg-Käfersberg
WG Pfaffenweiler, Weinstr. 40, 7801 Pfaffenweiler

Markgräfliche Badische Weingüterverwaltung, Schloß Salem, 7777 Salem
WG Sasbachwalden, Talstr. 2, 7595 Sasbachwalden
Weingut Fritz Blankenhorn Weinkellerei, Baseler Str. 2, 7846 Schliengen
Erste Markgräfler WG Schliengen, Freiburger Str. 10, 7846 Schliengen
Weingut Lämmlin-Schindler, Müllheimer Str. 4, 7846 Schliengen-Mauchen
Weingut H. Ulmann, Hauptstr. 39, 7813 Staufen
Weingut Gerd Koepfer, Weinkellerei, Dorfstr. 22, 7813 Staufen-Grunern
Weinbau-Weinkellerei Andreas Neymeyer, St. Vitus-Str. 3, 7813 Staufen-Wettelbrunn
Weingut Wendelin Brugger, Bachtelgasse 8, 7811 Sulzburg 2 — Laufen
Weingut Fritz Güntert, Weinstr. 6, 7811 Sulzburg 2 — Laufen
Weingut Güntert-Gilfrich, Schloßgasse 4, 7811 Sulzburg 2 — Laufen
Weingut Friedhelm Schlumberger, Obere Holzgasse 4, 7811 Sulzburg 2 — Laufen
Weingut Hartmut Schlumberger, Weinstr. 17, 7811 Sulzburg 2 — Laufen
WG Laufen, Weinstr. 48, 7811 Sulzburg 2 — Laufen
Weingut Freiherr Göler von Ravensburg'sche Verwaltung, Burg Ravensburg, Hauptstr. 44, 7519 Sulzfeld
Weingut Otto Fischer, Auf der Ziegelbreite 4, 7835 Teningen 3 — Bottingen
WG Achkarren, Schloßbergstr. 2, 7818 Vogtsburg-Achkarren
WG Bickensohl, Neunlindenstr. 25, 7818 Vogtsburg-Bickensohl
WG Bischoffingen, Bacchusstr. 14, 7818 Vogtsburg-Bischoffingen
Weingut Bercher, Mittelstadtstr. 13, 7818 Vogtsburg-Burkheim
WG Burkheim, Winzerstr. 8, 7818 Vogtsburg-Burkheim
Weingut Schwarzer Adler — Franz Keller, Badbergstr. 23, 7818 Vogtsburg-Oberbergen
Weingut Freiherr von Gleichenstein, Bahnhofstr. 12, 7818 Vogtsburg-Oberrotweil
Weingüter Benno und Wolf Dietrich Salwey, Hauptstr. 2, 7818 Vogtsburg-Oberrotweil
Weinbau-Weinkellerei H. N. Steyert, Bruckmühlenstr. 1, 7818 Vogtsburg-Oberrotweil
Kaiserstühler Winzerverein Oberrotweil, Bahnhofstr. 31, 7818 Vogtsburg-Oberrotweil
WG Haltlingen, Winzerweg 8, 7858 Weil 5 — Haltingen

WG Badisches Frankenland, St.-Georg-Str. 1—3, 6980 Wertheim-Reicholzheim
Winzerkellerei Wiesloch Südl. Bergstraße/Kraichgau, Bögnerweg 3, 6908 Wiesloch

FRANKEN

Fränkischer Weinbauverband (Frankenwein-Frankenland), Juliusspital, Postfach 5848, 8700 Würzburg
Bocksbeutel-Weinseminare, Verkehrsamt Volkach, Rathaus, 8712 Volkach
Regierung von Unterfranken, Maiergasse 2, 8700 Würzburg
Bayerische Landesanstalt für Weinbau und Gartenbau, An der Steig 15, 8702 Veitshöchheim
Fränkische Weingüter und Selbstmarkter im VDP, Residenzplatz 3, 8700 Würzburg
Weinbruderschaft Franken, H. Otremba, Postfach 6729, 8700 Würzburg
Gärtner- und Häckermuseum, Mittelstr. 34, 8600 Bamberg
Bachgaumuseum, Stettiner Str. 6, 8754 Groß-Ostheim
Fränkisches Bauern- und Handwerksmuseum Mönchsondheim, Kirchenburg, 8715 Iphofen
Stadtgeschichtliches Museum, Helfensteiner Str. 2, 8782 Karlstadt
Städtisches Museum, Landwehrstr. 23, 8710 Kitzingen
Glasmuseum Wertheim, Mühlenstr. 24, 6980 Wertheim
Mainfränkisches Museum, Festung Marienberg, 8700 Würzburg

Weingut Karl Behringer, Rehweiler Str. 170, 8711 Abtswind
Hofgut Hörstein — Maria Zeller, Oberer Röderweg, 8755 Alzenau-Hörstein
Weingut Rudolf Fürst, Hohenlindenweg 46, 8761 Bürgstadt
Fürstlich Castell'sches Domänenamt — Weingut, Rathausplatz 1, 8711 Castell
Weingut Hilmar Hirn, Langgasse 19, 8702 Eisenheim-Untereisenheim
Weingut Peter Otto Meintzinger, Jahnplatz 34, 8701 Frickenhausen
Städtisches Weingut Schloß Saaleck, Postfach 1220, 8783 Hammelburg
Weingut Johann Ruck, Marktplatz 19, 8715 Iphofen
Weingut Hans Wirsching, Ludwigstr. 16, 8715 Iphofen
Weinbau-Weinkellerei Christoph Hans Herpfer, Paul-Eber-Str. 5—7, 8710 Kitzingen
Weinbau-Weinkellerei Knoll & Reinhart, Alte Poststr. 6, 8710 Kitzingen

GWF-Gebietswinzergenossenschaft Franken, Am Fuchsgraben 118, 8710 Kitzingen-Repperndorf
Fürstlich Löwenstein-Wertheim-Rosenberg'sches Weingut, Rathausgasse 5, 6983 Kreuzwertheim
Weingut Erwin Christ, Weinbergstr. 6, 8711 Nordheim
Winzergenossenschaft Nordheim, Langgasse 95, 8711 Nordheim
Weingut Wilhelm Arnold, Friedensstr. 4—6, 8701 Randersacker
Weingut Kurt Brand, Am Marsberg 16, 8701 Randersacker
Weingut Adam Schmitt — Schmitt's Kinder, Maingasse 16, 8701 Randersacker
Weingut Paul Schmitt und Sohn, Flecken 1, 8701 Randersacker
Weingut Richard Schmitt, Friedensstr. 3, 8701 Randersacker
Weinbau Robert Schmitt, Maingasse 13, 8701 Randersacker
Weingut Josef Störrlein, Schulstr. 14, 8701 Randersacker
Winzergenossenschaft Randersacker, Maingasse 33, 8701 Randersacker
Weingut Kurt Holler, Am Boppengraben 2, 8751 Rottenberg-Hösbach
Weingut Johann Streng, Weinstr. 1, 8711 Sommerach
Winzergenossenschaft Sommerach, Nordheimer Str. 12, 8711 Sommerach
Weingut-Weingroßkellerei Ernst Gebhardt, Hauptstr. 56, 8701 Sommerhausen
Weinbau Christoph Steinmann, Neuenbergshof 340, 8701 Sommerhausen
Weingut Schloß Sommerhausen, Steinmann und Flach, Ochsenfurter Str. 17—19, 8701 Sommerhausen
Weingut Arnold Bernard, Kettengasse 16, 8711 Sulzfeld
Weingut Zehnthof Theo Luckert, Kettengasse 3—5, 8711 Sulzfeld
Weingut Gregor Schwab, Haus Nummer 278, 8702 Thüngersheim
Winzergenossenschaft Thüngersheim, Untere Hauptstr. 272a, 8702 Thüngersheim
Weingut Marienhof, Robert Dumbsky, 8712 Volkach
Weingut Franz Heilmann, Hauptstr. 54, 8712 Volkach
Weingut-Weinkellerei Josef Pfaff II, Hauptstr. 12, 8712 Volkach
Weingut Werner Blendel, Bocksbeutelstr. 18, 8712 Volkach-Escherndorf
Weingut Hermann Schäffer, Astheimer Str. 17, 8712 Volkach-Escherndorf
Weingut Vogelsburg — Gemeinschaft der Augustinerschwestern, 8712 Volkach-Escherndorf
Weingut Bürgerspital zum Heiligen Geist, Theaterstr. 19, 8700 Würzburg

Juliusspital-Weingut, Klinikstr. 5, 8700 Würzburg
Staatlicher Hofkeller Würzburg, Residenzplatz 3, 8700 Würzburg

HESS. BERGSTRASSE

Weinbauverband Hessische Bergstraße, Königsberger Str. 4, 6148 Heppenheim
Verkehrsamt Lindenfels, Postfach 501, 6145 Lindenfels
Weinbauamt Eltville, Wallufer Str. 19, 6228 Eltville
Staatsweingut Bergstraße, Grieselstr. 34—36, 6140 Bensheim
Museum der Stadt Bensheim, Marktplatz, 6140 Bensheim

Staatsweingut Bergstraße, Grieselstr. 34—36, 6140 Bensheim
Städtisches Weingut Bensheim, Am Ritterplatz 2, 6140 Bensheim
Weinbau-Weinkellerei Tobias Georg Seitz, Weidgasse 8, 6140 Bensheim 3 — Auerbach
OWG-Odenwälder Winzergenossenschaft, Riegelgartenweg 1, 6114 Groß-Umstadt
BGW-Bergsträßer Gebiets-Winzergenossenschaft, Darmstädter Str. 56, 6148 Heppenheim
Weinbau H. Freiberger, Hermannstr. 16, 6148 Heppenheim

MITTELRHEIN

Weinbauverband Mittelrhein, Mainzer Str. 60a, 5400 Koblenz
Weinbauverband Siebengebirge, Heisterbacher Str. 122, 5330 Königswinter
Mittelrhein — Burgen und Wein, Am Hafen 2, 5401 St. Goar
Wochenend-Weinseminare, Stadtverwaltung, Verkehrsamt, Oberstr. 1, 6533 Bacharach
Wochenend-Weinseminar Verkehrsverein, Loreley-Burgenstraße, Dolkstr. 3, 5422 St. Goarshausen
Rheingoldstraße, Verbandsgemeinde St. Goar-Oberwesel, 6532 Oberwesel
Landwirtschaftskammer Rheinland-Pfalz, Weinbauamt Koblenz, Bahnhofsplatz 9, 5400 Koblenz
Kommission Mittelrhein, Mainzer Str. 14, 6533 Bacharach
Steeger Winzerverein, 6533 Bacharach-Steeg
Deinhard-Museum, Deinhardplatz 3, 5400 Koblenz
Landesmuseum Koblenz, Festung Ehrenbreitstein, Hohe Ostfront, 5400 Koblenz
Siebengebirgsmuseum, Klotzstr. 11, 5330 Königswinter
Weinbaumuseum im Turm, Verkehrsverein, 5422 St. Goarshausen

Stadtweingut Bad Hönningen — B. u. R. Schneider, Hauptstr. 182, 5462 Bad Hönningen
Weingut Jakob W. Nickenig, Antoniusstr. 18, 5407 Boppard
Weingut August Perll, Oberstr. 81, 5407 Boppard
Weingut Walter Perll, Ablaßgasse 11, 5407 Boppard
Weingut-Weinhaus Klaus Wagner, Mühlental 23, 5400 Koblenz-Ehrenbreitstein
Weingut-Weinkellerei Heinrich Weiler, Mainzer Str. 2—3, 6532 Oberwesel
Dellhofener Winzergenossenschaft, Liebfrauenstr. 32, 6532 Oberwesel-Dellhofen
Weingut Adolf Weingart, Mainzer Str. 32, 5401 Spay

MOSEL-SAAR-RUWER

Weinbauverband Mosel-Saar-Ruwer, Gartenfeldstr. 12a, 5500 Trier
Weinwerbung Mosel-Saar-Ruwer, Gartenfeldstr. 12a, 5500 Trier
Wochenend-Weinseminare, Verkehrsamt Mittelmosel, Gestade 5, 5550 Bernkastel-Kues
Wochenend-Weinseminare VHS Trier, Postfach 3470, 5500 Trier
Landeslehr- und Versuchsanstalt für Weinbau, Egbertstr. 18, 5500 Trier
Großer Ring der Prädikatsweingüter an Mosel, Saar und Ruwer, Zum Schloßpark 63, 5500 Trier
Bernkasteler Ring Prädikatsweingüter an Mittelmosel, Saar und Ruwer, Adenauerstr. 9, 5501 Mertesdorf
Weinbauamt Koblenz, Bahnhofsplatz 9, 5400 Koblenz
Weinbauschule Bullay, Fährstr., 5584 Bullay
Weinbauschule Bernkastel, Am Gestade 3, 5550 Bernkastel-Kues
Obermosel-Saar-Ruwer, Gervasiusstr. 1, 5500 Trier
Weinbruderschaft Mosel-Saar-Ruwer, Postfach 1410, 5550 Bernkastel-Kues
Riesling-Freundeskreis, Jesuitenstr. 12, 5500 Trier
Moselweinmuseum St. Nikolaus-Hospital, Cusanusstr. 2, 5550 Bernkastel-Kues
Historisches Wein- und Keltermuseum, Weinbau Th. Höreth, Mühlental 4, 5401 Kobern-Gondorf 1
Mittelmosel-Museum, Moselstr., 5580 Traben-Trarbach

Winzerverein Alf, Mühlensteinstr. 48, 5584 Alf
Winzerverein Ayl, Gartenstr. 2, 5511 Ayl
Weingutsverwaltung Deinhard, Martertal, 5550 Bernkastel-Kues
Ehemalig Kurfürstliche Weinkellerei, Bornwiese, 5550 Bernkastel-Kues

Weingut St. Nikolaus-Hospital-Cusanusstift, Cusanusstr. 2, 5550 Bernkastel-Kues
Weingut Leo Schwab, Weingartenstr. 56, 5550 Bernkastel-Kues
Weingut Wwe. Dr. H. Thanisch, Saarallee 31, 5550 Bernkastel-Kues
Zentralkellerei Mosel-Saar-Ruwer, Bornwiese, 5550 Bernkastel-Kues
Weingut Joh. Jos. Prüm, Uferallee 19, 5550 Bernkastel-Wehlen
Weingut S. A. Prüm Erben, S.A. Prüm, Uferallee 25—26, 5550 Bernkastel-Wehlen
Weingut Hub. Selbach — Dr. F. Weins-Prüm Erben, Uferallee 20, 5550 Bernkastel-Wehlen
Weingut Maximinhof Stephan Studert-Prüm, Peter Prüm Erben, Hauptstr. 150—152, 5550 Bernkastel-Wehlen
Weingut Fritz Haag, Dusemonder Hof, Dusemonder Str. 44, 5551 Brauneberg
Weingut Ferd. Haag Erben, Willi Haag, Hauptstr. 111, 5551 Brauneberg
Weingut Karp-Schreiber, Hauptstr. 118, 5551 Brauneberg
Weingut Reinold Franzen, Gartenstr. 14, 5591 Bremm
Weingut-Weinkellerei Otto Görgen, Römerstr. 30—32, 5591 Briedern
Weingut Werner Niesen, Moselstr. 1, 5584 Bullay
Weingut Josef Günther, Pützstr. 95, 5401 Burgen
Freiherr von Landenberg'sche Schloßkellereien, Moselstr. 60, 5591 Ediger-Eller 2
Weinkellerei Caspari-Kappel, Am Steffensberg 29, 5585 Enkirch
Weingut Norbert Weber (vorm. Geschw. Berres), 5581 Erden
Winzerverein Irsch-Ockfen, Kapellenstr. 4, 5511 Irsch
Weingut Le Gallais, 5511 Kanzem
Weingut Kanzemer Berg, Maximilian von Othegraven, Weinstr. 1, 5511 Kanzem
Weingut Erben von Beulwitz-Herbert Weis, 5501 Kasel
Freiherr von Schleinitz'sche Weingutsverwaltung, Kirchstr. 15—17, 5401 Kobern-Gondorf
Weingut Ökonomierat M. G. Piedmont, Saartalstr. 1, 5501 Konz-Filzen
Weingut Edmund Reverchon, Saartalstr. 3, 5501 Konz-Filzen
Weingut von Hövel, Agritiusstr. 5—6, 5501 Konz-Oberemmel
Weingut-Weinkellerei Matthias Deis, Auf der Lay, 5401 Lehmen
Weingut St. Urbanshof — Nic. Weis, 5559 Leiwen
C. von Schubert'sche Gutsverwaltung — Schloßkellerei Grünhaus, Hauptstr. 1, 5501 Mertesdorf
Weingut Carl Weis — Herbert Weis, Eitelsbacher Str. 4, 5501 Mertesdorf

Weingut Eduard Bremm, Moselufer 4, 5581 Neef
Weingüter Dr. Fischer, Bocksteinhof, 5511 Ockfen
Weingut Josefshof — Geschw. Serv. Josef Schneiders, Bahnhofstr. 4, 5593 Pommern
Weingut Heinrich Lenz-Dahm — Weinkellerei Marienburg, Hauptstr. 3, 5581 Pünderich
Weingut Forstmeister Geltz Erben — Zilliken, Heckingstr. 20, 5510 Saarburg
Weingut Bernd Hausen-Mabilon, Im Staden 114—124, 5510 Saarburg
Weingut Freiherr von Solemacher, Kunoweiherstr. 39, 5510 Saarburg
Weingut Schloß Saarstein — Dieter Ebert, 5512 Serrig
Weingut Gebr. Ludwig — Klaus Ludwig, Im Bungert 10, 5550 Thörnich
Verwaltung der Bischöflichen Weingüter, Gervasiusstr. 1, 5500 Trier
Riesling-Weingut Reichsgraf von Kesselstatt, Palais Kesselstatt, Liebfrauenstr. 9, 5500 Trier
Weingut Georg Fritz von Nell, Im Thiergarten 12, 5500 Trier
Stiftung Staatliches Friedrich-Wilhelm-Gymnasium, Weberbachstr. 75, 5500 Trier
Staatliche Weinbaudomänen Landeslehr- und Versuchsanstalt, Deworastr. 1, 5500 Trier
Güterverwaltung Vereinigte Hospitien, Krahnenufer 19, 5500 Trier
Weingut Laurentiushof Karl Milz, 5559 Trittenheim
Weingut E. Christoffel-Berres, Geschw. Berres, Zehnthofstr. 198, 5564 Ürzig
Weingut Mönchhof — Robert Eymael, 5564 Ürzig
Weingut Graf zu Hoensbroech — Hubert Schmitz, Klosterbergstr. 108, 5511 Wiltingen
Weingut Scharzhof — Egon Müller, 5511 Wiltingen
Weingut Freiherr von Heddesdorff, Haus Heddesdorff, 5406 Winningen
Weingut Heymann-Löwenstein, Bahnhofstr. 10, 5406 Winningen
Weingut Russenhof — Norbert Kröber, Friedrichstr. 1—3, 5406 Winningen
Weinbau Dieter Sünner, Am Rosenberg 6, 5406 Winningen
St. Stephanus Winzergenossenschaft und Güterverwaltung Stephanus Freiherr von Schortemer-Lieser, 5551 Wintrich
Weingut-Weinkellerei Heinrich Mayer Jr., Balduinstr. 15, 5583 Zell
Weingüter Geschw. Selbach-Oster/Frühmesse-Stiftung, Uferallee 23, 5553 Zeltingen
Weingut Leo Kappes, Burgstr. 1, 5553 Zeltingen

NAHE

Bauern- und Winzerverband an Nahe und Glan, Mannheimer Str. 148, 6550 Bad Kreuznach
Weinland Nahe, Brückes 6, 6550 Bad Kreuznach
Landeslehr- und Versuchsanstalt für Weinbau, Rüdesheimer Str. 68, 6550 Bad Kreuznach
Landwirtschaftskammer Rheinland-Pfalz, Außenstelle Bad Kreuznach, Planiger Str. 36a, 6550 Bad Kreuznach
Kommission Nahe, Waldböckelheimer Str. 15a, 6551 Bockenau
Erster Versteigerungsring der Naheweingüter im VDP, Brückes 53, 6550 Bad Kreuznach
Weinmuseum des Weinhotels Niederthäler Hof, 6551 Schloßböckelheim
Weinmuseum im Burg Layer Weincabinet, 6531 Burg Layen

Weingut Ökonomierat August E. Anheuser, Brückes 53, 6550 Bad Kreuznach
Weingut Paul Anheuser, Rudolf Anheuser'sche Verwaltung, Stromberger Str. 15—19, 6550 Bad Kreuznach
Weingut Carl Finkenauer, Salinenstr. 60, 6550 Bad Kreuznach
Weingut Reichsgräflich von Plettenberg'sche Verwaltung, Winzenheimer Straße, 6550 Bad Kreuznach
Staatsweingut Weinbaulehranstalt Bad Kreuznach, Rüdesheimer Str. 68, 6550 Bad Kreuznach
Weinbau-Weinkellerei Thomas Graf von Zedlitz und Trützschler, Baumgartenstr. 34—36, 6550 Bad Kreuznach
Zentralkellerei der Nahewinzer, Winzenheimer Str. 30, 6551 Bretzenheim
Schloßgut Diel — Schloßkellerei Dr. Diel, 6531 Burg Layen
Weingut Dr. Josef Höfer, Schloßmühle, Naheweinstr. 2, 6531 Burg Layen
Weinbau-Weinkellerei, Ferd. Pieroth, 6531 Burg Layen
Weingut Erbhof Tesch — Weinkellerei Marienburg, Naheweinstr. 99, 6536 Langenlonsheim
Weingut Tesch-Heintz, Hartmut Heintz, Schützenstr. 14, 6536 Langenlonsheim
Weingut Bürgermeister Willi Schweinhardt Nachf., Heddesheimer Str. 1, 6536 Langenlonsheim
Winzergenossenschaft und Weinkellerei Rheingrafenberg, Naheweinstr. 63, 6553 Meddersheim
Weingut Emrich-Schönleber, Naheweinstr. 10a, 6551 Monzingen
Weingut Jakob Schneider, Winzerstr. 15, 6551 Niederhausen

Staatliche Weinbaudomänen, Niederhausen-Schloßböckelheim, 6551 Oberhausen
Weingut Fritz Schmidt, Erben, 6551 Odernheim
Weinbau-Weinkellerei Niederthäler Hof, 6551 Schloßböckelheim
Weingut Hans Crusius & Sohn, Hauptstr. 2, 6551 Traisen
Prinz zu Salm-Dalberg'sches Weingut, Schloß Wallhausen, Im Schloß, 6551 Wallhausen

RHEINGAU

Rheingauer Weinbauverband (Rheingau-Weingau), Rathaus Johannisberg, 6222 Geisenheim-Johannisberg
Rheingauer Weinseminare, Verkehrsamt Rüdesheim, Rheinstr. 5, 6220 Rüdesheim
Hessische Forschungsanstalt für Wein- und Getränkebau, Von-Lade-Str. 1, 6222 Geisenheim
Weinbauamt Eltville, Wallufer Str. 19, 6228 Eltville
Vereinigung Rheingauer Weingüter im VDP, Adolfstr. 15, 6228 Eltville
Staatsweingüter Kloster Eberbach, 6228 Eltville
Versteigerung und Messe von Geisenheimer und Rüdesheimer Weingutsbesitzer, R. Vollmer, Winkeler Str. 92, 6222 Geisenheim
Otto-Schwabe-Museum, Hochheimer Hof, 6203 Hochheim
Rheingauer Museum für die Geschichte des Weines, Brömersburg, Rheinstr. 2, 6220 Rüdesheim

Weingut Freiherr zu Knyphausen, Klosterhof Drais, 6228 Eltville
Weingut Freiherrlich Langwerth von Simmern'sches Rentamt, Langwerther Hof, 6228 Eltville
Weingut Richter-Boltendahl, Wallufer Str. 26, 6228 Eltville
Verwaltung der Staatsweingüter Hessens, Schwalbacher Str. 56—62, 6228 Eltville
Weingut Eberhard Ritter und Edler von Detinger, Maximilianshof, Rheinallee 2, 6228 Eltville 2 — Erbach
Robert von Oetinger'sches Weingut, Rheinallee 1—3, 6228 Eltville 2 — Erbach
Schloß Reinhartshausen, Administration Prinz von Preußen, Hauptstr. 35, 6228 Eltville 2 — Erbach
Weingut Hans Lang, Weinbau-Weinkellerei, Rheinallee 2, 6228 Eltville 3 — Hattenheim
Weingut und Weinkellerei Balthasar Ress, Rheinallee 7, 6228 Eltville 3 — Hattenheim
Domänenweingut Schloß Schönborn, Gräflich von Schönborn'sches Rentamt, Hauptstr. 53, 6228 Eltville 3 — Hattenheim

Weingut der Stadt Eltville, Georg-Müller-Stiftung Hattenheim, Eberbacher Str. 7—9, 6228 Eltville 3 — Hattenheim
Erblöh'sches Weingut, Erbslöhstr. 1, 6222 Geisenheim
FAG-Forschungsanstalt (Institut für Kellereiwirtschaft) der Forschungsanstalt für Weinbau, Gartenbau, Getränketechnologie und Landespflege Geisenheim im Rheingau, Blaubachstr. 19 und Von-Lade-Str. 1, 6222 Geisenheim
Weingut-Weinkellerei Graf von Francken-Sierstorpff, Kapellengarten, Rheinstr. 7, 6222 Geisenheim
Weingut Freiherr von Zwierlein Erben, G. Wegeler, Schloß Kosakenberg, Bahnstr. 1, 6222 Geisenheim
Weingut Johannishof H. H. Eser, Im Grund 63, 6222 Geisenheim-Johannisberg
Landgräflich Hessisches Weingut, Im Grund 1, 6222 Geisenheim-Johannisberg
Schloß Johannisberger Weingüterverwaltung Schloß Johannisberg, 6222 Geisenheim-Johannisberg
Mackenstein, 6222 Geisenheim-Johannisberg
Weingutsverwaltung Geheimer Rat, Aschrott'sche Erben, Kirchstr. 38, 6203 Hochheim
Frankhof-Kellerei, Burgeffstr. 19, 6203 Hochheim
Weingut Franz Künstler, Freiherr-vom-Stein-Ring 3, 6203 Hochheim
Weingut der Stadt Frankfurt am Main, Aichgasse 11, 6203 Hochheim
Domdechant Werner'sches Weingut, Rathausstr. 30, 6203 Hochheim
Weingut Schloß Groensteyn Reichsfreiherr von Ritter zu Groensteyn, Suttonstr. 22, 6229 Kiedrich
Weingut Dr. R. Weil, Mühlberg 5, 6229 Kiedrich
Weingut Graf von Kanitz, Rheinstr. 49, 6223 Lorch
Weingut Troitzsch Haus Schöneck, Bächergrund 12, 6223 Lorch
Weingut August Eser, Friedensplatz 19, 6227 Oestrich-Winkel 1
Gutsverwaltung Geheimer Rat Julius Wegeler Erben, Friedensplatz 9, 6227 Oestrich-Winkel 1
Baron von Brentano'sche Gutsverwaltung, Brentanohaus, Am Lindenplatz 2, 6227 Oestrich-Winkel 2
Geromont'sches Weingut, Hauptstr. 80, 6227 Oestrich-Winkel 2
Schloß Vollrads Graf Matuschka-Greiffenclau, 6227 Oestrich-Winkel 2
VWH-Vereinigte Weingutsbesitzer Hallgarten, Marktplatz 2, 6227 Oestrich-Winkel 3 — Hallgarten
WGH-Winzergenossenschaft Hallgarten, Hattenheimer Str. 15, 6227 Oestrich-Winkel 3 — Hallgarten

Weingut Henner Hupfeld Erben, Rheingaustr. 113, 6227 Oestrich-Winkel-Mittelheim
Weingut G. Breuer, Geisenheimer Str. 9 u. Grabenstr. 8, 6220 Rüdesheim
Weingut Dr. Heinrich Nägler, Friedrichstr. 22, 6220 Rüdesheim
Weingut Robert König, Niederwaldstr. 64, 6220 Rüdesheim-Assmannshausen
Staatsweingut Assmannshausen (VDP), Aulhauser Str. 19, 6220 Rüdesheim-Assmannshausen
Weingut J. B. Becker, Rheinstr. 4, 6229 Walluf-Niederwalluf
Weingut Frankensteiner Hof — Espenschied, Marktstr. 14, 6229 Walluf-Oberwalluf
Weingut der Landeshauptstadt Wiesbaden, Kapellenstr. 99, 6200 Wiesbaden

RHEINHESSEN

Weinbauverband Rheinhessen, An der Brunnenstube 33—35, 6500 Mainz
Rheinhessenwein, An der Brunnenstube 33—35, 6500 Mainz-Mombach
Oppenheimer Weinseminare, Stadt Oppenheim, Rathaus, Marianstr. 2, 6504 Oppenheim
Landeslehr- und Versuchsanstalt für Weinbau, Zuckerberg 19, 6504 Oppenheim
Landwirtschaftskammer Rheinland-Pfalz, Weinbauamt Alzey, Gartenstr. 8, 6508 Alzey
Kommission Rheinhessen, Wöllsteiner Str. 3, 6551 Gau-Bickelheim
Vereinigung Rheinhessischer Rieslinggüter im VDP, Wörrstädter Str. 20, 6505 Nierstein
Rheinhessische Qualitätsweinversteigerer K. Wehrheim, 6505 Nierstein
Vereinigung Rheinhessischer Winzermeister (VRHHW), Gartenstr. 8, 6508 Alzey
Museum der Stadt Alzey, Antoniterstr., 6508 Alzey
Heimatmuseum Burg Klopp, 6530 Bingen
Gutenbergmuseum Liebfrauenplatz 5, 6500 Mainz
Kupferbergsammlung, Kupferbergterrasse, 6500 Mainz
Mittelrheinisches Landesmuseum, Große Bleiche 49—51, 6500 Mainz
Paläontologisches Museum, Altes Rathaus am Marktplatz, 6505 Nierstein
Deutsches Weinbaumuseum, Wormser Str. 49, 6504 Oppenheim
Museum der Stadt Worms, Andreasstift, Weckerlinplatz, 6520 Worms

Stiftung Kunsthaus Heylshof, Stephansgasse 9, 6520 Worms
Weinmuseum Weingut Schales, Alzeyer Str. 160, 6521 Flörsheim-Dalsheim
Weingut Köster-Wolf, Langgasse 62, 6509 Albig
Weingut Rappenhof, Dr. Reinhard Muth, Bachstr. 47—49, 6526 Alsheim
Weingut Richard Beyer, Pfandturmstr. 12, 6521 Bechtheim
Brenner'sches Weingut Weinkellereien, Pfandturmstr. 20, 6521 Bechtheim
Weingut Jean Buscher, Wormser Str. 4, 6521 Bechtheim
Weingut Oek. Rat Johann Geil I Erben, Kuhpfortenstr. 11, 6521 Bechtheim
Weingut Villa Sachsen, Mainzer Str. 184, 6530 Bingen
Weingut Junghof, Saarlandstr. 206—216, 6530 Bingen-Büdesheim
Weinbau-Weinkellerei Adam Darmstadt und Sohn, Mainzer Str. 3, 6501 Bodenheim
Oberstleutnant Liebrecht'sche Weingutsverwaltung, Rheinstr. 30, 6501 Bodenheim
Weingut Battenheimer Hof Albrecht Nacke, Rheinstr. 2, 6501 Bodenheim
Weingut Georgenhof Johann Walz und Sohn, Rheinstr. 48—49, 6501 Dienheim
Weinbau-Weinkellerei Roll-Bootz, Kellergasse 2, 6521 Dittelsheim
Weingut Geil, Mittelgasse 14, 6501 Eimsheim
Weingut Zum Goldenen Hirsch — Gebrüder Adrian, Alzeyer Str. 2, 6521 Flörsheim-Dalsheim
Weingut Keller, Bahnhofstr. 1, 6521 Flörsheim-Dalsheim
Weingut Schales, Alzeyer Str. 160, 6521 Flörsheim-Dalsheim
Weingut Espenhof Wilfried Espenschied, Hauptstr. 79—81, 6509 Flonheim-Uffhofen
ZRW-Zentralkellerei Rheinischer Winzergenossenschaften, Wöllsteiner Straße, 6551 Gau-Bickelheim
Weingut Oberst Schultz-Werner, Bahnhofstr. 10, 6501 Gau-Bischofsheim
Schloßgut Schmitt, Hauptstr. 45, 6524 Guntersblum
Weinkellerei C. Lauteren und Sohn, Stiegelgasse 60, 6507 Ingelheim
Weingut Sonnenberg J. Neus, Bahnhofstr. 96, 6507 Ingelheim
Schloßgut Westerhaus Weingut Irmgard von Opel, 6507 Ingelheim
Weingut Rodensteiner Hof Julius Wasem und Söhne, Edelgasse 3, 6507 Ingelheim
Weingut Katharinenhof V. Eckert, Weinbau-Weinkellerei, Hauptstr. 32, 6501 Klein-Winternheim

Weingut Brüder Dr. Becker, Mainzer Str. 3, 6501 Ludwigshöhe
Weingüter Johannishof und Mauerhof, Rheinhessenstr. 103, 6500 Mainz-Hechtsheim
Weingut Gunderloch-Lange, Am Rathaus, 6506 Nackenheim
Weingut Gunderloch-Usinger, Carl-Gunderloch-Platz 1, 6506 Nakkenheim
Weingut-Weinkellerei Reichsgraf von Ingelheim, Carl-Zuckmayer-Str. 18, 6506 Nackenheim
Weingut Bürgermeister Anton Balbach Erben, Mainzer Str. 64, 6505 Nierstein
Bezirkswinzergenossenschaft Rheinfront Nierstein, Karolingerstr. 6, 6505 Nierstein
Weingut und Weinkellerei Jakob Gerhardt Gerhardtshof-Niersteiner Schloßkellereien, Oberdorfstr. 27—29, 6505 Nierstein
Louis Guntrum Weingut-Weinkellerei, Wörrstädter Str. 6, 6505 Nierstein
Weingut Gutehoffnungshütte, Wörrstädter Str. 22, 6505 Nierstein
Weingut Mathildenhof Freiherr Heyl zu Herrnsheim, Langgasse 3, 6505 Nierstein
Weingut Hch. Schlamp Jr., Oberdorfstr. 34, 6505 Nierstein
Gustav Adolf Schmitt'sches Weingut, Wilhelmstr. 2—8, 6505 Nierstein
Weingut Geschwister Schuch, Oberdorfstr. 22, 6505 Nierstein
Weingut-Weinkellerei Kurfürsten-Hof, Frohnhof 7, 6505 Nierstein
Weingut Reinhold Senfter, Wörrstädter Str. 20, 6505 Nierstein
Weingut J. u. H. A. Strub, Rheinstr. 42, 6505 Nierstein
Weingut Eugen Wehrheim, Mühlgasse 30, 6505 Nierstein
Weingut Bungert-Mauer, Bergstr. 24, 6531 Ockenheim
Weingut Franz Bernhard III, Rathofstr. 21—25, 6504 Oppenheim
Weingutsverwaltung San. Rat. Dr. Dahlem Erben, Rathofstr. 21—25, 6504 Oppenheim
Weingüter-Weinkellereien Carl Sittmann, Wormser Str. 61, 6504 Oppenheim
Weingut Josef Völker, Kränerstr. 7, 6504 Oppenheim
Staatsweingut — Weinbaulehranstalt, Am Zuckerberg 19, 6504 Oppenheim
Weingut Otto Glaser und Sohn, Friedrich-Ebert-Str. 36, 6522 Osthofen
Weingut zum Weißen Roß, Alfred Müller, Friedrich-Ebert-Str. 50, 6522 Osthofen
Weingut-Weinkellerei Karl-Heinz Rothberger, Max-Planck-Str. 1, 6501 Saulheim

Weingut Walldorf-Pfaffenhof, Weinkellerei, Mainzer Str. 48—50, 6501 Saulheim
Weingut Kapellenhof Ökonomierat Schätzel Erben, Kapellenstr. 18, 6501 Selzen
Bezirkswinzergenossenschaft Westhofen, Am Bogen 18, 6525 Westhofen
Weingut Günter Wittmann, Mainzer Str. 19, 6525 Westhofen

RHEINPFALZ

Weinbauverband Rheinpfalz (Rheinpfalz-Weinpfalz), Robert-Stolz-Str. 18, 6730 Neustadt/Weinstraße
Mittelhaardt-Deutsche Weinstraße, Postfach 123, 6705 Deidesheim
Verein Südliche Weinstraße, Postfach 2124, 6740 Landau
Wochenend-Weinseminare, Amt für Fremdenverkehr, Historisches Rathaus, Postfach 220, 6705 Deidesheim
Wochenend-Weinseminare Südliche Weinstraße, Zentrale für Tourismus, Postfach 2124, 6740 Landau
Landeslehr- und Forschungsanstalt für Landwirtschaft, Weinbau und Gartenbau, Breitenweg 71, 6730 Neustadt/Weinstraße
Bundesforschungsanstalt für Rebenzüchtung Geilweilerhof, 6741 Siebeldingen
Landwirtschaftskammer Rheinland-Pfalz, Weinbauamt Neustadt, Maximilianstr. 12, 6730 Neustadt/Weinstraße
Weinsiegelkommission Südliche Weinstraße, Landwirtschaftsschule, Annweiler Str. 20, 6740 Landau
Weinsiegelkommission Mittelhaardt, Weinbauamt Neustadt, 6730 Neustadt/Weinstraße
Weinsiegelkommission Unterhaardt-Zellertal, Mitteltor 3, 6711 Dirmstein
Verein der Prädikatsweingüter der Rheinpfalz im VDP, Weingut Siben, Postfach 120, 6750 Deidesheim
Städtisches Museum, Marienring 8, 6740 Landau
Weinbaumuseum Villa Böhm, Städtisches Heimatmuseum, Maximilianstr. 25, 6730 Neustadt a. d. Weinstraße
Historisches Museum der Pfalz, Große Pfaffengasse 10, 6720 Speyer

Weingut Gebrüder Bart, Kaiserslauterer Str. 42, 6702 Bad Dürkheim
Weingut K. Fitz-Ritter, Weinstraße Nord 51, 6702 Bad Dürkheim
Weingut Karl Schaefer, Weinstraße Süd 30, 6702 Bad Dürkheim
WG Vier Jahreszeiten Kloster Limburg, Limburger Str. 8, 6702 Bad Dürkheim
Weingut Annaberg Stumpf-Fitz, 6702 Bad Dürkheim-Leistadt
Leistadter Winzerverein, Hauptstr. 38, 6702 Bad Dürkheim-Leistadt

Weingut Pfeffingen Karl Fuhrmann, Hauptstraße, 6702 Bad Dürkheim-Ungstein

Weingut Julius Koch und Sohn, Weinbau-Weinkellerei, Weinstr. 31, 6702 Bad Dürkheim-Ungstein

WG Herrenberg-Honigsäckel, Weinstr. 12, 6702 Bad Dürkheim-Ungstein

Weingut Eduard Beyersdörfer, Weinbau-Weinkellerei, Hauptstr. 23, 6741 Birkweiler

Weingut Hohenberg Dr. Heinz Wehrheim, Weinstr. 8, 6741 Birkweiler

Weingut Lauermann-Weyer, Leininger Ring 79, 6719 Bockenheim

Weingut Geh. Rat. Dr. von Bassermann-Jordan, Kirchgasse 1, 6705 Deidesheim

Weingut Josef Biffar, Niederkircher Str. 13—15, 6705 Deidesheim

Weingut Reichsrat von Buhl, Weinstr. 16—24, 6705 Deidesheim

Weingut Dr. Deinhard, Weinstr. 10, 6705 Deidesheim

Gutsverwaltung Deinhard, Postfach 1105, 6227 Oestrich-Winkel, 6705 Deidesheim

Weingut Giessen Erben, Weinstr. 3, 6705 Deidesheim

Weingut und Weingroßkellerei Hohnhof, Weinstr. 1, 6705 Deidesheim

Weingut Dr. Kern, Schloß Deidesheim, 6705 Deidesheim

Weingut Jul. Ferd. Kimich, Weinstr. 54, 6705 Deidesheim

Weingut Mehling, Weinstr. 55, 6705 Deidesheim

Weingut Georg Siben Erben, Weinstr. 21, 6705 Deidesheim

Winzerverein Deidesheim, Prinz-Rupprecht-Str. 8, 6705 Deidesheim

Weingut Ökonomierat Froelich, Edesheimer Str. 42, 6732 Edenkoben

Weingut Waltharihof Werner Walter, Weinstr. 113, 6732 Edenkoben

Winzergenossenschaft Edenkoben, Weinstr. 130, 6732 Edenkoben

Schloßgut Boßung, Luitpoldstr. 9, 6731 Edesheim

Winzergenossenschaft Erpolzheim, Bahnhofstraße, 6701 Erpolzheim

Weingut Winfried Frey und Söhne, Spanierstr. 1 u. 2., 6741 Essingen

Weingut Georg Mosbacher, Weinstr. 27, 6701 Forst

Weingut Lindenhof, Eugen Spindler, Weinstr. 55, 6701 Forst

Weingut Wilhelmshof Wilhelm Spindler, Weinstr. 68, 6701 Forst

Forster Winzerverein, Weinstraße, 6701 Forst

Weingut R. und G. Kern, Riedweg 9, 6713 Freinsheim

Weingut Lingenfelder, Hauptstr. 27, 6711 Großkarlbach

Weingut Richard Kühn, Berggasse 24, 6718 Grünstadt

Winzerkeller Leiningerland, Asselheimer Str. 22, 6718 Grünstadt

Weingut Gerhard Klein, Weinstr. 36, 6741 Hainfeld
Winzergenossenschaft Herxheim am Berg, Weinstraße, 6719 Herxheim am Berg
GWG Deutsches Weintor, 6741 Ilbesheim
Weingut Benderhof Arthur Bender, Neugasse 45, 6701 Kallstadt
Gg. Henninger IV (Weinhaus Henninger), Weinstr. 93, 6701 Kallstadt
Weingut Koehler-Ruprecht Familie Philippi, Weinstr. 84, 6701 Kallstadt
Weingut Eduard Schuster, 6701 Kallstadt
Weingut-Weinkellerei Emil Hammel, Weinstraße Süd 4, 6719 Kirchheim
GWG Palmberg, 6711 Laumersheim
Weinkellerei Reichsfreiherr Raitz von Frentz, Moltkestr. 14, 6730 Neustadt/Weinstraße
Klostergut St. Lamprecht F. und G. Bergdolt, Dudostr. 17, 6730 Neustadt/Weinstraße-Duttweiler
Weingut A. Christmann, Peter-Koch-Str. 43, 6730 Neustadt/Weinstraße-Gimmeldingen
Weingut Kurt Mugler, Peter-Koch-Str. 57, 6730 Neustadt/Weinstraße-Gimmeldingen
Weingut-Weinkellerei Carl-Theodor-Hof Peter Stolleis, Kurpfalzstr. 99, 6730 Neustadt/Weinstraße-Gimmeldingen
Weingut Müller-Catoir, Mandelring 25, 6730 Neustadt/Weinstraße-Haardt
Weingut Probsthof Kurt Zimmermann, Probstgasse 7, 6730 Neustadt/Weinstraße-Haardt
Staatsweingut-Weinbau-Lehranstalt-Johannitergut, Breitenweg 71, 6730 Neustadt/Weinstraße-Mußbach
WG Weingebiet Mußbach-Gimmeldingen, An der Eselshaut 57, 6730 Neustadt/Weinstraße-Mußbach
GWG Rietburg, Eidesheimer Str. 50, 6741 Rhodt
Ruppertsberger Winzerverein Hoheburg, Obergasse 8, 6701 Ruppertsberg
Weingut Altes Schlößchen Weinkellerei Ludwig Schneider, Maikammerer Str. 7, 6731 St. Martin
Winzerverein Ritter von Dalberg, Maikammerer Str. 34, 6731 St. Martin
Weingut Oskar Jülg, Hauptstr. 1, 6749 Schweigen
Weingut Ökonomierat Rebholz, Weinstr. 56, 6741 Siebeldingen
Weingut Wilhelmshof Roth und Jung, Queichstr. 1, 6741 Siebeldingen
Weingut Dr. Bürklin-Wolf, Weinstr. 65, 6706 Wachenheim

Weingut Pfleger-Karr, Kirchheimer Str. 10, 6719 Weisenheim am Berg
Weingut Klaus Neckerauer, Ritter-von-Geißler-Str. 9, 6714 Weisenheim am Sand
WG Weisenheim am Sand, Dr.-Kurt-Schumacher-Str. 4, 6714 Weisenheim am Sand

WÜRTTEMBERG

Württembergischer Weinbauverband, Hirschbergstr. 2, 7102 Weinsberg
Weinwerbezentrale Württembergischer Weingärtnergenossenschaften, Heilbronner Str. 41, 7000 Stuttgart 1
Schwäbische Weinstraße, FVV Neckarland-Schwaben, Am Wollhaus 14, 7100 Heilbronn
Staatliche Landes- und Versuchsanstalt für Weinbau, Haller Str. 6, 7102 Weinsberg
Arbeitsgemeinschaft Württembergisch Badischer Weingüter im VDP, Burg Schaubeck, 7141 Steinheim-Kleinbottwar
Vereinigung Selbstmarktender Weinbaubetriebe Württembergs (VSWW), Schmerstr. 25, 7012 Fellbach
Torkelter Einöd, H. Leins, 7151 Aspach-Einöd
Weinbaumuseum Vinarium, Freizeitpark Tripsdrill, 7121 Cleebronn-Tripsdrill
Städtisches Museum, Hintere Str. 26, 7012 Fellbach
Weinbaumuseum Herrschaftskelter, Kelternplatz, 7430 Metzingen
Römische Weinkeller, U. Geiger, 7141 Oberriexingen
Weinbaumuseum der Landeshauptstadt Stuttgart, Uhlbacher Platz 4, 7000 Stuttgart-Uhlbach
Weinbaumuseum Horrheim, Alte Keltergasse, 7141 Vaihingen-Horrheim
Tauberländer Dorfmuseum, Marktplatz, 6992 Weikersheim
Heimatmuseum Beutelsbach, Rathaus, 7056 Weinstadt-Beutelsbach
Heimatstube Endersbach, Schulstr. 12, 7056 Weinstadt-Endersbach
Heimatmuseum Strümpfelbach, Hauptstr. 6, 7056 Weinstadt-Strümpfelbach

WG Aspach, Amselweg 16, 7152 Aspach-Allmersbach
WG Markelsheim, Scheuerntorstraße, 6990 Bad Mergentheim-Markelsheim
Schloßgut Hohenbeilstein Eberhard Dippon, 7141 Beilstein-Hohenbeilstein

Strombergkellerei, Cleebronner Str. 70, 7124 Bönnigheim
WG Brackenheim-Neipperg-Haberschlacht, Neipperger Str. 60, 7129 Brackenheim
WG Cleebronn-Güglingen-Frauenzimmern, Ranspacher Str. 1, 7121 Cleebronn
WG Eberstadt, Lennacher Str. 25, 7101 Eberstadt
Von Stapf'sches Weingut, Lerchenstr. 1, 7101 Eberstadt
Weinbau-Weingut Gerhard Aldinger, Schmerstr. 25, 7012 Fellbach
WG Fellbach, Kappelbergstr. 48, 7012 Fellbach
Weingut Robert Bauer, Heilbronner Str. 56, 7101 Flein
WG Flein-Talheim, Römerstr. 14, 7101 Flein
Bottwartalkellerei, Oberstenfelder Str. 80, 7141 Großbottwar
Genossenschaftskellerei Heilbronn-Erlenbach-Weinsberg, Binswanger Straße, 7100 Heilbronn
Weingut G. A. Heinrich, Riedstr. 29, 7100 Heilbronn
Weingut Amalienhof Gerhard Strecker, Lukas-Cranach-Weg 5, 7100 Heilbronn
Gräflich von Bentzel-Sturmfeder'sches Weingut, Sturmfederstr. 4, 7129 Ilsfeld-Schozach
Weingut Dieter Wulle, Robert-Stolz-Str. 10, 7129 Ilsfeld-Schozach
Weinbau-Weinkellerei Karl Haidle, Hindenburgstr. 19—21, 7056 Kernen-Stetten
WG Lauffen, Im Brühl 48, 7128 Lauffen
Württembergische Hofkammer-Kellerei Stuttgart (VDP), Schloß Monrepos, 7140 Ludwigsburg
WZG-Württembergische Weingärtner Zentralgenossenschaft, Raiffeisenstr. 2, 7141 Möglingen
WG Mundelsheim, Heinrich-Maulick-Str. 14, 7121 Mundelsheim
Schloßkellerei Affaltrach, Dr. R. Baumann, Am Ordensschloß 15, 7104 Obersulm-Affaltrach
Fürst zu Hohenlohe-Oehringen'sche Schloßkellerei (VDP), Am Marktplatz, 7110 Öhringen
Weinkellerei Hohenlohe, Gartenstr. 5, 7114 Pfedelbach
Heuchelbergkellerei, Neipperger Str. 25, 7103 Schwaigern
Weingüter und Schloßkellerei Graf von Neipperg, Im Schloß, 7103 Schwaigern
Schloßkellerei Graf Adelmann, Burg Schaubeck, 7141 Steinheim-Kleinbottwar
Städtisches Weingut Stuttgart, Dorotheenstr. 2, 7000 Stuttgart
WG Oberes Schozachtal, Kelterstr. 8, 7101 Untergruppenbach-Unterrheinriet
Weinbau Sonnenhof Bezner und Fischer, 7143 Vaihingen-Gündelbach

Fürstlich Hohenlohe-Langenburg'sche Weingüter, Im Schloß, 6992 Weikersheim

Staatliche Lehr- und Versuchsanstalt für Wein- und Obstbau, Haller Str. 6, 7102 Weinsberg

WG Grantschen, Wimmenthaler Str. 9, 7102 Weinsberg-Grantschen

Remstalkellerei, Kaiserstr. 13, 7056 Weinstadt-Beutelsbach

Von Gaisberg'sche Schloßkellerei, Schloßstr. 10, 7056 Weinstadt-Großheppach

Privatweinkellerei Gotthilf Friedrich Mayer, Kleinheppacher Str. 71, 7056 Weinstadt-Großheppach

STICHWORTVERZEICHNIS